Christopher Simpson

Der amerikanische BUMERANG
NS-Kriegsverbrecher im Sold der USA

Aus dem Amerikanischen von
Hilde Linnert

Ueberreuter-Sachbuch

CIP-Titelaufnahme der Deutschen Bibliothek

Simpson, Christopher:
Der amerikanische Bumerang: NS-Kriegsverbrecher im
Sold der USA / Christopher Simpson. Dt. von Hilde
Linnert. – Wien: Ueberreuter, 1988
   Einheitssacht.: Blowback ‹dt.›
   (Ueberreuter-Sachbuch)
   ISBN 3-8000-3277-5

J 1696/1
Alle Rechte vorbehalten
Umschlag von Brigitte Schwaiger
Aus dem Amerikanischen von Hilde Linnert
Originaltitel »Blowback«, erschienen bei
Weidenfeld & Nicolson, New York
Copyright © 1988 by Christopher Simpson
© der deutschsprachigen Ausgabe 1988 by Verlag Carl Ueberreuter, Wien
Gesamtherstellung: Carl Ueberreuter Druckerei Ges. m. b. H., Korneuburg
Printed in Austria

Für meine Mutter und meinen Vater

Danksagungen

Mein besonderer Dank gilt den Beamten, Archivaren und Bibliothekaren des Freedom of Information Act, ohne deren großzügige, fachkundige Hilfe dieses Projekt nicht möglich gewesen wäre.
Folgende Institutionen und ihre Mitarbeiter verdienen es, gesondert erwähnt zu werden:
National Archives and Records Service, Washington, D. C.; Berlin Document Center, Berlin (West); Staatsanwaltschaft bei dem Landgericht Wiesbaden, BRD; National Archives and Records Service, Suitland, Maryland; New York Public Library; John F. Kennedy Library, Boston, Massachusetts; Harry S. Truman Library, Independence, Missouri; Center for Military History, Washington, D. C.; McKeldin Library, University of Maryland; College Park, Maryland; Butler Library, Columbia University, New York City; Hoover Institution, Stanford University, Stanford, California; Library of Congress, Washington, D. C.; Chicago Public Library; Special Forces Museum, Fort Bragg, North Carolina; Simon Wiesenthal Center, Los Angeles, California, und Wien, Österreich; RFE/RL Library, New York; »Washington Post«; Group Research Reports, Washington, D. C.; Association of Former Intelligence Officers, McLean, Virginia; the US Army Intelligence and Security Command, Fort Meade, Maryland; Zentrale Stelle der Landesjustizverwaltungen, Ludwigsburg.
Meinen persönlichen Dank spreche ich folgenden Personen aus, die mich auf die eine oder andere Weise unterstützt haben, wenn es hart auf hart ging: Richard Barnet, Peter Carey, William Corson, Konrad Ege, Benjamin Ferencz, John Friedman, Ron Goldfarb, John Herman, Elizabeth Holtzman, Lisa Klug, Jonathan Marshall, Marcel Ophuls, David Oshinsky, Constance Paige, John Prados, Fletcher Prouty, Marcus Raskin, Eli Rosenbaum, Allan Ryan jun., Gail Ross, Thomas Simpson, Robert Stein sowie verschiedenen anderen Helfern, die ungenannt bleiben müssen.
Vor allem aber danke ich meiner Frau Susan, deren Hilfe für die Fertigstellung dieses Manuskripts wesentlich war.

Christopher Simpson
Washington, D. C., 1988

Inhalt

Vorwort

Der Presseraum des Justizministeriums in Washington wirkt wie eine moderne Löwengrube, in der der Sprecher des Ministeriums die Rolle des Daniel übernimmt. Der Brennpunkt des Raums ist das Pult in seiner Mitte, auf dem sich Mikrofone und Kabel drängen, wenn eine wichtige Story bekanntgegeben werden soll. Die Löwen der Presse verteilen sich auf breite, ansteigende Stufen, die an die Sitze eines Amphitheaters erinnern.

Am 16. August 1983 betrat der Nazijäger der US-Regierung Allan Ryan den Presseraum und kündete einen noch nie dagewesenen 600-Seiten-Bericht über die Aktivitäten eines gewissen Klaus Barbie (alias Klaus Altmann, alias Becker, alias Merten usw.) an, der auch die mehr als dreißig Jahre zurückliegenden Beziehungen zwischen diesem Mann und dem amerikanischen Geheimdienst beleuchtete.

»Ich ahnte nicht, daß die Mitteilung wie eine Bombe einschlagen würde«, erinnerte sich Ryan später. »Ich hatte mich so sehr in die Einzelheiten der Ermittlungen vertieft, daß ich nicht sicher war, wie die Reaktion ausfallen würde[1].« Als er eintraf, stellte er fest, daß sich im Presseraum über hundert Reporter, etwa zwei Dutzend Kameras mit dazugehörigen Nachrichtensprechern beinahe aller großen Fernsehstationen der Welt sowie Neugierige jeden Kalibers drängten und daß so viele Mikrofone an dem Pult befestigt waren, daß sie neu angeordnet werden mußten, damit er Platz für seine Notizen erhielt. Ein Veteran des Pressekorps bemerkte, daß es die größte Menschenmenge war, die seit den stürmischen Tagen von Watergate zu einer Pressekonferenz erschienen war.

Das Justizministerium hatte den 200-Seiten-Bericht über Barbie und dazu etwa 400 Seiten Dokumentation ausgedruckt und pünktlich ausgeteilt. Etwa fünfzehn Minuten, nachdem die Reporter die Konvolute in Händen hielten, gab Ryan eine kurze Zusammenfassung der Folgerungen, zu denen diese Studie gelangt war.

Die Untersuchung des Justizministeriums bestätigte, daß eine US-Geheimdienstorganisation mit der Bezeichnung Army Counterintelligence Corps (CIC, Gegenspionagekorps der Armee) den Schutzstaffel(SS)- und Gestapooffizier Klaus Barbie Anfang 1947 für Spionagetätigkeiten angeworben hatte; daß ihn das CIC vor den französischen Ermittlern von Kriegsverbrechen versteckt und daß es ihn dann mittels einer geheimen »Ratline« – Schleichweg – aus Europa fortgezaubert hatte; die Ratline wurde von einem Priester betreut, der selbst vor einer Anklage wegen Kriegsverbrechen untergetaucht war. Das war Punkt eins.

Punkt Nummer zwei besagte andererseits, daß die CIC-Agenten, die Barbie rekrutiert hatten, »keinen verläßlichen Hinweis darauf besaßen..., daß er verdächtigt wurde, Kriegsverbrechen oder Verbrechen gegen die Menschlichkeit begangen zu haben [sie erfuhren es erst viel später]«, daß Barbie der *einzige* Nazi war, über den die Vereinigten Staaten ihre schützende Hand gehalten, und daß er der *einzige* Flüchtling vor dem Arm der Gerechtigkeit war, den die Vereinigten Staaten aus Europa hinausgeschmuggelt hatten. Vor allem der Central Intelligence Agency (CIA) wurde im Fall Barbie mitgeteilt, daß gegen ihn keine Bedenken bestanden, woraus folgert, daß dies auch für andere Fälle galt, bei denen die CIA mit flüchtigen Kriegsverbrechern zu tun gehabt hatte.

Punkt eins stimmte. Punkt zwei war und ist falsch.

Zum Zeitpunkt der Pressekonferenz war Ryan anscheinend wirklich der Ansicht, daß seine Darlegungen zu Punkt zwei den Tatsachen entsprachen. Seine umfassenden Ermittlungen hatten ihn davon überzeugt, daß »kein weiterer Fall aufgetaucht war, in dem ein mutmaßlicher Nazikriegsverbrecher mittels der Ratline aus Europa geschafft wurde oder in dem die Ratline dazu gedient hatte, eine Person außer Landes zu bringen, die entweder von der Regierung der Vereinigten Staaten oder einem ihrer Nachkriegsverbündeten gesucht wurde«, stellte er ausdrücklich fest, während die Fernsehkameras seine Worte aufzeichneten.

Er erwähnte allerdings, daß sich seine Ermittlungen auf die Affäre Barbie beschränkt hatten, so daß er nicht sicher sein konnte, ob nicht ein anderer Fall seiner Aufmerksamkeit entgangen war. Seine zurückhaltende Einschränkung zu diesem Punkt wurde jedoch in den folgenden Wochen sowohl von der Presse als auch von Ryan selbst nicht beachtet.

Die United Press International zum Beispiel brachte folgende Schlagzeile: *Ermittler: Barbie ist die Ausnahme, nicht die Regel,* und zitierte Ryans Hinweis, die Suche des Justizministeriums habe keinen Nachweis dafür erbracht, daß es einen weiteren ehemaligen Nazi gab, den die USA vor der Rechtsprechung abschirmten. Ryan trat an diesem Abend im Fernsehprogramm *Nightline* der ABC auf. Er erklärte, daß die Vereinigten Staaten »Barbie ahnungslos angeworben hatten, ohne etwas von seiner Rolle in Frankreich zu wissen... [und daß] der Fall Barbie nicht typisch war«. Auf Ted Koppels Fragen hin ging Ryan näher auf das Thema ein. Es war »sehr wahrscheinlich, daß es keine weiteren Nazifunktionäre gab, denen man im gleichen Maß vertraut hatte wie Klaus Barbie..., [und] damit ist der Bericht abgeschlossen[2]«.

Seit der Fall Barbie aufgeflogen ist, hat es jedoch eine ganze Reihe von neuen Entdeckungen in bezug auf Nazis und SS-Männer gegeben, die von den US-Geheimdienstorganisationen beschützt und in einigen Fällen in die Vereinigten Staaten gebracht worden sind. Einer von ihnen war zum Beispiel der SS-Offizier Otto von Bolschwing, der einmal ein blutiges Pogrom in Bukarest in Gang setzte und Adjutant Adolf Eichmanns war. Laut Bolschwings eigenen Worten bei einem geheimen Gespräch mit Ermittlern der US Air Force hatte er 1945 seine Dienste dem CIC der Army angeboten, das ihn für die Vernehmung und Anwerbung von anderen ehemaligen Geheimdienstoffizieren der Nazis einsetzte. Später wurde er zur CIA überstellt, die ihn als Kontraktagenten innerhalb der Organisation Gehlen verwendete, einer Gruppe von deutschen Geheimdienstoffizieren, die von der CIA für die Durchführung von Geheimoperationen und die Beschaffung von Informationen in den von den Sowjets besetzten Gebieten finanziert wurden. Die CIA brachte den SS-Mann 1954 in die Vereinigten Staaten[3]. Nach der Aufdeckung der Affäre Bolschwing tauchten neue Beweise für die Rekrutierung weiterer ehemaliger SS-Männer, Nazis und Kollaborateure auf. Laut den Unterlagen der Army, die durch den Freedom of Information Act (FOIA, Gesetz über die Freiheit der Information) zugänglich gemacht wurden, gab SS-Obersturmführer Robert Verbelen zu, daß er einmal wegen Kriegsverbrechen, unter anderem der Folterung von zwei Piloten der US Air Force, zum Tod verurteilt worden war. Er erklärte auch, daß er in Wien lange als Kontraktspion für die US Army gearbeitet habe, die über seine Vergangenheit informiert war.

Weitere neue Informationen waren in bezug auf Dr. Kurt Blome zutage gefördert worden; dieser hatte 1945 zugegeben, daß er in leitender Position an der Naziforschung über biologische Kriegführung beteiligt gewesen war, einem Programm, zu dem Experimente an KZ-Häftlingen gehört hatten. Blome wurde dennoch 1947 in einem Prozeß wegen Verbrechen gegen die Menschlichkeit freigesprochen und wenige Jahre später vom Korps für chemische Kampfführung der US Army eingestellt, für die er weitere Forschungen über biologische Waffen betrieb. Dann haben wir noch den Fall von Blomes Kollegen Dr. Arthur Rudolph, der in Nürnberg von einem vereidigten Zeugen beschuldigt wurde, in der unterirdischen Raketenfabrik der Nazis in der Nähe von Nordhausen Greueltaten begangen zu haben, später jedoch trotz dieser Vergangenheit die US-Staatsbürgerschaft erhielt und eine wichtige Rolle im Raketenprogramm der Vereinigten Staaten spielte. Jedes dieser Beispiele[4] – und es gibt noch weitere – führt zu beträchtlichen Zweifeln an der Behauptung des Justizministeriums, daß das, was im Fall Barbie geschah, eine »Ausnahme« war.

In der Affäre Barbie selbst weckt eine unabhängige Überprüfung der Unterlagen des Justizministeriums den berechtigten Verdacht, daß einer der wichtigsten Schlüsse des Ministeriums nicht stimmt – und zwar, daß die amerikanischen Agenten, die diesen bestimmten Nazi rekrutierten, nicht ahnen konnten, daß er Verbrechen gegen die Menschlichkeit begangen hatte.

Diese Agenten besaßen nämlich tatsächlich Beweise dafür, daß Barbie schwere Verbrechen an Unschuldigen begangen hatte. Die französische Regierung hatte bereits im August 1944 – beinahe drei Jahre, bevor Barbie angeworben wurde – der Kommission der Vereinten Nationen für Kriegsverbrechen eine Erklärung vorgelegt, in der Barbie beschuldigt wurde, »Morde und Massaker, systematischen Terrorismus und die Hinrichtung von Geiseln« begangen zu haben. Diese Anschuldigungen führten dazu, daß Barbie von 1945 an bis Ende der vierziger Jahre wiederholt in den US-Fahndungslisten von flüchtigen Kriegsverbrechern angeführt wurde. Die Bestätigung dafür, daß das CIC wußte, daß Barbie Gestapochef in Lyon gewesen war, findet sich überall in seiner CIC-Akte.

Die Frage, was das CIC über Barbies Tätigkeit während des Krieges wußte, ist von großer Bedeutung, denn von ihr hängt eine stillschweigende Voraussetzung des Berichtes des Justizministeriums ab – und zwar, daß die Rekrutierung ehemaliger Nazis oder Gestapofunktionäre zu jener Zeit durch die dringenden Erfordernisse der »nationalen Sicherheit« gerechtfertigt wurde, solange der Agent, der solche Leute anwarb, nichts von *besonderen* Greueltaten wußte, die dieser *individuelle* Nazi begangen hatte. Die Regierung behauptet, daß die Leute, die Barbie anwarben, eine »vertretbare« Entscheidung getroffen haben und daß jene Menschen, die nicht dieser Ansicht sind, aus »instinktivem« Abscheu vor dem Holocaust der Nazis so denken und keinen »pragmatischen«, vorausschauenden Standpunkt einnehmen[5].

Die praktische Auswirkung der Prämisse des Justizministeriums – falls man sie akzeptiert – besteht darin, daß sie jedem US-Beamten, der Naziverbrecher wegen ihres angeblichen Wertes für den Geheimdienst schützte, eine Patententschuldigung liefert: »Wir haben es eben nicht gewußt.«

Tatsache ist, daß die US-Geheimdienststellen wußten – oder guten Grund zu der Annahme hatten –, daß viele Kontraktagenten, die sie während des kalten Krieges beschäftigten, im Auftrag der Nazis Verbrechen gegen die Menschlichkeit begangen hatten. Die CIA, das Außenministerium und der Geheimdienst der US Army erstellten jedoch jeder für sich Sonderprogramme, um ausgewählte ehemalige Nazis und Kollaborateure in die Vereinigten Staaten einzuschleusen. Andere Projekte schützten diese Leute, indem man sie auf die überseeischen Lohnlisten der USA setzte.

Die Regierung verwendete diese Männer und Frauen wegen ihrer Erfahrung auf dem Gebiet der Propaganda und der psychologischen Kriegführung, setzte sie in amerikanischen Laboratorien ein und bildete sie sogar als Guerilla-Sondereinheiten aus, die während eines Atomkriegs in der UdSSR zum Einsatz gelangen sollten. Die Rekrutierungen der CIA in Europa konzentrierten sich oft auf Russen, Ukrainer, Letten und andere osteuropäische Nationalisten, die während des Krieges, als ihre Heimatländer von der Deutschen Wehrmacht besetzt waren, mit den Besatzern zusammengearbeitet hatten. Hunderte, vielleicht Tausende solcher Mitarbeiter waren SS-Veteranen, einige ehemalige Funktionäre beim berüchtigten Sicherheitsdienst (SD) gewesen.

Ein Großteil der US-Regierung hat offenbar gehofft, daß die Fragen über die Verwendung dieser Nazis durch die US-Geheimdienste allmählich verstummen würden. Doch während sich immer mehr Beweise ansammeln, werden die Fragen zu dieser Vorgangsweise immer bohrender und beunruhigender.

ERSTES KAPITEL

Diskretes Stillschweigen

Die US-Politiker rechtfertigten nach 1945 die Verwendung von ehemaligen Nazis und Kollaborateuren mit der Möglichkeit – ja der drohenden Gefahr – eines Kriegsausbruches zwischen den Vereinigten Staaten und der UdSSR.

In den ersten Jahren nach dem Zweiten Weltkrieg erwartete Amerika eine umwälzende Veränderung und wurde durch mehrere Faktoren in dieser Einstellung bestärkt: die geopolitische Ost-West-Konfrontation in Europa und im Nahen Osten in den ersten Jahren nach dem Krieg; das Fehlen von verläßlichen Informationen über die tatsächlichen Verhältnisse im Osten; die häufig zitierte Doktrin, laut der Kommunisten Satans Armee auf Erden sind[1]. Solche Vorstellungen waren natürlich von Mensch zu Mensch verschieden, stellten jedoch keineswegs ein Randphänomen dar.

Das tatsächliche Gleichgewicht der Kräfte in Europa im Jahrzehnt nach 1945 bedeutete jedoch, daß weder die Vereinigten Staaten noch die UdSSR fähig waren, dem anderen allein durch militärische Stärke ihren Willen aufzuzwingen. Der Vorteil der Sowjets in bezug auf Truppenstärke und geografische Lage sicherte ihnen in Osteuropa trotz Amerikas Atombombe und wirtschaftlichem Wohlstand bedeutenden Einfluß.

Angesichts dieser Situation erteilte Präsident Harry Truman den Auftrag zur Entwicklung eines Programms für psychologische Kriegführung, Geheimoperationen und Beschaffung von Informationen, das gegen die UdSSR und ihre Satelliten gerichtet war, bereits 1945 anlief und in den darauffolgenden Jahren beschleunigt wurde. Kürzlich freigegebenen Unterlagen kann man entnehmen, daß Truman 1948 ein von seinem National Security Council (NSC, Nationaler Sicherheitsrat) initiiertes Multi-Millionen-Dollar-Programm gebilligt hat, mit dem heimlich Untergrund-Widerstandsbewegungen, »Guerillas und Flüchtlingsbefreiungsgruppen [sic] . . . gegen feindliche Staaten« finanziert und bewaffnet werden sollten, womit die UdSSR und ihre osteuropäischen Satelliten gemeint waren[2].

Viele dieser »Befreiungsgruppen für Flüchtlinge« waren in Wirklichkeit rechtsextreme Organisationen von Leuten, die während der deutschen Besetzung ihrer Heimat mit den Nazis zusammengearbeitet hatten und jetzt im Exil lebten. Einige ihrer Führer waren Gewaltverbrecher, die während des Holocausts Massaker und Deportationen von Juden geleitet hatten. Trotz dieses Hintergrunds überzeugten die US-Sachverständigen für Geheimoperationen das NSC und hochrangige Politiker davon, daß eine Förderung dieser Organisationen und ihrer deutschen Agentenbetreuer den USA wesentliche Vorteile bringen würde.

Exilorganisationen wie der Nazional'no-Trudowoi Sowus (NTS, russische Solidaristen) und die verschiedenen Splittergruppen der Ukrainska Powstantscha Armia (UPA, Ukrainische Insurgentenarmee) behaupteten, daß sie über große Sympathisantennetze hinter den sowjetischen Linien verfügten. Deutsche Geheimdienstspezialisten wie General Reinhard Gehlen, der diese Spionagenetze während des Krieges geleitet hatte, behaupteten, daß man mit einer bescheidenen Infusion von Geld und Waffen sichere Organisationen von Spionageagenten, Saboteuren und Terrorspezialisten in den Ostblockländern und den von Menschen wimmelnden Flüchtlingslagern, die damals über ganz Westdeutschland verstreut waren, schaffen konnte. Kurz gesagt ging es darum, insgeheim die Arbeit dieser Gruppen auf die gleiche Weise zu unterstützen, auf die die Alliierten während des Krieges die Widerstandskämpfer in den von den Deutschen besetzten Gebieten unterstützt hatten.

Entgegen den seinerzeit in den geheimen Ausschüssen der US-Regierung gemachten Versprechungen, daß der Einsatz solcher Personen den Vereinigten Staaten praktischen Nutzen bringen würde, führten die Programme für die Verwendung von Nazis – auch wenn man alle moralischen Überlegungen beiseite läßt – in Wirklichkeit häufig zu Katastrophen. Die Teams, die hinter den Linien Spionage trieben, standen, wie sich jetzt herausstellte, zum Großteil nur auf dem Papier, und jene, die tatsächlich existierten, waren von sowjetischen Doppelagenten unterwandert. Statt einen relativ hieb- und stichfesten antikommunistischen Spionagedienst aufzuziehen, haben die Cliquen von alten Freunden, die ehemalige Nazis anheuerten, der UdSSR schließlich eine relativ mühelose Möglichkeit geboten, ihre Leute in die legitime Beschaffung von Informationen durch die USA über das militärische Potential und die Absichten der Sowjetunion einzuschleusen. Von den USA finanziell unterstützte Kampagnen im Krieg der Geheimdienste, bei denen diese Agenten eingesetzt wurden, gingen ständig schief, was dazu führte, daß Tausende Osteuropäer verhaftet, eingesperrt und manchmal hingerichtet wurden.

Der Einsatz von Nazis und Kollaborateuren im Rahmen der US-Geheimdienstprogramme hat auch Spuren im politischen Leben der Vereinigten Staaten hinterlassen. Dieser Effekt wird im Spionagejargon als »Blowback« (Rückstoß) bezeichnet und bedeutet unerwartete – und negative – Effekte im Heimatland als Folge von geheimen Operationen in Übersee.

Der »Blowback« durch geheime CIA-Aktionen im Ausland war oft nicht weniger beunruhigend als zum Beispiel ein gefälschter Bericht, der einer europäischen Zeitschrift untergeschoben wurde und später in den US-Veröffentlichungen als Tatsache aufschien. Manchmal nahm das Problem aber wesentlich ernstere Formen an. In einem Fall, der in diesem Buch zum erstenmal aufgedeckt wird, lieferte eine Organisation von ehemaligen Geheimdienstexperten der SS und der Wehrmacht Falschinformationen, die beinahe zum dritten Weltkrieg führten. In einem anderen Fall benützte Senator Joseph McCarthy eine geheime US-Spionageeinheit, die zum Teil aus Nazikollaborateuren bestand, um verleumderische Informationen zu erhalten, mit denen er politische Gegner in den Schmutz zog.

Trotz dieser negativen Auswirkungen sind die US-Operationen, bei denen ehemalige Nazis verwendet wurden, im Westen ein sorgfältig gehütetes Geheimnis geblieben. Keine große Verschwörung, wie manche Kritiker behaupten, sondern eine gewisse Konvergenz mächtiger Interessen hat dafür gesorgt, daß diese Geschichte nicht an die Öffentlichkeit drang. Die amerikanische Regierung war zum Beispiel nicht bereit, etwas über die Männer und Frauen zu verlauten, die im Zusammenhang mit der »nationalen Sicherheit« an heiklen Missionen beteiligt waren. Viele US-Dokumente, die sich auf diese Programme bezogen, sind systematisch aus den Akten ausgeschieden und vernichtet worden, und beinahe alle noch vorhandenen Akten sind als streng geheim eingestuft. Die meisten Männer, die das US-Programm auf die Beine gestellt haben – darunter der ehemalige Leiter der geheimen Operationen der CIA,

Frank Wisner, und sein Boß, CIA-Direktor Allen Dulles –, sind tot. Und die meisten noch lebenden Beteiligten weigern sich zu reden.

Bis vor kurzem konnte man sich für gewöhnlich darauf verlassen, daß die US-Medien über Emigrantenführer mit NS-Vergangenheit diskretes Stillschweigen bewahrten, wenn sie beschuldigt wurden, für die CIA zu arbeiten. Laut Akten, die aufgrund des FOIA freigegeben wurden, verleiteten einige Massenmedienverbände in den USA – die manchmal im direkten Einvernehmen mit der CIA arbeiteten – dazu, Legenden über den kalten Krieg zu verbreiten, wodurch gewisse emigrierte Nazikollaborateure aus dem Zweiten Weltkrieg zu »Freiheitskämpfern« und Helden des erneuerten Kampfes gegen den Kommunismus stilisiert wurden[3]. Die breite Bevölkerung hatte meist keinen Grund zu der Annahme, daß dabei etwas nicht stimmte.

Doch die Tatsachen über die ausgewählten ehemaligen Nazis und Kollaborateure, die unter dem Schutz der Regierung standen, können nicht auf ewig begraben bleiben. Es war nie so leicht, wie man annehmen würde, während des kalten Krieges Kollaborateure in die Vereinigten Staaten einzuschmuggeln, die bei Geheimaktionen eingesetzt werden sollten. Die Einreise des ehemaligen hohen Beamten im Reichsaußenministerium, Gustav Hilger, ist ein Beispiel dafür. Hohe Beamte des US-Außenministeriums, darunter George F. Kennan, intervenierten persönlich für den Deutschen und hinterließen dabei eine ganze Fährte von Telegrammen[4]. Dann mußten heimlich Visa beschafft werden, und das Immigration and Naturalization Service (INS, Einwanderungs- und Einbürgerungsamt) mußte unauffällig informiert werden, was weitere Spuren hinterließ. Hilger mußte mit einem US-Militärflugzeug aus Deutschland ausgeflogen werden. Später mußte man für Hilger eine neue Identität und eine Unbedenklichkeitsbescheinigung von höchster Stelle beschaffen, bevor er in Washington arbeiten konnte.

Obwohl nur bruchstückhafte Beweise für diese Aktivitäten vorliegen, kann man jetzt den größten Teil der Geschichte Hilgers und der anderen Kollaborateure zusammensetzen. Die Karrieren – und die Erklärungen – der gewissen führenden amerikanischen Persönlichkeiten, die solche Männer beschützten und sie arbeiten ließen, können veröffentlicht werden. Genauso wichtig ist, daß man jetzt allmählich die sonst unsichtbaren Spuren erkennen kann, die die heimliche Förderung ehemaliger

Nazis und Kollaborateure durch die Regierung in den Vereinigten Staaten hinterlassen hat. Freigegebene Unterlagen der US Army zeigen, daß sich der erste Plan, die klugen Köpfe Nazideutschlands zur Mitarbeit heranzuziehen, auf Wissenschaftler konzentrierte. Einigen amerikanischen Geheimdienstbeamten war von Anfang an klar, daß sie ehemalige Nazis rekrutierten, darunter SS-Offiziere und andere Personen, die angeblich persönlich an der Hinrichtung von KZ-Insassen beteiligt gewesen waren. Dennoch glaubten hohe Beamte des Pentagons, daß man diese Deutschen im Zusammenhang mit dem damals noch andauernden Krieg gegen Japan und dem sich herauskristallisierenden Konflikt mit der UdSSR verwenden konnte. Eine streng geheime militärische Zentrale für die Koordinierung der Geheimdienste riet der Army, ihre Akten über diese Wissenschaftler so abzuändern, daß ihre Tätigkeit während des Krieges als unbedenklich hingestellt werden konnte. Die Vereinigten Staaten hörten bald auf, »ein totes Nazipferd zu prügeln«, wie es Bosquet Wev, leitender Beamter im Koordinierungsbüro des Pentagons für die Geheimdienste, ausdrückte, und begannen, deutsche Fachleute für chemische Kriegführung, Unterseebootspezialisten und jene Wissenschaftler ins Land zu holen, die früher unter Einsatz von Zwangsarbeitern aus den Konzentrationslagern der Nazis die deutschen Raketen gebaut hatten[5].

Ungefähr zu der gleichen Zeit, als diese Fachleute verpflichtet wurden, starteten die Vereinigten Staaten auch ein kleines, überaus geheimes Programm, durch das in einem amerikanischen Lager für hochrangige Kriegsgefangene der Achsenmächte in der Nähe von Wiesbaden deutsche Spezialisten für Spionage- und Geheimoperationen angeworben wurden. Hier erteilte der Chef des Geheimdienstes der Army in Europa, General Edwin Sibert, dem hageren ehemaligen Wehrmachtsgeneral Reinhard Gehlen den Auftrag, eine neue, aus deutschen Fachleuten für die UdSSR bestehende Spionageorganisation aufzubauen. Sibert, der damit zu jener Zeit eindeutig gegen die Befehle von Präsident Franklin D. Roosevelt in bezug auf die Entnazifizierung Deutschlands verstieß, übernahm persönlich die Verantwortung für das Projekt. Noch vor Ende der vierziger Jahre war aus Siberts und Gehlens kleinem Pflänzchen eine Organisation geworden, der die Amerikaner viele ihrer Kenntnisse über Osteuropa und die Sowjetunion verdankten[6].

Die Organisation Gehlen bildete den Mittelpunkt für die wesentliche, wenn auch weitgehend unbemerkte Tätigkeit der ehemaligen Nazis und Kollaborateure in den eng zusammenhängenden Entwicklungen des kalten Krieges, die sich auch auf das Potential des amerikanischen Geheimdienstes auswirkte. Gehlen lieferte dem Geheimdienst der Army und später der CIA viele der schrecklichen Berichte, die die Erhöhung des Militärbudgets rechtfertigten und die Feindseligkeit zwischen den USA und der UdSSR verstärkten. Victor Marchetti[7], der ehemalige Chefauswerter der CIA für das militärische Potential der Sowjets, behauptet, daß Gehlen die militärische Gefahr, die die Sowjets in Europa darstellten, übertrieben hat, um weiterhin den Schutz und die Geldmittel für seine von den USA finanzierten Operationen zu erhalten. Die deutsche Geheimdienstgruppe beanspruchte übrigens für gewöhnlich zumindest einen Teil der neu bereitgestellten Budgetmittel, die die Eskalation des Konfliktes mit der UdSSR begleiteten, für sich.

Ungefähr um die Zeit, als die Organisation Gehlen auf die Beine gestellt wurde, hörte das CIC allmählich auf, untergetauchte Nazis wegen Kriegsverbrechen zu verfolgen, und ging dazu über, einige der gleichen Nazis und Kollaborateure für das Aufspüren von Kommunisten einzusetzen. 1948 stand das CIC plötzlich der US Air Force und der damals neugegründeten CIA in einem bürokratischen Kampf um die Geldmittel im Spionagekrieg gegen die Russen gegenüber. Eine überaus wertvolle Beute in diesem internen amerikanischen Konflikt war die Verfügungsgewalt über mehrere tausend ehemalige Soldaten und Offiziere der Waffen-SS, die die Army zum Einsatz in einem Guerillakrieg gegen die UdSSR angeheuert und ausgerüstet hatte. Die Army integrierte schließlich diese SS-Truppen in die Atomstrategie der USA*.

---

* Seit Kriegsende läuft in Westdeutschland eine nicht enden wollende Debatte über das Wesen der Waffen-SS und ihr Verhältnis zu Himmlers übrigem Terrorapparat. Ehemalige Angehörige der Waffen-SS verherrlichen manchmal die Rolle der Truppe als eine Art militärischer Elite, die weder Kriegsverbrechen noch Verbrechen gegen die Menschlichkeit begangen hat.
Die Waffen-SS, seit November 1939 so bezeichnet, entstand aus den bewaffneten Verbänden der SS und Polizei, insbesondere der SS-Verfügungstruppe, den Junkerschulen und den SS-Totenkopfverbänden, die wiederum die Wachmannschaften der Konzentrationslager stellten, sowie Kräften der Ordnungspolizei (Orpo). Die Waffen-SS blieb immer Teil der Allgemeinen SS, unbeschadet ihrer Frontverwendung im Rahmen des

Aus Unterlagen, die kürzlich im Archiv des damals unter der Leitung von George F. Kennan stehenden US-Außenministeriums entdeckt wurden, geht hervor, daß die geheime Verwendung von ehemaligen Nazikollaborateuren während der ersten Zeit des kalten Krieges durch eine Reihe von Direktiven des NSC und durch vom politischen Planungsstab des Außenministeriums finanzierte Geheimdienstprojekte bestimmt wurde. Zu dieser Zeit war Kennan die Aufsicht über alle Geheimoperationen der USA im Ausland übertragen worden. Seine sowie die Initiative von Allen Dulles, Frank Wisner und etlichen CIA-Beamten veranlaßten Trumans Nationalen Sicherheitsrat, ein umfassendes Programm von Geheimoperationen zu billigen, die sich deutlich an der Wlassow-Armee orientierten, einer antikommunistischen Emigrantentruppe, die die SS und das deutsche Außenministerium während des Zweiten Weltkriegs ins Leben gerufen hatten[8]. Wissenschaftler und Propagandisten, die einst gemeinsam das Programm der Nazis für den politischen Krieg formuliert hatten, wurden in die USA geholt, um ihr Wissen in die neue Operation einzubringen.

Wisner, der dynamische Leiter des CIA-Direktoriums für Geheimoperationen, sammelte nach und nach die Fäden früherer Versuche, Nazis einzustellen, in den Händen der CIA. Wisner glaubte an das ungeheure Spionagepotential der osteuropäischen Emigrantenorganisationen, an ihren Wert als Propagandisten und Stimmungsmacher, und er wußte, daß es ein einmaliger Vorteil war, wenn er Soldaten, denen man keine

Feldheeres. Obwohl das Freiwilligen-Prinzip bei der Anwerbung formell nie aufgegeben wurde, sah sich das SS-Führungshauptamt mit wachsender Kriegsdauer zur Bildung von Verbänden aus Kollaborateuren der besetzten Länder gezwungen, so daß die Waffen-SS zu einer multinationalen Massenarmee wurde, die schließlich auch zu Zwangsrekrutierungen griff.
Der Internationale Militärgerichtshof in Nürnberg gelangte zu der Erkenntnis, daß die gesamte SS (einschließlich der Waffen-SS) eine verbrecherische Organisation war. »Bei manchen Divisionen der Waffen-SS war es allgemeiner Brauch, unbewaffnete Kriegsgefangene zu erschießen«, heißt es im Nürnberger Urteil. »Sie waren für viele Massaker und Grausamkeiten in den besetzten Gebieten verantwortlich, wie zum Beispiel für die Blutbäder in Oradour und Lidice ... [Sie] stellten Personal für die Einsatzgruppen, besaßen Befehlsgewalt über die Mannschaften der Konzentrationslager.« Das Gericht nahm allerdings ausdrücklich jene Männer davon aus, die »auf solche Art in ihre Reihen gezogen wurden, daß ihnen keine andere Wahl blieb, und die keine solchen Verbrechen begingen«.

Verbindung zur US-Regierung nachweisen konnte, für bestimmte, besonders heikle Missionen, unter anderem auch für politische Morde, einsetzen konnte. Wisner war außerdem davon überzeugt, daß die kommunistische Herrschaft in Osteuropa und vielleicht auch in der UdSSR bald gestürzt werden würde. Seiner Ansicht nach befand sich Amerika bereits im Kriegszustand und hatte keine Zeit, Haarspaltereien wegen der Vergangenheit seiner neuen Mitkämpfer zu betreiben.

Wisners geheime Kampagnen zielten ursprünglich auf die UdSSR und ihre Satelliten ab. Doch noch vor Ende des Jahrzehnts wurde auch das amerikanische Volk zur wichtigen Zielgruppe für die Propagandaprogramme der CIA. Zu dieser Zeit, während des Winters 1951/52, geriet der »Blowback« der Überseeoperationen der CIA in ein neues, gefährliches Stadium. Den Unterlagen des NSC zufolge startete Wisner umfassende Programme, um Tausende antikommunistische Emigranten in die Vereinigten Staaten zu holen und sie dadurch für Geheimoperationen in Übersee zu belohnen; außerdem verwendete er sie als Ausbilder für den Guerillakrieg gegen die Ostblockstaaten. Die CIA finanzierte im geheimen die Arbeit von rechtsstehenden Organisationen für Flüchtlingshilfe, die solche Immigranten unterstützten, darunter auch Gruppen, die deutlich mit radikalen nationalistischen und faschistischen Organisationen in Europa in Verbindung standen[9]. Während der gleichen Zeit stellte die CIA Millionen Dollar für Reklame und aufsehenerregende Fernsehsendungen innerhalb der Vereinigten Staaten zur Verfügung, deren Hauptthema die Unterstützung der »Flüchtlingsbefreiung« in Übersee war.

Zehntausende osteuropäische Flüchtlinge emigrierten Ende der vierziger und während der fünfziger Jahre in die Vereinigten Staaten. Natürlich hat die überwältigende Mehrheit dieser Einwanderer bewiesen, daß sie wertvolle Staatsbürger sind, die bedeutende Beiträge zu Wissenschaft, Kultur, Medizin, Sport, dem amerikanischen Arbeitskräftepotential sowie zur Verteidigung von Werten wie Demokratie und Nationalstolz beigetragen haben. Aber wie sich in jeder großen Menschengruppe einige Verbrecher befinden, war das auch bei diesen Emigranten der Fall. Doch hier bestand der Unterschied darin, daß es sich bei vielen um erfahrene, rechtsstehende politische Aktivisten handelte, die ausgezeichnet organisiert waren und unter dem Schutz der CIA standen.

Kurz vor den Präsidentschaftswahlen 1952 dehnte die CIA ihre Medienoperationen deutlich aus, indem sie mehrere Millionen Dollar in eine Publicity-Kampagne in den Vereinigten Staaten investierte, durch die sie die erweiterten Operationen des kalten Krieges in Europa legitimieren wollte[10]. Dieses Programm stand im Zeichen der sogenannten Liberationismustheorie, und ein wichtiger Teil der Strategie bestand darin, daß man gewisse, aus dem Zweiten Weltkrieg übriggebliebene exilierte faschistische Führer als demokratische »Freiheitskämpfer« gegen die UdSSR betrachten sollte. Die Propagandakampagne der CIA innerhalb der USA war offenkundig illegal; aber die CIA verschleierte ihre Verbindung zu dieser Unternehmung, die daraufhin blühte und gedieh.

Rechtsstehende Emigrantenorganisationen, die zunächst kaum mehr als Instrumente der deutschen (und später US-)Spionagedienststellen gewesen waren, begannen während des kalten Krieges, eigenes Leben und eigenen Einfluß zu gewinnen, und zwar vor allem in den großen osteuropäischen Einwanderergemeinden. Mit Hilfe von Organisationen wie die von der CIA finanzierten Assembly of Captive European Nations (ACEN, Vereinigung unterdrückter europäischer Nationen), bestimmten ukrainischen Interessengemeinschaften und der lettischen Daugavas-Vanagi-Allianz (in der Führungsschicht jeder dieser Organisationen befanden sich Personen, die von US-Ermittlungsbeamten als Kriegsverbrecher eingestuft worden waren[11]) vergrößerten diese rechtsextremen Emigranten ihren Einfluß auf amerikanische Angelegenheiten.

Obwohl diese Gruppen und Organisationen – und viele ähnliche – nie als Sprecher für ihre jeweiligen Nationalitätenanliegen auftraten, gelang es ihnen, sich an der äußersten Rechten des politischen Spektrums der USA echte Machtpositionen zu schaffen. Noch vor Ende der fünfziger Jahre führten die Aktivitäten extremistischer europäischer Emigrantenorganisationen in Verbindung mit dem einheimischen amerikanischen Antikommunismus sowohl unter der republikanischen als auch der demokratischen Administration zu ernsten negativen Auswirkungen in der Außen- und Innenpolitik der USA. 1959 verfügten diese Gruppen über aktive Sympathisanten innerhalb des Nationalen Sicherheitsrates und hatten einen gewissen Einfluß im Kapitol gewonnen. Leitartikler Walter Lippmann beobachtete ihre Wirkung auf die US-Politik in bezug auf die UdSSR und Osteuropa und bezeichnete sie als »morbide Erfahrung«[12]. Kurz gesagt, die geheimen US-Operationen, bei denen Nazis eingesetzt wurden, führten nie zu den ursprünglich angestrebten Resultaten, sondern trugen im Gegenteil dazu bei, den Einfluß von extrem reaktionären Trends auf das politische Leben Amerikas zu stärken. Diese Lehre hat im Lauf der Jahre an Bedeutung gewonnen. Kürzliche US-Interventionen im Ausland haben extremistischen und sogar terroristischen Emigrantenorganisationen die Einreise in die Vereinigten Staaten erleichtert: Diese Organisationen haben anschließend in ethnischen Gemeinschaften in den USA oft mittels Gewalt und Einschüchterung Fuß gefaßt. Mir fällt in dieser Beziehung der Einfluß der Veteranen des Schweinebuchtabenteuers in kubanisch-amerikanischen Enklaven oder die Machtposition der ehemaligen Saigoner Polizei unter den Flüchtlingen aus Südostasien ein. Diese Art von »Blowback« hat sich nicht auf den Einsatz von Nazis in Operationen des kalten Krieges beschränkt; es handelt sich hier um ein viel weiter verbreitetes Charakteristikum der CIA-Emigrantenoperationen, als allgemein zugegeben wird, und es lohnt sich, es genauer zu untersuchen.

Die folgenden Seiten befassen sich detailliert mit einem Beispiel für »Blowback«: mit den Operationen während des kalten Krieges, bei denen Nazis im Einsatz waren, und ihrem Einfluß auf Amerika. Warum hat sich die US-Regierung entschlossen, Kriegsverbrecher zu beschäftigen? Warum ließ sie solche Leute ins Land? Um die Antworten zu verstehen, ist es vor allem erforderlich, den Ausdruck *Kriegsverbrechen* genauer zu definieren und die Lebensläufe einiger Männer und Frauen, die solche Ungeheuerlichkeiten begingen, bis zu ihren Anfängen zurückzuverfolgen.

ZWEITES KAPITEL

Gemetzel an der Ostfront

»*Verbrechen gegen die Menschlichkeit*«, heißt es im Gesetz Nr. 10 des Alliierten Kontrollrates vom 20. Dezember 1945, sind »Greuel- und Straftaten, die Mord, Ausrottung, Versklavung, Inhaftierung, Folter, Vergewaltigung oder andere unmenschliche Akte einschließen, ohne sich auf sie zu beschränken, begangen an einer Zivilbevölkerung aus politischen, rassischen oder religiösen Gründen...«

Dieses Statut diente zusammen mit vorhergehenden gemeinsamen Erklärungen der alliierten Regierungen über Kriegsverbrechen als formelle Grundlage, als nach dem Zweiten Weltkrieg Nazis und ihre Kollaborateure vor Gericht gestellt wurden. Das Gesetz des Kontrollrats ist ein allgemeines Gesetz. Es umfaßt das Verbot von *Kriegsverbrechen* – einschließlich Ermordung oder Deportation der Zivilbevölkerung durch Besatzungsarmeen, Plünderungen, Tötung von Kriegsgefangenen oder Geiseln, böswillige Zerstörung von Städten oder Ortschaften usw. – und *Verbrechen gegen den Frieden,* womit gemeint ist: »Planen, Vorbereitung, Einleitung oder Durchführung eines Angriffskrieges oder eines Krieges unter Verletzung internationaler Verträge.« Die Strafe für Personen, die aufgrund dieses Gesetzes verurteilt werden, erstreckt sich von der Aberkennung der bürgerlichen Ehrenrechte bis zur Todesstrafe, je nach den Umständen, unter denen das Verbrechen begangen wurde[1].

Während dieses Statut spezifische, von Einzelpersonen begangene Akte unter Strafe stellt, räumt es auch implizite ein, daß die von Nazideutschland begangenen Völkermorde und Versklavungen ein hohes Maß an Koordination erfordert hatten. Die kriminelle Schuldhaftigkeit erstreckt sich ausdrücklich auf den Apparat der SS und der NSDAP sowie auf die Leiter der deutschen Industrie, die Arbeitskräfte aus den Konzentrationslagern ausgenützt haben. Sie schließt faschistenfreundliche Zeitungsverleger ein, die in ihren Publikationen Rassenhaß predigten, und höhere Beamte in den Ministerien der Achsenmächte und lokalen Regierungen, die Beihilfe zu Massenmorden und Verfolgungen leisteten.

In diesem Buch wird der Ausdruck *Kriegsverbrechen* für jene Aktivitäten verwendet, die hier aus dem Gesetz Nr. 10 des Alliierten Kontrollrates zitiert wurden. Es ist allgemein bekannt, daß viele für den Holocaust an den Juden, für den Massenmord durch Verhungern an Millionen sowjetischer Kriegsgefangener und für andere Greueltaten verantwortliche Männer und Frauen entkommen sind und nie wegen ihrer Verbrechen verurteilt wurden. Deshalb muß man bei jeder ernstzunehmenden Diskussion darüber, wer strenggenommen als Kriegsverbrecher bezeichnet werden kann, notwendigerweise alle historischen Unterlagen für die Ereignisse während des Krieges und des Holocausts in Betracht ziehen – und nicht nur die relativ kleine Zahl der Fälle, die formell vom internationalen Gerichtshof in Nürnberg und von anderen Gerichten verhandelt wurden. In diesem Buch wird der Ausdruck *Kriegsverbrecher* in engumgrenztem Sinn verwendet, geht aber doch über jenen Personenkreis hinaus, der rechtskräftig verurteilt wurde. Er wird auf verantwortliche Funktionäre der politischen Parteien, der Polizeiorganisationen oder der Regierungen der Achsenmächte während des Krieges angewendet, deren Akte des Terrors, der Ausrottung und des Antisemitismus unbestritten sind; auf Einzelpersonen, die freiwillig am Völkermord oder an Massenmorden teilgenommen haben; und in wenigen Fällen auf Propagandisten oder Publizisten, die aktiv für Unterdrückungen aufgrund von Rasse oder Religion eingetreten sind.

Um zu verstehen, wie gewisse auf den folgenden Seiten erwähnte Menschen der Bestrafung für ihre Verbrechen entgangen sind, muß man sich vergegenwärtigen, daß radikaler Antibolschewismus und fanatischer Haß gegen die UdSSR eine der Säulen des Nationalsozialismus waren. Das Gemetzel, das auf den deutschen Angriff auf die Sowjetunion im Juni 1941 folgte, hat in der Weltgeschichte nicht seinesgleichen. Nach den an erster Stelle stehenden Maßnahmen der Nazis in den Vernichtungslagern von Treblinka, Sobibor, Birkenau, Maidanek und anderen, wurden die entsetzlichsten Verbrechen des ganzen Krieges im Namen des Antikommunismus in den von den Deutschen besetzten Gebieten hinter der Ostfront begangen. Die Verluste der Zivilbevölkerung waren dort so ungeheuer, daß es sich sogar als unmöglich erwiesen hat, die Toten zu zählen. Wissenschaftler haben versucht, die Zahl der Opfer aus erbeuteten deutschen Unterlagen, aus Berichten der Einsatzgruppen (mobilen Hinrichtungskommandos), aus Berichten über die Sterblichkeitsrate in Kriegsgefangenenlagern und aus der sowjetischen Volkszählungsstatistik zu errechnen. Aus diesem Material kann man schließen, daß von 1941 bis 1944 drei bis vier Millionen gefangene Sowjetsoldaten in den deutschen Kriegsgefangenenlagern bewußt dem Hungertod preisgegeben wurden. Mindestens eineinhalb Millionen Juden wurden in dem von den Deutschen besetzten sowjetischen Gebiet ausgerottet, hauptsächlich durch Massenerschießungen, aber auch durch Vergasung, Deportation in Vernichtungslager, Plünderung und Zerstörung von Dörfern, Erhängen und Folter. Die allgemein anerkannte Zahl für die Gesamtheit der sowjetischen Kriegstoten beträgt zwanzig Millionen – etwa 15 Prozent der damaligen Bevölkerung des Landes; die Zerstörung war jedoch so umfassend, daß selbst diese Zahl nur etwas mehr als reine Vermutung sein kann.

Die Nazis setzten im Osten Hungersnöte bewußt als politische Waffe ein, und diese wurde bald zum effizientesten Mörder. Zu Beginn der deutschen Invasion der UdSSR erteilte General (später Feldmarschall) Erich von Manstein den Befehl, »das jüdisch-bolschewistische System muß vernichtet werden. . . . In Feindstädten wird ein großer Teil der Bevölkerung verhungern müssen.« Manstein weiters: »An die Gefangenen und die Bevölkerung darf nichts aus mißverstandener Humanität verteilt werden – außer sie stehen im Dienst der Deutschen Wehrmacht*.«

Hier handelt es sich nicht nur um einen Eroberungs-, sondern um einen Vernichtungskrieg. Ganze Gebiete der Sowjetunion sollten von dem

---

* Andere militärische Verordnungen, die Manstein am Tag vor Kriegsausbruch weitergab, enthielten den Befehl zur sofortigen Liquidierung aller gefangenen sowjetischen politischen Kommissare (sog. Kommissar-Befehl), standrechtlichen Erschießungen von Zivilisten, die an dem Widerstand gegen die deutschen Truppen »teilnehmen oder teilnehmen wollen«, und »kollektive Gewaltmaßnahmen«, um Dörfer zu bestrafen, in denen »heimtückische Angriffe jedweder Art [gegen die Wehrmacht]« stattgefunden hatten. Deutsche Soldaten, deren Handlungen laut dem deutschen Militärgesetz Verbrechen darstellten, sollten nicht angeklagt werden, wenn diese Taten »aus Erbitterung gegen . . . die Träger des jüdisch-bolschewistischen [sic] Systems« begangen worden waren (sog. Barbarossa-Gerichtsbarkeitserlaß vom 13. Mai 1941). Während seines Prozesses als Kriegsverbrecher behauptete Manstein später, daß er den Befehl über den Hungertod »vollkommen vergessen« hatte. Er wurde von einem britischen Gericht in einem umstrittenen Verfahren 1949 schuldig gesprochen und zu achtzehn (auf zwölf herabgesetzt) Jahren Gefängnis verurteilt, aber bereits am 7. Mai 1953 bedingt freigelassen. Der ehemalige Feldmarschall wurde später Berater der Bundesregierung bei der Wiederbewaffnung.

vorhandenen kommunistischen Apparat und von »slawischen Untermenschen« gesäubert werden, um Platz für die Besiedlung durch »arische Pioniere« zu schaffen. Vor allem hielt man es für notwendig, einen ideologischen Krieg zu führen, um die »jüdisch-bolschewistische Seuche« und ihre »Träger« vom Erdboden zu tilgen.

Die Massenmorde der Nazis in Lidice in der Tschechoslowakei und in Oradour in Frankreich sind im Westen nicht in Vergessenheit geraten. Doch in der von den Deutschen besetzten UdSSR gab es nicht nur ein oder zwei Lidices, sondern Hunderte. Massenmorde wie in Lidice fanden in Rasseta (372 Tote), Wesniny (etwa 200 Tote, hauptsächlich Frauen und Kinder) und Dolina (469 Tote, wieder hauptsächlich Frauen und Kinder) statt, um nur drei zu nennen. Allein im Bezirk Osweja im Norden der Weißrussischen SSR zerstörten laut Alexander Werth, dem Korrespondenten der Londoner *Times,* die Nazis und die mit ihnen zusammenarbeitenden Gruppen im März 1943 etwa 158 Dörfer. »Alle körperlich leistungsfähigen Männer [wurden] als Zwangsarbeiter deportiert, und alle Frauen, Kinder und alten Leute ermordet«, berichtet Werth. Während des gesamten Krieges an der Ostfront wurde diese aus Massakern und verbrannter Erde bestehende Taktik immer wieder angewendet.

Die Vorgangsweise der Nazis gegen die Partisanen war in ganz Europa durchwegs brutal, und die Deutschen und ihre Kollaborateure begingen zahlreiche Verstöße gegen »die Kriegsgesetze und den Kriegsbrauch, wie Folter, Massenmorde an Unschuldigen als Vergeltung für Guerillaangriffe, und die Ermordung von Geiseln«. Im Osten jedoch erreichte dieses Morden ein geradezu wahnsinniges Ausmaß. In Odessa zum Beispiel brachten die Nazis und ihre rumänischen Kollaborateure *in einer einzigen Nacht* 19 000 Juden und andere sogenannte subversive Elemente als Vergeltung für einen Sprengstoffanschlag der Partisanen um, bei dem etwa ein Dutzend rumänischer Soldaten ums Leben gekommen war. In der darauffolgenden Woche trieben die Truppen der Achsenmächte weitere 40 000 Juden zusammen und erschossen sie. Die SS setzte als Rotkreuzautos getarnte Vergasungslastwagen ein und ermordete im Süden, in der Nähe von Krasnodar, 7 000 Frauen und Kinder. Am 29. und 30. September 1941 wurden 33 771 Juden in Babi Jar in der Nähe von Kiew getötet; diese Liste läßt sich fortsetzen[2].

Hitlers Oberkommando plante die Vernichtungskampagne an der Ostfront überaus sorgfältig, arbeitete Anweisungen für Massenerschießungen aus und verteilte sie an Wehrmacht- und SS-Kommandeure. Sie stellten SS-Sondereinheiten auf, die ausschließlich zur Massenvernichtung eingesetzt wurden – die Einsatzgruppen und ihre Untergruppierungen, die Sonderkommandos und Einsatzkommandos –, und stellten die Verbindung zwischen den Mordkommandos und den Armeeoberkommandos an der Front her, damit die Mordkommandos die erforderlichen Informationen und genügend Nachschub erhielten. Die SS führte genaue Statistiken über die Gemetzel, brachte sie immer auf den neuesten Stand und berichtete nach Berlin. Teams von Inspektoren und Sachverständigen (darunter Männer, die später von den US-Geheimdiensten als Sachverständige für sowjetische Angelegenheiten verwendet wurden) bereisten während des Krieges die Ostfront und prüften, ob die Ausrottungen und die Beschlagnahme von Lebensmitteln in den besetzten Gebieten funktionierten und auf eine Weise durchgeführt wurden, die »unter den gegebenen Umständen als human zu bezeichnen war[3]«, wie ein Einsatzgruppenführer in Nürnberg aussagte.

Eine Vorgangsweise, die später unter der Bezeichnung »politische Kriegführung« bekannt wurde – das heißt der Einsatz von Propaganda, Sabotage und Kollaborateuren, um den Kampfwillen des Feindes zu untergraben –, spielte von Anfang des Krieges an eine wichtige Rolle in der deutschen Strategie. Spezialisierte Terror- und Propagandateams, die aus einheimischen Kollaborateuren bestanden, gehörten zu den ersten Einheiten, die mit den deutschen Armeen quer durch Europa marschierten.

Die Nazis hatten ursprünglich geplant, die UdSSR binnen weniger Monate zu erobern, und zunächst hatte es den Anschein, als würde es ihnen gelingen. Doch dann blieb die deutsche Offensive stecken, ihre Nachschublinien wurden länger und damit gefährdeter, und die Partisanentätigkeit im Rücken der Deutschen nahm zu. Im Spätherbst 1941 begannen die Armeebefehlshaber an der Ostfront, einheimische antikommunistische Kollaborateure in der Verwaltung der von den Nazis besetzten Gebiete zu beschäftigen und mit ihnen die vor allem in der Partisanenbekämpfung im Einsatz stehenden deutschen Truppen aufzufüllen. Die deutschen Spezialisten für sowjetische Angelegenheiten behaupteten, daß, genau wie in den besetzten Gebieten in West- und Mitteleuropa, die systematische Verwendung von Kollaborateuren und Quislingen erforderlich war, wenn man einen militärischen Sieg über die UdSSR erringen wollte. Die einmarschierenden Nazis sollten versuchen, das sowjetische Volk davon zu überzeugen, daß Kollaborateure unter dem Schutz der Deutschen zu Reichtum und Ansehen gelangen würden, daß man den besetzten Gebieten eine Art beschränkter »nationaler Unabhängigkeit« gewähren, daß man die Kirchen wieder öffnen und das kollektive Landwirtschaftssystem auflösen würde. Sie forderten, daß die extremen Formen von Nazibrutalität vorläufig eingeschränkt werden sollten, um die Festigung der Nazimacht in den besetzten Gebieten nicht zu behindern. Antikommunistische Emigranten, die bereits auf der deutschen Lohnliste standen, wie die Nazional'no-Trudowoi Sowus (NTS) und die ukrainische nationalistische Bewegung, Organisazija Ukrainskich Nazionalistow (OUN), wurden als das beste Werkzeug der Nazis für die Durchsetzung dieser kombinierten politisch-militärischen Strategie in den besetzten Gebieten gefördert[4].

Hitler hatte für diese Überlegungen jedoch nichts übrig. Sein Haß auf die Slawen war sowohl rassischer als auch politischer Natur, und er hatte bereits Pläne für die Vernichtung der Mehrheit der slawischen Völker, sobald er mit den Juden fertig war. Er hatte kein Interesse daran, slawische Staaten, in welcher Form auch immer, im Osten zu errichten, nicht einmal, wenn sie von Naziquislingen regiert wurden.

Doch die Taktik des politischen Kriegs fand bei den Wehrmacht- und einigen SS-Offizieren immer mehr Anklang, die durch Deutschlands katastrophale Verluste an der Front beunruhigt waren. Diese Männer begannen, einige Aspekte der deutschen Besetzung der UdSSR zu kritisieren, was nach Kriegsende wiederholt zu ihrer Verteidigung vorgebracht worden ist. Doch man kann solche »Kritiken« an Hitlers Strategie nicht unbesehen glauben. Einer der leitenden Befürworter der politischen Kriegführung, Karl-Georg Pfleiderer, stellte zum Beispiel 1942 in seinem Bericht über eine Inspektionsreise durch die Ukraine fest, daß die von der deutschen Armee heraufbeschworenen Hungersnöte nicht empfehlenswert waren – aber nur, weil die Nazis daraufhin größere Schwierigkeiten mit der eigenen Versorgung haben würden.

Doch bei der Behandlung der Juden wurde nicht einmal diese Logik angewendet. Die für den politischen Krieg zuständige Fraktion der deutschen Führung »wusch in bezug auf die russischen Juden ihre Hände in Unschuld«, bemerkt der Holocaust-Historiker Gerald Reitlinger. Mitleid mit den Juden »hatte nichts damit zu tun, daß man den Krieg gegen Stalin gewinnen mußte«, schreibt er; »es war für die Kriegsanstrengungen nicht wesentlich«. Laut Reitlinger verwendeten die Befürworter der politischen Kriegsführung im Osten oft einen aggressiven Antisemitismus, um ihr sonst umstrittenes Programm zu legitimieren[5].

Als sich die militärische Situation der deutschen Truppen verschlechterte, stieg der Bedarf an deutschen Sachverständigen für Spionage gegen die UdSSR. Etliche dieser Berater waren im zaristischen Rußland geboren, alle beherrschten die Landessprache und hatten aufgrund ihrer Fachkenntnisse über sowjetische Angelegenheiten Karriere gemacht. Einige dieser Autoritäten wie Franz Six und Emil Augsburg waren hohe SS-Offiziere, glaubten wirklich an die Sache der Nazis und hatten persönlich mobile Vernichtungskommandos im Osten befehligt. Andere, wie Gustav Hilger im Außenministerium, sowie Ernst Köstring, Hans-Heinrich Herwarth, Reinhard Gehlen und Wilfried Strik-Strikfeldt von der Wehrmacht waren offenbar in erster Linie von Pflichtgefühl und Nationalstolz motiviert, weil sie die ihrer Meinung nach historische Mission erfüllten, den Kommunismus auszurotten[6].

Einheimische Kollaborateure und Überläufer wurden zu Schlüsselfiguren in den Plänen der deutschen Gruppe für politische Kriegführung. Im Lauf des Krieges warben die Deutschen etwa eine Million solcher Kollaborateure an, darunter Ukrainer, Aserbeidschaner, Kosaken und natürlich eine große Zahl von Russen. Das Osttruppenprogramm unter dem Befehl von Köstring und Herwarth umfaßte alle unter der Administration der deutschen Armeen stehenden Kollaborateurtruppen im Osten, während die Überläufer zu Einheiten zusammengefaßt und schließlich Teil der Waffen-SS wurden. Eine Vielfalt von Hilfspolizei, Miliz und anderen Partisanenbekämpfungs-Organisationen, die entweder von den Nazis direkt oder von den unter Kontrolle der Nazis stehenden und mit ihnen zusammenarbeitenden örtlichen Verwaltungen geleitet wurden, ergänzten das Bild.

Die Aufgaben, die diesen Kollaborateuren zugewiesen wurden, reichten von der Beförderung von Munition zu den Truppen an der Front bis zu

Massenhinrichtungen von Juden – kurz, die Dreckarbeit, die die Nazis oft nicht selbst erledigen wollten. Für die Deutschen wurden diese Einheiten zu einem lebenden Laboratorium für die Entwicklung ausgeklügelter Propaganda-, Guerillakriegführungs- und Geheimdiensttechniken, die man gegen die sowjetische Regierung einsetzen wollte. Wie wir noch sehen werden, wurden sie nach Kriegsende zum Rohmaterial, auf dem das neue Potential für die politische Kriegführung der USA beruhte.

Das wichtigste gemeinsame Anliegen der deutschen politischen Krieger während des Krieges (und danach) war eine »Russische Befreiungsbewegung«, die sie finanzierten und bewaffneten. Ihr Ziel war die Vereinigung aller zerstrittenen Gruppen von Kollaborateuren in der besetzten UdSSR zu einer einzigen Anti-Stalin-Armee. Dieser Plan glückte nie, vor allem weil Hitler dagegen war, der selbst eine von Nazioffizieren befehligte russische Streitmacht aus rassischen Gründen ablehnte.

Hitler war jedoch mit einer angeblich unabhängigen »Russischen Befreiungsbewegung« als Propagandatrick einverstanden, deshalb starteten Gehlen und Strikfeldt bereits 1941 eine Operation der psychologischen Kriegführung, die dann während des ganzen Krieges weiterlief. 1942 wurde das Ergebnis als Wlassow-Armee bezeichnet, und zwar nach Andrej Wlassow, einem ehemaligen General der Roten Armee, den die Deutschen zum Führer ihres Kreuzzugs bestimmt hatten. Wlassow, den Stalin 1941 persönlich für den von ihm bei der Verteidigung von Moskau bewiesenen Mut ausgezeichnet hatte, war im darauffolgenden Jahr am 11. Juli in deutsche Gefangenschaft geraten und hatte sich für den Kampf gegen Stalin zur Verfügung gestellt. Wlassow ist eine tragische Gestalt. Er glaubte offenbar wirklich, daß die Naziregierung ihn dabei unterstützen würde, aus Kriegsgefangenen und Flüchtlingen eine antikommunistische Armee zusammenzustellen, und diese Armee dann ausbilden und bewaffnen würde, ohne eine Gegenleistung zu verlangen. Solche Träume mußten natürlich schiefgehen. Wlassow verlor schließlich Armee und Leben*.

---

* Wlassow war während des Krieges schwerer Alkoholiker, und sein Zustand verschlechterte sich, als die Niederlage immer näher rückte. Dennoch klammerte er sich an die Überzeugung, daß seine von den Nazis geförderte Armee irgendwie zum Sturz Stalins beitragen würde. Wilfried Strik-Strikfeldt, Wlassows deutscher Verbindungsof-

1942 war Wlassow jedoch genau der Mann, den die Fraktion für politische Kriegführung suchte, und die Aufstellung einer Armee von sowjetischen Überläufern unter deutschem Befehl mit Wlassow als Aushängeschild wurde für den Rest des Krieges zur Hauptbeschäftigung dieser Gruppe. »Die Deutschen begannen, die überlebenden russischen Kriegsgefangenen sozusagen zu erpressen«, bemerkt Kriegskorrespondent Alexander Werth. »Entweder man trat in die Wlassow-Armee ein – oder man verhungerte.« Die überwältigende Mehrheit der sowjetischen Kriegsgefangenen lehnte das Angebot ab, und etwa zwei Millionen von ihnen, denen man zwischen 1942 und 1945 die Wahl zwischen Kollaboration und fast sicherem Hungertod ließ, zogen das qualvolle Elend vor, ehe sie den Nazis halfen. Doch viele Tausende Russen machten bei den

fizier, erinnerte sich an eines seiner letzten Zusammentreffen mit dem General: »Nachdem er an diesem Abend zu Bett gegangen war, suchte ich ihn auf. ›Verzeih mir, Wilfried Karlowitsch‹, bat er. ›In letzter Zeit habe ich sehr viel getrunken. Natürlich habe ich auch früher getrunken, aber ich habe es immer unter Kontrolle gehabt. Jetzt will ich vergessen. Kröger füllt mein Glas immer wieder nach, vielleicht glaubt er, daß er dann besser mit mir fertig wird. Er irrt sich . . . Ich brauche nichts, ich will nur vergessen . . . Wilfried Karlowitsch . . . du mußt den anderen sagen, daß Wlassow und seine Freunde ihr Vaterland liebten und keine Verräter waren. Versprich es mir . . .‹« Wlassow versank während dieser Überlegungen in unruhigen Schlaf; er war ein gebrochener Mann.
Während der allerletzten Tage des Krieges verrieten Teile der Wlassow-Armee auch die Deutschen und halfen einige Zeit den tschechischen Partisanen in Prag, die gegen die Wehrmacht kämpften. Nach einer kurzen Schlacht ergab sich der General mit seinen Männern Anfang Mai 1945 der 3. US-Armee. Die Amerikaner hielten sich an den Befehl, in bezug auf Kriegsgefangene mit der Roten Armee zusammenzuarbeiten, und übergaben Wlassow bald nach seiner Gefangennahme den Russen.
Es gibt mehrere Versionen darüber, wie Wlassow aus den Händen der Amerikaner in die der Sowjets geriet. Die farbigste stammt von Jürgen Thorwald, einem deutschen Publizisten, der über enge persönliche Beziehungen zu einigen hohen Offizieren der Wlassow-Armee verfügte. Thorwald behauptet, daß ein unbekannter amerikanischer Offizier Wlassow zu einer geheimen Besprechung an einem »mysteriösen Ort« in der Nähe von Wlassows Wohnung (er stand unter Hausarrest) lockte. Als die Gruppe durch eine Allee ging, war sie plötzlich von sowjetischen Truppen umstellt. Wlassow und sein Stab wurden überwältigt, bevor sie begriffen hatten, was mit ihnen geschah. Nach anderen Versionen hätten die USA den General den Sowjets anläßlich der normalen Überstellung von Kriegsgefangenen übergeben. Wie immer hier die Wahrheit lautet, es steht fest, daß Wlassow und zehn seiner höheren Offiziere im Sommer 1946 in Moskau wegen Hochverrats vor Gericht standen. Am 12. August gab der sowjetische Rundfunk bekannt, daß »alle Angeklagten sich schuldig bekannt haben und zum Tode verurteilt wurden . . . Die Urteile sind vollstreckt worden.«

35

Invasoren als Träger, Köche, Informanten und später als kämpfende Truppe unter deutschem Befehl mit[7].

Es wird sich noch zeigen, daß die Wlassow-Armee nach dem Krieg im Westen oft als die edelste und idealistischste Emigrantenlegion der Nazis geschildert wurde. Wlassow war »davon überzeugt, daß es möglich war, Stalin zu stürzen und in Rußland eine andere Regierungsform einzuführen«, schreibt der US-Berater für die psychologische Kriegführung, Wallace Carroll, 1949 in einem vielgelesenen Dokumentarbericht, in dem er dafür eintrat, daß die Wlassow-Veteranen von den Amerikanern angeworben werden sollten. »Was Wlassow vorschwebte, war eine demokratische Regierung, und unter demokratisch verstand er ... ein republikanisches, parlamentarisches System[8].«

Ganz gleich, was Wlassow vielleicht gewollt hatte, in Wirklichkeit bestand seine Organisation zu einem großen Teil aus neu zugeteilten Veteranen einiger der verworfensten SS- und »Sicherheits«-Einheiten der gesamten nazistischen Mordmaschine, darunter viele Angehörige der ehemaligen SS-Brigade Kaminsky, benannt nach dem Anführer und weißrussischen Kollaborateur Bronislaw Kaminsky, einem der gefürchtetsten Mordbrenner und Schergen des Holocaust*.

Die Loyalität der Kaminsky-Miliz den Nazis gegenüber verschaffte ihr innerhalb der Waffen-SS einen offiziellen Status, was für slawische »Untermenschen« eine beachtliche Ehre darstellte, wenn man es vom deutschen Standpunkt aus sieht. Sie bildete dann die Angriffsspitze bei der blutigen Unterdrückung des Aufstands im Warschauer Ghetto im April/Mai 1943 und ging mit so bestialischer Grausamkeit vor, daß sogar der deutsche General Heinz Guderian entsetzt war und verlangte, daß sie abgezogen wurde. Die Deutschen erwischten Kaminsky dann beim Beutemachen in die eigene Tasche und erschossen ihn.

---

* Diese Truppen gehörten zu den eigentlichen Henkern des Holocaust und wurden besonders aktiv, wenn es darum ging, Zivilisten mit Maschinenpistolen zu erschießen. Einige von Kaminskys Männern brachten sich dadurch in Stimmung, daß sie nackte jüdische Frauen fotografierten, bevor sie sie ermordeten. Etliche dieser Milizsoldaten hatten offenbar eine Vorliebe für Fotos »vorher und nachher«, denn bei den Leichen einiger gefallener Kaminsky-Soldaten wurden später solche Aufnahmen gefunden. Die Deutschen befürchteten jedoch, daß ihre Pläne für »Rasse und Neubesiedlung« durch verfrühtes öffentliches Aufsehen zunichte werden könnten, und untersagten bald Kaminskys Fotografiersitzungen am Rand der Hinrichtungsgräben.

Nach Kaminskys Abgang legte die SS seine noch vorhandenen Verbände mit russischen Abtrünnigen aus Kriegsgefangenenlagern sowie mit etlichen anderen russischen und ukrainischen Schuma-Bataillonen oder Sicherheitseinheiten zusammen[9]. Die Vergangenheit vieler dieser neurekrutierten Soldaten war in jeder Hinsicht die gleiche wie die der Männer Kaminskys. Dic »idealistische« Wlassow-Armee bestand zum Großteil aus ihnen.

Die deutschen politischen Krieger waren sich in der traditionell verzwickten Frage der nationalen Minderheiten in der UdSSR nicht einig. Die Befürworter der politischen Kriegführung im Reichsaußenministerium, in der SS und im militärischen Geheimdienst waren zum Beispiel dafür, alle Überläufer und Kollaborateure aus der UdSSR in der Wlassow-Armee zusammenzufassen. Die Aushängeschilder dieser Truppe besaßen im allgemeinen einen russischen ethnischen Hintergrund und standen in scharfem Gegensatz zu den nationalistischen Zielen der Ukrainer, Kaukasier und anderer Minderheitengruppen in der UdSSR.

Alfred Rosenbergs nicht mit militärischen Aufgaben befaßtes (aber durch und durch nationalsozialistisches) Ministerium für die besetzten Ostgebiete war der Ansicht, daß man die baltischen, ukrainischen und islamischen Minderheitengruppen aus den Randgebieten der UdSSR dazu ermutigen sollte, eigene »nationale Befreiungsarmeen« aufzustellen, um ihre Heimatländer sowohl vom »jüdischen Bolschewismus« als auch vom Imperialismus der Russen zu befreien. Zur Durchführung dieses Programms schuf Rosenberg etwa ein Dutzend »Exilregierungen« für Weißrussen, Krimtataren, Georgier und andere Minderheitengruppen in der UdSSR.

Das alte zaristische Rußland hatte jahrhundertelang eine Expansionspolitik verfolgt und allmählich einen großen Teil Mittelasiens und die nördlichen Verbindungswege zum Nahen Osten erobert. Die in diesen Gebieten unterworfenen Völker – die Usbeken, Kasachen, Kalmücken und andere – waren hauptsächlich Moslems mit türkischem oder mongolischem ethnischem Hintergrund, deren Sprachen und Kulturen sich deutlich von jenen der orthodoxen christlichen Zaren unterschieden, die sie von Moskau aus regieren wollten.

Das zaristische Rußland hatte auch wiederholt versucht, die Völker an seiner europäischen Grenze westlich von Moskau zu assimilieren. Hier waren die Russen im Lauf der Geschichte mit den Litauern, Polen und Rumänen zusammengestoßen, wobei es um einen langen, schmalen Streifen von Territorien ging, der sich in nordsüdlicher Richtung von der Ostsee bis zum Schwarzen Meer erstreckte. Die wertvollste Beute dieser frühen Auseinandersetzungen war wohl die Ukraine, ein reiches, ethnisch ausgeprägtes Gebiet an der südöstlichen Grenze des heutigen Polen.

Die Revolution von 1917 hatte die Erbitterung dieser Volksgruppen weiter anwachsen lassen und die bereits bestehenden ethnischen, sozialen und religiösen Gegensätze vertieft. Viele der unterworfenen Völker – vor allem die Ukrainer, Armenier und Georgier – versuchten, nach dem Sturz des Zaren auf ihren Gebieten neue Nationalstaaten zu errichten. Dagegen setzten die Bolschewisten die neuformierte Rote Armee ein, während die rebellierenden Minderheiten wirtschaftliche und militärische Hilfe von den europäischen Großmächten erhielten. Bis 1925 waren fast alle diese Kämpfe, vor allem im Süden und Osten der heutigen UdSSR, durch Waffengewalt zugunsten der Sowjets entschieden worden. Doch den baltischen Staaten Lettland, Litauen und Estland im Norden war es gelungen, sich eine auf schwachen Beinen stehende nationale Unabhängigkeit zu bewahren, und Polen war nach dem Zusammenbruch des Zarenreichs und der Niederlage der Mittelmächte neu erstanden und hatte einen großen Teil der Ukraine dazugewonnen.

Diese seinerzeitigen Unruhen haben der UdSSR heftig nachwirkende ethnische und religiöse Probleme hinterlassen und in mehreren europäischen Hauptstädten zur Entstehung von großen antikommunistischen Emigrantengemeinden geführt. Die Gewalttaten und das Blutvergießen, die Stalins Landreform begleiteten, und die Abschaffung der Religion in den dreißiger Jahren sorgten dafür, daß viele dieser Wunden nicht heilten.

Alfred Rosenberg träumte davon, mit Hilfe dieser Konflikte Deutschlands rassische und nationale Mission im Osten (wie er sie sah) voranzutreiben. Die deutschen Geheimdienste hatten systematisch Sympathisanten in den verschiedenen Emigrantengruppen angeworben, und bis zum Ausbruch des Zweiten Weltkriegs waren mehrere große, aus ukrainischen Nationalisten bestehende Bataillone sowohl für den Einsatz 1939 in Polen als auch für den späteren Blitzkrieg-Angriff auf die UdSSR ausgebildet und bewaffnet worden.

Die Beziehung zwischen diesen Streitkräften und ihren deutschen Schirmherren war kompliziert und änderte sich im Verlauf des Krieges wiederholt. Einige Führer der nationalen Minderheiten waren der Ansicht, daß *sie* die Deutschen benützten und nicht umgekehrt, um die von ihnen angestrebte Machtposition zu erreichen. In der deutschen Reaktion auf diese Pläne spiegelte sich das klassische Dilemma einer imperialistischen Macht wider, die zwischen ihrem Bestreben nach absoluter Kontrolle und der Notwendigkeit, sich auf kleine Verbündete zu verlassen, die ihre eigenen Träume verwirklichen wollen, in der Zwickmühle sitzt. Die verschiedenen Fraktionen im Nazistaat kämpften erbittert gegeneinander, wenn es darum ging, wie sie mit ihren aufsässigen Marionettenregierungen fertig werden sollten. Die emigrierten Nationalisten und die Wlassow-Armee wurden zuerst unterstützt, dann zeitweise unterdrückt, dann wieder gefördert, als sich Deutschlands Kriegsglück im Osten wendete.

Es gab allerdings einen Punkt, in dem sich offensichtlich alle deutschen Spezialisten für politische Kriegführung einig waren: Der Großteil des Blutes, das bei der ins Auge gefaßten antikommunistischen Revolution vergossen werden sollte, würde das der Russen, Ukrainer, Kosaken und anderer Bürger der UdSSR sein, nicht aber das der deutschen Besatzer. »Jeder Russe, der für uns kämpft«, argumentierte Anton Bossi-Fedrigotti, der Propagandasachverständige des nationalsozialistischen Außenministeriums, »rettet deutsches Blut[10].«

Die deutschen Generäle, die die antikommunistischen Emigrantenlegionen befehligten, machten sich keine Illusionen über die Motive der meisten Überläufer, die sich bereit erklärten, im Osten für die Nazis zu arbeiten. »Ich bin davon überzeugt, daß sich der Großteil der Freiwilligen ... nicht freiwillig gemeldet hat, um für die antibolschewistische Sache zu kämpfen«, schreibt Generalleutnant Ralph von Heygendorff, der von 1942 bis 1944 Kommandeur der Ostlegion (unter Köstrings Oberbefehl) war. Statt dessen kam die Mehrheit »ausschließlich, um sofort oder in naher Zukunft persönliche Vorteile zu erlangen. Viele dieser Männer versuchten, einen Idealismus vorzutäuschen, der weder vorhanden war, noch ihre Handlungen bestimmte.« In Wirklichkeit waren es die »entsetzlichen Bedingungen in den meisten Kriegsgefangenenlagern«, wie Heygendorff feststellte, die die meisten Kollaborateure als »letzte Hoffnung« zur Zusammenarbeit mit den Nazis veranlaßte.

Die wenigen »echten Idealisten« in ihren Reihen, fährt der deutsche General fort, »bei denen sich eine ausgeprägte antikommunistische Einstellung mit fanatischer Liebe zu ihrem Volk verband«, gehörten zu den brutalsten und gewalttätigsten Legionären der Nazis, wenn sie es mit der Zivilbevölkerung in den von den Deutschen besetzten Gebieten zu tun hatten, eben weil ihr eigenes Volk sie im allgemeinen als Verräter betrachtete. »Sie gingen mit ihren Landsleuten, die ihre Ideale nicht teilten, extrem hart um«, schreibt Heygendorff. »Unzuverlässigen Individuen gegenüber waren sie *so streng, daß wir oft eingreifen mußten*« (Hervorhebung vom Autor) – ein deutscher Euphemismus, der darauf hinweist, daß diese »Idealisten« bei der Partisanenbekämpfung oft für Massenmorde an der unschuldigen Zivilbevölkerung verantwortlich waren[11].

Die Nazis suchten die vielversprechendsten und talentiertesten Kollaborateure für Geheimdienstmissionen hinter den sowjetischen Linien aus, für Propaganda, Sabotage und – am häufigsten – für die Vernehmungen der Millionen sowjetischer Kriegsgefangener und Zivilisten, die den Deutschen während der ersten Kriegsmonate in die Hände gefallen waren. Mehrsprachige Überläufer wurden aufgrund ihrer Sprachkenntnisse, der Vertrautheit mit dem Land oder, wie bereits gesagt, ihres persönlichen Einsatzes im Umgang mit Landsleuten den Vernehmungsteams zugeteilt. Die Deutsche Wehrmacht und in besonderem die SS ließen die Folter zu und verwendeten sie als Mittel, um Informationen zu erpressen. In den Kriegsgefangenenlagern im rückwärtigen Gebiet spezialisierten sich örtliche Kollaborateure auf das Durchkämmen der Lager nach Juden, »Kommissaren« (Funktionäre der Kommunistischen Partei) und anderen unerwünschten Elementen unter den Kriegsgefangenen. Die SS überantwortete die »Ausgekämmten« den mobilen Mordkommandos zur Hinrichtung.

Die Arbeit dieser Vernehmer und Dolmetscher war für das Bestreben der Nazis, Juden und Kommunisten, die ihnen in die Hände gefallen waren, ausfindig zu machen und zu beseitigen, entscheidend. Nach dem Krieg sprachen die deutschen Sachverständigen für politische Kriegführung nur selten über ihre eigene oder über die Rolle der Überläufer bei diesen Verhören, obwohl sie nachweislich daran teilgenommen hatten. Zu seinem Urteil über den SS-Mann und Spezialisten für politische Kriegführung Waldemar von Radetzky bemerkt das Nürnberger Gericht, »daß [sie] nicht zugeben wollten, als Dolmetscher gearbeitet zu haben, weil [sie] dadurch auch zugaben, daß sie von den Hinrichtungen wußten, die auf gewisse Verhöre folgten«[12]. Während des Krieges beteiligten sich die Sachverständigen für politische Kriegführung maßgeblich an diesen Vernehmungen. Wilfried Strik-Strikfeldt zum Beispiel, der später eine zentrale Rolle in den von der CIA finanzierten Emigrantenoperationen in München spielte, war während eines Großteils des Krieges an der Ostfront als leitender Vernehmungsoffizier der für den russischen Geheimdienst zuständigen Abteilung der Abwehr tätig[13].

Otto Ohlendorf, der bei der Einsatzgruppe D Kommandos für Massenhinrichtungen befehligte, berichtet über die Schicksale der Leiter der Fraktion für politische Kriegführung und der mit ihnen zusammenarbeitenden Truppen, die sonst vielleicht für die Geschichte verloren wären. Laut Ohlendorf bildeten die aus Kollaborateuren bestehenden Einheiten eine der wichtigsten – und belastendsten – Verbindungen zwischen dem deutschen Offizierskorps einerseits und den Einsatzkommandos der Einsatzgruppen andererseits. »Die Armee-Einheiten mußten politische Kommissare und andere unerwünschte Elemente selbst aufstöbern« – das heißt, mit Hilfe der einheimischen Quislinge und Kollaborateure – und sie dann »den Einsatzkommandos übergeben, damit sie liquidiert wurden«, sagte Ohlendorf aus. »Die Aktivität der Einsatzgruppen und ihrer Einsatzkommandos fiel zur Gänze in die Kompetenz der Oberbefehlshaber der Heeresgruppen oder Armeen[14].«

Kollaborateure spielten oft eine wichtige Rolle bei Massenmorden. Die Offiziere dieser Mordkommandos waren, wie Ohlendorf, hauptsächlich Deutsche, die verschiedenen, in die Kompetenz der SS fallenden Polizeieinheiten zugeteilt waren. Doch bezeichnenderweise handelte es sich bei vielen Angehörigen der Mordkommandos nicht um Deutsche. Laut Ohlendorf waren es von der Armee ausgeliehene Kollaborateure sowie örtliche Milizen oder Kompanien von Überläufern, die direkt in die Waffen-SS eingegliedert werden sollten.

»Man darf die Bedeutung dieser Hilfskräfte nicht unterschätzen«, bemerkte der international anerkannte Sachverständige für den Holocaust, Raul Hilberg. »Wenn Einheimische, die die lokale Sprache beherrschten, die Razzien durchführten, stiegen die Prozentsätze an toten Juden. Das geht deutlich aus den Statistiken der Kommandos hervor, die einheimische Helfer einsetzten.« In Litauen liquidierten Mordkommandos der Stadtverwaltungen nach ihren eigenen Berichten mit Hilfe litauischer Nazikollaborateure in nicht einmal drei Monaten 46 692 Juden, indem sie in der Hauptstadt Wilna täglich 500 Juden erschossen und mobile »Säuberungs«-Aktionen in der Umgebung vornahmen.

Solche Kommandos wurden von den Nazis konsequent für die blutige »Arbeit« verwendet, die sogar nach Ansicht der SS »unter der Würde« des deutschen Soldaten war. In der Ukraine ging zum Beispiel das Sonderkommando 4a so weit, daß es sich »auf die Erschießung von Erwachsenen beschränkte, während es den ukrainischen Helfern befahl, die Kinder zu erschießen«, berichtet Hilberg. »Wir hatten vor dem Blutdurst dieser Leute tatsächlich Angst«, erinnert sich Ernst Biberstein, der Leiter des Einsatzkommandos 6[15].

Die Streitkräfte der Kollaborateure an der Ostfront waren ein integrierender Bestandteil der deutschen Strategie im Osten und beteiligten sich entscheidend an den Liquidierungsaktionen der Nazis gegen die Juden. Die Westmächte nahmen die Tatsache während des Krieges zur Kenntnis, behandelten von ihnen aufgegriffene Kollaborateure als Kriegsgefangene und übergaben in den ersten Monaten nach der Kapitulation Deutschlands viele von ihnen als Verräter und mutmaßliche Kriegsverbrecher der UdSSR. Das US-Oberkommando vertrat bei Kriegsende die Ansicht, daß es jetzt Sache der UdSSR war, was sie mit den Osttruppen der Nazis und anderen Verrätern anfing, genau wie es Sache der Amerikaner war, was sie mit Tokyo Rose* und ähnlichen gefangengenommenen Überläufern anfingen.

Doch parallel dazu kam es zu einer Entwicklung, die sich entscheidend auf die Behandlung der in den Händen der Amerikaner befindlichen Kriegsgefangenen der Achsenmächte auswirkte, die im Gegensatz zu den Kollaborateuren aus dem Osten als sehr wertvoll galten: Wissenschaftler, die ihre Fähigkeiten in den Dienst der Nazis gestellt hatten. Alle Großmächte betrachteten die deutschen Wissenschaftler als Teil der Kriegsbeute. Die Amerikaner, Engländer und Sowjets hatten jeweils

---

* Bei den GIs im Pazifik beliebte Musik-Moderatorin des japanischen Rundfunks, die im Stil eines amerikanischen Discjockeys flotte Programme für die US-Truppen machte. Sie hieß eigentlich Iva Toguri (*20. Juli 1920) und war amerikanische Journalistin. Nach Kriegsende wurde sie zu 10 Jahren Haft verurteilt.

Sonderteams eingesetzt, die sich auf die Besetzung und Sicherung von deutschen Laboratorien, Industriepatenten und ähnlicher nützlicher Hardware des modernen Zeitalters konzentrierten. Wissenschaftler galten allgemein als ein weiterer technischer Gewinn, den man sich aneignen mußte.

Die Vereinigten Staaten und Großbritannien schufen ein Combined Intelligence Objectives Subcommittee (CIOS, Gemeinsamer Unterausschuß für Geheimdienstziele), um die Jagd auf besonders wertvolle Zielgruppen zu koordinieren. Untergeordnete Teams, die mit einem Buchstaben bezeichnet wurden, wie die »S-Truppe« – die im Telegrammverkehr »Sugar(Zucker)-Truppe« hieß – in Italien, die »T-Truppe« in Frankreich, Holland, Deutschland usw., führten regelrechte Überfälle durch[16]. Diese Einheiten verfügten nur über ein Minimum an bewaffneten Mitgliedern, waren aber mit erfahrenen Linguisten, westlichen Wissenschaftlern und Spezialisten der Polizei unterwegs, dank derer sie nützliche Experten und Materialien rasch identifizieren und beschlagnahmen konnten.

Bei der Suche nach den wissenschaftlichen Schätzen Deutschlands ging es um hohe Einsätze. Die wichtigste amerikanische Einheit zum Beispiel war das Alsos-Team, das auf Atomforschung, Uranvorräte und Atomwissenschaftler der Achsenmächte sowie auf Forschungen der Nazis in bezug auf chemische und biologische Kriegführung angesetzt war. Kommandant dieses Teams war Oberst Boris Pash von der US Army, der vorher Leiter der Sicherheitsabteilung des Projekts Manhattan – das Programm der Vereinigten Staaten zur Entwicklung der Atombombe – gewesen war und der später eine wichtige Rolle bei streng geheimen Aktionen spielte. Pash bewältigte seine Aufgabe überaus erfolgreich und erbeutete deutsche Spitzenwissenschaftler und über 70 000 Tonnen Uranerz und Radiumprodukte der Achsenmächte. Das bei diesem Unternehmen beschlagnahmte Uran wurde später in die Vereinigten Staaten gebracht und für Atomwaffen verwendet[17].

Die utilitaristische Einstellung der US-Regierung der deutschen Wissenschaft und den deutschen Wissenschaftlern gegenüber führte jedoch schließlich dazu, daß die amerikanische Entschlossenheit, mit den Naziverbrechern und Kollaborateuren scharf ins Gericht zu gehen, ins Wanken geriet. Rückblickend ist es klar, daß die Amerikaner, die mittels Alsos und ähnlichen Programmen gekaperte deutsche Spezialisten verwendeten, schon damals die Methoden ausbauten, mit denen man später andere Nazis und Kollaborateure in die USA holte. Schließlich legten die mit den deutschen Experten befaßten US-Beamten die ihrer Tätigkeit zugrundeliegenden philosophischen Begriffe und psychologischen Rationalisierungen so weit aus, daß sie die Verwendung beinahe jedes Antikommunisten deckten, ganz gleich, was er oder sie während des Krieges getan hatte.

DRITTES KAPITEL

»Ausgewählte, außergewöhnlich kluge Köpfe«

Der deutsche General Walter Dornberger ist ein typischer Fall. Dornberger – ein Offizier der Wehrmacht, nicht der SS – wurde nie wegen Kriegsverbrechen vor Gericht gestellt oder verurteilt. Statt dessen hat er es in den Kreisen der Raumfahrtindustrie zu Berühmtheit gebracht und wird bis heute von US-Gesellschaften und militärischen Gruppierungen hochgeachtet. Dornberger wird oft als Beispiel für jene Deutschen angeführt, die wirklich keine Kriegsverbrechen begangen haben und bei denen nichts dagegen sprach, daß die USA sie nach Kriegsende anwarben. Man weiß heute, daß die US Air Force Dornberger 1947 heimlich in die USA flog und ihn an einem geheimen Raketenprogramm in Wright Field (jetzt Wright-Patterson-Luftwaffenbasis) in der Nähe von Dayton, Ohio, arbeiten ließ. 1950 war er bereits in der Privatindustrie bei Bell Laboratories tätig und wurde schließlich Erster Vizepräsident der Bell Aerosystems Division der riesigen multinationalen Textron Corporation. Hier fungierte er als Verbindungsmann der Gesellschaft zu Militärdienststellen in den USA. Er galt als politisch vollkommen unbedenklich und erhielt viele öffentliche Ehrungen, darunter 1959 den Astronautikpreis der American Rocket Society. Er starb friedlich im Juni 1980[1].

Bevor Dornberger in die Vereinigten Staaten kam, war er deutscher Berufsoffizier bei der Artillerie gewesen. Er überlegte schon in den zwanziger Jahren, wie die militärischen Beschränkungen des Versailler Vertrags wie das Verbot schwerer Waffen (Panzer, Flugzeuge u. a.) zu unterlaufen wären. Zur Zeit des Vertrages hatte es Raketen als moderne Waffen noch nicht gegeben, und deshalb waren sie in diesem Vertrag nicht angeführt. Dornberger war einer der ersten, der auf die Idee kam, daß dieses wissenschaftliche Spielzeug als Waffenträger dienen könnte. Von 1932 an arbeitete er verbissen, um die Raketen zu einem integrierenden Bestandteil des Waffenarsenals des Deutschen Reiches zu machen.

Es war in Nazideutschland nicht leicht, militärischer Raketenkonstrukteur zu sein. Vor allem die SS versuchte, sich in Dornbergers Arbeit einzumischen. Geld, Techniker und Zwangsarbeiter, die er brauchte, waren unerklärlicherweise stets knapp. Und im März 1943 traf das Unternehmen ein schwerer Schlag. Hitler begann am Erfolg der Raketenversuche zu zweifeln und stufte die Dringlichkeit der A-4-Entwicklung (später als V 2 bekannt) zurück.

Doch eine der Eigenschaften, die General Walter Dornberger ganz bestimmt besaß, war seine Hartnäckigkeit. Im Juli 1943 bat er um ein geheimes Gespräch mit Hitler, das ihm bewilligt wurde. Mit Filmen, kleinen Holzmodellen von Raketen und anderen audiovisuellen Hilfsmitteln überredete Dornberger Hitler zur weiteren Förderung des Raketenprogramms und zum Bau einer gigantischen unterirdischen Fabrik in der Nähe von Nordhausen, in der diese Flugkörper in Massenproduktion hergestellt werden sollten. In dieser Waffenfabrik kam es dann auch zu einem der größten Kriegsverbrechen[2].

Um das Raketenwerk Nordhausen zu errichten, setzten die Nazis Zwangsarbeiter aus dem nahe gelegenen Konzentrationslager Dora ein. Die SS zwang die Häftlinge von Dora, in nicht einmal fünfzehn Arbeitsmonaten in einem aufgelassenen Salzbergwerk eine kilometerlange unterirdische Höhle herauszuhauen, in der dann die Fabrik untergebracht wurde. Die Hungerrationen und die Schwerarbeit brachten die Arbeiter für gewöhnlich innerhalb weniger Monate um. Den Fließbandarbeitern, die die Raketen zusammenbauten, sobald die Höhle fertig war, ging es nicht viel besser.

Mindestens 20 000 Gefangene – viele von ihnen begabte Techniker, die aufgrund ihrer Kenntnisse zur Produktion der Raketen eingesetzt worden waren – starben im Lauf des Projekts an Unterernährung oder Krankheiten oder wurden in Dora und Nordhausen umgebracht[3].

Die Frage, wer für diese Todesfälle verantwortlich ist, hat nach Kriegsende zu zahlreichen Kontroversen geführt. Nach 1945 leugneten Dornberger und seine Untergebenen natürlich, daß sie etwas mit der Fließbandarbeit zu tun gehabt hatten. Sie behaupteten, daß die Arbeitskräfte in der unterirdischen Fabrik der SS und nicht ihnen unterstellt gewesen waren.

Der SS fällt bestimmt ein Teil der Verantwortung – vielleicht der größte Teil – für die Verbrechen in Nordhausen zu. Doch es wäre ein Fehler anzunehmen, daß sie allein gehandelt hat. In Wirklichkeit trugen Dornberger und seine Mitarbeiter mit der SS einen langen, bürokratischen

Kampf um die Kontrolle über Deutschlands Raketenprogramm aus, und das Ausmaß von Dornbergers persönlichem Einfluß auf die Fließbandarbeit wechselte je nach Hitlers Laune. Ende 1944 gelangte der General zu einem Übereinkommen mit dem Reichsführer-SS Heinrich Himmler, nach dem Hans Kammler als Vertreter der SS die ständige Leitung in Nordhausen übernahm, unter der Bedingung, daß ausgewählte Untergebene Dornbergers (zum Beispiel der spätere Leiter des US-Raketenprogramms Arthur Rudolph) ihre verantwortungsvollen Stellungen in der Fabrik nicht verloren. Dornberger behielt sich ausdrücklich die Entscheidung über Produktionspläne vor, einschließlich der Zahl der zu fertigenden Raketen und des Anteils der verschiedenen Modelle an der Produktion[4].

Dornberger kontrollierte also die Zwangsarbeiter in Nordhausen nicht direkt. Seine Produktionsaufträge bestimmten jedoch das Tempo, in dem sie sich zu Tode schufteten, und er war offenbar ein strenger Zuchtmeister. Er verlangte immer mehr Raketen, auch wenn nicht genügend Treibstoff für sie vorhanden war – und das bis in die letzten Kriegswochen. Die Lebensmittel für die Zwangsarbeiter in Nordhausen – die ohnehin nie reichlich vorhanden gewesen waren – gingen irgendwann im Februar 1945 gänzlich zur Neige. Doch Dornberger hörte nie auf, weitere Raketen zu bestellen, und die Arbeitsbataillone arbeiteten fast ohne Nahrung rund um die Uhr. Die SS stopfte weitere Gefangene in das Lager Dora, setzte die kräftigen unter ihnen zur Arbeit ein und ließ die schwachen sterben.

Tausende Lagerinsassen verhungerten. Die Cholera wütete im Lager und forderte jeden Tag Hunderte Opfer. Zuerst verbrannte die SS die Toten, um die Krankheitsfälle unter den Überlebenden einzudämmen. Als das Ende näherrückte, reichte die Kapazität der Verbrennungsöfen jedoch nicht mehr aus, und die Leichen wurden einfach liegengelassen und verfaulten. Die Lagerinsassen stapelten die Toten in Ecken, unter Treppenaufgängen und an anderen Stellen, wo sie nicht im Weg waren. Und die Arbeit an den Raketen ging weiter.

Dornberger besuchte wiederholt die Fabrik in Nordhausen. Er wußte – oder hätte wissen müssen, denn diese Ungeheuerlichkeit war unübersehbar –, daß die Gefangenen, die seine Raketen herstellten, verhungerten. Und er wußte, das hat er selbst erklärt, daß Deutschlands Niederlage unvermeidlich war[5]. Er hätte das Fließband unter einem technischen Vorwand anhalten können. Er hätte ausreichende Essensrationen für die Gefangenen verlangen können. Er hätte die Bestellungen von Raketen reduzieren können; statt dessen beschleunigte er die Produktion.

Die nach dem Krieg erschienene Autobiografie des Generals, die im Westen mit kritischer Begeisterung aufgenommen wurde, enthält zahlreiche Anekdoten über seine Raketentests, Kämpfe mit der Bürokratie und technische Leistungen. Seine Raketen werden bis ins letzte Detail beschrieben, und er informiert den Leser genau über Startgewicht, Brennstoffverbrauch, Schubkraft und andere technische Daten. Doch er anerkennt mit keinem einzigen Wort die Leistung der Gefangenen, die die Produktion der Raketen mit ihrem Leben bezahlten. Er schildert in seinem Buch die Ereignisse so, als hätten die Raketen direkt ohne Zwischenstufe vom Zeichenbrett abgehoben.

Wenn Amerikaner, die nicht Augenzeugen waren, an den Holocaust denken, sehen sie oft die Bilder auf einem grobkörnigen Film vor sich, auf dem ausgezehrte KZ-Häftlinge, die wie lebende Skelette aussehen, sich von schmutzigen Holzpritschen vorbeugen und mit letzter Kraft die US-Armee begrüßen, die sie befreit. Der Film schwenkt dann und bringt Hunderte Leichen ins Bild, die in einer Reihe nebeneinanderliegen. Sie wirken nicht einmal im Tod menschlich. Die Knochen der Beine heben sich deutlich vom Untergrund ab, aber die Glieder wirken zu groß, als gehörten sie nicht zum Körper. Das kommt daher, daß sie nicht mehr von Muskeln bedeckt sind, sondern nur noch von Haut; die Nazis und ihre Raketenfabrik haben den Rest verschwinden lassen. Der Film flimmert, während ein amerikanischer Offizier mit zur Maske erstarrtem Gesicht an der Ungeheuerlichkeit entlanggeht.

Diesen Dokumentarfilm hat die Fernmeldetruppe der US-Armee im April 1945 in Nordhausen aufgenommen[6]. Das Lager Dora und seine unterirdische Raketenfabrik waren die erste größere, mit Hilfe von Zwangsarbeitern betriebene Anlage, die die amerikanischen Streitkräfte befreiten.

Die Befreiung des Nordhausen-Komplexes führte zum Streit zwischen den »wissenschaftlichen« Kaperteams der USA und der Sowjets; nachher stellte sich heraus, daß es sich dabei um eines der ersten Gefechte des kalten Krieges gehandelt hatte. Die Sowjets versuchten, die gefangenge-

48

nommenen Wissenschaftler und das in Nordhausen vergrabene technische Beutegut für sich zu beanspruchen, weil ihrer Ansicht nach das Lager innerhalb ihres militärischen Operationsgebietes lag. Es gelang den USA jedoch, einen großen Teil der wissenschaftlichen Hinterlassenschaft von Nordhausen in ihren Besitz zu bringen. Dazu gehörten Tonnen von erst teilweise zusammengebauten V2-Raketen, technische Dokumentationen und etwa 1 200 gefangengenommene deutsche Raketenfachleute, darunter Dornberger und Wernher von Braun. Allein der Wert der wissenschaftlichen Dokumente betrug nach vorsichtigen Schätzungen 400 bis 500 Millionen Dollar.

Und in ganz Deutschland gab es noch viel, viel mehr wissenschaftliche und technische Beute. Der Anteil der USA an diesem Schatz umfaßte die Ingenieure, Techniker und fünfzig Me-262-Düsenjäger – die fortschrittlichsten der Welt – aus der Messerschmittfabrik in Schönebeck; praktisch den gesamten technischen und wissenschaftlichen Stab von Siemens und Zeiss; leitende Chemiker und Elektrotechniker von IG-Farben und Telefunken und ihre Ausrüstung; Wissenschaftler, Radium und alle Errungenschaften der Atomforschung des Physikalischen und Technischen Instituts in Weida; und den technischen Stab sowie alle Konstruktionszeichnungen für neue Motoren der unterirdischen BMW-Werke, um nur einige wenige zu nennen[7].

Die Sowjets ihrerseits betrachteten praktisch das gesamte Vermögen Deutschlands als Reparation für die ungeheuren Zerstörungen, die die Nazis in der UdSSR angerichtet hatten. Die sowjetischen Truppen beschlagnahmten beinahe alle industriellen und technischen Einrichtungen, derer sie in der russischen Besatzungszone habhaft werden konnten. Druckpressen; chemische Labors; Büroeinrichtungen; zahnärztliche Instrumente; Krankenhäuser; Stahlwerke; Eisenbahnschienen; Werkzeugmaschinen – alles und jedes, das Produktionswert besaß und entdeckt wurde, demontierte man systematisch, verpackte es und beförderte es nach dem Osten. Noch vor Ende des Sommers 1945 beschuldigten die USA und die UdSSR einander öffentlich, deutsche wissenschaftliche und industrielle Vermögenswerte geraubt und damit gegen das während des Krieges getroffene Abkommen verstoßen zu haben. Dieser Ost-West-Konflikt über die Beschlagnahmen beeinflußte die Potsdamer Konferenz im Juli/August 1945, wo die Streitigkeiten darüber, wer den ersten Anspruch auf die deutschen Wissenschaftler und Techniker hatte, das bereits gespannte Verhandlungsklima weiter verschlechterten. Offenbar betrachtete bei der Konferenz jede Seite die geheimen Plünderungsoperationen ihres Konkurrenten als Nagelprobe für die Nachkriegspläne des anderen, unabhängig davon, was die Diplomaten am Konferenztisch sagten.

Interessanterweise reagierten die amerikanischen Verhandler auf die sowjetischen Anschuldigungen in bezug auf die gefangengenommenen deutschen Wissenschaftler mit der Feststellung, daß alle Experten, die sich damals in den Händen der USA befanden, entweder mutmaßliche Kriegsverbrecher oder ehemalige leitende Beamte der deutschen Kriegsmaschinerie waren. Sie mußten daher verhaftet werden, behaupteten die Vereinigten Staaten[8]. Doch trotz dieser frühen öffentlichen Behauptungen über die deutschen Wissenschaftler hielt man sehr bald einige dieser Fachleute für zu wertvoll, als daß man sie vor Gericht gestellt hätte. Statt dessen begannen die Vereinigten Staaten nur wenige Wochen nach dem endgültigen Zusammenbruch des Deutschen Reiches, Dutzende deutscher Spitzenwissenschaftler in amerikanische militärische Forschungsprojekte zu integrieren. Noch ehe zwei Jahre vergangen waren, arbeiteten Hunderte deutsche Wissenschaftler, von denen einige verdächtigt wurden, Verbrechen gegen die Menschlichkeit begangen zu haben, für die Amerikaner.

Viele deutsche Spezialisten, die während des Krieges aktiv in der militärischen Forschung tätig gewesen waren, hatten jahrelang der NSDAP angehört. Für dieses Phänomen gibt es viele komplizierte Gründe. Bei einigen von ihnen lag der Fall einfach: sie hatten an den Nationalsozialismus geglaubt. Die Ermittlungsoffiziere der US Army erfuhren kurz nach dem Krieg, daß zum Beispiel Dr. Herbert Axster, Dornbergers Stabschef, auf seinen beiden Gütern KZ-Insassen, die bei ihm arbeiteten, geschlagen und auf Hungerrationen gesetzt hatte; seine Frau war durch ihre nazistischen Reden in der NS-Frauenschaft, einer Gliederung der NSDAP, bekannt[9]. Viele hervorragende deutsche Akademiker entwarfen kunstvolle »wissenschaftliche« Theorien über die arische genetische Überlegenheit; diese Theorien waren zu der Zeit, als die Nazis an die Macht gelangten, seit Jahrzehnten in intellektuellen Kreisen beliebt gewesen. Die Axsters hatten angeblich zu diesen Kreisen gehört.

Bereits lange vor dem Krieg hatte die Hitler-Regierung Parteimitgliedern und Sympathisanten innerhalb der Intelligenz die Kontrolle über die meisten großen deutschen Forschungszentren übertragen und wendete ein wirkungsvolles Zuckerbrot-und-Peitsche-System an, um die akademische Elite Deutschlands bei der Stange zu halten. Forschungsaufträge und beruflichen Aufstieg gab es nur für jene Fachleute, die bereit waren, öffentlich der Partei oder einem der vielen von den Nazis kontrollierten Berufsverbände und ähnlichen Institutionen beizutreten. Forscher, die sich mit Raketen, Elektronik und anderen sicherheitsempfindlichen Gebieten befaßten, die für die Militärs von Interesse waren, wurden sorgfältig auf ihre Verläßlichkeit durchleuchtet, bevor sie Unbedenklichkeitsbescheinigungen erhielten. Technische Spitzenkräfte wurden oft ehrenhalber in die Partei oder die SS aufgenommen. Wernher von Braun war zum Beispiel seit 1937 ehrenhalber SS-Offizier. Ein kurzer Überblick über die deutsche wissenschaftliche Literatur dieser Zeit macht deutlich, daß viele Experten, denen diese »Ehre« zuteil wurde, es für ratsam hielten, sie öffentlich zur Schau zu stellen und sie für ihr berufliches Fortkommen auszunützen.

Gleichzeitig wurden nicht nur Juden, sondern auch Wissenschaftler, von denen man annahm, daß sie den Nazis kritisch gegenüberstanden, aus den Akademien entfernt, und nicht wenige glänzende Wissenschaftler, die sich weigerten, mit den Nazis zusammenzuarbeiten, starben in Konzentrationslagern oder als Kanonenfutter an der Ostfront. Von denen, die während der Nazizeit weiterarbeiteten, haben viele seither erklärt, daß sie den Nazistaat aus Angst, aus deutschem Nationalstolz oder aus dem Gefühl heraus unterstützt haben, daß sie ihre Heimat im Krieg nicht im Stich lassen durften.

Bei Kriegsende vertraten viele Offiziere des militärischen Geheimdienstes der USA die Ansicht, daß man eine Unterscheidung zwischen Wissenschaftlern wie von Braun, der der NSDAP und der SS aus »opportunistischen« Gründen, wie es die Amerikaner nannten, beigetreten war, und den verschiedenen deutschen Experten machen sollte, die den Nationalsozialismus aus ideologischen Gründen unterstützt hatten oder direkt an Greueltaten beteiligt gewesen waren. Erstere galten als wertvolle Gefangene und waren von der allgemeinen alliierten Vorgangsweise in bezug auf ehemalige Nazioffiziere und SS-Männer ausgenommen.

Die US Army und die US Navy holten bereits im Sommer 1945 einige deutsche Wissenschaftler in die USA. Am 6. Juli erteilten die Joint Chiefs of Staff (JCS, Vereinigte Stabschefs = Oberkommando der Waffengattungen) ausdrücklich die Genehmigung dazu, »ausgewählte, außergewöhnlich kluge Köpfe ... zu verwenden, deren anhaltende geistige Produktivität wir ausnützen möchten«. Das streng geheime Projekt lief unter dem Decknamen Overcast. Die Stabschefs ordneten an, daß bis zu 350 Spezialisten, vorwiegend aus Deutschland und Österreich, sofort in die Vereinigten Staaten gebracht werden sollten[10]. Unter diesen »außergewöhnlichen klugen Köpfen« befanden sich zum Beispiel Spezialisten für U-Boot-Bau, chemische Kriegführung und natürlich Raketenforschung.

Im Rahmen des Projekts Overcast begannen die Beamten des US-Geheimdienstes bald, die Mitgliedschaft der Wissenschaftler bei der NSDAP und der SS zu übersehen, wenn sie die vermutlich wertvollen Experten rekrutierten. Dafür gab es mehrere Gründe. Die ersten Wissenschaftler waren im Rahmen eines Programms angeheuert worden, das gemäß Befehl der JCS eindeutig eine »zeitlich begrenzte militärische Verwendung« vorsah, so daß es sich eigentlich um ein ausgedehnteres Verhör deutscher Kriegsgefangener handelte. Alle Wissenschaftler der Achsenmächte (und ihre Familien, die sie in die Vereinigten Staaten begleiten durften) sollten während ihres Aufenthalts in den USA unter der Kontrolle des Kriegsministeriums stehen, und alle sollten nach Europa zurückkehren, sobald ihre speziellen Forschungsprogramme beendet waren.

Zunächst wurden diese Maßnahmen damit gerechtfertigt, daß sich die deutschen Wissenschaftler in dem noch andauernden Krieg gegen Japan als nützlich erweisen konnten. Doch die furchtbare neue Waffe der Amerikaner, die Atombombe, führte schon wenige Monate, nachdem Hitler-Deutschland kapituliert hatte, die Entscheidung im Pazifik herbei. Der Hinweis auf die »japanische Gefahr« war nicht mehr stichhaltig. Die späteren Ereignisse haben deutlich gemacht, daß die Politiker bei der Schaffung von Overcast den sich allmählich herauskristallisierenden Konflikt mit der UdSSR vor Augen gehabt haben. Bereits im Juni 1945 weist der R&A-Chef David Sarnoff in einem vertraulichen Brief an Präsident Trumans wissenschaftlichen Chefberater darauf hin, daß »von nun an die Sicherheit für jede Nation ... in sehr großem Ausmaß von ihrem Platz an der wissenschaftlichen Sonne abhängt. Diese Sonne wird für alle jene hell scheinen, die über das entsprechende Wissen verfügen, während es für jene, die nicht darüber verfügen, zu einem vollkommenen Blackout kommen könnte.« Sarnoff fährt fort: »Es ist nicht nur wichtig, daß wir [Deutschlands] wissenschaftliches Know-how erhalten, sondern daß wir auch seine Wissenschaftler in die Hände bekommen. Wenn wir sie nicht finden und sie nicht an einen Ort auf dieser Seite des Atlantiks bringen, wo sie ihre wissenschaftlichen Experimente unter unserer Leitung und Kontrolle fortsetzen können, dann könnten uns unsere russischen Freunde zuvorkommen[11].«

Während sich die Rivalität zwischen den USA und der UdSSR langsam aufheizte, wurde gleichzeitig der Nimbus der weißen Kittel und der Hochtechnologie wirksam und enthob die erbeuteten Spezialisten der Verantwortung für ihre Taten während des Krieges, ausgenommen die allerschlimmsten Fälle. Ein Sonderausschuß der Nationalen Akademie der Wissenschaften der USA stellte 1945 die überraschende Theorie auf, daß die Forschungstätigkeit ihrer Brüder im Geist während des Krieges im Grunde eine Form des Widerstandes gegen Hitlers Regime gewesen war. Die Akademie behauptete, daß die Mehrzahl der deutschen Wissenschaftler eine »Insel der Individualisten in der nationalsozialistischen Politik dieser Institution [Kaiser-Wilhelm-Gesellschaft] darstellten« und daß sie sich in den »traditionellen Elfenbeinturm« zurückgezogen hatten, der während der Naziherrschaft die einzige Sicherheit bot[12].

1946 begann die Joint Intelligence Objectives Agency des Pentagons (JIOA, übergeordnetes Amt für Geheimdienstoperationen), ein revidiertes, erweitertes Rekrutierungsprogramm für deutsche Wissenschaftler zu fordern. Die JIOA, die das Overcast-Programm für das Kriegsministerium durchführte, war an die Stelle des vorherigen Combined Intelligence Objectives Subcommittee getreten, das als erstes die Gefangennahme vieler Wissenschaftler organisiert hatte. Die JIOA verlangte jetzt tausend ehemalige feindliche Spezialisten. Sie verlangte auch, und das war das wichtigste, daß sie ihnen die amerikanische Staatsbürgerschaft verleihen durfte, um sie zur Mitarbeit am Programm zu gewinnen.

Die Dienststelle des Pentagons weigerte sich im allgemeinen, die deutschen Sachverständigen, die sich bereits in den Staaten befanden, nach

Europa zurückzubringen. Man hielt jetzt diese Frauen und Männer für zu wertvoll, als daß man sie heimschicken wollte, und zwar vor allem deshalb, weil viele der Overcast-Wissenschaftler bereits genausoviel über Amerikas geheimste Forschungsprogramme wußten wie über Hitlers Programme. Wenn sie den Sowjets in die Hände fielen, stellte dies ein ernsthaftes Sicherheitsrisiko dar.

Die JIOA brauchte Präsident Trumans direkte Zustimmung deshalb, weil so viele deutsche Wissenschaftler und Techniker früher Mitglieder der NSDAP und SS-Offiziere gewesen waren. Die Einwanderungsgesetze in den USA untersagten zu jener Zeit strikt die Einreise ehemaliger Nazis. Ob jemand der Nazipartei »unfreiwillig« oder einfach beigetreten war, um Karriere zu machen, war dabei irrelevant. Die JIOA und das Kriegsministerium forderten im Grund eine Ausnahmeregelung für ungefähr tausend ehemals feindliche Spezialisten.

Präsident Truman war damit einverstanden, daß man während des kalten Krieges ausgewählte Deutsche weiterhin für Amerika arbeiten ließ, solange die Öffentlichkeit nichts davon erfuhr. Die Einstellung der amerikanischen Regierung dem Nationalsozialismus gegenüber änderte sich bereits im Frühjahr 1946. »Am Anfang war jeder für einen harten Kurs«, erklärte ein ehemaliger Beamter der Militärregierung, der mit Overcast befaßt war und hier nicht namentlich genannt werden wollte. »Zum Schluß waren nur noch sehr wenige Leute dafür.« Er betonte, daß es sich bei der Rekrutierung ehemaliger Nazis im Rahmen von Overcast um keine finstere Verschwörung handelte, sondern eher »um einen natürlichen Lernprozeß in bezug auf die Rolle der NSDAP in Deutschland«. Der pensionierte Beamte findet auch, daß es sehr nützlich wäre, zwischen gewöhnlichen Nazis einerseits und Kriegsverbrechern andererseits zu unterscheiden. Viele von Trumans Mitarbeitern waren dafür, daß man ehemalige Mitglieder der NSDAP nutzbringend für die USA einsetzte, Kriegsverbrecher hingegen gerichtlich verfolgte.

Truman genehmigte im September 1946 den Plan der JIOA. Er bestand darauf, daß nur nominelle Nazis – also Menschen, die aus sogenannten »opportunistischen« Gründen der Partei beigetreten waren – am Programm teilnehmen durften. Leute, von denen man wußte oder annahm, daß sie zu den Kriegsverbrechern gehörten, waren davon strikt ausgeschlossen. Die betreffende Anweisung des Präsidenten lautete: »Keine

Person ..., von der man feststellt, daß sie Mitglied der NSDAP gewesen ist und sich nicht nur nominell an ihren Aktivitäten beteiligt hat, oder die den Nationalsozialismus oder den Militarismus aktiv unterstützt hat, soll im Rahmen dieses Programms in die USA gebracht werden.« Auch Posten oder Auszeichnungen, »die Spezialisten aufgrund ihrer wissenschaftlichen oder technischen Fähigkeiten vom Naziregime erhalten hatten«, disqualifizierten einen potentiellen Kandidaten nicht. Dieses Programm lief unter dem Codenamen »Paperclip«[13].

In Trumans Genehmigung wurde nicht genau definiert, was als »aktive Unterstützung« zu gelten hatte. Statt dessen überließ man das Aussortieren der ehemaligen Nazis einem geheimen Komitee von Sachverständigen aus dem Außen- und dem Justizministerium, die jeden Wissenschaftler beurteilen mußten, den die JIOA nach Amerika bringen wollte. Die Frage, wer »den Nationalsozialismus oder den Militarismus aktiv unterstützt hatte«, wurde bald zu einer ausschließlich nach politischen Gesichtspunkten gefällten Entscheidung. Diese Entscheidung hing oft mindestens genausosehr von der Einstellung des Beurteilenden wie vom Verhalten des Verdächtigen ab.

Etwa sechs Monate, nachdem Truman »Paperclip« genehmigt hatte, legte der Leiter der JIOA Bosquet Wev sowohl dem Außen- als auch dem Justizministerium die Akten über die erste Gruppe von Wissenschaftlern zur Genehmigung vor. Wevs Akten enthielten keine Rohberichte über die Tätigkeiten der deutschen Spezialisten, die es den anderen Dienststellen ermöglicht hätten, sich selbst ein Bild von den Rekrutierten zu machen. Statt dessen gab es als Schlüsseldokument in jeder Akte einen Sicherheitsbericht über jeden Wissenschaftler, der vom OMGUS (Office of Military Government – Amt der Militärregierung), der Besatzungsadministration im besiegten Deutschland, stammte. Der OMGUS-Bericht faßte die wesentlichen Punkte früherer Untersuchungen des CIC über die Tätigkeiten der Spezialisten während des Kriegs zusammen. Wenn OMGUS feststellte, daß jemand ein »begeisterter Nazi« gewesen war, bestanden nur geringe Aussichten, daß er jemals in die Vereinigten Staaten gelangen würde. Wenn OMGUS nichts Derartiges erwähnte, war vermutlich alles in Ordnung.

Es war Wevs Aufgabe, die Akten der Wissenschaftler am Prüfungsausschuß vorbeizuschwindeln, der über die für die Aktion »Paperclip« vorgesehenen Fachleute entschied. Zu Wevs Pech war der Vertreter des Außenministeriums im Ausschuß, Samuel Klaus, ein Pedant, der kein Hehl aus seiner Überzeugung machte, daß jeder Nazi – ehemalig oder nicht – eine Bedrohung für die Vereinigten Staaten darstellte.

Die OMGUS-Berichte in Wevs erstem Aktenstapel waren von OMGUS-Agenten erstellt worden, die in Deutschland gearbeitet hatten, bevor der amerikanische Geheimdienst seine Einstellung ehemaligen Nazis gegenüber einer raschen Korrektur unterzog.

Die Berichte wiesen offen darauf hin, daß einige von Wevs deutschen Mitarbeitern, die sich bereits in den Vereinigten Staaten befanden, tatsächlich »begeisterte Nazis« gewesen waren. Die Berichte über andere Spezialisten, die sich auf der Rekrutierungsliste von »Paperclip« befanden, waren nicht viel besser. Manchen Sachverständigen wurde vorgeworfen, daß sie an mörderischen medizinischen Experimenten beteiligt gewesen waren, die an Insassen von Konzentrationslagern vorgenommen wurden, und daß sie Zwangsarbeiter mißhandelt hatten. Einer von ihnen wurde wegen Mordes gesucht. Von einem anderen wußte man, daß er in Polen ein Institut für Versuche an Menschen für die biologische Kriegführung eingerichtet hatte. Mindestens die Hälfte von Wevs Rekruten waren ehemalige Mitglieder der NSDAP oder SS.

Klaus weigerte sich mitzuspielen. Er wies Wevs erste Wissenschaftlergruppe mit der Begründung ab, daß er gegen Trumans Befehl verstieß, wenn er sie durchließ[14]. Der Chef der JIOA war wütend. In einem polemischen Memorandum machte er darauf aufmerksam, daß die Rückkehr dieser Leute nach Deutschland »ein viel größeres Sicherheitsrisiko für sein Land darstellte als eine eventuelle Mitgliedschaft bei der NSDAP oder auch Sympathien, die die übrigen vielleicht heute noch für den Nationalsozialismus empfanden«. Wev beschwerte sich bei Generalmajor Stephen Chamberlin, dem damaligen Chef des Geheimdienstes für den Generalstab des Kriegsministeriums, daß Klaus und Herbert Cumming, ein weiterer Beamter des Außenministeriums, seine Bemühungen, Wissenschaftler zu importieren, »durch ihre Verzögerungstaktik« sabotierten. »Man muß alle im Bereich des Möglichen liegenden drastischen Maßnahmen ergreifen«, drängte Wev, »um aus der Sackgasse herauszukommen, in der wir uns augenblicklich befinden[15]!«

Die Lösung für Wevs Probleme erwies sich als überraschend einfach.

Wenn Klaus und Cumming die OMGUS-Akten in ihrer jetzigen Form nicht akzeptieren wollten, dann mußte man eben die Akten ändern. Im November schickte Wevs Beauftragter sieben OMGUS-Berichte an General Chamberlin zurück. Ihnen lag eine Notiz bei, in der erklärt wurde, daß die JIOA es nicht für »ratsam« hielt, die Kandidaten zum gegenwärtigen Zeitpunkt dem Außen- und dem Justizministerium vorzuschlagen. Bemerkenswert ist, daß sich unter den zurückbehaltenen Berichten auch die Personalakte von Wernher von Braun befand, in der festgestellt wurde, daß er wegen seiner SS-Vergangenheit zu einer Entnazifizierungsverhandlung vorgeladen war, »obwohl er kein Kriegsverbrecher war«. Die JIOA hielt auch die Unterlagen über Dr. Herbert Axster, Dornbergers Stabschef während des Krieges, zurück.

Kurz darauf sandte der Leiter der JIOA Wev dem Leiter des Geheimdienstes beim US European Command (EUCOM, Europäisches Kommando der USA), ein Telegramm. Die Botschaft war deutlich: »Es ist kaum anzunehmen, daß das Außen- und das Justizministerium der Einwanderung eines beliebigen Spezialisten zustimmen, der als tatsächliches oder potentielles Sicherheitsrisiko für die Vereinigten Staaten eingestuft wurde. Das könnte dazu führen, daß Spezialisten nach Deutschland zurückkehren, deren Kenntnisse und Fähigkeiten im Interesse der nationalen Sicherheit anderer Nationen vorenthalten werden sollten. Deshalb«, schloß Wev, »wird darum ersucht… *daß neue Sicherheitsberichte vorgelegt werden* (Hervorhebung vom Autor), wenn eine solche Vorgangsweise zweckdienlich erscheint«, so daß von Braun und seine Kollegen die Erlaubnis erhalten konnten, in den Vereinigten Staaten zu bleiben. Einige Wochen später schickte OMGUS die Akten aus Deutschland zurück. Die Stellen, die Anstoß erregt hatten, waren aus jeder Akte verschwunden. Über von Braun und andere führende Spezialisten, denen ursprünglich ihre Mitgliedschaft bei der NSDAP und bei der SS vorgeworfen worden war, wurde jetzt mitgeteilt, daß »sie kein Sicherheitsrisiko für die USA darstellten.«[16] Von nun an schickten die OMGUS-Ermittler keine Berichte mehr nach Washington, in denen die angeworbenen Wissenschaftler infolge ihrer Tätigkeit in Hitler-Deutschland als »Sicherheitsrisiko« bezeichnet wurden. Klaus und Cummings verließen bald den Untersuchungsausschuß, und das Paperclip-Programm funktionierte beinahe ein Jahrzehnt lang einwandfrei.

Während dieser geringfügigen Nervenprobe hatte Wernher von Braun immer behauptet, daß seine Ernennung zum SS-Sturmbannführer im Jahr 1937 ausschließlich ehrenhalber erfolgt war und keine politische Bedeutung besaß. Doch von Braun hatte genau wie Dornberger genügend Gelegenheit gehabt zu erfahren, was sich in Nordhausen abspielte. Trotzdem arbeitete er bis zum Zusammenbruch fleißig weiter für das Reich. Er bastelte weiterhin an Raketenkonstruktionen, brachte eine besondere Isolierung an, damit die Geschosse nicht während des Flugs explodierten, verbesserte den Steuerungsmechanismus, so daß es einem größeren Prozentsatz der hochexplosiven Gefechtsköpfe der V2 gelang, London zu treffen. Wie Dornberger forderte auch von Braun eine Erhöhung der Produktion durch die Zwangsarbeiter in Nordhausen. Nach dem Krieg behauptete von Braun natürlich, daß er immer schon gegen die nationalsozialistische Ideologie gewesen war. Er hatte angeblich nur deshalb beim Raketenprogramm der Nazis mitgearbeitet, weil es ihn der Erfüllung seines Traums von der Raumfahrt näherbrachte.

Dornberger hatte im Gegensatz zu von Braun bei der Einwanderung keine Schwierigkeiten gehabt. Das Außenministerium hatte nicht einmal 1947 auf dem Höhepunkt der Auseinandersetzung etwas dagegen, daß er in die USA einreiste – zur großen Bestürzung der Engländer, die immerhin das Ziel seiner Raketen gewesen waren. Die Engländer hatten Dornberger nach dem Krieg zwei Jahre lang in Haft behalten und kein Geheimnis daraus gemacht, daß sie ihn als Kriegsverbrecher vor Gericht stellen wollten. Sogar die Amerikaner hatten ihm zunächst nicht über den Weg getraut, waren aber allmählich zu der Erkenntnis gelangt, daß er für das militärische Raketenprogramm der Vereinigten Staaten, das gerade soweit war, vom Boden abzuheben, unerläßlich war. Dornberger war Klaus und Cumming durch die Maschen geschlüpft, weil er nie Mitglied der NSDAP oder der SS gewesen war. Wenn einer der überprüften Kandidaten keiner dieser beiden Organisationen angehört hatte, ermittelte OMGUS nicht, ob er ein »Sicherheitsrisiko« darstellte, und wenn OMGUS keinen negativen Bericht vorlegte, bedeutete dies, daß der Betreffende im Rahmen der Operation Paperclip ungehindert in die USA einreisen konnte. Zwischen 1945 und 1955 wurden mit Overcast und Paperclip und zwei weiteren ähnlichen Programmen 765 Wissenschaftler, Ingenieure und Techniker in die Vereinigten Staaten geholt.

Laut Professor Clarence Lasby, dem Verfasser einer Studie über Paperclip, waren mindestens die Hälfte und vielleicht sogar 80 Prozent der importierten Spezialisten ehemalige Angehörige der NSDAP oder der SS. Bis jetzt sind drei dieser Fachleute gezwungen worden, das Land zu verlassen. Es handelt sich dabei um Georg Rickhey, einen ehemaligen Funktionär in der Fabrik von Nordhausen, der 1946 in die USA kam, aber das Land 1947 wieder verließ, als er wegen Kriegsverbrechen vor ein Militärgericht gestellt wurde (das ihn freisprach); Generalmajor Walter Schreiber, der an medizinischen Experimenten der Luftwaffe an Insassen der Konzentrationslager beteiligt gewesen war und 1952 infolge der Enthüllungen des amerikanischen Zeitungskolumnisten Drew Pearson aus den Vereinigten Staaten floh; und Arthur Rudolph, ein weiterer Veteran aus Nordhausen, der 1984 nach Westdeutschland abgeschoben wurde, nachdem das US-Justizministerium seine Rolle bei der Mißhandlung der Gefangenen in der unterirdischen Fabrik aufgedeckt hatte[17]. Rudolph wird allgemein das größte Verdienst bei der Konstruktion der gewaltigen Saturn-5-Raketen zugeschrieben, die Amerikas Astronauten auf Mondkurs brachten.

Overcast und Paperclip waren nur der Anfang. Die US-Geheimdienste mochten den wissenschaftlichen Institutionen nicht nachstehen und warfen ein Auge auf die Agenten des besiegten Deutschlands, die für künftige Ost-Aufgaben unschätzbare Dienste leisten könnten.

Doch im Gegensatz zu den Wissenschaftlern, von denen etliche glaubwürdig versichern konnten, daß sie nie persönlich an Kriegsverbrechen teilgenommen hatten, konnten Veteranen der Hitler-Geheimdienste kaum behaupten, daß sie nichts von den Nazigreueln gewußt hatten. Hitlers Spionagedienste waren vordringlich damit beschäftigt gewesen, während des Krieges Juden, Kommunisten und andere tatsächliche und angebliche Feinde des Deutschen Reiches ausfindig zu machen und der Vernichtungsmaschinerie zu übergeben.

VIERTES KAPITEL

Der Mann vom Postfach 1142

Reinhard Gehlen, einer der ranghöchsten Geheimdienstoffiziere an der Ostfront, hatte im Herbst 1944 begonnen, sein Überlaufen zu den Amerikanern vorzubereiten. Damals war längst klar, daß Deutschlands Niederlage unvermeidlich war, und eine Anzahl hoher deutscher Sicherheitsfunktionäre – angefangen vom Reichsführer-SS Heinrich Himmler und seinem Adjutanten, SS-General Karl Wolff – hatten ihren Absprung heimlich vorbereitet. Die allen gemeinsame Taktik bestand zum einen darin, den westlichen Alliierten etwas Wertvolles anzubieten, zum Beispiel Spionageinformationen oder eine rasche (aber nicht bedingungslose) Kapitulation der deutschen Streitkräfte, zum anderen in dem Versuch, sich ein Alibi zu verschaffen, durch das ihre Beteiligung an Kriegsverbrechen und Völkermord heruntergespielt wurde. Ihre Bereitschaft zur Kooperation mit dem Westen würde sie, wie sie hofften, vor einer Anklage schützen. Gehlen, Wolff und Hunderten anderen deutschen Offizieren gelang es schließlich, Geschäfte mit Großbritannien oder den Vereinigten Staaten abzuschließen, während eine kleinere Anzahl hochrangiger Nazis (mehrere Dutzend) Frieden mit der UdSSR und ihren osteuropäischen Satelliten machten.

Es stellte sich heraus, daß General Gehlen der wichtigste von allen war. Er war mager, einen Meter fünfundachtzig groß, wog aber, als er überlief, nicht einmal 65 Kilo; er war arrogant und jähzornig, und je älter er wurde, desto mehr verstärkten sich diese Eigenschaften. Doch er besaß auch eine außerordentliche Konzentrationsfähigkeit und einen Blick für Einzelheiten wie ein Juwelier; beides leistete ihm während seiner bemerkenswerten, 37 Jahre dauernden Laufbahn als Meisterspion gute Dienste.

Anfang März 1945 verewigten Gehlen und eine kleine Gruppe seiner höchsten Offiziere das umfassende Material an Informationen über die UdSSR in der FHO (Fremde Heere Ost), der militärischen Geheimdienstabteilung des Generalstabs der deutschen Armee, auf Mikrofilmen. Sie verpackten die Filme in wasserdichte Stahlbehälter, die sie auf einsamen Almwiesen in den österreichischen Alpen vergruben. Am 22. Mai 1945 ergaben sich dann Gehlen und seine engsten Mitarbeiter einem Team des amerikanischen Gegenspionagekorps.

Sie hatten Glück. Ihr Vernehmungsbeamter in Camp King in der Nähe von Oberursel in der amerikanischen Besatzungszone war Hauptmann John Bokor. Bokor war bei Kriegsbeginn von den Amerikanern interniert und gut behandelt worden und hatte später in Fort Hunt in der Nähe von Washington gefangene deutsche Offiziere verhört. Obwohl Bokor fraglos ein Nazigegner war, besaß er infolge seines Kontaktes mit dem deutschen Offizierskorps eine gewisse Achtung für den Feind und verachtete die engstirnige antideutsche Einstellung vieler amerikanischer Offiziere jener Zeit. Gehlen erinnerte sich später: »Er war unter den amerikanischen Offizieren, die ich kennenlernte, der erste, der über fundierte Kenntnisse über Rußland verfügte und sich keine Illusionen darüber machte, in welche Richtung sich die politischen Ereignisse entwikkelten... Wir sind gute Freunde geworden und es geblieben[1].« In den Wochen, nachdem Bokor seinen neuen Auftrag übernommen hatte, legte Gehlen allmählich seine Karten auf den Tisch. Der ehemalige Wehrmachtgeneral wußte nicht nur, wo die kostbaren Archive vergraben waren, sondern er hatte auch die Keimzelle einer geheimen Spionageorganisation zusammengehalten, die die Aufzeichnungen bei der Arbeit gegen die UdSSR verwenden konnten. Hauptmann Bokor war interessiert.

Dem Plan stellten sich ernste Hindernisse in den Weg. Erstens mißtraute das US-Kommando jedem Geschäft, das verzweifelte Deutsche vorschlugen. Zweitens waren die USA aufgrund des Abkommens von Jalta verpflichtet, gefangengenommene Offiziere der Achsenmächte, die an »Aktivitäten in den Ostgebieten« beteiligt gewesen waren, den Russen im Tausch für die vielen tausend amerikanischen Kriegsgefangenen zu übergeben, die die Rote Armee befreit hatte.

Laut Gehlens Memoiren beschloß Hauptmann Bokor, die offizielle Politik zu vergessen und auf eigene Faust zu handeln. Er verschwieg den anderen Amerikanern im Vernehmungszentrum Gehlens Angebot und sorgte im stillen dafür, daß die Namen von Gehlens Kommandostab aus den offiziellen Listen der in den Händen der USA befindlichen Kriegsgefangenen getilgt wurden. Bokor und Oberst William R. Philp (Chef des weitläufigen Vernehmungszentrums des CIC im Camp King) waren dafür verantwortlich, daß sieben hohe Gehlen-Offiziere in das Lager überstellt wurden, wo sie als »Arbeitsgruppe für historische Studien« eingesetzt wurden und angeblich an einem Bericht über den deutschen Generalstab arbeiteten. Gehlens kostbarer Schatz an Dokumenten wurde gefunden und unter so strenger Geheimhaltung in das Vernehmungszentrum gebracht, daß nicht einmal die leitenden Beamten des CIC wußten, was im Dulag Luft, wie die Deutschen das Lager nannten, angeliefert wurde. Dreißig Jahre später erinnert sich Gehlen: »Bokor wollte dem US-Hauptquartier in Frankfurt und dem Pentagon unser Vorhandensein nicht zu früh melden, weil er befürchtete, daß wir in das Schußfeld feindseliger Kräfte [innerhalb der US-Kommandobehörde] geraten und dann nicht mehr zu retten sein würden. Ich weiß jetzt..., daß Hauptmann Bokor [in der ersten Zeit] auf eigene Faust gehandelt hat[2].«

Ende des Sommers konnte Bokor jedoch bereits mit der Unterstützung der Generale Edwin Sibert und Walter Bedell Smith rechnen; ersterer war der ranghöchste Offizier des Geheimdienstes der US Army in Europa, letzterer Generalstabschef des Alliierten Oberkommandos. General William (»Wild Bill«) Donovan und Allen Dulles vom amerikanischen Amt für Geheimoperationen, dem Office of Strategic Services (OSS), erhielten von einem Dulles-Doppelagenten im deutschen Außenministerium ebenfalls einen Hinweis auf Gehlens Angebot. Das OSS kämpfte bald darauf mit dem militärischen Geheimdienst der USA um die institutionelle Verfügungsgewalt über Gehlens Mikrofilm-Unterlagen und dann sehr bald um den wertvollen deutschen Geheimdienstoffizier und Ostspezialisten selbst.

Im August 1945 brachte Sibert Gehlen und drei seiner Assistenten nach Washington, damit sie dort Bericht erstatteten. Im Dezember erhielt Sibert endlich die Erlaubnis, die Spionagegruppe des Deutschen »aus eigener Machtbefugnis« weiterhin zu finanzieren und zu benutzen. Im Spionagejargon wurde Sibert dadurch zur »Sicherung« für die Politiker in Washington – das heißt, Sibert wurde seine deutsche Operation bewilligt, aber wenn es Pannen gab, mußte er den Kopf hinhalten. Gleichzeitig stand jedoch Dulles' Secret Intelligence Branch (SIB, Geheime Nachrichtenabteilung) des OSS direkt mit Gehlen in Verbindung. Frank Wisner*, ein schneidiger junger Wallstreet-Anwalt, der sich bei Untergrund-intrigen des OSS in Istanbul und Bukarest ausgezeichnet hatte, war Leiter des Koordinierungsteams[3].

Die Unterlagen, denen man entnehmen könnte, wieviel Präsident Truman über die Anwerbung von Gehlen und seiner Organisation wußte, bleiben geheim. Man weiß jedoch, daß die Sowjets bereits bei der Potsdamer Konferenz heftig gegen diese geheime Vereinbarung protestiert hatten; deshalb ist nicht anzunehmen, daß Truman überhaupt nichts davon wußte. Wenn man den Rang von Donovan, Dulles, Sibert und den anderen Geheimdienstoffizieren in Betracht zieht, von denen man weiß, daß sie direkt daran beteiligt waren, und wenn man berücksichtigt, daß zwei rivalisierende amerikanische Geheimdienstbürokraten versuchten, Einblick in Gehlens Archive zu erhalten, liegt der Verdacht nahe, daß der Präsident über diese Operation genau informiert wurde. Außerdem war es politisch gesehen äußerst riskant, einen Spionagechef des Feindes für Aufträge gegen ein Land zu rekrutieren, das offiziell noch Verbündeter der Vereinigten Staaten war. Man kann also annehmen, daß Truman persönlich seine Zustimmung erteilen mußte, bevor der deutsche General voll für seine neue Aufgabe eingesetzt werden konnte. Wie dem auch sei, bevor ein Jahr um war, hatten die Amerikaner Gehlen und die meisten Angehörigen seines Stabes freigelassen und in einem ehemaligen Ausbildungszentrum der Waffen-SS in der Nähe von Pullach bei München untergebracht, wo sich heute noch die Zentrale der Gruppe befindet.

Einige Beispiele aus Gehlens frühesten Berichten veranschaulichen die Arbeit des deutschen Spionagechefs in den ersten Jahren seiner Tätigkeit für den amerikanischen Geheimdienst. Wie man einer erst kürzlich entdeckten geheimen Zusammenfassung von Gehlens Vernehmung im »Postfach 1142« – die Code-Adresse für Fort Hunt in der Nähe von

---

* In Frank Wisners SIB-Team, das mit Gehlen zusammenarbeitete, war der Anteil an hervorragenden Mitarbeitern, die die Geschichte der US-Spionage prägten, ungewöhnlich hoch. Richard Helms zum Beispiel, der später stellvertretender Direktor der CIA für Geheimoperationen und schließlich unter den Präsidenten Johnson und Nixon Direktor der CIA wurde; Harry Rositzke, der bald Leiter der CIA-Geheimoperationen innerhalb der UdSSR und später CIA-Chef in Indien wurde; und natürlich auch Wisner, der bald weltweit Leiter aller amerikanischen Operationen im Krieg der Geheimdienste wurde.

Washington – entnehmen kann, bestanden Gehlens erste Berichte aus einer detaillierten Geschichte des deutschen Geheimdienstes an der Ostfront, auf die ein 35 Seiten langer Überblick über »Aufbau des russischen Oberkommandos und seine strategischen Konzepte« folgte. Im August 1945 lagen weitere Berichte über die sowjetische Kriegstaktik zu Land und über das System der politischen Kommissare innerhalb der Roten Armee vor.

Gehlens Leitoffizier bei 1142 äußerte sich begeistert über »das Potential künftiger Berichte« und legte eine lange Liste von 28 Geheimdienststudien vor, die auf Gehlen und seinem Hort an Dokumentationsmaterial beruhten und innerhalb weniger Wochen zur Verfügung stehen würden. Jede dieser Studien betraf die UdSSR. Sie umfaßten Überblicke über russische Panzer, Menschenpotential, Kriegsproduktion, Propaganda, die sowjetische Geheimpolizei (NKWD), »Verwendung deutscher Methoden... für die Bewertung verschiedener neuer Informationen, die die USA erhalten hatten«, und »Vorschläge über die Verwendung von Quellen zur Beschaffung von Informationen über den mitteleuropäischen Sektor[4]«.

Man sollte annehmen, daß wenigstens ein Angehöriger des US-Geheimdienstes Gehlen gefragt hat, wie er an diese Informationen gelangt war; falls diese Frage jemals gestellt wurde, muß der Bericht darüber noch vorgelegt werden. Statt dessen wird in den geheimen US-Unterlagen, die jetzt aufgetaucht sind, als Quelle von Gehlens Angaben einfach »Gehlen« oder »Gehlens Organisation« genannt.

In Wirklichkeit war Gehlen zu einem Großteil seiner Informationen durch die schrecklichsten Scheußlichkeiten des Krieges gelangt: Folterung, Verhör und Hungertod von Millionen sowjetischer Kriegsgefangener. Sogar Gehlens Verteidiger – die in den USA und Deutschland zahlreich vertreten sind – geben zu, daß er eine wichtige Rolle bei der Organisation der Kriegsgefangenenverhöre gespielt hat. Der Erfolg, den diese Verhörmethoden vom deutschen Standpunkt aus hatten, war die Grundlage von Gehlens Karriere. Er begründete seinen Ruf als Geheimdienstoffizier und brachte ihm den Rang eines Generalmajors ein.

Doch diese Verhöre waren gleichzeitig ein Schritt zur Liquidierung Zehntausender Kriegsgefangener. Gefangene, die sich weigerten zu kooperieren, wurden oft gefoltert oder kurzerhand erschossen. Viele wurden sogar getötet, nachdem sie die verlangten Informationen geliefert hatten, oder man ließ sie einfach verhungern. Es stimmt natürlich, daß Gehlens Leute die Hungerlager nicht persönlich verwaltet haben, und es ist auch nicht bekannt, daß sie in den Hinrichtungskommandos eingesetzt wurden. Diese Aufgaben blieben der SS vorbehalten, deren Effizienz in dieser Hinsicht nur zu sehr erwiesen ist.

Gehlens Männer sind eher mit Wissenschaftlern zu vergleichen, die die Informationen und Dokumente, die beim Durchkämmen dieser Lager des Grauens hängenblieben, abschöpften Gelegentlich fischten sie ein interessantes Exemplar heraus, zum Beispiel einen russischen General, der zur Zusammenarbeit bereit war, oder einen ukrainischen Eisenbahnexperten, der vielleicht, wenn man ein wenig nachhalf, Angaben über Brücken machen konnte, die leicht zu zerstören waren. Gehlens Offiziere waren ein wenig in dem gleichen Sinn Wissenschaftler wie die Ärzte in den Konzentrationslagern: beide Gruppen kamen zu ihren Informationen, indem sie Menschen töteten oder ihren Tod billigend in Kauf nahmen[5].

Gehlen versprach den Amerikanern nach dem Krieg offiziell, daß er »prinzipiell« keine SS-, SD- und Gestapoleute in seiner neuen Geheimdienstorganisation verwenden würde. Diese Versicherungen kommen nicht überraschend; während des Krieges hatte das Alliierte Oberkommando in Europa angekündigt, man werde sämtliche Angehörigen dieser Gruppen verhaften und vor Gericht bringen. 1946 hatte der Nürnberger Militärgerichtshof diese Gruppierungen als Organisationen verurteilt, die Kriegsverbrechen und Verbrechen gegen die Menschlichkeit begangen hatten.

Gehlens Versicherungen bezüglich der SS erwiesen sich jedoch als falsch. Mindestens ein halbes Dutzend Männer – vermutlich aber mehr – seines ersten, aus fünfzig Offizieren bestehenden Stabes, waren ehemalige SS- oder SD-Leute, darunter SS-Obersturmführer Hans Sommer (der im Oktober 1941 sieben Pariser Synagogen hatte in Brand stecken lassen), SS-Standartenführer Willi Krichbaum (oberster Gestapochef in Südosteuropa), SS-Sturmbannführer Fritz Schmidt (Gestapochef in Kiel), die alle verantwortungsvolle Posten in der neuen *Organisation Gehlen* erhielten[6]. Die ersten ehemaligen SS-Männer wurden mit gefälschten Papieren und unter falschen Namen angeworben, Gehlen konnte also notfalls leugnen, daß er über ihre Nazivergangenheit im Bild gewesen war.

Vermutlich haben einige Amerikaner gewußt, was hier vor sich ging. Schließlich gehört es zum Beruf jedes professionellen Geheimdienstoffiziers, über die von ihm beschäftigten Gruppierungen alles in Erfahrung zu bringen und Informationen über Kontraktagenten zu sammeln, aus denen man Rückschlüsse auf ihre Zuverlässigkeit ziehen kann. General Sibert war inzwischen zum amerikanischen Schirmherrn der Organisation Gehlen aufgerückt; er war bestimmt nicht deshalb Leiter des Geheimdienstes der US Army in Deutschland geworden, weil er naiv war. Es ist kaum anzunehmen, daß Gehlen den Amerikaner belogen hätte, wenn dieser den deutschen General direkt gefragt hätte, ob er SS-Männer beschäftigte; wenn man Gehlen bei dieser Lüge ertappt hätte, wäre seine Glaubwürdigkeit ernsthaft erschüttert gewesen. Die Erklärung war ganz einfach – Sibert wußte, was vor sich ging, aber er stellte keine Fragen.

»Zu jener Zeit hatte noch niemand die Tätigkeit des Geheimdienstes wirklich legalisiert«, stellt Oberstleutnant John Bokor fest; er ist der Sohn des Mannes, der seinerzeit Gehlen für die Amerikaner gewann, und selbst Berufsoffizier im Geheimdienst. »Heute hat sich vielleicht einiges geändert, aber damals war der Geheimdienstagent auf sich selbst gestellt... Es gab keine Notenblätter, nach denen wir alle singen konnten. So kam es, daß eine Menge solcher Kerle [ehemalige Nazis] angeheuert wurden[7].«

Nazis und Kollaborateure wurden zum integrierenden Bestandteil von Gehlens Nachkriegsorganisation, und das zeigte sich am deutlichsten bei der Leitung der Emigrantenoperationen. Bereits 1946 hatte Gehlen Angehörigen der ehemaligen Wlassow-Armee, der ukrainischen Untergrundarmee OUN/UPA und zur Mitarbeit bereiten Führern anderer Exilgruppen, die ursprünglich von Berlin unterstützt worden waren, in beschränktem Umfang Geldmittel zur Verfügung gestellt. Unterstützung durch diese Gruppen galt als wesentlich, wenn in den Lagern für Displaced Persons neu eingetroffene Flüchtlinge vernommen wurden. Obwohl es sicherlich zutrifft, daß die Mehrheit der Nachkriegsflüchtlinge in Deutschland keine Nazikollaborateure waren und keine Kriegsverbrechen begangen hatten, stimmt es auch, daß die »Org«, wie Gehlens Gruppe bald hieß, ihre Mitarbeiter vornehmlich in der belasteten Minderheit fand. »Die Hauptquelle für Informanten«, heißt es in einer geheimen Studie der Org über die Rekrutierungen jener Zeit, »werden... die Flüchtlinge aus den Gebieten mit deutschen Minderheiten und die ehemaligen Angehörigen von Naziorganisationen sein[8].«

Ende 1947 hatte Gehlen die Kommandokette, die Berlin während des Krieges benutzt hatte, um seine Mitarbeiter in den zur Kooperation bereiten Organisationen unter Kontrolle zu halten, größtenteils wiederhergestellt. Zwei SS-Veteranen, Franz Six und Emil Augsburg, übernahmen die Aufsicht über die wesentlichen Aspekte der Arbeit, die die Emigranten für Gehlen leisteten. Die Karrieren dieser »Gehlen-Männer« machen deutlich, wie stark der Einfluß der Nazis in der Org und den von ihr infiltrierten Emigrantenorganisationen war.

Six und Augsburg waren ehemalige Angehörige des Amtes VI bzw. VII des Reichssicherheitshauptamtes (RSHA). Diese SS-Behörde war eine Kombination von Geheimdienst-, Sabotage- und Propagandadienststelle, entsprach also – von der ideologischen Ausrichtung abgesehen – praktisch der CIA. Bis Kriegsende hatte das Amt VI nicht nur die ausländischen Abteilungen der Geheimpolizei, sondern auch den militärischen Geheimdienst (Abwehr) sowie einen Großteil des internen Spionagenetzes der NSDAP im Ausland integriert. Amt VI verfügte über eine außergewöhnlich reiche Auswahl an ausgebildeten Agenten, Geheimdienstakten, Saboteuren und Propagandisten. Sowohl Gehlen als auch die Vereinigten Staaten bezogen nach dem Krieg viele ihrer wertvollsten Mitarbeiter aus dieser Abteilung. Vor allem ihr Schatz an Akten über die UdSSR und Osteuropa besaß nicht seinesgleichen.

Diese Behörde hatte jedoch noch eine zweite Seite. Viele Spitzenfunktionäre des Amtes VI waren maßgeblich an der Massenvernichtung von Juden beteiligt. Sowohl Six als auch Augsburg hatten an der Ostfront mobile Mordkommandos geleitet. Andere waren als Verwaltungsbeamte und Planer am Holocaust beteiligt.

Gehlens Mann für Emigrantenunternehmungen, SS-Brigadeführer Franz Six, war Schwerkriegsverbrecher und zu der Zeit dieser Niederschrift noch am Leben. Adolf Eichmann hat ihn einmal in der sogenannten Judenfrage als Streber und als bevorzugten Schützling von Reichsführer-SS Himmler bezeichnet. Und Eichmann mußte es schließlich wissen. Er hatte sich seine ersten Sporen im Holocaust unter dem persönlichen Befehl von Six in der Abteilung für »Ideologischen Kampf« des Sicherheitsdienstes (SD) verdient. 1941 leitete Six das Vorkommando Moskau, eine Voraustruppe der Naziinvasion, deren Aufgabe es war, Archive der Kommunistischen Partei und des NKWD sicherzustellen, damit man Listen von Sowjetfunktionären anlegen und diejenigen, deren man habhaft wurde, liquidieren konnte. Six' Vorkommando schaffte es nie bis Moskau, doch seinen Berichten kann man entnehmen, daß seine Einheit in Smolensk, wo sie auf dem Marsch zur russischen Hauptstadt haltmachte, ungefähr 200 Menschen kaltblütig ermordete. Unter den Opfern von Smolensk, berichtete Six an das Hauptquartier, befanden sich »46 Personen, darunter 38 jüdische Intellektuelle, die versucht hatten, in dem neuerrichteten Ghetto in Smolensk Unruhe und Unzufriedenheit zu stiften«.

Noch 1944 hielt Six bei einer Konferenz von »Beratern« für die »jüdische Frage« in Krummhübel einen Vortrag. In den stenografischen Aufzeichnungen über die Tagung heißt es, daß »Six ... über die politische Struktur des Weltjudentums sprach. *Die physische Ausrottung der Ostjuden würde das Judentum seiner biologischen Reserven berauben*«, verkündete er. »*Die jüdische Frage darf nicht nur in Deutschland, sondern muß international bereinigt werden[9]*« (Hervorhebung vom Autor).

Himmler war mit Six' Arbeit so zufrieden, daß er ihn von den Projekten im Amt VI abzog und ihm eine neugeschaffene Abteilung, Amt VII, anvertraute.

Doch Six war nicht einfach ein Mörder. Er war Universitätsprofessor, Dr. jur. und rer. pol. und Dekan an der Berliner Universität; einige seiner Kollegen hielten ihn für einen der hervorragendsten Professoren seiner Generation. Six – er zog die Anrede Dr. Six vor – war 1930 der NSDAP, dann der SS und einige Jahre später dem SD beigetreten. Gemeinsam mit Walter Schellenberg und Otto Ohlendorf war er einer der Naziprofessoren und -anwälte, die der Hitler-Diktatur einen Anstrich intellektueller Ehrbarkeit verliehen. Eine Anzahl solcher Männer meldete sich zum Sicherheitsdienst und bildete das Gehirn der Partei. Als Geheimdienstspezialisten lieferten sie der nationalsozialistischen Führung nüchterne Analysen über ideologische Kriegführung, Rassenfragen im Osten und die Taktik bei der »Endlösung«.

Eines von Six' wichtigsten Projekten im Amt VI war das Wannsee-Institut, eine SS-Denkfabrik in einem Außenbezirk von Berlin. Es handelte sich um den anspruchsvollen Versuch der SS, strategische (das heißt weitreichende oder Langzeit-)Informationen über die UdSSR zu erhalten. Er umfaßte die Beschaffung und Auswertung von Einzelheiten über das Potential der sowjetischen Kriegsproduktion, über die Aktivitäten in wissenschaftlichen Forschungsinstituten, über Details des Fünfjahresplans, über Lagerstätten von Erdöl und Mineralien, über die Identitäten von Parteifunktionären sowie das Horten von russischen Landkarten und technischen Werken aller Art.

Nach typischer Nazimanier gehörten zu der Arbeit in Wannsee auch Studien über Siedlungsgebiet und Kopfzahl der verschiedenen ethnischen Gruppen in der UdSSR. Die streng geheimen Wannsee-Berichte wurden an nicht einmal fünfzehn Personen an der Spitze des Naziregimes verteilt, darunter an General Gehlen (in seiner Eigenschaft als Chef des militärischen Geheimdienstes an der Ostfront), an Propagandachef Joseph Goebbels und an Hitler selbst. Die Studien lieferten dem Reich die bei weitem verläßlichsten Informationen über die UdSSR und waren für die Festlegung der militärischen Strategie und für die Wahl der Angriffsziele an der Ostfront entscheidend. Die ethnischen Unterlagen boten die genauesten Informationen über Konzentrationen von jüdischer Bevölkerung in der UdSSR und ergaben eine praktische Straßenkarte für die hohen SS-Führer, denen Hitler die Aufgabe übertragen hatte, die Juden auszurotten*.

Die meisten der zwanzig Mitarbeiter in Wannsee waren Überläufer aus

---

* Das Gebäude der Kripo Am Großen Wannsee 56/58 war auch der Schauplatz für die Konferenz am 20. Januar 1942, bei der SS-Führer Reinhard Heydrich Spitzenvertretern der obersten Reichs- und Parteibehörden die »Endlösung der Judenfrage« präsentierte. Bei dieser Tagung kam Adolf Eichmann, der damals begeisterter junger SS-Offizier war, zum erstenmal mit so vielen »hohen Persönlichkeiten« zusammen. Eichmanns Erinnerungen an die Wannsee-Konferenz – ein entscheidender Wendepunkt in der Entwicklung des Holocausts – sind beinahe überschwenglich: »Nach der Konferenz saßen [der damalige SD-Chef] Heydrich, Leiter der Gestapo Müller und meine Wenigkeit gemütlich um einen Kamin herum«, notierte Eichmann später. »Ich bemerkte zum erstenmal, daß Heydrich rauchte. Nicht nur das, er trank auch Kognak ... Wir saßen nach unserer Wannsee-Konferenz friedlich beisammen und fachsimpelten nicht nur, sondern gönnten uns nach so vielen anstrengenden Stunden etwas Ruhe.«

der UdSSR oder Fachleute von deutschen Universitäten für Studien über die Sowjetunion. Die Angehörigen dieser Gruppe machte Gehlen nach dem Krieg ausfindig, und sie bildeten dann den Kern seines Mitarbeiterstabs für Emigrantenoperationen, die auf Osteuropa und die Sowjetunion abzielten. Mindestens ein Wannsee-Veteran, nämlich Nikolai N. Poppe, lebt heute in den Vereinigten Staaten[10].

Nach dem Fall von Berlin wurde Dr. Six wegen Kriegsverbrechen gesucht. Er begann 1946 trotzdem, für Gehlen zu arbeiten, und erhielt den Auftrag, das Gebiet Stuttgart-Schorndorf nach arbeitslosen deutschen Geheimdienstveteranen durchzukämmen, die vielleicht an neuen Aufgaben interessiert waren. Zu Six' Pech war jedoch einer seiner Unteragenten ein gewisser SS-Hauptsturmführer Hirschfeld, der auch für eine amerikanisch-britische Operation arbeitete, die flüchtige Kriegsverbrecher aufspürte. Hirschfeld verriet Six an das amerikanische CIC, das sich nicht um seine Proteste kümmerte und ihm verschiedene Kriegsverbrechen, darunter Mord, zur Last legte. Sobald die Zeitungen über die Festnahme von Six berichtet hatten, konnten Gehlen oder sein US-Schirmherr General Sibert kaum noch etwas für Six tun, zumindest nicht öffentlich. Six wurde 1948 vor ein amerikanisches Militärgericht gestellt, der Kriegsverbrechen (einschließlich der Morde in Smolensk) überführt und zu zwanzig Jahren Haft verurteilt.

Der Leiter des Teams der US-Staatsanwälte bei diesem Prozeß, Benjamin Ferencz, erinnert sich an Six als einen »schlauen Mann, eines der größten Schweine in dem gesamten Fall [der mobilen Mordkommandos]... Ich persönlich empfand mehr Achtung vor Ohlendorf, weil dieser sagte: Ja, ich habe es getan [Massenmorde begangen]. Six hingegen sagte: Wer, ich? Es sind Juden umgebracht worden? Davon hatte ich keine Ahnung![11]«

Six verbrachte schließlich etwa vier Jahre hinter Gittern, bevor er vom US-Hochkommissar für Deutschland, John McCloy, begnadigt wurde. Selbst für den unwahrscheinlichen Fall, daß die Amerikaner nicht gewußt hatten, wer Six war, als er 1946 begann, für die Organisation Gehlen zu arbeiten, konnten sie kaum noch die Ahnungslosen spielen, nachdem er von einem US-Militärgericht verurteilt worden war. Dennoch erlaubte McCloys Begnadigungsausschuß dem ehemaligen SS-Mann ausdrücklich, bei Org zu arbeiten, und nur wenige Wochen nach seiner

Entlassung aus dem Gefängnis war Six* wieder in Gehlens Hauptquartier in Pullach am Werk[12].

Gehlens zweitwichtigster Mitarbeiter für Ostangelegenheiten war Dr. Emil Augsburg, ein ehemaliger SS-Standartenführer aus Himmlers Stab in Polen. Wie Eichmanns hatte auch Augsburgs Laufbahn in Six' Abteilung begonnen, wo er sich laut einem in den SD-Unterlagen gefundenen Bericht darauf spezialisierte, politische Gegner in der SS zu verleumden, indem er behauptete, daß sie jüdische Vorfahren hatten. Während des Krieges leitete Augsburg (wie aus den Unterlagen über seine Mitgliedschaft bei der NSDAP hervorgeht) ein Mordkommando im besetzten Rußland. Er erzielte »außergewöhnliche Ergebnisse ... bei Sondereinsätzen«[13], wie eine Empfehlung in seiner Personalakte lautet. (Im SS-Jargon ist »Sondereinsatz« im allgemeinen eine Umschreibung für den Massenmord an Juden.) Die SS stellte fest, daß er »ein absolut vertrauenswürdiger Nationalsozialist« war, und gab ihm eine leitende Funktion im Wannsee-Institut, wo er die äußerst brauchbare Kartei von sowjetischen Persönlichkeiten überwachte, die man zur Beschaffung von Informationen und zu Mordaktionen hinter den Linien benützte – eine Aufgabe, die er später bei der Organisation Gehlen genausogut erfüllte. Augsburg war aber nicht nur Archivar. Dank der Ausbildung durch Six und den Leiter von Wannsee, Michail Achmeteli**, wurde er zum aner-

---

* 1961 sagte Six als Zeuge der Verteidigung im Prozeß gegen Adolf Eichmann wegen Verbrechen gegen die Menschlichkeit aus. Six arbeitete zu diesem Zeitpunkt nicht mehr in der Organisation Gehlen, sondern war Vertreter für Porsche. Eichmann war Abteilungsleiter bei der Porschekonkurrenz Daimler-Benz.

** Professor Michail Achmeteli war das dritte bemerkenswerte Mitglied von Gehlens Nachkriegsapparat für Emigrantenangelegenheiten, das aus dem Stab des Wannsee-Instituts hervorgegangen war. Während des Krieges leitete Achmeteli die Aufstellung von Listen der Sowjetfunktionäre, die hinzurichten waren, koordinierte strategische Gegenspionageoperationen und erweiterte die nationalsozialistische Rassentheorie im Hinblick auf die Völker Osteuropas. Sein persönlicher Beitrag zu der Rassenfrage bestand in der Theorie (die der Naziideologe Alfred Rosenberg später übernahm), daß die Georgier im Süden der UdSSR die »Deutschen Rußlands« und als solche zu den »Herrenmenschen« zu zählen seien, die von der SS zum Einsatz gegen Juden, Slawen, Zigeuner und andere »rassisch minderwertige« Völker eingesetzt werden könnten. Achmeteli stammte aus einer durch Erdöl reich gewordenen Familie, die während der russischen Revolution enteignet worden war. Eine Zeitlang trug er zur Finanzierung der Weißen Armee gegen die Bolschewiken bei, mußte dann aber nach Deutschland fliehen. Dort richtete er an der Universität von Breslau ein Zentrum für antikommuni-

71

kannt einflußreichsten »Sachverständigen« des Naziregimes für Osteuropa. Obwohl er nie in der Öffentlichkeit in Erscheinung getreten war, behielt Augsburg auch nach dem Krieg unter Insidern der deutschen Außenpolitik diesen Ruf.

Die Geschicklichkeit, mit der die Organisation Gehlen andere Geheimdienststellen manipulierte, erkennt man deutlich an Augsburgs Laufbahn in den ersten Nachkriegsjahren. Augsburg arbeitete nicht nur für Gehlen, sondern wurde gleichzeitig von folgenden Stellen verwendet: Gegenspionagekorps der US Army; einer militärischen Geheimdiensteinheit, die als Technical Intelligence Branch (TIB) bezeichnet wurde und sich angeblich nur für deutsche Wissenschaftler interessierte, tatsächlich aber auch ehemalige deutsche Geheimdienstagenten anwarb; eine französische Geheimdienstbehörde; und ein privates Netz von ehemaligen SS-Offizieren unter der Leitung des früheren SS-Generals Bernau[14]; offenbar wußten alle diese Stellen, daß Augsburg wegen Kriegsverbrechen gesucht wurde.

Augsburgs Spezialität war der Einsatz von Emigranten und Überläufern zur Beschaffung von Informationen über den Osten. Nach streng geheimen Unterlagen des CIC versorgte Bernaus SS-Netz Augsburg mit amerikanischen EEIs (wesentlichen Informationselementen), aus denen hervorging, an welchen Nachrichten die Westalliierten besonders interessiert waren. Dann fungierte Augsburg als Zwischenträger zwischen den Informationsgruppen, die für seine verschiedenen Auftraggeber arbeiteten. Diese Stellung ermöglichte ihm, ausgesuchte Informationen anzubieten oder einen Bericht, den er selbst durch ein anderes Informanten-

stische Studien ein, das sich allmählich zur umfassendsten Sammlung von Material über die UdSSR außerhalb der Sowjetunion entwickelte. Im Lauf der Zeit wurde die Breslauer Sammlung zum Grundstock der SS-Archive über die UdSSR; sie enthielt sogar eine Kartei bedeutender sowjetischer Persönlichkeiten sowie umfassende Informationen über sowjetische Eisenbahnen, Industrien, Nachrichtenwesen und andere Infrastrukturen.
Der Georgier war einer der wichtigsten Verbindungsmänner zwischen dem SS-Team am Wannsee und dem Hauptquartier von Gehlens militärischem Geheimdienst im Osten. Nach dem Krieg stellte Gehlen Achmeteli in der Nähe von Unterweilbach ein Chalet zur Verfügung, das er mit US-Geld, über welches er nach eigenem Gutdünken verfügen konnte, gekauft hatte. Achmeteli, ein unruhiger, untersetzter Mensch mit tiefliegenden Augen und Knollennase, war einer der wenigen Menschen, die Gehlen in seinem Haus empfing.

netz plaziert hatte, »unabhängig zu bestätigen«. Theoretisch konnte Augsburgs Loyalität jedem seiner Dienstherren oder den Sowjets oder jedem anderen Auftraggeber gehören. Seine lebenslängliche Ergebenheit Org gegenüber macht jedoch deutlich, daß er im Grunde und vor allem Gehlens Mann war.

Die Arbeit, die Augsburg nach dem Krieg für die Organisation Gehlen verrichtete, war die Fortsetzung seiner Tätigkeit für die SS in Wannsee: Verwaltung der gewissenhaft gesammelten, außerordentlich detaillierten Unterlagen über die UdSSR. Eine seiner Spezialitäten war die Zusammen- und Herstellung von bemerkenswert gut gefälschten Papieren für Gehlen-Agenten, die sowohl zu Spionagezwecken als auch zu Geheimoperationen in die Sowjetunion eingeschleust wurden. Diese »Legenden« umfaßten nicht nur falsche Dokumente wie Reisepässe und Lebensmittelkarten, sondern auch sorgfältig ausgearbeitete Geschichten über die Familie, den Beruf und verschiedene Ereignisse, die echt wirkten, aber von den sowjetischen Polizeibeamten unmöglich nachgeprüft werden konnten. Einzelheiten über Geografie, Klima, örtliche Kultur, sogar Witze wurden gesammelt und katalogisiert, um die falschen Identitäten möglichst realitätsnah zu gestalten[15]. Nach dem Krieg blieben Augsburg und Six mit den früher von Berlin finanzierten Emigrantengruppen in enger Verbindung und berieten die CIA bei der Auswahl von Agenten, die in Osteuropa bei Operationen hinter den Linien eingesetzt wurden.

FÜNFTES KAPITEL

Die Augen und Ohren

Der Weg von der Kooperation zur Konfrontation mit Moskau war in den USA nach 1945 auch mit den Vorurteilen und Revanchevorstellungen gepflastert, die die neugewonnenen Altnazis und Kollaborateure mitbrachten, auf deren Dienste die Amerikaner nicht meinten verzichten zu können. Eine besonders nachhaltige und problematische Wirkung erzielten die Informationen, die man über die Organisation Gehlen bezog, deren Mitarbeiter, allen voran ihr Chef, sich vom gleichen fanatischen und daher blinden Antikommunismus leiten ließen, wie seinerzeit im blutigen »Kreuzzug« gegen den Bolschewismus. Ihre Glaubwürdigkeit litt darunter nicht in den USA, im Gegenteil: Entsetzt von Stalins Brutalpolitik, glaubten viele auch die abwegigsten Mußmaßungen.

Gehlens einzigartiger Irrtum, behauptet Arthur Macy Cox, der von Beruf Auswertungsfachmann für sowjetische Angelegenheiten ist und sowohl für die CIA als auch für das Außenministerium gearbeitet hat, besteht darin, daß er die *politische* Drohung der UdSSR als drohendes *militärisches* Problem darstellte und sich dadurch »bei den konservativen kalten Kriegern im Pentagon und im Kapitol Liebkind machte«[1]. Gehlens einflußreicher Geheimdienst und seine Analysen verliehen auch der These von der »kommunistischen Verschwörung« mehr Gewicht, dank der man bei fast jeder Auseinandersetzung mit den Gewerkschaften und bei jedem Studentenstreik den Kreml am Werk sah.

Es ist unmöglich, festzustellen, in welchem Ausmaß Gehlen während des kalten Krieges die Entscheidungen der amerikanischen Politiker in bezug auf europäische Angelegenheiten beeinflußt hat. Selbst unter den besten Bedingungen ist es schwierig, die komplizierte, dynamische Beziehung zwischen dem Beschaffen von Informationen, der Analyse und der politischen Taktik zu erkennen. In Gehlens Fall ist das Problem noch unergründlicher, weil beinahe jeder Teilbereich seiner langen Beziehung zu den Amerikanern von strengster Geheimhaltung umgeben war. Weder die westdeutsche noch die US-Regierung haben offizielle Dokumente über Gehlens Arbeit für amerikanische Dienststellen freigegeben, obwohl natürlich einiges durchgesickert ist. Das Quellenmaterial zu dem Thema beschränkt sich oft auf die Erinnerungen und Erlebnisse von Personen, die an den Ereignissen teilgenommen haben; einige haben als Gegenleistung für ihre Mitarbeit verlangt, daß sie anonym bleiben.

Gehlens Einfluß auf den Verlauf des kalten Krieges sollte jedenfalls nicht unterschätzt werden, wenn er auch vor allem klimatisch verstärkend wirkte. Selbsternannte Pragmatiker in den US-Geheimdiensten haben immer wieder darauf hingewiesen, daß die an und für sich fragwürdige Verwendung eines Gehlen oder auch von uneinsichtigen Nazis durch die Org mit ihrem wesentlichen Beitrag im Kampf gegen einen skrupellosen, mächtigen Gegner, nämlich die Sowjetunion, gerechtfertigt wurde. »Er steht auf unserer Seite«, behauptete CIA-Direktor Allen Dulles später von Gehlen, »und nur darauf kommt es an.«

Während des ersten Jahrzehnts nach dem Krieg gaben die Vereinigten Staaten laut allgemein anerkannten Schätzungen mindestens 200 Millionen Dollar aus und beschäftigten mindestens 4 000 Personen, um aus dem Trümmerhaufen des Krieges die Organisation Gehlen wieder erstehen zu lassen[2]. In der geschlossenen Gesellschaft des Ostblocks wurde die Org zu den wichtigsten Augen und Ohren des US-Geheimdienstes. »1946 waren die Geheimdienstakten [der USA] über die Sowjetunion praktisch leer«, stellt Harry Rositzke, der ehemalige Spionagechef der CIA in der Sowjetunion, fest. »Nicht einmal die elementarsten Fakten standen zur Verfügung – über Straßen und Brücken, über den Standort und die Produktion von Fabriken, über Stadtpläne und Flughäfen.« Rositzke arbeitete während der Entwicklungsjahre der CIA mit Gehlen eng zusammen und gesteht Gehlens Organisation zu, daß sie »eine entscheidende Rolle« in dieser Periode gespielt hat, indem sie die leeren Aktenordner füllte[3].

Die von Org zusammengetragenen Informationen waren »für die Belange Amerikas wesentlich«, behauptet W. Park Armstrong, der langjährige Leiter des Office of Intelligence and Research (Abteilung für Geheimdienst und Forschung) im Außenministerium. »Die Beiträge unseres deutschen Verbündeten zu unserem Wissen über das sowjetische Militär waren zeitweise der Maßstab für unsere Anstrengungen.«

Während der ersten Jahre der CIA unter der Administration von Konteradmiral Roscoe H. Hillenkoetter wurden nach Aussage eines pensio-

nierten Beamten aus dem Office of National Estimates der CIA Gehlens
Berichte und Analysen manchmal einfach auf CIA-Papier neu getippt
und Präsident Truman ohne weiteren Kommentar in der morgendlichen
Nachrichtenzusammenfassung vorgelegt. »Gehlens Organisation faßte
alles Wissenswerte über die Sowjets in Osteuropa und vor allem über
Ostdeutschland zusammen«, fuhr dieser Beamte fort. Heinz Höhne, re-
nommierter Historiker und langjähriger Ressortchef beim Magazin *Der
Spiegel,* erklärt, daß zu Beginn des kalten Krieges »70 Prozent der gesamten Informationen, die die US-Regierung über die Truppenstärke
und die Rüstung der Sowjetunion besaß, von der Organisation Gehlen
stammten«. Obwohl eine so präzise Angabe vermutlich angefochten
werden kann, ist der Grundton von Höhnes Kommentar richtig[4].
Daß die USA sich auf die Organisation Gehlen so weitgehend verließen,
war vom rein praktischen Standpunkt aus ein grober Fehler. Erstens
stellte Gehlens Anwerbung an sich schon eine beträchtliche Eskalation
des kalten Krieges dar, die während der entscheidenden Jahre von 1945
bis 1948 die vielleicht noch vorhandene geringe Hoffnung auf eine Zusammenarbeit zwischen Ost und West weiter schwinden ließ. Sobald
sich Gehlens nazistisch angehauchte Fachleute an Bord befanden, bildeten sie ein leichtes Ziel für die Sowjets, die den Westen beschuldigten,
Kriegsverbrecher zu schützen. Das ist seither ein äußerst wirksames
Thema der sowjetischen Propaganda geblieben – zum Teil, weil etwas
Wahres daran ist –, das bis heute regelmäßig hervorgeholt wird, um die
Beziehungen zwischen den USA und Westdeutschland einerseits und
Osteuropa andererseits zu stören. Durch die Finanzierung der Organisation Gehlen hat man es außerdem sowjetischen Spionen offenbar leichter und nicht schwerer gemacht, den westlichen Geheimdienst zu infiltrieren, wie noch dargelegt wird. Am wichtigsten war jedoch, daß Gehlens Fach- und Auswertungsleute die im US-Geheimdienst bereits vorhandene paranoide Einstellung der UdSSR und dem Kommunismus gegenüber förderten und dadurch wesentlich zum Zerrbild von der sowjetischen Realität beitrugen.
»Gehlen mußte sein Geld verdienen, indem er eine Bedrohung schuf, vor
der wir Angst hatten«, erklärte Victor Marchetti, der ehemalige CIA-
Chefauswerter für die strategischen Kriegspläne und das Potential der
Sowjets, »so daß wir ihm weiteres Geld gaben, damit er uns mehr dar-

über erzählte.« Er fährt fort: »Meiner Ansicht nach lieferte die Organisation Gehlen nichts, das zum Verständnis oder zur richtigen Einschätzung des politischen und militärischen Potentials in Osteuropa oder sonstwo beitrug.« Daß man Gehlen verwendete, war »eine Vergeudung von Zeit, Geld und Mühe, vielleicht mit Ausnahme eines gewissen Wertes für die Gegenspionage, weil praktisch jeder in seiner Organisation von beiden Titten trank«[5]. Mit anderen Worten: Nach Marchettis Meinung erbrachte Gehlen nicht die verläßlichen Informationen, deretwegen man ihn beschäftigte, doch hätte man die Org genau überwacht, so hätte man vielleicht einiges über die sowjetische Spionagetätigkeit erfahren, weil die Gruppe weitgehend von Doppelagenten infiltriert war.

»Die Organisation Gehlen war die einzige Gruppierung, die über Netze in Osteuropa verfügte, und deshalb haben wir sie angeheuert«, erklärt der Experte für internationale Angelegenheiten Macy Cox und fügt überspitzt hinzu: »Doch daß wir Gehlen angeworben haben, war der größte Fehler, den die USA je begangen haben. Unsere Verbündeten warfen uns vor: Ihr stellt Nazis auf der obersten Ebene eures Geheimdienstes ein, und sie hatten damit recht. Dadurch wurden die Vereinigten Staaten unglaubwürdig.« Laut Cox war die Organisation Gehlen die wichtigste Quelle, deren Informationen besagten, daß »die Sowjets im Begriff standen, [West]Deutschland anzugreifen. [Das war] damals der größte Quatsch überhaupt und ist es heute noch[6].«

Die entscheidende Periode von 1945 bis 1948, in der sich die Ost-West-Beziehungen aus einem argwöhnischen Frieden in einen erbitterten politischen Krieg verwandelten, liefert uns eine Fallstudie des Schadens, den Gehlens Informationen und Analysen angerichtet haben. Während der ersten Jahre des kalten Krieges war die Bewertung der Roten Armee für die Amerikaner ein wesentliches Mittel zur Beurteilung der Vorgänge in Europa. Wie bereits erwähnt, war dieses Thema Gehlens Spezialität. Mitte 1946 berichtete der militärische Geheimdienst der USA richtig, daß die Rote Armee (die damals beinahe ganz Osteuropa kontrollierte) schlecht ausgerüstet, zu weit auseinandergezogen und kriegsmüde war. Er schätzte die Zahl der Sowjettruppen in Ost- und Mitteleuropa hoch ein – etwa 208 Divisionen –, aber die US Army nahm an, daß diese Kräfte beinahe zur Gänze mit der Verwaltung, der Aufrechterhaltung der Ordnung und dem Wiederaufbau in der von den Russen besetzten

Zone beschäftigt waren. Zumindest für das nächste Jahrzehnt war eine militärische Aggression der Sowjets gegen Westeuropa höchst unwahrscheinlich, und sei es auch nur aus logistischen* Gründen.

Besonders interessant waren 1946 die Berichte der US Army über Eisenbahnen in Ostdeutschland. Es war allgemein bekannt, daß die Rote Armee bei weitem nicht so gut motorisiert war wie die westlichen Streitkräfte und daher in großem Maß auf die Eisenbahn angewiesen war, um Truppen an die Front zu bringen und sie mit Nachschubgütern zu versorgen**. Die Berichte des Geheimdienstes der US Army, die von Militärattachés in der sowjetischen Zone, von Luftaufklärungsteams und von US-Berichterstattern stammten, die im Osten arbeiteten, bis die Sowjets ihre Besatzungszone für den Westen sperrten, machten deutlich, daß die Russen einen großen Teil des deutschen Schienennetzes demontierten und als Reparationen nach Rußland verfrachteten. Sie rissen etwa ein Drittel der gesamten deutschen Eisenbahnlinien heraus, darunter auch strategisch wichtige Strecken wie Berlin–Leipzig und Berlin–Frankfurt, und nahmen Rangierbahnhöfe, Weichen und Tausende Kilometer Gleise mit[7]. Ganz gleich, was man von dieser Form von industrieller Entwicklung hält, es war eindeutig nicht das Verhalten einer Militärmacht, die an einen Blitzkrieg denkt.

Im Lauf der nächsten beiden Jahre gelangten die USA zu einer gänzlich anderen Einschätzung des Potentials und der Ziele der Roten Armee, und zwar weitgehend aufgrund von irreführenden Berichten und Warnungen der Organisation Gehlen. Sobald die Neubewertung vollzogen war, lautete das Credo in Washington, daß die angeblich kriegsmüden russischen *Besatzungs*truppen in Wirklichkeit frische *Sturm*truppen seien, die für den Angriff auf den Westen bereitgestellt waren. Außerdem schätzten die Amerikaner die Kampfstärke dieser Truppen viel zu hoch ein, weil sie die umfassende Demobilisierung der sowjetischen Streit-

---

* Logistik – Planung, Bereitstellung und Einsatz der für militärische Zwecke erforderlichen Mittel und Dienstleistungen zur Unterstützung der Streitkräfte.
** Noch 1950 bestand die Hälfte des sowjetischen Transportparks für das stehende Heer aus bespannten Fahrzeugen. Das brachte im wegelosen, eisigen Norden sogar gewisse Vorteile, weil russische Ponys noch lange eingesetzt werden konnten, wenn Panzer und Lastwagen längst eingefroren oder in Schneewehen steckengeblieben waren. In Westeuropa war die Situation allerdings ganz anders.

kräfte nach 1945 nicht berücksichtigten. Da die Organisation Gehlen während dieser entscheidenden Periode des kalten Krieges die vorrangige Informationsquelle der Amerikaner über das militärische Potential der UdSSR war, spielte sie in der amerikanischen Einschätzung – beziehungsweise Fehleinschätzung – der sowjetischen Macht in Europa eine wichtige Rolle, die erst seit kurzem im richtigen Licht gesehen wird.

Während der Jahre der wachsenden Ost-West-Spannung kam es im Geheimdienstbereich zu wichtigen Veränderungen. Oberst John V. Grombach vom Military Intelligence Service (MIS, militärischer Geheimdienst) des Pentagons, der in diesem Buch später ausführlicher erwähnt wird, spielte eine bedeutende Rolle bei einer dieser Veränderungen, der Säuberung des Auswertungsteams für ausländische Geheimdienste im Pentagon und im Office of Strategic Services (OSS, Amt für Geheimoperationen). Diese selbstauferlegte Säuberung, die offenbar aus politischen Gründen durchgeführt wurde, schuf die Grundlage für Gehlens wachsenden Einfluß innerhalb des Geheimdienstes der USA.

Grombach arbeitete während des Krieges als Chef der Spionage für MIS, die hausinterne Gruppe des Kriegsministeriums zur Beschaffung von geheimen Informationen. Sie lag in Dauerfehde mit dem OSS, dem größeren amerikanischen Nachrichtendienst. Es ging um Geldmittel, Verbindungen zu Politikern, Arbeitskräfte, Kontrolle von Agenten, Langzeitstrategie und eine Unzahl weiterer unwesentlicher Konflikte. Die Konkurrenz wurde so erbittert, daß jede Gruppe die andere beschuldigte – noch dazu nicht ganz zu Unrecht –, daß sie ihre Kontraktagenten an den Feind verriet[8]. Als sich der Zweite Weltkrieg seinem Ende näherte, eskalierte das Tauziehen zwischen den beiden Dienststellen zusehends. Der Kampf gegen den gemeinsamen Feind, der sie zur Zusammenarbeit gezwungen hatte, war vorbei. Die Budgets beider Organisationen wurden spürbar beschnitten. Beide glaubten – wie sich herausstellte, zu Recht –, daß sie um ihr Überleben als Institution kämpften. Grombach war nicht der Mensch, der einer Herausforderung aus dem Weg ging. Er war vierschrötig, besaß einen mächtigen Oberkörper, hatte einmal als Schwergewichtsboxer an Olympischen Spielen teilgenommen und Medaillen im Zehnkampf errungen. In seiner Jugend war es ihm im Beruf und im Sport leichtgefallen zu siegen. Als Frenchy Grombach, wie ihn seine Freunde nannten, jedoch älter wurde, entwickelte er sich laut

Personalakte bei der Army »zu einem Opportunisten ersten Ranges, einem Mann, der von seinen Kontakten lebt und der jedem, der ihm im Weg steht, die Kehle durchschneiden würde«[9].

Eines von Grombachs erklärten Zielen in diesem bürokratischen Kampf war die Research and Analysis (R&A, Ermittlungen und Analysen-)Abteilung des OSS, die darauf spezialisiert war, etwas Sinn in die zahllosen bruchstückhaften Berichte zu bringen, die Washington täglich überfluteten. Die R&A des OSS stand den Berichten, daß die UdSSR Truppen für einen Angriff auf den Westen zusammenzog, skeptisch gegenüber und äußerte dies offen in den geheimen Ausschüssen der Regierung. Die R&A bezeichnete Grombachs Spionageberichte als unzuverlässig und sogar als profaschistisch. Er reagierte darauf mit der Gegenbehauptung, daß die R&A-Abteilung von Kommunisten infiltriert sei und daß sich daraus ihre geringe Meinung von seiner Arbeit und ihre kommunistenfreundliche Haltung erkläre.

Grombach setzte 1945 einige seiner Mitarbeiter auf erbeutete deutsche Spionageakten an, um Beweise dafür zu finden, daß die Berichte der R&A während des Krieges deshalb »kommunistenfreundlich« ausgefallen waren, weil sie von Sowjetagenten infiltriert war. Es überrascht nicht, daß er Beweise für seinen Verdacht fand. Seine Ermittlungen förderten zutage, daß ein mittlerer Angestellter der R&A vermutlich ein Jahrzehnt zuvor der Kommunistischen Partei der USA beigetreten war und dies in seinem Bewerbungsschreiben um einen Staatsposten nicht angeführt hatte. In einem zweiten Fall verwendete Grombach unbestätigte Meldungen aus den staatlich kontrollierten Zeitungen Franco-Spaniens, um zu »beweisen«, daß der Beamte im Außenministerium Gustavo Doran nicht nur Kommunist, sondern angeblich auch russischer Spion war. Einige Universitätsprofessoren, die während des Krieges von der R&A beschäftigt worden waren, hatten Verbindungen zu den unterschiedlichsten liberalen oder linksstehenden Organisationen, wenn auch nicht zur Kommunistischen Partei. Und schließlich hatten die Auswertungsexperten der Geheimdienste des Pentagons und des OSS tatsächlich während des Krieges negative Berichte über die UdSSR heruntergespielt. Die deutschen Enthüllungen über das Massaker des sowjetischen NKWD an polnischen Offizieren im Wald von Katyn war zum Beispiel im Interesse der alliierten Solidarität größtenteils totgeschwiegen worden.

Nach Unterlagen des Army-Geheimdienstes, in die aufgrund des Freedom of Information Act Einsicht gewährt wurde, behauptete Grombach, daß das Bagatellisieren von sowjetischen Kriegsverbrechen durch die US-Auswertungsbeamten nicht einfach eine politische Entscheidung der Roosevelt-Administration, sondern ein kommunistisches Komplott darstellte*. Er fand, daß die Auswertungsfachleute im OSS und im Pentagon »offenbar zu liberalen Tendenzen neigten«. Sie »schieden laufend alle antikommunistischen Informationen aus«, die seine Einheit zusammengetragen hatte. Man hatte zugelassen, daß »prokommunistische und promarxistische Angestellte innerhalb der Auswertungsteams des US-Geheimdienstes überhandgenommen hatten«, schloß er[10].

Ein Kommunist innerhalb der R&A genügte Grombach als Beweis für seine Behauptung. Er ließ die Resultate seiner Nachforschungen – die im Pentagon den Codenamen Projekt 1641 erhielten – während einer heiklen, schwierigen Kraftprobe um die Zuweisungen von Budgetmitteln für die amerikanischen Geheimdienste an republikanische Kongreßmitglieder und an die Presse durchsickern. Die rechtsstehenden Senatoren im Kapitol griffen Grombachs Indiskretionen auf und schafften es, die R&A-Abteilung in etwa siebzehn Unterausschüsse aufzusplittern, womit sie das Auswertungsteam des OSS praktisch ausschalteten. Die Amerikaner waren nie Meister darin, Geheimdienstberichte aus Osteuropa und der UdSSR auszuwerten, und diese Maßnahme verschlimmerte diesen Zustand. Der Leiter der R&A, Oberst Alfred McCormack, der sich während des Krieges als Leiter des militärischen Geheimdienst-Auswertungsteams im Kriegsministerium ausgezeichnet hatte, reichte bald angewidert seinen Rücktritt ein[11].

Der Geheimdienstveteran und Historiker William Corson führt viel-

---

* Einen Hinweis auf Grombachs persönliche Einstellung zur Frage des sowjetischen Potentials findet man in seinen später erschienenen Artikeln. 1980 zitierte Grombach Unterlagen der Abwehr aus dem Krieg als Beweis dafür, daß »die Preisgabe des Panamakanals ... die direkte Folge der Tatsache ist, daß die UdSSR und Stalin ihn (und Kuba) bereits 1942 als wichtigsten Dominostein im Kampf um die kommunistische Weltherrschaft betrachtet hatten. Kriminelle Subversion und naive Dummheit ... in Washington« hatten angeblich die seit Jahrzehnten anhaltenden sowjetischen Bestrebungen, die zu diesem angeblichen sowjetischen Sieg führten, unterstützt. Grombach spricht dann von Scharen von kommunistischen Agenten in den Geheimdienststäben des Außenministeriums, der CIA und des Pentagons.

leicht sowohl die Tatsache, daß die US-Geheimdienstspezialisten die Theorie von »drei Meter großen Russen« geschluckt haben, als auch die Anfänge des sogenannten McCarthyismus nicht zuletzt auf die Zerschlagung von McCormacks Organisation zurück. Die Säuberung der R&A war für alle Auswerter der Regierung ein deutlicher Hinweis darauf, daß man während der Truman-Administration der UdSSR gegenüber eine harte, schärfere Linie verfolgen mußte, wenn man beruflich überleben wollte[12]. Oberst McCormacks Sturz gab außerdem Reinhard Gehlen Gelegenheit, seinen Einfluß auszuweiten, der unter der neuen Administration eher im Einklang mit der Marschroute des US-Geheimdienstes stand.

Die radikale Änderung in der Haltung der USA und der UdSSR zueinander während dieser Periode war natürlich das Ergebnis eines sehr komplizierten, politischen Prozesses, der seither zu zahlreichen Diskussionen geführt hat. Um es in wenigen Worten auszudrücken: die US-Regierung wollte die Verhältnisse in Westeuropa stabilisieren und die politischen und wirtschaftlichen Interessen Amerikas auf Osteuropa ausdehnen. Dieses Vorhaben kollidierte jedoch mit Stalins Absicht, die sowjetischen Grenzen vorzuschieben und die von der Roten Armee befreiten Länder Osteuropas unter Kontrolle zu halten und politisch möglichst gleichzuschalten. Diese Interessenkollision wurde durch eine Vielzahl von ideologischen und kulturellen Faktoren verschärft; die oft heftige Auseinandersetzung zwischen der Kommunistischen Partei und Vertretern der katholischen Kirche gehörte zu diesen Faktoren.

Die amerikanischen Beamten entschieden selbst, wie sie sich im kalten Krieg verhalten wollten, und es liegt auf der Hand, daß zahlreiche Faktoren der Innen- und Außenpolitik bei diesen Entscheidungen eine Rolle spielten. Dabei wirkten natürlich auch die Nachrichtendienste beider Seiten auf die Entwicklung ein. Geheimorganisationen hielten sich für die Stoßtruppen des kalten Krieges, und in mehreren der in diesem Buch besprochenen Fälle dürften sie der unmittelbare Anlaß für gefährliche Zwischenfälle in den Ost-West-Beziehungen gewesen sein. Die gleichen geheimen Dienststellen, die offensichtlich ein Interesse an solchen Zwischenfällen hatten, waren oft die wichtigste oder sogar einzige Informationsquelle der hochrangigen Politiker für die Bewertung der Absichten der Gegenseite. Der leichte Zugang, den Geheimorganisationen zu US-

Politikern besitzen, ist schließlich der Hauptgrund, warum man überhaupt eine *zentrale* Geheimdienstabteilung geschaffen hat.

Gehlens Ansichten über den kalten Krieg sind deshalb interessant, weil er eine relativ große Rolle gespielt hat, wenn es darum ging, die US-Politiker über Potential und Ziele der Roten Armee zu informieren. »Gehlen stand, vor allem während der ersten Jahre des kalten Krieges, auf dem Standpunkt, daß erstens Moskau in relativ naher Zukunft, wenn nötig unter Einsatz von Waffengewalt, ganz Europa unter seine Kontrolle bringen oder zerschlagen wollte«, meint ein pensionierter Beamter des Office of National Estimates (ONE), »und zweitens, daß jeder Kommunist in Europa nach diesem Plan handelte. Er lieferte uns jahrelang dementsprechende, sehr detaillierte Informationen, und wir verwendeten sie zu unterschiedlichen Zwecken. In gewissem Sinn stimmt seine Theorie. Bei der endgültigen Analyse hat er sich jedoch geirrt[13].«

Professor John Lukacs schreibt in *Foreign Affairs,* daß der »Kommunismus eine fanatische Ideologie war und daß Stalin entgegen den Illusionen, die man sich während des Krieges über ihn machte, überzeugter Kommunist war. Doch diese scheinbar logische und scheinbar verspätete Erkenntnis war falsch. Sie konzentrierte sich auf die Ideologie und nicht auf die Geografie. Für Stalin war letztere wichtig... Mit der kleinen und eigenartigen Ausnahme von Albanien gab es außerhalb des Besatzungsgebietes der Sowjetarmeen kein kommunistisches Regime und würde auch keines geben.« Ganz gleich, wie brutal Stalin in den von ihm kontrollierten Gebieten vorgegangen ist, er hatte nicht die Absicht, in Westeuropa einzufallen und ließ dies die damals mächtigen Kommunistischen Parteien Frankreichs und Italiens auch wissen.

Ende 1947 war Gehlen jedoch in einer Reihe von Geheimkonferenzen mit General Lucius Clay, dem damaligen US-Oberkommandierenden in Deutschland, zum »Alarmsignal« (wie es Höhne vom *Spiegel* ausdrückt) geworden. Er berichtete Clay, daß nicht weniger als 175 Divisionen der Roten Armee in Osteuropa standen, daß die meisten von ihnen kampfbereit waren und daß unauffällige Veränderungen bei der Einquartierung und in der Urlaubspraxis dieser Truppen ein Hinweis darauf waren, daß unter Umständen eine größere Mobilmachung in der Luft lag. Gehlen vertrat den Standpunkt, daß das Verhalten der Sowjets als Vorbereitung auf eine militärische Aggression gesehen werden müßte[14].

Im Februar 1948 traten dann zwei wichtige Ereignisse ein. Die Koalitionsregierung, die in der Tschechoslowakei seit Kriegsende regiert hatte, brach zusammen. Die tschechische Kommunistische Partei kam mit Unterstützung der Roten Armee an die Macht und verstärkte dadurch die westlichen Befürchtungen vor einem möglichen sowjetischen militärischen Angriff auf Westeuropa. Nur Tage nach dem tschechischen Ereignis traf der Generalstabschef des Geheimdienstes der US Army, General Stephen J. Chamberlin (der eine wichtige Rolle bei der Anwerbung deutscher Wissenschaftler gespielt hatte) in Deutschland mit General Clay zusammen. Bei diesen Gesprächen betonte Chamberlin »die Tatsache, daß größere Zuteilungen von Geldmitteln für das Militär vor Kongreßausschüssen anhängig waren«, wie Jean Edward Smith, der Herausgeber von Clays Nachlaß, bemerkt, »und daß man die amerikanische öffentliche Meinung sofort dazu bringen mußte, erhöhte Verteidigungsausgaben zu befürworten«. Chamberlin argumentierte, daß die Öffentlichkeit in den Vereinigten Staaten nicht bereit war, dem Militär entsprechende Geldmittel zur Verfügung zu stellen, wenn sie nicht wirklich einen militärischen Angriff der UdSSR befürchtete[15].

Als Reaktion auf Chamberlins Forderungen schickte Clay scharf formulierte Telegramme an die entsprechenden Regierungsstellen und wies nachdrücklich darauf hin, daß sich eine umfassende sowjetische Militäroffensive gegen Westeuropa zusammenbraue. »Aufgrund von logischen Analysen war ich viele Monate davon überzeugt und habe dies auch ausgesprochen, daß ein Krieg [mit der Sowjetunion] für mindestens weitere zehn Jahre unwahrscheinlich ist«, telegrafierte Clay am 5. März 1948 nach Washington. »In den letzten Wochen habe ich [jedoch] eine unmerkliche Veränderung der sowjetischen Haltung gespürt..., die mir jetzt das Gefühl gibt, daß der Krieg mit dramatischer Plötzlichkeit ausbrechen könnte...[16]«

Gehlens Untersuchungen über die Rote Armee lieferten, so die Beamten des ONE, dem Geheimdienst die Untermauerung für Clays Kommentare, sie waren die »Tatsachen«, auf die er seine Argumente stützte. Man ließ Clays offiziell streng geheimes Telegramm rasch durchsickern, und es wurde von den Medien zu einer Kriegsbedrohung hochgespielt, die, wie heute allgemein zugegeben wird, einen der entscheidenden Wendepunkte des kalten Krieges darstellte. Die Politiker in Washington akzeptierten die Behauptung, daß 175 voll ausgerüstete Divisionen der Roten Armee in der sowjetischen Besatzungszone ungeduldig darauf warteten, endlich angreifen zu dürfen. Gehlens wichtigste Feststellung, daß die UdSSR ihre Truppen nach dem Krieg nicht wesentlich demobilisiert hatte, während es die Vereinigten Staaten getan hatten, wurde damals widerspruchslos akzeptiert und allgemein als Beweis für sowjetische Aggressionsabsichten gegenüber Westeuropa betrachtet.

Genauso aufschlußreich ist die Tatsache, daß die gleichen Truppen, von denen eine Analyse der US Army im Jahr 1946 behauptet hatte, daß sie »durch dringende Besatzungs- und Sicherheitsaufgaben« gebunden waren, jetzt in Gehlens Beurteilungen (und später auch in den Nachrichtenzusammenfassungen des Pentagons) als »äußerst mobile und bewaffnete Angriffsspitze für eine Offensive in Westeuropa« bezeichnet wurden, wie es in einem entscheidenden militärischen Lagebericht durch die Vereinigten Stabschefs heißt. Die früheren Einschätzungen der US Army bezüglich der Transport- und Nachschubprobleme der Roten Armee verschwanden aus den geheimen Beurteilungen des sowjetischen Potentials. Statt dessen wurde jetzt behauptet, daß die Sowjets in der Lage wären, in Europa, im Nahen und im Fernen Osten gleichzeitig große Offensiven* zu starten[17].

* Die US-Pläne des Jahres 1949 für einen möglichen Krieg veranschaulichen lebhaft das Ausmaß der Selbsttäuschung, der damals die Auswerter des US-Geheimdienstes zum Teil infolge des Einflusses der Organisation Gehlen verfallen waren. Nach einer streng geheimen Bewertung, die auf Antrag des Autors aufgrund des FOIA freigegeben wurde, beruhte die militärische Planung der USA auf folgenden »Schlüssen in bezug auf die strategischen Absichten der Sowjetunion im Fall eines Krieges im Jahr 1949«. Es ist auch bemerkenswert, daß die gleichen »Schlußfolgerungen« dazu dienten, die Budgetforderungen des amerikanischen Verteidigungsministeriums zu rechtfertigen. Laut Beurteilung des Geheimdienstes würde die UdSSR folgendes gleichzeitig unternehmen:

1. Eine Offensive gegen Westeuropa (einschließlich Italiens und Siziliens, aber ursprünglich nicht der Iberischen Halbinsel), um die Atlantikküste in möglichst kurzer Zeit zu erreichen und um das zentrale Mittelmeer unter sowjetische Kontrolle zu bringen;

2. die Bombardierung der britischen Inseln;

3. einen Feldzug, um den Nahen Osten einschließlich Griechenlands und der Türkei sowie die Suezkanalzone unter sowjetische Kontrolle zu bringen;

4. eine Kampagne gegen China und Südkorea sowie Luft- und Seeoperationen gegen Japan und die Stützpunkte der Vereinigten Staaten in Alaska und im Pazifik, insofern die Sowjetunion solche Operationen ohne Nachteil für ihre Operationen in anderen

»Zum gegenwärtigen Zeitpunkt ist Rußland die militärische Weltmacht Nummer eins«, betitelte *Newsweek* einen Artikel über die neue Krise. »Rußlands Armeen und seine Luftwaffe sind in der Lage, sich beinahe nach Belieben über Europa und nach Asien hinein zu ergießen.« Die Vereinigten Staaten konnten dieser Streitmacht nicht einmal zwanzig Divisionen entgegenstellen und schienen wegen der Budgetkürzungen und des weitverbreiteten Wunschdenkens nach Normalität täglich an Truppenstärke zu verlieren. Die Reaktion der Truman-Administration auf dieses Dilemma war naheliegend: Hört mit den Kürzungen des Militärbudgets auf, beschleunigt die Konstruktion der Atomwaffen und steckt Millionen Dollar in die unterschiedlichsten Geheimoperationen und Geheimdienstprogramme einschließlich der neugeborenen CIA und ihres speziellen Schützlings, der Organisation Gehlen.

Rückblickend ist natürlich klar, daß die Bewertungen der sowjetischen Militärmacht, die Gehlen den Amerikanern lieferte, schlicht und einfach falsch waren und sowohl das Potential als auch das Streben der Sowjets nach einem Krieg ungeheuerlich übertrieben. Obwohl man »noch allge-

Gebieten durchführen kann;

5. kleine Einwegangriffe gegen die Vereinigten Staaten und Kanada, und eventuell kleine Zweiwegangriffe gegen das Gebiet des Pugetsounds;

6. eine See- und Luftoffensive gegen die anglo-amerikanischen Schiffsverbindungen;

7. subversive Aktivitäten und Sabotage von anglo-amerikanischen Interessen in allen Teilen der Welt.

8. Ein Feldzug gegen Skandinavien und Luftangriffe auf Pakistan können gleichlaufend mit den vorher erwähnten Kampagnen oder nach Bedarf unternommen werden.

9. Nach dem erfolgreichen Abschluß der Operationen in Westeuropa (und vielleicht Skandinavien) würde eine großangelegte Luft- und Seeoffensive gegen die britischen Inseln beginnen.

10. Die Sowjetunion besaß genügend Streitkräfte, um sich an den genannten Kriegsschauplätzen gleichzeitig zu engagieren und außerdem eine ausreichende Reserve zu bilden.

In der strategischen Beurteilung hieß es außerdem, daß man das sowjetische Potential in den Jahren 1956 und 1957 genausohoch einschätzte wie 1949, mit der einen Ausnahme, daß »Südkorea und ein großer Teil von China inzwischen in den sowjetischen Einflußbereich einbezogen sein werden«.

Die britischen Stabschefs benützten diese Schätzungen – vermutlich auf Drängen der USA – auch als Grundlage für ihre Geheimdienst- und militärischen Planungen. In einem gemeinsam mit den Vereinigten Stabschefs der USA herausgegebenen offiziellen Kommuniqué bemerkten die Engländer, »daß die amerikanische Schätzung des sowjetischen Potentials vermutlich zu hoch gegriffen ist, daß es [aber] kaum Zweck hätte, sie noch einmal zu überprüfen«.

mein annimmt, daß die Sowjetunion ihre Landstreitkräfte nach dem Zweiten Weltkrieg nicht demobilisierte«, schreibt Matthew Evangelista in der MIT-(Massachusetts Institute of Technology-)Zeitschrift *International Security*, »ist diese Annahme falsch... In den ersten Nachkriegsjahren wurde die Gesamtkriegsstärke der sowjetischen Truppen im Westen beträchtlich übertrieben.«[18] Selbst Paul Nitze, dessen Referenzen als Falke unbestritten sind, wies kürzlich darauf hin, daß zu jener Zeit nur etwa ein Drittel der sowjetischen Divisionen in Europa über ihre volle Stärke verfügten. Etwa ein weiteres Drittel verfügte nur über einen Teil der Gesamtstärke, fuhr Nitze fort, und ein ganzes Drittel stand als Stammpersonal nur auf dem Papier[19].

Ironischerweise steht fest, daß die strenge Geheimhaltung der Sowjets Gehlens Glaubwürdigkeit angesichts des zunehmenden Sicherheitsstrebens der Amerikaner stärkte. Im Jahrzehnt nach dem Krieg gab es viele der Satellitenüberwachungsfotos und Funkabhöreinrichtungen noch nicht, mit denen man sich heute zum Beispiel über die sowjetische Bomberproduktion oder über Truppenbewegungen auf dem laufenden hält. Statt dessen erfolgte die Beschaffung von solchen Informationen zu einem großen Teil über menschliche Quellen wie Flüchtlinge, Überläufer und Spione, auf deren Befragung bzw. Einsatz Gehlen damals spezialisiert war.

Stalins Polizeidienststellen machten Überstunden, um jeden unabhängigen Zugriff der USA zur Bestätigung (oder Widerlegung) der Informationen, die Gehlens Exilagenten lieferten, abzublocken. Während die UdSSR diese Vorgangsweise offensichtlich für kluge Sicherheitspolitik hielt, waren ihre Folgen vom Standpunkt der sowjetischen oder auch amerikanischen Langzeitinteressen aus eindeutig negativ. Statt die Aufrüstung der USA zu bremsen, was ein logisches Ziel der sowjetischen Sicherheitspolitik sein müßte, führte sie zum genau entgegengesetzten Ergebnis. Weil die amerikanischen Militärstrategen einer unbekannten Größe gegenüberstanden, befürchteten sie das Schlimmste. Das Vakuum an Informationen über das sowjetische militärische Potential, das der Kreml schuf, lieferte das Umfeld, in dem Amerikas Paranoia gedieh. Der dynamische Prozeß, den der Geheimdienst durch seine Interpretationen in Gang gesetzt hatte, verlieh auch Gehlens beunruhigenden Annahmen über das sowjetische Potential Glaubwürdigkeit. »Man wird nie vor ein Kriegsgericht gestellt werden, weil man behauptet hat, daß die Sowjets eine neue Waffe besitzen, und sich dann herausstellt, daß es ein Irrtum war«, bemerkt Marchetti. »Man kommt aber in Teufels Küche, wenn man sagt, daß sie die Waffe nicht besitzen, und sich dann herausstellt, daß es doch der Fall ist*[20].«

Gehlens Rolle in der Krise von 1948 ist eines der ersten – und immer noch eines der wichtigsten – Beispiele für einen »Blowback«, zu dem es durch die Verwendung der Nazis kam. Gehlens scheinbar authentische Spionageberichte spielten eine bedeutende Rolle, weil sie in jener entscheidenden Zeit die Vorstellungen der USA von der UdSSR mitformten, wobei sie freilich auf einen antikommunistischen Humus trafen, der sie erst gedeihen ließ. Zusätzlich wurden die Berichte zu einem wichtigen Bestandteil der internen amerikanischen Debatte über Militärbudgets und Verteidigungspolitik.

* Gehlen war auch an der Entstehung des Gespensts der Raketenlücke in den fünfziger Jahren beteiligt. »Gehlen lieferte uns [der CIA] präzise Berichte über das sowjetische ICBM-[Intercontinental Ballistic Missiles – Interkontinentalraketen-]Programm«, erzählt Victor Marchetti. »Er sagte: Wir besitzen zwei verläßliche Berichte, die dies bestätigen, und so weiter, und behauptete dabei, daß er Kontaktpersonen unter den deutschen Wissenschaftlern hätte, die die Russen am Ende des Krieges gefangengenommen hatten.« Die Geheimdienstberichte wurden über Zwischenstellen an das Pentagon weitergeleitet, und von dort sickerten Nachrichten über die beunruhigende neue Entwicklung in die Presse. Walter Dornberger goß 1955 Öl ins Feuer, indem er alarmierende Spekulationen darüber veröffentlichte, wie die Sowjets die USA von der See aus angreifen konnten: indem sie Kurzstreckenraketen einsetzten, die in schwimmenden Kanistern entlang der US-Küste verteilt wurden. Dornberger steckte zu dieser Zeit bis über beide Ohren in dem Interkontinentalraketen-Programm der USA, und bei öffentlichen Diskussionen maß man seinen Ansichten viel Gewicht bei.

Die CIA schickte bald einige ihrer neuen, revolutionären U2-Aufklärungsflugzeuge auf Geheimmissionen in den sowjetischen Luftraum, um weitere Daten zu beschaffen. »Wir fanden, daß es verdammt ernst werden konnte, wenn die Sowjets vor den USA über Interkontinentalraketen verfügten«, fährt Marchetti fort. »Wir meinten auch, daß sie die Interkontinentalraketen, falls sie sie besaßen, auf dem Schienenweg transportieren mußten, vor allem nach Sibirien, von wo aus sie am besten gegen die Vereinigten Staaten abgeschossen werden konnten. Deshalb schickten wir Frank Powers und die U2 aus und erfaßten das gesamte sowjetische Eisenbahnnetz. U2s klapperten die Transsibirische Eisenbahn, jede Nebenlinie und jede Forschungs- und Entwicklungsstation ab. Und es wurde nichts gefunden, was nur die entfernteste Ähnlichkeit mit Interkontinentalraketen hatte ... Das Ganze war Quatsch.«

Zu diesem Zeitpunkt galt die Story von der Raketenlücke jedoch bereits als Tatsache, die noch dazu durch maßgebliche Indiskretionen des Pentagons bestätigt wurde. Die Frage spielte anschließend eine wichtige Rolle bei Budgetdebatten und Wahlkampagnen.

Unter diesen Umständen forderte General Chamberlin vom Geheimdienst der Army General Clays Telegramm an, weil er wußte, daß es zu einer mächtigen Waffe bei den Budgetdebatten im Kapitol werden würde, sobald sein Inhalt einmal durchgesickert war. Dieser Einfall hatte beinahe zuviel Erfolg. Clays Warnung traf unmittelbar nach dem Zusammenbruch der tschechoslowakischen Regierung ein, und die damit zusammenhängenden Krisen lösten beinahe selbst einen Krieg aus.

Wenn sich Gehlens Rolle darauf beschränkt hätte, streng geheime Studien für Amerikas fachkundigste Geheimdienst-Auswertungsfachleute aufzubereiten, so hätte sein Projekt in der Nachkriegszeit vermutlich nicht viel Schaden angerichtet und vielleicht sogar positive Auswirkungen gehabt. Doch so funktioniert der Geheimdienst nicht. In der Realität lassen konkurrierende Fraktionen in der Regierung ihre Versionen der Ereignisse an bevorzugte Kongreßmitglieder oder Reporter durchsickern, und von dort gelangen sie an die Öffentlichkeit. Auf diese Art enthüllte »Geheimberichte«, die uns Angst machen oder uns einen wohligen Schauer über den Rücken jagen, erhalten vollkommen unberechtigterweise einen geheimnisvollen Nimbus der Richtigkeit. Diese »Geheimnisse« werden zu mächtigen Symbolen, die Zielgruppen aufrütteln, denen es nicht darum geht, ob eine bestimmte Information stimmt, sondern um den Gebrauch, den man in der innenpolitischen Arena von dieser Indiskretion machen kann. Im Lauf der Zeit setzt ein sich aufschaukelnder Prozeß ein, in dem jede Indiskretion der nachfolgenden Glaubwürdigkeit verleiht, die ihrerseits jene Geschichten »bestätigt«, die bereits enthüllt worden sind.

»Die CIA liebte Gehlen, weil er uns erzählte, was wir hören wollten«, schließt Marchetti. »Wir verwendeten sein Zeug ununterbrochen, und wir gaben es an alle weiter: an das Pentagon, an das Weiße Haus, an die Zeitungen. Auch sie schätzten es. Aber es waren aufgebauschte Märchen über den russischen schwarzen Mann, und sie haben diesem Land schweren Schaden zugefügt[21].«

SECHSTES KAPITEL

Suchen und finden (CROWCASS)

Ungeachtet der Intrigen auf höchster Ebene, bei denen es um Wissenschaftler und die Organisation Gehlen ging, war die US Army oft sehr erfolgreich bei der Verfolgung nationalsozialistischer Kriegsverbrecher. Ermittlungsbeamte der Army nahmen mehr Verdächtige fest, führten mehr Verhöre durch, sicherten mehr Beweismaterial und trugen mehr zur Überprüfung von Kriegsverbrechern bei als jede andere Organisation auf der Welt, ausgenommen vielleicht der NKWD, die sowjetische Geheimpolizei. Und im Gegensatz zum NKWD stellte die US Army viele der von ihr gesammelten Daten über Kriegsverbrecher der Öffentlichkeit zur Verfügung. Archive von Beweisstücken und Untersuchungsakten, die von der US Army eingerichtet oder zum großen Teil finanziert wurden, wie das Berliner Document Center und die Unterlagen des internationalen Teams von Staatsanwälten in Nürnberg, haben die Grundlagen für zahlreiche Kriegsverbrecherprozesse in über einem Dutzend Ländern geliefert.

Es entbehrt daher nicht einer gewissen Ironie, daß die gleiche Institution bewußt dafür sorgte, daß eine beträchtliche Anzahl von Nazis, darunter Klaus Barbie, der »Schlächter von Lyon«, der Verfolgung entgingen. Doch eigentlich handelte es sich bei der Verfolgung von flüchtigen Nazis und bei der Beihilfe zu ihrem Entkommen nicht um getrennte Phänomene. Diese beiden scheinbar entgegengesetzten Verhaltensweisen standen in Wirklichkeit miteinander im Zusammenhang und waren in der Zeit nach dem Krieg bei vielen Geheimdienstoperationen in Europa eng miteinander verflochten. Projekte der Army wie CROWCASS – das Zentralregister für das Aufspüren von Personen, die verdächtigt wurden, Kriegsverbrechen begangen zu haben – und das große US-Vernehmungszentrum in Camp King wurden offiziell für die Jagd auf Naziflüchtlinge verwendet. Gleichzeitig beschäftigten und schützten sie jedoch einige jener Männer, deren Namen auf ihren Steckbriefen standen. Während dieser ersten Jahre nach dem Krieg war eine der wichtigsten Schnittstellen zwischen der Army und flüchtigen Nazis – und ein gutes

Beispiel dafür, wie es allmählich zu einer Verbindung zwischen ihnen kam – das Central Registry of War Crimes and Security Suspects (Zentralregister für Kriegsverbrechen und Sicherheitsverdächtige), das unter der Abkürzung CROWCASS bekannt war. CROWCASS überprüfte die Namen von flüchtigen mutmaßlichen Kriegsverbrechern anhand der Namenslisten von über acht Millionen Menschen, die bei Kriegsende in Kriegsgefangenen- und Displaced-Persons-Lagern untergebracht waren. Obwohl das CROWCASS-System nur drei Jahre lang praktiziert wurde, erwies es sich als einzigartig effizientes Werkzeug zum Aufspüren von zigtausend Verdächtigen; mehreren tausend von ihnen wurde dann von nationalen Gerichten in Europa oder vom Militärgerichtshof in Nürnberg der Prozeß gemacht. Die CROWCASS-Kartei trug zum Beispiel zum Aufspüren von Männern bei, die in Buchenwald, Mauthausen und Dachau schwere Verbrechen begangen hatten; viele von ihnen wurden schuldig gesprochen und hingerichtet.

Die CROWCASS-Operation begann im Mai 1945 auf Befehl von General Dwight Eisenhower, der damals Alliierter Oberkommandierender für Europa war und internationale Zusammenarbeit bei der Ausforschung und Verurteilung von Kriegsverbrechern forderte. Als CROWCASS seine Tätigkeit 1948 einstellte, hatte es 85 000 Steckbriefe erlassen, den Ermittlungsteams 130 000 Berichte über Verhaftungen in einem Dutzend Ländern übermittelt und insgesamt vierzig Register in Buchumfang über Personen veröffentlicht, die wegen Verbrechen gegen die Menschlichkeit gesucht wurden – vermutlich handelte es sich dabei um die umfassendste Datensammlung über solche Verdächtige, die je angelegt wurde[1].

Doch wie viele andere Geheimdienstprojekte war auch das Projekt CROWCASS doppelbödig. Das gleiche Potential an Querverbindungen, das die Ausforschung flüchtiger Nazis ermöglichte, schuf auch ein Archiv, dem man die Namen »Verdächtiger« entnehmen konnte, die man für Polizei- oder Geheimdiensttätigkeiten einsetzen wollte. Der Chef der Operationen von CROWCASS, Leon G. Turrou, koordinierte diese Aufgabe.

Turrou hatte während des Ersten Weltkriegs in der zaristischen Armee gedient, sich aber nach der bolschewistischen Revolution in die Vereinigten Staaten durchgeschlagen und von den bescheidenen Einnahmen als

Übersetzer für die weißrussische Emigrantenzeitung *Slowo* gelebt. In den zwanziger Jahren wurde er Mitarbeiter des FBI und Spezialist für Ermittlungen gegen Subversionen in der großen New Yorker Gemeinde der Emigranten aus Osteuropa. Turrou machte seine Arbeit gut und wurde 1938 bekannt, als er einen großen Spionagering aufdeckte, der von in New York lebenden Geheimagenten der deutschen Abwehr betrieben wurde.

Turrou trat 1942 in die Criminal Investigation Division (CID, Abteilung für die Untersuchung von Verbrechen) ein, das Ermittlungsamt der Militärpolizei. Dort fiel er Eisenhowers Stabschef, General Walter Bedell Smith, auf und wurde zum leitenden Ermittler und stellvertretenden Direktor der nordafrikanischen Abteilung der CID ernannt; 1945 erhielt er den gleichen Posten im vereinigten europäischen und afrikanischen Operationsgebiet der CID. Smith ernannte Turrou Anfang 1945 persönlich zum Leiter der CROWCASS-Operation[2].

»Unter Turrou ... operierte CROWCASS auf zwei deutlich unterschiedenen Ebenen«, schreibt der Geheimdienstveteran und Historiker William Corson; »[erstens] wurden Kriegsverbrecher katalogisiert und ihre Aufenthaltsorte ermittelt; [zweitens] wurden ehemalige Nazis angeworben, die als US-Geheimdienstagenten und Informanten eingesetzt wurden.«

Turrou wurde Kontaktmann von CROWCASS für amerikanische Geheimdienstabteilungen, die die Fahndung nach für den Westen arbeitenden Nazis vereiteln wollten. Einen rekrutierten Agenten versteckte man für gewöhnlich einfach dadurch, daß man den Namen des Verdächtigen von der Liste der im US-Gewahrsam befindlichen Personen löschte, so daß der neue Angestellte als verschwunden galt. Der Wiener OSS-Chef Charles Thayer gibt zu, daß er 1945 genau das für den deutschen Experten für politische Kriegführung, Hans Heinrich Herwarth, getan hat. Reinhard Gehlen berichtete amüsiert, daß er noch 1949 offiziell »als flüchtig« galt, weil die Notiz über sein Überlaufen mit Turrous Hilfe aus der Kriegsgefangenenliste gestrichen worden war. Die »Guthaben« von CROWCASS – womit Agenten oder Sympathisanten gemeint waren, auf die man für Geheimeinsätze zurückgreifen konnte – wurden Ende der vierziger Jahre zu einem wichtigen Element bei vielen Geheimdienstoperationen in Europa[3].

In den ersten Monaten nach Deutschlands Kapitulation ging es der Army und ihrem Nachrichtendienst vor allem um ein Ziel: Die US-Ermittler machten Jagd auf flüchtige Nazis, um etwaige faschistische Untergrundbewegungen, die den Zusammenbruch des Hitler-Regimes überlebt hatten, zu zerstören. Die Army nahm die Bedrohung durch solche Organisationen sehr ernst. Schließlich war Deutschland aus der Asche des Ersten Weltkriegs wiederauferstanden und hatte die Einschränkungen des Vertrags von Versailles durch eine Vielfalt von Untergrundorganisationen umgangen; Hitler und seine Statthalter hatten oft geschworen, daß sie ebenso handeln würden, falls Deutschland von den Alliierten besiegt wurde. Die Aufspürung von nazistischen Untergrundgruppen hatte daher die Dringlichkeitsstufe eins.

Die meisten dieser Ermittlungen wurden vom Gegenspionagekorps der Army durchgeführt. Diese Dienststelle arbeitete eng mit CROWCASS zusammen und diente während der ersten Nachkriegsjahre in der amerikanischen Besatzungszone Deutschlands eigentlich als politische Polizei.

Die Ermittlungen des CIC über geheime Naziaktivitäten brachten allerdings bald auch die ersten Nazis in amerikanische Dienste. Dieses Paradoxon erinnert in vieler Hinsicht an die Situation normaler Polizisten; die Zerschlagung eines Verbrecherrings erfordert häufig, daß einige der Kriminellen als Informanten gegen die anderen angeworben werden. Diese Rekrutierung von Kriminellen ist das tägliche Brot der meisten Kriminalbeamten und verläuft beinahe immer nach dem gleichen Schema: Androhung von strengen Strafen, auf die die beruhigende Zusicherung von Schutz folgt, falls der Betreffende kooperiert. Das ideale Ziel ist, daß man eine ganze Bande von Verdächtigen der Gerechtigkeit überantwortet, auch wenn dies bedeutet, daß man einigen von ihnen gegenüber Milde walten lassen muß. Es kommt daher nicht überraschend, daß Ermittler der USA oft mit Nazis Geschäfte machten, um die großen Fische an Land zu ziehen.

Mit Verschärfung des kalten Kriegs änderten sich die Ziele der Ermittlungen, die nicht mehr in erster Linie Untergrundnazis galten, sondern Untergrundkommunisten und Personen, von denen man annahm, daß sie mit der UdSSR sympathisierten. Viele CIC-Ermittler legten ihre Unterlagen über potentielle Kriegsverbrecher zu den Akten oder setzten diese Projekte ans untere Ende der Liste der äußerst dringenden Fälle;

einer Liste, die scheinbar nie kürzer wurde. Auf der administrativen Ebene ging der Schwung verloren, der zum Aufspüren und zur Verfolgung von mutmaßlichen Kriegsverbrechern erforderlich war.

Die Netze der Informanten und Kontraktagenten des CIC, deren Mitglieder größtenteils ehemalige Nazis und sogenannte »kleine« Kriegsverbrecher waren, blieben im Dienst mit neuer Aufgabe: Es gibt einige dokumentarisch belegte Fälle, in denen das CIC die Hilfe von Naziexperten, zum Beispiel des Gestapoveteranen Klaus Barbie, bei der Aufspürung von Kommunisten in Anspruch nahm.

Doch an dieser Stelle endet die Ähnlichkeit zwischen der konventionellen Polizeiarbeit und der Sicherheitsarbeit des CIC. Die Nazis des CIC wurden nun nicht mehr dazu benützt, um Kriegsverbrecher aufzuspüren, noch zog man die unter dem Schutz des CIC stehenden Informanten für ihre Beteiligung an Kriegsverbrechen und Verbrechen gegen die Menschlichkeit zur Rechenschaft. Als der kalte Krieg zum Alltag wurde, ließ man die Nazis einfach laufen.

Die große Mehrheit der sehr früh (das heißt 1944 bis 1947) angeworbenen Nazis gehörte, wie es viele ausdrücken würden, zu den typischen Polizeiinformanten. Gene Bramel, ein junger CIC-Agent, der nach dem Krieg mit dem SS-Mann Klaus Barbie zusammengearbeitet hatte, faßt den Standpunkt des CIC klar zusammen: »Man fragt mich: ›Warum habt ihr Nazis verwendet?‹ Eine dumme Frage. Es wäre uns unmöglich gewesen, in Süddeutschland zu operieren, ohne daß wir Nazis einsetzten. Wir waren Amerikaner. Ich spreche recht gut deutsch, aber wenn ich nur das Abendessen bestellte, hätte jeder sofort bemerkt, daß ich Amerikaner bin. Und wer kennt Deutschland besser als alle anderen Menschen? Wer war am besten organisiert? Wer waren die erbittertsten Antikommunisten? Die ehemaligen Nazis. Wenn wir sie nicht verwendet hätten, wären wir vollkommen hilflos gewesen. Wir verwendeten sie, die Engländer verwendeten sie, die Franzosen verwendeten sie, und die Russen verwendeten sie[4].«

»Man teilt die Karten aus und spielt dann nach seinem Blatt«, überlegt Herb Brucher, ein ehemaliger Sonderagent im Kommando 970 des CIC, der zwischen 1945 und 1949 mit Tausenden von ehemaligen Nazis zu tun hatte, die als Informanten und Kontraktagenten arbeiteten. »Wir hatten mit Kommunisten zu tun; wir hatten mit Nazis zu tun ... Ich nahm den Leuten ihre Gesinnung nie übel; allerdings: wenn man etwas in der Hand hatte, womit man dem Kerl drohen konnte, dann konnte man ihn damit erpressen, um Informationen zu erhalten.« Wie die meisten CIC-Veteranen bereut Brucher kaum eine seiner Taten; zu seiner Arbeit gehörte es, deutsche Wissenschaftler für US-Institute ausfindig zu machen; er organisierte unter anderem auch eine große Kampagne, um ehemalige Nazis in die Kommunistische Partei einzuschleusen. »Die Verwendung von SS-Männern für solche Aufgaben hat mich nie gestört«, bemerkt er. »Wir wurden ja dafür ausgebildet; aber mir persönlich sagte es überdies zu[5].«

Eine problematische Einstellung, denn es war natürlich untersagt, mutmaßliche Kriegsverbrecher vor der Verhaftung zu schützen; eine der wichtigsten Funktionen des CIC war schließlich die Verfolgung und Verhaftung untergetauchter Nazis. Es gab dabei jedoch Hintertürchen. Man konnte einige ausgewählte Nazis beschützen oder sogar bezahlen, wenn diese Maßnahme zur Verhaftung von wichtigeren Kriegsverbrechern führte.

Die Bezahlung für die von Kommando 970 rekrutierten Nazis bestand allerdings aus »Seife, Rasierklingen, Kaugummi und ein bißchen Tabak«, behauptet Brucher. »Wer zum Teufel will schon dafür arbeiten?« Viele amerikanische Agenten gewöhnten sich an, diese Waren auf dem Schwarzmarkt zu verkaufen, um in den Besitz von deutschem Geld zu gelangen, mit dem sie ihre Informanten bezahlen konnten. Doch als sie nicht genügend Geld zusammenbekamen, boten die Amerikaner ihren Schützlingen das einzige, was billig und reichlich vorhanden war: Schutz. Je mehr Schutz die amerikanischen Agenten boten, desto größer wurde das Netz von Subagenten, das sie aufzogen. Je größer das Netz war, desto mehr Informationen blieben in ihm hängen. Je mehr Informationen ein Agent vorweisen konnte, um so erfolgreicher war er. Es spielte keine Rolle, wenn die von den Nazis gelieferten Informationen kaum mehr als Zeitungsausschnitte aus tschechischen oder polnischen Blättern waren; man konnte sie ohnehin nicht überprüfen, jedenfalls anfangs nicht. Wichtig war der Umfang, und der Schutz entsprach dem Umfang[6].

Das staubige, weitläufige Vernehmungszentrum im Camp King in der Nähe von Oberursel war offenbar das erfolgreichste Rekrutierungszentrum für ehemalige Nazis, die sich den Amerikanern anschließen wollten. Camp King stand zunächst unter dem Befehl von Oberst William R. Philp und von Oberst Roy M. Thoroughman und war ein gutes Beispiel für die sich verwischenden Grenzen zwischen Jägern und Gejagten.

Camp King war während des Krieges das wichtigste Vernehmungszentrum* und Durchgangslager der deutschen Luftwaffe (Dulag Luft) für gefangene amerikanische und britische Flieger; hier hatten die Deutschen äußerst effiziente Vernehmungstechniken entwickelt und die neuesten Erkenntnisse der Psychologie angewandt. Im Gegensatz zu den Klischees von prügelnden Nazis mit Gummischläuchen kombinierte die Luftwaffe detaillierte Querverbindungen von allen bekannten Tatsachen über eine bestimmte Einheit der alliierten Luftwaffe mit geschickten Versuchen, die Achtung ihrer Gefangenen zu gewinnen. Die Ergebnisse waren spektakulär: Praktisch jedem alliierten Flieger entschlüpfte das Bruchstück einer Information, das in Kombination mit den Fakten, die die Deutschen bereits besaßen, für den Geheimdienst wertvoll war. »Pokergesicht Scharff«, allen Berichten zufolge der beste deutsche Vernehmungsoffizier, sagte später aus, daß »von den über 500 Fliegern, die ich vernommen habe, bis auf zwanzig alle gesprochen und mir genau das verraten haben, was ich herausbekommen wollte[7].«

Mitte 1945 beschlagnahmten die Vereinigten Staaten das Lager und wandelten es in eine Haftanstalt für hochrangige Nazis um, darunter General Gehlen, Hermann Göring, Albert Speer und Julius Streicher, aber auch ranghöchste Militärs wie Feldmarschall Albert Kesselring, Hitlers Nachfolger Großadmiral Karl Dönitz und Dutzende andere. Vertrauenswürdige Vernehmungsoffiziere der Luftwaffe, die früher für die Nazis aus dem Englischen ins Deutsche übersetzt hatten, übersetzten für die Alliierten aus dem Deutschen ins Englische.

Camp King war jedoch nicht einfach ein Lager für prominente Kriegsgefangene. Wie es in einer Geschichte des Lagers heißt, bestand seine

---

* Hier trat die Brutalität des Nationalsozialismus nicht offen zutage, war aber trotzdem vorhanden. Ein großangelegter Ausbruchsversuch endete damit, daß etwa fünfzig alliierte Kriegsgefangene, hauptsächlich Engländer, wieder eingefangen und standrechtlich erschossen wurden. Gefangene, die hartnäckig die Mitarbeit verweigerten oder immer wieder Fluchtversuche unternahmen, wurden in Konzentrationslager und damit zumeist in den Tod geschickt.

einmalige Mission darin, »die Kenntnisse und Fähigkeiten des ehemaligen deutschen Geheimdienstpersonals zum Beschaffen von Informationen einzusetzen, die für die Vereinigten Staaten von Interesse waren«. Etwa 200 ehemalige Angehörige der SS, des SD und der Abwehr erhielten den Auftrag, die »Geschichte« ihrer Erfahrungen während des Krieges zu schreiben. Einige dieser Studien betrafen die Befehlsstruktur in der deutschen Führung und wurden später bei Nachkriegsprozessen verwendet. Doch die meisten Studien sollten bereits 1945 Informationen über die UdSSR, nicht über Nazideutschland, liefern, und die Verfasser solcher Studien wurden in vielen Fällen still und leise aus der Haft entlassen und vom amerikanischen oder britischen Geheimdienst angestellt. Obwohl der Leiter des Geheimdienstes der US Army in Europa, General Sibert, die Vorgangsweisen in Camp King genehmigt hatte, standen sie oft in direktem Widerspruch zur offiziellen Politik der Vereinigten Staaten. Einmal lehnte zum Beispiel der Kommandeur der Militärpolizei in der amerikanischen Besatzungszone den Vorschlag Oberst Philps ab, die von den Russen entlassenen deutschen Kriegsgefangenen systematisch zu überprüfen und zu vernehmen, damit man Informationen über potentielle militärische Ziele in der sowjetischen Besatzungszone erhielt. Der Kommandeur der Militärpolizei war dagegen, daß bei einer solchen Aktion Offiziere der Abwehr und der SS als Vernehmungsbeamte und Auswerter eingesetzt wurden. (Philps Vorschlag stammte eigentlich von Reinhard Gehlen, der unter Philps Schutz in Camp King den Grundstein zu seiner geheimen Spionageorganisation gelegt hatte.) Trotz des Einspruchs war Oberst Philp nach wie vor davon überzeugt, daß diese Informationen in dem Augenblick eingeholt werden mußten, in dem die Kriegsgefangenen nach Deutschland zurückkehrten, weil sie sonst für immer verloren waren. Daher verschaffte sich Philp die betreffende Erlaubnis insgeheim von General Sibert und setzte seinen Vorschlag in die Tat um. Nach Darstellung in der bisher nicht veröffentlichten Geschichte von Camp King wurden in den Auffanglagern für deutsche Flüchtlinge in Hersfeld, Hof, Ulm und Gießen Vernehmungsteams eingesetzt[8]. Etwa 300 000 Kriegsgefangene wurden überprüft und in Karteien erfaßt. In vielen Fällen erfolgte die Verwendung als Informant oder Kontraktagent bereits in den Durchgangslagern.
Zu dieser zweigleisigen Politik kam es in Deutschland während des kal-

ten Krieges immer wieder; sie unterschied sich kaum von den Praktiken der französischen, britischen und sowjetischen Regierungen. Einerseits verurteilte und verfolgte man flüchtige Naziverbrecher öffentlich, andererseits schützte und verwendete man diese Männer heimlich. Es kam jedoch überall zu Indiskretionen, ein solcher Schutz konnte nicht lange geheim bleiben. Als das paradoxe System im Lauf der vierziger Jahre allmählich ausgereifter wurde, kümmerten sich die amerikanischen Geheimdienste immer weniger um regierungsamtliche Bedenken. Bekannte Persönlichkeiten Deutschlands (einschließlich der Zeitungsreporter und der Parteifunktionäre) arbeiteten stillschweigend mit den Geheimdiensten zusammen. »Gutinformierte Kreise wußten, daß wir dazu gezwungen waren«, sagt ein ehemaliger Beamter für politische Angelegenheiten im Außenministerium, der es vorzieht, anonym zu bleiben, »und es war besser, wenn man jegliches Aufsehen vermied.«

Ende 1947 hatte die US Army mindestens ein halbes Dutzend großangelegter Programme laufen, durch die sie die Talente von Geheimdienstveteranen der SS und der Deutschen Wehrmacht verwerten wollte. Operation Pajamas zum Beispiel organisierte »die Verwendung von deutschem Personal, das politische Trends in Europa vorausberechnete«. Die Operation »Birchwood« tat das gleiche mit »Wirtschaftsfachleuten«, womit in diesem Kontext eindeutig Leute gemeint waren, die für die SS und Göring tätig gewesen waren. Projekt Dwindle sammelte deutsche Experten für Geheimschriften und die dazugehörigen Geräte. Projekt Apple Pie war eine gemeinsame amerikanisch-britische Operation und rekrutierte »bestimmte Schlüsselkräfte des RSHA Amt VI«, die Fachleute auf dem Gebiet von Industrie und Wirtschaft der Sowjetunion waren. Projekt Panhandle beschäftigte sich mit der »operationalen Nutzung« – sprich der Rekrutierung gegen Bezahlung – »von ehemaligem Personal des deutschen militärischen Geheimdienstes zur Beschaffung von militärischen Informationen über die UdSSR und ihre Satelliten«. Projekt Credulity suchte deutsche Wissenschaftler, die man für das Projekt Paperclip der JIOA gewinnen wollte. Obwohl diese Projekte vor der Öffentlichkeit streng geheimgehalten wurden, durchliefen sie dennoch den normalen Instanzenweg des Geheimdienstes, der sie billigte und überwachte. Sie erhielten konventionelle Codenamen, und ihre Finanzierung erfolgte über das normale Geheimdienstbudget der Army[9].

Es handelte sich um keine Verschwörung der Geheimdienste, die sich über den Rest der Regierung hinwegsetzten; diese Verwendungspraxis war Teil der offiziellen, wenn auch geheimen US-Politik.

Mitte 1946 hatten die USA und die Sowjetunion praktisch aufgehört, bei der Verfolgung von Kriegsverbrechern zusammenzuarbeiten; eine wichtige Ausnahme gab es allerdings: den Internationalen Militärgerichtshof in Nürnberg. Man kann endlos darüber streiten, wer die Schuld daran trägt, daß die ursprünglichen Versuche, Naziverbrecher vor Gericht zu stellen, nachlässiger betrieben wurden. Der Kampf um Wissenschaftler und Industrieanlagen trug zweifellos dazu bei, genau wie der größere und grundlegendere Kampf um Einflußsphären in Mitteleuropa und im Nahen Osten. Ganz gleich, von welcher Seite man es sieht, die Tatsache bleibt bestehen, daß Osten und Westen nicht fähig waren, gemeinsam gegen mutmaßliche Kriegsverbrecher vorzugehen, und dadurch zahllosen Männern und Frauen, die für den Holocaust und andere Greueltaten verantwortlich waren, Fahrkarten in die Freiheit verschafften.

Bereits im Sommer 1945 kam es zu heftigen Auseinandersetzungen zwischen Ost und West darüber, was als Kriegsverbrechen verfolgt werden sollte und was nicht. Dieser Streit verlief in Osteuropa besonders heftig, wenn es sich um prominente Mitglieder der dortigen katholischen politischen Parteien handelte. Die Sowjets behaupteten, daß viele dieser konservativen, christlich-demokratischen Politiker ihre Länder offen in ein Bündnis mit den Nazis geführt, als verantwortliche Beamte in den Regierungen der Achsenmächte gearbeitet hätten und an der Formulierung und Anwendung der Gesetze zur Erfassung der Juden, zur Errichtung von Konzentrationslagern und allem damit im Zusammenhang Stehenden beteiligt gewesen wären. Daher waren diese Beamten nach Ansicht der Sowjets an der Verfolgung unschuldiger Menschen beteiligt – oder waren zumindest solcher Taten verdächtig – und sollten an die osteuropäischen Nachkriegsregierungen ausgeliefert werden, damit man ihnen den Prozeß machen konnte.

Viele amerikanische und westliche Beamte beriefen sich jedoch lieber auf die Rolle, die die gleichen religiösen Parteien kurz vor Deutschlands Niederlage gespielt hatten, als sich ein Großteil des christlich-demokratischen Establishments in Osteuropa gegen die Nazis wandte. Obwohl sich die Vereinigten Staaten bereits 1943 formell bereit erklärt hatten,

Kriegsverbrecher an das Land auszuliefern, in dem sie Verbrechen begangen hatten, betrachteten die US-Politiker 1945 die antikommunistischen katholischen Führer als wesentlichen Teil der Nachkriegs-Koalitionsregierungen in Osteuropa. Die Vereinigten Staaten hielten viele sowjetische Anschuldigungen wegen Kriegsverbrechen für antiwestliche Propaganda.

Die Frage, wie man das Problem der mutmaßlichen Kriegsverbrecher handhaben sollte, wurde durch ernste Ost-West-Auseinandersetzungen über die Repatriierung von Flüchtlingen noch komplizierter. 1945 lebten mindestens acht Millionen Displaced Persons aus Osteuropa in Deutschland und Österreich in Lagerbaracken. Die Vereinigten Staaten, Großbritannien und die UdSSR hatten sich in Jalta darauf geeinigt, daß diese Menschen in ihre Heimatländer zurückgebracht werden sollten, wo sie hoffentlich in die Nachkriegsgesellschaft integriert werden würden. Entgegen den Greuelmärchen, die während des kalten Krieges im Westen kursierten, kehrte die überwältigende Mehrheit dieser Flüchtlinge problemlos in ihre Ursprungsländer zurück.

Doch die Tatsache blieb bestehen, daß ein bis zwei Millionen Flüchtlinge nicht zurückkehren wollten. Viele von ihnen sahen sich als eine Art Helden, die sich gegen Stalin aufgelehnt hatten, auch wenn sie dadurch gezwungen gewesen waren, mit den Nazis zusammenzuarbeiten. Die Sowjets sahen darin Hochverrat, und Stalin bestand auf der Auslieferung. Diese harte Beurteilung hatte eine gewisse Berechtigung, weil viele Emigranten tatsächlich ehemalige Soldaten, SS-Freiwillige oder Naziquislinge waren. Für die Sowjets galten allerdings auch andere Tatbestände, wie die öffentliche Kritik an der Kommunistischen Partei, als Hochverrat, obwohl der Westen dies natürlich nicht als Verbrechen einstufte.

Die amerikanischen und britischen Behörden kooperierten eine Zeitlang bei den Repatriierungsprogrammen, allerdings mit wachsendem Widerwillen. Die Vorstellung, daß man einen Unschuldigen gegen seinen Willen in Stalins UdSSR trieb, war vielen Menschen im Westen aus naheliegenden Gründen verhaßt. Die meisten noch vorhandenen Displaced Persons waren vom westlichen Standpunkt aus politische oder Wirtschaftsflüchtlinge, aber keine Kriegsverbrecher.

Die Unlust des Westens, den Sowjets Flüchtlinge und mutmaßliche

Kriegsverbrecher auszuliefern, wuchs, als man allmählich erfuhr, welches Schicksal Personen erwartet hatte, die man in den ersten Monaten nach dem Krieg zurückgeschickt hatte. Prozesse gegen mutmaßliche Quislinge und im Osten geborene SS-Männer waren zu jener Zeit reine Formsache, auf die manchmal gänzlich verzichtet wurde. In der UdSSR, in Polen und anderen unter der Kontrolle der Roten Armee stehenden Gebieten kam es zu Tausenden von standrechtlichen Erschießungen. Zeitgenössische Historiker in Jugoslawien geben zu, daß in diesem kleinen Land allein im Jahr 1945 zigtausend »Nazikollaborateure« oft ohne Verhandlung hingerichtet wurden[10]. Und Millionen Männer und Frauen wurden aus ganz Osteuropa in tief im Inneren der Sowjetunion gelegene Arbeitslager deportiert, aus denen sie nie mehr zurückkehrten.

Der sowjetische Verdacht, daß der Westen bewußt Personen schützte, die die UdSSR für Verräter und Kriegsverbrecher hielt, nahm im gleichen Maß zu wie die Abneigung des Westens, Flüchtlinge zu repatriieren. Die bereits gespannte Beziehung zwischen den Weltmächten verschlechterte sich weiter. Die UdSSR weigerte sich, an dem Identifizierungsprojekt CROWCASS oder an den meisten anderen Ermittlungen über Kriegsverbrechen mitzuarbeiten, die von den westlichen Alliierten durchgeführt wurden. Im allgemeinen wurden westliche Ermittler daran gehindert, Beweise für Zwischenfälle zu beschaffen, zu denen es in Osteuropa gekommen war, und beinahe die gesamten Unterlagen über faschistische Verbrechen, die die UdSSR zusammentrug, wurden in Geheimarchiven der Außenwelt vorenthalten.

Kurzum, die Sowjets forderten vom Westen die Auslieferung aller mutmaßlichen Kriegsverbrecher an den NKWD, wenn die Taten in ihrem Machtbereich begangen worden waren. Außenstehende Ermittler wurden weder gebraucht, noch waren sie erwünscht. Obwohl die UdSSR wesentlich zum Nürnberger Prozeß beitrug, blieb das Hauptziel der sowjetischen Fahnder in den ersten Jahren nach dem Krieg, jeden Flüchtling oder Kriegsgefangenen in die Finger zu bekommen, der möglicherweise eine Bedrohung für die unter sowjetischer Kontrolle stehenden Gebiete darstellte. Erst in zweiter Linie ging es um Beweise für Verbrechen gegen die Menschlichkeit.

Warum weigerten sich die Sowjets, mit den Amerikanern zu kooperieren, deren Versuche, Kriegsverbrecher vor Gericht zu stellen, allerdings zugegebenermaßen mangelhaft und inkonsequent waren? Die Bevölkerung der Sowjetunion hatte zweifellos viel schlimmer unter den Nazis gelitten als die der Vereinigten Staaten. Und die UdSSR bemühte sich massiv (für gewöhnlich aber vollkommen unabhängig), in den von ihr besetzten Gebieten Nazis und Kollaborateure auszuforschen und zu bestrafen.

Über die Gründe der sowjetischen Unnachgiebigkeit in diesem Punkt kann man nur Vermutungen anstellen. Daß die USA CROWCASS auch einsetzten, um ehemalige Nazis zur Mitarbeit zu gewinnen, war bestimmt einer der Gründe. Doch das erklärt nicht alles; daß man Überläufer des Feindes rekrutiert, ist während eines Krieges eine durchaus übliche Vorgangsweise des Geheimdienstes, und die Sowjets haben sie selbst regelmäßig angewendet. Einleuchtender ist das Argument, daß der NKWD, vor allem während der Periode des Hitler-Stalin-Paktes (1939–1941), selbst eine Anzahl von Greueltaten begangen hat, die unmöglich verborgen bleiben konnten, wenn man westlichen Ermittlern den Zutritt zum sowjetischen Machtbereich gestattete. Ein öffentlicher Beweis für solche Verbrechen hätte zu jener Zeit einen schweren Rückschlag für die Sowjetunion bedeutet, hätte ihre noch unsichere Machtposition in Osteuropa bedroht und ihren Versuch, die politischen und Handelsbeziehungen mit dem Westen zu erweitern, vereitelt.

Ein bemerkenswertes Beispiel dafür, daß die Verbrechen des NKWD politischen Sprengstoff darstellten, war das Massaker im Wald von Katyn, das bis heute ein bitteres Problem in den sowjetisch-polnischen Beziehungen geblieben ist. Erdrückende Beweise sprechen dafür, daß sowjetische Sicherheitstruppen über 4 000 nationalistische polnische Offiziere erschossen, die sie 1939 gefangengenommen hatten, und dann die Leichen wie Klafterholz in Massengräbern bei Smolensk aufstapelten. Ähnliche Massenerschießungen durch den NKWD fanden in Lwów (Lemberg), Dubno und Winniza in der Nähe der jetzigen sowjetisch-polnischen Grenze statt.

Andere Beispiele betreffen die Zwangsdeportationen von etwa 35 000 bis 50 000 »verdächtigen« Letten, Litauern und Esten nach Sibirien, eine Tatsache, die in der UdSSR bis heute ein streng gehütetes Geheimnis geblieben ist[11]. Sowjetische Sicherheitskräfte haben während des Krieges auch ungefähr eine Million politisch verdächtiger Polen verhaftet und sie in Güterwaggons in Gulag- und Arbeitslager in Mittelasien und Sibirien gebracht. Dort arbeiteten sich Zehntausende, vielleicht Hunderttausende von ihnen zu Tode.

Diese Praktiken hörten auch nach dem Ende des Hitler-Stalin-Paktes nicht auf. Bei Kriegsende war Stalin von tiefem Haß auf mehrere Minderheitengruppen in der UdSSR erfüllt, die sich seiner Ansicht nach illoyal verhalten hatten. Als die Rote Armee 1943 und 1944 von den Nazis besetzte sowjetische Gebiete zurückeroberte, folgten den Kampftruppen Sondereinheiten der Polizei und riegelten die Gebiete mit ethnischen Minderheiten ab. In manchen Teilen des Landes wurden alle Männer, Frauen und Kinder ganzer Nationalitätengruppen – darunter die Krimtataren, die Kalmücken, die Tschetschenen und die Wolgadeutschen – mit Waffengewalt zusammengetrieben und wegen angeblicher Kollaboration in weit entfernte Ansiedlungen tief im Landesinneren gebracht. Selbst Nikita Chruschtschow bemerkte später, daß die Ukrainer »diesem Schicksal nur entgingen, weil sie zu zahlreich waren und weil es keinen Ort gab, an den man sie deportieren konnte. Sonst«, fuhr Chruschtschow fort, »hätte Stalin sie ebenfalls deportiert[12].«

Der politische Preis für das Eingeständnis solcher Schandtaten war Stalin offensichtlich zu hoch; er hätte jedoch keine davon lange verborgen halten können, wenn die UdSSR bei der Untersuchung von Kriegsverbrechen rückhaltlos kooperiert hätte. Statt dessen sammelten die Sowjets alle CROWCASS-Informationen, die sie von den verschiedenen gemeinsamen alliierten Kontrollkommissionen und -ausschüssen erhalten konnten, und unternahmen gleichzeitig umfassende strafrechtliche Ermittlungen, die sie sorgfältig vor westlichen Augen verborgen hielten. Nur so war es möglich, während der Verfolgung von Naziverbrechern die »Sicherheit« der UdSSR – und des NKWD – zu gewährleisten.

Natürlich warben auch die Sowjets, genau wie ihre westlichen Alliierten, ausgewählte Naziagenten an, die sie für geheimdienstliche oder politische Zwecke für nützlich hielten. Das ist im Osten vertuscht worden. Allerdings sind im Lauf der letzten dreißig Jahre etliche dokumentarisch belegte Fälle größtenteils durch Zerwürfnisse zwischen den kommunistischen Parteien Osteuropas ans Licht gekommen.

Einen Hinweis auf den Umfang der sowjetischen Anwerbung von Nazis kann man in Rumänien finden. Dort wuchs die Kommunistische Partei des Landes, die während der ersten Nachkriegsjahre vollkommen von einer Moskau-Fraktion beherrscht wurde, von etwa 1 000 Oldtimern im Jahr 1945 bis Ende 1947 auf etwa 714 000 Parteigenossen an. Einige Jahre später kam jedoch eine wesentlich nationalistischere Splittergruppe der Kommunistischen Partei Rumäniens an die Macht und säuberte die Partei von vielen moskauhörigen Führern, einschließlich der Vorsitzenden Ana Pauker und des Chefs der Geheimpolizei Teohari Georgescu. Das führte wieder zu öffentlichen Enthüllungen darüber, in welchem Ausmaß Georgescu sich in den ersten Jahren nach dem Krieg auf die von ihm für seinen Polizeiapparat eingesetzten Veteranen der Eisernen Garde* gestützt hatte. Laut Nicolae Ceauşescu, dem jetzigen rumänischen Parteivorsitzenden, schloß die zur Zeit an der Macht befindliche Gruppe über 300 000 »ausländische Karrieremacher, einschließlich Angehöriger der Eisernen Garde und staatsfeindlicher Personen« aus der Partei aus, die am Höhepunkt des stalinistischen Einflusses in Rumänien in diese Partei aufgenommen worden waren[13]. Ähnliche Vorgänge sind aus Ostdeutschland und Ungarn berichtet worden, wo die sowjetischen Besatzungsbehörden, um ihre Macht zu stabilisieren, sogenannten kleinen Nazis gestatteten, Polizisten zu bleiben.

Durch Jugoslawiens Zerwürfnis mit der UdSSR im Jahr 1948 wurden auch verläßliche Informationen darüber zugänglich, inwieweit sich Stalins Geheimpolizeichef Lawrenti Berija bei Geheimoperationen auf Nazikollaborateure stützte. Nach einer amtlichen Erklärung der jugoslawischen Regierung an die Vereinten Nationen schuf Berijas Polizei »ein weitreichendes Netz von ... in der UdSSR [ausgebildeten] Spionen, das hauptsächlich aus Faschisten bestand, die sich zu dem einzigen Regiment gemeldet hatten, das der kroatische [Ustascha**-]Verräter Pavelić Hitler zur Verfügung stellen konnte«. Die Jugoslawen beschuldigten die Sowjets, daß ihr Manöver den Zweck verfolgte, die Macht in ihrem Land zu ergreifen.

Es gibt noch weitere Beispiele zu diesem Thema. Im Nahen Osten lie-

* Die Garda de fier war eine 1931 entstandene faschistisch-antisemitische paramilitärische Organisation und Partei.
** Die 1929 gegen den Belgrader Zentralismus gegründete autonomistische Bewegung lehnte sich eng an das faschistische Italien an und war nach dem Untergang Jugoslawiens 1941 Träger des deutschen Satellitenstaats Kroatien.

ferte der deutsche Spitzenspion Fritz Grobba sich und sein gesamtes Spionagenetz bereits 1945 den Russen aus. Auf dem Balkan wurde der Finanzexperte der Nazis, Carl Clodius, dessen Ruf sich teilweise darauf gründete, daß er die wirtschaftlichen Probleme Deutschlands mittels Zwangsarbeit gelöst hatte, wirtschaftlicher Leiter der Balkandivision der Kominform; in Ostdeutschland soll SS-General Hans Rattenhuber, Kommandeur des Reichssicherheitsdienstes (nicht zu verwechseln mit dem SD) zum Schutz hochgestellter Persönlichkeiten, Funktionär der politischen Polizei in Ostberlin* gewesen sein; die Liste läßt sich fortsetzen[14]. Offenbar waren die Sowjets ebenfalls bereit, vergangene Naziverbrechen zu vergeben, wenn es in ihrem Interesse lag.

---

* Zu den SS- und Gestapo-Veteranen, die bei der ostdeutschen Polizei landeten, gehören der Generalleutnant der Abwehr, Rudolf Bamler, der nach seiner Gefangennahme durch die Russen mit dem sowjetischen militärischen Geheimdienst zusammenarbeitete und später Abteilungsleiter in der Zentrale des Staatssicherheitsdienstes in Ostberlin wurde; Johann Sanitzer, der einmal das Judenreferat der Gestapo in Wien geleitet hatte und später Major der ostdeutschen Polizei in Erfurt wurde; und SS-Hauptmann Louis Hagemeister, der einmal mit der Gegenspionage der SS befaßt gewesen war und später leitender Vernehmungsbeamter der Polizei in Schwerin wurde. Der ehemalige SS-Sturmbannführer Heidenreich wurde nach dem Krieg offizieller Verbindungsmann zwischen der ostdeutschen Polizei und dem Zentralkomitee der Kommunistischen Partei des Landes. Dimitry und Nina Erdely, ein Ehepaar, das für die Gestapo arbeitete und auf Emigrantenaktionen spezialisiert war, gelangte schließlich in die sowjetische Delegation bei den Vereinten Nationen in New York. Die beiden waren während des Krieges vermutlich sowjetische Doppelagenten gewesen. Um ihre Tarnung während des Krieges aufrechtzuhalten, mußten sie jedoch »dazu beitragen . . . daß viele sowjetische Staatsbürger in Konzentrationslager geschickt wurden«, heißt es in einem freigegebenen Bericht des US-Außenministeriums über ihre Tätigkeiten.
Mindestens zwei ehemalige SS-Offiziere zogen ins Zentralkomitee der ostdeutschen Kommunistischen Partei, der sogenannten Sozialistischen Einheitspartei Deutschlands (SED), ein. Die beiden sind Ernst Grossmann (ehemaliger Lagerwächter in Sachsenhausen) und der Waffen-SS-Veteran Karlheinz Bartsch. Beide fielen rasch einer Säuberung zum Opfer, als im Westen Berichte über ihre Tätigkeit während des Krieges erschienen.

SIEBENTES KAPITEL

»Ich ... ziehe es vor, nichts zu wissen«

Der sich anbahnende Ost-West-Konflikt trat 1947 in eine neue Phase offener Feindseligkeit. Die Regierung des durch den Krieg erschöpften und schwer verschuldeten Großbritannien gab im Januar plötzlich bekannt, daß sie die innere Sicherheit in Griechenland, wo ein Bürgerkrieg zwischen den Kommunisten und den von London bisher unterstützten Monarchisten drohte, nicht weiter garantieren könne. Präsident Truman machte die Sowjets für diese Krise verantwortlich und griff mit einem Millionen-Dollar-Hilfsprogramm für die »demokratischen« Kräfte in Griechenland sowie mit einer Reihe von Kampagnen ein, um die Aktivitäten der prokommunistischen Bewegungen im Nahen Osten und in Europa einzudämmen.

Truman behauptete, daß die Sowjets die griechischen »Rebellen« unterstützten und daß dies ein Eingreifen der USA in diesem Land rechtfertigte. Die griechische Linke war jedoch in erster Linie eine einheimische Gruppierung. Die Hilfe von außen, die die Rebellen erhielten, kam vor allem aus Titos Jugoslawien, das selbst bereits ernsthafte Probleme mit Stalin hatte[1].

Wie auch immer, den Amerikanern war jedenfalls klar, daß in Griechenland der Hauptfeind der Kommunismus war. Schon während der deutschen Besetzung und auch nach der Befreiung 1944 war die Macht der kommunistischen EAM und ihrer bewaffneten Truppe, der ELAS, bedenklich gewachsen, während sich die monarchistisch-»demokratische« EDES nur mit britischer Hilfe zu halten vermochte. Beide Gruppen hatten während des Krieges gegen die nationalsozialistischen Besatzer gekämpft, allerdings mit wechselndem Engagement. Als die Engländer Anfang 1947 bekanntgaben, daß sie die Unterstützung der Monarchisten einstellten, schloß beinahe jeder Beobachter daraus, daß ein Sieg der Linken bevorstand.

Es gab jedoch noch eine Kraft in Griechenland, und an diese wandte sich die CIA: den Heiligen Bund der griechischen Offiziere oder nach den griechischen Anfangsbuchstaben IDEA. Diese Organisation bestand zum Großteil aus Nazikollaborateuren. Man wußte, daß die griechische Armee und Polizei seit den dreißiger Jahren von der Rechten kontrolliert wurden, und die meisten Angehörigen dieser Organisationen hatten während der deutschen Besatzung mit den Nazis zusammengearbeitet. Diese Nazisympathisanten schufen während des Krieges »Sicherheitsbataillone«, die Jagd auf Partisanen machten und Juden erschossen, die aus dem Ghetto von Saloniki geflohen waren. Diese Einheiten waren für die Ermordung von vielen tausend Griechen während der Besatzungszeit verantwortlich; außerdem unterstützten sie die Nazis bei der Deportation von etwa 65 000 griechischen Juden. Nachdem die Nazis aus dem Land vertrieben worden waren, fielen die Sicherheitsbataillone und ihre Offiziere in Ungnade. Kurz nachdem die Deutschen Griechenland verlassen hatten, beteiligte sich Oberst Georgios Papadopulos an der Gründung der IDEA, angeblich, um die griechische Bevölkerung vor einem kommunistischen Umsturz zu schützen. Später berichtete allerdings die Londoner *Times*: »Die Hauptaufgabe der IDEA bestand jedoch in Wirklichkeit darin, für die Rehabilitierung jener Offiziere zu sorgen, die ursprünglich von der Koalitionsregierung wegen ihrer Tätigkeit in den mit den Nazis sympathisierenden Sicherheitsbataillonen der Besatzungszeit entlassen worden waren[2].«

Geheimen Unterlagen des Pentagons, die sich jetzt in den National Archives der USA befinden, kann man entnehmen, daß die USA während ihrer Intervention in Griechenland Millionen Dollar in die IDEA gepumpt haben, um eine »geheime Reservearmee« aus ausgesuchten griechischen antikommunistischen Milizoffizieren von Militär und Polizei zu schaffen. Geld, Waffen und Versorgungsgüter für eine Kampftruppe von mindestens 15 000 Mann wurden allein im Rahmen dieses Programms nach Griechenland transferiert. Diese halb geheime Armee tauchte bald mit amerikanischer Unterstützung als zentrale »demokratische« Macht in Griechenland auf, und etliche starke Männer wie Oberst Papadopulos* (der bei passender Gelegenheit die Leitung des von der

---

* Man hat den Leiter des zentralen griechischen Geheimdienstes Papadopulos und einige seiner engsten Mitarbeiter wiederholt beschuldigt, Nazikollaborateure gewesen zu sein. Nachdem Papadopulos 1967 durch einen blutigen Staatsstreich die Macht in Griechenland an sich gerissen hatte, prangerte ihn US-Senator Lee Metcalf im Senat an und bezeichnete seine Junta als »Militärregime von Kollaborateuren und Nazisym-

CIA unterstützten zentralen griechischen Geheimdienstes KYP übernahm) sowie die militärischen Führer General Alexander Natsinas und General Nikolaos Gogoussis kommen aus den Reihen der IDEA[3].

Amerikanische Waffen und amerikanisches Geld zeitigten in Griechenland spürbare Auswirkungen. Vor allem patriotische Gruppen fielen von ihren früheren EAM-Verbündeten ab, und innerhalb von zwei Jahren hatte eine streng proamerikanische Regierung die Kontrolle über das Land.

Trumans entscheidende Aktion in Griechenland trug dazu bei, daß die USA fortan den Sowjets geschlossener und energischer entgegentrat. Diese neue Strategie bedeutete einen wichtigen Wendepunkt in den Bestrebungen der USA, Nazis und Nazisympathisanten anzuwerben, und schuf allmählich die bürokratische Grundlage dafür, daß diese Elemente in verstärktem Ausmaß eingesetzt wurden.

Die Überlegungen, die dieser Strategie zugrunde lagen, formulierte George F. Kennan vielleicht am besten; er war der Sachverständige des Außenministeriums für sowjetische Angelegenheiten und erst kürzlich zum Chef des politischen Planungsstabs ernannt worden. Kennan war in den letzten beiden Jahrzehnten mehrmals als Diplomat in Moskau akkreditiert gewesen, und die Erfahrungen aus dieser Zeit mit Stalins Diktatur und ihre Folgen für eine Ost-West-Kooperation waren schmerzlich. Die Antipathie, die er für Stalin empfand, hatte ihn während der Roosevelt-Administration in der politischen Arbeit isoliert, da das Weiße Haus damals relativ enge Beziehungen zur UdSSR unterhielt. Während Trumans Amtszeit kam er jedoch wieder zu seinem Recht. Sein berühmtes »langes Telegramm« aus Moskau im Jahr 1946 wurde zum Fanal für alle Mitarbeiter des Außenministeriums, des Kriegsministeriums und des Weißen Hauses, die entschlossen waren, »es den Russen zu zeigen«. Kennan erinnerte sich später, daß sein Telegramm genauso klang »wie einer der Leitfäden, die besorgte Kongreßausschüsse oder Frauenvereinigungen herausgeben, um die Staatsbürger auf drohende kommunistische Verschwörungen aufmerksam zu machen. Dennoch«, schreibt er, »war

---

pathisanten . . ., [die] amerikanische Hilfe erhalten«.
Interessanterweise war eine von Papadopulos' ersten Maßnahmen nach seiner Machtergreifung ein Erlaß, nach dem die Dienstzeit in den Sicherheitsbataillonen im Zweiten Weltkrieg auf eine Regierungspension angerechnet wird.

seine Wirkung... beinahe sensationell. Sie hat meine Laufbahn und mein Leben grundlegend verändert... Ich hatte mir einen Namen gemacht. Meine Stimme fand jetzt Gehör[4].«

Als die Vereinigten Staaten in Griechenland intervenierten, war Kennan der Schützling von Marineminister James Forrestal (der bald darauf Verteidigungsminister wurde) und Außenminister George Marshall. In Forrestals Auftrag erstellte Kennan eine entscheidende Analyse über die UdSSR, die später als »Containment«-(Eindämmungs-)Doktrin bezeichnet wurde und allgemein als eine der grundlegenden programmatischen Erklärungen des kalten Krieges angesehen wird. Es gelang Kennan dadurch, viele der erst in Ansätzen vorhandenen, widersprüchlichen Standpunkte den Sowjets gegenüber, die bis zu diesem Zeitpunkt kennzeichnend für die Truman-Administration waren, auf einen Nenner zu bringen. Er vertrat die Auffassung, daß die Beziehungen zwischen den USA und der Sowjetunion von einem grundsätzlichen, verschleppten Konflikt geprägt seien, den die UdSSR – nicht die Vereinigten Staaten – ausgelöst hätte, und daß normale Beziehungen zwischen den beiden Staaten unmöglich seien, solange in der UdSSR eine bolschewistische Regierung an der Macht sei. Er schrieb: »Ihre Ideologie... hat sie gelehrt, daß die Außenwelt feindlich ist und daß es ihre Pflicht ist, die politischen Kräfte jenseits ihrer Grenzen zu stürzen..., [das] bedeutet, daß Moskau nie aufrichtig an gemeinsame Ziele der Sowjetunion und der sogenannten kapitalistischen Mächte glauben kann.«

Die UdSSR sei ein imperialistisches Reich, fuhr Kennan fort, doch ein neuerlicher Ost-West-Konflikt könne, ohne daß es zu einem Krieg komme, durch Maßnahmen vermieden werden, die er so beschrieb: »Langfristiges, geduldiges, aber entschiedenes und wachsames Containment der russischen Expansionstendenzen« sowie »geschickter und umsichtiger Einsatz von Gegendruck an stets wechselnden geographischen und politischen Punkten.« In ihrer ursprünglichen Formulierung sah die Containment-Doktrin vor, daß man den inneren Druck in der UdSSR so lange aufstaue, bis sie gezwungen sei, »zusammenzuarbeiten oder zusammenzubrechen«, wie es *Newsweek* zusammenfaßte – ein Prozeß, der vermutlich zehn bis fünfzehn Jahre benötigen würde. »Die Sowjetmacht«, schloß Kennan, »trägt den Keim ihres Verfalls in sich, und... diese Keime sind schon weit entwickelt[5].«

Kennan behauptete später, er habe mit seiner Analyse aufzeigen wollen, daß der »Gegendruck« und das »Containment«, von dem die Doktrin ihren Namen bezieht, politische, nicht militärische Taktiken erforderten. Die oben zitierten Sätze seien von Verteidigungsminister Forrestal und anderen Politikern falsch ausgelegt worden, als sie seine, Kennans, Formulierungen verwendeten, um für die NATO, für ein riesiges Rüstungsbudget, für die fortdauernde Teilung Deutschlands und andere Maßnahmen einzutreten, die der Diplomat habe vermeiden wollen[6].

Ungeachtet von Kennans Vorbehalten waren es genau diese aggressiven Aspekte des Containment, die Forrestal und andere Vertreter eines harten Kurses in der Truman-Administration anzogen. In ihren Händen wurde das Containment zum theoretischen Rüstzeug für die sowjetisch-amerikanischen Beziehungen, wobei die unterschiedlichsten Taktiken im Krieg der Geheimdienste – sie reichten von Rundfunkpropaganda bis zu Sabotage und Mord – linksgerichtete Tendenzen praktisch überall in der Welt neutralisieren – »eindämmen« – sollten.

Obwohl es in öffentlichen Diskussionen selten zur Sprache kam, steht fest, daß Geheimoperationen, die auf die Zermürbung feindlicher Regierungen (und wenn möglich deren Sturz) abzielten, von Anfang an integrierender Bestandteil der Containment-Strategie waren. Für die neuen Vertreter der Realpolitik unter den Sicherheitsberatern der Regierung wurde das Containment zur Grundlage ihrer Taktik, die inzwischen als »Destabilisierung« der UdSSR und ihrer Satelliten bezeichnet wird. Kurz gesagt ist die Destabilisierung eine Form der psychologischen oder politischen Kriegführung, die die Regierung, gegen die sie sich richtet, untergraben, ihre allgemeine Anerkennung oder Glaubwürdigkeit zerstören, wirtschaftliche Probleme schaffen oder sie mit anderen Mitteln in eine Krise treiben soll. Die Sicherheitsberater der USA waren Ende der vierziger Jahre von der Aussicht fasziniert, die Satellitenstaaten der UdSSR zu destabilisieren und die Sowjetunion gleichzeitig zu zermürben.

Bekanntlich konzentrierte sich Kennans Arbeit in dieser Epoche erstens auf die Förderung des Marshallplans für den wirtschaftlichen Wiederaufbau Europas und zweitens auf die US-Politik im Fernen Osten. Bei beiden handelte es sich um Projekte mit weitreichenden Auswirkungen, die seither von der Geschichtsschreibung des kalten Krieges ausführlich besprochen worden sind. Weniger bekannt ist jedoch die Rolle, die Kennan bei dem Ausbau von amerikanischen Geheimoperationen im Ausland gespielt hat. Während Kennan die Containment-Theorie für Forrestal ausarbeitete, war er intensiv mit den Vorbereitungen für mehrere große Projekte der geheimen Propaganda und des Guerillakrieges in Osteuropa beschäftigt[7].

Von 1947 an ging die Verwendung von ehemaligen Nazikollaborateuren mit diesen geheimen Destabilisierungsversuchen gemäß Containment-Doktrin Hand in Hand. Während Kennan öffentlich für das Containment eintrat, drängten er und sein enger Mitarbeiter Charles Thayer nach Unterlagen des Pentagons gemeinsam mit leitenden Beamten des Außenministeriums und des Militärs auf eine Aktivierung der Reste der Wlassow-Armee gegen die UdSSR. Kennan und Thayer forderten die Schaffung eines Ausbildungslagers für antikommunistische Guerillas, in dem amerikanische Militärspezialisten, Wlassow-Veteranen und andere osteuropäische Emigranten zusammengezogen werden sollten. In Deutschland und den USA wurden schließlich mehrere solche Lager eingerichtet; sie dienten nicht nur als Ausbildungsstätten für Rebellen, sondern auch als Reservoir von hochspezialisierten Agenten für die unterschiedlichsten amerikanischen Geheimoperationen[8].

Es lohnt sich, Kennans und Thayers Gedankengänge über die Revitalisierung der Wlassow-Armee und ähnlicher Organisationen von ehemaligen Nazikollaborateuren zu verfolgen; sie machen den Meinungsumschwung der amerikanischen Sicherheitspolitiker deutlich, als es zur Eskalation des kalten Krieges kam. Kennan, Thayer und etliche andere Experten für die Sowjetunion hatten einander Mitte der dreißiger Jahre in der amerikanischen Botschaft in Moskau kennengelernt. Der Außenposten, in dem die jungen Männer arbeiteten, war, wie Kennan es später formulierte, »in vieler Hinsicht ein Pionierunternehmen – der vollkommen neue Typ einer [amerikanischen] Vertretung – das Vorbild und der Vorläufer für zahlreiche spätere diplomatische Vertretungen«. Nach über einem Jahrhundert relativen Isolationismus in der amerikanischen Außenpolitik war die US-Botschaft in Moskau »die erste, die ernsthaft ... die Probleme der Sicherheit – des Schutzes von Codes und Akten und der Geheimhaltung von im Büro geführten Gesprächen – in einer feindlichen Umgebung löste«, fand der Diplomat[9].

Die Geheimdiensttätigkeit des Moskauer Personals war viel ausgefeilter als jene anderer US-Botschaften in der Vorkriegszeit. Das Personal der Moskauer Botschaft (vor allem Kennan und sein Kollege Charles Bohlen) entwickelte eine Technik, die den Amerikanern damals neu war und später zum Rückgrat der Nachrichtenauswertung des OSS während des Krieges und noch später der CIA wurde. Im Gegensatz zu den traditionellen konsularischen Berichten über Außenhandelsregelungen, Hofintrigen und ähnlichen diplomatischen Klatsch umfaßte die neue Vorgangsweise die systematische Beschaffung des über ein bestimmtes Land veröffentlichten Materials, dann die Ergänzung dieser Daten mit Informationen aus geheimen Quellen und Spionagetätigkeit und schließlich die Analyse des Materials durch Auswertungsteams mit umfassendem Wissen auf dem betreffenden Gebiet. Diese Methode hat mehr mit guter wissenschaftlicher Forschung oder mit Journalismus gemeinsam als mit Abenteuern à la James Bond, obwohl auch für diese Platz war. Laut Kennan war die US-Botschaft dank dieser Techniken zu einer der am besten informierten und geachtetsten diplomatischen Vertretungen in Moskau geworden. Wenn es um die Beschaffung von Informationen über die UdSSR ging, gab es nur einen Rivalen. Dieser Konkurrent war die Botschaft Nazideutschlands, deren Insiderkenntnisse über sowjetische Angelegenheiten »zu jeder Zeit ausgezeichnet waren«, wie Kennan es formulierte[10].

Kennan, Thayer, Bohlen und eine Reihe weiterer US-Diplomaten in Moskau schlossen während dieser Zeit dauerhafte Freundschaften mit mehreren hochrangigen deutschen Diplomaten, darunter Generalkonsul Gustav Hilger, Militärattaché Ernst Köstring und Zweiter Sekretär Hans Heinrich Herwarth. Diese Männer verfügten über umfassende Sachkenntnisse über die UdSSR und hatten die gleichen beruflichen und persönlichen Interessen wie ihre amerikanischen Kollegen[11].

Die Beziehung überlebte den Krieg. Thayer wurde 1945 Leiter des OSS in Österreich. Dort entdeckte er Herwarth wieder – der, wie bereits gesagt, der oberste politische Offizier für das Osttruppen-Projekt, bei dem während des Krieges Kollaborateure angeworben wurden, gewesen war –, als sich Herwarth nach der offiziellen Kapitulation Deutschlands den Amerikanern stellte.

Das Wiedersehen 1945 war herzlich und brachte beiden Seiten Vorteile.

Thayer betrachtete Herwarth als »alten Freund, der zufällig Hauptmann in der Deutschen Wehrmacht gewesen war«, wie er es später ausdrückte, und benützte die Macht seines OSS-Amtes, um für Herwarth zu intervenieren. Thayer betrachtete Herwarth als Nazigegner und als ausgezeichnete Informationsquelle für sowjetische Angelegenheiten. Er erinnerte sich zum Beispiel aus seiner Zeit an der Botschaft daran, daß Herwarth 1939 den Amerikanern geheime Informationen über den Hitler-Stalin-Pakt zugespielt hatte. Thayer wußte, daß Herwarth ein Freund Claus von Stauffenbergs (der das Attentat auf Hitler am 20. Juli 1944 organisiert hatte) gewesen war und daß Herwarth vor dem Krieg, wie auch andere deutsche Sachverständige für politische Kriegführung, Hitlers Ostpolitik kritisiert hatte.

Thayer wußte auch, daß Herwarth 1944 mit der Partisanenbekämpfung durch Überläuferbataillone zu tun gehabt hatte, denn er hatte es selbst zugegeben. Außerdem mußte Thayer als Leiter der OSS bekannt sein, daß es bei diesen Aktionen zu Massenerschießungen Tausender ziviler Geiseln, zur Plünderung von Dörfern und zu anderen Verbrechen gekommen war. Dennoch sorgte Thayer dafür, daß Herwarth rasch aus der Wehrmacht entlassen wurde, ersparte ihm die amerikanischen Kriegsgefangenenlager und entließ ihn aus amerikanischem Gewahrsam. Herwarths Aktivitäten während des Krieges wurden nicht einmal flüchtig untersucht, was sonst sogar bei Unteroffizieren üblich war[12].

»Keiner von uns hatte bis jetzt eine Ahnung davon, was an der russischen Front nach dem 22. Juni 1941 [als die Deutschen einfielen] wirklich geschehen war«, schreibt Thayer. »Es gab eine Menge offener Fragen, die er (Herwarth) beantworten konnte, und aus den Erfahrungen, die ich vor dem Krieg mit ihm gemacht hatte, wußte ich, daß diese Antworten nicht nur verläßlich, sondern auch sachkundig sein würden.«

»Ich blieb etwa neun Wochen bei Charlie«, schreibt Herwarth. »Er bat mich, meine Erfahrungen mit der Sowjetunion während des Krieges schriftlich festzuhalten und vor allem die Aktivitäten der Freiwilligenverbände [beim deutschen Heer und vor allem bei der Waffen-SS eingesetzte Truppenteile aus Angehörigen deutsch besetzter oder verbündeter Länder] zu beschreiben. Ich begleitete Charlie jeden Tag in sein Büro im alten St.-Peter-Kloster ... Ende des Sommers wurde ich der amerikanischen Gruppe für Geschichtsforschung in Camp King zugeteilt ...[13].«

Laut Thayer hat er von Herwarth mehr als von allen anderen Fachleuten über die deutsche politische Kriegführung im Osten und über das antikommunistische Potential der Truppen gelernt, die mit den Deutschen zusammenarbeiteten und unter ihrem Befehl standen. Mit Thayers Hilfe entwickelte sich Herwarth zu einem der ersten und bestimmt einem der einflußreichsten deutschen Befürworter der Aktivierung der Reste der Wlassow-Armee und ähnlicher Einheiten von Kollaborateuren, um sie gegen die Sowjetunion einzusetzen. Herwarth eignete sich hervorragend für diese Aufgabe. Er war nicht nur Köstrings politischer Offizier gewesen, sondern hatte auch die Wehrmacht bei der offiziellen Gründung des Komitet Oswoboschdenija Narodow Rossij (KONR) vertreten, dem politischen Arm der Wlassow-Armee, der unter deutscher Schirmherrschaft geschaffen worden war.

Als Herwarth für Thayer arbeitete, bestand sein Wert für das OSS in seiner Fähigkeit, Deutsche mit nützlichen Sachkenntnissen über die UdSSR und Osteuropa ausfindig zu machen. Unter den ersten Experten, die er aus amerikanischen Kriegsgefangenenlagern herausholte, befanden sich Gustav Hilger, Herwarths einstiger Chef Köstring und viele überlebende Angehörige des Personals der deutschen Botschaft in Moskau aus der Vorkriegszeit. Einige von ihnen, wie Köstring und Herwarth, mußten sofort für die Amerikaner alles zu Papier bringen, was sie über die Rote Armee und den Einsatz von Kollaborateuren durch die Deutschen wußten. Andere wie Hilger genossen die volle VIP-Behandlung inklusive geheimer Reisen in die Vereinigten Staaten, wo sie im Sonderlager der Army für ranghohe deutsche Kriegsgefangene in Fort Hunt in Virginia Bericht erstatteten[14].

So und ähnlich erfuhren Kennan, Thayer und andere amerikanische Spezialisten für die Sowjetunion Einzelheiten über die politische Kriegführung der Deutschen im Osten. Die späteren Maßnahmen der Amerikaner sind ein deutlicher Hinweis darauf, daß sie auch die Einschätzung der Entwicklung im Osten übernahmen: daß die Osttruppen idealistische Freiwillige waren, die Stalins Diktatur stürzen wollten; daß sie überhaupt erst nach Kriegsende von den Kriegsverbrechen der Nazis erfahren hatten und schon gar nicht daran beteiligt gewesen waren; und daß die Kollaborateure im Grund eigentlich prowestlich und prodemokratisch dachten.

George Kennans Einstellung zu den Kriegsverbrechen der Nazis ist deshalb hier relevant, weil er als leitender Stratege für die nationale Sicherheit die Aktivitäten der Wlassow-Armee und ähnlicher Gruppen während des Krieges untersuchte. Er hat, wie er selbst schreibt, die Kriegsverbrecherprozesse in Nürnberg »mit Entsetzen« verfolgt, nicht nur wegen der Naziverbrechen, die dort zur Sprache kamen, sondern weil die Verurteilungen die späteren Beziehungen zwischen den USA und Deutschland belasten könnten.

Kennan vertrat die Meinung, daß eine gründliche Säuberung der deutschen Nachkriegsregierungen von Nazis und auch von Kriegsverbrechern aus mehreren Gründen nicht wünschenswert war. Er hatte seine Ansichten zu diesem Problem während des Krieges in einem Memorandum zusammengefaßt, das er der European Advisory Commission in London unterbreitete; Aufgabe dieser Kommission war es, eine gemeinsame Nachkriegspolitik der USA und Großbritanniens gegenüber Deutschland auszuarbeiten. Erstens, argumentierte Kennan, »ist dies undurchführbar«, weil die Alliierten nie so effizient zusammenarbeiten könnten, daß sie diese Aufgabe zufriedenstellend lösten. »Zweitens ... ob es uns nun gefällt oder nicht«, schreibt der Diplomat weiter, »sind neun Zehntel der klugen, tüchtigen und angesehenen Leute in Deutschland zu eben jenen Gliederungen der Partei geströmt, an die wir denken«, wenn von einer Säuberung der deutschen Regierung gesprochen werde – und genau sie seien »mehr als nur nominelle Mitglieder der NSDAP« gewesen. Statt die derzeit in Deutschland herrschende Klasse auszuschalten, fand er, wäre es besser, »[diese Klasse] streng zur Erfüllung ihrer Aufgabe anzuhalten und sie die Lektion zu lehren, die wir ihr beibringen wollen«[15].

»Die Aktionen der Nazis und ihrer Kollaborateure entsprechen den Kriegsbräuchen, die sich seit Jahrhunderten in Osteuropa und Asien durchgesetzt haben«, schrieb Kennan damals an Botschafter John G. Winant, »sie sind nicht nur für die Deutschen typisch ... Wenn andere angesichts dieser Situation den Wunsch hegen, die düsteren Abgründe auszuleuchten, die die Brutalitäten dieses Krieges aufreißen, dann mögen sie es tun. Aber von dem Maß an relativer Schuld, das solche Nachforschungen ans Licht bringen könnten, davon möchte ich als Amerikaner lieber nichts wissen[16].«

1947 nahm also für Kennan, Thayer (der inzwischen zum Direktor der Stimme Amerikas ernannt worden war) und für die meisten anderen Strategen der nationalen Sicherheit in Washington die kühne Vision, wie man den kalten Krieg führen sollte, allmählich Gestalt an. Laut Thayer besagte diese Theorie, daß Hitlers Offensive im Osten vor allem deshalb gescheitert war, weil er in bezug auf die politische Kriegführung nicht den Rat von Experten wie Herwarth befolgt hatte. Die deutsche Erfahrung habe jedoch »bewiesen«, daß sich die Bevölkerung der UdSSR nach einem Leben ohne Stalin sehne und daß man durch erneute Aussichten auf Demokratie, Religionsfreiheit und das Ende des Polizeistaates Millionen Menschen in der Sowjetunion und ihren Satellitenstaaten gegen den Kommunismus vereinen könnte.

Nicht alle geheimen Containment-Programme zielten auf die UdSSR und ihre Satelliten. Diese neue Taktik wurde schon sehr früh in Westeuropa angewendet. Die italienischen Wahlen Anfang 1948 waren ein weiterer wichtiger Meilenstein bei der Ausweitung der Geheimoperationen der USA, außerdem erhielt der Einsatz von ehemaligen Nazikollaborateuren Unterstützung auf höchster Ebene. Während des italienischen Wahlkampfs kam es zu zwei Entwicklungen, die weitreichende Auswirkungen auf diese Programme hatten. Erstens testeten die US-Sicherheitsdienste erfolgreich eine Reihe von Techniken auf dem Gebiet der Propaganda und der politischen Manipulation, die später auf der ganzen Welt, auch den USA, angewendet wurden. Zweitens stellte die CIA Verbindungen zur Hierarchie der römisch-katholischen Kirche in Rom her. Das veränderte nicht nur die italienische politische Szene, sondern – in einem späteren Kapitel wird davon noch die Rede sein – schuf auch die Grundlage für die Beziehungen zwischen der CIA und der Intermarium, einer einflußreichen katholischen, hauptsächlich aus osteuropäischen Emigranten bestehenden Laienorganisation, die unter dem Schutz des Vatikans stand. Mehrere hohe Persönlichkeiten der Intermarium und der ihr angeschlossenen Gruppen können als Nazikollaborateure bezeichnet werden. Einige waren sogar flüchtige Kriegsverbrecher. Dennoch wurde die Intermarium während der nächsten beiden Jahrzehnte zu einer der Hauptstützen von Radio Freies Europa, Radio Befreiung vom Bolschewismus (später in Radio Liberation umgetauft) und unzähligen weiteren von der CIA geförderten Geheimoperationen.

Man nahm an, daß die Kommunistische Partei Italiens bei den Wahlen von 1948 große Stimmengewinne erzielen würde, und viele Auswertungsfachleute waren der Ansicht, daß die Partei die Regierungskontrolle auf demokratischem Weg übernehmen könnte. Diese Vorstellung erregte in Washington solche Besorgnis, daß George Kennan – der inzwischen zum wichtigsten Langzeitstrategen der US-Regierung aufgerückt war – eine militärische Besetzung der Ölfelder von Foggia vorschlug, falls das Wahlergebnis vom Standpunkt der Vereinigten Staaten aus ungünstig ausfiel[17].

Der Heilige Stuhl teilte Washingtons Besorgnis und schürte sie sogar eifrig. Die Hierarchie der Kirche, die in Osteuropa unter schwerem wirtschaftlichem und politischem Druck stand, befürchtete eine kommunistische Machtübernahme im Herzen ihrer Institution oder zumindest ihrer weltlichen Besitzungen. Die Aussicht auf einen kommunistischen Wahlsieg in Italien kurz nach der Bolschewisierung Jugoslawiens, Ungarns, der Tschechoslowakei und Polens wurde von vielen Angehörigen der Hierarchie als die ernsteste materielle Krise der Kirche seit Jahrhunderten betrachtet. Kirchenfreundliche italienische Beamte »waren tatsächlich verzweifelt und durch das über ihnen schwebende Damoklesschwert wie gelähmt«, schrieb Bischof James Griffiths, damals amerikanischer Emissär beim Vatikan. Sie befürchteten, erklärte der Bischof, einen »katastrophalen Erdrutsch bei der Wahl, durch den Italien hinter den Eisernen Vorhang geraten könnte«[18].

Der Wahlkampf wurde zu einem wichtigen Test des Containments und der begleitenden Strategie der geheimen politischen Kriegführung. Allen Dulles, Frank Wisner, James Angleton, William Colby und ein Team von Spitzenkräften des US-Geheimdienstes stellten ein aus Propaganda, Sabotage und geheimer finanzieller Unterstützung der Christdemokraten bestehendes Sofortprogramm zusammen, um die Bestrebungen der Kommunistischen Partei Italiens zu durchkreuzen. Die CIA war damals eine junge Organisation und beschränkte sich (bis zum Juni 1948) auf das Beschaffen von Informationen und auf ihre Auswertung. Deshalb wurde ein Großteil dieser Kampagne nach den Erfordernissen des Augenblicks von den Büros von Allen und John Foster Dulles in der Anwaltsfirma Sullivan Cromwell in New York aus geleitet. Kennan beobachtete die Entwicklung der Ereignisse von der Zentrale des Außenministeriums in Washington aus, während Thayer über die Stimme Amerikas ständig prowestliche und antikommunistische Breitseiten abfeuerte.

Die CIA arbeitete eng mit dem Vatikan und mit prominenten Amerikanern italienischer Abstammung oder katholischen Glaubens zusammen und hatte über Erwarten Erfolg. Allein während dieser Kampagne pumpten die Amerikaner offiziell 350 Millionen Dollar an ziviler und militärischer Hilfe in das Land. Bing Crosby, Frank Sinatra, Gary Cooper und Dutzende weiterer bekannter Amerikaner wurden aufgeboten und warnten in Rundfunksendungen Italien vor der drohenden Gefahr eines kommunistischen Wahlsieges*. Ein von der CIA finanzierter Medienblitzkrieg überschüttete Italien mit echten und gefälschten Artikeln und Fotos, die die amerikanische Großzügigkeit und die kommunistischen Greuel veranschaulichten. Die Erzbischöfe von Mailand und Palermo verkündeten, daß die Kirche jedem, der die Kandidaten der Kommunistischen Partei wähle, Beichte und Absolution verweigere. Eugène Kardinal Tisserant ging noch weiter. »Kommunisten dürfen kein christliches Begräbnis erhalten oder in geweihter Erde begraben werden«, verkündete er.

Francis Kardinal Spellman von New York diente als entscheidender Vermittler bei den Verhandlungen zwischen der CIA und dem Vatikan. »Man (hat) dem Vatikan versprochen, daß man ihm amerikanische Geldmittel zur Verfügung stellen würde, damit er der italienischen Öffentlichkeit den antikommunistischen Appell nahebringen kann«, schrieb Spellmann nach einer Zusammenkunft mit Außenminister Marshall. Die US-Regierung, erklärte der Kardinal, habe der katholischen Kirche in Italien heimlich »hohe Schwarzgeld-Beträge übermittelt«[19]. Dieses »Schwarzgeld« kam nicht von den amerikanischen Steuerzahlern. Ein wesentlicher Teil der Geldmittel für geheime Aktivitäten in Italien stammte aus beschlagnahmten Nazivermögen, einschließlich von Geld und Gold, das die Nazis den ermordeten Juden abgenommen hatten.

Die Spur dieses schmutzigen Geldes führt in das Jahr 1941 zurück, als der War Powers Act den Währungsstabilisierungsfonds des Schatzamtes

---

* Es gibt keinen Hinweis darauf, daß Crosby, Sinatra oder Cooper die Kehrseite der US-Kampagne in Italien bewußt war oder daß sie Kenntnis davon hatten, daß der amerikanische Geheimdienst die Publicitykampagne finanzierte, für die sie ihre Namen hergaben.

ermächtigte, als Sammelstelle für beschlagnahmte Naziwertsachen zu dienen – Geld, Gold, Edelmetalle und sogar Aktien und Wertpapiere –, in deren Besitz man gelangt war, als die Regierungen Deutschlands und anderer Achsenmächte versuchten, sie aus Europa hinauszuschmuggeln. Der Währungsstabilisierungsfonds war berechtigt, jenen Teil des Nazischatzes in Gewahrsam zu nehmen, der im Rahmen des Safehaven-Programms, durch das man die deutschen Schmuggelaktionen unterbinden wollte, von den USA entdeckt und konfisziert worden war. Der Fonds sollte offiziell als Vorbeugungsinstrument gegen eine Inflation und als Hilfsmittel für die Banken dienen, Währungsspekulationen in der gefährdeten Nachkriegswirtschaft Europas und Lateinamerikas einzudämmen. In Wirklichkeit entwickelte sich dieser Geldfonds während der Anfangszeit der CIA zur inoffiziellen Finanzierungsquelle für Geheimoperationen der USA[20].

Die ersten bekannten, von Währungsstabilisierungskonten aus geleisteten Zahlungen für Geheimaktionen erfolgten während der heißumstrittenen italienischen Wahlen. Die CIA hob Ende 1947 etwa zehn Millionen Dollar ab, schleuste sie durch diverse Geldwaschanlagen und verwendete dann das Geld zur Finanzierung heikler italienischer Operationen. Das war das »Schwarzgeld«, das der Vatikan laut Kardinal Spellman für seine antikommunistische Agitation erhielt.

Ein großer Teil der italienischen 10-Millionen-Kriegskasse der CIA wurde als anonymer Beitrag zum Wahlkampf an christdemokratische Kandidaten überwiesen. Die CIA weigerte sich allerdings, offenkundig faschistische Kandidaten zu finanzieren. »Washington und Rom war vollkommen klar«, schreibt der ehemalige CIA-Direktor William Colby, »daß weder Neofaschisten noch Monarchisten Hilfe in irgendeiner Form erhalten sollten.« Statt dessen sollten die Zentrumsparteien gestärkt werden, damit sie, wie Colby es ausdrückt, eine »stabile, lebensfähige und wahrhaft demokratische Mehrheitsregierung bilden können«. Die Gründe für diese Strategie waren sowohl ideologischer als auch pragmatischer Art. »Wir erkannten, daß jede Stärkung der Faschisten und Monarchisten unvermeidlich die Liberalen und die Christdemokraten schwächen mußte, denn nur hier und nicht von den Kommunisten konnten sie zusätzliche Wähler gewinnen[21].«

Colbys Kommentar ist richtig. Er weist jedoch nicht darauf hin, daß sich viele Angehörige des faschistischen Regierungsapparates und die meisten Angehörigen der faschistischen Polizei nach 1945 den Christdemokraten angeschlossen hatten. Das »Schwarzgeld« der CIA in Italien ist vielleicht nicht an die unbelehrbaren faschistischen Gruppen gegangen, aber es ging an Kleriker und konservative Politiker, die dem Faschismus sehr nahestanden.

Die merkwürdigen Ereignisse um Monsignore Don Giuseppe Bicchierai aus Mailand sind beunruhigend. Während der letzten Kriegsmonate hatte Bicchierai als Vermittler bei den Kapitulationsverhandlungen zwischen Allen Dulles vom OSS einerseits und SS-Standartenführer Walter Rauff andererseits fungiert. Rauff wieder vertrat Karl Wolff, den höchsten SS- und Polizeiführer in Italien. Das OSS nannte diese Verhandlungen »Operation Sunrise«. Sie sind größtenteils die Ursache dafür, daß Allen Dulles von nun an als vollendeter Spionagechef galt, obwohl der Krieg in Italien durch diese Verhandlungen um keinen einzigen Tag verkürzt wurde. Wie auch immer: durch »Sunrise« kam es zu einer engen Arbeitsbeziehung zwischen Dulles und Bicchierai, die in den folgenden Jahren blühte und gedieh.

Doch zuerst müssen wir uns mit Walter Rauff befassen: Seit April 1938 in der SS, leitete Rauff seit Sommer 1941 die Gruppe II D (Technische Angelegenheiten) im RSHA, die den Vergasungslastwagen entwickelte. Damit töteten die Einsatzgruppen mindestens 250 000 Juden im Osten, meist Kinder, Frauen und alte Menschen. Rauff floh 1948 aus Europa, zuerst nach Syrien und dann nach Südamerika.

In einer eingehenden Studie des Simon-Wiesenthal-Zentrums wird angedeutet, daß vermutlich Monsignore Bicchierai Rauff und anderen Naziflüchtlingen geholfen hat, einem Kriegsverbrecherprozeß zu entgehen, indem er ihnen die Flucht aus Europa ermöglichte. Laut Wiesenthal-Bericht war Rauff nach dem Krieg etwa achtzehn Monate im Kriegsgefangenenlager Rimini interniert, doch im Dezember 1946 gelang es ihm, unter mysteriösen Umständen aus dem Lager zu verschwinden. Wiesenthal nimmt an, daß Bicchierai Rauff nach seiner Flucht Unterkunft gewährte und dafür sorgte, daß er heimlich »in den Klöstern des Heiligen Stuhls« bleiben konnte, wie Rauff Jahre später aussagte. Rauff versteckte sich über ein Jahr lang in Rom und reiste dann mit falschen Pässen nach Syrien und Südamerika*. Wiesenthal hat Papst Johannes Paul II. wiederholt gebeten, eine Untersuchung über Bicchierais Rolle in dieser Affäre einzuleiten. Bis jetzt ist keine Reaktion auf dieses Ersuchen erfolgt[22].

Walter Rauff hielt sich immer noch »in den Klöstern des Heiligen Stuhls« versteckt, als die CIA seinem Beschützer, Monsignore Bicchierai, genügend Geld zur Verfügung stellte zum Kauf von Jeeps, Betten und Gewehren für eine Untergrundgruppe von etwa 300 antikommunisti-

---

* Wieviel Allen Dulles über die Umstände von Rauffs Flucht aus Europa gewußt hat, falls er überhaupt etwas gewußt hat, steht nicht fest. In seinem Bericht über die Verhandlungen des Jahres 1945, *The Secret Surrender*, kommt er überhaupt nicht darauf zu sprechen. Die Akten des Außenministeriums enthalten jedoch ein interessantes, streng geheimes Memorandum vom 17. September 1947, das die Einstellung des Ministeriums gegenüber Kriegsverbrechern, die an den Sunrise-Verhandlungen teilnahmen, in neuem Licht erscheinen läßt.
Irgendwann kurz vor diesem Zeitpunkt telegrafierte das Büro des politischen Beraters der USA in Deutschland nach Washington und ersuchte um Anweisungen, wie man mit Kriegsverbrechern verfahren solle, die behaupteten, daß sie an Sunrise teilgenommen hatten. Der Text dieses Telegramms fehlt in den Archiven des Außenministeriums, doch die Antwort auf die Anfrage ist gefunden worden. Sie lautet: »Mit Operation Sunrise befaßte Beamte stellen fest, daß keine, wiederhole, keine Zusagen gemacht wurden«, erwiderte der langjährige Sicherheitschef des Außenministeriums Jack Neal telegrafisch. »Diese Beamten sind allerdings der Ansicht . . ., daß die Alliierten infolge der geleisteten Hilfe und der eingegangenen Risiken moralisch verpflichtet sind; deshalb sollte man unbedingt positive Aspekte berücksichtigen, wenn man Kriegsverbrechen abwägt, die ihnen zur Last gelegt werden.«
Allen an Operation Sunrise beteiligten SS-Offizieren gelang es nach dem Krieg, einer strengen Bestrafung zu entgehen. Walter Schellenberg, der an der Ergreifung und Ermordung der französischen Juden beteiligt war, wurde vor ein US-Militärgericht gestellt. Er wurde (wegen seiner Bemühungen um die Freilassung von KZ-Häftlingen kurz vor Kriegsende) nur zu sechs Jahren Haft verurteilt und kurz danach vom amerikanischen Hochkommissar für Deutschland, John McCloy, begnadigt und freigelassen. Schellenberg wurde Berater des britischen Geheimdienstes. Wie bereits erwähnt, entkam der Konstrukteur der Vergasungslastwagen, Rauff, nach Südamerika. SS-Obersturmbannführer Eugen Dollman, der eine wesentliche Rolle bei der Verfolgung der italienischen Juden gespielt hat, befand sich 1947 in den Händen der Amerikaner, doch gelang ihm Anfang der fünfziger Jahre die Flucht in die Schweiz.
Himmlers persönlicher Adjutant, SS-Obergruppenführer Karl Wolff, wurde in einem Entnazifizierungsverfahren 1949 zur »bis jetzt verbüßten Zeit« verurteilt und dann sofort freigelassen, ohne daß die amerikanische Besatzungsbehörde Einspruch erhob. Fünfzehn Jahre später machte ein westdeutsches Gericht Wolff zum zweitenmal den Prozeß. Hier wurde er wegen Beihilfe zum Mord in mindestens 300 000 Fällen (Judendeportationen ins Vernichtungslager Treblinka) am 30. September 1964 zu fünfzehn Jahren Zuchthaus verurteilt und erhielt 1971 Haftverschonung.

schen italienischen Jugendlichen, die im Wahlkampf 1948 Kandidaten und Aktivisten der Linken verprügeln, politische Versammlungen sprengen und Wähler einschüchtern sollten[23]. Bicchierais Truppen wurden die Vorläufer von etlichen ähnlichen paramilitärischen Banden, die die CIA im Lauf des nächsten Jahrzehnts in Deutschland, Griechenland, der Türkei und einigen anderen Ländern gründete.

Die Strategie der CIA in Italien, einschließlich Monsignore Bicchierais Schlägertrupps, war ein voller Erfolg, wenn dabei auch sicher noch andere Faktoren eine Rolle gespielt hatten. Die italienischen Kommunisten verloren die Wahl beruhigend eindeutig, und die amerikanischen Geheimdienstorganisationen hatten in der katholischen Kirche einen mächtigen neuen Verbündeten gefunden. Das vielleicht wichtigste Ergebnis war jedoch, daß die außenpolitische Elite in Washington von nun an davon überzeugt war, daß die Strategie, auch im Frieden Geheimoperationen zum Erreichen politischer Ziele durchzuführen, eine mächtige Waffe war in dem sich immer gefährlicher aufschaukelnden kalten Krieg.

Der Nutzen der neuen Maschinerie für Geheimoperationen lag klar auf der Hand: sie ermöglichte dem Weißen Haus bei außenpolitischen Entscheidungen, die schwerfällige Bürokratie des Kongresses und des Außenministeriums zu umgehen; sie vergrößerte die Einflußsphäre der Vereinigten Staaten bei scheinbar geringem Risiko; und sie ermöglichte dem Präsidenten, in aller Stille Aktionen durchzuführen, die die USA diskreditiert hätten, wenn die Öffentlichkeit davon erfahren hätte. Geheimaktionen sind zudem relativ billig, jedenfalls im Vergleich zu den Geldmitteln für eine weltweite militärische Präsenz.

Laut Sig Mickelson, dem langjährigen Leiter von Radio Freies Europa, war vor allem George Kennan »von den in Italien erzielten Erfolgen tief beeindruckt« und »sah für die Zukunft ähnliche Krisen voraus«. Kennan war »direkt mit dem Flüchtlingsproblem befaßt und machte sich Sorgen über die Schwäche des nationalen Geheimdienstapparates«, schreibt Mickelson. »[Er] trat für die Schaffung einer Dienststelle für Geheimaktionen irgendwo in der Regierungsstruktur ein, das geheime psychologische Operationen abrunden sollte ... Er wollte einen Mechanismus für direkte Eingriffe in die Wahlprozesse fremder Regierungen entwickeln. Dieser Mechanismus sollte unter der Kontrolle des Außenministeriums stehen, und zwar unter der von (Kennans eigenem) politischem Planungsstab, aber er würde nicht formell zum Ministerium gehören. Das Außenministerium wollte nicht einerseits offen mit anderen Regierungen verhandeln, (während) es andererseits geheime Destabilisierungsaktionen durchführte[24].«

1947 lernte die CIA in Griechenland und 1948 in Italien, daß sie bei großen Geheimoperationen Nazikollaborateure einsetzen konnte, ohne dabei ertappt zu werden. Offenbar waren die Planer der nationalen Sicherheit der Ansicht, daß man rechtsradikale Gruppen, die einmal mit den Nazis zusammengearbeitet hatten, in die von den USA geförderten antikommunistischen Koalitionen aufnehmen konnte, denn im Anschluß an die Ereignisse in Griechenland und Italien wurde die Beteiligung solcher Gruppen an Geheimoperationen der USA in Europa zu einem festen Bestandteil der nachrichtendienstlichen Taktik.

Man kann das natürlich einfach Realpolitik nennen. Schließlich stellten ehemalige Kollaborateure eine beträchtliche organisierte Kraft dar, also warum sollte man sich ihrer nicht bedienen? Damals schienen die Vorteile beim Einsatz von ehemaligen Nazikollaborateuren größer als die Nachteile. Die amerikanischen Medien – und auch der größte Teil des amerikanischen Volkes – begrüßten die Siege der europäischen Zentrumsparteien über ihre kommunistischen Gegner. Die Öffentlichkeit fragte kaum, wie diese Erfolge zustande gekommen waren. Die Langzeitfolgen dieser Politik brachten allerdings Probleme mit sich.

ACHTES KAPITEL

Operation Bloodstone

Die Kampagnen in Griechenland und Italien zeigten, daß die Geheimaktionen der Kontrolle des etablierten außenpolitischen Apparats in Washington weitgehend entglitten waren. Obwohl das italienische Unternehmen von allen zuständigen Regierungsausschüssen gebilligt worden war, hatte keiner wirklich gewußt, was sich dort abspielte. Die Mühelosigkeit, mit der die republikanischen Aktivisten Allen und John Foster Dulles die Leitung von Amerikas bis dahin größter geheimer Nachkriegskampagne an sich gerissen hatten, mußte natürlich in Trumans Nationalem Sicherheitsrat zu einiger Befremdung führen. Immerhin gehörte John Foster Dulles zur Mannschaft des republikanischen Gegenkandidaten Dewey bei den Präsidentschaftswahlen 1948. Die Folgen, die sich daraus ergeben konnten, daß man der politischen Opposition – oder dem Militär, was genauso gefährlich war – soviel Macht zugestand, waren dem Weißen Haus klar.

Es war bereits zu groben Fehlern bei Geheimoperationen der politischen Kriegführung gekommen, an denen osteuropäische Staatsbürger beteiligt waren. Am bemerkenswertesten war ein verpfuschter, von den USA unterstützter Staatsstreich in Rumänien im März 1947. Indizien weisen darauf hin, daß eine noch aktive Splittergruppe des alten OSS hinter der Aktion stand, obwohl noch vieles von der Geschichte im dunkeln liegt. Es steht jedoch fest, daß die rumänische Aktion ohne Wissen des Außenministers stattfand, der solche Einmischungen ausdrücklich verboten hatte, weil heikle Verhandlungen in bezug auf amerikanische Investitionen in die Ölfelder von Ploieşti im Gang waren. Der Putschversuch wurde so dilettantisch durchgeführt, daß die Verschwörer »stenografische Notizen . . . über die geheime Vorgehensweise anfertigten . . . und sie anderen zugänglich machten«, stellt Robert Bishop fest, ein langjähriger amerikanischer Geheimdienstagent in Rumänien. Bishop tadelt nur mild diese »tollkühne Methode«[1]. Die Verschwörer wurden bald von der rumänischen Polizei ausgehoben, vor Gericht gestellt und verschwanden für viele Jahre im Gefängnis. Die bereits gespannten Beziehungen zwischen den USA und Rumänien verschlechterten sich weiter. Die Verhandlungen über die Ölfelder von Ploieşti scheiterten.

Außenminister George Marshall verließ sich auf George Kennan; der würde schon dafür sorgen, daß es nicht mehr zu so schweren Pannen wie dem rumänischen Desaster kam. Im Sommer 1948 delegierten Truman und Marshall die gesamte Verantwortung in Friedenszeiten für die politische Kontrolle aller Geheimoperationen an George Kennan. (Die Kontrolle der Spionage und der Spionageabwehr fiel jedoch nicht in den Zuständigkeitsbereich des Diplomaten.) Schlüsselkräfte aus Kennans politischem Planungsstab wurden abgestellt, die ihn bei seiner Aufgabe unterstützen sollten.

Zwei Mächte arbeiteten also zusammen, um Kennan die Waffe der Geheimoperationen in die Hand zu drücken. Erstens wollte Präsident Truman – mit der tatkräftigen Unterstützung von Verteidigungsminister Forrestal – angesichts der sich anscheinend verschlechternden Lage in Osteuropa diese wirksame Waffe einsetzen. Zweitens sorgte vor allem Außenminister Marshall dafür, daß niemand in der US-Regierung seinem Ministerium diese Beute vor der Nase wegschnappte.

Die Verwendung von ehemaligen Nazis durch Amerika trat in ein neues Stadium. Der anfänglich »taktische«, kurzfristige Einsatz von ehemaligen Faschisten und Kollaborateuren – eine Technik, die mit dem Ausnützen von Kriegsgefangenen durch Geheimdienstagenten verwandt ist – ging allmählich zu Ende. Die amerikanischen Dienststellen und Politiker ersetzten die taktische durch tiefergehende »strategische« Nutzung von Emigrantengruppen bei großen Geheimoperationen gegen die UdSSR. Die US-Regierung akzeptierte die Organisationen der Emigranten immer mehr als legitime Vereinigungen und begann, ihnen beträchtliche Beträge zukommen zu lassen – allein 1948 mindestens fünf Millionen Dollar, vermutlich aber wesentlich mehr.

Frühjahr und Sommer 1948 wurden für die Sicherheitspolitiker der USA zu einer Periode außergewöhnlicher Betriebsamkeit. Der Ost-West-Konflikt um die Verwaltung des besetzten Deutschlands überschritt endgültig den kritischen Punkt. Der Zusammenbruch der tschechischen Regierung im Februar, der blinde Kriegsalarm im Frühling, Spionageskandale zu Haus und Rückschläge, die Tschiang Kai-scheks chinesische Nationalisten durch Mao Tse-tungs Volksbefreiungsarmee erlitten, beschleunigten die Verschlechterung der Beziehungen zwischen den USA und der UdSSR.

Im Juni hatte die westdeutsche Währungsreform die Sowjets so provoziert, daß sie dem Westen den Zugang nach Berlin sperrten, was wiederum die Berliner Luftbrücke auslöste. Es bestand tatsächlich die Möglichkeit, daß eine weitere Eskalation – vor allem eine Generalmobilmachung auf beiden Seiten – zum Krieg führte.

Die strategischen Überlegungen, die während dieser Periode die Taktik der Vereinigten Staaten bestimmten, sind in einer streng geheimen Anweisung des Nationalen Sicherheitsrates und etlichen Begleitdokumenten zusammengefaßt, die unter der Sammelbezeichnung NSC 20 laufen. Diese Schriftstücke, ursprünglich von Kennan und seinem politischen Planungsstab (PPS) verfaßt, wurden im August 1948 von Trumans NSC formell übernommen[2]. Sie sind es wert, ausführlicher behandelt zu werden, weil sie während der restlichen Amtszeit Trumans das grundlegende politische Gerüst für Geheimoperationen der USA gegen die Sowjets unter Verwendung von ehemaligen Nazikollaborateuren lieferten.

Laut Präambel von Kennans politischer Erklärung hatte er vor, »unsere derzeitigen Ziele in Friedenszeiten und unsere hypothetischen Ziele im Kriegsfall mit Rußland zu umreißen und die Lücke zwischen ihnen soweit wie möglich zu schließen«. Dann stellte er fest, daß es sich bei den Zielen eigentlich nur um zwei handelt:

»1. Die Macht und den Einfluß Moskaus reduzieren...

2. Eine grundlegende Änderung in der von der derzeitigen russischen Regierung in internationalen Beziehungen befolgten Theorie und Praxis herbeizuführen.

Eine Übernahme dieser Vorstellungen durch Moskau würde [jedoch] einer Erklärung unsererseits entsprechen, daß wir die Sowjetmacht stürzen wollen. So gesehen könnte man behaupten, daß unser Ziel in bezug auf die Sowjetunion letzten Endes Krieg und der gewaltsame Sturz der Sowjetherrschaft ist.«

Doch Kennan dachte *nicht* an einen Krieg. Er wollte eher jede Spaltung und jede Krise innerhalb der UdSSR und im sowjetischen Lager, die zum inneren Zusammenbruch der UdSSR führen konnten, fördern, während er gleichzeitig offiziell eine Haltung der Nichteinmischung in innere sowjetische Angelegenheiten einnahm. »Es ist in Friedenszeiten nicht unser Ziel, die sowjetische Regierung zu stürzen«, heißt es im NSC 20 weiter. »Zugegebenermaßen streben wir die Schaffung von Umständen und Situationen an, mit denen die derzeitige sowjetische Führungsspitze nur schwer fertig werden könnte und die ihnen nicht gefallen würden. Es ist möglich, daß sie nicht imstande wären, angesichts dieser Umstände und Situationen ihre Macht in Rußland zu behalten. Aber ich muß wiederholen: das ist ihre Angelegenheit, nicht unsere . . .« Kommunistenfeindliche Emigrantenorganisationen werden als eines der wesentlichsten Mittel für die Schaffung von inneren Krisen angeführt. »Im Augenblick«, fährt Kennan fort, »gibt es unter den russischen Emigranten eine Anzahl interessanter und mächtiger politischer Gruppierungen – von denen vermutlich von unserem Standpunkt aus jede der Sowjetregierung als Beherrscher Rußlands vorzuziehen wäre.« Gleichzeitig stellt er fest, daß die Politik der Nichteinmischung durch Förderung der Einmischung anderer besonders erfolgreich gestaltet werden könne, indem man *alle* Emigrantenorganisationen mehr oder weniger gleich wirkungsvoll unterstützt, statt nur eine bevorzugte Gruppe zu fördern. »Wir dürfen auf keinen Fall die Verantwortung dafür übernehmen, wer nach der Auflösung des Sowjetregimes in Rußland herrschen soll. Die beste Methode wäre, allen Emigrantengruppen so rasch wie möglich die Rückkehr nach Rußland zu ermöglichen und, soweit es von uns abhängt, dafür zu sorgen, daß alle ungefähr die gleiche Chance bekommen, die Macht zu übernehmen . . .[3]«

Das politische Konzept für Geheimoperationen, in denen Emigranten aus der UdSSR eingesetzt wurden, bestand also kurz gesagt darin, jede dieser Gruppierungen darin zu bestärken, eine Machtübernahme in ihrem Heimatland anzustreben, ohne daß sich die USA als Komplizen verdächtig machten. Besonders interessant ist in diesem Zusammenhang, daß man die verschiedenen Gruppierungen unterschiedslos unterstützen wollte. Die praktische Folgerung aus diesem Beschluß ist in der Welt des Jahres 1948 klar: die Vereinigten Staaten unterstützen die Veteranen der Wlassow-Armee, die Kollaborateure der SS im Osten und andere Gruppierungen, die während des Krieges im Dienst Hitler-Deutschlands standen.

Das Außenministerium startete die erste große geheime Anwerbeaktion von sowjetischen Emigranten, als die Entwürfe von NSC 20 den Amtsweg durchliefen. Dieses Projekt trug den Namen Operation Bloodstone und gehörte zwischen 1948 und 1950 zu den wichtigsten Geheimprojekten des Ministeriums, bis es durch ähnliche Programme unter der direkten Leitung der CIA ersetzt wurde.

Bloodstone erwies sich als offene Tür, durch die zahlreiche einstige Nazikollaborateure, von denen sich die USA Nutzen versprachen, in die Vereinigten Staaten gelangten. Selbst in streng geheimen Korrespondenzen wurde das Projekt zur Tarnung als harmloser Versuch geschildert, »Sozialisten, Gewerkschafter, Intellektuelle, gemäßigte rechtsstehende Gruppen und andere dazu zu gewinnen, daß sie antikommunistische Flugblätter, Publikationen und Magazine verteilten oder . . . sich im Rundfunk äußerten«. Das Ganze wurde heimlich von der US-Regierung finanziert[4]. All dies traf zu.

Doch in Bloodstone steckte viel mehr, als die Tarnung vermuten ließ. In Wirklichkeit waren zahlreiche Bloodstone-Mitarbeiter ehemalige Nazikollaborateure, die jetzt als Fachleute für Geheimoperationen in die Vereinigten Staaten geholt wurden. Einige von ihnen mußten später Agenten für Sabotage- und Mordaufträge ausfindig machen. Die von Bloodstone rekrutierten Männer und Frauen waren keine Verbrecher, Bewachungspersonal in Konzentrationslagern oder brutale Gangster gewesen, jedenfalls nicht im üblichen Sinn. Ganz im Gegenteil, sie waren die Elite der Nazis und Kollaborateure, die Führer, die Geheimdienstspezialisten und die Wissenschaftler, die ihre Kenntnisse in den Dienst der Nazis gestellt hatten.

Die wichtigsten Förderer von Bloodstone waren Spezialisten für politische Kriegführung im PPS und im Büro des Staatssekretärs, denen sich der Unterstaatssekretär im Außenministerium (und spätere Verteidigungsminister) Robert Lovett anschloß. Frank Wisner leitete das Lobbying für Bloodstone im hochrangigen übergeordneten Sicherheitsausschuß namens SANACC* und im Nationalen Sicherheitsrat[5].

---

* SANACC ist die Abkürzung von »State, Army, Navy, Airforce Coordinating Committee« (Koordinationskomitee von Staat, Armee, Marine, Luftwaffe). Wie der Name andeutet, versuchte SANACC, auf höchster Ebene eine Koordinierung der US-Sicherheitsmaßnahmen in Übersee, vor allem im besetzten Europa und Japan, zuwege zu bringen. SANACC wurde 1944 als SWNCC (»State, War, Navy Coordinating Committee«) gegründet; sein Name wurde 1947 bei der Reorganisation des Kriegsministe-

Nach Wisners inzwischen zum Teil freigegebenen Unterlagen aus dem Jahr 1948 über die Affäre bestand das offizielle Ziel des Programms darin, »die Elite der sowjetischen Welt zum Überlaufen zu ermutigen und Flüchtlinge aus der sowjetischen Welt im nationalen Interesse der USA zu verwenden«. Antikommunistische Sachverständige, darunter Sozialwissenschaftler und Propagandisten, sollten »die Lücken in unserem derzeitigen offiziellen Nachrichtendienst, in der Information der Öffentlichkeit und bei politisch-psychologischen Operationen schließen«, wobei letzteres ein Euphemismus für geheime Destabilisierung und »schwarze« Propaganda ist. Wisner schlug vor, in der ersten Phase der Operation ungefähr 250 solcher Sachverständiger in die Vereinigten Staaten zu bringen; hundert von ihnen sollten für das Außenministerium, in erster Linie für Thayers Stimme Amerikas, und je fünfzig für die einzelnen Waffengattungen arbeiten[6].

Im Juni dieses Jahres ging Wisner auf dieses Thema näher ein: »Es gibt in Ländern außerhalb des sowjetischen Einflußbereichs in der nichtwestlichen Hemisphäre einheimische antikommunistische Elemente, die angesichts der kommunistischen Bedrohung außergewöhnliche Standfestigkeit bewiesen haben, das nötige Know-how besitzen, um der kommunistischen Propaganda entgegenzutreten, und auch über die Technik verfügen, Massenbewegungen unter Kontrolle zu bekommen«, heißt es in Anweisungen zu Bloodstone. »Doch infolge des Fehlens von Geldmitteln, von Material und bis vor kurzem von einer koordinierten internationalen Bewegung sind diese natürlichen Gegenmittel gegen den Kommunismus praktisch gelähmt worden.« In dem Papier heißt es weiter: »Reptilienfonds (Beträge, über die eine Regierung verfügen kann, ohne die Öffentlichkeit darüber zu unterrichten) in der Höhe von fünf Millionen Dollar sollten vom Kongreß für das Finanzjahr 1949 einer vom nationalen militärischen Establishment zu bestimmenden Stelle zur Verfügung gestellt werden. Diese Stelle sollte bei Erhalt des Fonds diesen sofort an das Außenministerium überweisen . . ., [das] für seine geheime Verteilung verantwortlich sein soll, da das Problem im wesentlichen politischer Natur ist. Bei der Weitergabe darf nicht offenkundig werden, daß die US-Regierung die Geldquelle ist.«

riums geändert. Das NSC existierte von 1947 bis 1949 neben SANACC, dann ging SANACC im NSC auf.

SANACC, das übergeordnete Geheimdienst-Koordinierungskomitee, billigte den Bloodstone-Vorschlag am 10. Juni 1948[7].

Einen Monat später billigten die JCS einen zweiten, damit zusammenhängenden Plan für die Rekrutierung und Ausbildung von Untergrundkämpfern aus sowjetischen Emigrantengruppen. Diese Initiative stellte eine leicht abgeänderte Version des Plans zur Wlassow-Armee dar, für den ursprünglich Kennan, Thayer und Franklin Lindsay* eingetreten waren, die später für die CIA mit vielen dieser Guerillas zusammenarbeiteten. In ihrem Bericht über den zweiten Vorschlag geben die Generalstabschefs zu, daß Bloodstone im Krieg der Geheimdienste Teil von geheimen Sabotage- und Mordoperationen war – nicht einfach ein harmloser Plan für die Verteilung von Flugblättern. Nach Unterlagen des Pentagons war die Rekrutierung von ausländischen Söldnern für politische Morde von Anfang an ein spezifischer Bestandteil der Operation Bloodstone.

Die streng geheimen JCS-Dokumente besagen, daß der wirkliche Zweck von Bloodstone »die Anwerbung von wohlgesinnten Ausländern für Sonderoperationen und andere Einsätze« war. »Sonderoperationen«, heißt es weiter, »umfassen jene Aktivitäten gegen den Feind, die von alliierten oder befreundeten Kräften hinter den feindlichen Linien durchgeführt werden ... Zu ihnen gehören die psychologische Kriegführung (schwarz), der Krieg der Geheimdienste, Subversion, Sabotage und verschiedene weitere Maßnahmen wie Morde, Gefangennahme von bestimmten Personen und die Rettung von zur Landung gezwungenen Fliegern[8].«

Im September 1948 dehnte ein neuer Befehl der Generalstabschefs den Plan weiter aus. »Wir halten eine psychologische Offensive zur Zerrüttung der Roten Armee für ein vorrangiges Ziel«, heißt es darin. »Diese Art von Offensive haben die Deutschen bereits im Zweiten Weltkrieg unter der Bezeichnung Wlassow-Bewegung versucht. Das Ergebnis war

---

* Lindsay war während des Krieges Verbindungsmann des OSS zu Titos Partisanen in Jugoslawien. Später wurde er stellvertretender Leiter des Amts für politische Koordination und war zwischen 1949 und 1951 für Guerillaaktionen hinter den Linien in Osteuropa zuständig. Er wechselte 1953 zur Ford Foundation und wurde 1962 zum Präsidenten der Itek Corporation ernannt. 1968 ernannte Nixon bei der Reorganisation der CIA Lindsay zum Leiter einer geheimen Einsatzgruppe.

eine Widerstandsbewegung, die ungefähr eine Million Menschen umfaßte.« Im neuen Befehl folgte dann eine Beurteilung jedes einzelnen Landes in bezug auf Sonderoperationen; die Organisation Gehlen war anscheinend stillschweigend in den Plan eingebunden. In der Beurteilung werden Polen und Litauen als »ausgezeichnete Kandidaten« bezeichnet, weil dort bereits Dissidentengruppen gut etabliert waren. Ungarn und Rumänien galten als »ziemlich aussichtslos . . ., [aber] mit deutscher Hilfe und Führung kann man begrenzte Ergebnisse bei Untergrundoperationen erwarten«[9].

Der Nationale Sicherheitsrat hatte im Juni 1948 Präsident Trumans offizielle Zustimmung zu den Sonderoperationen von Bloodstone und anderen Plänen im Krieg der Geheimdienste bekanntgegeben. Die Entscheidung hieß im Jargon des Sicherheitsrats NSC 10/2 und stellte einen wichtigen Wendepunkt in der Geschichte des US-Geheimdienstes im kalten Krieg und eigentlich in der gesamten amerikanisch-sowjetischen Beziehung dar. Die Regierung der USA legte darin fest, zu welchen Arten von Geheimoperationen sie bereit war und wie diese durchgeführt werden sollten.

Mit NSC 10/2 bewilligte der Nationale Sicherheitsrat ein Geheimprojekt, das »Propaganda, Wirtschaftskrieg, direkte Präventivaktionen einschließlich Sabotage, Gegensabotage, Zerstörung und Evakuierungsmaßnahmen« vorsah. Dann werden »Subversion gegen feindliche Staaten, einschließlich der Unterstützung von Untergrund-Widerstandsbewegungen, Guerillas und Fluchthilfeorganisationen sowie Förderung einheimischer antikommunistischer Elemente in bedrohten Ländern der freien Welt« gefordert. All dies sollte so durchgeführt werden, »daß für Unbefugte die Verantwortlichkeit der US-Regierung nicht erkennbar ist und daß die Regierung der Vereinigten Staaten, falls [das Ganze] doch an den Tag kommen sollte, jede Verbindung damit leugnen kann«. Die CIA und andere Spionageorganisationen sollten sich nicht länger darauf beschränken, in erster Linie Informationen über auswärtige Feinde zu beschaffen und auszuwerten. Die administrativen Fesseln, die die geheimen Aktivitäten der USA seit Ende des Zweiten Weltkriegs behindert hatten, sollten endlich verschwinden[10].

Ein neues Amt für Sonderprojekte (das bald in Amt für politische Koordination – Office for Policy Coordination oder OPC umbenannt wurde) entstand innerhalb der CIA, um diese Operationen »zu planen und zu leiten«. Außenminister Marshall überließ es Kennan, den Leiter des OPC auszuwählen, und der Mann, den Kennan sich holte, war Frank Wisner, der energiesprühende, dynamische OSS-Veteran, der an der Entwicklung des Bloodstone-Projekts beteiligt gewesen war[11].

Die Schaffung von OPC als spezialisierte Organisation für Geheimkrieg und Propaganda »war eine ganz normale Entwicklung«, bemerkte John Paton Davies, einer von Kennans früheren Beratern im Außenministerium, Jahre später in einem Interview. »Während des Krieges hatten wir diese Techniken gegen die Nazis angewendet. Nach dem Krieg hatten etliche der militärischen Mitarbeiter ins zivile Fach gewechselt [das heißt zur CIA und zum Außenministerium], und wir hielten es für vorteilhaft, solche Methoden zur Abwehr von kommunistischen Angriffen einzusetzen. Die üblichen Kriegstechniken konnte man hier nicht verwenden ... Es gab zum Beispiel das Problem mit den unter kommunistischer Leitung stehenden französischen Gewerkschaften. Die AFL 6 [die amerikanische Gewerkschaft] setzte ihre Leute ein und versuchte, diese große, subversive Kraft in Frankreich zu bekämpfen. Wir konnten natürlich nicht einfach die 82. Luftlandedivision hinschicken [um ihnen zu helfen], und auf diplomatischem Weg konnten wir auch nichts erreichen. Deshalb griffen wir zu den Mitteln, die damals wirksam waren.« Laut Davies »kam das Geld dafür von [Kennans] politischem Planungsstab ..., [und] ich kann mich nicht erinnern, daß die Regierung jemals dagegen gewesen wäre«[12].

Es gab auch außerhalb der Regierung keinen Widerstand. Die Erklärung dafür war einfach: Der Beschluß NSC 10/2 war von solcher Geheimhaltung umgeben, daß nur eine winzige Gruppe von Männern und Frauen überhaupt wußte, daß diese Art von Krieg erklärt worden war. Hätte nicht der Kongreß nach der Watergate-Affäre fast dreißig Jahre später über die Praktiken der Geheimdienste ermittelt, wäre die Existenz dieses Beschlusses noch immer ein Geheimnis.

Während NSC 10/2 eine wesentliche Ausweitung der Operationen im Krieg der Geheimdienste genehmigte, sollte es zugleich die Kontrolle über die subversiven Operationen in Übersee gewinnen; dazu institutionalisierte man diese Operationen und unterstellte sie den zentralen Zivilbehörden. Diese Art von Koordination zum Vorteil des Außenministeriums war ein wichtiger Aspekt der Reorganisation des Pentagons, der Schaffung des NSC und der CIA im Jahr 1947, und der meisten anderen »nationalen Sicherheits«-Reformen dieser Zeit.

Außenminister Marshall übertrug George Kennan die politische Leitung der gesamten NSC-10/2-Aktion. Nach einer noch immer geheimen internen Geschichte der CIA, von der der Kongreß 1976 Teile veröffentlichte[13], bestand Kennan damals darauf, daß er »über die Ziele jeder Operation und auch über die Vorgangsweise und Methoden in allen jenen Fällen genau informiert werden müsse, in denen diese Vorgangsweisen und Methoden politische Entscheidungen erforderlich machten«. Kennan erklärte, daß er »die Entscheidung treffen würde, ob einzelne Projekte politisch wünschenswert sind oder nicht«. Diese weitreichende Befugnis wurde vom Direktor der CIA, Konteradmiral Roscoe Hillenkoetter, und dem leitenden Direktor des NSC, Sidney Souers, bestätigt. Während der Monate, die auf NSC 10/2 folgten, teilten sich der Geheimdienst des Außenministeriums (der damals unter der Leitung von W. Park Amstrong* stand), die militärischen Dienststellen und Frank Wisners neues Team die Verantwortung für Bloodstone-Operationen. Wisners OPC war sowohl für »politisch-psychologische« Operationen als auch für die Ausarbeitung von politischen Statements über den Einsatz von Flüchtlingen aus dem Sowjetblock zuständig. Andererseits wollte das Außenministerium weiterhin die Rekrutierung von Emigranten für die Stimme Amerikas und für Auswertungsprogramme des Geheimdienstes leiten, im Unterschied zu der »schwarzen« Propaganda und den Einsätzen im Krieg der Geheimdienste, die in Wisners Zuständigkeitsbereich fielen[14].

Sobald 10/2 bewilligt war, gewann das Bloodstone-Team im Außenministerium rasch die Unterstützung einer Reihe mächtiger Senatoren und Abgeordneter für den Plan, das Einwanderungsgesetz bewußt zu umge-

---

* W. Park Amstrong, eine der mächtigsten und am wenigsten bekannten Gestalten in der Geheimdienstgemeinde dieser Zeit, behauptete in einem Interview mit dem Verfasser, daß er »sich nicht daran erinnere« und daß er von Bloodstone oder einer anderen Aktion, durch die Nazikollaborateure für Vorhaben des Geheimdienstes in die USA gebracht wurden, »nie gehört habe«. Doch heute sind von Amstrong verfaßte und unterschriebene Memoranden über die Zuteilung von Aufgaben im Rahmen von Bloodstone öffentlich zugänglich.

hen. Der Staatssekretär im Außenministerium, Lovett, befahl dem damaligen Chefberater des Außenministeriums Charles Bohlen, heimlich mit einflußreichen Führern des Kongresses zusammenzukommen, damit, wie Lovetts Berater Charles Saltzmann berichtet, »der Kongreß vorgewarnt ist, wenn die unvermeidlichen unerwünschten Ausländer aufgrund dieser Programme in den USA auftauchen, so daß unangebrachte Kritik am Außen- und am Innenministerium auf ein Mindestmaß beschränkt bleibt«.

Nach Bohlens Aufzeichnungen wurde der Vorschlag im Juli und August 1948 folgenden Personen vorgelegt: Leslie Biffle (dem Sekretär des Senats und leitenden Direktor des politischen Ausschusses der Demokratischen Partei), dem texanischen Kongreßabgeordneten Sam Rayburn (der später Sprecher des Hauses wurde), dem Senator von New Jersey Charles Eaton (Vorsitzender des Senatsausschusses für auswärtige Angelegenheiten), dem Führer der Senatsminderheit Alben Barkley (der später Trumans Vizepräsident wurde) und dem republikanischen Experten für auswärtige Angelegenheiten, Senator H. Alexander Smith von New Jersey. An Arthur Vandenberg, den Vorsitzenden des Senatsausschusses für auswärtige Angelegenheiten, trat man offenbar erst später heran. »Jeder Senator oder Kongreßmann«, notierte Bohlen, hielt das Projekt für »vernünftig«. Rayburn hob die verschwörerische Atmosphäre des Gesprächs hervor. Bohlen bemerkt dazu: »Kongreßmann Rayburn bestand ganz besonders darauf, daß man auf keinen Fall mit jenen Kongreßmitgliedern vertraulich über dieses Projekt sprechen solle, die dazu neigten, Schwierigkeiten zu machen, falls die Öffentlichkeit davon erfuhr, weil nicht sicher war, daß sie darüber Stillschweigen bewahren würden[15].«

Kennan sagte später vor dem Kongreß aus, daß das gesamte NSC-10/2-Projekt, zu dem Bloodstone gehörte, nur einen sehr geringen Umfang aufwies. »Für uns war das Projekt nur eine Einrichtung, die wir nutzen wollten, wenn sich die Gelegenheit dazu ergab, wenn eine Notwendigkeit dazu bestand.« Diese Aussage machte er 1975 bei den Hearings des Kongresses[16] über die Ursprünge der Geheimoperationen der USA. »Es würde vielleicht Jahre geben, in denen wir nichts Derartiges unternehmen mußten.«

Doch Kennans Aussagen bei diesen späteren Hearings waren leicht untertrieben. Aus den Unterlagen von Bloodstone geht klar hervor, daß das OPC und die damit zusammenhängenden Emigrantenprojekte in Wirklichkeit von Anfang an mit Budgets in der Höhe von mehreren Millionen Dollar ausgestattet gewesen sind. Was Kennan sagte, entsprach jedoch sicherlich seiner Sicht der Dinge. Er betonte in seiner Aussage, daß er nur eines gewollt hätte: daß jemand in der Regierung, der die Mittel und die Erfahrung besaß, »alles richtig machte ..., sobald sich die Notwendigkeit ergab«.

Kennans Antikommunismus war viel intellektueller als der seiner Kollegen, und er wollte die Geheimdienstwaffe vorsichtig einsetzen. Die Forderung einer raschen »Befreiung« Osteuropas vom sowjetischen Einfluß hielt er für unrealistisch und für gefährlich. Kennan hatte einer Beteiligung der Bevölkerung an der Festlegung der Außenpolitik immer schon mißtrauisch gegenübergestanden, und er hielt den Kongreß zum Beispiel für zu sprunghaft, zu schlecht informiert und zu sehr innenpolitischem Druck ausgesetzt, als daß er dem Vaterland wirklich dienen könnte, wenn es um auswärtige Angelegenheiten ging. Er sah daher deutlich die Gefahr, die vom primitiven Schwarz-Weiß-Denken in der Außenpolitik ausging. Kennan schrieb im Frühjahr 1947[17]: »Ich persönlich betrachte vieles, was wir jetzt im öffentlichen Leben erfahren, mit Verzweiflung und Sorge. Ganz besonders bedaure ich den hysterischen Antikommunismus, der anscheinend in unserem Land üblich wird.«

Was immer der Grund dafür war, Kennan machte in jenen Jahren gemeinsame Sache mit Männern, die sich bald das von ihm begonnene Werk aneigneten und es in einer Weise auslegten, an die der Diplomat nie gedacht hatte. Es gelang NSC 10/2 nicht, die Geheimoperationen unter zivile Kontrolle zu bringen. Statt dessen bildete das geheime Projekt mit unglaublicher Schnelligkeit in der Regierung Metastasen. Ohne Rücksicht auf Kennans Absichten wurden NSC 10/2, NSC 20 und andere Programme, an deren Entwicklung er beteiligt gewesen war, zu Einrichtungen des kalten Kriegs umfunktioniert mit dem einzigen Ziel, den Kommunismus in Osteuropa »zurückzuwerfen«. Das kostete letztlich Millionen Dollar, zahleiche Menschenleben und ein gerüttelt Maß nationales Prestige. Während die politische Temperatur zwischen den Supermächten unaufhaltsam sank, begruben die Kräfte, die Kennan einst an die Macht geführt hatten, ihn und sein Programm unter sich.

1950 strebten seine früheren Verbündeten im Geheimdienst – Männer wie Allen und John Foster Dulles, Paul Nitze und Arthur Bliss Lane – nach mehr Macht und diffamierten Kennans Politik »wegen ihrer Kommunistenfreundlichkeit«.

Viele Jahre später sagte Kennan: »Es entwickelte sich überhaupt nicht so, wie ich es geplant hatte[18].«

NEUNTES KAPITEL

»Sorgen Sie dafür, daß er in die Vereinigten Staaten geschickt wird«

Die Männer und die Frauen, die die Operation Bloodstone schufen und betrieben, hatten gewiß nichts für den Nationalsozialismus übrig, noch wollten sie Nazis und Kollaborateure vor der strafrechtlichen Verfolgung schützen. Sie brachten die neuen Bloodstone-Mitarbeiter aus drei Gründen nach Amerika. Erstens ging es um die Beschaffung und Auswertung von Informationen über die UdSSR und ihre osteuropäischen Satelliten; die Förderer dieses Programms behaupteten, daß es keine anderen Quellen für diese Informationen gäbe. Zweitens bildeten die so gewonnenen Bloodstone-Leute Spezialisten für den amerikanischen Geheimdienst, den Krieg der Geheimdienste und die Propaganda aus. Und schließlich wurden einige Bloodstone-Führer dazu benützt, andere Emigranten für den Krieg der Geheimdienste in großem Maßstab, also auch für Sabotage und Mord, anzuwerben.

Als das Programm 1948 anlief, waren jene Leute, die Bloodstone bewilligten und durchführten, bereits hochrangige Beamte und höchste Geheimnisträger. Die Namen von mehr als drei Dutzend dieser Beamten findet man heute in einer dünnen Akte mit freigegebenen Bloodstone-Unterlagen. Zu ihnen gehören zum Beispiel Tom Clark, der Justizminister der Vereinigten Staaten, der das Programm im Namen des Justizministeriums genehmigte; W. Park Armstrong, der Leiter des Office of Intelligence and Research (OIR, Amt für Geheimdienst und Forschung) des Außenministeriums, und John S. Earman jr., der Beobachter der CIA im Bloodstone-Team, der später Generalinspekteur der Agency wurde. Ein weiterer prominenter Veteran von Bloodstone ist Boris Pash, ein Berufsoffizier des Geheimdienstes, der im Schlußbericht der in den Jahren 1975 und 1976 durch den Senat durchgeführten Untersuchungen über die Aktivitäten des US-Geheimdienstes als der in den Ruhestand getretene Leiter jener Abteilung der CIA bezeichnet wird, die für die Planung von Morden zuständig war.

In den Bloodstone-Unterlagen finden sich auch die Namen von über zwanzig hohen Beamten des Außenministeriums, die mit sowjetischen oder osteuropäischen Angelegenheiten befaßt waren. Aus dieser Elitemannschaft rekrutierten sich die leitenden Beamten während praktisch jeder Phase der amerikanisch-sowjetischen Beziehungen in den vierziger und fünfziger Jahren; zu ihnen gehörten zum Beispiel drei spätere US-Botschafter in Moskau, ein Direktor der Stimme Amerikas, ein Direktor von Radio Freies Europa und zwei künftige Direktoren der Abteilung für Ostblockangelegenheiten im Außenministerium[1]. Die Männer und Frauen, die Bloodstone organisierten, waren die gleichen, die von 1945 bis 1963 für jede Administration die US-Strategie im kalten Krieg entwarfen.

Die Beamten, die den alltäglichen Mechanismus des Programms betreuten, verdienen ebenfalls unser Interesse: John P. Boyd war 1948 stellvertretender Regierungskommissar, also der Mann Nummer zwei im Amt für Einwanderung und Einbürgerung. Er vertrat seit dem 15. April 1948 im Bloodstone-Team (das damals unter dem Namen SANACC-395-Ausschuß lief) das Justizministerium und wurde zwei Monate später zum Vorsitzenden des gesamten Unternehmens ernannt. Er unterschrieb die formelle Zustimmung des Justizministeriums zu dem Projekt und bestätigte, daß der »Justizminister persönlich« das Programm durchgesehen und genehmigt hätte. Die Zustimmung des Justizministeriums war an eine einzige Bedingung geknüpft: daß die angeworbenen Immigranten »wenn möglich aufgrund des Gesetzes über die Displaced Persons in das Land gebracht wurden«[2].

Dieser Satz ist bezeichnend; er kommt in der Korrespondenz des Justizministeriums über Bloodstone einige Male vor. Im Gesetz über die Displaced Persons sind zwei Hauptkategorien von Menschen angeführt, die nicht in die Vereinigten Staaten einreisen dürfen: Zur ersten Kategorie gehören »Kriegsverbrecher, Quislinge und Verräter ... [einschließlich] Personen, von denen man beweisen kann, daß sie dem Feind bei der Unterdrückung der Zivilbevölkerung Beistand geleistet haben ... [oder Personen, die] die feindlichen Kräfte seit dem Ausbruch des Zweiten Weltkriegs freiwillig unterstützt haben«; und die zweite Gruppe sind »gewöhnliche Verbrecher, die aufgrund eines Vertrages auszuliefern sind«. Das Gesetz setzte allerdings Quoten für die Zahl von Immigranten aus jedem Land fest, gestattete aber auch der Regierung, bestimmte Einwanderer an die Spitze der Einwanderungsliste zu setzen, so daß bevorzugte Immigranten nicht wegen der Quote von der Einreise ausgeschlossen werden mußten. Mit einem Wort, die einzigen Personen, die im Rahmen des Gesetzes über die Displaced Persons nicht in die USA gebracht werden konnten, waren einerseits Nazis und Nazikollaborateure, und andererseits gewöhnliche Verbrecher[3].

Erstaunlicherweise war es Kommunisten aufgrund des Gesetzes über die Displaced Persons *nicht* verboten, in die Vereinigten Staaten einzureisen, bis der Kongreß im Juni 1950, als Boyd nicht mehr Leiter von Bloodstone war, Novellierungen durchführte. Es ist jedenfalls klar, daß nur wenige Bloodstone-Mitarbeiter jemals Kommunisten gewesen waren. Laut den damals bestehenden Gesetzen wären allerdings einige von ihnen von der Einreise ausgeschlossen gewesen, weil sie vor Anklagen wegen Verbrechen gegen die Menschlichkeit flüchteten.

Die Visa für die angeworbenen Immigranten wurden von Robert C. Alexander* ausgegeben, der damals stellvertretender Leiter der Vi-

---

* Alexanders Aktivitäten im Jahr 1948, für die sehr viel Reklame gemacht wurde, sind ein weiterer Hinweis darauf, daß Bloodstone darauf angelegt war, Nazis, nicht Kommunisten, ins Land zu bringen. Im Juli dieses Jahres trat Alexander gegen Außenminister Marshall auf, indem er im Kongreß aussagte, daß »kommunistische Agenten« als angebliche Angehörige von Organisationen der Vereinten Nationen ins Land gelangten. Das Hilfs- und Rehabilitierungswerk der Vereinten Nationen sei »der große Missetäter«, behauptete er und fügte hinzu, daß einige Kommunisten als Spione und Terroristen ausgebildet seien. Alexander betonte also durch seine Aussage, wie wichtig es war, Kommunisten, ehemalige Kommunisten und jeden, der mit ihnen sympathisierte, um jeden Preis von den USA fernzuhalten.
Außenminister Marshall befürchtete, daß die Konservativen im Kongreß die Behauptung von den »UNO-Spionen« ausschlachten könnten, um ein 65-Millionen-Dollar-Darlehen der USA an die Vereinten Nationen, das die Administration entschieden unterstützte, zum Scheitern zu bringen. Der Außenminister wies Alexanders Beschuldigungen zurück, und in etlichen die Sache weiter verfolgenden Studien wurde nachgewiesen, daß Alexanders »unverantwortliche Feststellungen schwerwiegende Auswirkungen auf die Außenpolitik der Vereinigten Staaten gehabt hatten«.
Alexander wurde später im Rahmen des Gesetzes für Flüchtlingshilfe zum stellvertretenden Verwalter für alle Flüchtlingsprogramme der USA ernannt. Er regte öffentlich an, daß die »freien Nationen der Welt ... eine gemeinsame Anstrengung unternehmen sollten, das Flüchtlingsproblem zu lösen«, indem sie militärische Vergeltungsmaßnahmen gegen Regierungen – vor allem kommunistische – androhten, die zu viele Flüchtlinge hervorbrachten. Er machte außerdem darauf aufmerksam, daß man sonst »nur die widerspenstigen und aufsässigen Elemente« aus dem Ostblock abzöge und dadurch die sowjetische Herrschaft unterstütze.

saabteilung des Außenministeriums war. Alexander wurde als Vertreter des Außenministeriums in den übergeordneten Bloodstone-Ausschuß entsandt, als das Projekt im Juni 1948 ins Durchführungsstadium gelangte[4].

Viele Bloodstone-Analysen fielen jedoch in den Aufgabenbereich eines anderen Mannes: Evron M. Kirkpatrick*, dem damaligen Leiter des Teams für auswärtige Untersuchungen des Außenministeriums, einem Spezialteam von Wissenschaftlern, das unter der Schirmherrschaft des Amtes für Geheimdienst und Forschung tätig ist.

Kirkpatrick war aufgrund seiner Kriegserfahrung im OSS auf die Idee gekommen, übergelaufene Wissenschaftler systematisch einzusetzen. »Das Außenministerium und die Außenpolitik im allgemeinen nützen Wissenschaftler und Stiftungen im Ausland nicht gründlich genug aus«, erinnerte sich Kirkpatrick während eines Gesprächs mit dem Autor. »Deshalb holten wir [das Team für auswärtige Untersuchungen] zwei oder drei Leute gleichzeitig herein und führten Gespräche, die für das Außenministerium und andere mit der Außenpolitik befaßte Organisationen wie das Verteidigungsministerium, den Geheimdienst usw. von Nutzen waren.« Emigrierte Wissenschaftler und ehemalige osteuropäische politische Führer wurden als Berater angestellt oder erhielten Geldmittel für Studien über Angriffsziele der amerikanischen Außenpolitik.

Laut Kirkpatricks ehemaligem Assistenten und langjährigem Kollegen Howard Penniman »bestand meine Arbeit darin, herauszufinden, was die Organisationen an Informationen brauchten. Das gab ich dann an [Frederick] Barghoorn und [Francis] Stevens weiter«, die damals beim Team für auswärtige Untersuchungen arbeiteten. Sie durchkämmten daraufhin die Displaced-Persons-Lager nach Emigranten, die sicherheitspolitisch wichtige Fragen über die UdSSR und Osteuropa beant-

---

* Kirkpatrick ist heute ein unbezähmbar fröhlicher Mann, hat einen ansehnlichen Bauch und trägt einen Spitzbart, durch den er ausgerechnet wie ein alternder Leo Trotzki aussieht. Außerdem ist er der Mann von Jeane Kirkpatrick, der ehemaligen Botschafterin der USA bei den Vereinten Nationen während der Reagan-Administration. Mr. und Mrs. Kirkpatrick sind Eigentümer der Firma Operations and Policy Research Inc., die auch als OPR Inc. bekannt ist und die im Lauf der Jahre zahlreiche Regierungsaufträge für Studien über psychologische Kriegführung, Verteidigungspolitik und Verteidigungsverhalten erhalten hat. Kritiker vermuten, daß über die Firma Geld des Geheimdienstes an Wissenschaftler fließt.

worten konnten. »1948, 1949 und 1950 kamen interessante Leute aus der UdSSR und Osteuropa herüber. Wir waren dabei für zweierlei verantwortlich. Erstens mußten wir soviel wie möglich erfahren. Zweitens mußten wir die Leute unterbringen, mußten ihnen Stellungen an Universitäten verschaffen.« Kirkpatrick erwähnte, daß Nikolai N. Poppe ein solcher Wissenschaftler war, dem er eine entsprechende Position besorgte.

Man kann heute nur schwer feststellen, was Kirkpatrick über die in der Anfangszeit seiner Obhut anvertrauten Überläufer und Emigranten wußte oder nicht wußte. »Ich glaube nicht, daß sich Leute darunter befanden, die mit den Deutschen zusammengearbeitet haben«, bemerkte er in einem Gespräch. »Aber natürlich hörte man immer davon. Es gab sogar Juden, die mit den Nazis zusammenarbeiteten.«

Es ist interessant, was Kirkpatrick zu Poppe einfällt. Seiner Erinnerung zufolge war Poppe »der Leiter des sowjetischen Geheimdienstes für den gesamten asiatischen Teil der UdSSR«, bevor er in die Vereinigten Staaten kam, und er war angeblich aus der UdSSR direkt in die USA übergelaufen. In Wirklichkeit war Poppe jedoch ein hoher Auswertungsfachmann des *Nazi*geheimdienstes »für den gesamten asiatischen Teil der UdSSR« gewesen und hatte lange in Berlin gearbeitet, bevor er mit den Amerikanern handelseins wurde[5].

Wer gelangte also im Rahmen der Operation Bloodstone in die Vereinigten Staaten? Welche bestimmten Nazis oder Nazikollaborateure? Und wo befinden sie sich heute?

Der Einwanderungs- und Einbürgerungsdienst hatte den Auftrag, genaue monatliche Aufzeichnungen über jede im Rahmen dieses Programms in die Vereinigten Staaten gelangten Person zu führen. Leider behauptet die Dienststelle, daß sie diese Aufzeichnungen nicht finden kann, so daß es zumindest für den Augenblick unmöglich ist, eine lückenlose Liste von Personen aufzustellen, die Nationalsozialisten oder Kollaborateure waren und aufgrund von Bloodstone in die Vereinigten Staaten gebracht wurden.

Doch genauso, wie es möglich ist, ein Puzzle trotz eines fehlenden Teils zusammenzusetzen, kann man dank anderer Dokumentationen der Regierung eine Anzahl von Bloodstone-Immigranten entdecken, auch wenn man keine offizielle Namensliste besitzt. Wenn man die noch vorhandenen Bloodstone-Unterlagen genau durchsucht, stellt man bald fest, daß die Kandidaten für dieses Programm mindestens fünf einschränkenden Kriterien entsprechen mußten, durch die sie sich von den zahllosen anderen Flüchtlingen unterschieden. Mit diesen Kriterien als Leitfaden kann man eine ganze Reihe von hochrangigen Nazikollaborateuren aufspüren, darunter etliche, die für schwere Verbrechen gegen die Menschlichkeit verantwortlich sind und die aufgrund von Bloodstone in die Vereinigten Staaten einreisen durften:

Erstens mußten die Anzuwerbenden Leiter von antikommunistischen Organisationen oder Wissenschaftler (vor allem Linguisten und Sozialwissenschaftler) oder ausgezeichnete Propagandisten sein.

Zweitens mußten sie Spezial- oder einmalige Kenntnisse über den Sowjetblock besitzen oder imstande sein, als Organisatoren für Flüchtlinge aus dem Ostblock zu arbeiten.

Drittens mußten sie zwischen Juni 1948, als das Programm genehmigt wurde, und Mitte 1950, als Veränderungen im Einwanderungsgesetz das Programm überflüssig machten, in die USA gelangt sein.

Viertens sollten sie mit dem US-Geheimdienst oder dem Außenministerium zusammengearbeitet haben, vor allem bei Programmen wie Radio Freies Europa, bei der Sprachschule des Verteidigungsministeriums in Monterey in Kalifornien oder bei der Rekrutierung von Emigranten für Operationen im Krieg der Geheimdienste.

Fünftens – und das war sehr wichtig – mußten während des Einwanderungsverfahrens die mit dem Bloodstone-Programm betrauten Spezialisten für politische Kriegführung im Außenministerium nachweislich für sie interveniert haben[6].

Natürlich waren nicht alle im Rahmen von Bloodstone ins Land gebrachten Leute ehemalige Nazis oder Nazikollaborateure. Es besteht sogar Grund zu der Annahme, daß die als Tarnung dienende Behauptung, man importiere »sozialistische, gewerkschaftliche, intellektuelle, gemäßigte rechtsstehende Gruppen usw.«, wie die meisten Tarnungen zumindest teilweise zutrifft. Dafür, daß Bloodstone es ausgezeichnet verstand, das amerikanische Einwanderungsgesetz zu umgehen, gibt es jedoch offenbar eine einzige vernünftige Erklärung: daß man ehemaligen Nazis und Nazikollaborateuren die Einwanderung ermöglichte, obwohl das Gesetz über die Displaced Persons sie ausdrücklich davon ausschloß.

Der deutsche Diplomat Gustav Hilger war einer der vielen Nutznießer von Bloodstone, verdient aber hier besonders erwähnt zu werden, erstens weil er aus Moskauer Zeiten eng mit den Amerikanern befreundet war, und zweitens wegen der wesentlichen (aber bis heute geheimen) Rolle, die er Ende der vierziger und Anfang der fünfziger Jahre bei der Konzipierung der US-Außenpolitik in bezug auf Deutschland und die UdSSR gespielt hat.

Während des Krieges hatte Hilger von der deutschen Botschaft in Moskau direkt zum Dienst im persönlichen Sekretariat des Reichsaußenministers Joachim von Ribbentrop gewechselt und war politischer Chefberater für Ostfragen geworden. Hilger leitete das Rußland-Gremium, eine Gruppe von Spitzenfachleuten für sowjetische Angelegenheiten. Hilger war allerdings zunächst gegen die deutsche Invasion in Rußland im Jahr 1941 und hatte dies Hitler gegenüber bei einer vertraulichen Besprechung kurz vor dem Überfall der Wehrmacht erwähnt. Hilgers Rat wurde jedoch zurückgewiesen, und er diente dem Reich während des Krieges weiterhin treu.

Zu seinen Pflichten im deutschen Außenministerium gehörten die Verbindung zur SS bei der Besetzung der UdSSR; dabei ging es auch um die Auswertung der Berichte der SS-Einsatzgruppen über die Mordaktionen im Osten. Der folgende Text ist ein Auszug aus einem solchen SS-Bericht, der in Nürnberg zu den Beweisen genommen wurde. Die Bearbeitungsvermerke auf der Akte lassen erkennen, daß sie im April 1942 über Hilgers Schreibtisch ging. Ähnliche Bulletins folgten im Lauf des Krieges.

»BERICHT ÜBER OPERATIONSLAGE UdSSR NR. 11

STRENG GEHEIM

C. JUDEN

In Riga wurden unter anderem drei Juden, die aus dem Reich ins Ghetto überstellt worden und geflohen waren, wieder eingefangen und im Ghetto öffentlich gehängt.

Im Zuge der Großaktion gegen Juden wurden in Minsk 3 412, in Wileika 302 und in Baranowitschi 2 007 Juden erschossen ...

Außer den gegen einzelne, verbrecherisch oder politisch agierende Juden ergriffenen Maßnahmen bestanden die Aufgaben der Sicherheitspolizei und des SD in anderen Abschnitten der Ostfront in einer allgemeinen

Säuberung größerer Ortschaften. In Rakow allein wurden zum Beispiel 15 000 Juden erschossen, und 1 224 in Artemowsk, so daß diese Orte jetzt judenfrei sind.

Auf der Krim wurden 1 000 Juden und Zigeuner hingerichtet[7].«

Diese SS-Kommuniqués lassen den Umfang des Holocausts an der Ostfront ahnen, doch Hilger unternahm nichts, um zu protestieren oder um die bürokratische Vernichtungsmaschinerie zu verlassen. Der Diplomat spielte auch eine kleine, aber direkte Rolle bei den Mordprogrammen in Ungarn. Dort koordinierte er die erfolgreichen Bemühungen des Außenministeriums, etlichen ungarischen Offizieren, die 1942 für die Ermordung von 6 000 Serben und 4 000 Juden verantwortlich gewesen waren, in Deutschland Asyl zu verschaffen. Hitler persönlich hatte das Asyl verfügt, denn er wollte dadurch den Verbündeten klarmachen, daß Deutschland jene beschützte, die für das Reich antisemitische Morde begingen[8].

Und schließlich spielte Hilger eine wichtige Rolle, als die SS die italienischen Juden deportierte. Es war für die Nazis schwierig, während des Krieges italienische Juden in die Todeslager zu deportieren, weil Italiens Status als vollwertiger Partner der Achse die Macht der Nazis in diesem Land einschränkte. Erst nach dem Ausscheiden Italiens aus dem Krieg im September 1943, als Mussolini zur reinen Marionette Hitlers herabsank, erhielt Hilger im Dezember 1943 die Zustimmung der Regierung in Salò zur Verbringung der Juden Norditaliens in »Arbeitslager«. Doch in Wirklichkeit hatten die Nazis von Anfang an vorgehabt, die Juden aus diesen Arbeitslagern in die Vernichtungslager im Osten zu deportieren, ganz gleich, was die Italiener dagegen einwenden mochten, und im Frühjahr 1944 wurden mehrere Zugladungen mit italienischen Juden nach Auschwitz gebracht[9]. Die Zahl der Opfer, die dieses Programm des Außenministeriums und der SS in Italien forderte, ist nur zu schätzen, geht aber sicher in die Tausende.

Hilger war auch eine zentrale Figur der deutschen Fraktion für politische Kriegführung. Wenige Tage nach Wlassows Gefangennahme 1942 teilte ihm das deutsche Außenministerium Hilger als leitenden Verbindungsoffizier zu, und dieser nahm an den verschiedenen Projekten der psychologischen Kriegführung und des Geheimdienstes teil, die während des Krieges in Wlassows Hauptquartier herumschwirrten. Bereits 1944 war Hilger beinahe völlig in die Kommandostruktur der Wlassow-Gruppe integriert[10].

Nach dem Krieg wurde Hilger offiziell von den US-Ermittlern wegen »Folter« gesucht (wie es in seinem Steckbrief heißt)[11], eine allgemeine Beschuldigung, die man manchmal bei Leuten erhob, die man im Zusammenhang mit Planung von Verbrechen gegen die Menschlichkeit und nicht wegen der Morde selbst suchte. Offiziell befand sich Hilger bis zu seinem Tod auf der Flucht.

Hilgers Arbeit für die deutsche politische Kriegführung und seine große Erfahrung in sowjetischen Angelegenheiten verschaffte ihm nach dem Krieg Asyl in den Vereinigten Staaten. Er ergab sich im Mai 1945 den US-Streitkräften und wurde kurz im Kriegsgefangenenlager Mannheim interniert. Charles Thayer, der offenbar einen Wink von Hans Heinrich Herwarth erhalten hatte, intervenierte für Hilger, und die Amerikaner schafften den ehemaligen Diplomaten unauffällig nach Washington, wo er (wie seinerzeit Gehlen) vernommen und dann inoffiziell als hochrangiger Auswerter von erbeuteten deutschen Unterlagen über die UdSSR eingesetzt wurde. Hilger tauchte im Frühjahr 1946 kurz wieder auf, als der ehemalige Reichsaußenminister von Ribbentrop, der sich damals vor dem Nürnberger Militärgerichtshof zu verantworten hatte, ihn als Zeugen der Verteidigung beantragte. Nach langem Hin und Her gaben die Vereinigten Staaten zu, daß Hilger sich tatsächlich in Washington befand, behaupteten aber, »daß er zu krank sei, um reisen zu können«[12]. Hilgers rechtlicher Status zu diesem Zeitpunkt ist unklar. Genaugenommen war er, seit er sich im Mai 1945 ergeben hatte, Kriegsgefangener, aber der gegen ihn erlassene Steckbrief war auch noch immer gültig. Fest steht jedenfalls, daß er nie wegen Kriegsverbrechen verhaftet und nie wegen seiner Aktivitäten während des Krieges vor Gericht gestellt wurde.

In den nächsten Jahren pendelte Hilger unter dem Schutz des US-Außenministeriums zwischen den Vereinigten Staaten und Deutschland hin und her, und er ist während der Frühjahrskrise 1948 in Berlin gewesen. Als die Ost-West-Spannung, die zu der berühmten Berliner Luftbrücke führte, im Sommer und Herbst dieses Jahres zunahm, stand das US-Außenministerium vor dem heiklen Problem, daß es eine Anzahl ehemaliger Nazis und Kollaborateure wie Hilger, die zu dieser Zeit unter dem Schutz des US-Außenministeriums in Deutschland arbeiteten, evakuieren mußte.

Ende September 1948 intervenierte George Kennan bei Robert Murphy, dem politischen Berater der USA in Deutschland, für Hilger. In einer Reihe von Telegrammen, die den Vermerk »persönlich für Kennan« trugen und mit Kennans hingekritzelten Initialen paraphiert waren, stritten Murphys und Kennans Vertreter darüber, wie man Hilger am besten in die Vereinigten Staaten schaffen könnte. Murphy nahm zur Kenntnis, daß die Geheimdienstleute der Army in Deutschland Visa für fünf Personen haben wollten – ein offenkundiger Verstoß gegen die US-Gesetze*.

Das Außenministerium wollte ihn lieber unter seinem wirklichen Namen mit einem Flugzeug der Air Force holen und ihm, falls erforderlich, später eine falsche Identität liefern. Das war die Alternative, für die Kennan war und die schließlich gewählt wurde[13]. Dabei ist interessant, daß Kennans politischer Planungsstab (Policy Planning Staff, PPS) die Arrangements für Hilger traf**, während die Visaabteilung, die für gewöhnlich für die Ausstellung von Einreisedokumenten in die Vereinigten Staaten zuständig ist, nur vage mündliche Berichte erhielt. Die US-Regierung trug die gesamten Reisekosten für Hilger.

Hilger wurde bald so etwas wie ein Vertreter von Konrad Adenauers

---

* Ein eigener Bloodstone-Unterausschuß war geschaffen worden, um ausgewählten Bloodstone-Immigranten falsche Identitäten, Tarnungsposten bei der Regierung und den geheimen Schutz der Polizei zur Verfügung zu stellen, weil »einige der Aktivitäten, mit denen die betreffenden Ausländer befaßt sind, dazu führen könnten, daß ihre Sicherheit durch ausländische Agenten [innerhalb] der Vereinigten Staaten gefährdet wird«.

** Der PPS beschäftigte sich gleichzeitig mit einem zweiten Projekt, bei dem Nazikollaborateure in einer von den USA finanzierten »Denkfabrik«, die Eurasisches Institut hieß, arbeiteten. Nach freigegebenen Unterlagen des Außenministeriums, die Kennan persönlich paraphiert hat, warb das Eurasische Institut Männer wie Saldh Ulus, der in US-Telegrammen als »wichtiges Mitglied [des] deutschen Spionagenetzes in Mittelasien von 1931 bis 1945« bezeichnet wird, und Mehmet Sunsh an, der angeblich »1942 vom deutschen Propagandabüro [in] Istanbul beschäftigt wurde«.

Die Arbeit des Eurasischen Institus lag zum großen Teil in den Händen der Bloodstone-Spezialisten John Paton Davies und Carmel Offie, wie man den freigegebenen Unterlagen des Außenministeriums entnehmen kann. Viele seiner Mitarbeiter wurden Anfang der fünfziger Jahre in das in München angesiedelte (und von der CIA finanzierte) Institut für das Studium der UdSSR integriert.

Christlich-Demokratischer Union bei den Vereinigten Staaten. »Hilger verhandelte mit der US-Regierung und trug wesentlich zur Gründung des Adenauer-Regimes bei«, erklärt Nikolai Poppe, ein Bloodstone-Mitarbeiter, mit dem Hilger in Washington zusammengearbeitet hat. »Ganz zu Anfang, als Adenauer der Regierungschef [der neuen Bundesrepublik Deutschland] werden wollte, hielten ihn einige amerikanische Beamte für nicht geeignet... Dennoch erhielt Adenauer 1949 die Erlaubnis, eine Regierung zu bilden. Das verdankte er zum Teil Hilgers Kontakten zum Außenministerium der Vereinigten Staaten. Dort besaß Hilger großen Einfluß[14].« Natürlich übertreibt Poppe. Die Unterstützung der US-Regierung für Adenauer beruhte darauf, daß der Kanzler die strategischen Pläne der USA in Westdeutschland förderte, und die Regierungsbildung wurde durch eine Mehrheit im Bundestag ermöglicht und nicht durch amerikanische Gnade oder gar Hilgers Einfluß.

Trotzdem spielte Hilger eine gewisse Rolle, indem er Adenauer amerikanischen Beistand verschaffte.

Hilger kam in Washington häufig mit Kennan und Bohlen zusammen, die damals als die kenntnisreichsten Experten der Vereinigten Staaten für die amerikanisch-sowjetischen Beziehungen galten. Kennan intervenierte persönlich für Hilger, damit er eine Unbedenklichkeitsbescheinigung auf höchster Ebene erhielt, und holte Hilgers Rat ein, bevor er Präsident Truman Vorschläge zur Ost-West-Politik machte. Bohlen erinnert sich zum Beispiel daran, daß Hilger, Kennan und er 1950 ein Analyseteam bildeten, das sich nach Ausbruch des Koreakrieges auf die Analyse der geopolitischen Strategie der Sowjets spezialisierte. Die Gruppe erhielt Zugang zu streng geheimen Informationen und berichtete direkt an das Office of National Estimates, der obersten Geheimdienst-Auswertungsstelle des Landes, die ihrerseits dem Leiter des zentralen Geheimdienstes und Präsident Truman direkt berichtete. Hilger, der ehemalige leitende Beamte des Reichsaußenministeriums, der einmal Hitler Bericht erstattet hatte, wurde in Washington zum einflußreichen Sachverständigen für die UdSSR[15].

George Kennan hat wiederholt Ansuchen um ein Interview abgelehnt, so daß keine Kommentare zu den Memoranden zu erhalten waren, die seinen Namen und seine Paraphe tragen und in denen davon die Rede ist, daß Hilger in die Vereinigten Staaten gebracht werden soll. 1982 schrieb er jedoch: »Ich erinnere mich nicht daran, daß ich ihn [Gustav Hilger] in der Zeit zwischen dem Kriegsende und seinem Eintreffen in den USA gesehen oder Kontakt mit ihm gehabt habe. Ich erinnere mich nicht daran, daß ich etwas damit zu tun oder die Verantwortung dafür hatte, daß er in die USA einreiste; ich erinnere mich auch nicht daran, daß ich damals gewußt hätte, wie er hierher gelangt ist.« Er stellte jedoch fest, er freue sich »darüber, daß dies geschehen ist, weil seine [Hilgers] Kenntnisse über Rußland . . . unserer Regierung und unserem Volk von Nutzen sein werden« und weil die Gefahr bestanden habe, daß er den Sowjets in die Hände fiel, wenn er nicht in die USA gebracht wurde. Kennan stellte auch fest, daß er nie bei Hilger Anzeichen dafür bemerkt hätte, daß er mit den Nazis sympathisierte[16].

Kennan muß gewußt haben, daß Gustav Hilger hoher Beamter im Außenministerium Nazideutschlands war und daß er während des Krieges eine leitende Position in Ribbentrops persönlichem Sekretariat innehatte. Das Wissen, das er sich bei dieser Tätigkeit erworben hatte, war schließlich einer der Hauptgründe dafür, daß er nach Washington gebracht wurde. Es ist nicht bekannt, ob Kennan über Hilgers Rolle beim Holocaust in der UdSSR, Ungarn und Italien Bescheid wußte. Es steht jedoch fest, daß sich die Unterlagen des Reichsaußenministeriums, die Hilgers Rolle beim Völkermord der Nazis dokumentierten, 1948 in den Händen der Amerikaner befanden und daß Auswertung und Erfassung dieses Materials bereits im Gange waren. Hätte George Kennan oder irgendein anderes Mitglied der US-Regierung mit Kennans Status die Akte über Hilgers Tätigkeiten während des Krieges angefordert, so hätte er diese Unterlagen ohne weiteres erhalten. Es gibt keinen Hinweis darauf, daß Kennan oder sonst jemand jemals Nachforschungen über Hilgers Rolle während des Holocausts angestellt hat. Es steht jedoch fest, daß Kennan, der damals einer der mächtigsten Männer in Washington war, während der Sicherheitsermittlungen der Army und des Außenministeriums Hilger als persönliche Referenz diente.

Die Aura von Ehrbarkeit, die Hilger umgab, hat offenbar Menschen abgeschreckt, die sich sonst logischerweise für seinen Hintergrund interessiert hätten. Alfred Meyer, ein amerikanischer Experte für den Kommunismus, der Anfang der fünfziger Jahre gemeinsam mit Hilger ein Buch herausgegeben hat, erinnert sich zum Beispiel daran, daß er den Deutschen nie gefragt hat, ob er Mitglied der NSDAP war oder nicht. »Es wäre eine indiskrete Frage gewesen«, erklärte Meyer bei einem Interview mit dem Autor. »Daß jemand Nazi gewesen war, galt nach dem Krieg immerhin als Schandfleck.«

Hilger war tatsächlich nie Mitglied der NSDAP. »Er war politisch ein bißchen ein Feigling«, meinte Meyer. »Er wollte nie zuviel riskieren.« In den Army-Geheimdienstberichten jener Zeit klingt die Ansicht durch, daß Hilger im Grunde ein Konservativer war, der es für bequemer hielt, sich dem Moloch Nationalsozialismus anzuschließen, statt ihm Widerstand zu leisten. »Er war ein schwacher Mensch«, stellte Meyer fest.

Meyer berichtete auch, daß Hilger in den Staaten »eine großzügige Subvention von der Carnegie-Corporation erhalten hat«. Zu dieser Zeit spielte sich ein großer Teil seiner Arbeit im Zentrum für russische Forschungen der Harvard University und auf einem ähnlichen Posten in der Johns Hopkins University ab; eigentlich dienten beide Jobs als Tarnung für seine Beratertätigkeit für das Office of National Estimates der CIA[17]. Der einzige bekannte Protest gegen Hilgers Anwesenheit in den Vereinigten Staaten kam in den fünfziger Jahren von Dr. Raul Hilberg, der damals ein junger Historiker war und an einer streng geheimen Analyse erbeuteter deutscher Unterlagen aus der Kriegszeit arbeitete, Codename Projekt Alexander. Hilberg, Autor der fundierten Geschichte des Holocausts *The Destruction of the European Jews*, entdeckte den ehemaligen Nazidiplomaten Hilger im Bundesdokumentationszentrum in Virginia, wo am Projekt Alexander gearbeitet wurde. Hilberg erklärte dem Projektleiter, daß er aus Protest aus dem Projekt ausscheiden würde, falls der ehemalige Nazidiplomat im Zentrum geehrt wurde. Kurz darauf wurde Hilgers Einladung widerrufen.

Diese Zwischenfälle drangen jedoch nicht an die Öffentlichkeit, und Hilger blieb bis 1953 in den Vereinigten Staaten; dann kehrte er nach Deutschland zurück und wurde in der Regierung Adenauer leitender Berater für auswärtige Angelegenheiten. Er trat 1956 in den Ruhestand, reiste aber weiterhin häufig zwischen den USA und Europa hin und her. 1962 stöberte der Journalist und Nazijäger Charles Allen den deutschen Diplomaten in dessen Washingtoner Wohnung auf, die Hilger auch nach der Heimkehr beibehalten hatte. Laut Allen besaß der Sechsundsiebzigjährige noch immer so viel Einfluß im Außenministerium, daß für ihn ein Telefonanschluß (»Klappe 11«) reserviert blieb. Allen hat auch überzeugend dokumentiert, daß das Außenministerium konsequent zu Unwahrheiten Zuflucht genommen hatte, um die jahrelange Verbindung mit Hilger zu verschleiern[18]. Der ehemalige Angehörige des Außenministeriums Nazideutschlands starb am 27. Juli 1965 in München.

Hilgers Kollege Nikolai N. Poppe, ein weltberühmter Fachmann für die Mongolei und die Minderheitengruppen der UdSSR, war ebenfalls per Bloodstone in die USA gekommen. Poppes Leben veranschaulicht die Vielschichtigkeit und die moralische Zweideutigkeit von Bloodstone und der Verwendung von ehemaligen Nazikollaborateuren. Poppe ist jetzt neunzig Jahre alt und lebt friedlich im Ruhestand im Staat Washington.

Poppe lief im August 1942 an dem Tag zu den Deutschen über, an dem die Nazis in Mikojan-Schachar eintrafen, wo er am Pädagogischen Institut unterrichtete. Er arbeitete aktiv bei der Schaffung der Quislingregierung im Gebiet der Karachai-Minderheit in der Sowjetunion mit. Eine der ersten Maßnahmen dieser Administration war die Enteignung von jüdischem Besitz, auf die bald die Deportation und Ermordung aller Juden folgte, deren man in dem Gebiet habhaft werden konnte. Gemäß Poppes eigener Aussage unterstützte er den deutschen militärischen Geheimdienst, indem er Wege durch die zerklüfteten Bergpässe wies, durch die die deutsche Armee und die Polizeitruppen weiter vordringen konnten[19].

Nach dem Krieg verurteilte Poppe die Taten der SS im Karachaigebiet, vor allem das Judenmassaker. Er schrieb, daß er persönlich einen kleinen Bergstamm, die »Tats«, vor der Vernichtung gerettet habe. Die Tats waren der Religion nach Juden, der ethnischen Abstammung nach jedoch Iraner, und Wehrmacht und SS waren sich nicht einig, wie sie »rassisch« zu behandeln waren. Poppe überzeugte die Nazis angeblich davon, daß die Tats als Nichtjuden eingestuft werden konnten: sie durften daraufhin weiterleben. Außer Poppes eigener Erklärung gibt es keinen Beweis für diese Aktion. Es steht allerdings fest, daß Poppe Fachmann für die Bevölkerung dieses Gebietes war, daß er damals mit den Deutschen zusammenarbeitete und daß die Tats tatsächlich verschont wurden[20].

Ganz gleich, was für Vorbehalte Poppe der SS gegenüber hegte, er erklärte sich jedenfalls dazu bereit, für den Rest des Krieges für sie zu arbeiten. Die SS brachte ihn 1943 als einen ihrer wichtigsten Geheimdienstexperten für die UdSSR im Wannsee-Institut unter. Dort arbeiteten er und ein Team von weiteren Kollaborateuren für die SS und das deutsche Oberkommando Studien aus, in denen die Standorte vielversprechender Ziele in der Sowjetunion, darunter auch Konzentrationen von Minderheitengruppen, beschrieben wurden[21]. Diese Informationen waren für die SS beim Einsatz der mobilen Mordkommandos und für die Wehrmacht bei der Planung von militärischen Operationen wichtig. Während die SS ohne die Hilfe Poppes und des Teams in Wannsee möglicherweise viele nicht für die Exekution Vorgesehene getötet hätte, beschleunigte die Vorarbeit andererseits die Massenmorde der Einsatzgruppen. Die Wannsee-Kollaborateure unterschrieben keine Hinrichtungsbefehle; sie sagten den Mördern nur, wo sie ihre Opfer finden konnten.

Poppe behauptet heute, daß das Personal des Wannsee-Instituts keine Kriegsverbrechen begangen hat. In Wirklichkeit jedoch ordnete Poppes direkter Vorgesetzter im Institut die Ermordung von jüdischen Buchhändlern in ganz Osteuropa an und organisierte Plünderungsteams der SS, die die Bibliotheken von Universitäten und wissenschaftlichen Instituten im gesamten von den Deutschen besetzten Gebiet beschlagnahmten, um die Sammlung des Instituts von der Geheimhaltung unterliegenden Büchern über die UdSSR zu vervollständigen[22].

Poppe behauptet auch, daß seine Arbeit für die SS ausschließlich aus Monografien über religiöse Bräuche der Mongolen und über Sibirien bestanden habe. Es fällt einem jedoch schwer, dieser Behauptung Glauben zu schenken, wenn man seine großen Sachkenntnisse über das kaukasische Gebiet der UdSSR in Betracht zieht, das seinerzeit einer der Brennpunkte des Krieges war[23].

Nach dem Krieg arbeitete Poppe kurz für den britischen Geheimdienst und dann in der »Gruppe für historische Studien« in Camp King für die Vereinigten Staaten. Bald darauf trat er mit der Bitte an amerikanische Geheimdienstbeamte heran, in die Vereinigten Staaten emigrieren zu dürfen. Die US-Beamten wußten genau, wen sie bekamen, als sie Dr. Poppe importierten. Bei den jetzt freigegebenen Unterlagen des Spionageabwehrkorps der US Army befindet sich folgendes Memorandum:

»22. Mai 1947

GEGENSTAND: Möglicherweise für Geheimdienst interessantes Personal

AN: Stellvertretenden Leiter des Geheimdienstes, Zentrale, Europäisches Kommando Frankfurt

APO 757 US Army

1. Zur Zeit lebt in der britischen Zone ein sowjetischer Staatsbürger namens Nikolai Nikolowitsch [sic] Poppe. Er lebt unter falschem Namen. Mr. Poppe ist Fachmann und Professor für fernöstliche Sprachen.

2. Seine Anwesenheit in der britischen Zone bringt die britische Militärregierung in Schwierigkeiten, weil die sowjetischen Behörden ständig verlangen, daß er als Kriegsverbrecher ausgeliefert wird. Die Engländer sind der Ansicht, daß Mr. Poppe als Informationsquelle wertvoll ist, und haben mich gefragt, ob es den US-Geheimdienstbehörden möglich wäre, *ihn ihnen abzunehmen und dafür zu sorgen, daß er in die USA geschickt wird, wo er verlorengehen kann* (Hervorhebung vom Autor).

3. Bitte lassen Sie mich wissen, was Sie in diesem Fall oder in ähnlichen Fällen, zu denen es vielleicht in Zukunft kommen kann, unternehmen wollen.

Unterschrift

PETER P. RODES

Oberst GSC

Leiter des Geheimdienstes[24].«

Die Amerikaner »verloren« Poppe tatsächlich. Obwohl die USA wußten, daß Poppe für den Geheimdienst der Nazis gearbeitet hatte und daß die Sowjets bestrebt waren, ihn in die Finger zu bekommen – vielleicht eben weil sie das wußten –, bekam Poppe, solange er sich in Deutschland aufhielt, einen falschen Namen (Joseph Alexandris) und wurde 1949 in die Vereinigten Staaten gebracht. Die bereinigte telegrafische Korrespondenz des Außenministeriums zwischen Berlin und Washington, die aufgrund des FOIA freigegeben wurde, enthüllt, daß Poppes Einwanderung in die Vereinigten Staaten unter der direkten Aufsicht von George Kennan und John Paton Davies erfolgte, die damals leitende Beamte der Abteilung für politische Kriegführung im Außenministerium waren[25].

Wie Poppe selbst berichtet, wurde er im Mai 1949 mit einem Transportflugzeug der US Army auf das Westover Airfield in Massachusetts gebracht. Am nächsten Tag flog er nach Washington, »wo ein vom Außenministerium entsandter Mann auf dem Flugplatz stand, um mich in Empfang zu nehmen«[26]. Während Poppe in Washington war, wurde seine Arbeit durch Carmel Offie betreut, einem OPC-Beamten, der unter dem Deckmantel des Außenministeriums arbeitete und für die Unterbringung und Ernährung von Bloodstone-Emigranten zuständig war.

Nikolai N. Poppe ist inzwischen zu einer der renommiertesten amerikanischen Autoritäten für die sowjetische Mongolei geworden und hat eine Generation von amerikanischen Geheimdienstbeamten über das politische Leben und die Kultur der nationalen Minderheiten in der UdSSR unterrichtet. Nach einem kurzen Gastspiel mit Gustav Hilger im Außenministerium wurde Poppe als Professor für fernöstliche Sprachen an der University of Washington in Seattle angestellt. Er blieb bis zu seiner Pensionierung dort und ist heute noch ein emeritierter Professor an dieser Institution. Er gilt auch als Fachmann für tibetanischen Buddhismus und ist Verfasser von über zweihundert wissenschaftlichen Büchern, Artikeln und Besprechungen über die Geschichte und die Sprachen der Völker Mittelasiens[27].

Ein Zwischenfall in Poppes Laufbahn in den fünfziger Jahren veranschaulicht den problematischen Einfluß gewisser ehemaliger Nazikollaborateure auf die Innenpolitik der Vereinigten Staaten. Zu Beginnn der McCarthy-Ära wurde Professor Owen Lattimore, Direktor der Walter Hines Page School of International Relations an der Johns Hopkins University und langjähriger Berater des Außenministeriums für asiatische Angelegenheiten, vor einen Untersuchungsausschuß des Kongresses zitiert und beschuldigt, Spionage getrieben und eine »kommunistische Zelle« im Institute for Pacific Relations geleitet zu haben. McCarthy, dessen Anschuldigungen bereits von den Demokraten und sogar von einigen Republikanern angefochten wurden, hatte behauptet, daß sein gesamter antikommunistischer Kreuzzug mit den angeblichen Beweisen »stand oder fiel«, die er im Fall Lattimore besaß. Natürlich besaß McCarthy keine Beweise, und der Ausschuß sprach Professor Lattimore frei. Im Bericht des Senatsausschusses über den Fall heißt es, daß McCarthy »den Senat... arglistig getäuscht und belogen und einen neuen Tiefpunkt in seiner anmaßenden Mißachtung der Tatsachen erreicht hatte«.

Poppes Aussage erwies sich jedoch als wichtiges Element beim Wiederaufleben von McCarthys Anschuldigungen gegen Lattimore. Poppe hegte (und hegt) persönlichen Groll gegen Lattimore, weil dieser, wie Poppe behauptet, vor 1949 seinen Einfluß geltend machte, um Poppes Einwanderung in die Vereinigten Staaten zu verhindern. 1952 veranlaßten McCarthy und sein Verbündeter, Senator William Jenner, daß die unbestätigten Behauptungen des ehemaligen Funktionärs der Kommunistischen Partei der USA Louis Budenz, Lattimore sei Mitglied seiner Partei gewesen, im ganzen Land verbreitet wurden. Es blieb Poppe, der auf dem Gebiet der mittelasiatischen Forschung ebenfalls Rivale von Lattimore war, überlassen, Lattimore weiter zu diffamieren. Als sachverständiger Zeuge sagte Poppe aus, daß ein großer Teil von Lattimores Arbeit über die Mongolei »sehr oberflächlich« sei und ein »verzerrtes Bild der Wirklichkeit lieferte ... [Lattimore] hatte darüber in den verschiedenen russischen Zeitungen gelesen und ihnen diese Sachdarstellungen entnommen[28].«

Poppe behauptete auch, daß er den Ermittlern des Senate Internal Security Subcommittee (Interner Sicherheitsausschuß des Senats) mitgeteilt habe, er wisse, daß Lattimore bei einer Reise nach Moskau in den dreißiger Jahren »mit wichtigen Führern der Kommunistischen Partei« zusammengekommen sei, obwohl diese Behauptung nicht im Bericht des Ausschusses aufschien. Die Tatsache, daß Poppe während des Krieges für die SS gearbeitet hatte, wurde nicht erwähnt, genausowenig wie Poppes persönlicher Groll gegen Lattimore[29].

Während des Restes seiner beruflichen Laufbahn wurde Lattimore von McCarthy und seinen Verbündeten verfolgt. Er wurde wiederholt von Untersuchungsausschüssen des Senats vorgeladen, öffentlich (zum Teil aufgrund von Poppes Aussage) als »bewußtes, sich Gehör verschaffendes Werkzeug der sowjetischen Verschwörung ... seit den dreißiger Jahren« bezeichnet und wegen Meineids angeklagt. Die Anklage wurde später mangels Beweises fallengelassen, doch das war für Lattimore ein Pyrrhussieg. Er verließ die USA im Alter von 63 Jahren und nahm einen Lehrauftrag an der Universität von Leeds in England an.

Heute spricht Poppe öffentlich über viele Aspekte seiner Arbeit für die Nazis und wiederholt, daß ihn keine Verantwortung für Kriegsverbre-

154

chen treffe*. Er erklärt: »1948 haben mich die Amerikaner, die mich in die USA bringen wollten, verhört. Ich habe ihnen alles über Wannsee und über [RSHA] Amt VI erzählt. Sie haben festgestellt, daß es nicht als eine an Kriegsverbrechen beteiligte Organisation galt. Sie haben gesagt: In Ordnung, Sie haben nichts zu befürchten.« Laut Poppe »hatten [SS-Standartenführer] Augsburg und [Wannsee-Leiter] Achmeteli auch nichts zu befürchten. Wir haben nur Forschung betrieben, und das macht jede Nation während eines Krieges.« Poppe gibt sich wegen seines Überlaufens zu den Nazis gleichmütig. »Die Dinge entwickeln sich nicht immer gradlinig«, sagt er über seinen Weg aus der UdSSR in die Vereinigten Staaten. »Es kommt zu Unterbrechungen, zu Umwegen[30].«
Poppe war Geheimdienstexperte und Hilger hochrangiger Diplomat, jedoch viele Bloodstone-Leute waren anscheinend Leiter von achsenfreundlichen Emigrantenorganisationen. Ein Beispiel für diesen Typ wird genügen müssen. In diesem Fall, bei dem es nicht um einen, sondern um mindestens sechs hochrangige albanische Emigranten geht, sehen wir wieder, daß der Hintergrund bei gewissen Bloodstone-Männern in leitender Position die Zusammenarbeit mit den Nazis war.
Midhat Frasheri war während des Krieges Leiter von Balli Kombetar, der albanischen Organisation, die mit den Nazis zusammenarbeitete. Frasheri trat zum erstenmal 1947 mit dem Plan an den amerikanischen Botschafter in Rom heran, fünfzig Führer der albanischen Flüchtlinge in die Vereinigten Staaten zu bringen, und zwar als Gegengewicht für, wie er es nannte, kommunistische »Intrigen« unter den in den USA lebenden Albanern. Wir verdanken diese Informationen dem Doktoranden der Stanford University Marc Truitt, der als erster über den Zwischenfall berichtete[31].

---

* 1985 berichtete das General Accounting Office (GAO, Bundeskontrollamt), der US-Geheimdienst stehe auf dem Standpunkt, Poppe sei während des Krieges ein »Verräter« gewesen, aber kein »Kriegsverbrecher«.
Vor kurzem hat das Office of Special Investigations (OSI, Amt für Sonderermittlungen) des amerikanischen Justizministeriums eine Untersuchung von Poppes Einwanderung in die Vereinigten Staaten abgeschlossen, ohne Anklage gegen ihn zu erheben. Das OSI entschied nämlich, daß Poppe den Geheimdienst vor seiner Einwanderung über seine Verbindung zur SS informiert habe und daß ihn daher das OSI kaum erfolgreich wegen illegaler Immigration in die Vereinigten Staaten vor Gericht bringen könne.

Unter den von Frasheri vorgeschlagenen Männern befanden sich: Xhafer Deva, der ehemalige Innenminister der italienischen faschistischen Besatzungsregierung in Albanien, der für die Deportation von »Juden, Kommunisten, Partisanen und verdächtigen Personen« (wie es in einem erbeuteten SS-Bericht heißt) in Vernichtungslager in Polen sowie für Strafaktionen der albanischen SS-Division Skanderbeg (benannt nach dem Nationalhelden) verantwortlich war; Hasan Dosti, der ehemalige Justizminister in der profaschistischen Regierung; Mustafa Merlika-Kruja, von 1941 bis 1943 albanischer Premierminister; und natürlich Frasheri selbst. Frasheris Mannschaft war für die albanische Verwaltung unter faschistischer Aufsicht verantwortlich. In dem kleinen, gebirgigen Land gab es relativ wenige Juden. Nach den heute zur Verfügung stehenden Unterlagen haben die SS und ihre albanischen Helfershelfer in einer Reihe von antisemitischen Säuberungsaktionen etwa 800 Leute zusammengetrieben, von denen die meisten deportiert und ermordet wurden.

Das US-Außenministerium lehnte zunächst Frasheris Plan wegen des, wie er sich ausdrückte, »etwas bunten« Hintergrunds seiner Schützlinge ab. Doch später wurde Robert Joyce, der Verbindungsmann des Außenministeriums zu CIA und OPC, der aktiv an Bloodstone und anderen Programmen der politischen Kriegführung mitarbeitete, auf den Plan aufmerksam. Am 12. Mai 1949 unternahm Joyce Schritte, um ein US-Visum für Frasheri zu erhalten. Die Einreise des albanischen Kollaborateurs »liegt laut unseren Freunden im nationalen Interesse«, schrieb Joyce und bezog sich dabei offenbar auf Wisners OPC-Abteilung in der CIA. Das Visum wurde ausgestellt, und Frasheri reiste noch im gleichen Jahr in die Vereinigten Staaten; kurz darauf folgte ihm sein Team von albanischen Führern[32].

Sobald sich Frasheri, Deva, Dosti und noch einige seiner Mitarbeiter in den USA befanden, gründeten sie das Nationale Komitee für ein freies Albanien, das von der CIA großzügig finanziert wurde, und zwar mit Geld, das durch Stiftungen und Radio Freies Europa weißgewaschen worden war. Das Komitee spielte anschließend eine wichtige Rolle bei der Rekrutierung von albanischen Flüchtlingen für eine Reihe von mißglückten Invasionen in ihr Heimatland, die im Rahmen von NSC 10/2 von der OPC gefördert wurden. Es ist jedoch nicht allgemein bekannt, daß diese Invasionsversuche durch den britischen Doppelagenten Kim Philby und durch sowjetische Spione unter den Emigranten in Europa verraten wurden. Die Rebellen, die versuchten, das albanische kommunistische Regime unter Enver Hodscha in ihrem Heimatland zu stürzen, wurden sehr bald gefangengenommen und erschossen.

Frasheris hohe Offiziere saßen allerdings sicher in den Vereinigten Staaten und entgingen diesem Schicksal. Die meisten von ihnen absolvierten lange Laufbahnen in rechtsstehenden politischen Kreisen der USA und waren in der ACEN aktiv, die nach einer Studie des Ermittlungsdienstes des Kongresses ebenfalls von der CIA finanziert wurde. Deva lebte bis zu seinem Tod im Jahr 1978 angenehm in Palo Alto in Kalifornien; Merlika-Kruja, der ehemalige Quisling-Premierminister, starb 1958 in New York; und Hasan Dosti, der ehemalige Justizminister, lebt zum Zeitpunkt, da dies geschrieben wird, achtzigjährig in Los Angeles. Sie alle waren als hohe Funktionäre im Nationalen Komitee für ein freies Albanien sowie in zahlreichen albanischen Vereinen in den Vereinigten Staaten tätig[33]. Dosti tut die Behauptungen, daß albanische Kriegsverbrecher in die Vereinigten Staaten gelangt sind, als »kommunistische Propaganda« ab.

ZEHNTES KAPITEL

Bloße Fäuste und Schlagringe

Viele Bloodstone-Leute – sowohl Nazikollaborateure als auch Nazigegner – wurden an zwei ausgezeichnet dotierte CIA-Projekte der psychologischen Kriegführung weitergeleitet, die noch laufen. Diese beiden Unternehmungen wurden von den Referaten »Subversion gegen feindliche Staaten« und »Propaganda« des NSC 10/2 genehmigt und sind vermutlich die größten und teuersten Aktionen der politischen Kriegführung, die die Vereinigten Staaten je unternommen haben. Auf jeden Fall sind sie aber die längsten und öffentlich bekanntesten »Geheimoperationen«, die es je gab. Ihre Namen: Radio Freies Europa und Radio Befreiung vom Bolschewismus; letzteres besser bekannt unter dem Namen Radio Liberation oder Radio Liberty.

Radio Freies Europa und Radio Liberation (die Abkürzungen lauten für gewöhnlich RFE/RL) begannen 1948 als eine Gesellschaft, die National Committee for a Free Europe (NCFE, Nationales Komitee für ein freies Europa) hieß und angeblich eine private Wohltätigkeitsorganisation war, die Emigranten aus dem von den Sowjets besetzten Osteuropa helfen wollte. Die Wurzeln des RFE/RL-Unternehmens sind – administrativ gesehen – die gleichen Programme für politische Kriegführung, die zur Entstehung von Bloodstone und NSC 10/2 führten.

George Kennan, Allen Dulles und eine Handvoll weiterer Spezialisten für auswärtige Angelegenheiten präsentierten NCFE als Patentlösung für ein unangenehmes Problem. Die US-Regierung hielt es für vorteilhaft, konventionelle, wenn auch frostige diplomatische Beziehungen zu den kommunistischen oder von Kommunisten dominierten Regierungen der UdSSR, Polens, Ungarns und der anderen Satellitenstaaten aufrechtzuerhalten. Doch das Außenministerium und die Geheimdienste wollten auch die antikommunistische Tätigkeit der zahlreichen Emigrantenorganisationen unterstützen, die sich als »Exilregierungen« der gleichen Länder verstanden. Es war aus einleuchtenden Gründen unmöglich, sowohl diplomatische Beziehungen zu den offiziellen Regierungen in Osteuropa als auch zu den »Exilregierungen« zu unterhalten. Das NCFE wurde daher als private Vereinigung aufgezogen, durch die geheime US-Geldmittel für die Exilkomitees weitergeleitet werden konnten; die Tarnung war allerdings sehr durchsichtig[1].

Der finanzielle Grundstock für das NCFE stammte aus dem gleichen Fonds von beschlagnahmten deutschen Guthaben, aus dem man bereits bei den italienischen Wahlen Geheimoperationen finanziert hatte. Mindestens zwei Millionen Dollar, die von dieser Affäre noch übrig waren, landeten zuerst bei Frank Wisners OPC und dann auf den Konten des NCFE, wie der ehemalige Präsident von RFE/RL Sig Mickelson feststellt, der viele Jahre lang die Geldmittel von Radio Freies Europa verwaltete. Druckpressen, Funkgeräte und andere aus der italienischen Kampagne gerettete Ausrüstungsgegenstände gingen ebenfalls an das OPC und von dort zum NCFE[2].

Allen Dulles und Frank Wisner stellten einen Star-Verwaltungsrat für das NCFE zusammen, der als Deckmantel und Erklärung dafür diente, wo das viele Geld herkam. Zu den ersten angesehenen Mitgliedern des Verwaltungsrates gehörten (um nur einige zu nennen) J. Peter Grace von W. R. Grace Company und der National City Bank; H. J. Heinz von der Mellon Bank und Heinz Tomato Ketchup; der texanische Ölmillionär George C. McGhee; Automagnat Henry Ford II; die Filmproduzenten Darryl Zanuck und Cecil B. De Mille; und so viele Wall-Street-Rechtsanwälte, daß die Sitzungen des Verwaltungsrats des NCFE wie eine Versammlung der Anwaltskammer des Staates New York wirkten. Die Geheimdienste waren unter anderem durch den ehemaligen Leiter des OSS, William Donovan, den russischen Emigranten Bernard Yarrow und durch Allen Dulles vertreten. Für die Gewerkschaft saß James B. Carey im Verwaltungsgremium, der sich selbst als CIO-»Gewerkschaftsführer« bezeichnete und Ende der vierziger Jahre eine führende Rolle bei der Säuberung der Gewerkschaftsbewegung von Kommunisten gespielt hatte. Carey machte kein Hehl aus seiner Einstellung zum Kommunismus. »Im letzten Krieg haben wir uns mit den Kommunisten zusammengetan, um gegen die Faschisten zu kämpfen«, erklärte er der *New York Herald Tribune*. »Im nächsten Krieg werden wir uns mit den Faschisten zusammentun, um die Kommunisten zu schlagen[3].«

Das NCFE war von Anfang an darauf angewiesen, daß mächtige Medienpersönlichkeiten in den Vereinigten Staaten freiwillig schwiegen und seine wahre Tätigkeit dadurch verborgen blieb. »Vertreter einiger der einflußreichsten Mediengiganten der Nation wurden von Anfang an in die Körperschaft [NCFE] aufgenommen«, bemerkt Mickelson in einer relativ offenen Geschichte des Komitees. Dazu gehörten »die Magazin-herausgeber Henry Luce [von *Time/Life*] und Dewitt Wallace vom *Reader's Digest*, aber kein Wort über die Regierungsbeteiligung ging in Druck oder wurde gesendet«. Luce und Wallace waren nicht die einzigen: C. D. Jackson, Chefredakteur des Magazins *Fortune*, kam 1951 als Präsident des gesamten Unternehmens Radio Freies Europa an Bord, während der leitende Herausgeber von *Reader's Digest*, Eugene Lyons, den Vorsitz im American Committee for the Liberation of the Peoples of Russia Inc. (Amerikanisches Komitee für die Befreiung der Völker Rußlands) innehatte – einem Verwandten von Radio Liberation. Dennoch wurden »die Geldquellen«, schreibt Mickelson, in der Presse »niemals erwähnt«[4].

Die praktische Auswirkung dieses Arrangements war die Schaffung einer mächtigen Lobby in den amerikanischen Medien, die nach Möglichkeit kritische Nachrichten über die Propagandaprojekte der CIA unterdrückte. Es ging nicht einfach darum, daß man nicht erwähnte, daß die CIA hinter diesen Programmen stand, deutet Mickelson an. Die Medien fälschten jahrelang Berichte über die Rolle der Regierung bei Radio Freies Europa und Radio Liberation und förderten bewußt die Legende, daß diese Projekte mit den kleinen Beträgen engagierter Staatsbürger finanziert wurden. Die Journalisten begriffen bald, daß Enthüllungen über das NCFE und RFE/EL nicht willkommen waren und schwiegen freiwillig. C. D. Jackson war Präsident von RFE/RL, Luce war Mitglied des Verwaltungsrates, und daher befaßten sich die Autoren von *Time* und *Life* genausowenig mit den dunklen Seiten von RFE/RL, wie sie jemals die amerikanische Fahne angegriffen hätten.

Von der CIA finanzierte Projekte der psychologischen Kriegführung, an denen osteuropäische Emigranten mitarbeiteten, weiteten sich während der fünfziger Jahre zu großen Operationen aus, die Dutzende und sogar Hunderte Millionen Dollar verschlangen. Der bekannte konservative Autor (und Berater des OPC für psychologische Kriegführung) James Burnham schätzte 1953, daß die Vereinigten Staaten »weit über eine Milliarde Dollar jährlich« für die unterschiedlichsten Projekte der psychologischen Kriegführung ausgaben – und das in »guten alten« Dollars[5]. Dazu gehörte die weitgehende Unterstützung der französischen Bewegung Paix et Liberté, die Bezahlung der Rechnungen der deutschen Liga für den Kampf gegen die Unmenschlichkeit und die Finanzierung von einem halben Dutzend Vereinigungen von freien Juristen, der unterschiedlichsten europäischen föderalistischen Gruppierungen, des Kongresses für kulturelle Freiheit sowie von Magazinen, Nachrichtendiensten, Buchverlagen und vielen anderen mehr.

Es handelte sich dabei um umfassende Programme, die so konzipiert waren, daß sie die Weltmeinung auf praktisch jeder Ebene, vom Bauern auf dem Feld bis zum Gelehrten an einer berühmten Universität beeinflußten. Sie besaßen Zugang zu einem großen Schatz an Hilfsquellen: Gewerkschaften, Werbeagenturen, Collegeprofessoren, Journalisten und Studentenführer, um nur einige wenige zu nennen. Die politische Analyse, die sie anboten, variierte von Fall zu Fall, doch im ganzen gesehen ging es um prodemokratische, prowestliche und antikommunistische Einstellung, häufig mit der »Neigung« zu liberalen oder sozialdemokratischen Idealen nach europäischem Vorbild. Es war keine Nazipropaganda, auch handelte es sich bei den meisten der daran beteiligten Männer und Frauen nicht um ehemalige Nazikollaborateure oder -sympathisanten. Zumindest in Europa war die CIA, historisch gesehen, der heimliche Förderer der Parteien der politischen Mitte, nicht der extremen Rechten.

Entgegen der kommunistischen Propaganda sind für die emigrierten Politiker und Emigranten-Organisationen aus Osteuropa, einschließlich jener, die in den fünfziger Jahren von der CIA gefördert wurden, »antikommunistisch« und »pronazistisch« nicht dasselbe. Die große Mehrheit der Exilpolitiker und Wissenschaftler, die während des kalten Krieges die geheime Unterstützung durch die USA akzeptierten, waren keine Nazikollaborateure. Viele von ihnen, vor allem die antikommunistischen Tschechen und Polen, hatten Schreckliches von den Nazis erdulden müssen.

Doch die amerikanische Politik, die sich in NSC 20 und ähnlichen Entscheidungen auf höchster Ebene ausdrückte, schaffte die Voraussetzungen für die Anwerbung einiger Emigranten, die Nazikollaborateure gewesen waren. Da die CIA sich weigerte, Unterschiede zwischen den verschiedenen antikommunistischen Emigrantengruppen zu machen, mußte sie plötzlich feststellen, daß sie eine ansehnliche Anzahl von ehemaligen Nazis und Kollaborateuren beschäftigte. Diese Rekrutierungen waren nicht »zufällig« erfolgt und auch nicht so selten, wie manche Leute annehmen. Das Wie und Warum einiger solcher Fälle wird auf den folgenden Seiten behandelt. Das NCFE (Nationales Komitee für ein freies Europa) und sein Schwesterprojekt American Committee for Liberation from Bolshevism (Amerikanisches Komitee für die Befreiung vom Bolschewismus), die 1948 gegründet und in dem darauffolgenden Jahrzehnten stärker wurden, entwickelten sich zur wichtigsten Pipeline, durch die die CIA das Geld für die Emigrantenführer pumpte. Obwohl es sich bei beiden um private, angeblich freiwillige Organisationen handelte, lag die politische Kontrolle dieser Projekte und praktisch aller ihnen zur Verfügung gestellten Geldmittel bei Wisners OPC-Abteilung in der CIA.

Entgegen dem allgemeinen Eindruck wurden die wohlbekannten Rundfunksendungen von Radio Freies Europa und Radio Liberation erst einige Jahre, nachdem die CIA begonnen hatte, Geld für die Emigrantenprojekte zur Verfügung zu stellen, aufgenommen. Nach Mittel- und Osteuropa ausgestrahlte Rundfunksendungen begannen 1950 unter der Schirmherrschaft von Radio Freies Europa, wurden dann erweitert und schlossen Programme ein, die durch das Schwesterprojekt von RFE, Radio Liberation from Bolshevism, das während eines Tauwetters 1963 in Radio Liberty umgetauft wurde, direkt in die UdSSR ausgestrahlt wurden. Die unmittelbare Verantwortung der CIA für diese Programme dauerte bis 1973, ehe ein neuer (und etwas öffentlicherer) Ausschuß für internationale Rundfunksendungen gegründet wurde, der die Rundfunkpropaganda finanzieren und verwalten sollte. Die Namen der Körperschaft und organisatorische Details dieser Projekte wurden im Lauf der Jahre wiederholt verändert, und diese Daten sind in den Anmerkungen zusammengefaßt[6]. Der Einfachheit halber verwende ich im jetzt folgenden Text die Abkürzungen RFE/RL, wenn es um diese Projekte geht.

Anfang der siebziger Jahre hatte die US-Regierung allein durch die Pipeline RFE/RL mindestens hundert Millionen Dollar für die Unterstützung politischer Aktivitäten der osteuropäischen Exilgruppen gepumpt, wie aus einer nicht geheimen Studie des General Accounting Office der Regierung hervorgeht[7]. Dieses Geld war jedoch nur der Anfang. Ein unbekannter Betrag, der eindeutig etliche Dutzend Millionen Dollar mehr ausmacht, gelangte über die Geldmittel des European Recovery Program (Marshallplan), die Unterstützung für Displaced Persons, die Auslandshilfe für Westdeutschland und die Spenden von Überschußgütern der US Army an die von der CIA betreuten Emigrantenprogramme. Die Verbindungen der Nazikollaborateure zur politischen Kriegführung wurden in jenen Abteilungen von RFE/RL besonders deutlich, die mit den »Exilregierungen« befaßt waren, denn dies waren die wichtigsten administrativen Kanäle, durch die das Geld der CIA zu einer Anzahl von osteuropäischen Emigranten-»Regierungen« floß. Eine Abteilung von RFE finanzierte die »Exilregierungen« oder »nationalen Komitees« (wie sie oft genannt wurden) der meisten Länder, die die UdSSR bei Kriegsende besetzt hatte; ein ähnliches Gebilde bei RL unterstützte auf die gleiche Weise Emigranten von einem Dutzend verschiedener Nationalitäten in der Sowjetunion[8].

Während des Zweiten Weltkriegs hatten sowohl die Achsenmächte als auch die Alliierten solche nationalen Komitees finanziert, um den Widerstand zu aktivieren, die Flüchtlinge aus besetzten Gebieten im Auge zu behalten und Spionagenetze hinter den feindlichen Linien zu schaffen. Die Geheimdienste oder Außenministerien der kriegführenden Länder ließen bevorzugten Emigrantenführern Geld zukommen, die ihrerseits Anhängern, die sie für loyal hielten, Schutz und Vergünstigungen gewährten.

Die Rekrutierungsbeamten von RFE/RL wollten diese Komitees wieder ins Leben rufen, um sie propagandistisch gegen die UdSSR und ihre Satelliten zu verwerten. Sie standen in den ersten Jahren jedoch vor einem schwierigen Problem, weil sich bei etlichen ihrer vielversprechenden Freiwilligen herausstellte, daß sie willfährige Nazikollaborateure gewesen waren. Oft blieben die von Berlin finanzierten nationalen Komitees sogar nach Deutschlands Niederlage gut organisiert und relativ mächtig, und diese Gruppierungen kontrollierten die Lager für Displaced Persons, in die die Alliierten Flüchtlinge aller Nationalitäten abgeschoben hatten. In den nationalen Quislingkomitees gab es Männer, die die Nazis während der deutschen Besetzung zu Bürgermeistern, Regierungsbeamten, Zeitungsherausgebern und Polizeichefs ernannt hatten. Sie waren gewohnt, mit einer fremden Macht zusammenzuarbeiten, und ihre Organisationen wurden oft von Schlägerbanden unterstützt, die aus Veteranen der Waffen-SS und der Wlassow-Armee bestanden und dafür sorgten, daß es in den Lagern keine Schwierigkeiten gab.

Diese ehemaligen nazifreundlichen nationalen Komitees hatten nach dem Fall von Berlin ihre faschistische Rhetorik und ihre Eisernen Kreuze beinahe ausnahmslos über Bord geworfen. Sie stellten sich jetzt als Demokraten, Freiheitskämpfer und sogar Nazigegner dar. Diese erfundenen Geschichten hätten eigentlich durchschaut werden müssen, denn die Vereinigten Staaten hatten genügend Geheimdienstarchive der Deutschen erbeutet, um die Aktivitäten von Tausenden der prominenteren Kollaborateure zu belegen – falls man sich die Mühe gemacht hätte, ihre Namen aus der Nazikorrespondenz auszugraben. Aber offenbar war bei den westlichen Geheimdiensten kein Mensch daran interessiert, was jene Emigranten während des Krieges getan hatten, die die Vereinigten Staaten so gern im kalten Krieg unterstützen wollten. Statt dessen schützte die strenge Geheimhaltung um Wisners OPC und ähnliche Projekte der psychologischen Kriegführung viele ehemalige Nazis und Kollaborateure.

Die Anwerbebeamten von RFE versuchten, wann immer möglich, Nazikollaborateuren auszuweichen und ihnen Demokraten und gemäßigte Sozialisten vorzuziehen. Das hatte insofern Erfolg, als man Agenten von einigen der Exilregierungen, die unter britischer Schirmherrschaft in London gegründet worden waren, oder von bestimmten tschechischen und ungarischen politischen Gruppierungen, die zwischen dem Ersten und dem Zweiten Weltkrieg eine gewisse Machtposition erlangt hatten, anwarb. Der leicht links orientierte Ausschuß für eine freie Tschechoslowakei unter Peter Zenkl, um nur ein Beispiel zu nennen, wurde für gewöhnlich dem reaktionären Slowakischen Befreiungskomitee unter Ferdinand Durcansky vorgezogen, das offen seine Loyalität zu dem Völkermordregime von Monsignore Jozef Tiso verkündete[9]. Zenkls Bevorzugung durch das RFE führte zu endlosen, erbitterten Angriffen auf Radio Freies Europa und Zenkl, von denen viele in rechtsorientierten Emigrantenzeitungen erschienen, die ebenfalls Subventionen von der US-Regierung erhielten.

Doch der Einfluß der Nazikollaborateure war sogar unter den Emigranten aus demokratischeren Ländern beträchtlich. Manchmal entschlossen sich die Amerikaner, ehemalige Quislinge und Kollaborateure anzuheuern, weil offenbar keine anderen Kandidaten zur Verfügung standen. Männer wie Ladislav Nižňanský und Emil Csonka (um nur zwei Beispiele unter vielen zu nennen), deren Rollen bei der Besetzung Osteuropas durch die Nazis allgemein bekannt waren, fanden unter dem Schutz von RFE Arbeit und gelangten zu Einfluß*.

Bei Flüchtlingen aus der UdSSR war es viel schwieriger, antikommunistische Liberale zu finden. Kennan gab später zu: »Es gab in Rußland keine bedeutenden demokratischen Elemente, dafür hatten dreißig Jahre kommunistischen Terrors gesorgt[10].« Er übertrieb damit vielleicht, aber nicht sehr. Die Engländer hatten während des Krieges aus diesen Gruppen keine »demokratischen« Komitees gebildet – schließlich war Stalins Regierung ein wichtiger Verbündeter. Die einzigen etwas bedeutenderen Organisationen unter den Emigranten aus Weißrußland, der Ukraine, Turkestan, Aserbeidschan und anderen Sowjetstaaten waren eben jene, die während der Nazibesatzung begeisterte Kollaborateure gewesen waren. Sei es aus Zynismus oder infolge des Druckes durch den kalten Krieg, oder aus beiden Gründen – jedenfalls protegierte und finanzierte Radio Liberation diese Organisationen und die Männer, die sie leiteten.

* Nižňanský war angeblich Angehöriger des SS-Sonderkommandos Edelweiß gewesen und hatte für seine Leistungen das Eiserne Kreuz Zweiter Klasse erhalten. Ein tschechoslowakisches Gericht verhandelte in Abwesenheit gegen ihn und verurteilte ihn wegen Kriegsverbrechen, darunter vier Ende 1944 und Anfang 1945 an Zivilisten begangene Massaker, die in der von den Nazis besetzten Tschechoslowakei von unter seinem Befehl stehenden Truppen verübt wurden. Viele der Opfer waren Frauen und Kinder gewesen. Außerdem wurden bei seinem Prozeß Beweise dafür vorgelegt, daß er am 12. Dezember 1944 an der Ermordung von Offizieren einer anglo-amerikanischen Militärmission in der Nähe von Polomka beteiligt war. Nižňanský begann 1948 in Braunau als Dolmetscher und Vernehmungsbeamter für das CIC zu arbeiten. Er wurde 1955 von RFE angeheuert und arbeitete viele Jahre als Spezialist unter Tschechoslowaken, die sich auf Besuch befanden oder in den Westen emigriert waren.
Csonka ist während des Krieges angeblich Mitglied der ungarischen faschistischen Pfeilkreuzlerpartei gewesen, war in dieser Partei Jugendführer und eine Zeitlang Sekretär von Ferenc Szálasi, dem Leiter der Organisation, der 1946 wegen Kriegsverbrechen hingerichtet wurde. Nach dem Krieg arbeitete Csonka für den französischen Geheimdienst. Er ging 1954 als politischer Redakteur und Spezialist für ungarische Fragen zu RFE. Er hat oft das Pseudonym Gergely Vasvari benützt.

In etlichen Fällen machten sich die Werber von RL nicht einmal die Mühe, die Namen oder gar die Führung der Nationalitätenkomitees zu wechseln, die für die Nazis gearbeitet hatten. Das Nordkaukasische Nationalkomitee, die Georgische Exilregierung, die weißrussische Central Rada zum Beispiel, die alle unter Berlins wachsamem Auge gegründet oder verwaltet worden waren, behielten auch unter der Schirmherrschaft der USA ihre Namen, ihre Mitglieder und beinahe alle Leitungsgremien. Mit bezeichnender Taktlosigkeit hatte sogar die US-Tarnorganisation für RL, das Amerikanische Komitee für die Befreiung der Völker Rußlands, seinen Namen direkt von Wlassows Komitet Oswoboschdenija Narodow Rossii (KONR) übernommen, das 1944 unter der gemeinsamen Schirmherrschaft der SS und des Reichsaußenministeriums in Prag gegründet worden war[11].

Frank Wisners OPC, das in diesem Fall von Kennan kräftig unterstützt wurde, gründete das American Committee for the Liberation of the Peoples of Russia (Amerikanisches Komitee für die Befreiung der Völker Rußlands, für gewöhnlich AMCOMLIB abgekürzt). AMCOMLIB war Werkzeug und Entwicklung von NSC 20. Wisner stellte sich vor, daß das OPC jetzt die beträchtlichen finanziellen Mittel von AMCOMLIB benützen könnte, um die verschiedenen sowjetischen Emigrantenorganisationen, einschließlich jener, die am aktivsten für die Nazis gearbeitet hatten, zu einer einzigen antikommunistischen Föderation zu vereinen. Diese Maßnahme sollte nicht nur Menschen russischer Nationalität, sondern auch Ukrainer, Weißrussen, Kosaken, Turktataren und andere Minderheitengruppen umfassen. Es sollte eine vereinigte Anti-Stalin-Bewegung entstehen, an der sich alle nichtkommunistischen Emigranten aus der UdSSR beteiligen konnten.

Doch das gleiche Problem, mit dem sich die Deutschen einst herumgeschlagen hatten, tauchte rasch wieder auf. Jede der Minderheitengruppen forderte Autonomie innerhalb der vorgesehenen Föderation. Die ukrainischen Führer bestanden auf dem Recht, sich von jeder Regierung zu trennen, die nach dem geplanten Sturz Stalins geschaffen würde. Die Volksgruppe der russischen Nationalisten weigerte sich jedoch, die Bedingungen der Ukrainer anzunehmen, weil sie die Ukraine als Bestandteil des russischen Reichs betrachtete. Von da an eskalierte der Kampf zwischen den Emigrantengruppen.

Das erste Zugeständnis, das die Ukrainer forderten, war die Änderung des Namens der Föderation; ein Komitee für die Befreiung der Völker Rußlands bedeutete sinngemäß, daß sie sich für einen Teil Rußlands hielten, was sie ganz entschieden nicht taten. Deshalb wurde der Name in Amerikanisches Komitee für die Befreiung vom Bolschewismus geändert, eine Bezeichnung, die die Propagandisten der Nazis in der Ukraine vorgezogen hatten. Dieser Versuch einer Einigung scheiterte schließlich ebenfalls, und die erbitterten Fraktionskämpfe zwischen den Emigrantengruppen gingen weiter.

Sogar der Name der Föderation wurde irgendwann peinlich. Der ehemalige RFE/RL-Präsident Sig Mickelson bemerkt, daß die amerikanischen Organisatoren des Komitees »offenbar nicht gewußt haben, daß Bolschewismus Hitlers Lieblingsausdruck zur Verächtlichmachung der Sowjetunion gewesen war«. Die sowjetische Regierung wies unverzüglich auf die rhetorische Ähnlichkeit zwischen den Rundfunksendungen der Nazis und jenen von Radio Liberation hin und erwähnte natürlich auch die Tatsache, daß eine Anzahl leicht zu identifizierender Nazikollaborateure für den Sender arbeiteten. Laut Mickelson waren Radio Freies Europa und Radio Liberation schließlich gezwungen, den Ausdruck *Bolschewismus* aus ihren Nachrichtensendungen zu verbannen, weil er bei den europäischen Hörern unweigerlich zu Assoziationen mit der Nazipropaganda führte[12].

Als die Fraktionskonflikte zwischen den Emigrantenorganisationen zunahmen, scheint Wisners OPC-Abteilung der CIA die Kontrolle über viele von ihnen verloren zu haben. Die Emigrantenführer kämpften erbittert gegeneinander, spalteten Koalitionen, die sie unterstützen sollten, und scheuten auch nicht vor Attentaten und Mordaktionen zurück, die sie vor ihren amerikanischen Schirmherren geheimhielten. Heute weiß man, daß etliche Führer der russischen Nationalisten für mehrere Geheimdienste gearbeitet haben, einschließlich der russischen, und jedem ihrer Arbeitgeber falsche Informationen lieferten. Doppel-, Dreifach- und Vierfachagenten waren die Regel, nicht die Ausnahme, politische Morde und Entführungen an der Tagesordnung.

Eine der von den USA finanzierten Emigrantengruppen, die nach den Initialen ihres russischen Namens als TsOPE bezeichnet wurde, ging sogar so weit, ihre eigene Zentrale zu sprengen und das Attentat dann der russischen Sicherheitspolizei in die Schuhe zu schieben. Die TsOPE wollte damit beweisen, daß sie die effizienteste antikommunistische Organisation und daher einer größeren Unterstützung würdig sei, weil die Sowjets nur in ihr ein Sabotageziel gesehen hätten. Der geniale Plan der TsOPE löste sich jedoch in Luft auf, als das Büropersonal von amerikanischen Vernehmungsbeamten verhört wurde[13].

Ende der vierziger Jahre standen die bekannten Rundfunksendungen von RFE/RL bei der finanziellen Unterstützung von politischen Emigrantenkomitees hinter dem National Committee for a Free Europe an zweiter Stelle. Die Rundfunkstationen waren erst nachträglich eingeschaltet worden, als die Schwachstellen von Thayers Arbeit bei der Stimme Amerikas offenkundig wurden. Thayers Rundfunkpropaganda – die, wie dargestellt, eines der auslösenden Momente für Bloodstone war – hatte sich relativ rasch als unproduktiv erwiesen. Das Außenministerium stellte bald fest, daß Thayers ätzende Angriffe auf osteuropäische Regimes von diesen als amtliche Statements der USA betrachtet wurden, weil sie von der offiziellen Rundfunkstation der Vereinigten Staaten ausgestrahlt wurden. Der Politische Planungsstab erkannte, daß antikommunistische Polemiken über offizielle Sender die amerikanische Osteuropa-Politik nur erschwerten, und schlug vor, daß die Regierung statt dessen heimlich die Befugnisse des angeblich privaten NCFE erweitern und ihm die in die UdSSR und ihre Satellitenstaaten ausgestrahlten Rundfunksendungen übertragen sollte. Davon könnte man sich leichter distanzieren.

Im Gegensatz zur relativ gemäßigten Tonart der RFE/RL-Sendungen heute schlugen diese Stationen während des kalten Krieges harte Töne an. »Bloße Fäuste und Schlagringe« lautete die Parole, wie es Sig Mikkelson ausdrückte. Dewitt Poole, der Präsident des NCFE, bemerkte 1950 in einer Anweisung, daß ihre Arbeit darin bestehe, »sich einzelne bolschewistische Machthaber und ihre Quislinge vorzuknöpfen und sie zu zerlegen, ihre Motive aufzuzeigen, ihr Privatleben auszuforschen, auf ihre Gemeinheit hinzuweisen, ihre bösen Taten anzuprangern, sie der Lächerlichkeit und der Verachtung preiszugeben«[14]. Außerdem wurden die Rundfunksendungen als Deckung für einen viel größeren Kreis von Aktivitäten der politischen Kriegführung ausgenützt, zu denen der Druck und die Verteilung von »schwarzer« Propaganda, das Beschaffen von Informationen und die Unterhaltung von Agentennetzen hinter dem Eisernen Vorhang gehörten.

Diese harte Agitation bezog ihren ideologischen Schwung aus mehreren Quellen. Thomas Jefferson und Abraham Lincoln wurden in RFE/RL-Sendungen oft zitiert und gepriesen, ebenso osteuropäische Nationalhelden wie der Ungar Lajos Kossuth und der Pole Tadeusz Kosciuszko. In den Anfangsjahren von RFE/RL schlich sich jedoch manchmal ein leiser Unterton von Nazipropaganda ein. Gelegentlich fand vom Sicherheitsdienst der Nazis geschaffenes Material den Weg in die Sendungen und Publikationen von RFE/RL. Das NCFE verteilte zum Beispiel gern das hochgepriesene – aber gefälschte – »Dokument über Terror«, um die Empörung der westlichen Öffentlichkeit über den Kommunismus für Spendensammlungen des RFE auszunützen. Das »Dokument« war angeblich die Übersetzung eines erbeuteten Erlasses der sowjetischen Geheimpolizei, in dem zum Terror gegen die Zivilbevölkerung ermutigt wurde. Die einzelnen Abschnitte betrafen unter anderem »allgemeinen Terror« (Morde, Henken usw.), »eine Psychose sinnloser Angst schaffen«, »raffinierten Terror« (die Verwendung von Agents provocateurs), »zersetzende Maßnahmen« und so weiter. Die CIA verbreitete den Text des »Dokuments« offensiv sowohl direkt durch RFE als auch indirekt durch Berichte, die sie in die unterschiedlichsten Zeitungen, Magazine und Fernsehsendungen einschleuste und so dem Publikum in der gesamten Welt vermittelte.

Das NCFE gab bekannt, daß es das »Dokument« von einem ehemaligen Kabinettsmitglied eines baltischen Staates erhalten habe, »das wir gut kennen«, das es seinerseits von einem ukrainischen Flüchtling erhalten hätte, der es wiederum 1948 in Polen »in der Kleidung eines toten NKWD-Offiziers gefunden hatte«. Kleingedruckt gab das Komitee zu, daß es »nicht die Möglichkeit hatte, die Echtheit des Dokuments schlüssig zu beweisen«, betonte aber, daß es »ein authentisches Produkt der kommunistischen Theorie« sei, dessen Empfehlungen »befolgt wurden«. Dieser leise Zweifel an der Echtheit des »Dokuments« ging in dem Mediensturm unter, der auf seine Veröffentlichung folgte[15].

Das »Dokument« wurde zum festen Bestandteil der antikommunistischen Propaganda und taucht bis heute gelegentlich in Publikationen der äußersten Rechten auf. Dieser »erbeutete Bericht« wurde immer wieder in Hearings des Kongresses, Artikeln in *Reader's Digest* und Zeitungsberichten aufgewärmt und entwickelte sich zu einem gern zitierten »dokumentarischen Beweis« für den kommunistischen Terror während des kalten Krieges. Erst 1956, nach der Veröffentlichung von Chruschtschows aufsehenerregendem Bericht über Stalins Verbrechen, begann das »Dokument« in Vergessenheit zu geraten.

Es entpuppte sich schließlich als Fälschung. Laut dem amerikanischen Sachverständigen für psychologische Kriegführung Paul Blackstock war die wirkliche Quelle des »Dokuments« entweder die Geheimpolizei der Nazis oder eine verwandte terroristische Organisation wie der Sicherheitsdienst oder eine der berüchtigten Einsatzgruppen (mobile Mordkommandos). Blackstock spürte mittels etymologischer Untersuchungsmethoden den Ursprung der im »Dokument« verwendeten Ausdrücke auf[16] und kam zum Schluß, daß der Abschnitt über die »zersetzenden Maßnahmen« zum Beispiel seinen Ursprung in einem Nazihandbuch hatte, das bei der Indoktrinierung von osteuropäischen Kollaborateureinheiten einschließlich der ukrainischen Waffen-SS verwendet wurde.

In den Sendungen von RFE/RL wirkten manchmal bekannte Nazikollaborateure und sogar Kriegsverbrecher mit. Offiziell traten diese »überparteilichen« Stationen natürlich für die Schlagworte »Freiheit« und »Demokratie« ein. Die große Mehrheit der Mitarbeiter von RFE/RL war politisch integer, und die beiden Stationen zitierten oft anerkennend antinationalsozialistische europäische Politiker. Die Sendungen von RFE/RL über die europäischen Sozialdemokraten führten sogar gelegentlich zu Beschwerden von hartgesottenen antikommunistischen Kongreßmitgliedern in den Vereinigten Staaten, für deren Geschmack diese Ideen dem Kommunismus gefährlich nahestanden.

Dennoch fühlten sich bestimmte Kriegsverbrecher bei RFE/RL sehr wohl. Radio Freies Europa brachte zum Beispiel vor allem in den fünfziger Jahren wiederholt Sendungen in rumänischer Sprache über den faschistischen rumänischen Führer (und Erzbischof der rumänischen orthodoxen Kirche in Amerika) Valerian Trifa. Vilis Hazners, den CBS in einer 60-Minuten-Fernsehsendung beschuldigt hatte, an der Spitze einer Nazibande »eine Gruppe Juden in eine Synagoge getrieben zu haben, [die] dann in Brand gesteckt wurde«, tauchte in Sendungen von Radio Liberation als bekannte litauische Persönlichkeit auf. Nach den letzten

170

Berichten aus den achtziger Jahren arbeitete Hazners noch immer für RL. Der weißrussische Quisling und Massenmörder Stanislaw Stankiewitsch schrieb oft als freier Mitarbeiter Programme für die beiden Rundfunkstationen[17].

Das Pentagon beschäftigte sich ungefähr zur gleichen Zeit wie das Außenministerium und die CIA ernsthaft mit der Verwendung von Nazikollaborateuren. Das Schreckgespenst des Krieges, das General Lucius Clay Anfang 1948 an die Wand gemalt hatte, und die Verschärfung des kalten Krieges überzeugten immer mehr Amerikaner innerhalb und außerhalb der Regierung davon, daß die Chancen für einen Krieg zwischen den USA und der UdSSR noch in diesem Jahrzehnt ungefähr 50:50 standen.

Da das Pentagon der oberste Hüter der Sicherheit der Vereinigten Staaten ist, hält es sich für verpflichtet, von den Sowjets das Schlimmste anzunehmen, um für jede Eventualität gerüstet zu sein. 1948 war es für die US-Strategen bereits eine ausgemachte Sache, daß sich die Vereinigten Staaten zunehmend auf Atomwaffen verlassen würden, um die Sowjets von militärischen Schritten gegen den Westen abzuhalten. Der amerikanische Alptraum von der überwältigenden Überlegenheit der Sowjets in Europa in bezug auf Truppenstärke und konventionelle Waffen ließ ihnen ja auch kaum eine andere Wahl.

Etwa zur gleichen Zeit, als Kennan, Dulles und Wisner das NCFE zusammenstellten und die NSC-10/2-Bewilligung für den Krieg der Geheimdienste erhielten, arbeitete das Pentagon die Strategie für den Einsatz von Nuklearwaffen in einem Krieg gegen die UdSSR aus. Als das Jahrzehnt zu Ende ging, waren die Vorbereitungen der Militärs für einen Atomkrieg – falls dieser unvermeidlich würde – mit vielen der im Gang befindlichen Operationen der politischen Kriegführung der CIA und des Außenministeriums verschmolzen. Als sich diese beiden Strömungen vereinigten, wurden Nazikollaborateure in einigen der heikelsten militärischen Unternehmen der USA eingesetzt.

ELFTES KAPITEL

Guerillas für den dritten Weltkrieg

Die überlebenden Angehörigen der Wlassow-Armee und die Veteranen der Waffen-SS aus Osteuropa taten während des kalten Krieges ihr möglichstes, um in die im Aufbau befindliche Nuklearwaffenstrategie der USA integriert zu werden. Wie bereits erwähnt, begannen Oberst Philp und General Gehlen bereits im Winter 1945/46, deutsche Offiziere und Flüchtlinge aus dem Osten hinter den sowjetischen Linien einzusetzen, um durch sie Informationen über sowjetische militärische Anlagen zu erhalten. Jedesmal, wenn der Standort einer neuen militärischen Einrichtung der Sowjets bestätigt wurde, gab man diese Information an ein bestimmtes Amt der US Air Force weiter, das Ziele für den Atomschlag auswählte.

Als die atomare Planung weiterentwickelt wurde, gewannen in Amerikas Atomstrategie auch die Emigranten an Bedeutung. Ende 1948 hatte der Experte für Kommandounternehmen, General Robert McClure, die Generalstabschefs dazu überredet, ein umfassendes Programm für einen Guerillakrieg zu genehmigen, der auf einen US-Atomschlag gegen die UdSSR folgen sollte. Von da an wurden bis mindestens 1956, als diese Strategie in amerikanischen Führungskreisen den Höhepunkt ihrer Beliebtheit erreichte, Tausende Emigranten aus der UdSSR bei den Vorbereitungen für die Guerillakämpfe eingesetzt, zu denen es nach dem dritten Weltkrieg kommen sollte. Aus Dokumenten des Pentagons geht hervor, daß Wlassow-Veteranen und Angehörige der ehemaligen Waffen-SS eine wesentliche Rolle in diesen Untergrundarmeen spielen sollten. Angesichts der Aktivitäten dieser Truppen während des Krieges besteht Grund zu der Annahme, daß ein Teil dieser Söldner Kriegsverbrecher waren.

Diese Emigranten entwarfen natürlich nicht die Nuklearstrategie der USA. Zu der Entwicklung der nuklearen Waffen und zu ihrer Auswirkung auf die internationale Politik wäre es auf jeden Fall gekommen, ob nun die USA in ihrer Kriegsplanung ehemalige Nazikollaborateure verwendete oder nicht. Die Exilsoldaten schwammen Ende der vierziger und Anfang der fünfziger Jahre einfach im Kielwasser der Umstellung auf Nuklearwaffen mit. In vielen Fällen war ihnen gar nicht bewußt, was das Pentagon mit ihnen vorhatte. Daß diese Gruppen in die atomare Planung der USA – und sei es nur auf unterster Ebene – einbezogen wurden, war für Militär und Geheimdienst ein wesentlicher Grund mehr, die Nazivergangenheit ihrer ungewöhnlichen Truppen zu verheimlichen.

Man kann den Integrationsprozeß der ehemaligen Nazigruppen in die nuklearen Planungen der USA mindestens bis Anfang 1947 zurückverfolgen, als General Hoyt Vandenberg der erste Generalstabschef der neuerdings unabhängigen US Air Force wurde. Vandenberg hatte während des Zweiten Weltkrieges die 9. Air Force in Europa befehligt und war 1946 Leiter der Central Intelligence Group (Zentrale Geheimdienstgruppe), der direkten Vorgängerin der CIA, geworden. Zu den Aufgaben des Generals gehörte das Entwerfen von Strategien und Taktiken, die im Fall eines Krieges beim Einsatz von Amerikas neuen Atomwaffen anzuwenden waren.

»Vandenberg hatte eine klare Vorstellung davon, wie ein Atomkrieg ausgetragen werden muß«, meint der im Ruhestand befindliche Oberst Fletcher Prouty, der in den vierziger Jahren Chefadjutant des Stabschefs der Air Force und später der wichtigste Verbindungsoffizier zwischen dem Pentagon und der CIA gewesen ist. »[Er] wußte, daß man, falls es zu einem nuklearen Schlagabtausch kam – wir sprechen wohlgemerkt von Atombomben, nicht von Wasserstoffbomben –, zwar die Infrastruktur eines Landes vernichten konnte, das Land als solches aber immer noch existieren würde. Es wäre einfach ein Schutthaufen. Die Menschen würden herumirren und wissen wollen, wer jetzt der Chef sei und wo das Essen herkäme usw., aber das Land wäre noch immer *vorhanden*.« Daher überlegten die USA: »Wir müssen [nach dem Atomschlag] zunächst in der Sowjetunion unabhängige Kommunikationszentren schaffen und das Land dann allmählich für unsere Zwecke in Ordnung bringen[1].«

Army, Air Force und CIA begannen um die Wette Programme für das postnukleare Schlachtfeld zu entwerfen. Die Army gründete die sogenannten Sondereinheiten – die heute unter dem Namen Green Berets bekannt sind –, und die Air Force schuf die Abteilungen für die Versorgung durch die Luft und für Nachrichtenverbindungen. Diese Einheiten hatten laut Prouty mehrere Aufgaben: sie sollten antikommunistische politische Führer einsetzen, die von Guerillaarmeen in der UdSSR und Osteuropa unterstützt würden; die politische Macht in strategisch wichtigen Teilen des Landes übernehmen; eventuell noch vorhandenen kommunistischen Widerstand brechen und dafür sorgen, daß die Rote Armee sich nicht zu einem Gegenangriff sammelte. »Jemand mußte im Land wieder Ordnung schaffen, und bevor es die Kommunisten tun konnten, wollten wir daherkommen und es besorgen«, meinte Prouty.

»Die osteuropäischen und russischen Emigrantengruppen, die wir von den Deutschen übernommen hatten, standen im Mittelpunkt dieser Aktionen; sie waren das Personal«, erläutert der pensionierte Oberst. »Die CIA sollte diese Truppen in Friedenszeiten bereitstellen; sie sollte einen Vorrat von Waffen, Funkgeräten und Jeeps anlegen und für den Kriegsausbruch in Bereitschaft halten. Ein großer Teil dieser Ausrüstung stammte aus militärischen Überschußgütern. Die CIA sollte auch im vorhinein Kontaktstellen [in der UdSSR] einrichten, auf die wir uns stützen konnten, und das war ebenfalls Aufgabe der von der CIA beschäftigten Emigrantengruppen. Inzwischen wurden sie [die Emigrantentruppen] für Spionageaufgaben oder Geheimaktionen eingesetzt.« Sowohl die Army als auch die CIA beanspruchten den Befehl über die Guerillainfanterie, sobald der Krieg erklärt worden war[2].

Ein kürzlich freigegebenes, streng geheimes Schreiben der Generalstabschefs an Präsident Truman bestätigt Proutys Behauptung, daß die Emigrantenarmeen für die seinerzeitigen Planer des Atomkriegs eine wichtige Rolle spielten. Die Studie des Jahres 1949 beginnt mit einer Zusammenfassung der damals neuesten atomaren Strategie. Siebzig Atombomben sowie eine nicht näher definierte Menge von konventionellen Sprengstoffen sollten von Langstreckenbombern innerhalb eines Zeitraums von dreißig Tagen auf ausgewählte russische Ziele abgeworfen werden. Man hatte die Auswirkungen des Angriffs genau berechnet: etwa 40 Prozent des sowjetischen Industriepotenials, einschließlich des größten Teils der militärisch entscheidenden Erdölindustrie, würden zerstört werden.

Doch die Stabschefs wiesen darauf hin, daß der Sieg damit noch nicht gesichert sei. Der dreißig Tage dauernde Atomangriff, stellte das Pentagon mit zynischem Understatement fest, könnte unter den Völkern der UdSSR »zu Ressentiments gegen die USA führen« und sie in ihrem Kampfwillen bestärken. Die JCS fanden daher, daß nach dem Angriff ein umfassendes Programm für den politischen Krieg unerläßlich sei. Die Wirksamkeit des nuklearen Angriffs hinge nämlich »davon ab, wie effizient und prompt die damit zusammenhängenden militärischen und psychologischen Operationen einsetzten... Wenn man die Situation nicht sofort entscheidend ausnützte, versäumte man die Gelegenheit, und die anschließenden psychologischen Reaktionen der Russen würden die Erreichung der alliierten Ziele gefährden[3].«

Die Abstellung von fünf Geschwadern mit B-29-Bombern für die Guerillaarmee läßt erkennen, welche Bedeutung ihr das Pentagon beimaß. Die B-29 war damals der größte, technisch ausgereifteste und teuerste Bomber der USA. Laut Prouty sah General Vandenberg die psychologische Kriegführung im Guerillakrieg als dritten Zweig seiner Waffengattung, der zumindest in seinem administrativen Status dem Strategic Air Command und dem Tactical Air Command gleichgestellt sein sollte. Schwarmgeister in der Armee wie General McClure hegten ähnliche Pläne.

Die Guerillaausbildung der Wlassow-Veteranen, die bereits früher von Kennan, Thayer und Lindsay in die Wege geleitet worden war, paßte nahtlos in die Pläne des Militärs für die Sondereinheiten bei einem Atomschlag. Anfang 1949 verschmolzen die beiden Projekte allmählich zu einer einzigen Strategie. Diese kombinierte die psychologische Kriegführung sowie Geheimaktionen unter dem Befehl der CIA und des Außenministeriums vor dem Abwurf der Bomben mit unter militärischem Kommando stehenden Guerillaarmeen nach dem Atomschlag.

Jeder Aspekt der atomaren Politik der USA war von strengster Geheimhaltung umgeben, und daß die Vereinigten Staaten eine Emigrantenarmee für den Einsatz nach einem nuklearen Angriff auf die UdSSR ausbildeten, gehörte zu den am besten gehüteten Geheimnissen. Sogar die Infanteristen, die mit Fallschirmen in die radioaktiven Ruinen der UdSSR abspringen sollten, durften die Details ihrer Aufgabe erst im letzten Augenblick vor dem Einsatz erfahren. Die Geheimhaltung galt der militärischen Strategie, nicht der Tatsache, daß etliche Mitkämpfer ehemalige Nazis waren. Doch die hohe Geheimhaltungsstufe des Projekts gewährleistete, daß man für gewöhnlich Zeitungsreporter und Wissenschaftler taktvoll davon abbringen konnte, sich zu eingehend mit dem Ursprung der Sondereinheiten zu befassen. Wenn jemand den Wink mit dem Zaunpfahl nicht begriff, sah er sich einer Mauer amtlichen Schweigens gegenüber*.

Es blieb der Army überlassen, für die tägliche Betreuung Tausender Emigrantenguerillas der CIA zu sorgen, bis »der Ballon hochging«, wie die Sicherheitspolitiker eine Atomkrise umschrieben. Zu jener Zeit war es relativ einfach, einen Vorrat an militärischer Ausrüstung anzulegen, weil Überschußmaterial aus dem Zweiten Weltkrieg massenweise zur Verfügung stand. Doch wie sollte die US Army mitten in Europa eine Streitmacht von mehreren tausend begeisterten Antikommunisten verstecken? Die Antwort war eigentlich einfach. Die Exilsoldaten wurden in einer anderen Armee versteckt. Diese Tarneinheiten hießen Arbeitskompanien, und diese von den USA finanzierten paramilitärischen Einheiten sind eine Geschichte für sich.

Diese Organisationen begannen kurz nach dem Krieg als von der US Army betreute Arbeitseinheiten oder als Industriepolizeikorps im besetzten Deutschland. Es handelte sich um paramilitärische, aus etwa 40 000 Displaced Persons und Flüchtlingen bestehende Einheiten, die Kriegsgefangenenlager bewachten, in ausgebombten Städten Schutt wegräumten, Soldatengräber ausfindig machten und ähnliche Arbeiten verrichteten. Die US-Regierung begründete das Programm damit, daß die Arbeitseinheiten eine billiges Reservoir von Arbeitskräften für die Army, die Navy und die Besatzungsregierung darstellten, und das zu einer Zeit, in der die Militärs gegen Budgetkürzungen und Demobilisierungstendenzen im Kongreß kämpften. Die Einheiten boten den von ihnen Angeworbenen Arbeit, Unterkunft und Ansehen im notleidenden Trümmerfeld

---

* 1952 kam einmal ein Reporter der Wahrheit zu nahe, und in *Newsweek* erschien folgende kurze Nachricht: »Die Army wird für ihre Einheiten und für CIA-Agenten demnächst in Fort Bragg ein geheimes Ausbildungszentrum für Guerillakrieg und Sabotage eröffnen.« Der Leiter der psychologischen Kriegführung der Army, General Robert McClure, schäumte vor Wut über die Verletzung der Geheimhaltung und verlangte eine genaue Untersuchung der Aktivitäten des Reporters, um die Schwachstelle zu finden. Der Geheimdienst der Army hatte jedoch mit dem Koreakrieg alle Hände voll zu tun und weigerte sich angeblich, McClures Ersuchen nachzukommen. Dennoch zeigt der Zwischenfall, wie streng das Geheimnis der Sondereinheiten gehütet wurde.

Europa; deshalb drängten Tausende von Displaced Persons in die Aufnahmestellen*. Es war zumindest offiziell streng verboten, ehemalige Nazis oder Angehörige von Armeen, die gegen die USA gekämpft hatten, in die Arbeitseinheiten aufzunehmen[4].

Dennoch begannen die Arbeitsdivisionen bereits 1946, Freiwillige aus der Waffen-SS aufzunehmen. Es dauerte nicht lang, bis Angehörige von lettischen, litauischen und estnischen Arbeitseinheiten feststellten, daß sie in den Arbeitskompanien unter den gleichen Offizieren dienten wie vorher in der SS. Betrachtet man einige lettische Kompanien näher, sieht man genau, wie sehr die Arbeitseinheiten von Nazis unterwandert waren; das gleiche galt auch für albanische, litauische und einige estnische Einheiten.

Die erste lettische Arbeitskompanie zum Beispiel wurde am 27. Juni 1946 unter dem Befehl des ehemaligen lettischen Generals Voldemars Skaistlauks geschaffen. Die sechs ranghöchsten Offiziere waren ausnahmslos Veteranen der lettischen SS. Die nächste lettische Einheit war die 8 850. schwere Pionierkompanie, deren Hauptquartier sich in Frankfurt befand und die offiziell hauptsächlich aus Lastwagenfahrern und Bedienungspersonal für schweres Gerät bestand. Der oberste lettische Offizier der Einheit war Talivaldis Karklins, der während des Krieges hoher Offizier im Konzentrationslager Madona gewesen war. Ehemalige Insassen des KZ hatten unter Eid ausgesagt, daß Karklins für Folterungen und Morde verantwortlich war. Er emigrierte 1956 in die Vereinigten Staaten**. Laut Namensliste der Einheit war sein Chefadju-

---

* Die Arbeitseinheiten der Vereinigten Staaten traten in der Nachkriegszeit unter den unterschiedlichsten Bezeichnungen auf: Labor Service Guard Companies, Labor Service Companies (Guard), Technical Labor Service Units, Labor Service Technical Units, Industrial Police, Civilian Guard Companies, Military Labor Service und ein halbes Dutzend weiterer ähnlicher Namen. Alle standen jedoch unter dem nominellen Befehl der US Army European Command's Labor Service Division (Abteilung des europäischen Oberkommandos für Arbeitseinheiten). Der Einfachheit halber werden in diesem Buch die Ausdrücke Arbeitskompanien und Arbeitseinheiten verwendet.
** Als Karklins in die Vereinigten Staaten einreiste, verschwieg er, was er während des Krieges getan hatte. Ein lettischer Staatsverlag veröffentlichte bereits 1963 einen detaillierten Bericht in englischer Sprache über Karklins Rolle in Madona; das lettische Original war einige Jahre vorher erschienen. Leider unternahmen die amerikanischen Behörden über fünfzehn Jahre lang nichts gegen Karklins.
1981 gelang es endlich dem Office of Special Investigations (OSI, Amt für Sonderer-

tant ein gewissen Eduards Kalinovkis, der ebenfalls Veteran eines Mordkommandos der lettischen Polizei war.

Der ranghöchste Offizier der 8 361. Pionierkompanie war Janis L. Zegners, der während des Krieges einmal erster Adjutant des Generalinspekteurs der lettischen SS-Legion und stellvertretender Leiter der berüchtigten Sicherheitspolizei von Riga war. Mindestens ein halbes Dutzend ähnlicher Fälle ist ans Tageslicht gekommen[5].

Jene Amerikaner, die Männer für die Arbeitseinheiten rekrutierten, wußten, daß diese überaus motivierten Gruppen osteuropäischer Freiwilliger vorher in der Waffen-SS gedient hatten, und wußten auch in groben Umrissen, wie die SS in Lettland gewütet hatte. Dennoch wiesen die Amerikaner Hinweise auf Verbrechen der Angeworbenen zurück oder beachteten sie nicht, obwohl ihnen die Beweise zur Verfügung standen. »Die Russen hatten ihre Agenten eingeschleust, und diese stahlen die Namenslisten und alles, was ihnen noch in die Hände fiel«, stellt ein amerikanischer Oberst im Ruhestand fest, der einmal eine ukrainisch-polnische Arbeitseinheit leitete. »Die Russen denunzierten meine Jungs immer wieder. Aber wenn damals jemand von den Kommunisten denunziert wurde, dann konnte man annehmen, daß er für uns der Richtige war[6].«

Man hörte – sogar in der offiziellen Korrespondenz – bald auf, so zu tun, als würden die Rekruten genau überprüft. Nach einer routinemäßigen Revision der Anweisungen für die Arbeitskompanien im Jahr 1950 bemerkte Oberst C. M. Busbee, der Leiter der Operation, daß in den neuen Anweisungen der Wortlaut eines Punktes, der die Rekrutierung von ehemaligen Nazis verbot, strenger formuliert war. Busbee schrieb an Generalleutnant Daniel Noce, den Stabschef des europäischen Kom-

mittlungen), das einen zähen bürokratischen Kampf geführt hatte, um sich im Justizministerium zu etablieren, Anklage gegen Karklins zu erheben. Das OSI stellte fest, daß »Karklins an der Verfolgung und Ermordung von unbewaffneten jüdischen Zivilisten teilgenommen und auch andere Verbrechen, einschließlich Mord, verübt hat ... Während [Karklins'] Dienstzeit als Lagerkommandant wurden unbewaffnete Insassen dem Hungertod preisgegeben, geschlagen, gefoltert, ermordet und auch sonst durch den Angeklagten und/oder durch unter seinem Befehl stehende Personen brutal behandelt ...«

Ein komplizierter Rechtsstreit folgte; aus Lettland wurden Aussagen eingeholt, und das Gericht und die Anwälte waren Tausende von Stunden beschäftigt. Karklins starb jedoch friedlich am 9. Februar 1983 in Monterey in Kalifornien, bevor es zu einer Entscheidung über seine Ausweisung aus den Vereinigten Staaten kommen konnte.

mandos, und wies darauf hin, daß es durch den neuen Befehl »keinem ehemaligen SS-Offizier mehr möglich sein würde, in die Arbeitseinheiten einzutreten. Falls diese Politik fortgesetzt würde, entzöge sie den Arbeitseinheiten eine große Anzahl ihres Personals. Diese Leute sind früher in der Industriepolizei und den Arbeitseinheiten verwendet worden und haben durch ihre effizienten Leistungen ihre Verläßlichkeit unter Beweis gestellt ... [Ich] ersuche um die Befugnis, ehemalige Angehörige der Waffen-SS einzustellen, vorausgesetzt, daß sie vorher genau überprüft wurden.« Interessanterweise erfolgte die Antwort auf dem zivilen statt auf dem militärischen Dienstweg. Chancey G. Parker, stellvertretender Adjutant des amerikanischen Hochkommissars für Deutschland John McCloy, bewilligte Busbees Ansuchen einige Wochen später[7].

Die Arbeitskompanien und ihre Aufgabe in einem Atomkrieg waren durch mindestens drei Geheimhaltungsschichten abgesichert. Die Army sprach nur ungern über diese Einheiten, aber wenn ihr Fragen über Lager voller lettisch sprechender Truppen gestellt wurden, die im Gleichschritt marschierten, mußte sie irgendeine Erklärung liefern. Offiziell waren die Rekruten nur Arbeiter, Lastwagenfahrer und Wächter in Lagerhäusern, die zum Ausgleich für die abnehmende Zahl der amerikanischen Truppen in Europa angestellt worden waren.

Die Männer der Arbeitseinheiten kannten zwar die nächste Tarnungs-Story, sie wurde aber vor der Öffentlichkeit geheimgehalten. Angeblich wurden die Kompanien für den Einsatz gegen einen Aufstand in Deutschland oder für den Fall eines Angriffs durch die UdSSR ausgebildet und bewaffnet. In einer geheimen, aufgrund des FOIA freigegebenen Studie des Pentagons heißt es: »Sie wurden sorgfältig für die Unterdrückung ziviler Unruhen ... und insbesondere ... für die Sicherung militärischer Einrichtungen wie Munitionslager, Lagerhäuser und Lebensmitteldepots ausgebildet, oder man unterwies sie in internen Bewachungsaufgaben, Scharfschießen und der Unterdrückung von Aufruhr.« Bis 1950 hatte man annähernd 30 000 Arbeitsrekruten, die angeblich nur Lastwagen fahren sollten, voll ausgebildet und mit leichten Infanteriewaffen und Gerät für die chemische Kriegführung ausgerüstet[8].

Und schließlich gab es den streng geheimen Einsatzplan nach dem Atomschlag, der im allgemeinen auch vor den Rekruten geheimgehalten wurde. Ungefähr 5 000 ausgewählte Freiwillige wurden für die nachatomare Guerillatruppe geschult. Diese Freiwilligen auf Abruf waren in der UdSSR oder den von ihr besetzten Ländern geboren, beherrschten die Sprache, kannten die Sitten und Bräuche, waren militärisch ausgebildet und verfügten in manchen Fällen über Geheimkontakte, durch die sie zu perfekten Guerillakämpfern wurden. Noch bevor die vierziger Jahre zu Ende gingen, war die Rekrutierung von Männern, einschließlich Veteranen der Waffen-SS, für die Arbeitseinheiten zum Einsatz hinter den Linien in dem von den Sowjets besetzten Osteuropa Routine geworden.

In den Arbeitskompanien tauchten auch Exilagenten unter, die für die Organisation Gehlen, die CIA oder den militärischen Geheimdienst der USA arbeiteten. Sie waren die militärische Reserve für die im Gang befindlichen Programme der politischen Kriegführung des OPC. Die 4 000. Arbeitskompanie diente zum Beispiel als Ausbildungseinheit für 250 albanische Guerillas, die 1949 und Anfang 1950 im Stil der späteren Schweinebucht-Landung Überfälle auf ihr Heimatland unternahmen[9]. Diese Operationen wurden damals als spontane Rebellionen dargestellt, die auf politischer Ebene von Hasan Dosti und den übrigen albanischen Bloodstone-Leuten im Komitee für ein freies Albanien geleitet wurden. Zu allem Unglück waren sowohl die 4 000. Arbeitskompanie als auch der britische Geheimdienst gründlich von sowjetischen und albanischen kommunistischen Agenten infiltriert. Die Überfälle mißglückten.

1950 benützten die CIC- und CIA-Agenten die Arbeitseinheiten als Tarnung für die Guerillaausbildung von mindestens hundert Mitgliedern des rechtsextremen »Bundes Deutscher Jugend« (oder BDJ). Die jungen Männer waren keine Pfadfinder; nach einer späteren Untersuchung durch die deutsche Regierung waren die meisten Veteranen der Waffen-SS und der Wehrmacht.

Das Budget für die geheime Gruppe betrug 50 000 DM monatlich, wie aus von der deutschen Polizei beschlagnahmten Unterlagen hervorgeht, dazu kam ein beträchtlicher kostenloser Vorrat an Waffen, Munition und Sprengstoff, der im Odenwald versteckt wurde. Wie später in einem Bericht des westdeutschen Parlaments festgestellt wurde, unterzogen amerikanische und deutsche Berater die BDJ-Agenten einer gründlichen militärischen Schulung, einschließlich »der Verwendung von russischen, amerikanischen und deutschen Waffen sowie von Maschinengewehren, Handgranaten und Messern ... [und von] leichten Infanteriewaffen und

Sprengstoffen«. Die Untergrundgruppe bezeichnete sich selbst als »amerikanische Einheit des Technischen Dienstes«[10].

Doch die Ausbildung war nur der Anfang. Die Leiter des »Technischen Dienstes« des BDJ sahen für den Fall eines sowjetischen Angriffs eine ihrer Hauptaufgaben in der Liquidierung von ihrer Meinung nach zu »linken« deutschen Politikern. Die deutschen Kommunisten standen natürlich auf der Mordliste des Technischen Dienstes an oberster Stelle. Es folgten die Führer der westdeutschen Sozialdemokratischen Partei. Der Technische Dienst hatte vor, über vierzig sozialdemokratische Spitzenfunktionäre zu ermorden, darunter auch den seit Herbst 1952 amtierenden Vorsitzenden der Partei Erich Ollenhauer, den Innenminister von Hessen, Heinrich Zinnkann, und die Bürgermeister von Hamburg und Bremen. Die von den USA ausgebildeten Geheimagenten des BDJ infiltrierten die SPD und beschatteten die Spitzen der Partei, damit sie sie rascher töten konnten, wenn es soweit war.

Das Komplott wurde aber 1952 aufgedeckt, als die örtliche Polizei bei einer Verhaftung die Liste der zu ermordenden sozialdemokratischen Funktionäre fand. Das Verhalten des CIC nach dieser zufälligen Entlarvung war so kompromittierend, daß im deutschen Parlament ernsthaft die Frage erörtert wurde, ob die US-Regierung die ganze Zeit über von den Mordplänen des Technischen Dienstes gewußt hatte. Vielleicht war aber auch die Reaktion des CIC schlicht und einfach dumm und sollte keiner Verschwörung als Deckung dienen. Jedenfalls nahmen die amerikanischen CIC-Beamten die verhafteten Mitglieder des BDJ in Gewahrsam und machten sich daran, sie vor der deutschen Polizei zu verstecken, die die »jungen Deutschen« wegen zahlreicher Verstöße gegen das Waffengesetz und wegen der Mordverschwörung anklagen wollte. Der deutsche Führer des Technischen Dienstes, ein ehemaliger Angehöriger der Luftwaffe namens Gerhard Peters, wurde fast zwei Wochen lang in einem von den Amerikanern beschlagnahmten Gebäude, das die deutschen Behörden nicht betreten durften, versteckt gehalten. Die Agenten des CIC beschlagnahmten auch alle Unterlagen des Technischen Dienstes, deren sie habhaft werden konnten, und weigerten sich dann, die Akten dem Bundeskriminalamt zu übergeben[11].

Doch die Katze war aus dem Sack. Sozialdemokratische Abgeordnete verlangten eine Untersuchung, und überall in Westdeutschland kam es zu erregten Debatten in den Parlamenten. Zum Pech für die Amerikaner und den Technischen Dienst war es während eines harten Wahlkampfes zu diesen Enthüllungen gekommen, was die Sozialdemokraten natürlich weidlich ausnützten. Schließlich mußten die US-Behörden zugeben, wie die *New York Times* berichtete[12], daß sie »die geheime Ausbildung der jungen Deutschen«, von denen viele ehemalige Soldaten waren, geför- dert und zum Teil finanziert hatten, um sie im Fall eines Krieges mit der Sowjetunion als Guerillas einzusetzen. Die nicht genannten amerikani- schen Beamten erzählten der *Times,* daß sie nichts von den »politischen Aktivitäten« der Gruppe und auch nichts von ihrem Plan, politische Geg- ner zu ermorden, gewußt hatten. Angeblich wurde nach den Verhaftun- gen jegliche Finanzierung oder anderweitige Unterstützung des BDJ eingestellt.

Natürlich wußten die beim CIC dafür Zuständigen über zumindest einen Teil der »politischen Aktivitäten« des BDJ Bescheid. Nach späte- ren deutschen Parlamentsberichten über die Affäre hatten die Geheim- dienstorganisationen den Verschwörern zusätzlich 12 000 DM monat- lich für Spionagetätigkeit bezahlt[13].

Doch die Behauptung, daß die USA nichts von der Mordliste für sozial- demokratische Funktionäre gewußt hätten, ist vermutlich wahr. Die ge- heime amerikanische Politik den europäischen Sozialdemokraten gegen- über hat offenbar nur aus der Beschaffung von Nachrichten über ihre Aktivitäten bestanden, wozu eine ähnliche Zuckerbrot-und-Peitsche- Methode kam wie bei den italienischen Wahlen – jedoch nicht die Er- mordung ihrer politischen Führer in Bausch und Bogen[14]. Schon die di- lettantische Vorgangsweise, eine schriftliche Liste von vierzig prominen- ten Opfern aufzustellen, ist ein Hinweis darauf, daß der Chef des Tech- nischen Dienstes, Peters, diese Aktivitäten tatsächlich vor den Amerika- nern geheimgehalten hat.

Und in gewissem Sinn liegt genau darin das Problem. Der amerikani- sche Geheimdienst finanzierte, bewaffnete und bildete eine Truppe von ehemaligen Waffen-SS- und Wehrmachtsoldaten mit einem Kostenauf- wand von etwa 500 000 Dollar jährlich aus und konnte dennoch glaub- haft versichern, daß er nicht wußte, was seine eigenen Kontraktagenten taten. Und das Ganze spielte sich noch dazu in Westdeutschland ab, wo US-Beamte ungeheuren Einfluß auf die Regierungsstellen ausübten, wo die Telefone ungestraft angezapft wurden und wo sich die US-Agenten ungehindert bewegten. Dieses »Versagen der Befehlsgewalt« ist ein deutlicher Hinweis darauf, wie wenig echte Kontrolle der US-Geheimdienst über viele seiner weitgestreuten paramilitärischen Operationen besaß oder besitzen wollte und wie sorglos er Geld ausgab.

Die Frage der Verwendung von ehemaligen Nazikollaborateuren durch die USA für Mordaktionen ist wichtig, nicht nur wegen des Schadens, den die Panne mit dem Technischen Dienst in den Beziehungen der Vereinigten Staaten zur SPD anrichtete. Es gibt noch viele ebenso geheimnisumwitterte Affären wie diese, und die Beweise dafür, wie Mordoperationen der USA während des kalten Krieges abliefen und wer dafür verantwortlich war, sind natürlich weit verstreut und nur in Bruchstücken vorhanden. Man kann nur mit Gewißheit feststellen, daß es zu politischen Morden kam und daß sie in manchen Fällen von Nazis ausgeführt wurden.

Um es deutlicher zu sagen: Viele amerikanische Spezialisten für den Krieg der Geheimdienste meinten, daß die »produktivste« – und am wenigsten kompromittierende – Methode, ausländische Funktionäre zu töten, darin bestehe, die Unzufriedenheit einheimischer Gruppierungen zu fördern und sie die Kastanien aus dem Feuer holen zu lassen. Diese Taktik dürfte ihren Ursprung im Zweiten Weltkrieg haben, als das OSS den französischen und jugoslawischen Partisanen Tausende billiger Pistolen lieferte, die ausdrücklich für die Ermordung von Kollaborateuren und Besatzern bestimmt waren. (Nach den Unterlagen des Pentagons[15] warf das OSS Waffen in Gebieten ab, in denen es kaum Partisanen gab; wenn die Nazis die Pistolen fanden, verstärkten sie den Druck auf die örtliche Bevölkerung und erzeugten dadurch neue Partisanen[16].) Wichtig war, daß man sich glaubwürdig von den Bluttaten distanzieren konnte, indem man die Mörder als »Verbrauchsmaterial« betrachtete. In den meisten Fällen war es für die amerikanischen Geheimdienstbeamten weder empfehlenswert noch notwendig, genaue Anweisungen für die Morde zu erteilen. Statt dessen wies das OPC die Guerillabewegungen mit den gleichen einfachen, allgemeinen Ausdrücken an, politische Morde zu begehen, wie während des Krieges in Jugoslawien. Der US-Geheimdienst ermutigte die Aufrührer, »die Befehlshaber und andere gefährliche Angehörige des MVD und des MGB [der sowjetischen Geheimpolizei] zu eliminieren«, wie es 1948 in einem Anhang zu einem Plan des Pentagons über die psychologische Kriegführung heißt. Weitere Aufgaben, die den Guerillatruppen im Rahmen des Halfmoon genannten Plans zugewiesen wurden, schlossen »Maßnahmen zur Zerstörung von Industrie, Kommunikationsmitteln und anderen Faktoren des sowjetischen Kriegspotentials« ein; Sabotageakte sollten überall und immer dort unternommen werden, wo sie die Aktionen des Feindes am wirksamsten störten; und »es sollten Panik und Entsetzen hervorgerufen werden«[17].

Mehrere Organisationen ehemaliger Nazikollaborateure waren bereit, Mordaktionen in großem Maßstab durchzuführen. Der Leiter der Geheimoperationen, Wisner, schätzte 1961, daß etwa 35 000 sowjetische Polizisten und Kader der Kommunistischen Partei in der Ukraine seit dem Ende des Krieges durch Guerillas ausgeschaltet worden seien, die mit der OUN/UPA in Verbindung standen, die auch schon mit den Nazis kollaboriert hatten[18]. In diesen Zahlen sind die Opfer anderer Aufstände in Litauen und den moslemischen Gebieten der UdSSR nicht enthalten, wo die Rebellen ebenfalls von den USA und Großbritannien unterstützt wurden.

Auf diese überfallartigen Morde und Guerillaaktionen ist die Mehrheit der während des kalten Krieges in Europa mit Hilfe der USA verübten Attentate zurückzuführen. Natürlich hat die CIA nur die ohnehin gärende Rebellion gegen die sowjetische Herrschaft geschürt. Dennoch ist es klar, daß solche Aufstände infolge der CIA-Hilfe länger dauerten und auf beiden Seiten mehr Tote forderten, als es sonst der Fall gewesen wäre. Zudem dienten diese weitverbreiteten wilden Morde als Tarnung für eine kleine Zahl von gezielten politischen Morden, die anscheinend von US-Geheimdienstbeamten direkt befohlen wurden.

Ehemalige Nazikollaborateure gaben in solchen Fällen ausgezeichnete Henker ab; erstens dank ihrer Kriegserfahrung und zweitens, weil die US-Regierung glaubwürdig versichern konnte, daß sie keine Ahnung von ihren Aktivitäten hatte. Mutmaßliche Doppelagenten waren die häufigsten Opfer der Attentäter. »Im internationalen Geschäft der Geheimoperationen war es eine eiserne Regel, *daß das einzige Mittel gegen einen entlarvten Doppelagenten darin bestand, ihn zu töten*« (Hervorhebung vom Autor), sagte 1976 der Direktor der Operationsplanung der

184

CIA vor dem Kongreß aus, »und das wußten alle Doppelagenten. Das gehörte zu den Berufsrisiken.« Der ehemalige Direktor, dessen Name die Regierung nicht preisgibt, behauptete allerdings auch, sich nicht daran erinnern zu können, daß es während seiner Amtszeit zu der »Hinrichtung« eines Doppelagenten gekommen wäre[19]. Es ist verständlich, daß er sich nicht an solche Hinrichtungen erinnern kann, denn das könnte zu seiner Verhaftung und zur Anklage wegen Verabredung von Morden in Europa oder sogar in den Vereinigten Staaten führen*.

»Wir hielten in verschiedenen Luftwaffenbasen in der ganzen Welt Personen für solche Missionen in Bereitschaft«, erklärt Oberst Prouty, der für die Unterstützung von überseeischen Aktionen der CIA durch die Luftwaffe zuständig war. »Einige dieser Männer waren die besten Berufskiller, die ich je kennengelernt habe. [Sie waren] technische Killer. Es waren hauptsächlich Ukrainer und Osteuropäer sowie Griechen und ein paar Schotten. Ich weiß nicht, wie die Schotten hineingeraten sind, aber sie waren da. Keiner von ihnen war amerikanischer Staatsbürger.« Prouty bestätigt, daß Teams von solchen »Technikern« bei Infiltrationsaktionen über Grenzen hinweg, bei äußerst gefährlichen Rettungsaktionen für amerikanische Agenten in der UdSSR und China und bei besonderen Mordaufträgen verwendet wurden. Laut Prouty war nicht genau festgelegt, wann man zum Mord greifen mußte. »Es war immer eine auf

---

* Entlarvte Doppelagenten wurden auch bei – von Army, Navy und CIA finanzierten – medizinischen »Experimenten« gefoltert – es gibt keinen anderen Ausdruck dafür. Dabei wurden ausländischen Gefangenen große Mengen von krampfauslösenden und psychedelischen Mitteln injiziert, um sie zum Reden zu bringen, wie aus den Unterlagen der CIA hervorgeht, die der Schriftsteller John Marks aufgrund des FOIA erhalten hat. Die CIA verwendete auch Psychochirurgie und wiederholte Stromstöße direkt ins Gehirn. Während der Watergate- und anderen Kongreßuntersuchungen, die unter Umständen die Praktiken der CIA ans Licht bringen konnten, ordnete ihr damaliger Direktor Richard Helms die Vernichtung aller Unterlagen über diese »Experimente« an. Doch einige Jahre später wurden versteckte Akten gefunden, die man übersehen hatte, und die CIA ist seither gezwungen, bereinigte öffentliche Versionen dieser Akten anzufertigen. Man weiß jetzt, daß ähnliche »Tests« der CIA mit LSD zum Selbstmord von Dr. Frank Olson, einem Angestellten der Army, geführt und angeblich einer Gruppe von ahnungslosen psychiatrischen Klienten einer kanadischen Klinik, deren Direktor vertraglich für die CIA arbeitete, Dauerschäden zugefügt haben. Das Team der CIA, das dieses Programm durchführte, war das gleiche Direktorium für wissenschaftliche Forschung, das die neuartigen Gifte entwickelte, die bei den Mordversuchen an Fidel Castro und Patrice Lumumba verwendet wurden.

den Einzelfall bezogene Entscheidung, und sie mußte durch Dritte erledigt werden. Wenn der Mord zum Beispiel in Jugoslawien erfolgen sollte, setzte man Exiljugoslawen oder polnische Emigrantengruppen ein. Die [US] Army besaß die bei weitem besten Kräfte« für solche Einsätze. »Auf der operationalen Ebene war trotzdem die Kooperation mit der Air Force, der CIA und der Army gut.« Er stellt auch fest, daß viele Osteuropäer während des Krieges Nazikollaborateure gewesen sind[20].

Mehrere solcher Bluttaten fanden Ende der vierziger Jahre im Rahmen der Operationen Hagberry und Lithia statt, die beide von oberster Stelle im Pentagon genehmigt worden waren. Nach Unterlagen der Army erforderte Hagberry »die Liquidierung des Tschikalow-Rings, eines möglicherweise sowjetischen Spionagenetzes in der US-Zone Deutschlands«. Und Lithia, unter der Schirmherrschaft der Army im November 1947 begonnen, zielte »in der US-Zone [Deutschlands] auf die Liquidierung des Kundermann-Rings, eines großen tschechoslowakischen Spionagenetzes«[21]. Der Geheimdienst der Army nahm an, daß es dem Tschikalow- und dem Kundermann-Ring gelungen war, Doppelagenten in bestimmte Emigranten-Spionagenetze einzuschleusen, die von den Vereinigten Staaten und Großbritannien unter dem Codenamen Operation Rusty betrieben wurden, und diese Agenten wurden zur »Liquidierung« freigegeben. Sprecher der Army behaupten heute achselzuckend, daß alle übrigen Akten über Hagberry und Lithia verschwunden sind, daß keine weiteren Informationen zur Verfügung stehen und daß es keinen Hinweis darauf gibt, wer die Akten Hagberry und Lithia entfernt hat oder wann sie verschwunden sind.

In den Vereinigten Staaten veröffentlichte Berichte besagen, daß während der Operation Ohio im Unterweltstil gemordet wurde[22]. Ohio setzte einen Trupp ehemaliger ukrainischer Nazis ein, die in einem Lager von Displaced Persons in Mittenwald mindestens zwanzig Morde verübten. Das CIC der Army und später die CIA haben diesen Trupp für Gewalteinsätze gegen Doppelagenten, Sowjetspione und ähnliche unerwünschte Elemente finanziert. Die nur noch bruchstückhaft vorhandenen Unterlagen weisen darauf hin, daß die meisten Opfer des Trupps Doppelagenten waren, deren Tod – wenn er überhaupt bekannt wurde – internen Auseinandersetzungen zwischen rechtsextremistischen ukrainischen Emigrantengruppen zugeschrieben wurde.

»Wir hatten den Zweiten Weltkrieg gerade hinter uns und wandten Kriegstaktiken an«, stellt Franklin Lindsay, der ehemalige Fachmann der CIA/OPC für paramilitärische Einsätze, fest. »Ich hatte jedenfalls nur im Krieg gearbeitet. Da wir das Gefühl hatten, daß ein Krieg wieder nahe bevorstand, neigten wir dazu, genauso zu arbeiten wie während des Krieges[23].« Lindsay lehnt jedoch den Ausdruck *Ermordung* als Beschreibung der Methode der CIA/OPC während seiner Amtszeit ab*.

Die Unterlagen von Operation Bloodstone bieten neue wichtige Informationen über die Rolle der US-Regierung – besonders der CIA – bei Morden und Mordversuchen an ausländischen Funktionären. Eine Untersuchung des Senats im Jahre 1976 kam zu dem Schluß, daß eine Schlüsselfigur der Operation Bloodstone jener OPC-Offizier ist, dem ausdrücklich der Auftrag erteilt wurde, die Morde, Entführungen und ähnliche andere »Schmutzarbeit« zu planen[24].

Oberst Boris Pash, eine der außergewöhnlichsten und am besten getarnten Persönlichkeiten in der Geschichte des amerikanischen Geheimdienstes, schließt den Kreis von US-Agenten, Nazikollaborateuren und »Technikern«, die mit diesen höchst heiklen Aufträgen zu tun hatten. Pash war kein Nazi, und es gibt auch keinen Hinweis dafür, daß er mit den Nazis sympathisierte. Doch durch seine Arbeit beim US-Geheimdienst erhielt er ein gefährliches Amt, denn er war in der Nachkriegszeit für die Planung von politischen Morden zuständig.

Pash, jetzt über Achtzig, sieht mit seiner Brille wie ein pensionierter Mittelschullehrer aus. Das ist nicht verwunderlich. Er hat vor dem Zweiten Weltkrieg zehn Jahre lang an der Hollywood High School Gymnastik unterrichtet. Er ist bescheiden – man könnte beinahe sagen, schüchtern –, seine Stimme ist rauh, und er ist dadurch, daß er ein Leben lang Ge-

---

* Auch die UdSSR griff während des Krieges häufig zum Mord als politischem Instrument. Um nur ein Beispiel anzuführen: der KGB-Agent Bogdan Staschinsky ermordete die Leiter der OUN Lev Rebet (Oktober 1957) und Stepan Bandera (Oktober 1959) mit einem Giftgasgewehr. Der sowjetische Präsident Kliment J. Woroschilow verlieh Staschinsky für seine Leistungen den Kampforden der Roten Fahne. Staschinsky ging nach dem Mord an Bandera zum Westen über und brachte die Woroschilow-Auszeichnung und das Gasgewehr als Beweis für seine Tat mit. Interessanterweise behauptete der Mörder, daß er sich deshalb zur Zusammenarbeit mit der sowjetischen Polizei bereit erklärt habe, weil seine Familie, die einmal mit den Nazis kollaboriert hatte, bedroht worden sei.

heimnisse bewahren mußte, immer auf der Hut. Politisch steht er loyal zum Vermächtnis von General Douglas McArthur, unter dem er im besetzten Japan gedient hat. Oberst Pash ist eines der wenigen noch existierenden Originale des US-Geheimdienstes, und seine Erfahrungen im »Kampf gegen die Kommunisten« gehen bis auf die Oktoberrevolution 1917 zurück. Zu jener Zeit hielt er sich mit seinem Vater, einem Missionar russischer Abstammung, in Moskau und Osteuropa auf; der junge Pash arbeitete während des russischen Bürgerkriegs lange Zeit für die Weißen Armeen und dann mit zaristischen Flüchtlingen, die ihr Land verlassen mußten. 1920 trat Pash als Reserveoffizier in den militärischen Geheimdienst der USA ein und ließ die Verbindung auch während seiner Tätigkeit an der High School in Hollywood nicht abreißen. In den ersten Tagen des Zweiten Weltkriegs wurde er zum Militärdienst einberufen, war an der Internierung von japanischen Zivilisten in Kalifornien beteiligt und wurde kurz darauf dem Projekt Manhattan als leitender Spionageabwehroffizier zugeteilt – der supergeheimen Atombombenentwicklung der USA. (Über ein Jahrzehnt später trug 1954 die Aussage von Oberst Pash dazu bei, das Schicksal von Robert Oppenheimer im bekannten Sicherheitsprozeß zu besiegeln.) Wie bereits erwähnt, leitete Oberst Pash vor Kriegsende die berühmten, als Alsos-Mission bezeichneten Sonderoperationen, deren Ziel es war, die besten Fachleute für die chemische und atomare Kriegführung gefangenzunehmen, die es bei den Nazis gab[25].

Nach dem Krieg war Oberst Pash im Frühjahr 1948 als Vertreter der Army bei Bloodstone tätig, als die Aufgaben dieses Projekts – Überläufer anwerben, Flüchtlinge aus den Ländern hinter dem Eisernen Vorhang herausschmuggeln und Mordaktionen durchführen – festgelegt wurden. Die »Sonderoperationen« von Bloodstone konnten laut Pentagon »den Krieg der Geheimdienste, Subversion, Sabotage und ... Mord betreffen«, wie man den Unterlagen der Generalstabschefs vom März 1949 entnehmen kann[26]. Die Army teilte Pash der Abteilung OPC der CIA zu. Nach den Akten des Außenministeriums betreute er viele der ursprünglich für das Bloodstone-Programm vorgesehenen Aufgaben.

Bei der CIA arbeitete Boris Pash als Verwalter und Organisator und nicht als Einsatzleiter. Seine 5-Mann-Einheit, PB/7 genannt, erhielt eine schriftliche Anweisung, in der es unter anderem hieß: »PB/7 wird für

Morde, Entführungen und andere ähnliche Aufgaben zuständig sein, die ihr von Zeit zu Zeit... von vorgesetzten Dienststellen zugewiesen werden können[27].« Pashs perfektes Russisch, seine Geschicklichkeit im Umgang mit den Bloodstone-Emigranten und seine soliden Verbindungen zu antikommunistischen Emigrantenkreisen stellten bei diesem Job wertvolle Pluspunkte dar. Diese Qualifikationen – und seine ausgezeichneten Zeugnisse als Spionageabwehroffizier – führten zu seiner Ernennung zum Leiter von PB/7.

Wie in so vielen Fällen in der Geschichte des amerikanischen Geheimdienstes muß man auch hier die Unterlagen genau sichten. Pash leugnet, daß er mit dem Bloodstone-Programm zu tun hatte, und behauptet, daß er sich »nicht an Bloodstone oder etwas Ähnliches« erinnern könne[28]. Doch Dokumente, aus denen eindeutig hervorgeht, daß er an Bloodstone und PB/7 beteiligt war, sind jetzt der Öffentlichkeit zugänglich[29].

Pash hat 1976 vor dem Kongreß ausgesagt, daß es zu seinen Pflichten bei der CIA gehörte, Pläne für das Überlaufen von Personen aus den kommunistischen Ländern zu erstellen, prominenten politischen Flüchtlingen das Entkommen zu erleichtern und hinter dem Eisernen Vorhang antikommunistische Propaganda zu verbreiten – was alles eindeutig zu den Aufgaben von Bloodstone gehörte. Pashs Vorgesetzter bei der CIA (dessen Name in den Unterlagen nicht genannt wird) berichtete weitere Details über weniger appetitliche Aspekte von Emigrantenoperationen in den vierziger Jahren, die ebenfalls mit den von Bloodstone bekannten Aufgaben übereinstimmen. Der Vorgesetzte bestätigte, daß »Pash für die Entführung von Persönlichkeiten hinter dem Eisernen Vorhang zuständig war... [einschließlich] von Leuten, die unseren Interessen feindlich gegenüberstanden«[30].

Ein großer Teil der Dokumentation über die Tätigkeit von PB/7 während der ersten Jahre der CIA ist verschwunden, so daß der Kongreß und die Öffentlichkeit vor vielen nicht beantworteten Fragen über die Emigrantenoperationen der USA während des kalten Krieges stehen. Die CIA behauptete 1976, daß sie »keine Aufzeichnungen über diesen Aufgabenbereich [das heißt die Morde] von Pashs Einheit besitzt«, und daß nicht einmal die Dienstanweisung der Gruppe aufzufinden ist. Oberst Pash beharrte bei seiner Aussage vor dem Kongreß darauf, daß er nicht »glaube«, daß er etwas mit Morden zu tun gehabt habe oder die

Verantwortung für ihre Planung oder Durchführung trage. Er sagte auch aus, daß er sich nicht an den Wortlaut der Anweisung für PB/7 erinnere, jener CIA-Einheit, die er geleitet hatte[31].

Trotz des mysteriösen Verschwindens der PB/7-Unterlagen ist die Kette von Indizienbeweisen für die Rolle einiger Bloodstone-Emigranten bei Entführungen und Morden im Ausland zu stark, als daß man einfach darüber hinweggehen könnte. Erstens gibt es das zuvor zitierte belastende Dokument des Pentagons, aus dem hervorgeht, daß paramilitärische Operationen, Ermordungen und Entführungen von Anfang an ausdrücklich zum Aufgabenbereich von Bloodstone gehört haben.

Zweitens war eine der Schlüsselfiguren, nämlich Boris Pash, bis Mitte 1948 in den Anfangsphasen von Bloodstone tätig und wurde ungefähr zu der gleichen Zeit, zu der die Kontrolle der »politisch-psychologischen« und paramilitärischen Operationen vom Bloodstone-Komitee an das OPC überging, zum Leiter der für die Planung paramilitärischer Operationen, Morde und Entführungen zuständigen Dienststellen des OPC ernannt.

Drittens waren zumindest einige Bloodstone-Emigranten und einstige Nazikollaborateure – zum Beispiel der ehemalige albanische Justizminister Hasan Dosti –, später an Geheimoperationen beteiligt, die tatsächlich paramilitärische Unternehmungen, Morde und politische Hinrichtungen umfaßten, wie etwa die geheimen Stoßtruppunternehmen gegen Albanien in den Jahren 1949 und 1950, deren Ziel der Sturz der Regierung war. (Dosti nahm nicht an den Einsätzen selbst teil, aber die Organisation, die er leitete, das Komitee für ein freies Albanien, diente als »private« Tarnung für die albanischen Guerillas, die vom OPC organisiert und finanziert wurden.)

Viertens – und vielleicht zufällig – hatte die CIA bestimmte sowjetische Spione, Doppelagenten und »Leute, deren Interessen jenen der Agency zuwiderliefen« zur Liquidierung vorgesehen. Pashs direkte Vorgesetzte im OPC geben zu, daß das »einzige Mittel« gegen kommunistische Doppelspione darin bestand, sie umzubringen. Aus in den Vereinigten Staaten veröffentlichten Berichten geht hervor[32], daß während dieser Periode in Mittenwald und in anderen Lagern für Displaced Persons tatsächlich mutmaßliche Agenten der UdSSR und des Ostblocks von ehemaligen Nazikollaborateuren getötet wurden; die Umstände, unter de-

190

nen dies geschah, waren allerdings so mysteriös, daß sie nie bis zum OPC zurückverfolgt werden konnten.

Der Autor ist der Ansicht, daß die ersten Bloodstone-Operationen ein Fundament waren, dessen Zweck ein Ermittler des Senats wie folgt beschrieb: »Obwohl es nie ausgesprochen wurde, galt diese Vorgangsweise in der CIA im allgemeinen als Grundlage für die Planung oder die Erwägung politischer Morde[33].« Die Tötungen von unbedeutenden Doppelagenten in deutschen DP-Lagern waren Morde und sollten als solche untersucht werden. Wichtiger ist jedoch, daß diese Verbrechen etwas anderes ahnen ließen: Noch vor Ende der fünfziger Jahre hatte die CIA Killer verpflichtet, deren Spur nicht in die USA wies und die für die Ermordung von Staatsoberhäuptern und anderen führenden Politikern eingesetzt werden konnten. Diese späteren Morde, die wohl die schwersten Fehler sind, die die CIA je begangen hat, haben zu »Blowback«-Problemen internationalen Ausmaßes geführt, die Glaubwürdigkeit der USA nachhaltig erschüttert und die betroffenen Völker schwer getroffen und erbittert.

ZWÖLFTES KAPITEL

»Jeden Schweinehund, Hauptsache, er ist Antikommunist«

Je tiefer die amerikanischen Geheimdienstorganisationen in Beziehungen zu den Emigrantengruppen verstrickt wurden, desto schneller bildeten sich um die Gruppen Legenden über ihre Tätigkeit während des Krieges.

Das diesen Geschichten gemeinsame Thema ist das tragische Heldentum der Überläufer aus der Ukraine, den baltischen Staaten und Osteuropa, die gegen Stalin kämpften, indem sie sich den Nazis anschlossen. Diese Behauptung wird oft durch die Bemerkung ergänzt, daß nachteilige Feststellungen über diese Emigranten nichts als sowjetische Propaganda seien.

Die Standardversion dieser Saga und ihre politische Verwertung während des kalten Krieges werden am besten durch einen 1949 im Magazin *Life* erschienenen Artikel des bekannten Journalisten und Fachmanns für psychologische Kriegführung Wallace Carroll veranschaulicht. Er behauptete, daß »die Deutschen während des Krieges über Millionen eifriger Komplizen in Rußland verfügten... [die] sie als Befreier begrüßten und ihre Mitarbeit anboten«. Leider ließen sich die Nazis »diese Chance entgehen«, und zwar wegen Hitlers Rassenpolitik und weil sich die deutsche Regierung weigerte, ein Programm der politischen Kriegführung voll auszuführen, als die Zeit dafür reif war. Als Hans Heinrich Herwarth und Ernst Köstring ihre Taktik der politischen Kriegführung ausprobierten, hatten sie damit laut Carroll »phänomenalen Erfolg. In ihren Gebieten gab es keine Partisanen... [und] keine Sabotage, und die Bauern erfüllten pünktlich die deutschen Forderungen nach landwirtschaftlichen Produkten.« Die Behauptung, daß diese Truppen Greueltaten verübt hätten, sowie die zahlreichen während des Krieges von der Wlassow-Organisation herausgegebenen pronazistischen und antisemitischen Zeitschriften waren »Fälschungen, die die sowjetischen Propagandisten geschickt den Wlassow-Truppen zuschrieben«. Diese »Tatsachen«, schreibt Carroll, waren »den Rußland-Fachleuten des Außenministeriums und einer kleinen Zahl amerikanischer Offiziere seit langem bekannt« und seien jetzt »eine Lektion, die wir unverzüglich lernen müssen«[1]. Carroll kam 1949 teilweise zu dem Schluß, daß Amerika die ehemaligen Nazikollaborateure zentral in eine umfassende Strategie der politischen Kriegführung gegen die Sowjets einbinden müsse.

Die Herausgeber von *Life* wiesen darauf hin, daß Carroll zu der Zeit, als er seinen Artikel verfaßte, Berater der US Army für psychologische Kriegführung war. Sie fügten sogar eine Einleitung hinzu, in der Carrolls Arbeit ein »scharfsinnig-unkonventioneller Standpunkt« bescheinigt wurde, »von dem aus man die strategische Planung der USA neu überdenken müsse«[2].

Das Erscheinen von Carrolls Artikel im Jahr 1949 bezeichnete ein neues Stadium in der Taktik der politischen Kriegführung und im »Blowback«-Effekt, zu dem diese Operationen in den USA allmählich führten. Bis dahin hatte man alle möglichen Anstrengungen unternommen, um die immer engeren Beziehungen zwischen den US-Geheimdiensten und den Emigranten, die einmal mit den Nazis kollaboriert hatten, geheimzuhalten. Die US-Presse hatte wiederholt Berichte über heldenhafte antikommunistische und antinazistische Emigranten gebracht, zum Beispiel über den abgesetzten ungarischen Führer Ferenc Nagy oder über den polnischen antinazistischen Untergrundführer Stefan Korbonski, der aus Osteuropa geflohen war, nachdem die Russen das Gebiet besetzt hatten. Carrolls Artikel führte diese Werbung einen wichtigen Schritt weiter. Nazikollaborateure sollten ebenfalls als eine Art Helden betrachtet werden, vorausgesetzt, daß sie gegen Stalin gekämpft hatten. Unausgesprochen forderte Carroll, daß die Vereinigten Staaten die umfassende Beteiligung von Veteranen der Wlassow-Armee und der osteuropäischen Waffen-SS-Divisionen an antikommunistischen Koalitionen und von den USA finanzierten Projekten der politischen Kriegführung fördern sollten.

Wallace Carroll war bestimmt nicht der erste Amerikaner, der diese Ideen unterstützte. George Kennan, Charles Thayer und andere Fachleute für nationale Sicherheit waren bereits einige Jahre vor dem Erscheinen dieses Artikels in der Regierung dafür eingetreten. Daß sich das prominente Massenmagazin *Life* diesen Ansichten anschloß, ist ein Hinweis darauf, in welchem Ausmaß revisionistische Theorien über das Wesen der Ostlegionen der Nazis bereits die öffentliche Meinung in den USA beherrschten.

Während des intensiven kalten Krieges Ende der vierziger und Anfang der fünfziger Jahre griffen bekannte amerikanische Wissenschaftler das Thema ebenfalls auf. Man findet diesen Trend sogar in den Werken vorsichtiger Gelehrter wie Alexander Dallin, der einige der besten Analysen über die Sowjets verfaßt hat. Während der Jahre des kalten Krieges schrieb er in Zusammenarbeit mit dem amerikanischen Geheimdienst eine umfassende Studie mit dem Titel *Deutsche Herrschaft in Rußland*. Von dem Tag seines Erscheinens an galt dieses Werk als klassische Darstellung über den Einsatz von Kollaborateuren im Osten durch die Nazis, doch es erwähnt die Beteiligung von Nazikollaborateuren an Verbrechen gegen die Menschlichkeit und dem Holocaust nur am Rande. Dallin gibt zu, daß es sich dabei um ein gravierendes Manko handelt. Seiner Aussage zufolge würde er, wenn er das Buch heute schriebe, »sich eingehender mit der Endlösung der Judenfrage befassen, nicht nur, weil sie das Schicksal zahlreicher Sowjetbürger besiegelte, sondern weil sie überhaupt zu dem Kontext gehört, in dem in Nazideutschland Entscheidungen über den Osten getroffen wurden«[3]. Insgesamt wurde die Rolle der deutschen Gruppe für politische Kriegführung und ihrer Mitarbeiter bei Verbrechen gegen die Menschlichkeit entweder als sowjetische Propaganda bezeichnet (wie bei Carroll) oder einfach übergangen (Dallin). Die deutschen politischen Krieger, die nach dem Krieg eine Flut von Memoiren und historischen Darstellungen produzierten, in denen sie Hitler die Schuld an der Niederlage Deutschlands zuschoben, leugneten konsequent jede Kenntnis der Kriegsgreuel.

Ein Überblick über die volkstümlichen historischen Werke über den Krieg, die damals im Westen erschienen, hinterläßt mit wenigen Ausnahmen den deutlichen Eindruck, daß für die Grausamkeiten des Holocausts ausschließlich die SS verantwortlich war, und nicht einmal die gesamte SS. Die übergelaufenen Truppen des Zweiten Weltkriegs – die russische Wlassow-Armee, die ukrainische OUN/UPA, sogar die nazistischen SS-Freiwilligen aus Lettland und anderen baltischen Ländern – wurden trotz ihrer deutschen Uniformen häufig als antikommunistische Patrioten dargestellt. Die Offiziere der SS und der Wehrmacht, die sie befehligten, waren (obwohl oft Mitglieder der NSDAP) in Wirklichkeit

Antinazis oder einfach Demokraten, die, wie das Schicksal so spielt, irgendwie in die Uniform geraten waren – so lautete jedenfalls die Story. Diese Geschichtsklitterung ist deshalb wichtig, weil sie, wie durch Carrolls Artikel deutlich wird, als Deckmantel sowohl für die von der US-Regierung verwendeten Nazis als auch für die vielen einzelnen deutschen und osteuropäischen Überläufer diente, die im Rahmen dieser Programme eingesetzt wurden. Wie an jeder guten Propaganda ist auch an der Darstellung der Ereignisse durch diese Autoren etwas Wahres. Doch bei einer Durchsicht der Beweise – von erbeuteten Unterlagen bis zu Aussagen von Kriegsgefangenen –, die bei den Kriegsverbrecherprozessen in Nürnberg vorgelegt wurden, dürfte das Urteil der meisten Menschen über diese Komplizen des nationalsozialistischen Völkermords deutlich anders ausfallen.

Während des kalten Krieges besaßen die Nachkriegslegenden über den sich gegen Stalin und gegen Hitler richtenden Nationalismus in den Überläuferarmeen einen eindeutig utilitaristischen Wert für die USA. Dank dieser Geschichten konnte man mehr oder weniger befriedigende Antworten auf bohrende Fragen über das Wesen gewisser Emigrantenorganisationen geben, bei denen sich nicht immer gänzlich verbergen ließ, daß sie unter amerikanischer Schirmherrschaft standen. Indem man die Geschichte der Wlassow-Armee und anderer Überläuferverbände zu einer idealistischen (wenn auch tragischen) Geschichte des Widerstands gegen Stalin umfunktionierte, machte man es den Politikern und Geheimdienstbeamten der USA leichter, zu vergessen, daß es unter Amerikas neuen Rekruten Kriegsverbrecher gab.

Die ehrlichen freilich machten sich nichts vor und vertraten den Einsatz ehemaliger Nazis und Kriegsverbrecher offensiv.

»Wir wußten, was wir taten«, sagte Harry Rositzke, der ehemalige Leiter der Geheimoperationen der CIA in Rußland. »Es war unbedingt notwendig, daß wir jeden Schweinehund verwendeten, Hauptsache, er war Antikommunist . . . [und] da wir unbedingt darauf aus waren, Kollaborateure anzuwerben, sahen wir uns ihre Papiere eben nicht zu genau an[4].«

Franklin Lindsay, der Anfang der fünfziger Jahre die paramilitärischen und Guerillaoperationen der CIA in Osteuropa leitete, gibt ebenfalls zu, daß eine ansehnliche Zahl der in jenen Jahren von der CIA ausgebildeten und finanzierten Emigranten Nazikollaborateure gewesen sind. »Ob es richtig war?« fragte er während eines Interviews. »Das hängt davon ab, wie man es sieht. Wir hielten es für möglich, daß es in sechs Monaten Krieg gab. Sie dürfen nicht vergessen, daß damals sogar Männer wie George Kennan die Chancen für einen Krieg innerhalb des nächsten halben Jahres auf 50:50 schätzten. Daraufhin taten wir kurzfristig eine Menge Dinge, die langfristig vielleicht nicht mehr so gut aussehen ... Wir standen unter ungeheurem Druck, etwas zu unternehmen, irgend etwas zu unternehmen, um für den Krieg gerüstet zu sein[5].«

Ein wichtiges Beispiel für diese Vorbereitungen auf einen totalen Krieg mit der UdSSR war die Rolle der USA in einem Guerillakrieg, der damals in der Ukraine brodelte. Die unter der Führung der ukrainischen nationalistischen Organisation OUN stehenden antikommunistischen Guerillas waren in der westlichen Ukraine, in Galizien, besonders aktiv.

Die Westukraine ist ein heißumkämpftes Gebiet, das im Lauf der letzten Jahrhunderte dutzendmal den Besitzer gewechselt hat – Russen, Österreicher, Polen und für ganz kurze Zeit die Ukrainer selbst. Zwischen den beiden Weltkriegen hatte der größte Teil des Gebietes unter polnischer Herrschaft gestanden, doch nach der sowjetischen Invasion in Ostpolen aufgrund des Hitler-Stalin-Paktes aus dem Jahr 1939 beanspruchten die Russen Galizien für sich. Im Rußlandfeldzug besetzte die Wehrmacht 1941 das Gebiet, das erst im Herbst 1944 wieder an die Rote Armee verlorenging. Seit Kriegsende ist Galizien Teil der UdSSR; Polen wurde mit den deutschen Ostgebieten entschädigt.

Aus naheliegenden Gründen stellte diese Entwicklung eine ernste Bedrohung für wohlhabende Bauern, Gutsbesitzer und Kirchenführer dar. Gleichzeitig stand die ukrainische Volksgruppe der neuen, von den Russen dominierten Machtstruktur ablehnend gegenüber. Diese Kräfte vereinigten sich und bildeten eine kleine, aber wirksame Unterstützungsgrundlage für eine anhaltende Rebellion unter der Führung der rechtsextremen Organisation of Ukrainian Nationalists (OUN, Organisation der ukrainischen Nationalisten) und ihrer Miliztruppe, der UPA, die während der deutschen Besatzung häufig mit den Nazis kollaboriert hatte. Der kleine Kreis, der für die Geheimoperationen der USA Ende der vierziger Jahre zuständig war, begann sich für die immer wieder aufflackernden Unruhen in der Ukraine zu interessieren. Hier gab es anscheinend endlich eine Bewegung, die sich gegen die Russen zur Wehr setzte.

Für die Sowjets waren OUN und UPA einfach Nazikollaborateure[6]. Westliche Kommentatoren betonten dagegen, daß sie während des Zweiten Weltkriegs eine »dritte Kraft gewesen waren, die für Demokratie, nationale Unabhängigkeit und andere vom Westen geförderte Werte eingetreten war«[7]. Beide Einstellungen verschleiern die Wahrheit.

Die Wurzeln der OUN/UPA können zum militant antikommunistischen und nationalistischen ukrainischen Untergrund zurückverfolgt werden, den Oberst Eugene Konovalets in den zwanziger Jahren gründete, als sich ein großer Teil des Gebiets unter polnischer Herrschaft befand. Sein Programm bestand hauptsächlich aus der Forderung nach Unabhängigkeit für die Ukraine und wurde häufig durch fanatischen antirussischen und antisemitistischen Rassismus ergänzt. Obwohl die Gruppierung sicherlich gegen den Stalinismus opponierte, war sie ihrem Wesen nach totalitär und faschistisch und unterhielt enge Beziehungen zur deutschen Abwehr unter Admiral Wilhelm Canaris[8].

Die OUN-Aktivisten setzten von Anfang an Mord und Terror für ihren Kampf ein und waren unter anderem für die Ermordung des polnischen Innenministers General Bronislaw Pieracki im Jahr 1934 verantwortlich. Der Völkerbund hatte die OUN wegen dieses Mordes öffentlich als Terrorsyndikat bezeichnet, und polnische Gerichte hatten die OUN-Führer Mykola Lebed und Stepan Bandera wegen der Teilnahme an diesem Verbrechen zum Tod verurteilt. (Das Urteil wurde später in lebenslange Haft umgewandelt.) Beide Männer wurden jedoch 1939 während der Wirren nach dem deutschen und dem russischen Einmarsch in Polen freigelassen. Sobald sich Lebed in Freiheit befand, trat er in der Nähe von Krakau in eine Polizeischule der Gestapo ein, während Bandera im Rahmen eines Abwehrprogramms mit dem Codenamen Nachtigall OUN-Sympathisanten zu bewaffneten Trupps zusammenfaßte[9]. Während der beiden Jahre vor dem deutschen Einmarsch in die UdSSR im Jahr 1941 versahen die Nazis die OUN mit Geld und Waffen. Besonders ausgebildete OUN-Polizeitruppen begleiteten die deutschen Streitkräfte während der ersten Monate der Invasion, beschafften Informationen, sorgten in den von den Deutschen besetzten Gebieten für lokale Quislingadministrationen und waren an Verfolgung und Ermordung der ukrainischen Juden beteiligt. Aus erbeuteten Unterlagen geht hervor, daß die Nazis die OUN als ihre Schachfigur betrachteten.

Doch der Ehrgeiz der OUN ging weiter. Sie wollte die Unabhängigkeit der Ukraine, die sie als deutschen Verbündeten im gleichen Status wie Ungarn oder Rumänien sah. Die Ukraine sollte ein selbständiges, faschistisches Land sein, dessen Programm, wie der leitende politische Offizier der OUN, Wolodymyr Statschiw während der deutschen Invasion an Adolf Hitler schrieb, die »Konsolidierung der völkischen Neuordnung in Osteuropa« und die »Vernichtung des staatsgefährdenden jüdischen Einflusses« beinhalten sollte. Statschiw, der im Namen des OUN-Führers Stepan Bandera schrieb, ersuchte Hitler (den »Verfechter des ethnischen Prinzips«, wie er sich ausdrückte), den »völkischen Kampf zu unterstützen«[10].

Aber Hitler hatte nicht die Absicht, mit Leuten, die für ihn slawische »Untermenschen« waren, ein Bündnis unter Gleichberechtigten einzugehen. Sein Doppelspiel führte dazu, daß etliche OUN-Führer verhaftet wurden, weil sie mehr verlangten, als er bereit war zu geben. Hier zeichnet sich eine noch kompliziertere Beziehung zwischen den Nazis und der OUN ab. Die OUN-Aktivisten spielten weiterhin wichtige Rollen in örtlichen Quislingregierungen und in unter der Schirmherrschaft der Nazis stehenden Polizei- und Miliztruppen, obwohl die OUN-Organisation als solche verboten war. Die von den Deutschen geförderten Milizformationen waren ihrerseits in Tausenden von Fällen tief in Massenmorde an Juden und an Familien verstrickt, die verdächtigt wurden, die Partisanen der Roten Armee zu unterstützen.

Inzwischen organisierte die in den Untergrund gegangene Führung der OUN eine antikommunistische Guerillatruppe unter dem Namen Ukrainska Powstantscha Armia (UPA, Ukrainische Insurgentenarmee), um den Kampf für eine unabhängige Ukraine fortzusetzen. Nach Unterlagen der UPA rekrutierte sie viele ihrer Leute aus den von den Nazis organisierten, am Völkermord beteiligten Polizeieinheiten, weil diese bereits bewaffneten und ausgebildeten Männer die besten Soldaten abgeben würden. Obwohl die UPA-Insurgenten gelegentlich mit den Deutschen zusammenstießen, war ihr eigentliches Kampfziel die Rote Armee, die sie als die größere Gefahr für die ukrainische Unabhängigkeit betrachteten[11].

Gegen Ende des Krieges waren die Deutschen in so bedrängter Lage, daß sie wieder eine mehr oder weniger formelle »Allianz« mit einem ukrainischen nationalen Quislingkomitee eingingen, das unter der Leitung eines gewissen Pavlo Shandruk, eines älteren ukrainisch-polnischen Generals, stand. Diese Propagandageste war von einer beschleunigten Übernahme der Ukrainer aus den Polizeieinheiten in die Waffen-SS begleitet; außerdem kam es zu einer verstärkten Zusammenarbeit mit der Untergrundführung der OUN/UPA aufgrund eines geheimen Plans, den die SS als Operation Sonnenblume bezeichnete. Bei Vernehmungen des Leiters der Geheimoperationen des Amtes VI im RSHA, Otto Skorzeny, und seines Adjutanten Karl Radl stellte sich heraus, daß Sonnenblume 1944 die Aktionen der Deutschen und der OUN während des Rückzugs der Nazis aus Rußland koordinieren sollte[12].

Tonnenweise Waffen, Munition und sonstiges von den Nazis aufgegebenes Kriegsmaterial wurden den unter dem Befehl der Untergrund-OUN stehenden Truppen überlassen, erzählte Skorzeny den Amerikanern. Die Abmachung erwies sich für die Deutschen als gutes Geschäft. Es gelang der OUN/UPA in den Jahren 1944 und 1945 während der ungeordneten Flucht der Wehrmacht durch Europa, etwa 200 000 Mann starke Einheiten der Roten Armee zu binden und über 7 000 sowjetische Offiziere zu töten[13].

Der Fall OUN veranschaulicht, wie kompliziert die Beziehungen zwischen Berlin und seinen Kollaborateuren an der Ostfront in Wirklichkeit waren. Die OUN war keine bloße Marionette der Deutschen wie die Wlassow-Armee, aber sie verbündete sich, wann immer sie konnte, mit den Nazis. Ganz gleich, welche Konflikte zwischen den beiden bestanden haben mögen, die Rolle der OUN bei antisemitischen Pogromen wie die Massenmorde 1941 in Lwów und die Auslöschung ganzer Dörfer, die mit den sowjetischen Partisanen kooperiert hatten, nach dem Vorbild von Lidice ist belegt. Die OUN hat während des Krieges schwere Verbrechen begangen, deren Opfer in erster Linie ihre eigenen Landsleute waren.

Als die Nazis 1944 aus der Ukraine vertrieben wurden, flohen viele Mitglieder der OUN, die für die Nazis in der örtlichen Miliz, in Polizeieinheiten und in Hinrichtungskommandos gearbeitet hatten, mit ihnen. Mindestens 40 000 unter OUN-Führung stehende Partisanen zogen sich jedoch in die zerklüfteten Karpaten zurück, versteckten sich dort und ließen die Rote Armee vorbeiziehen. Diese Gruppe bildete später das

Rückgrat der ukrainischen Rebellion, die die amerikanischen Sicherheitsfachleute Ende der vierziger Jahre so interessierte.

Der verurteilte Mörder Mykola Lebed tauchte nach dem Krieg als einer der wichtigsten Agenten der Vereinigten Staaten in der OUN/UPA auf. Der Fall ist deshalb interessant, weil er zeigt, wie die CIA nach dem Krieg Nazikollaborateure anwarb und wie sie eine Anzahl der obersten Führer der OUN/UPA in die Vereinigten Staaten schmuggelte.

Wie bereits erwähnt, trat Lebed 1939 in das Ausbildungszentrum der Gestapo in Krakau ein. In den Yad-Vashem-Archiven in Jerusalem liegt eine detaillierte Schilderung von Lebeds damaligen Aktivitäten, die von Mykyta Kosakivs'kyy stammt, einem ehemaligen OUN-Funktionär, der unter Lebed in Krakau gearbeitet, aber nach dem Krieg mit ihm gebrochen hat. Kosakivs'kyy berichtet, daß Lebed die Folterung und Ermordung von gefangenen Juden in Krakau persönlich geleitet hat, um seine Männer »abzuhärten«[14]. (Lebed gibt zu, daß er im Krakauer Zentrum tätig gewesen ist, leugnet aber, daß er an Folter oder Mord beteiligt war.)

In Geheimdienstakten der Army, die aufgrund des FOIA freigegeben wurden, wird erwähnt, daß die OUN Lebed zum »Innen- und Polizeiminister« in der Quislingregierung der Nazis in Lwów (Lemberg) ernannt hat, das während der deutschen Invasion 1941 kurzzeitig die Hauptstadt der Ukraine war[15]. Dort machten deutsche Soldaten und OUN-Polizei in den ersten Tagen der Invasion eine entsetzliche Entdeckung. Die sowjetische Geheimpolizei hatte kaltblütig über 2 000 unbewaffnete ukrainische Nationalisten, die in den Gefängnissen von Lwów inhaftiert waren, hingeschlachtet, die Leichen in unterirdischen Räumen versteckt und war dann geflohen.

Die Sowjets haben immer behauptet, daß die Nazis die Nationalisten in Lwów ermordet haben. Die Aussagen von Augenzeugen widerlegen jedoch diese Behauptung. Jedenfalls lieferte diese Greueltat einen willkommenen Vorwand für ein von der OUN geschürtes Pogrom gegen die örtlichen Juden, denen man vorwarf, die Sowjets bei der Verhaftung der ukrainischen Nationalisten unterstützt zu haben. Die ukrainische nationalistische Propaganda peitschte die Wut der Bevölkerung gegen die Juden und gegen jeden, der als kommunistischer Sympathisant galt, auf. Polizei und Miliz waren unter Führung des Polizeiministers Mykola Lebed rund um die Uhr im Einsatz, trieben massenweise unbewaffnete Männer und Frauen zusammen, hängten Gegner öffentlich auf, prügelten und begingen weitere Grausamkeiten. Die Juden von Lwów wurden in großer Zahl von den OUN-Truppen und den Mordteams der Einsatzkommandos der Nazis verhaftet, gefoltert und erschossen. Nach Augenzeugen lauteten die beiden populärsten Schlagworte »Lang lebe Adolf Hitler und [OUN-Führer] Stepan Bandera!« sowie »Tod den Juden und den Kommunisten!«[16].

Wie im Blutrausch töteten und brandschatzten die Nationalisten und feierten mit zahllosen Menschenopfern die »Befreiung« und Machtergreifung. Jeder Widerstand wurde mit Terror unterdrückt. Die Polizisten und Milizmänner der OUN vergewaltigten ungestraft polnische und jüdische Frauen. Polnische Professoren wurden eingefangen, verprügelt und dann hingerichtet; nationalistische ukrainische Extremisten nahmen an Massenhinrichtungen von Juden in der Nähe des Gaswerks am Stadtrand teil. Wie aus den Aufzeichnungen der Einsatzgruppen hervorgeht, wurden in den folgenden Wochen mindestens 7 000 jüdische Männer und Frauen festgenommen und umgebracht*, nicht gerechnet die Opfer des Pogroms[17].

Aber diese »erfrischenden Tage«, wie sie später in OUN-Publikationen

---

* Lebeds Version der Ereignisse hörte sich völlig anders an. In einer Reihe von Gesprächen mit dem Autor behauptete er, daß er am 3. Juli in Lwów eingetroffen sei, also etliche Tage nach der deutschen Invasion. Er sagte, daß er nicht Polizeiminister gewesen sei, sondern daß »er die Aufgabe hatte, Mitglieder unserer Organisation in Marschgruppen weiter nach Osten zu befördern«. Er gibt zu, daß er in der ukrainischen Regierung »Nummer drei« war, leugnet aber, daß er einen offiziellen Titel besaß. Er schrieb die Ermordung von Juden während dieser Zeit dem sowjetischen NKWD zu und behauptete, daß die polnischen Intellektuellen vom deutschen SD und nicht von ukrainischen Nationalisten getötet worden seien. Er leugnete auch entschieden, daß er je Leiter des SB, des geheimen Spionageorganisation der OUN, gewesen sei. »Sogar der KGB, der mir alle möglichen Verbrechen vorwirft«, sagte Lebed, »hat festgestellt, daß der Leiter der SB Mykola Asenjitsch war, der Selbstmord beging, als er von KGB-Leuten eingekreist war, um ihnen nicht lebend in die Hände zu fallen.«
Lebeds Behauptungen zu dem letzten Punkt stehen im Widerspruch zu den Unterlagen des Geheimdienstes der US Army aus dieser Zeit, in denen festgestellt wird, daß Lebed »Leiter des SB, also der Geheimdienstorganisation wurde« und daß er, laut einer zweiten US-Studie, »ein starkes Untergrund-Exekutivkorps des SB-Sicherheitsdienstes schuf, das die Bandera-Partei [OUN] und später [ihre Armee, die] UPA mittels Terrormethoden fest in der Hand hatte«.

genannt wurden, waren schnell vorbei. Sobald die nationalistische Regierung ihren Propagandawert als Illustration der »herzlichen Begrüßung« der Wehrmacht bei der Invasion Rußlands verloren hatte, ließen die Deutschen sie fallen. Mehrere OUN-Führer, darunter auch Stetsko und Bandera, wurden unter Hausarrest gestellt. Ein wichtiger Mann ging den Nazis allerdings durch die Lappen: der ehrgeizige Chef der OUN-Geheimpolizei Mykola Lebed.

Der Geheimdienst der Army berichtet[18], daß Lebed die Polizei und die Miliz aus dem Untergrund organisierte und sie zur Slushba Bespiekie (SB) zusammenschmiedete, dem Elite-Terrorarm der nationalistischen ukrainischen Truppen. Zu den Spezialitäten von Lebeds SB-Team gehörten die Jagd auf rote Partisanenführer, Folterungen und Verhöre und auch das Beschaffen von militärischen Informationen für den Tauschhandel mit den Deutschen. Zahlreiche rechtsstehende ukrainische Gruppierungen haben den SB auch beschuldigt, konkurrierende nationalistische Führer ermordet zu haben, wenn sie sich weigerten, der von Lebed und seinen Kollegen organisierten »Einheitsfront« beizutreten – eine Erkenntnis, die nach dem Krieg bei den übrigen nationalistischen ukrainischen Gruppierungen zu beträchtlicher Erbitterung gegen Lebed führte. 1944 hatte der SB der OUN endlich bewiesen, daß er den Geheimdiensten der Nazis und der Sowjets an Effizienz nicht nachstand. Vor allem verfügte er über unvergleichliche Erfahrung mit Mord als politischem Werkzeug.

Lebed floh kurz nach dem Abzug der Nazis aus der Ukraine. Anfang 1945 entkam er nach Rom, wo er sich als »Außenminister« des Obersten Ukrainischen Befreiungsrates etablierte, einer antikommunistischen Einheitsfront-Organisation, die von den Anführern der OUN dominiert wurde. Er brachte einen wertvollen Schatz mit: die Unterlagen des Befreiungsrats und des SB, einschließlich der Listen von noch in der Ukraine befindlichen nationalistischen und kommunistischen Agenten, die Namen von Schlägern und Killern und eine Menge kompromittierender Informationen über Persönlichkeiten der ukrainischen Bewegung, mit denen er jedem, der sich seiner Hilfe bediente, eine Handhabe gegen Tausende prominenter Emigranten geben konnte.

Lebed begann sofort, öffentlich und privat für die noch hinter den sowjetischen Linien befindlichen ukrainischen Guerillas Propaganda zu machen. Die Amerikaner wiesen ihn zuerst verächtlich zurück. In Berichten des Army-CIC aus den Jahren 1945 und 1946 wird festgestellt, daß der Nationalistenführer »ein bekannter Sadist und Kollaborateur der Deutschen war«[19]; außerdem wird er mehrerer Morde und des Diebstahls von OUN-Geldern beschuldigt.

Irgendwann im Frühjahr oder Sommer 1947 machte Lebed dem Army-Geheimdienst ein Angebot, dem dieser nicht widerstehen konnte: Lebeds Erfahrungen und seine Sammlung von Unterlagen im Tausch gegen die Unterstützung und den Schutz durch die US-Regierung. Die Vereinigten Staaten »wollten wissen, was Rußland, was die Sowjetunion war«, gab Lebed in einem Gespräch mit dem Autor zu. »Sie wollten wissen, was die [sowjetische Geheimpolizei] MVD war, wer wer war und wie alles zusammenpaßte. Deshalb wollten sie mich[20].«

Ein gewisser Hauptmann Hale vom Spionageabwehrkorps der US Army in Rom setzte das Hauptquartier in München von dem Angebot in Kenntnis und empfahl, die Army möge den Ukrainer aus Rom nach Deutschland schleusen, wo ihn die amerikanischen Dienststellen besser brauchen konnten. Dem Hauptquartier des CIC in München sagte der Plan zu, und die Operation ging noch im gleichen Jahr glatt über die Bühne. Hale und alle, die mit der Rekrutierung und Überstellung von Mykola Lebed zu tun hatten, erhielten Anerkennungsschreiben. Lebeds neue Betreuer in München waren übrigens die gleichen amerikanischen CIC-Agenten, die damals Klaus Barbies und Emil Augsburgs Netz von flüchtigen SS-Männern leiteten.

Lebeds Beziehung zum CIC in München klappte. Seit Mitte 1948 bezog sein »Befreiungsrat« ein beträchtliches Einkommen aus amerikanischen Quellen, vermutlich vom Army-Geheimdienst. Seine Leitoffiziere mochten ihn; sein »politischer Standpunkt ist positiv«, berichtete das CIC in einer Studie über Persönlichkeiten, die es für eine ukrainische Exilregierung empfahl – »das heißt vertrauenswürdig vom Standpunkt der Westmächte aus«[21].

Doch Lebed lebte in Deutschland gefährlich. In Emigrantenkreisen kannte man sein Pseudonym »Mykola Ruban« inzwischen zu gut. Die Agenten der polnischen und sowjetischen Geheimpolizei hatten noch eine Rechnung mit ihm offen und versuchten, ihn zu kidnappen. Doch das war nicht einmal die größte Gefahr für Lebed; als wesentlich bedrohlicher erwies sich, daß es in der OUN im Sommer 1948 zu einer weiteren Zersplitterung gekommen war und daß einige seiner früheren Kameraden, Männer, die seine Gewohnheiten, Verstecke und Kontakte kannten, jetzt ebenfalls hinter ihm her waren. Seine neuen Feinde – eine rivalisierende Splittergruppe der OUN unter Stepan Bandera, zu der auch einige SB-Männer gehörten – standen in dem wohlverdienten Ruf, buchstäblich über Leichen zu gehen.

Lebeds Retter war die CIA. Zu seinem Glück hatte sich ihre OPC-Abteilung verpflichtet, Exilregierungen für Osteuropa zu bilden. Als Lebeds persönliche Krise ihren Höhepunkt erreichte, beriet der Kongreß gerade ein neues Gesetz über die CIA. Die meisten Bestimmungen betrafen Routineangelegenheiten; sie ermächtigten zum Beispiel den Direktor der CIA, ein neues Siegel für die Agency in Auftrag zu geben, und gestatteten ihr, den überseeischen Agenten Vereins- und Bibliotheksbeiträge zu ersetzen.

Doch dieses Gesetz enthielt auch eine Bestimmung, die schließlich die Rettung für Mykola Lebed wurde. Sie lautete: »Wann immer der Direktor [der CIA], der Innenminister und der Einwanderungskommissar festsetzen, daß die Einreise eines bestimmten Ausländers in die Vereinigten Staaten ... im Interesse der nationalen Sicherheit liegt oder wesentlich zur Förderung der Aufgaben des nationalen Geheimdienstes beiträgt, soll diesem Fremden und seinen nächsten Angehörigen die Einreise in die USA gestattet werden ... *ohne Rücksicht darauf, daß dies aufgrund der Einwanderungs- oder anderer Gesetze und Bestimmungen nicht zulässig ist...*« (Hervorhebung vom Autor)[22]. Aufgrund dieses Paragraphen konnten jährlich bis zu hundert Personen mit ihren Familien in die Vereinigten Staaten gebracht werden, ohne daß Fragen gestellt wurden*.

---

* Im Text des von der CIA befürworteten Gesetzes verborgen und beinahe nur nebenbei erwähnt, befand sich die gesetzliche Ermächtigung für die CIA, weder über ihr Budget noch über ihre Beschaffungspraktiken Rechnung legen zu müssen. Dieser einen Satz lange Unterabschnitt befreite die CIA von der Verpflichtung, jedem anderen Gesetz zu entsprechen, durch das unter Umständen »Informationsquellen und -methoden« preisgegeben wurden.

Mit einem zweiten Nebensatz wird die CIA angewiesen, »andere Funktionen und Pflichten zu übenehmen ... die der Nationale Sicherheitsrat von Zeit zu Zeit anordnen könnte«. Die Anwälte der CIA haben diesen Abschnitt immer so ausgelegt, daß Geheimbefehle vom NSC oder vom Präsidenten mehr Gewicht haben als jedes »gewöhnli-

Seit 1949 hat die Regierung fast alles, was mit dem sogenannten Hundert-Personen-Gesetz zusammenhängt, streng geheimgehalten. Sowohl das Büro des Innenministers als auch der Einwanderungskommissar haben – auf das Ansuchen des Autors aufgrund des FOIA – mit der Feststellung reagiert, daß sie für ihre im Rahmen dieses Gesetzes innerhalb der letzten 35 Jahre erfolgten Aktivitäten keinerlei Unterlagen besitzen[23]. Die CIA hat aufgrund dieses Gesetzes das Ersuchen eines Kongreßausschusses um einen Rechenschaftsbericht – sogar einen geheimen Rechenschaftsbericht – über die Aktivitäten der Agency zurückgewiesen. Da im Lauf der Jahre verschiedenes durchgesickert ist, sind jedoch einige Fakten bekannt. Zum Beispiel war Gustav Hilger, der ehemalige Sachverständige des Reichsaußenministeriums, der im Rahmen der Operation Bloodstone in die Vereinigten Staaten kam, einer der ersten Nutznießer dieses Gesetzes. Hilger wurde für seine Dienste mit dem Status eines ständig in den Vereinigten Staaten lebenden Ausländers belohnt. Trotz all dieser Geheimhaltung ist klar, daß der Kongreß zum Teil die Absicht hatte, den Import von fragwürdigen Ausländern durch die CIA einzuschränken, ihr aber gleichzeitig die legale Möglichkeit einräumen wollte, die heiklen Einwanderungsfälle abzuwickeln, mit denen eine Spionageorganisation unweigerlich konfrontiert wird. Der Kongreß beschränkte die Zahl der Menschen – hundert jährlich plus Familien –, die die CIA legal importieren konnte und die sonst keine Möglichkeit gehabt hätten, in die Vereinigten Staaten zu gelangen. Im Gesetz wurde auch festgelegt, daß hohe Regierungsbeamte – nämlich der Direktor der CIA, der Innenminister und der INS-Kommissar – persönlich die Verantwortung für die Feststellung übernehmen mußten, daß der bevorzugte Immigrant für die nationale Sicherheit lebenswichtig war.
Damit besaß die CIA einen legalen Weg, Mykola Lebed oder eine beliebige andere Person in die Vereinigten Staaten zu bringen, wenn diese Person aus Gründen der nationalen Sicherheit wirklich gebraucht wurde. In Lebeds Fall jedoch brach die Agency bewußt das Gesetz, das sie selbst angeregt hatte.

che« Gesetz, das vom Kongreß angenommen wurde. Diese beiden kurzen Abschnitte des Gesetzes sind die gesetzlichen Grundlagen, auf denen beinahe die gesamte moderne CIA beruht.

Die CIA schmuggelte Lebed im Oktober 1949 unter falschem Namen in die USA und verstieß dadurch offen gegen das Einwanderungsgesetz und gegen ihre eigene Satzung. Offiziell war Lebed einfach ein weiterer Einwanderer, der aufgrund des Displaced-Persons-Gesetzes in die USA einreiste. Bei einer internen Untersuchung durch die Regierung stellte sich jedoch später heraus, daß ihm in Wirklichkeit CIA-Agenten zu falschen Ausweisen, einer falschen polizeilichen Unbedenklichkeitsbescheinigung und falschen Empfehlungen verholfen hatten[24]. Die falsche Identität war zumindest teilweise erforderlich, weil Mitglieder der OUN und des »ukrainischen Geheimdienstes« anerkanntermaßen Nazikollaborateure waren, die wegen ihrer Kriegsverbrechen von der Einreise in die USA ausgeschlossen waren[25]. Die CIA war über Lebeds Aktivitäten während des Krieges genau informiert, als sie ihn nach Amerika brachte; Vernehmungen aus den Jahren 1946 und 1947 über seine Untaten befinden sich heute in den Akten des CIC, und die CIA hat zweifellos Kopien davon erhalten.

Die CIA hielt sich an die Bloodstone-Vorschriften und unterrichtete das INS über einige Aspekte von Lebeds Vergangenheit, auch darüber, daß er einmal wegen der Teilnahme an einem Mord zum Tod verurteilt worden war. Die CIA verschwieg allerdings Lebeds wirklichen Namen und auch, daß er während der Nazibesetzung der Ukraine Polizeiminister gewesen war. Nach seiner Einreise in die USA wurde Lebed kurz im Pentagon beschäftigt, und ein großer Teil der Aktensammlung des »Befreiungsrates« findet sich noch in den Unterlagen des Army-Geheimdienstes[26].

Sobald sich Mykola Lebed in den USA befand, nützte er seine Beziehungen zur Regierung, um seinen Einfluß auf die ukrainischen Gemeinden zu erweitern. Er unternahm eine größere Vortragsreise und rührte die Werbetrommel für die Unterstützung des Guerillakriegs in der Ukraine. Seine Propagandatätigkeit weckte das Interesse der Medien; sein dramatisch ausgeleuchtetes Foto, mit dem er für seine Rolle als »Untergrundführer« Reklame machte, erschien in *Newsweek,* und seine Rede vor der Yale-University Political Union wurde von *Vital Speeches of the Day* auf der Titelseite gebracht[27].

Es war unvermeidlich, daß die Außendienstagenten des INS in New York von Lebeds »Berühmtheit« erfuhren und seinen wahren Namen herausbekamen. Da die INS-Leute nicht wußten, daß Lebed unter dem Schutz der CIA stand, leiteten sie eine Untersuchung wegen eines offenbar eindeutigen Verstoßes gegen das amerikanische Einwanderungsgesetz ein. Als die INS-Zentrale in Washington endlich von der Untersuchung erfuhr, lag in New York bereits genügend Beweismaterial vor, um Lebeds sofortige Ausweisung aus den Vereinigten Staaten zu erzwingen. Erst jetzt – nachdem Lebed »erwischt« worden war – entschloß sich die CIA, seinen Einwanderungsstatus im Rahmen des Hundert-Personen-Gesetzes zu »legalisieren«. Zuerst überredete die Agency das INS dazu, das Ergebnis seiner Untersuchung zu verschweigen. Dann kam es zu dem unvermeidlichen Briefwechsel zwischen Direktor Walter Bedell Smith, Justizminister James P. McGranery und INS-Kommissar Argyle Mackey. Lebed – der ehemalige Polizeiminister in der von den Nazis besetzten Ukraine – wurde »aus Gründen der nationalen Sicherheit« formell zum rechtgültig ständig in den Staaten ansässigen Ausländer erklärt[28]. Dies geschah etwa zwei Jahre *nachdem* die CIA ihn in die Vereinigten Staaten geschmuggelt hatte.

Seither ist Lebed zu einer festen Größe in der ukrainischen Emigrantengemeinde geworden. Seine politischen Freunde bezeichnen ihn nach wie vor als Außenminister der angeblichen ukrainischen Exilregierung. Er lebt heute in Yonkers im Staat New York, und es ist nicht anzunehmen, daß er die Vereinigten Staaten gegen seinen Willen wird verlassen müssen.

Der Beschluß der CIA, Lebeds Status zu legalisieren, *nachdem* er entdeckt worden war, stellt den beunruhigendsten Aspekt der gesamten Affäre dar. Die Frage liegt nahe, wie viele weitere von der Agency insgeheim geförderte Mykola Lebeds von den Außendienstmitarbeitern des INS nicht erwischt wurden!

Ein weiterer solcher »Illegaler« ist General Pavlo Shandruk, der Chef der ukrainischen Quisling-»Exilregierung«, die 1944 von Rosenbergs Ministerium für die besetzten Ostgebiete gegründet wurde. Shandruk hatte seit mindestens 1941 aktiv mit den Nazis zusammengearbeitet, und seine Rolle bei pronationalsozialistischen, antisemitischen Aktivitäten schloß eine legale Einreise in die Vereinigten Staaten eindeutig aus. Doch Shandruk hatte offenbar die Gunst der CIA gewonnen, indem er nach dem Krieg für den britischen und den amerikanischen Geheim-

dienst arbeitete. Er hat 1947 von den Vereinigten Staaten mindestens
50 000 Mark erhalten, »um ein Geheimdienstnetz aufzuziehen« – wie
aus seiner Army-CIC-Akte hervorgeht[29].

Shandruk reiste nur Tage vor Lebed nach Amerika, denn er traf ebenfalls im Oktober 1949 ein. Vermutlich verwendete er dabei genau wie
Lebed einen falschen Namen. Der INS behauptet jedenfalls, er besitze
keine Unterlagen darüber, daß ein Mann namens Pavlo Shandruk jemals in die Vereinigten Staaten gelangt ist. Doch Shandruk ist hier eingetroffen und hat in den fünfziger Jahren offen unter seinem richtigen
Namen in New York gelebt. Er hat sogar seine Kriegserinnerungen bei
Robert Speller & Sons veröffentlicht, einem bekannten Verlag für
rechtsorientierte Literatur. Aus der CIC-Akte über Shandruk geht klar
hervor, daß zumindest diese Organisation über seine Tätigkeiten, seine
Adresse und seinen problematischen Einwanderungsstatus Bescheid
wußte. Doch niemand unternahm etwas, um Shandruk auszuweisen,
und er behielt seinen Einfluß auf die ukrainischen Emigrantenkreise in
den Vereinigten Staaten bis zu seinem Tod[30].

Als Mykola Lebed 1949 in den Vereinigten Staaten eintraf, hatten die
CIA und das OPC offenbar alle noch existierenden Vorbehalte über die
Verwendung von Nazikollaborateuren für Einsätze hinter den Linien in
der UdSSR über Bord geworfen. Schließlich war niemand besser dazu
geeignet, eine Rebellion in der Ukraine anzuführen, als die Männer, die
während des Krieges gute und schlechte Tage mit ihren Bewohnern ge-
teilt hatten. Die Nazikollaborateure der OUN/UPA gerieten nicht
durch ein Versehen in die Aktionen der USA in diesem Gebiet. Im Gegenteil: die Vereinigten Staaten warben systematisch Veteranen der
ukrainischen SS und Miliz an, weil sie angeblich genau die richtigen
Leute waren, sich ihren ehemaligen Kameraden anzuschließen, die sich
immer noch in den Karpaten versteckt hielten. Die Amerikaner hatten
die Karteien mit den Namen, Adressen und Lebensläufen Tausender solcher ukrainischer SS-Veteranen sorgfältig bis in die fünfziger Jahre wei-
tergeführt, damit diese Leute im Fall eines Atomkrieges mit der UdSSR
rasch mobilisiert werden konnten[31].

Inzwischen ging der Guerillakrieg in der Ukraine weiter, und viele
OUN/UPA-Insurgenten knüpften bruchlos an die antisemitischen und
faschistischen Terrormethoden der Kriegszeit an. Bei Lutsk in der West-

ukraine konzentrierten sich die OUN/UPA-Guerillas darauf, die sowjetischen Versuche zur Errichtung von Kolchosen zu sabotieren. Einem Bericht des US-Geheimdienstes aus Moskau zufolge stellten sie zu diesem Zweck fest, welche Bauern sich bereit erklärt hatten, den staatlich geförderten Kolchosen beizutreten. »In der gleichen Nacht«, telegrafierte der US-Militärattaché nach Washington, »erschienen die OUN-Guerillas in den Häusern dieser Leute und hackten ihnen die Arme ab, weil sie diese bei der Zusammenkunft erhoben hatten, um ihre Zustimmung anzuzeigen.« In einem zweiten amerikanischen Bericht heißt es[32], daß nicht nur Kommunisten, sondern auch »wohlhabende Juden« als Angriffsziele ausgesucht wurden, genau wie zur Zeit der Naziherrschaft. Die Tatsache, daß einige der OUN/UPA-Insurgenten Greueltaten begingen – Plünderungen, Vergewaltigungen und die Zerstörung von Dörfern, die sich weigerten, sie mit Nachschub zu versorgen –, hat die US-Politiker zu jener Zeit offenbar kaum beeindruckt. Auch wenn man moralische Erwägungen außer acht läßt, stellt die Verwendung dieser Agenten aus rein praktischen Gründen einen schweren Fehler dar.

Die Zusammenarbeit der OUN mit den Nazis während des Krieges – und auch die blutige Geschichte der Organisation selbst – hatte unvermeidlich die Verbindung zwischen den Insurgenten und der großen Mehrheit der ukrainischen Bevölkerung zerrissen, die sie angeblich vertraten. Das traf sogar auf Dorfbewohner zu, die gegen das neue sowjetische Regime Front machten. Als die Amerikaner sich 1949 entschlossen, die Guerillas heimlich zu unterstützen, befand sich die Rebellion bereits im Niedergang. Kriegsmüdigkeit, der allgemeine Abscheu vor dem Terrorismus der OUN/UPA-Guerillas und Zwangsumsiedlungen durch die Sowjets isolierten die Guerillas und schnitten sie von der Versorgung durch die ländliche Basis ab.

In der CIA gab es verschiedene Meinungen darüber, wie man die OUN behandeln sollte. Allen Dulles, Frank Wisner und die übrigen Anhänger des Krieges der Geheimdienste waren dafür, daß man den Guerillas beträchtliche militärische Unterstützung gewährte. Das würde die Rebellion wieder anheizen, meinten sie, und das Beispiel der Aufrührer würde vielleicht im übrigen Osteuropa Schule machen. Zu Frank Wisners ersten Maßnahmen für die ukrainischen Rebellen gehörte ein im November 1949 geschlossenes Abkommen mit der Army über geheime Lieferungen von »Sprengladungen, M4 [Plastiksprengstoff] und Zubehör für Sprengungen«, die die Rebellen für Sabotageakte verwenden sollten, wie aus einer Zusammenfassung des Pentagons über die Korrespondenz mit der CIA hervorgeht. Nicht einmal zwei Monate danach schloß Wisner ein zweites Geschäft mit den Militärs ab, und zwar für die »schwarze« Beschaffung eines Vorrats an Waffen und Munition. Die Gewehre, Hubschrauber, Jeeps, Handgranaten, Uniformen und alles, was man sonst noch für mehrere kleine Armeen braucht, machten schließlich einen Wert von Hunderten Millionen Dollar aus[33].

Dennoch war ein großer Teil der CIA gegen einen umfassenden Guerillakrieg in der Ukraine – jedenfalls zu dieser Zeit. Diese Männer und Frauen fanden, daß die Vereinigten Staaten die UdSSR in diesem Gebiet zwar politisch und militärisch stören, aber die sowjetische Herrschaft nicht ernsthaft in Gefahr bringen konnten. Leitende Beamte der CIA wie Franklin Lindsay und Harry Rositzke, die beide eng mit den ukrainischen Guerillas zusammenarbeiteten, waren sich darüber einig, daß ein Untergrundkrieg in den Karpaten verfrüht war und vermutlich zur endgültigen Vernichtung der Rebellen führen würde. Rositzke sagt heute, daß einige Auswertungsfachleute der CIA bereits 1950 fanden, daß die OUN/UPA-Guerillas im Falle eines Angriffs der Sowjets auf den Westen »keine ernsthafte paramilitärische Rolle spielen können«[34]. Die Gruppe um Rositzke zog vor, die Guerillas als provisorische Basis in der UdSSR zu nützen, die Spionage betreiben und »Frühwarn«-Informationen über eine eventuelle sowjetische Mobilmachung liefern sollte.

Doch das Außenministerium und das Pentagon übten kräftig Druck aus, damit die paramilitärischen Anstrengungen erweitert wurden, und dieser Druck nahm nach dem Ausbruch des Koreakrieges zu. Das Pentagon war davon überzeugt, daß man innerhalb weniger Monate eine aus 370 000 Mann bestehende Guerillaarmee auf die Beine stellen konnte, indem man etwa 1 200 in den USA für Revolten geschulte Spezialisten mitsamt ihrer Ausrüstung mit Fallschirmen absetzte[35]. Diese große Untergrund-Streitkraft sollte geduldig darauf warten, daß ihr die Amerikaner den Befehl erteilten, sich in Bewegung zu setzen, sobald der dritte Weltkrieg ausgebrochen war. Lindsay erklärt: »Das Außenministerium und das Pentagon meinten, daß man eine Organisation aufbauen und dann in Bereitschaft halten solle, bis sie gebraucht wurde. Ich habe versucht, ihnen zu erklären, daß das in einem Guerillakrieg einfach nicht möglich ist[36].«

In der Praxis führte die interne Debatte der USA zu einer Situation, in der einige CIA- und OPC-Agenten den Rebellen praktisch unbeschränkte militärische Unterstützung versprachen, in Wirklichkeit aber relativ wenig lieferten. Schließlich erhielten die Aufständischen Hilfe, aber nur soviel, wie für die kurzfristige Beschaffung von Informationen erforderlich war, und nicht mehr.

Strategisch gesehen bedeutete dies, daß die Guerillas weder die militärische Unterstützung bekamen, die sie brauchten, noch die nötige Tarnung für die Fortführung wenigstens der Spionagetätigkeit. Statt dessen wurden sie als Märtyrer verheizt – einige von ihnen starben tapfer, andere erbärmlich –, die den Propagandamühlen in Ost und West Material lieferten.

Seit Ende 1949 ließ die CIA in Amerika ausgebildete Emigranten mit Fallschirmen in der Ukraine abspringen und schleuste während einer Periode von vier Jahren etwa 75 Guerillaführer in das Gebiet ein. Ein ergänzendes amerikanisches Projekt setzte Agenten in der Nähe von sowjetischen Flughäfen und Eisenbahnknotenpunkten weiter im Norden, in der Gegend von Orscha und Smolensk, ab, wo die von Gehlen während der Nazibesetzung geschaffenen und dann zurückgelassenen Spionagenetze noch ein kümmerliches Dasein fristeten. Auch Großbritannien schickte Exilagenten in die Ukraine und ließ allein im Frühjahr 1951 mindestens drei Teams von je sechs Männern in einem Umkreis von hundert Kilometern von der nationalistischen Hochburg Lwów mit Fallschirmen abspringen[37].

Trotz der noch immer strengen Geheimhaltung der Aktivitäten des Westens in der Ukraine ist klar, daß ehemalige Nazikollaborateure ein unerläßlicher Bestandteil dieser Aktionen waren. In einem dokumentierten Fall nahmen die Sowjets wenige Tage nach einem der ersten Fallschirmabsprünge von Agenten vier in den USA ausgebildete Emigranten gefangen. Die UdSSR brachte später eine formelle Beschwerde bei den Vereinten Nationen ein[38], nach der die vier für ihren Auftrag in einem amerikanischen Geheimdienstzentrum in Bad Wiessee in der Nähe von München ausgebildet und dann mit einer amerikanischen Maschine ohne Kennzeichen zur Absprungstelle geflogen worden seien. Die Sowjets behaupteten, daß drei der vier Gefangenen – Alexandr Lachno, Alexandr Makow und Sergej Gorbunow – während der Besetzung der UdSSR eng mit den Nazis zusammengearbeitet hätten. Lachno hatte angeblich fünf rote Partisanen an die Gestapo verraten, während Makow Angehöriger des Nazi-Strafbataillons »Schwarzes Meer« gewesen sei. Alle vier Gefangenen wurden von der sowjetischen Polizei verhört, bis sie alles verrieten, was sie über die US-Spionage und den Krieg der Geheimdienste wußten. Dann wurden sie erschossen.

Die Handvoll Emigranten, die die riskanten Fallschirmeinsätze überlebten, erhielten neue Identitäten und sicheres Geleit in die Vereinigten Staaten. Doch nicht viele von ihnen lebten lang genug, um diese Vergünstigung in Anspruch nehmen zu können. Zum Pech der US-Agenten hatte sich ein sowjetischer Spion namens Kim Philby in die höchsten Ränge des britischen Geheimdienstes eingeschlichen. Philby benützte seinen Posten zielstrebig dazu, Streit zwischen den verschiedenen ukrainischen Emigrantengruppen zu säen und jeden amerikanischen und britischen Agenten, den er identifizieren konnte, an die Sowjets zu verraten. Die meisten der in den USA ausgebildeten Agenten, die mit Fallschirmen über der Ukraine absprangen, wurden gefangengenommen und hingerichtet.

Rückblickend wird klar, daß die ukrainische Guerillaaktion zum Prototyp von Hunderten weltweiten Aktionen der CIA wurde, bei denen man versuchte, die Unzufriedenheit der Einheimischen für amerikanische Ziele auszunützen. Ähnliche Projekte sind seither bei den Meo und Hmong (Völker in Südostasien), bei den Anti-Castro-Kubanern und in letzter Zeit bei den nikaraguanischen Contras ausprobiert worden, um nur einige wenige zu nennen. Die USA haben diese Operationen oft damit begründet, daß das amerikanische Geld und die amerikanischen Waffen für die Rebellen der zündende Funke sein würden, der die allgemeine Unterstützung der Demokratie und der bürgerlichen Freiheit sowie den Widerstand gegen die totalitäre – das heißt kommunistische – Herrschaft entflammen würde. Alles weist jedoch darauf hin, daß solche Abenteuer oft zu ernsten »Blowback«-Folgen geführt haben, weil die Ergebnisse, selbst in den Fällen, in denen es der von den USA unterstützten Partei gelungen war, an die Macht zu gelangen, beinahe immer das genaue Gegenteil von dem darstellten, was man erreichen wollte.

Im ukrainischen Bürgerkrieg waren es zwar jetzt die »guten« Amerikaner und nicht die Nazis, die die OUN unterstützten, doch dieses Detail änderte nichts an der brutalen, antisemitischen Taktik, die diese Gruppe immer schon angewandt hatte. Statt daß sich die Bevölkerung der Ukraine der neuen »demokratischen« Bewegung anschloß, weist alles darauf hin, daß sie der sowjetischen Regierung immer mehr Glauben schenkte, wenn diese behauptete, daß die Vereinigten Staaten ebenfalls nazistisch agierten und vor Terror nicht zurückschreckten. Daß diese falsche Vorstellung von den Absichten der USA bei den Ukrainern Wurzeln geschlagen hat und weiter gedeiht, ist für die meisten Amerikaner eine bittere Pille. Aber wie könnte es anders sein? Wer Nazis und Terroristen Menschenrechte predigen läßt, darf sich nicht wundern, wenn er selbst zum Gesindel gerechnet wird. Es kommt nicht überraschend, daß sich die sowjetische Regierung seit langem bemüht, diese Vorstellung von den Vereinigten Staaten bei ihrer Bevölkerung zu fördern, und daß sie damit Erfolg gehabt hat. Heute, über vierzig Jahre nach dem Ende des Krieges, bezeichnet die sowjetische Propaganda immer noch jeden Nonkonformisten in der Ukraine als »Nationalisten« oder »OUN« und ruft damit in der Bevölkerung Angst vor Dissidenten hervor. Die gleiche Wirkung erzielt man in Amerika, wenn man Demonstranten als »Kommunisten« bezeichnet.

Die Einreise des ukrainischen Emigrantenführers Lebed in die Vereinigten Staaten und seine lautstarke politische Agitation liefert ein Beispiel für eine zweite Art von Blowback, die in den folgenden Jahren immer weiter um sich griff, als ehemalige, im Dienst der USA stehende Nazis und Kollaborateure von den Vereinigten Staaten Hilfe bei der Flucht aus dem Ausland verlangten, und zwar als Gegenleistung für die Unterstützung amerikanischer Geheimoperationen. Einige dieser Flüchtlinge wollten von den Vereinigten Staaten aufgenommen werden, während andere sich mit einem sicheren Zufluchtsort in Südamerika, Australien oder Kanada begnügten. Noch vor dem Ende der vierziger Jahre hatten amerikanische Agenten plötzlich intensiv mit Untergrundorganisationen zu tun, die Tausende von Naziverbrechern in die Sicherheit der freien Welt schmuggelten.

DREIZEHNTES KAPITEL

Schleichwege (Ratlines)

Im Spionagejargon bezeichnet man mit »Ratlines« präparierte Fluchtwege, über die Flüchtlinge oder Agenten in Feindgebiete hinein- oder
aus ihnen herausgeschleust werden. Sie sind ein Standardbestandteil der
Geheimoperationen jedes größeren Landes; nach dem Zweiten Weltkrieg gab es Hunderte solcher Fluchtwege aus den von den Sowjets besetzten Gebieten Osteuropas.

Die Geschichte einer dieser Ratlines ist deshalb hier von besonderer Bedeutung, weil man durch sie erfährt, wie die Vereinigten Staaten in die
Rettung einer großen Zahl von Nazis und Verbrechern der Achsenmächte verwickelt wurden. Viele blieben glühende Faschisten, die von
der amerikanischen Demokratie genausowenig hielten wie vom Kommunismus, den sie fanatisch bekämpften. Rückblickend wird natürlich
klar, daß viele der von den Vereinigten Staaten während des Krieges
verwendeten Ratlines als Fluchtorganisationen der Nazis entstanden waren. Sie boten nun gegen gutes Geld den Amerikanern ihre Dienste an,
teils zur Finanzierung der Flucht von Kriegsverbrechern, teils aus Ge-
winnsucht.

Die wichtigsten westlichen Ratlines, die bis jetzt ans Licht gekommen
sind, einschließlich jener, die Nazis schmuggelten, führten über den Vatikan[1]. Wenn man herausbekommt, warum und wie sich die katholische
Kirche am Nazischmuggel beteiligte, ist man dem besseren Verständnis
der Nachkriegsbündnisse zwischen ehemaligen Nazis und Geheimdienstorganisationen der USA einen großen Schritt nähergekommen.
Eine der kirchlichen Organisationen ist einer genaueren Betrachtung
wert. Es handelt sich dabei um die prominente katholische Laiengruppe
Intermarium. Während ihrer Blütezeit in den vierziger und Anfang der
fünfziger Jahre waren führende Mitglieder dieser Organisation völlig
davon in Anspruch genommen, Naziflüchtlinge aus dem Osten in die Sicherheit des Westens zu schmuggeln. Später wurde die Intermarium
auch zu einer der wichtigsten Rekrutierungsquellen der Emigrantenkomitees der CIA. Man kann dies mit einiger Sicherheit behaupten, weil

eine ansehnliche Zahl von Leitern der Intermarium als Aktivisten und Beamte bei Radio Freies Europa, Radio Liberation und der Assembly of Captive European Nations (ACEN) landete; die US-Regierung hat später zugegeben, daß jede dieser Organisationen von der CIA kontrolliert und finanziert wird[2].

Wie bereits erwähnt, war der Zweite Weltkrieg für einen großen Teil der Würdenträger der katholischen Kirche ein Zwischenspiel in einem tiefergehenden, wichtigeren, seit Jahrzehnten wütenden Kampf gegen den »atheistischen Kommunismus«. Diese grundlegende Auseinandersetzung hat die Hierarchie des Vatikans und ein halbes Dutzend konservativer christlich-demokratischer und klerikalfaschistischer politischer Parteien eng zusammengeführt; diese Parteien waren während des Krieges oft willige Helfershelfer der Nazis, selbst als die römische Kirche von der NSDAP verfolgt wurde. Während des Krieges wurden die meisten der Partner der Achsenmächte in Osteuropa sowie Vichy-Frankreich von katholischen politischen Parteien geführt. Oberhaupt der Marionettenregierung in der Slowakei war zum Beispiel ein katholischer Priester, Monsignore Jozef Tiso. Kroatien, das sich durch Terror von Jugoslawien lösen wollte, bezeichnete sich selbst als »rein katholischen Staat«, dessen Führer Ante Pavelić der Papst persönlich empfangen hatte. In Admiral Nikolaus Horthys Ungarn hatten die Kleriker größeren Einfluß auf die Regierung als das Parlament. Es steht außer Zweifel, daß sich einige Führer der katholischen Kirche tapfer gegen die Verbrechen der Nazis zur Wehr gesetzt haben, nicht selten unter Lebensgefahr. Es stimmt aber auch, daß die oben erwähnten, von der Kirche unterstützten politischen Parteien eine zentrale Rolle in der militärischen Aggression der Achsenmächte gespielt haben*. Diese Organisationen benützten in

---

* In einem diplomatischen Bericht des Vertreters von Vichy-Frankreich an den Vatikan aus dem Jahr 1941 (den der Heilige Stuhl nie in Abrede gestellt hat) wurde die richtige christliche Haltung jener Zeit den Juden gegenüber wie folgt zusammengefaßt:
»Wir wissen aus der Geschichte, daß die Kirche die Juden oft vor der Gewalt und Ungerechtigkeit ihrer Unterdrücker geschützt und daß sie sie gleichzeitig in die Ghettos verwiesen hat. Einer der größten Kirchenväter, der heilige Thomas von Aquin, hat Lehren hinterlassen, die Licht auf diese Haltung werfen ... Es muß geduldet werden, daß die Juden ihre Religion ausüben; sie müssen vor religiösem Zwang geschützt werden; ihre Kinder dürfen nicht gewaltsam getauft werden. Doch während der heilige

einigen Fällen den Schutz und die moralische Autorität der Kirche als Unterstützung bei der Vorbereitung und in manchen Fällen sogar der Durchführung des nationalsozialistischen Völkermords an den Juden[3]. Als Nazideutschland Ende 1944 und Anfang 1945 allmählich zusammenbrach, wurde unter Beteiligung zahlreicher Würdenträger der Kir-

Thomas jede Unterdrückung der Juden verbietet, empfiehlt er andererseits geeignete Maßnahmen, um ihre Aktivitäten einzugrenzen und ihren Einfluß einzuschränken. In einem christlichen Staat wäre es unvernünftig zuzulassen, daß die Juden an der Regierung teilnehmen . . . *Es ist legitim, ihnen den Zutritt zu öffentlichen Ämtern zu verwehren, und es ist auch legitim, ihnen den Zugang zu den Universitäten und den freien Berufen nur aufgrund eines festgelegten Prozentsatzes zu gestatten.* An diese Praxis hielt man sich im Mittelalter tatsächlich strikt, und um diese Vorschriften (durchzusetzen), hat ein Laterankonzil vorgeschrieben, daß sich die Juden durch *besondere Kleidung* von den Christen unterscheiden sollten . . . bei der Liquidierung von Geschäften, an denen die Juden Anteile besitzen . . . sollen die Gebote der Gerechtigkeit und Nächstenliebe berücksichtigt werden.« (Die Hervorhebungen stammen aus dem Original.)
In der Praxis führte diese Politik dazu, daß katholische politische Parteien viele der vorbereitenden Schritte für den Holocaust mitmachten, zum Beispiel die Erfassung der Juden und ihre Ausschaltung aus dem öffentlichen Leben, die gesetzliche Beschlagnahme von jüdischem Besitz und die Vorschrift, daß die Juden den gelben Davidstern tragen mußten. Doch etliche der für diese Unterdrückung verantwortlichen katholischen politischen Parteien – Horthys Ungarn ist der bekannteste Fall – verweigerten die Massendeportation und riskierten Hitlers Zorn.
Ungeachtet der Absichten der katholischen Kollaborateure in Osteuropa bleibt die Tatsache bestehen, daß die Juden trotz allem zu Millionen getötet wurden. Bis zum Ende des Krieges sind zum Beispiel in Monsignore Tisos Slowakei ungefähr 75 000 Juden, darunter auch Kinder, ermordet worden. In Ungarn setzte Deutschland 1944 einen kooperativeren Premierminister ein, worauf etwa 70 Prozent der jüdischen Bevölkerung des Landes – über 400 000 Menschen – innerhalb weniger Wochen in die Todeslager deportiert wurden. In den baltischen Staaten Lettland und Litauen ging der feine Unterschied, den der heilige Thomas zwischen der Ausgrenzung der Juden und ihrer Ermordung machte, in den Wirren des Krieges verloren. Die Führer der katholischen politischen Parteien stifteten aktiv, manchmal unter Begleitung von Priestern, Pogrome an, bei denen Tausende von Menschen ums Leben kamen.
Der Vatikan billigte diese Morde nicht. Papst Pius XII. und einige seiner hohen Würdenträger unternahmen vorsichtige Schritte – nach Ansicht einiger Kritiker zu vorsichtige –, um sie zu beenden. Offizielle Briefe wurden heimlich abgeschickt, Juden erhielten in Gebäuden der Kirche Obdach, und der Papst gab angeblich den größten Teil seines persönlichen Vermögens für Hilfsaktionen aus. Vor allem in Italien und Frankreich verdanken Tausende von Juden ihr Leben den Bemühungen der Kirche. Es gab auch einzelne Priester, die sich heldenhaft einsetzten, um Unschuldige zu retten. Zu ihnen gehört Pater Maximilian Kolbe, der in Auschwitz sein Leben opferte, damit ein Familienvater am Leben bleiben konnte. Doch trotz solcher Einzelaktionen sind die Ergebnisse der »Endlösung der Judenfrage« nur zu gut bekannt.

che eine umfassende Hilfskampagne für Katholiken aus Osteuropa organisiert. Sobald sie angelaufen war, wurde kaum noch ein Unterschied zwischen Katholiken gemacht, die an Verbrechen gegen die Menschlichkeit beteiligt waren, und jenen, die vor den Sowjets flohen. Die große Mehrheit der Flüchtlinge, die im Kielwasser des Krieges durch Rom kamen, hatten ihre Heimatländer aus politischen Gründen verlassen, nicht weil sie Strafverfolgung fürchten mußten.

Gleichzeitig wurden jedoch diese Flüchtlingsrouten zu den wichtigsten Pipelines für Nazis und Kollaborateure, die auf der Flucht vor Anklagen wegen Kriegsverbrechen waren. Gruppierungen innerhalb der Kirche, die immer schon mit dem extremen antikommunistischen Standpunkt der Nazis sympathisiert hatten, organisierten umfassende Programme, um Zehntausenden von Nazis und Kollaborateuren die Flucht aus Deutschland, Österreich, Kroatien, der Slowakei, der Ukraine und anderen osteuropäischen Staaten zu ermöglichen. Die entscheidende Rolle der Kirche bei der Flucht der Nazis wurde vom Oberst der Luftwaffe Hans-Ulrich Rudel gewürdigt, dem hochdekorierten deutschen Kampfflieger, der sich nach dem Krieg als internationaler Sprecher der Neonazibewegung profilierte. »Man kann zum Katholizismus stehen, wie man will; aber was die Kirche und vor allem einige ihrer überragenden Persönlichkeiten in jenen Jahren [sofort nach dem Krieg] unternommen hat und haben, um die Besten unserer Nation zu retten, oft vor dem sicheren Tod, darf nie vergessen werden!« rief Oberst Rudel 1970 bei einer Rede in Kufstein. »In Rom, dem Transitpunkt der Fluchtwege, wurde sehr viel getan. Mit ihren ungeheuren Mitteln half die Kirche vielen von uns, nach Übersee zu gelangen. Auf diese Weise konnte still und heimlich das rasende Verlangen der wahnwitzigen Sieger nach Rache und Vergeltung wirksam vereitelt werden[4].«

Die wichtigsten Organe des Vatikans bei der Betreuung der Flüchtlinge waren einige Hilfsorganisationen in Rom, die die Arbeit gemäß der Nationalität der Flüchtlinge untereinander aufteilten. Litauer gingen zu Hochwürden Jatulevicius in die Via Lucullo 6, während Padre Gallov in der Via dei Parione 33 den Ungarn half und die Monsignores Dragonovic und Magjerec im Instituto di St. Jeronimus für die Unterstützung von Kroaten zuständig waren, und so weiter[5].

In einem streng geheimen Bericht des Geheimdienstes des US-Außenministeriums vom Mai 1947 heißt es: »Der Vatikan ... ist die größte Organisation, die an der illegalen Weiterleitung der Emigranten beteiligt ist ..., [und] die Rechtfertigung ... für eine Teilnahme an diesem illegalen Verkehr ist einfach die Verbreitung des Glaubens. Es ist der Wunsch des Vatikans, jedem Menschen ohne Ansehen seiner Nationalität oder politischen Meinung beizustehen, vorausgesetzt, dieser Mensch kann beweisen, daß er Katholik ist.« Die geheime Studie bestätigte, daß Nazis und Kollaborateure nicht von dieser Aktion ausgeschlossen waren: »In jenen lateinamerikanischen Ländern, in denen die Kirche eine führende oder dominierende Rolle spielt, hat der Vatikan Druck ausgeübt, der dazu geführt hat, daß die ausländischen Vertretungen dieser Länder der Einreise ehemaliger Nazis und ehemaliger Faschisten in ihr Land positiv gegenüberstehen; Hauptsache, sie sind Antikommunisten. Das ist die derzeit in den lateinamerikanischen Konsulaten und Vertretungen in Rom geübte Praxis[6].«

Der Leiter der Intermarium koordinierte viele Fluchtaktionen der Nazis, und viele jener Männer, die die Hilfskampagne des Vatikans leiteten, gehörten plötzlich zum obersten Führungsgremium der Intermarium. Monsignore Krunoslav Dragonovic, der zum Beispiel die Fluchtwege für Ustaschaflüchtlinge (kroatische Faschisten) betreute, war der oberste kroatische Vertreter im selbsternannten Leitungsausschuß der Intermarium. Erzbischof Iwan Butschko der Ukraine, der persönlich erfolgreich bei Papst Pius XII. intervenierte für eine Legion der ukrainischen Waffen-SS*, wurde der ranghöchste ukrainische Vertreter bei Intermarium,

---

* Die vielleicht dramatischste Massenflucht mit Hilfe der Kirche war 1946 die Rettung einer ganzen Division der ukrainischen Waffen-SS – etwa 11 000 Mann, von denen viele ihre Familien bei sich hatten – mit der persönlichen Hilfe von Papst Pius XII. Es stimmt, daß einige der geretteten Männer nur einfache Soldaten waren, die durch Ereignisse, die sich ihrem Einfluß entzogen, in eine kompromittierende Lage geraten waren. Doch viele Angehörige der Division waren Veteranen der ukrainischen Polizei- und Milizeinheiten, die mit den Deutschen zusammengearbeitet und sich in ihrer Heimat begeistert an antisemitischen und antikommunistischen Pogromen beteiligt hatten. Einige von ihnen – eine kleine Anzahl – hatten zum Personal der Todeslager Treblinka und Sobibór sowie des KZ Bergen-Belsen gehört. Viele dieser Männer arbeiteten später an von der CIA finanzierten Projekten der politischen Kriegführung mit. Hunderte von ihnen leben heute in den Vereinigten Staaten und Kanada.
Die ukrainische SS-Division ergab sich Anfang 1945 den Engländern und wurde im Kriegsgefangenenlager Rimini südlich von Venedig interniert. Den meisten von ihnen

wie aus Ermittlungen der US Army hervorgeht, die aufgrund des FOIA freigegeben wurden. Der ehemalige Führer der offen nationalsozialistischen lettischen Perkonkrusts, Gustav Celmins, wurde zum Sekretär der Zentrale in Rom ernannt[7].

Durch freigegebene Unterlagen des US-Außenministeriums und des Geheimdienstes der Army kann man die Wurzeln von Intermarium zu einer Vereinigung von militanten antikommunistischen katholischen Laienorganisationen in Osteuropa zurückverfolgen, die Mitte der dreißiger Jahre gegründet wurde. Die deutsche Abwehr (der Geheimdienst der Wehrmacht) benützte vor dem Krieg Intermarium-Kontaktpersonen als »einflußreiche Agenten« im Ausland und auch als recht verläßliche Informationsquellen über die großen Emigrantengemeinden Europas. Als dann die Nazis über den Kontinent marschierten, war Intermarium, wie es ein Bericht des Army-Geheimdienstes ausdrückte, »zu einem Instrument des deutschen Geheimdienstes geworden«[8].

stand die zwangsweise Repatriierung in die UdSSR bevor; dies sah eine Klausel des Abkommens von Jalta vor, durch die die Rückstellung von in feindlichen Uniformen aufgegriffenen Kriegsgefangenen geregelt wurde. Daheim erwartete sie Todesurteil oder Arbeitslager.

Doch in diesem Frühling nahm General Pavlo Shandruk, der Leiter eines ukrainischen Befreiungskomitees, das unter der Schirmherrschaft der Nazis gegründet worden war, Kontakt zu Erzbischof Iwan Butschko auf, einem hohen römischen Prälaten, dem Spezialisten des Heiligen Stuhls für ukrainische Angelegenheiten. Shandruk bat Butschko brieflich, für die ukrainischen Soldaten zu intervenieren, die in SS-Einheiten gedient hatten, vor allem in der »1. ukrainischen Division«, wie sie Shandruk nannte, die in Wirklichkeit die 14. Division der Waffen-SS »Galizien« war. Shandruk hoffte, daß Erzbischof Butschko seine Gnadengesuche für seine Männer dem Papst persönlich vorlegen würde.

»Erzbischof Iwan (Butschko) beantwortete meinen Brief sehr bald und teilte mir mit, daß er die Division bereits besucht habe«, erinnerte sich Shandruk später. »In einer Sonderaudienz [abends] hatte der Erzbischof Seine Heiligkeit Papst Pius XII. gebeten, sich für die Soldaten der Division zu verwenden, die die Blüte der ukrainischen Nation darstellten ... Ich erfuhr vom Erzbischof..., daß infolge der Fürsprache Seiner Heiligkeit die Soldaten der Division nur als angehalten [und nicht als Kriegsgefangene] bezeichnet wurden; bolschewistischen Agenten wurde verboten, ihre Lager zu besuchen [sic].« Obwohl die Truppen weiterhin im Kriegsgefangenenlager Rimini bleiben mußten, befanden sie sich laut Shandruk »außer Reichweite der Kommunisten« und waren nicht mehr von der Repatriierung in die UdSSR bedroht. Im Frühjahr 1948 hatte Shandruk, den Erzbischof Butschko und das ukrainische Hilfskomitee unterstützten, erreicht, daß die britische Regierung den Veteranen der ukrainischen Waffen-SS in Rimini den Status von »freien Kolonisten« zuerkannte und ihnen half, sich in Kanada, Australien und anderen Ländern des Commonwealth niederzulassen.

Der Name der Gruppierung bedeutet »zwischen den Meeren«, und das angebliche Ziel der Koalition war die Vereinigung der Völker »von der Ostsee bis zur Ägäis« zu einer gemeinsamen Front gegen die UdSSR. Intermarium sollte auch der Name einer neuen, einheitlichen katholischen Föderation aller an Rußland grenzenden Länder – ein neues Heiliges Römisches Reich – sein, das den Umsturz in der UdSSR beschleunigen sollte. Obwohl die Intermarium an sich nie eine faschistische oder nationalsozialistische Gruppierung war, stand sie im politischen Spektrum weit rechts. Ihre Strategie stimmte in vielen wichtigen Punkten mit der des Naziphilosophen Alfred Rosenberg überein, und die Führer der Intermarium stellten bereits 1940 eine enge Arbeitsbeziehung zum Rosenberg-Ministerium her. In der Organisation war der jahrhundertealte katholische Antisemitismus vorherrschend, und Juden waren vom Föderationsplan der Intermarium ausgeschlossen.

Nach dem Krieg war die Intermarium eine der ersten Organisationen, die offen für die Freilassung der kriegsgefangenen Angehörigen der Waffen-SS eintrat und die eine antikommunistische Freiwilligenarmee aufstellen wollte, die im angeblich kurz bevorstehenden Krieg gegen die UdSSR eingesetzt werden sollte. Die mehrsprachige Publikation der Gruppe, *Bulletin*, fand bereits im Januar 1947, daß »es keine Rolle spielt, ob wir uns [jetzt] zwischen dem Zweiten und dem Dritten Weltkrieg oder mitten im nicht beendeten Zweiten Weltkrieg befinden..., [aber] die Ereignisse sollen uns nicht unvorbereitet überraschen wie 1939«. In der offiziellen Publikation hieß es, daß man sofort beginnen müsse, »eine vereinigte gemeinsame Streitmacht der Intermarium« zu organisieren, die aus Emigranten bestehen sollte, die zwischen 1939 und 1945 auf einer der beiden Seiten gekämpft hatten.

Die Intermarium stellte sich vor, daß diese Exilarmee mit der UdSSR genauso verfahren würde, wie die Alliierten mit Deutschland; sie sollte »die russische Armee vernichten und das Land in ... freie Staaten innerhalb ethnischer Grenzen aufteilen[9]«, heißt es in einem grundlegenden Manifest. Mit anderen Worten, man wollte die Sowjetunion in kleine Volksgruppen aufspalten, wie es schon Rosenberg vorgeschlagen hatte. Es überrascht daher nicht, daß die Sowjetunion der Intermarium zutiefst feindlich gegenüberstand und daß die Sowjetagenten die Führer der Gruppe festnahmen, wann immer sie ihrer habhaft wurden.

Der US-Geheimdienst bemerkte spätestens 1947, daß die Intermarium eifrig damit beschäftigt war, allen möglichen Nazis und Kollaborateuren aus Osteuropa die Flucht zu ermöglichen. Im Juni dieses Jahres berichtete zum Beispiel der Sonderagent des CIC William Gowen seiner Zentrale in Rom, daß ein flüchtiger ungarischer Faschist, der gelegentlich als Informant für Gowen gearbeitet hatte, mit Hilfe der Intermarium aus italienischem Gewahrsam entkommen sei. Gowen behauptete, daß der Einfluß der Intermarium bei der Polizeiverwaltung so groß sei, daß sie die Freilassung des Mannes auf dem offiziellen Weg erreicht habe. Nach der Intervention der Intermarium für den ehemaligen Faschisten habe der italienische Innenminister dem Lager, in dem der Informant interniert war, telegrafisch befohlen, ihn freizulassen. In den offiziellen Unterlagen wurde der Betreffende dann als »geflohen« geführt[10].

Noch im selben Jahr knüpften Gowen und andere CIC-Agenten eine Arbeitsbeziehung zu Angehörigen der Intermarium. Ihr vordringlichstes Ziel war, der kommunistischen Regierung in Ungarn Schwierigkeiten zu machen, weil sie Mitte 1947 den prowestlichen Ministerpräsidenten abgesetzt hatte. Kurz nach dem Intermarium-Zwischenfall mit dem flüchtigen Ungarn sorgte Gowen dafür, daß das Außenministerium einem Wortführer der Intermarium, Ferenc Vajda, ein Diplomatenvisum ausstellte, damit er nach Amerika reisen konnte. Vajda hatte von der Intermarium (und vom CIC) den Auftrag erhalten, den abgesetzten Ministerpräsidenten Ferenc Nagy dazu zu überreden, unter der Schirmherrschaft der USA mit anderen Quislingen der Achsenmächte eine Allianz gegen das kommunistische Regime in Ungarn einzugehen.

Zu der Zeit, als Vajda in die Vereinigten Staaten kam, wurde er wegen Kriegsverbrechen und Hochverrats gesucht. Er hatte in Ungarn am äußersten rechten Flügel politische Karriere gemacht und war führender antisemitischer Propagandist der klerikalfaschistischen Pfeilkreuzlerpartei gewesen. In den letzten Monaten des Krieges hatte Vajda zusammen mit Gleichgesinnten ungarische Kunstschätze und industrielle Einrichtungen im Wert von vielen hundert Millionen Dollar aus Budapest fortgeschafft. Während der ersten Jahre nach dem Krieg benützte die Intermarium diese Beute als eine ihrer hauptsächlichsten Finanzierungsquellen.

Vajda war im April 1947 in Italien unter der Beschuldigung verhaftet worden, Kriegsverbrechen begangen zu haben. Doch aus bis jetzt noch nie veröffentlichten Unterlagen der amerikanischen Spionageabwehr geht hervor, daß er auf sehr ähnliche Weise wie Gowens Informant aus dem Gewahrsam der italienischen Polizei floh und am Sommersitz von Papst Pius XII. in Castel Gandolfo Zuflucht fand. Gowen half dann Vajda heimlich, das Land zu verlassen, und versah ihn sogar mit einem Empfehlungsschreiben, in dem bestätigt wurde, daß Vajda »das Spionageabwehrkorps in Rom tatkräftig unterstützt hatte, indem er ihm Informationen über Einwanderer aus russischen Satellitenstaaten zur Verfügung stellte«[11]. Der Ungar reiste dann nach Spanien, wo es ihm gelang, die Unterstützung des Außenministeriums und des CIC für seine Reise in die Staaten zu erhalten.

Zu Vajdas und Gowens Pech befand sich der amerikanische Kolumnist Drew Pearson kurz nach der Flucht des Ungarn in Rom. Er wurde von Unbekannten aufgesucht – »vermutlich Kommunisten«, meinte Gowen –, die ihm viele Einzelheiten über Vajdas Vergangenheit und seine Pläne verrieten. Pearson fand bald heraus, daß der flüchtige Kriegsverbrecher – und Intermarium-Repräsentant – Ferenc Vajda auf Kosten der Steuerzahler und mit einer Sondergenehmigung des Außenministeriums in die Vereinigten Staaten eingereist war. Der Kolumnist veröffentlichte den Zwischenfall, und Vajda wurde bald darauf verhaftet und auf Ellis Island im Hafen von New York festgehalten. Der ehemalige ungarische Premierminister Nagy, der das Ziel von Vajdas Mission gewesen war, bezeichnete den Abgesandten der Intermarium als »Nazi«[12].

Es folgte eine kurze Untersuchung durch den Kongreß; diese Unterlagen waren über 35 Jahre lang nicht zugänglich. Vajda wurde ausgewiesen und fand in Kolumbien Zuflucht. Schließlich wurde er Korrespondent des Magazins *Time* in Bogota (das ihn allerdings entließ, als seine Vergangenheit bekannt wurde) und Lehrer an einer internationalen Universität, zu deren Verwaltungsrat interessanterweise Adolf A. Berle junior gehört, von dem man heute weiß, daß seinerzeit Zahlungen der CIA über ihn gegangen sind[13].

Die Affäre Vajda war für die Verbindung zwischen dem US-Geheimdienst und der Intermarium eine Schlappe, doch sie führte keineswegs zum Ende der Beziehung. Vom Netz des Vatikans für den Flüchtlingsschmuggel im Jahr 1945 über die Intermarium bis zu den unterschiedlichsten, von der CIA finanzierten Projekten der politischen Kriegsführung Anfang der fünfziger Jahre – überall begegnet man den immer wieder gleichen Personen. Nicht wenige Aktivisten der Intermarium, darunter auch Kriegsverbrecher im eigentlichen Sinn des Wortes, benützten diese Pipeline in die Vereinigten Staaten.

Eine Handvoll Beispiele muß genügen, um diesen Vorgang zu veranschaulichen. Die lettische Komponente der Intermarium war durch ihre Mitwirkung an der Kriegsmaschinerie der Nazis besonders kompromittiert, und dennoch gelangten etliche ihrer prominentesten Mitglieder in die Vereinigten Staaten. Sie spielten weiterhin wichtige Rollen in – wie man heute weiß – von der CIA finanzierten Emigrantenprojekten in den USA.

Der Führer der lettischen faschistischen Perkonkrusts, Gustav Celmins, zum Beispiel hatte 1941 eine lettische SS-Einheit organisiert und war während des Krieges in den nationalistischen Kreisen als Naziagent tätig. Dann wurde er Beamter im mächtigsten römischen Zweig der Intermarium. Celmins kam 1950 als Displaced Person in die Vereinigten Staaten und wurde bald als Lehrer für ein russisches Studienprogramm in Syracuse im Staat New York angestellt, weil er behauptete, über Beziehungen zum amerikanischen Geheimdienst zu verfügen. Nachdem eine Zeitungsserie über seine Bemühungen, die lettischen Emigranten in den Vereinigten Staaten zu antisemitischen Aktionen zu bewegen, erschienen war, floh er nach Mexiko[14].

Zu den lettischen Emigranten in der Intermarium gehören auch Alfreds Berzins und Boleslaws Maikowskis, die beide verschiedener Kriegsverbrechen beschuldigt und in den fünfziger Jahren von Organisationen angestellt wurden, die die CIA finanzierte. Sie waren Leiter des Komitees für ein freies Lettland und der Internationalen Bauernunion, die mit Geld der Agency unterstützt wurden, das durch RFE/RL und ACEN weißgewaschen worden war[15].

Wie in einem späteren Kapitel noch dargelegt wird, bezahlte die CIA die politischen Kongresse der ACEN, gewährte Emigrantenführern wie Berzins beträchtliche persönliche Stipendien und veröffentlichte in einigen Fällen ihre Reden in Buchform. Viele Aktivisten der Intermarium waren Gäste bei Sendungen von RFE/RL, und die Rundfunkstationen machten in den fünfziger Jahren lebhaft Reklame für die Organisationen, deren Vertreter diese Männer waren. Durch Radio Freies Europa gewaschenes CIA-Geld finanzierte auch die Veröffentlichung des Buches *Die Versammlung der unterdrückten europäischen Nationen,* in dem über den ersten ACEN-Kongreß in New York berichtet wurde und das Artikel von Berzins und vom albanischen Bloodstone-Emigranten Hasan Dosti enthielt[16]. Das Buch wurde kostenlos praktisch an jede Bibliothek, jede Zeitung und jede Rundfunkstation in den Vereinigten Staaten und Europa verteilt.

Das CIC heuerte den kroatischen Intermarium-Leiter Monsignore Krunoslav Dragonovic an. Er sollte spezielle Ratlines aus Europa für unter dem Schutz der USA stehende Geheimdienstagenten ausarbeiten, die zu »heiß« waren, als daß sie offiziell mit der US-Regierung in Verbindung gebracht werden durften. Dadurch verstrickten sich die Vereinigten Staaten in das weiträumige Untergrundnetz von Fluchtwegen, das die Intermarium für Nazis betrieb. Zu der Zeit, als die Vereinigten Staaten den hohen Würdenträger der kroatischen katholischen Kirche, Dragonovic, einstellten, leitete er gerade einen der größten und wichtigsten Rettungsdienste für Nazis. Nach einem späteren Bericht des amerikanischen Justizministeriums war Dragonovic ein Kriegsverbrecher, der vom faschistischen kroatischen Ustascharegime als »Umsiedlungs«-Beamter mit der Deportation von Serben und Juden betraut war. 1944 war er in den Vatikan geflohen, wo er im Schutz der Kirche für Tausende hoher Ustaschaführer Untergrund-Fluchtwege aus seinem Heimatland organisierte. Ivo Omrcanin, ein ehemaliger Geheimagent der Ustascharegierung und Chefadjutant von Dragonovic, der jetzt in Washington lebt, berichtet, daß sein Mentor Geld der Kirche verwendete, um »für Tausende unserer Leute«, wie Omrcanin es ausdrückt, sicheres Geleit zu erhalten. »Er half so vielen Regierungsmitgliedern, wie ihm möglich war, und berücksichtigte auch die Sicherheitsleute.« Zu den »Flüchtlingen« gehörten Leute wie der Ustaschaführer Ante Pavelić und sein Polizeiminister Andrija Artukovic, die gemeinsam die Ermordung von mindestens 400 000 Serben und Juden organisiert hatten[17].

Dadurch, daß das amerikanische Justizministerium später Ermittlungen über die Flucht des Gestapooffiziers Klaus Barbie anstellte, tauchten Dutzende offizieller Unterlagen auf, die die Tätigkeit von Dragonovic für den US-Geheimdienst betrafen und sonst vermutlich nie ans Licht gekommen wären. Das Justizministerium gibt zu, daß Dragonovic von den Amerikanern unterstützte Flüchtlinge schmuggelte und daß der Priester dadurch – ob es den Vereinigten Staaten nun recht war oder nicht – zu dem Geld und dem Schutz kam, die er für seinen eigenen Nazischmuggel brauchte[18].

Das Geschäft mit Dragonovic trug den Bedürfnissen des Geheimdienstes zu jener Zeit Rechnung. Der CIC-Agent Paul Lyon berichtet, daß der leitende Offizier des 430. CIC in Wien, Major James Milano, ihm im Sommer 1947 befahl, »einen Weg zu finden, die Besucher loszuwerden« – Lyon meinte damit Emigranten aus Osteuropa. Diese »Besucher« waren Männer und Frauen, »die sich in der Obhut des 430. CIC befanden und deren Verbleib in Österreich ein Sicherheitsrisiko wie auch eine Quelle möglicher Schwierigkeiten für den kommandierenden General darstellte«. Der CIC-Mann reiste nach Rom, wo er mit Unterstützung eines slowakischen Exildiplomaten mit Monsignore Dragonovic ein Geschäft zur gegenseitigen Unterstützung abschloß. Letzterer hatte bereits »mehrere geheime Evakuierungswege in die verschiedenen südamerikanischen Staaten für verschiedene Arten von europäischen Flüchtlingen« geebnet.

Aufgrund dieser Vereinbarung besorgte der Priester falsche Papiere, Visa, sogenannte »sichere Häuser« und die Flugtickets für die Emigranten, die vom CIC bezahlt wurden. Als Gegenleistung halfen Lyon und der Sonderagent des CIC Charles Crawford bestimmten *von Dragonovic ausgewählten Flüchtlingen,* aus der amerikanischen Besatzungszone Deutschlands zu entkommen. Aus der Art, wie das Justizministerium diese Aktionen schildert, kann man entnehmen, daß es sich dabei beinahe mit Sicherheit um flüchtige Ustaschakriegsverbrecher gehandelt hat[19].

Offiziell waren die Vereinigten Staaten natürlich noch immer verpflichtet, Ustaschaverbrecher zu verhaften und zu bestrafen. Doch das Abkommen zwischen dem CIC und Dragonovic führte unvermeidlich dazu, daß nicht nur den von den Vereinigten Staaten geförderten Flüchtlingen geholfen wurde, sondern auch den kroatischen Verbrechern, die sich in der Obhut des Monsignore befanden. Das CIC wußte, daß sein Abkommen mit Dragonovic Faschisten die Flucht ermöglichte. Der Sonderagent des CIC, Robert Mudd, berichtete zum Beispiel zur

Zeit der ersten Kontakte zwischen dem CIC und Dragonovic, daß »viele der prominenten Ustaschakriegsverbrecher und -quislinge illegal in Rom leben ... Ihre Zellen sind noch immer aktiv, ihre Zeitungen erscheinen noch immer, und ihre Geheimdienstorganisationen sind noch immer tätig. Die Chefs der Geheimdienstagenten ... dürften Dragonovic und Monsignore Madjerec sein. Die Ustaschaminister leben entweder im Kloster [Dragonovic'] oder im Vatikan und kommen mehrmals wöchentlich in San Geronimo zusammen [das Instituto di St. Jeronimos, dessen Leiter Dragonovic war][20].« Mudd nannte dann zehn hohe Ustaschaführer, die sich damals bei Dragonovic befanden und von denen etliche auf der alliierten Liste mutmaßlicher Kriegsverbrecher standen. Doch trotz Mudds Bericht verhaftete das CIC keinen der von Dragonovic betreuten Ustaschas, noch berichtete es der Kommission der Vereinten Nationen für Kriegsverbrecher oder der jugoslawischen Regierung, wo sie sich versteckt hielten.

Der bekannteste der bis jetzt entdeckten und von den USA betreuten Reisenden, die Dragonovic' Ratline benützten, ist Klaus Barbie, der während des Krieges Gestapochef in Lyon war und später für den US-Geheimdienst in Deutschland gearbeitet hat. Während des Krieges hatte Barbie Juden in Todeslager deportiert, Widerstandskämpfer, die ihm in die Hände fielen, gefoltert und ermordet, und er leitete in der von den Deutschen besetzten Zone die politische Polizei. Bei Kriegsende floh Barbie zurück nach Deutschland, wo er zunächst die Aufmerksamkeit des Army-CIC erregte. Er geriet nämlich im Februar 1947 ins Visier der Operation Selection Board, einer Reihe von gemeinsamen amerikanisch-britischen Razzien, mit denen man etwa 70 Deutsche ausheben wollte, die eine pronationalsozialistische Untergrundpartei organisiert hatten. Man nahm an, daß Barbie für die Gruppe falsche Papiere und Druckmaschinen beschaffte, Flüchtlinge hinausschmuggelte und so weiter, und deshalb stand er ganz oben auf der Festnahmeliste.

Er entging jedoch der Verhaftung, indem er zum Badezimmerfenster hinauskletterte, während die CIC-Agenten die Wohnungstür eintraten. Barbie floh nach Memmingen, und dort wurde aus seiner Verbindung zum CIC Ernst. Das CIC in Region IV (zu der Memmingen gehörte) wußte, daß die CIC-Dienststellen in Stuttgart, Heidelberg und Frankfurt (die Regionen I, II und III) nach Barbies Flucht vor der Operation Selection Board einen Haftbefehl gegen ihn erlassen hatten. Doch Barbie suchte seinen Freund Kurt Merk auf – einen ehemaligen Abwehroffizier, der für das CIC in Region IV ein eigenes Spionagenetz betrieb – und meldete sich freiwillig zum CIC, der gleichen Organisation, die ihn verhaften wollte. Merk, der selbst auf der Flucht vor einer französischen Anklage wegen Kriegsverbrechen war, überzeugte seinen amerikanischen Leitoffizier Robert Taylor davon, daß Barbie ihnen nützlich sein konnte. Das CIC in Region IV heuerte Barbie also an und versteckte ihn vor den anderen CIC-Dienststellen[21].

Bevor Taylor und das CIC in Region IV Barbie aufnahmen, hatten sie ausreichend Gelegenheit herauszubekommen, daß er während des Krieges Gestapochef in Lyon gewesen war. Während der Operation Selection Board war seine zentrale CIC-Karteikarte, die alle Angaben über ihn enthielt, in der gesamten Organisation verteilt worden. Ferner stand Barbies Name seit 1945 in den CROWCASS-Verzeichnissen, weil er in Verdacht stand, Zivilisten gefoltert und ermordet zu haben. Barbie gab außerdem seinen Leitoffizieren gegenüber zu, daß er SD- und Gestapooffizier gewesen war (behauptete jedoch, daß er nichts mit Folterungen oder Verbrechen gegen die Menschlichkeit zu tun gehabt hatte), und Hinweise auf Barbies Hintergrund und seinen Rang im deutschen Geheimdienst finden sich überall in seiner CIC-Akte. Dadurch, daß Barbie seine Zugehörigkeit zu SD und Gestapo selbst zugab, gehörte er nach dem damals in Deutschland geltenden Besatzungsgesetz zu dem Personenkreis, der »automatisch festgenommen« werden mußte. Hätte sich das CIC an das Gesetz gehalten, so hätte es Barbie ohne weitere Umstände verhaften müssen. Es mußte dazu gar nicht wissen, welche Verbrechen Barbie begangen hatte, obwohl natürlich eine Untersuchung unerläßlich war. Die Tatsache, daß Barbie SD-Mann war, reichte für eine Verhaftung[22].

Doch statt dessen gaben sich Taylor und seine Nachfolger alle Mühe, Barbie in ihrem Dienst zu behalten. »Barbies Wert als Informant überwiegt bei weitem jeden Nutzen, den er im Gefängnis für uns haben kann«, bemerkte Taylor in einer der internen CIC-Empfehlungen über seinen Agenten. Die CIC-Zentrale in Deutschland billigte schließlich offiziell die Anwerbung des ehemaligen SS-Mannes. Barbie leitete bald darauf mehrere Spionagenetze, die den französischen Geheimdienst infiltrierten und sich nach Rumänien und in die rechtsstehenden ukrainischen Emigrantenorganisationen in Deutschland erstreckten. Barbies Subagenten ließen sich in Region IV auch in die KPD einschleusen und erhielten eine Prämie von 100 DM, wenn sie »die vollständige Mitgliederliste der KPD in der Stadt Augsburg« brachten, wie aus den Geheimdienstunterlagen hervorgeht[23].

Allmählich sickerten durch den Tratsch anderer im US-Geheimdienst beschäftigter Nazis Berichte über Barbies Tätigkeit während des Krieges durch. Der CIC-Agent Erhard Dabringhaus, der Ende der vierziger Jahre kurze Zeit Barbies Leitoffizier war, weiß noch, daß Barbies einstiger Freund Kurt Merk Barbie denunzierte, nachdem ihn dieser finanziell übers Ohr gehauen hatte. Merk »hat mir erzählt, daß Klaus Barbie französische Widerstandskämpfer gefoltert hat«, bemerkte Dabringhaus. »Er hat erwähnt, daß Barbie die Gefangenen an den Daumen aufhing, bis sie tot waren..., [und daß] ihn nicht einmal Eisenhower schützen könnte, wenn die Franzosen je herausbekommen, für wie viele Massengräber Barbie verantwortlich ist[24].« Dabringhaus beteuert, daß er all dies der Zentrale des CIC gemeldet hat, aber nur auf Schweigen stieß.

Daß Barbie vielleicht ein Kriegsverbrecher war, interessierte die CIC-Zentrale einfach nicht. Damals arbeiteten schließlich zahllose SS-Leute für die Vereinigten Staaten, und jeweils Hunderte für Frankreich, England und die Sowjetunion. Warum sollte man sich wegen eines Hauptsturmführers Sorgen machen, der in Frankreich gedient hatte? Die Gerüchte über Barbie waren nicht erschreckend, sondern Routine. Sogar Dabringhaus, der heute darüber empört ist, daß Barbie als Agent eingesetzt wurde, gibt zu, daß er für das CIC ein weiteres Netz von SS-Leuten geleitet hat, und zwar im Raum Stuttgart.

Aber Barbie war anders als die meisten Nazis. Zufällig befand sich unter den Männern, die Barbie gefoltert und ermordet hatte, Jean Moulin, ein Held der französischen Résistance. Viele französische Veteranen waren davon überzeugt, daß René Hardy Moulin an die Nazis verraten hatte, und wollten ihn dafür hängen sehen. Barbie war der einzige Mensch, der ihnen den Beweis liefern konnte, den sie brauchten. Deshalb waren zahlreiche Leute dafür, im Falle Barbie Druck auf das CIC auszuüben, während die anderen Nazis, die für das CIC arbeiteten, eben »nur Nazis« waren.

Bereits 1948 erreichten die Gerüchte darüber, daß die Amerikaner Barbie beschäftigten (und beschützten), französische Zeitungen und Politiker. Durch diese Publicity und später auch durch offizielle Noten, die Barbies Auslieferung forderten, wurde zunehmend Druck auf die US-Regierung ausgeübt. Das war schließlich der Grund, warum das CIC Barbie 1951 eine neue Identität und sicheres Geleit nach Argentinien zur Verfügung stellte, während viele andere ehemalige Nazis, die irgendwann einmal für das CIC »von Interesse« gewesen waren, fallengelassen wurden. Hätte das CIC Barbie preisgegeben, so hätte dieser eine Menge kompromittierender Dinge über das CIC erzählen konnen, darüber waren sich alle seine Leitoffiziere einig. Wenn er bei den Engländern auspackte, »würde dies zu einer unangenehmen Situation führen« (hieß es in einem internen Memorandum), weil ihn die Amerikaner nach der Operation Selection Board vor den Engländern versteckt hatten. Wenn ihn die Franzosen bekamen, wäre es noch schlimmer gewesen. Die CIC-Zentrale nahm an, daß das französische Deuxième Bureau (der Sicherheitsdienst) »von kommunistischen Elementen infiltriert« sei, die »Barbie entführen, seine CIC-Verbindungen aufdecken und damit die Vereinigten Staaten in Schwierigkeiten bringen wollten«[25].

Die CIC-Zentrale reagierte auf Frankreichs Auslieferungsbegehren mit einem bürokratischen Manöver von atemberaubender Einfachheit. Die Zentrale befahl, daß Barbie »sofort als Informant fallengelassen werden sollte«. Gleichzeitig jedoch sei es »wünschenswert, daß die Person [Barbie] *nicht* erfuhr, daß ihr Status innerhalb der Organisation geändert worden war«[26]. Das CIC konnte nur so verhindern, daß Barbie seinen »geänderten Status« bemerkte, indem es ihn weiterhin bezahlte, seine Berichte entgegennahm und ihn mit neuen Aufgaben betraute; und genau das geschah. Kurz gesagt, Barbie wurde also deshalb vom CIC beschäftigt, um geheimzuhalten, daß er eigentlich entlassen worden war.

Im Dezember 1950 besorgte das CIC neue falsche Papiere für Barbie (»Klaus Altmann«) und bezahlte dann Monsignore Dragonovic, damit dieser für den Naziflüchtling Visa und Fahrkarten nach Südamerika besorgte. Agent George Neagoy (der die Betreuung der Ratline von Agent Lyon übernommen hatte) wickelte die Formalitäten im Namen des CIC ab. Wie die Army nachträglich berichtete, verlief Barbies Abreise aus Europa unauffällig, sogar routinemäßig[27]

Hier sollten wir eine kurze Pause einlegen und Barbies Flucht im Rahmen einer größeren historischen Perspektive betrachten. Die ernsten Befürchtungen, die der Ausbruch des Koreakrieges im Juni 1950 in Washington hervorrief, beeinflußten die Beziehungen zwischen den amerikanischen Sicherheitsorganisationen und vielen ehemaligen Nazis in Europa, zu denen auch Klaus Barbie gehörte. In diesem Sommer erzielten die unter amerikanischer Führung stehenden Streitkräfte der Vereinten Nationen einige beeindruckende Anfangserfolge gegen die Nordkoreaner, aber die chinesische kommunistische Volksbefreiungsarmee griff im Herbst in den Konflikt ein und fügte den UN-Truppen schwere Verluste zu. In der ersten Januarwoche 1951 nahmen die kommunistischen Streitkräfte Seoul, die Hauptstadt Südkoreas, ein. Die Stimmung in Washington sank auf den Nullpunkt, und hohe Offiziere im Pentagon und im Nationalen Sicherheitsrat begannen ernsthaft zu überlegen, ob man Atomwaffen gegen die Chinesen einsetzen sollte.

Die Koreakrise beschleunigte den politischen Prozeß in Europa und machte erschreckend deutlich, in welchem Maß die Sicherheitspolitik der USA damals davon abhing, daß die Nazikriminalität verschleiert wurde. Die Amerikaner wollten Westdeutschland militärisch und rüstungswirtschaftlich in die Verantwortung nehmen, da viele Fachleute eine kurz bevorstehende Invasion durch die UdSSR befürchteten. Die westdeutschen Militärs und ein großer Teil des politischen Establishments dieses Landes sträubten sich jedoch und erklärten, daß Amerika die Naziverbrecher bis jetzt viel zu streng behandelt und dadurch die Ehre des deutschen Offizierkorps besudelt hätte.

Der Preis, den die neue deutsche Regierung für ihre Zusammenarbeit mit den Vereinigten Staaten verlangte, war Freiheit für die verurteilten NS-Kriegsverbrecher, die im Gefängnis von Landsberg in der Nähe von München inhaftiert waren. Viele westdeutsche Politiker bestanden darauf, daß die fünfzehn zum Tod verurteilten Nazihäftlinge – von denen die meisten Mordkommandos befehligt hatten – vor dem Tod durch den Strang gerettet wurden. Kanzler Konrad Adenauer erklärte öffentlich, daß es für die Westdeutschen ein »psychologisches Problem«, wie er es bezeichnete, darstellte, wenn diese Sträflinge weiterhin festgehalten wurden. Wenn gewisse Häftlinge, die beim westdeutschen Offizierkorps hohes Ansehen genossen, nach wie vor im Gefängnis blieben, »würde dies ... ein Hindernis bei künftigen [militärischen] Rekrutierungen bilden, weil man Menschen, denen man keine Kriegsverbrechen nachgewiesen hatte, ihrer Freiheit beraubte«[28]. Der Kanzler bezog sich dabei vor allem auf die Häftlinge, die im Malmedy-Prozeß unter nicht korrekten Bedingungen wegen angeblicher Ermordung amerikanischer Gefangener (Dezember 1944) verurteilt worden waren. Adenauer konnte sich auf US-Senator Layer berufen, der wegen der Verfahrensfehler schon 1949 einen Senatsausschuß durchsetzte, der die gesamte amerikanische Militärgerichtsbarkeit in Deutschland unter die Lupe nahm. Seinen Ergebnissen und weniger dem deutschen Druck waren die baldigen Begnadigungen zu danken, die auch nur für die einsitzenden Soldaten (Kriegsverbrecher) und nicht für die Nazi-Verbrecher gefordert wurden.

Nach dem Ausbruch des Koreakrieges unternahm der amerikanische Hochkommissar für Deutschland, John McCloy, schleunigst Schritte, um den Streit zwischen den USA und Westdeutschland über die Gefangenen von Landsberg zu beenden. Er stellte persönlich eine Revisions kommission zusammen, die ihn in bezug auf die Begnadigung der Insassen beraten sollte, und diese Gruppe dachte während der nächsten sechs Monate über die verschiedenen Berufungen und Begnadigungsgesuche nach, die für die Verurteilten eingebracht worden waren. McCloys Kommission nahm jedoch keinerlei Kontakt mit den US-Staatsanwälten in Nürnberg auf und lehnte es ab, die dokumentarischen Beweise für spezifische verbrecherische Handlungen zu überprüfen, die während der Prozesse gegen die Gefangenen ans Licht gekommen waren[29].

McCloy gab die Empfehlungen seiner Kommission im Januar 1951, nur wenige Tage nach der Eroberung von Seoul durch die kommunistischen Truppen, bekannt. Er räumte zunächst ein, daß die Landsberger Häftlinge »ungeheuerliche Verbrechen« begangen hatten, und forderte strenge Maßnahmen gegen sie. Doch dann stellte er fest, daß es in manchen Fällen »eine legitime Grundlage für eine Begnadigung« gebe, wenn zum Beispiel die über einen Landsberger Gefangenen verhängte Strafe »nicht den Strafen für andere ähnlich schwere Verbrechen entsprach« oder wenn der Verurteilte während des Krieges über »relativ untergeordnete Befehlsgewalt verfügt hatte« oder wenn andere mildernde Umstände vorlagen[30].

McCloy entschied, daß fünf der Verbrecher, darunter auch Einsatzgruppenführer Otto Ohlendorf und der einstige Herrscher über die KZ Oswald Pohl, hängen mußten. Dann setzte er die Gefängnisstrafen von 79 weiteren Nazi-Kriegsverbrechern wesentlich herab; die meisten von ihnen wurden innerhalb weniger Monate nach McCloys Entscheidung freigelassen. Zu den Nutznießern dieser Aktion gehörten zum Beispiel alle verurteilten KZ-Lagerärzte; alle hohen Richter, die die »Sondergerichte« der Nazis und ähnliche Unterdrückungsmechanismen geleitet hatten; vierzehn oder fünfzehn verurteilte Verbrecher aus dem ersten Prozeß gegen Einsatzgruppen und KZ-Personal, von denen sieben sofort freigelassen wurden; sechzehn von zwanzig Angeklagten im zweiten Massenmordprozeß gegen die Einsatzgruppen; und alle im Zwangsarbeiterprozeß gegen die Kruppwerke Verurteilten, die sofort freigelassen wurden[31].

Wichtig daran ist jedoch, daß McCloys Begnadigung der Insassen von Landsberg einen viel weitreichenderen Vorgang auslöste, durch den im Lauf der nächsten fünf Jahre weitere Hunderte verurteilte NS-Verbrecher freigelassen wurden. Als Fritz Ter Meer, Vorstandsmitglied von IG-Farben, wenige Tage nach McCloys Gnadenakt Landsberg verließ, faßte er das Ganze prägnant zusammen: »Seit die Amerikaner mit Korea alle Hände voll zu tun haben, sind sie wesentlich freundlicher geworden[32].«

Klaus Barbie war nur ein kleiner Stein im großen Mosaik. Doch wenn man seine von den USA organisierte Flucht, McCloys Begnadigung von Kriegsverbrechern und die Verwendung von Nazis durch die USA zusammennimmt, kommt man zu einem wichtigen Schluß. Im Winter 1950/51 hatte die US-Regierung auf höchster Ebene beschlossen, ihr während des Krieges gegebenes Versprechen, NS-Verbrecher ausnahmslos vor Gericht zu stellen, einzuschränken. Die Greuel des Holocausts waren nur noch eine weitere unangenehme geschichtliche Tatsache, der man ausweichen wollte, um sich die militärische Unterstützung Westdeutschlands für die amerikanische Führerschaft im kalten Krieg zu sichern. Während im Westen nach wie vor der Nationalsozialismus und Hitlers Rassenkrieg öffentlich verurteilt wurden, kamen die amerikanischen Ermittlungen und Verurteilungen von NS-Verbrechen weitgehend zum Stillstand.

Mehr als dreißig Jahre später war die öffentliche Meinung ausgereifter, und sowohl in Frankreich als auch in Bolivien, wo Barbie sich schließlich niedergelassen hatte, war es zu einem Regierungswechsel gekommen. Nun verhafteten die bolivianischen Behörden Barbie und lieferten ihn an Frankreich aus, wo ihm der Prozeß wegen Verbrechen gegen die Menschlichkeit gemacht wurde. Dies wieder führte zu dem Entschluß des amerikanischen Justizministeriums, selbst Ermittlungen im Fall Barbie anzustellen; dieser Entschluß war zumindest zum Teil dadurch motiviert, daß beinahe täglich neue Indiskretionen und Gerüchte über die Tätigkeit des ehemaligen Nazi-Schergen für den US-Geheimdienst in Umlauf gesetzt und von der Weltpresse hochgespielt wurden[33]. Wie gesagt, ergab diese Untersuchung, daß die Vereinigten Staaten Barbie in Europa tatsächlich beschützt und ihm die Flucht ermöglicht hatten, daß jedoch Barbie der *einzige* Nazi gewesen sei, dem man auf diese Weise geholfen habe.

Der Bericht des amerikanischen Justizministeriums aus dem Jahr 1983 über Barbies Flucht weicht geschickt den unvermeidlichen Fragen darüber aus, wie viele weitere Nazis die Ratline von Monsignore Dragonovic benützt hatten. Indem der Bericht die Verantwortlichkeit der USA in dieser Affäre auf jene Personen einschränkt, die von den Vereinigten Staaten direkt für die Benützung der Ratline gesponsert wurden, umgeht er die Frage, inwiefern die stillschweigende – und zeitweise aktive – Unterstützung des CIC es Dragonovic erleichtert hat, selbst Nazis zu schmuggeln. Man kann diese Einstellung vielleicht juristisch rechtfertigen – schließlich handelt es sich dabei um einen offiziellen Bericht des Justizministeriums –, doch sie verschleiert die Tatsache, daß die Ratline in den vierziger Jahren für die Massenflucht von Ustaschaverbrechern benutzt wurde; außerdem verbirgt sie effizient, in welchem Ausmaß das Vorhaben der USA, Ustaschaterroristen und -kriegsverbrecher vor Gericht zu stellen, durch den Pakt zwischen dem CIC und Dragonovic verhindert wurde.

Die Studie beschränkt sich auf die Frage, welche Ratline-Reisenden vom CIC direkt gefördert wurden, und gelangt zu folgendem Schluß: »Es wurde kein weiterer Fall aufgedeckt, bei dem ein mutmaßlicher Kriegsverbrecher in der Ratline untergebracht oder bei dem die Ratline benützt wurde, um eine Person außer Landes zu schaffen, die entweder von der Regierung der Vereinigten Staaten oder von ihren Nachkriegsverbündeten gesucht wurde[34].«

Diese Erklärung klingt vollkommen aufrichtig, und die meisten US-Medien legten sie so aus: »Durch die Ratline wurden keine weiteren Nazis oder Kriegsverbrecher gerettet.« Das Justizministerium war jedoch so vorsichtig gewesen, den Ausdruck »Nachkriegsverbündete« zu wählen. Dragonovic und das CIC haben nämlich gemeinsam Nazikollaborateuren die Flucht ermöglicht, die von osteuropäischen Ländern gesucht wurden, die *nicht* Nachkriegsverbündete der USA waren.

Die Aussage des Justizministeriums widerspricht jedoch der Dokumentation, die durch seine eigene Studie an die Öffentlichkeit gelangte. Lyon, ein inzwischen verstorbener Agent, hat einen kurzen Bericht über seine Aktivitäten für die Ratline im Jahr 1950 verfaßt. Dieser Bericht läßt kaum Zweifel daran, daß etliche der von den Amerikanern betreuten Flüchtlinge in Wirklichkeit Kriegsverbrecher waren. Falsche Papiere und Visa für Lyons »Besucher« wurden deshalb *illegal beschafft, weil solche Personen nicht aufgrund der Charter der Genfer IRO [International Refugee Organisation, Internationale Flüchtlingsorganisation] Anspruch [auf Unterstützung bei der Emigration] erheben konnten*«[35]. Wie bereits erwähnt, gab es zwei Personengruppen, die von der IRO-Charter ausgeschlossen waren: einerseits Nazis und Nazikollaborateure und andererseits gewöhnliche Verbrecher. Mindestens ein amerikanischer Agent des 430. CIC in Österreich war über drei Jahre lang ausschließlich damit beschäftigt, solche »Sendungen«, wie die heimlichen Reisenden genannt wurden, zu organisieren. Lyon läßt keinen Zweifel daran, daß er, Dragonovic und US-Beamte mindestens bis zum Rang des Direktors des Army-Geheimdienstes in Europa genau wußten, daß etliche Passagiere der Ratline flüchtige Kriegsverbrecher waren. »Es ist bekannt und nachgewiesen, daß Dragonovic selbst Faschist, Kriegsverbrecher und so weiter war«, schreibt Lyon, »und seine Kontakte zu südamerikanischen Diplomaten der gleichen Kategorie werden von den Beamten des Außenministeriums im allgemeinen nicht gutgeheißen.« In einem zweiten Bericht stellt Lyon fest, »daß einige der für Pater Dragonovic interessanten Personen auch für die Entnazifizierungspolitik *[sic]* der Alliierten interessant sein könnten« – mit anderen Worten, sie sind Nazis. »Sie sind jedoch auch ... für unsere russischen Verbündeten interessant[36].« Der Ausdruck *Verbündete* wird hier vermutlich sarkastisch verwendet, da dieser Bericht entstand, als der kalte Krieg seinen Höhepunkt erreicht hatte. Weil die Sowjets diese Nazis suchten, erklärte Lyon, mußte das Programm vollkommen geheim abgewickelt werden; der größte Teil des CIC erfuhr überhaupt nichts davon.

Lyon empfahl dann den USA, ihre Unterstützung für den Intermarium-Leiter Dragonovic zu erweitern. Die Hilfe des Priesters war deshalb besonders wünschenswert, weil man, falls der Schmuggel jemals aufgedeckt wurde, »notfalls behaupten könne, daß die Überstellung von Displaced Persons an eine wohltätige Organisation [wie die von Dragonovic] unserer demokratischen Denkweise entspricht und daß wir nichts mit der illegalen Abschiebung von Kriegsverbrechern, Überläufern und ähnlichen Leuten zu tun haben«[37]. Damit bot Lyon »ein plausibles Dementi« jener Tatsache an, die dem CIC die meisten Sorgen bereitete: Der österreichische Zweig des CIC *hatte* »mit der illegalen Abschiebung von Kriegsverbrechern, Überläufern und ähnlichen Leuten zu tun«, zumindest dann, wenn es sich um Personen handelte, die für den Geheimdienst wertvoll waren.

Bezüglich der Verbindungen zwischen Barbies Flucht und der CIA stellte der ehemalige Leiter des OSI, Allen Ryan, in seinem Bericht über die Affäre Barbie kategorisch fest, »daß sich in den Akten der CIA kein Hinweis darauf befindet, daß die CIA vor 1951 . . . oder danach Verbindungen zu Barbie unterhielt«. Ryan erklärte dem Autor auch kurz nach dem Erscheinen der Studie über Barbie: »Damit hatte Frank Wisner nichts zu tun[38].« Ryan hat vermutlich damit recht, daß die CIA keine Kontrolle über Klaus Barbies Aktivitäten ausübte. Ob sie jedoch mit Dragonovic' Hilfe andere Naziflüchtlinge außer Landes geschafft hat, ist eine andere Frage.

Viele der von Dragonovic gefälschten Ausreisepapiere stammten von Robert Bishop, einem ehemaligen OSS-Agenten, der laut CIC damals das Büro der Internationalen Flüchtlingsorganisation in Rom leitete, in dem geprüft wurde, ob jemand Anspruch auf Hilfe hatte[39]. Bishop war einer der wichtigsten Agenten der CIA/OPC in dieser Stadt. Er hatte mit Wisner seit mindestens 1944 an verschiedenen Geheimprojekten in Istanbul, Bukarest und Rom zusammengearbeitet. Die Verbindung der CIA/OPC zur Schmuggeloperation lief über Dragonovic und Bishop, nicht über Barbie.

Bishop und Wisner waren ein Herz und eine Seele, wenn es um Geheimoperationen ging. Sie hatten 1944 in Bukarest zusammengearbeitet, als es zum ersten aufschlußreichen Zusammenstoß zwischen sowjetischen und amerikanischen Kräften in Osteuropa kam. Wie Wisner es sah, hatte Bishop in Bukarest echte Pionierarbeit geleistet, indem er im Krieg geheime Kontakte zum antikommunistischen Amt des rumänischen Geheimdienstes herstellte, um Spionageinformationen über die Sowjets zu erhalten. »Es war [zu jener Zeit] nicht unsere Aufgabe, gegen die Russen zu spionieren«, gibt Bishop in einem Bericht aus dem Jahr 1948 über seine Erfahrungen in Rumänien zu. »Aber es wurde uns sehr früh klar, daß wir einer noch bedrohlicheren und potenteren totalitären Macht gegenüberstanden als der, gegen die wir kämpften. Diese Erkenntnis veranlaßte uns, die Russen und ihre rumänischen Quislinge zu bespitzeln, obwohl es einen Befehl des amerikanischen Kriegsministeriums gab, in dem dies verboten wurde[40].«

Bishop wechselte von Bukarest auf den Posten bei der italienischen IRO. CIC-Agent Lyon mochte Bishop nicht, obwohl er für gefälschte Identitätskarten und anderen Flüchtlingspapierkram auf ihn angewiesen war. Robert Bishop »hielt sich für einen Spitzenmann des Geheimdienstes in Italien«, bemerkte der CIC-Mann sarkastisch. Lyon fand, daß Bishop zuviel trank und zuviel redete. »Nachdem Bishop wegen seines Alkoholismus einen Zusammenbruch erlitten hatte, hielt er sich für den Retter Italiens«, berichtete Lyon der CIC-Zentrale in seiner Zusammenfassung über seine Ratline-Aktivitäten.

Lyon behauptete auch, daß sich Bishop während der italienischen Wahlkampagne im Jahr 1948 bemühte, die streng geheime Untergrund-Fluchtorganisation des CIC zu einer großen, paramilitärischen Truppe auszubauen. Nach den Unterlagen des CIC versuchte er »jede Menge Untergrundtruppen, militärisches Material, Evakuierungsmöglichkeiten zur See, zur Luft und so weiter für den Krieg der Geheimdienste gegen die Kommunisten« bereitzustellen[41]. Bishops römisches Projekt paßte offensichtlich genau zu Wisners Unruhen in Griechenland, der Ukraine und anderenorts. Lyon war gegen diesen grandiosen Plan, weil er unweigerlich dazu führen mußte, daß seine geheime Ratline aufflog, und Lyon brauchte sie für seine eigenen Zwecke. Lyon und das CIC begannen bald, Bishop möglichst zu meiden, und schalteten ihn dann 1950 vollkommen aus. Dragonovic machte ohne Bishop weiter, indem er sich durch die Verbindungen der Kirche neue Quellen für falsche Visa und Personalpapiere erschloß.

Es gibt handfeste Beweise dafür, daß die CIA Mitte 1951 die Kontrolle über Dragonovic – den »bekannten ... Faschisten, Kriegsverbrecher und so weiter« – übernahm und diese Beziehung bis zum Ende des Jahrzehnts beibehielt. In seinem Bericht über Barbie bestreitet das Justizministerium jedoch diese Theorie. »Die CIA hat erklärt ..., daß sie keine Unterlagen über eine Operation besitze«, an der Dragonovic beteiligt war, stellt das Justizministerium fest; die mit der Ratline befaßten CIA-Beamten haben ebenfalls versichert, daß die Agency »nie damit zu tun hatte«.

Doch aufgrund der Beweise, die die Untersuchungen des Justizministeriums zutage gefördert haben, sind viele Leute in bezug auf die Rolle der CIA bei Dragonovic' Ratline zu ganz anderen Schlußfolgerungen gelangt. Zunächst erwähnte der Agent John M. Hobbins vom 430. CIC Anfang 1951, daß das Budget des CIC für die Weiterleitung von flüchtenden Agenten durch die Ratline am 30. Juni 1951 auslaufen sollte. Hobbins mußte es wissen, denn er war Anfang der fünfziger Jahre der Spezialist der 430. für die »Beförderung von Informanten«. Hobbins berichtet weiter, daß aufgrund eines Befehls des Leiters des Army-Geheimdienstes in Österreich »die CIA die Verantwortung für die Evakuierung übernehmen wird« und daß das »Ende des [CIC-]Budgets und die Übernahme der Kontrolle durch die CIA ungefähr zusammenfallen werden«[42].

CIC-Agent George Neagoy, der Offizier der Army, der nach dem Ausscheiden des Agenten Lyon die Leitung der Ratline übernommen hatte, wurde 1951 vom CIC zur CIA versetzt, genau zu dem Zeitpunkt, an dem die »Konzession« der Army für die Ratline der Agency übertragen wurde. Neagoy brachte der CIA ausreichende Kenntnisse über die Arbeitsweise und die Kontakte von Dragonovic' Ratline. Es steht fest, daß in den fünfziger Jahren einige Geheimdienstgruppen der USA Dragonovic weiterhin als Kontraktagenten verwendeten, allerdings nicht notwendigerweise zum Schmuggeln von Flüchtlingen. Das CIC-Dossier des kroatischen Priesters läßt zum Beispiel keinen Zweifel daran, daß er mindestens bis Oktober 1960 für die USI »interessant war«, wie es in den freigegebenen Unterlagen heißt[43]. In diesem Kontext bedeutet USI

»US-Intelligence [US-Geheimdienst]«. Die Bedeutung dieses Satzes ist unmißverständlich: Dragonovic arbeitete zu dieser Zeit als Kontraktagent für eine nicht genannte Organisation des US-Geheimdienstes, die CIA.

Offiziell blieb Dragonovic während eines Großteils der fünfziger Jahre in der Flüchtlingshilfe des Vatikans tätig, dann engagierte er sich zunehmend politisch in den kroatischen Emigrantenorganisationen. Er sympathisierte weiterhin mit den Ustaschas und schrieb Beiträge für Publikationen, die von Ante Bonifacic herausgegeben wurden, einem emigrierten nationalistischen Politiker, der während des Ustascharegimes »Direktor für kulturelle Beziehungen« gewesen war. Nebenbei beschäftigte sich Dragonovic auch mit dem gewinnbringenden Geldschmuggel in Italien und Jugoslawien, das haben zumindest 1960 in einem Prozeß drei jugoslawische katholische Priester ausgesagt, die er zu diesem Zweck benützt hat. Sie kamen ins Gefängnis, doch Dragonovic lebte weiterhin frei in Rom.

Dragonovic' Tod paßte zu seinem Leben. Die kroatische Emigrantenpresse verkündete 1967 aufgeregt, daß der alte Priester von Titos Geheimagenten entführt und nach Jugoslawien gebracht worden sei. Dort sei er angeblich gefoltert, wegen Kriegsverbrechen vor Gericht gestellt und hingerichtet worden. Diese Version der Ereignisse ist in etliche sonst verläßliche Studien über Osteuropa übernommen worden.

In Wirklichkeit ist Dragonovic jedoch 1967 freiwillig nach Jugoslawien zurückgekehrt und hat den Rest seiner Tage friedlich in Zagreb, der Hauptstadt der kroatischen Teilrepublik innerhalb Jugoslawiens, verbracht. Es gab keinen Prozeß wegen Kriegsverbrechen, nicht einmal Kritik oder Angriffe in der jugoslawischen Presse und schon gar keine Hinrichtung. Er entschlief friedlich im Juli 1983[44], was den berechtigten Verdacht weckt, daß Monsignore Dragonovic – Kriegsverbrecher, Ustaschaschmuggler und Berufs-Kontraktagent für den amerikanischen Geheimdienst – vielleicht schon einige Zeit vor seiner Rückkehr in seine Heimat für den jugoslawischen Geheimdienst gearbeitet hatte.

Dragonovic' wirres Leben zeigt, wie kompliziert und widersprüchlich das Geheimdienstgeschäft zwangsläufig ist. Es ist selbstverständlich, daß weder die Vereinigten Staaten noch eine andere Macht ihre Geheimdienstkontakte auf Personen beschränken, die daheim als »ehrbar« gelten. Doch Dragonovic' Aktivitäten machen auch deutlich, daß man wohl einen hohen Preis für die geheime Förderung von Einzelpersonen und Gruppen bezahlen muß, auf deren politischer Tagesordnung ganz andere Prioritäten als die der Vereinigten Staaten stehen. Die Ustaschaverbrecher, die Dragonovic rettete, verschwanden nicht einfach, nachdem sie die Neue Welt erreicht hatten. Statt dessen richteten sie neue Ustaschazellen in den kroatischen Gemeinden im Ausland ein, die in manchen Fällen unter der Leitung der gleichen Männer standen, die einst während des Krieges in Kroatien Mordkommandos angeführt hatten. Das Überleben dieser extremistischen Sekte ist eines der schlagendsten Beispiele für den Blowback, zu dem es durch den Einsatz der Nazis nach dem Krieg kam. Die Ustascha-Terroristen sind bis heute in den Vereinigten Staaten, Australien und etlichen anderen Ländern aktiv, und nach den Untersuchungen des FBI sind in den letzten beiden Jahrzehnten einige dieser Zellen für Flugzeugentführungen, Bombenanschläge, Erpressungen, zahlreiche Morde und politische »Hinrichtungen« von mehreren jugoslawischen Diplomaten verantwortlich[45].

Zweifellos hatte das CIC nicht vorausgesehen, daß es durch die Unterstützung von Dragonovic' Ratline eines Tages indirekt zu der Entstehung von Terroristengruppen in den Vereinigten Staaten oder anderen westlichen Ländern beitragen würde. Doch die Geheimhaltung, die bis heute über Nazi-Einsätze der USA wie Ratline verhängt ist, hat der amerikanischen Öffentlichkeit – und sogar der CIA – jede Möglichkeit genommen, aus diesem Fehler zu lernen. Nicht einmal das Barbie-Debakel hat zur Beendigung der dubiosen Praxis geführt, im Gegenteil.

VIERZEHNTES KAPITEL

Pipelines in die Vereinigten Staaten

Die amerikanische Taktik, Überläufer aus dem Osten – einschließlich ehemaliger Nazikollaborateure – zu verwenden, wurde Ende 1949 und im Jahre 1950 durch drei Entscheidungen des Nationalen Sicherheitsrates institutionalisiert. Die Regierung behauptet immer noch, daß es eine »Gefährdung der nationalen Sicherheit« sei, wenn man den gesamten Text dieser Schriftstücke heute, vier Jahrzehnte danach, veröffentlichte. Diese von höchster Ebene erlassenen Befehle, die von den Präsidenten Truman und Eisenhower überprüft und gebilligt worden sind, tragen die Bezeichnung NSC 86, NSCID (ausgesprochen »N-skid«; es bedeutet NSC Intelligence Directive) 13 und NSCID 14. Sie beruhen auf Empfehlungen von Frank Wisners OPC-Abteilung der CIA während des Bloodstone-Programms.

Durch diese Beschlüsse erhielt die CIA die Kontrolle über mehrere streng geheime, übergeordnete Regierungsausschüsse, die für Emigranten und Überläufer in Übersee (NSCID 13) und in den Vereinigten Staaten (NSCID 14) zuständig waren. Wie zuvor Bloodstone, hatten NSCID 13 und 14 nichts mit der Rettung von Nazis zu tun. Sie sollten Überläufer aller Art erfassen und dabei möglichst diskret verfahren. Wer nicht von der CIA aufgefangen wurde, den nahmen FBI, Außenministerium oder das Amt für Einwanderung und Einbürgerung (INS) in ihre Obhut[1].

In diesem Zusammenhang ist es sehr wichtig, daß die CIA* so die Be-

---

* Die CIA unterhielt mindestens ein halbes Dutzend Organisationen, die mit der Einwanderung von ausgewählten osteuropäischen Flüchtlingen in die Vereinigten Staaten beschäftigt waren, wobei diese Gruppen offensichtlich mit allen Arten von Emigranten, nicht nur mit ehemaligen Nazikollaborateuren, zu tun hatten. Einige dieser Gruppen, vor allem das International Rescue Committee (IRC, Internationales Hilfskomitee), wurden so sehr in die geheimen Affären der CIA verwickelt, daß sie als Teil der Agency bezeichnet werden können.

Nach den Unterlagen der Displaced Persons Commission war das IRC auf Flüchtlingsfälle spezialisiert, die ihm von den verschiedenen, vom NCFE gegründeten »Exilregierungen« und »internationalen Organisationen« empfohlen wurden. Zu den bevorzugten Gruppen gehörten die Internationale Bauernunion, die Internationale Föderation freier Journalisten und der Internationale Kongreß der freien Gewerkschaften.

fugnis erhielt, alle möglichen angeblich privaten Organisationen für Flüchtlingshilfe zu finanzieren, die die Bemühungen der Regierung unterstützten, mutmaßlich wertvolle Überläufer zu entdecken[2].

Unter dem Schutz dieser geheimen Befehle maßte sich die CIA das Recht an, »vorübergehend« jede Person, auf die sie Wert legte, in die Vereinigten Staaten (oder in jedes andere Land) zu bringen, ohne sich um die Gesetze in den Vereinigten Staaten oder in den anderen Ländern zu kümmern.

Zudem erweiterte NSCID 14 das Recht der Agency, Geheimoperationen innerhalb der Vereinigten Staaten durchzuführen – was offensichtlich gegen die Satzung der CIA verstößt –, solange diese Aktivitäten über politische Emigrantenorganisationen liefen, die angeblich noch Kontakte zu ihrem Heimatland unterhielten. Die CIA hat dieses Hintertürchen benützt, um insgeheim das Komitee für ein freies Lettland, das Komitee für ein freies Albanien und andere angeblich private Exilorganisationen zu unterstützen, die in den USA aktiv sind. Einen wesentlichen Teil der Geldmittel der Agency verschlangen das Lobbying im US-Kongreß und andere Propagandaaktionen in den USA – ein eindeutiger Verstoß gegen das Gesetz.

Als der Kongreß die CIA schuf, legte er durch Gesetz ausdrücklich fest, daß die Agency »von Polizei-, Vorladungs-, Vollstreckungsbefugnissen oder internen Sicherheitsfunktionen« innerhalb der Vereinigten Staaten ausgeschlossen sein sollte. Sie sollte eine *auswärtige* Geheimdienstorganisation sein, nicht eine noch mächtigere Version des FBI. Die meisten Amerikaner, auch die Mitglieder der Überwachungsausschüsse des Kongresses, haben immer behauptet, daß diese Vorschrift die Agency daran hinderte, in politische Aktivitäten in den USA einzugreifen. Sogar Senator Leverett Saltonstall, lange Zeit rangältester Republikaner im Geheimdienst-Kontrollausschuß des Senats, fragte 1962 den damaligen CIA-Direktor John McCone: »Es stimmt doch, Mr. McCone, daß die Arbeit mit Volksgruppen nicht in den Aufgabenbereich der CIA fällt? ... Gehe ich recht in dieser Annahme?« (Mr. McCone erwiderte: »Das kann ich nicht beantworten, Senator«, und die Angelegenheit wurde fallengelassen[3].)

Doch ohne Wissen des Kongresses und des amerikanischen Volkes hat sich die Agency wiederholt auf den Standpunkt gestellt, daß die Befehle

NSC 86, NSCID 13 und NSCID 14 sie berechtigen, direkt und wesentlich politischen Einfluß auf die Einwanderergemeinden in Amerika auszuüben. Bereits 1949 – nur zwei Jahre, nachdem der Kongreß eingehend darüber debattiert hatte, daß man die CIA aus der amerikanischen Innenpolitik heraushalten solle – begann die Agency, mehrere große Programme zu finanzieren zur Aufnahme ausgewählter europäischer Emigranten in den USA. 1950 koppelte sie dann diese Einwanderungsarbeit mit einer mit mehreren Millionen Dollar dotierten Publicity-Kampagne in den Vereinigten Staaten, damit die Allgemeinheit Maßnahmen des kalten Krieges absegnete, für die die Agency eintrat. Dazu gehörten höhere Subventionen für Radio Freies Europa, Radio Liberation und für die aufgrund des Programms für Exilregierungen entstandenen politischen Emigrantengruppen.

Diese Bemühungen haben bleibende Spuren im politischen Leben Amerikas hinterlassen, vor allem bei der ersten Generation der großen slawischen und osteuropäischen Einwanderergruppe. Hunderttausende anständige Menschen aus Mittel- und Osteuropa sind in den fünfziger Jahren – oft unter großen persönlichen Opfern – legal in die Vereinigten Staaten gelangt. Doch die von der CIA in Zusammenhang mit NSC 86, NSCID 13 und NSCID 14 ergriffenen Maßnahmen führten gleichzeitig dazu, daß Tausende von Veteranen der Waffen-SS und Nazikollaborateuren diese Gemeinden in den Vereinigten Staaten infiltrierten. Damit wurde der Grundstein für das Wiederaufleben rechtsextremer politischer Bewegungen innerhalb der heute noch aktiven Immigrantenkreise in den USA gelegt[4].

Die CIA und vor allem Frank Wisners Organisation für Geheimaktionen (das OPC) waren nie damit zufrieden, daß nur eine Handvoll wertvoller Mitarbeiter in die Vereinigten Staaten einwanderte. Wisner fand, daß das Hundert-Personen-Gesetz einfach zu restriktiv sei. Die Agency betrieb internationale Programme, zu denen Tausende ausländische Agenten mit Zehntausenden Subagenten gehörten. Viele dieser Männer und Frauen setzten ihr Leben für den bescheidenen Lohn aufs Spiel, den sie von den Amerikanern erhielten. Das Versprechen, sie würden problemlos in die Vereinigten Staaten einwandern können, verschaffte der CIA weitere Helfer aus Übersee und bestärkte viele Personen in ihrer Loyalität.

Nach Unterlagen des Außenministeriums wollte Wisner die US-Staatsbürgerschaft nicht nur »hundert Personen« jährlich als Belohnung gewähren, sondern Tausenden, sogar Zehntausenden Informanten, Teilnehmern an Geheimeinsätzen und einflußreichen Agenten. Was immer man von Wisner sagen mag, er ließ nie zu, daß hemmende Formalitäten den seiner Meinung nach wesentlichen Interessen seines Landes im Weg standen. Mit den unterschiedlichsten legalen und illegalen Tricks förderte er die Einwanderung angeblich unentbehrlicher Männer und Frauen.

Diese Einwanderungskampagne wurde seinerzeit zum integrierenden Bestandteil der geheimen Strategie der CIA. Die Agency manipulierte die Einwanderungsgesetze und -verfahren in den USA für Tausende bevorzugter Emigranten. Obwohl offenbar nur ein Bruchteil dieses Zustroms Nazis und Nazikollaborateure gewesen sind (solange die Agency ihre Akten nicht freigibt, läßt sich die wahre Zahl nicht ermitteln), steht dennoch fest, daß während dieser Periode als solche erkennbare Verbrecher ins Land gelangt sind[5]. Außerdem unterstützten die Sicherheitsdienststellen der Regierung stillschweigend private Komitees für Flüchtlingshilfe, zu deren erklärten Zielen es gehörte, Veteranen der Waffen-SS die Einwanderung in die Vereinigten Staaten zu ermöglichen.

Bloodstone hatte diesen Prozeß in relativ bescheidenem Umfang mit etwa 250 Wunsch-Immigranten jährlich eingeleitet. 1950 legten jedoch die Vertreter der CIA einen Plan zur Bewilligung vor, der die Sondereinwanderung von etwa 15 000 unter dem Schutz der CIA stehenden Flüchtlingen jährlich vorsah, und zwar zusätzlich zu denen, die aufgrund des Displaced-Persons-Gesetzes und über konventionellere Einwanderungskanäle ins Land gelangten. Es sollten Emigranten sein, »deren Anwesenheit in den USA im nationalen Interesse liegt«, heißt es in der Dokumentation des Außenministeriums[6], »weil sie im Kampf gegen den Kommunismus eine hervorragende oder aktive Rolle gespielt haben«. Der Kongreß stutzte die Bewilligung auf 500 »sorgfältig ausgewählte« Flüchtlinge innerhalb von drei Jahren zusammen. Dennoch ist die Tatsache, daß die CIA angeblich 15 000 Einreisevisa jährlich brauchte, ein Maßstab für ihre Pläne auf diesem Gebiet. Die aufgrund dieses Gesetzes geförderten Emigranten wurden nach dem Abschnitt des Einwanderungsgesetzes, der die rechtliche Grundlage dafür bildete, als »2(d)«-Fälle bezeichnet.

Durch das Gesetz wurde eine neue Kategorie von Einwanderern geschaffen, der »Rechtsfall Displaced Persons und Nationales Interesse«. Offiziell sollten das Außen- und das Verteidigungsministerium diese Einwanderer betreuen, aber in Wirklichkeit handelte es sich um ein CIA-Programm. Von der Agency finanzierte Organisationen, »die eng mit dem Nationalen Komitee für ein freies Europa zusammenarbeiteten«, wurden nach den Unterlagen des Außenministeriums für die Förderung im Rahmen des neuen Gesetzes ausgesucht. Die CIA unterstützte auch Einwanderer, die in Spionage- oder Geheimoperationen mit dem US-Geheimdienst zusammengearbeitet hatten. Und schließlich brachte die Agency aufgrund des 2(d)-Programms die Überlebenden der fehlgeschlagenen Überfälle auf Albanien in die Vereinigten Staaten[7].

Mit der Weigerung des Kongresses, der Agency die 15 000 Visa pro Jahr zu bewilligen, war nicht das letzte Wort in dieser Angelegenheit gesprochen. Die CIA erweiterte nämlich die Machtbefugnis, die ihr der Nationale Sicherheitsrat mit NSC 86, NSCID 13 und NSCID 14 erteilt hatte. Die Agency durfte zwar nicht 15 000 Emigranten jährlich in das Land bringen, doch sie konnte immer noch die streng geheime Ermächtigung des NSC benützen, um indirekt viele der gleichen Emigranten durch angeblich private Hilfsorganisationen unterstützen zu lassen. Einige der in den USA angesiedelten Gruppen für Flüchtlingshilfe, die auf lettische, litauische, weißrussische und ukrainische Emigranten spezialisiert waren, machten kein Geheimnis daraus, daß sie genau die gleichen antikommunistischen Aktivisten, darunter einige Veteranen der Waffen-SS, importieren wollten wie die CIA. Wisner fand die Lösung für seine juristischen Probleme, indem er heimlich die Aktivitäten solcher Organisationen finanzierte und ihnen dann die Kleinarbeit überließ. So waren Mykola Lebed, Gustav Hilger und die anderen Emigranten, die mit direkter Unterstützung der CIA in die USA gelangten, bald nur noch die Spitze des Eisbergs.

Bereits 1950 stellte die CIA Geld für bevorzugte Emigranten zurück und lenkte es durch die unterschiedlichsten Schleusen – sowohl private Stiftungen als auch »offene« Regierungsprogramme – zu ausgewählten Hilfsorganisationen für Flüchtlinge, die osteuropäische Einwanderer betreuten. Die Kontrolle dieser Aktion fiel dem Exekutivausschuß des NSC zu, der für die Überwachung des NSC-10/2-Programms und für andere Geheimoperationen der CIA zuständig war[8]. Eine endgültige Rechnungslegung über diese Geldmittel ist noch nicht erfolgt, aber die öffentlichen Berichte des Nationalen Komitees für ein freies Europa, der US-Kommission für Displaced Persons und die freigegebenen, unvollständigen Unterlagen des NSC weisen darauf hin, daß zu den hauptsächlichen Empfängern das Internationale Hilfskomitee (International Rescue Committee, IRC), die Nationale Katholische Wohlfahrtskonferenz, der Vereinigte Litauische Hilfsfonds von Amerika und eine Reihe ähnlicher ethnischer und religiöser Wohlfahrtsorganisationen gehörten. Nach den zur Zeit zur Verfügung stehenden Unterlagen[9] wurden während der fünfziger Jahre mindestens 100 Millionen Dollar ausgegeben, der tatsächliche Gesamtbetrag dürfte beträchtlich höher liegen.

Die privaten Hilfsorganisationen für Flüchtlinge wurden von der CIA genau überwacht. In einer späteren NSC-Entscheidung über Flüchtlings- und Überläuferprogramme heißt es, daß diese Programme sowohl den kommunistisch dominierten Gebieten als auch der freien Welt gegenüber »zur Erlangung der nationalen Sicherheitsziele der USA beitragen ... Diese Kontakte, nach denen die (privaten) Organisationen nur für Dienste, die sie tatsächlich für Flüchtlinge erbracht haben, Geld erhalten, werden genau überwacht, damit sie dem Programm die größtmögliche Unterstützung zuteil werden lassen[10].«

Doch in etlichen Fällen besetzten Nazikollaborateure und Sympathisanten die Schlüsselstellen der Hilfsorganisationen für Flüchtlinge, die ihre jeweiligen Nationalitäten in den Vereinigten Staaten betreuten. Bei den Letten baute eine im geheimen agierende Organisation mit dem Namen Daugavas Vanagi (Düna-Falken) in den Lagern für lettische Displaced Persons in Europa und später auch in lettischen Gemeinden in den USA allmählich eine einflußreiche politische Maschinerie auf. Die Vanagis hatten 1945 als Selbsthilfe- und Wohlfahrtsorganisation für lettische SS-Veteranen in Deutschland begonnen; viele ihrer Führer waren seit den dreißiger Jahren in Lettland an faschistischen Aktivitäten beteiligt gewesen. Wie die ukrainischen Nationalisten der OUN hatten auch einige Führer der Vanagis in ihrer Heimat den Nazis begeistert als Henker gedient. Die lettischen Extremisten machten trotz mancher deutschen Schikane während der Nazi-Besatzung hartnäckig weiter, und viele von ihnen wurden zur Belohnung Bürgermeister, KZ-Verwalter und – am häufigsten – Offiziere der lettischen Divisionen der Waffen-SS, die die Nazis in den letzten Jahren des Krieges aufstellten. Bei Kriegsende floh der größte Teil der Vanagisführerschaft mit den zurückweichenden Nazis nach Deutschland[11].

In den ersten fünf Jahren nach dem Krieg gelang es den Vanagis allmählich, die Kontrolle über Lager für lettische Displaced Persons in Deutschland zu gewinnen. Die Geheimgesellschaft fungierte auch als organisierende und koordinierende Kraft für die Veteranen der Waffen-SS, die sich zu den amerikanischen Arbeitseinheiten meldeten. Viele Mitglieder der Vanagis gelangten während dieser Zeit als vorgebliche Displaced Persons nach Großbritannien, Kanada und in die Vereinigten Staaten.

Die Vanagis waren äußerst diszipliniert und straff organisiert, behielten ihre Verbindungen während der Diaspora bei und nützten ihre internationalen Beziehungen, um ihren Einfluß in den lettischen Gemeinden im Ausland auszubauen. In den Vereinigten Staaten schufen einige Vanagis, die einst hohe Nazikollaborateure gewesen waren, in der Amerikanischen Lettischen Gesellschaft, in der Lettisch-Amerikanischen Republikanischen Nationalen Föderation und in dem von der CIA finanzierten Komitee für ein freies Lettland miteinander verflochtene, von Parteimitgliedern dominierte Leitungsgremien[12]. Diese Organisationen, die von den Vanagis kontrolliert wurden oder unter ihrem Einfluß standen, entschieden inoffiziell und indirekt, welche lettischen Einwanderer Visa für die Vereinigten Staaten erhielten – und welche nicht. Es kommt daher nicht überraschend, daß die Vanagis in den lettisch-amerikanischen Gemeinden über beträchtlichen Einfluß verfügten.

Es ist heute offensichtlich, daß etliche dieser Gruppen und einzelne Vanagis-Nazikollaborateure über die CIA heimlich finanzielle Unterstützung von der US-Regierung erhielten. Dieses Geld wurde durch die Kanäle von Radio Freies Europa und ACEN oder durch private Organisationen, wie zum Beispiel das IRC, gewaschen[13]. Unabhängig davon, ob die CIA die manchmal offen rassistische und profaschistische Haltung der Vanagis billigte, bleibt die Tatsache bestehen, daß sie die Karrieren von mindestens drei – und wahrscheinlich mehr – hohen Vanagisführern gefördert hat, denen die US-Regierung Kriegsverbrechen vorwarf. Die drei Nutznießer waren Vilis Hazners, Boleslavs Maikovskis und Alfreds Berzins.

Vilis Hazners ist SS-Veteran und Inhaber des deutschen Eisernen Kreuzes. Die Regierung der USA hat ihn beschuldigt, während des Krieges lange in Riga als hoher Offizier der Sicherheitspolizei gedient zu haben. In den Unterlagen der US-Regierung finden sich Hinweise darauf, daß Hazners während des Krieges schwere Gewalttaten begangen und einen Massenmord organisiert hat, bei dem unter seinem Befehl stehende lettische Polizeitruppen Dutzende Juden in eine Synagoge trieben und diese in Brand steckten[14]. Hazners verteidigte sich jedoch Ende der siebziger Jahre erfolgreich in einem Auslieferungsverfahren.

Hazners war Anfang der fünfziger Jahre in die Vereinigten Staaten eingereist. Es ist nicht bekannt, ob ihm die CIA dabei geholfen hat, aber es steht fest, daß sie ihn unterstützt und dafür gesorgt hat, daß er ein Gehalt bekam, sobald er im Land war. Hazners wurde Vorsitzender des Komitees für ein freies Lettland und erhielt einen Posten als Delegierter bei der ACEN in New York. Wie man jetzt weiß, wurden beide Organisationen teilweise von der CIA finanziert, was sich auch auf die Gehälter ihrer Funktionäre bezog. (In den fünfziger Jahren erfolgte die Förderung dieser Gruppen geheim, diese Tatsache hat die Regierung jedoch schließlich während der Skandale zugegeben, die die Agency in den siebziger Jahren erschütterten[15].) Vorsitzende von »Befreiungskomitees« wie Hazners erhielten Anfang der fünfziger Jahre ein Gehalt von 12 000 Dollar jährlich, mehr als mittlere Beamte des Außenministeriums.

Hazners verschwieg seinen faschistischen Hintergrund nicht, sondern gab sogar damit an. Während er in der ACEN arbeitete, war er auch Vorsitzender der Vereinigung Lettischer Offiziere, einer kaum getarnten Selbsthilfegruppe, die zum Teil aus Veteranen der Waffen-SS bestand. Er war außerdem Funktionär des amerikanischen Zweigs der Vanagis und viele Jahre lang der Herausgeber des Magazins der Gruppe[16]. Mittlerweile betätigte er sich auch in angeseheneren Gruppen wie der Amerikanisch-Lettischen Vereinigung, in der er Funktionär war und sich auf die Einwanderungs- und »Flüchtlingshilfe«-Probleme von begünstigten lettischen Emigranten in Europa spezialisierte.

Dann haben wir Boleslavs Maikovskis. Er war ebenfalls lettischer Polizeioffizier und Inhaber des Eisernen Kreuzes. Einwanderungsgerichte der USA haben festgestellt, daß er in Audrini und Rezekne in Lettland maßgeblich an Pogromen beteiligt war, bei denen Dutzende Menschen kaltblütig ermordet wurden. Er ist langjähriger Vanagiaktivist, ehemaliger stellvertretender Vorsitzender der Amerikanisch-Lettischen Vereinigung und ehemaliger Delegierter bei der ACEN. Seit 1980 versuchen die Nazijäger des amerikanischen Justizministeriums, Maikovskis aus den USA auszuweisen, aber das umständliche gerichtliche Verfahren bei der Ausweisung von NS-Verbrechern gibt ihm die Möglichkeit, weiterhin im Staat New York zu leben, bis er alle Rechtsmittel erschöpft hat[17].

Der inzwischen verstorbene Alfreds Berzins war in der lettischen Vorkriegsdiktatur von Karlis Ulmanis Propagandaminister. Während des Zweiten Weltkriegs »beteiligte er sich daran, Leute in Konzentrationslager zu bringen«, wie es in seinem CROWCASS-Steckbrief heißt, und war »zum Teil für den Tod Hunderter Letten und Tausender Juden verantwortlich«. Das US-Dokument hält fest, daß Berzins »für die Ermordung, Mißhandlung und Deportation von 2 000 Personen verantwortlich war«. Die Vereinigten Staaten stellen außerdem fest, daß er »ein fanatischer Nazi« war[18].

Nach dem Krieg bemühte sich Berzins sehr, sich als Demokrat zu profilieren. Er stellte sein propagandistisches Geschick in den Dienst des Public-Relations-Komitees der ACEN und arbeitete gleichzeitig als Redakteur der Zeitung *Baltic Review* sowie als führendes Mitglied des Komitees für ein freies Lettland. Seine Bücher über Lettland stehen in den meisten Bibliotheken der USA (das Vorwort zu einem von ihnen hat Senator Thomas Dodd geschrieben), und er war jahrelang stellvertretender Vorsitzender der Amerikanisch-Lettischen Vereinigung und der Lettischen Weltvereinigung[19].

Diese Vanagis zögerten nicht, ihren politischen Einfluß und ihre Regierungskontakte dafür einzusetzen, daß ehemalige Angehörige der SS sowie Nazikollaborateure die amerikanische Staatsbürgerschaft erhielten. Es gelang ihnen durch eine Kampagne sogar, die amerikanischen Einwanderungsbestimmungen zu ändern, so daß Angehörige der SS aus den baltischen Staaten, die ohnehin die längste Zeit die hauptsächlichen Nutznießer der Vanagiunterstützung gewesen waren, legal in die Vereinigten Staaten einreisen konnten.

Die in lettischer Sprache erscheinende Zeitschrift *Daugavas Vanagi Biletens* zum Beispiel forderte ihre Leser auf, mit beigelegten englischen Texten bei der US-Regierung dagegen zu protestieren, daß die SS-Männer aus den baltischen Staaten weder Visa für die USA noch die amerikanische Staatsbürgerschaft erhielten. Sie behaupteten, daß die baltischen SS-Männer nicht »wirklich« Nazis gewesen waren, sondern nur patriotische Letten und Litauer, die ihre Länder vor einer sowjetischen Invasion schützen wollten. »Mein [Bruder], der bereits US-Soldat ist«, schrieben die Anhänger der Vanagis an Washington, »wird die freie Welt [in Korea] gegen die kommunistische Aggression verteidigen. Warum werden jene Letten, die 1944 das gleiche taten, ... jetzt nicht in die USA hereingelassen[20]?« – »Sie sind genausowenig Faschisten wie die amerikanischen Jungen, die jetzt durch von den Sowjets produzierte und von den chinesischen Kommunisten abgefeuerte Kugeln getötet werden«, hieß es weiter.

Ihre Anstrengungen führten Ende der fünfziger Jahre zum Erfolg, als der Kommissar für die Displaced Persons, Edward M. O'Connor, eine administrative Änderung durchsetzte, nach der die baltische SS *keine* »den Vereinigten Staaten feindlich gesinnte Bewegung« war. Aufgrund dieses Beschlusses durften die baltischen SS-Veteranen in die Vereinigten Staaten einreisen. Der Kommissar für Displaced Persons, Harry N. Rosenfield, widersetzte sich erfolglos O'Connors Manöver[21]. Wohltätigkeitsorganisationen wie die Lettische Unterstützungs-AG und der Vereinigte Litauische Hilfsfonds von Amerika sorgten dafür, daß die bevorzugten SS-Veteranen nicht nur einreisen durften, sondern oft freie Überfahrt, Unterkunft, Essen, Notstandshilfe und Unterstützung bei der Postensuche erhielten.

Ähnliche Ereignisse und der Einsatz von ähnlichen personellen Verflechtungen brachten in etlichen litauischen, ukrainischen, kroatischen und weißrussischen Emigrantenorganisationen in den USA rechtsextreme Elemente an die Macht, genau wie in den oben erwähnten lettischen Gruppen. Die gemeinsamen Kriegserlebnisse als Nazikollaborateure und oft als Angehörige der Waffen-SS waren der Kitt, der diese Gruppen zusammenhielt. Ihre Mitglieder paßten sich der politischen Szene Amerikas recht gut an, bezeichneten sich als militante Nationalisten und Antikommunisten, was ja auch stimmte, und erklärten immer wieder, daß sie persönlich keine Kriegsverbrechen begangen hätten.

In verengter Wahrnehmung sahen viele Amerikaner nur die Rolle der ehemaligen Nazikollaborateure als Antikommunisten, die aus »patriotischen Gründen« mit den Deutschen zusammengearbeitet hatten – wie der zitierte Brief der *Daugavas Vanagi Biletens* veranschaulicht –, stritten ab, daß diese Leute Grausamkeiten und Verbrechen gegen die Menschlichkeit begangen hatten, und denunzierten diese Beschuldigungen als kommunistische Propaganda. Natürlich waren nicht alle osteuropäischen Antikommunisten ehemalige Nazikollaborateure. Doch es stimmt auch, daß der leidenschaftliche Antikommunismus des kalten Krieges den tatsächlichen Naziverbrechern oft »edle« Motive lieferte und ihnen zu Unterschlupf verhalf. Angesehene Konservative in den USA, die nie Nazikollaborateure waren, drückten oft beide Augen zu und waren manchmal die eifrigsten Fürsprecher von SS-Veteranen und anderen Kollaborateuren[22].

Der Vereinigte Litauische Unterstützungsfonds von Amerika zum Beispiel (nach seinen litauischen Anfangsbuchstaben BALF genannt) wurde 1944 zu dem ausdrücklichen Zweck geschaffen, linksstehende Elemente gänzlich von litauischen Hilfsprogrammen auszuschließen. BALF war und ist heute noch eng mit der Litauischen Aktivistenfront aus der Zeit vor dem Zweiten Weltkrieg verbunden, einer extrem nationalistischen Gruppierung, deren Führerschaft in vieler Hinsicht jener der Vanagis ähnelt.

Der BALF gibt selbst zu, daß er praktisch an jedem Aspekt der litauischen Nachkriegseinwanderung in die Vereinigten Staaten mitwirkte; er wurde sowohl von der US-Regierung als auch von Organisationen der katholischen Kirche unterstützt. Er behauptet, daß er nach dem Zweiten Weltkrieg etwa 30 000 litauische Einwanderer ausgewählt und unterstützt habe[23]. Die Organisation half vielen Litauern unterschiedlicher politischer Richtungen, darunter auch Leuten, die von den Nazis verfolgt und eingesperrt worden waren. Dennoch stand die Unterstützung der litauischen Veteranen der Waffen-SS in den fünfziger Jahren im Mittelpunkt der Arbeit des BALF. Die größte Gruppe von mutmaßlichen Kriegsverbrechern, die das Justizministerium jetzt aus den Vereinigten Staaten ausweisen will, sind litauische SS-Veteranen, die während des kalten Krieges mit der Hilfe des BALF in die Vereinigten Staaten gelangt sind[24].

Der langjährige Geschäftsführer des BALF, Hochwürden Lionginas Jankus, ist ein Hinweis auf den politischen Standort der Organisation in bezug auf die Flüchtlingshilfe. Aussagen, die bei einem litauischen Kriegs-verbrecherprozeß im Jahre 1964 gemacht wurden, beschuldigten Jankus, während der Nazibesetzung seiner Heimat im Waldgebiet von Jazdai eine Reihe von Pogromen geleitet zu haben, bei denen etwa 1 200 Men-schen ums Leben kamen. Jankus, zur Zeit des Prozesses in den Vereinig-ten Staaten und außer Reichweite der litauischen Ankläger, leugnete, daß er an den Pogromen teilgenommen hatte – falls sie überhaupt statt-gefunden hätten. Er behauptete, das Ganze sei politisch motivierte Pro-paganda der UdSSR, die die Litauer in Verruf bringen wolle[25].

Die Beweise sprechen jedoch eindeutig dafür, daß der Priester log. Beim Prozeß legten die Staatsanwälte Belastungsmaterial, darunter Fotos und Dokumente, vor, das beweisen sollte, daß Jankus an diesen Morden mit-gewirkt hat. Außerdem lagen dem Gericht Dutzende eidesstattliche Er-klärungen von litauischen jüdischen Überlebenden und am Pogrom be-teiligten Nazis vor. Ein internationaler Schrei der Entrüstung gegen Jan-kus folgte, aber der BALF beließ ihn auf seinem Posten als Geschäftsfüh-rer. Er starb Ende der sechziger Jahre, und der Streit über seine Wahr-heitsliebe ist nie endgültig geklärt worden.

Selbstverständlich wußte die CIA, daß eine beträchtliche Anzahl von SS-Männern und ehemaligen Nazikollaborateuren durch von der CIA fi-nanzierte Organisationen in die USA strömten*. Hochqualifizierte Ge-

---

* John Loftus, ein ehemaliger Beamter des OSI des Justizministeriums, erklärt, daß ein großes Projekt vorgesehen habe, ehemalige weißrussische Nazis zur Verwendung in der politischen Kriegführung in die USA zu holen. Obwohl noch Fragen zu einigen Aspekten der weißrussischen Aktion offen sind, hat Loftus dennoch das FOIA benützt, um mehrere wichtige Unterlagen ans Licht zu bringen, die glaubhafte Beweise für die Existenz dieser Operation enthalten. Das weißrussische Projekt ähnelt verblüffend der zuvor besprochenen Einwanderung der lettischen und litauischen Waffen-SS.
Das erste Dokument ist einfach ein Kapitel über die weißrussischen Nazis aus dem streng geheimen *Consolidated Orientation and Guidance Manual* (Kompakt-Leitfaden), den die 970. CIC-Einheit 1948 in der US-Zone Deutschlands zusammengestellt hat. Er zeigt, daß der US-Geheimdienst genau über die Massaker und Pogrome Bescheid wußte, zu denen es in Weißrußland während des Krieges gekommen ist, und zählt Dutzende weißrussischer Kollaborateure auf, die an diesen Verbrechen beteiligt waren.
Das zweite Dokument ist ein geheimer, sechzehn Seiten langer Brief des Führers der weißrussischen Nazi-Kollaborateure, Radislav Ostrowsky, an Frank Wisners OPC-Ab-teilung der CIA aus dem Jahre 1952. Er schildert die Geschichte der weißrussischen Quislingbewegung und schlägt vor, die CIA möge Ostrowskys »Exilregierung« für Ge-heimoperationen in der UdSSR ausreichend finanzieren und ihr Schutz gewähren.

heimdienstoffiziere der USA verfolgten jeden Trick und jede Äußerung dieser Emigrantenorganisationen und wußten genau, wer mit welcher politischen Fraktion im alten Land in Verbindung stand. Schließlich befanden sich ja die osteuropäischen Emigranten zu jener Zeit im Brennpunkt der Arbeit der CIA. Ihre Unterstützungsgruppen und politischen Organisationen waren gründlich von Informanten der Agency infiltriert. Sollte die CIA *nicht* gewußt haben, was bei der Einwanderung vor sich

In diesem Brief gibt Ostrowsky offen zu, daß die SS und die Gestapo seine Organisation während des Krieges gefördert haben und daß er persönlich an der Aufstellung einer großen SS-Einheit beteiligt war, die zur Partisanenbekämpfung eingesetzt wurde. Aber, schreibt Ostrowsky, »es ist unwichtig, daß wir während des Krieges Kollaborateure waren, und es ist vollkommen unwichtig, mit wem wir zusammengearbeitet haben – den Deutschen oder dem Teufel. Wichtig ist nur, daß wir Stalin nie unterstützt haben.

Die Geheimdienstabteilungen jeder Regierung müssen natürlich eigene Agenten in jenen Länder unterhalten, an denen sie interessiert sind«, fährt Ostrowsky fort. »Infolge dieses Umstands habe ich dem Geheimdienst der USA den Vorschlag unterbreitet, unsere Kräfte zusammenzufassen.«

Ostrowsky bittet dann um Geld von den Vereinigten Staaten und schlägt vor, daß die CIA »mit unseren bescheidenen Streitkräften … [in] vollkommener Offenheit und vollkommenem Vertrauen zusammenarbeiten möge«.

Die Agency hat das Angebot anscheinend angenommen. Einige Monate später beschwerte sich der ehemalige SS-General Franz Kuschel (der Ostrowskys erbittertster politischer Rivale und selbst weißrussischer Kriegsverbrecher war) beim FBI darüber, daß das von der CIA finanzierte amerikanische Komitee für die Befreiung vom Bolschewismus die finanziellen Zuwendungen an ihn eingestellt habe und statt dessen Geld in Ostrowskys Truhe schütte.

Nicht einmal ein Jahr danach kamen über hundert weißrussische Emigranten zu einem besonderen politischen Kongreß in den Vereinigten Staaten zusammen. Die bei diesem Kongreß anwesenden Männer und Frauen waren praktisch ausnahmslos die Führer und Angehörigen der Marionettenregierung aus dem Krieg, die Ostrowsky der CIA zugespielt hatte. An der Spitze der Delegiertenliste steht Ostrowsky; sie enthält die Namen von mindestens einem halben Dutzend weiterer mutmaßlicher Kriegsverbrecher, die mit seiner politischen Fraktion in Verbindung stehen. Viele von ihnen sind in den früheren Studien der Army über weißrussische Kriegsverbrecher ausdrücklich genannt.

Diese Unterlagen beweisen nicht unbedingt, daß die für Geheimaktionen zuständige Abteilung der CIA diese Konferenz organisiert hat, doch sie werfen die Frage auf, was die Agency genau mit der Erlangung der US-Visa für diese Emigranten zu tun hat. In mindestens einem bekannten Fall haben politische Offiziere des Außenministeriums – ein oft benützter Deckmantel für Angehörige des OPC und der CIA – direkt interveniert, um ein US-Visum für Emanuel Jasiuk zu erhalten, der während des Krieges lange Zeit in Kletsk Marionettenadministrator der Nazis war; während seiner Amtszeit kam es zu Massakern, die etwa 5 000 Juden das Leben kosteten.

ging, dann stellt dies ihre Fähigkeit, Informationen aus Emigrantenquellen zu beschaffen und zu analysieren, ernsthaft in Frage.

Doch soweit man es übersehen kann, hat die CIA in den fünfziger Jahren nichts unternommen, um den Zustrom von ehemaligen Nazis und Kollaborateuren zu stoppen. Im Gegenteil, die Regierung erhöhte die Subventionen für die Emigrantenorganisationen. Männer und Frauen, die einmal als Agenten für die Nazibesatzer ihrer Heimat gearbeitet hatten, stellten ihre Fähigkeiten der CIA und dem FBI als Insiderquellen zur Verfügung. Bundesdienststellen sind natürlich nicht bereit, die Namen ihrer vertraulichen Informanten preiszugeben, doch eine Studie des General Accounting Office (GAO, Bundeskontrollamt) aus dem Jahr 1978[26] weist einwandfrei nach, daß es Arbeitsbeziehungen zwischen Polizeidienststellen der USA und ehemaligen Faschisten gegeben hat. Das GAO stellte fest, daß von 111 in den Vereinigten Staaten entdeckten Personen, die angeblich Kriegsverbrecher – nicht einfach ehemalige Kollaborateure – gewesen waren, »siebzehn in den USA von der CIA umworben worden waren«, die sie als Informanten verwenden wollte. Einige von ihnen waren bereits vorher in Übersee Kontraktagenten der CIA gewesen. Weitere fünf hatten bei unterschiedlichen anderen Aufgaben mit der Agency zusammengearbeitet. Wieder andere arbeiteten für das FBI. Insgesamt hatten etwa 20 Prozent der vom GAO überprüften mutmaßlichen Kriegsverbrecher in den USA als Informanten für amerikanische Sicherheitsorganisationen gearbeitet.

Inzwischen kam es beim Ausbildungsprogramm der Army für den Guerillakrieg zu einer Reihe von parallelen und sich manchmal überschneidenden Ereignissen. Der peinliche Zwischenfall in Deutschland mit den Mordkommandos der »Deutschen Jugend« überzeugte den US-Geheimdienst allmählich davon, daß sich die europäischen Arbeitseinheiten nicht für die großen Projekte des Guerillakriegs und der Spionage eigneten. Die Führung der Army erkannte, daß eine viel strengere Kontrolle erforderlich sein würde, um die Sicherheit und Wirksamkeit von Guerillaoperationen nach einem Atomkrieg zu gewährleisten. Die Army beschloß, die besten Infanteristen der Emigranten in die Staaten zu bringen, sie in die US Army aufzunehmen und ihnen eine intensive Ausbildung zuteil werden zu lassen, die weit über alles hinausging, was in den Arbeitseinheiten möglich war. Außerdem konnte man aufgrund der vorschriftsmäßigeren Rekrutierung von Emigranten auch Dolmetschern die Russisch, Ukrainisch und andere osteuropäische Sprachen beherrschten, Unbedenklichkeitsbescheinigungen ausstellen. Die neuen Rekruten sollten unter der Aufsicht der Army bleiben, obwohl die Militärs gern bereit waren, bei besonderen Missionen mit der CIA zusammenzuarbeiten[27].

1950 konnte die Army den Kongreß zur Verabschiedung eines ungewöhnlichen Gesetzes bewegen, später Lodge Act genannt: Es gestattete 2 500 ausländischen Staatsbürgern (die Zahl wurde später auf 12 500 erhöht), die außerhalb der Vereinigten Staaten lebten, in die US Army einzutreten, und garantierte ihnen nach fünfjähriger erfolgreicher Dienstzeit die US-Staatsbürgerschaft[28]. Die überwältigende Mehrheit der Lodge-Act-Rekruten, die sich im Lauf des folgenden Jahrzehnts freiwillig meldeten, haben sich als loyale Staatsbürger erwiesen. Die meisten gelten als patriotisch, einige sind wegen Tapferkeit vor dem Feind ausgezeichnet worden, und einige haben ihr Leben für ihre Wahlheimat gegeben. Ironischerweise hat die Army Gestapoagenten und Nazikollaborateure unter diese anständigen Männer gemischt.

Die Arbeitseinheiten, die damals offiziell Veteranen der Waffen-SS aufnahmen, galten als »größtes und naheliegendes Reservoir von ausländischen Rekruten« im Rahmen des Lodge Act, wie es 1951 in einem Bericht des Generaladjutanten der Army hieß. Sowohl vor als auch nach der Annahme des Gesetzes verfaßten die Militärs detaillierte Studien über die Zahl der potentiellen Rekruten, ihren Gesundheitszustand, ihre militärische Ausbildung, ihre Sprachkenntnisse und sogar über ihre »politische Verläßlichkeit«.

In den Studien der Militärs aus dieser Zeit über die »politische Verläßlichkeit« der Emigranten kann man verblüffende Beispiele für die Selbsttäuschung und ethnische Diskriminierung finden, zu denen es bei der Überprüfung dieser Freiwilligen durch die Army kam. In einer streng geheimen Studie der Army hieß es zum Beispiel, daß *sämtliche* Displaced Persons aus Lettland, Litauen und Estland, die in bezug auf Alter und Geschlecht den Anforderungen entsprachen* (vermutlich einschließlich

---

* Sie mußten männlichen Geschlechts, 18 bis 34 Jahre alt, unverheiratet und körperlich gesund sein.

der durch und durch nazistischen lettischen Offiziere, von denen vorher die Rede war), für die Aufnahme in die US Army »politisch akzeptabel« seien.

Das Amt des Generaladjutanten, das letzten Endes für die Überprüfung der angeworbenen Emigranten verantwortlich war, stand ebenfalls auf dem Standpunkt, daß solche baltischen Freiwilligen politisch »100prozentig« verläßlich seien. Angesichts dieser Unterstützung hatten die Veteranen der lettischen Arbeitseinheiten kaum Schwierigkeiten, in die Army einzutreten und dann die US-Staatsbürgerschaft zu erhalten. Für die Army standen Juden am Ende der Liste; nach der Studie des Generaladjutanten hielt man nur 50 Prozent von ihnen für »politisch verläßlich«; in der Praxis waren die Juden von der Einreise in die Vereinigten Staaten aufgrund des Lodge Act ausgeschlossen[29].

Der Prozentsatz der »politisch verläßlichen« ausländischen Rekruten aus den Arbeitseinheiten wurde von der Army nach der jeweiligen Nationalität eingeschätzt[30]. »— 100 Prozent« bedeutete, daß beinahe alle Freiwilligen dieser Volksgruppe als politisch akzeptabel betrachtet wurden, während »+ 50 Prozent« bedeutete, daß nur etwa die Hälfte dieser Nationalität als verläßlich galt.

Nationalität	Politische Verläßlichkeit
Esten (sic)	100 Prozent
Letten	100 Prozent
Litauer	100 Prozent
Ukrainer	— 100 Prozent
Jugoslawen	— 100 Prozent
Polen	— 100 Prozent
Juden (Polen)	+ 50 Prozent

Juden (Ungarn, Rumänen)	+ 50 Prozent
Russen	?
Staatenlose	?
Italiener	?

Die erste bekannte Gruppe von Lodge-Act-Rekruten traf über eine militärische Luftbrücke im Oktober 1951 im Camp Kilmer in New Jersey ein. Das größte Kontingent stellten Ukrainer und Polen, aber praktisch war jede osteuropäische Nation vertreten. Nach einer allgemeinen Einführung im Lager brachte die Army diese Freiwilligen und auch die meisten, die noch kamen, nach Fort Dix in New Jersey, wo sie acht bis sechzehn Wochen Grundausbildung erhielten. Andere wurden direkt einer Sondereinheit des Army-Geheimdienstes für sprachliche Qualifikation nach Fort Devens in Massachusetts zugeteilt. Nach der Grundausbildung wurden die Emigranten auf die Vereinigten Staaten und Europa verteilt. Viele von ihnen kamen in die Sprachschule des Verteidigungsministeriums in Monterey in Kalifornien; andere in die einmalige Demonstrationseinheit der Streitkräfte im Fort Monroe in Virginia, wo Überläufer aus Osteuropa US-Einsatzteams die Taktik der Roten Armee beibrachten.

Nach freigegebenen Befehlen, die jetzt in den Nationalen Archiven aufgetaucht sind, wurden etwa 25 Prozent der Angeworbenen zu besonders vertraulichen Aufgaben abgestellt, darunter auch die Spezialisten für atomare, chemische und biologische Kriegführung. Andere wurden Übersetzer von erbeuteten Geheimdokumenten und Ausbilder für US-Auswerter[31].

Viele der dann noch übrigen Lodge-Act-Freiwilligen erhielten in Fort Bragg in North Carolina eine Sonderausbildung als Guerillas und wurden zur Kerntruppe der heutigen Green Berets. Die berühmte grüne Mütze (Green Beret) ist übrigens teilweise ein Erbe des europäischen militärischen Drillichs, den so viele dieser Rekruten getragen haben, bevor sie in die Vereinigten Staaten kamen. Der Kommandant des Programms in Fort Bragg war interessanterweise Oberst Aaron Bank, ein Fachmann für paramilitärische Einsätze, der nur wenige Monate zuvor jene CIC-Einheiten geleitet hatte, die für Klaus Barbie, Mykola Lebed und ähnliche Geheimdienstleute in Deutschland zuständig gewesen waren[32].

Oberst Charles M. Simpson, der inoffizielle Historiker der Green Berets mit dreißigjähriger Dienstzeit in der Army, spricht offen über die Ausbildung der Freiwilligen von Army und CIA, die Oberst Bank anvertraut wurden. Simpson berichtet, daß die Ausbildung mit der Auswahl der Stellen begann, an denen man unbemerkt hinter den feindlichen Linien Agenten mit Fallschirmen absetzen konnte; dann ging es weiter zu »Überfällen, Hinterhalten [und] Bildung von Guerillaorganisationen«. Besondere Aufmerksamkeit wurde »Entführungen und Ermordungen« geschenkt[33].

Zum Pech der Army ging die Rekrutierung langsamer voran als erwartet, und im August 1952 hatten nur 211 Männer (von 5 272 Bewerbern) die Überprüfung erfolgreich bestanden und waren aufgenommen worden. Die Rekrutierungskommissionen setzten daraufhin die Anforderungen an Sprach- und Schreibkenntnisse herab und vereinfachten viele der Sicherheitsüberprüfungen, die bis dahin die Abwicklung verzögert hatten.

Der Generaladjutant der Army, Generalmajor Edward Witsell, verfügte, daß die zivilen Einwanderungsgesetze, die die ehemaligen Nazis und Kollaborateure von der Erlangung der US-Staatsbürgerschaft ausschlossen, *nicht* für die Lodge-Act-Rekruten der Army galten. »Im Rahmen dieser Bestimmungen angeworbene Personen können nicht aufgrund der Paragraphen des Internal Security Act oder des Immigration and Nationality Act von der Einreise in die Vereinigten Staaten ausgeschlossen werden...« Damit nahm Witsell den Zivilbehörden die Verantwortung für die Überprüfung der Rekruten endgültig aus den Händen. »Mitglieder... einer totalitären Partei« durften nach den Vorschriften der Armee zwar noch immer nicht in die Vereinigten Staaten einreisen, doch das galt nicht für *ehemalige* Angehörige von faschistischen Organisationen oder für Veteranen von Armeen, die im Krieg gegen die Vereinigten Staaten gekämpft hatten[34]. Witsells ungewöhnliche und vermutlich verfassungswidrige Entscheidung fiel damals offensichtlich niemandem auf – vielleicht deshalb, weil diese Entscheidung als »Geheim-Sicherheitsinformation« gekennzeichnet und dadurch der Öffentlichkeit vorenthalten wurde.

Ein Ergebnis dieser Politik war, daß gewisse fanatische Standpunkte, die an den Antikommunismus der Nazis erinnerten, bei den ersten Green Berets weiterbestanden. Einige Jahre später berichtete Richard Harwood in der *Washington-Post:* »Während dieser Jahre warben die Sondereinheiten Rekruten aus Osteuropa und Unteroffiziere der alten Schule an, die aufrichtig ›gegen den Kommunismus‹ kämpfen wollten ... ›Wir hatten damals schrecklich viele John-Birch-Typen‹, berichtet ein Offizier, der über mehrjährige Erfahrung bei den Sondereinheiten verfügt. ›Sie dachten wie Joe McCarthy[35].‹«

Die Tatsache, daß der Lodge-Act-Beschluß der Army Dutzende ehemaliger Nazis und Kollaborateure dazu ermutigte, mit Wissen der US-Beamten die amerikanische Staatsbürgerschaft zu erwerben, läßt sich an Hand der Unterlagen der Army eindeutig beweisen. Die Entscheidung der Army, wohin sie einen Rekruten schickte, hing zum Teil von seinen Antworten bei einer Vernehmung im Camp Kilmer ab. Jedem Neuankömmling wurde eine Reihe einfacher Fragen über seinen Hintergrund in bezug auf Sicherheitsarbeit bei der Polizei, Guerillakrieg oder Widerstandsbewegungen gestellt. Man erkundigte sich nach den Sprachen, die er beherrschte, und wollte wissen, ob er bereit war, für die Vereinigten Staaten an Guerilla- oder Fallschirmjägereinsätzen teilzunehmen. Kurzfassungen von mehreren hundert dieser Vernehmungen sind kürzlich in Geheimakten in Army-Archiven in Washington entdeckt worden. Eine Gruppe solcher Rekruten, die im März 1954 in Camp Kilmer durchgeschleust wurde, kann als typisches Beispiel betrachtet werden. Von 44 in diesem Monat überprüften Neuankömmlingen gaben drei zu, daß sie von 1942 bis 1945 der Wehrmacht angehört hatten; einer war Gestapoveteran; zwei weitere waren Veteranen anderer Armeen der Achsenmächte, die während des Krieges unter der Führung der Nazis gegen die Alliierten gekämpft hatten*. Das heißt, daß etwa 14 Prozent der Rekru-

---

* Die Vergangenheit der übrigen im März 1954 eingestellten Rekruten ist ebenfalls bemerkenswert. Drei waren Veteranen der von den Engländern unterstützten polnischen Exilarmeen in Italien, von denen man genau wußte, daß der deutsche und der sowjetische Geheimdienst sie gründlich infiltriert hatten. Einer war ein Überläufer der tschechischen Geheimpolizei, und ein anderer war vom sowjetischen NKWD desertiert.

ten aus diesem Schub ihre frühere Mitgliedschaft bei Organisationen *zugaben*, die sie sonst von der US-Staatsbürgerschaft ausgeschlossen hätten[36].

So unglaublich es heute klingt, so steht doch fraglos fest, daß die amerikanischen Offiziere, die ehemalige Nazis in Sondereinheiten aufnahmen, in erster Linie von Haß gegen totalitäre Systeme motiviert waren. Das Motto der Sondereinheiten »De Oppresso Liber«, das die Green Berets mit »Von der Unterdrückung werden wir sie befreien« übersetzten, wurde nicht wegen seines PR-Wertes gewählt; der Slogan wurde in der Anfangszeit, wie beinahe alle Informationen über die Sondereinheiten, geheimgehalten. Dieses Schlagwort spiegelte den Glauben der Offiziere wider, oder genauer, es spiegelte das wider, was die Offiziere für ihren Glauben hielten. In jenen naiveren Tagen konnte der Armeestab ernsthaft behaupten, der Einsatz von ehemaligen Nazikollaborateuren als Guerillas hinter den sowjetischen Linien »sei ein Beweis dafür, daß unsere amerikanische Lebensweise sich dem Ideal nähert, das die gesamte Menschheit anstrebt«[37].

Kurz, der Zustrom ehemaliger Nazis, Veteranen der Waffen-SS und anderer Kollaborateure in die Vereinigten Staaten war nicht einfach ein Versehen oder ein Fehler der Administration, an dem die Unfähigkeit des INS schuld war. Er war ein zentraler, doch für gewöhnlich uneingestandener Aspekt der damaligen Einwanderungspolitik der USA, weil sich das Programm vor allem auf Flüchtlinge aus der UdSSR und aus den von den Sowjets besetzten Staaten Lettland, Litauen und Estland bezog. Während dieser Zeit gelangten aufgrund des Displaced Persons Act und des späteren Refugee Relief Act etwa 500 000 osteuropäische Emigranten in die Vereinigten Staaten, wobei natürlich relativ wenige von ihnen ehemalige Nazis oder Angehörige der Waffen-SS waren; und unter jenen, die zu diesen beiden Kategorien gehörten, befanden sich wieder nur wenige Kriegsverbrecher. Aber auch ein kleiner Prozentsatz von 500 000 ist eine große Zahl. Allan Ryan, der ehemalige Leiter des Ermittlungsamtes für Kriegsverbrechen des Justizministeriums, schätzt, daß

Zwei waren erst kürzlich aus der tschechischen Armee geflohen, und zwei weitere waren Veteranen der polnischen Armee. Sechzehn von ihnen, darunter der Gestapomann Libor Pokorny, meldeten sich freiwillig zur Ausbildung als Fallschirmjäger im Guerillakrieg.

beinahe *10 000* NS-Kriegsverbrecher während dieser Zeit in die Vereinigten Staaten eingewandert sind, obwohl er die Beteiligung amerikanischer Geheimdienste daran bestreitet[38].

Eines der wichtigsten Kennzeichen der Kriegsverbrecher, die in die Vereinigten Staaten gelangten, ist die Tatsache, daß sie nicht als Einzelpersonen eintrafen. Wie im Fall der kroatischen Ustaschas, der ukrainischen OUN und der lettischen Vanagis, um nur drei zu nennen, waren viele dieser Einwanderer Angehörige erprobter, straff organisierter Gruppierungen mit klar umrissenen politischen Programmen, die sich nur wenig von den faschistischen Programmen unterschieden, für die sie in ihrer Heimat eingetreten waren. Der antikommunistische Verfolgungswahn der McCarthy-Periode lieferte diesen Gruppen den fruchtbaren Nährboden, in dem sie Wurzeln schlagen und wachsen konnten. Allmählich begannen sie, eine kleine, aber reale Rolle im politischen Leben der USA zu spielen.

FÜNFZEHNTES KAPITEL

Die Politik der »Befreiung«

Die CIA behielt ihre Verbindung zu den extremistischen Emigrantenorganisationen bei und verwendete sie weiterhin für Geheimoperationen im Ausland und in den Vereinigten Staaten. Noch in der ersten Hälfte der fünfziger Jahre mußte die Agency feststellen, daß sie sich mit Dutzenden – und vermutlich Hunderten – ehemaligen Nazis und SS-Männern eingelassen hatte, die sich in die Führungsschicht der unterschiedlichsten osteuropäischen politischen Emigrantenvereinigungen in den USA hinaufgearbeitet hatten.

Statt den extremistischen Gruppen und den Männern und Frauen, die sie leiteten, ihre Unterstützung zu entziehen, unternahm die CIA alles mögliche, um diese Leute als die legitimen Vertreter der Länder darzustellen, aus denen sie geflohen waren. Während die Agency das im letzten Kapitel besprochene Einwanderungsprogramm in die Wege leitete, erweiterte sie zugleich ihre Publicity- und Propagandaaktivität innerhalb der USA drastisch. Ein wichtiger Teil dieser Aktivität bestand darin, der amerikanischen Öffentlichkeit zu beweisen, daß die emigrierten osteuropäischen Politiker – Kollaborateure und Nichtkollaborateure – glaubwürdig und rechtschaffen waren. Durch das NCFE und eine neue, von der CIA finanzierte Gruppe, den Crusade for Freedom (CFF, Kreuzzug für Freiheit), beeinflußte die Agency unter Verwendung der Pläne der rechtsextremistischen Exilpolitiker nicht unwesentlich die offizielle Politik Washingtons, das wie die Emigranten »den Kommunismus zurückwerfen« wollte[1].

Das Eindringen der Agency in die politische Szene Amerikas war ein Teil der weitreichenden Eskalation des Konfliktes zwischen den USA und den Sowjets, die mit dem Ausbruch des Koreakriegs zusammenfiel. Der nordkoreanische Angriff auf die von den USA unterstützte Regierung im Süden folgte dem kommunistischen Sieg in China, den sowjetischen Atombombentests und dem Alger-Hiss-Spionageskandal in Washington auf dem Fuß und schien für viele Menschen im Westen die beunruhigenden Vorhersagen über die kommunistischen Welteroberungspläne zu bestätigen. Das »Containment«, behaupteten sie, hatte Rußlands Machtstreben genauso angeheizt, wie das »Appeasement« in München 1938 Hitler ermutigt hatte. Die Truman-Administration konnte kaum etwas darauf erwidern; sie hatte im Lauf der vorhergehenden vier Jahre immer wieder energisch die Auffassung vertreten, daß der Kommunismus eine monolithische, verbrecherische, überall in der Welt tätige Verschwörung sei und daß es die Aufgabe Amerikas sei, sie »einzudämmen« und wenn möglich zu stoppen.

Daß Truman dies nicht gelang, betrachteten viele Beobachter als Beweis dafür, daß die *Taktik* des Containments nicht genügend aggressiv gewesen war. Erst Jahrzehnte später – nach dem Bruch zwischen Rußland und China, nach dem US-Debakel in Kuba und Vietnam und nach der Entwicklung des Nationalismus in der dritten Welt zu einer bedeutenden politischen Kraft – kamen die grundlegenden Irrtümer des Containments der amerikanischen Öffentlichkeit zu Bewußtsein. Damals glaubten jedoch viele Amerikaner, daß die einzig mögliche Reaktion auf die durch Korea und die sowjetischen Atombombentests ausgelöste Krise eine deutliche Eskalation des US-Rüstungsprogramms in Verbindung mit verstärkten Geheimkampagnen sein konnte, um die sowjetische Herrschaft zu untergraben.

Paul Nitze, der die meisten wichtigen politischen Erklärungen zu dem Problem verfaßt hat, stellt fest, daß der Preis für den Zuwachs der US-Rüstung etwa 50 Milliarden Dollar betrug – ungefähr dreimal soviel wie das damalige Militärbudget der USA. In ihrer Studie über die amerikanische Außenpolitik *The wise men* schreiben Walter Isaacson und Evan Thomas, daß die eigentliche Frage für die damaligen Politiker darin bestand, »ob es der Kongreß und die Administration bezahlen würden. Die Öffentlichkeit mußte überzeugt werden. Nitze wußte aus Erfahrung, daß man das am besten erreicht, indem man den Menschen Angst einjagt; man mußte ihnen einreden, daß die Sowjets die Weltherrschaft anstrebten, daß sie im Begriff stünden anzugreifen und daß ihnen die Vereinigten Staaten überall entgegentreten müßten[2].«

In diesem Kontext startete die CIA eine große Propagandakampagne in den USA. Obwohl es der Agency gesetzlich verboten war, im Inland aktiv zu werden, rief sie ein mehrere Millionen Dollar teures Propagandaprojekt ins Leben, das als Kreuzzug für die Freiheit bezeichnet wurde.

Damit wollte man durch freiwillige Spenden Mittel für Radio Freies Europa, die verschiedenen Exilkomitees für ein freies Europa und eventuell für Radio Liberation hereinbekommen; alle diese Institutionen waren in erster Linie in Übersee tätig, wo die Agency gesetzlich berechtigt war zu arbeiten. Die Bemühungen des Kreuzzugs für die Freiheit, in den USA Geld aufzutreiben, lieferten eine willkommene Erklärung für die Herkunft des vielen Geldes, das RFE laufend ausgab; das fand jedenfalls Walter Pforzheimer, der langjährige Rechtsberater der CIA[3]. Jetzt konnten die Rundfunkstationen zu behaupten, daß sie durch die Millionen kleiner Beträge von besorgten Amerikanern finanziert würden – und nicht durch die Regierung.

In Wirklichkeit bestand eine der wichtigsten Aufgaben des CFF darin, den Amerikanern die Außenpolitik schmackhaft zu machen, die das Nationale Komitee für ein freies Europa – und die CIA – entwickelt hatten. Der ehemalige Direktor von RFE/RL Sig Mickelson drückte es so aus: »Der CFF wurde zu einem gigantischen landesweiten Werbefeldzug, der die allgemeine Unterstützung für die Aktivitäten des Komitees für ein freies Europa gewinnen sollte[4].«

Die grundlegende Botschaft dieses Feldzugs war eine aggressivere, schlagkräftigere Version der Containment-Doktrin, die bald als »Befreiung« bezeichnet wurde. Politisch gesehen begann die »Befreiung« dort, wo das Containment aufhörte. Sie propagierte die gleiche Ansicht wie viele Vertreter des Containment, nämlich daß die sozialistischen Regierungen in Osteuropa unerbittlich despotische, von der Roten Armee etablierte Regimes seien, die ausschließlich mittels stalinistischen Terrors regierten. Die Proponenten der »Befreiung« traten offen für das »Zurückwerfen des Kommunismus« in Osteuropa ein. Die Vereinigten Staaten sollten dazu in diesen Ländern konterrevolutionäre Bewegungen in Gang setzen und unterstützen. »Eines Tages, früher oder später, muß sich der Eiserne Vorhang auflösen«, erklärte der Vorsitzende des Verwaltungsrates des NCFE, Joseph Grew, beim Start des Kreuzzugs für die Freiheit. »Wir wollen für diesen Tag bereit sein[5].« Der Name, der dann für die Rundfunkstation gewählt wurde, die ihre Sendungen in die Sowjetunion ausstrahlte – Radio Befreiung vom Bolschewismus –, faßte genau das politische Programm der Gruppe zusammen.

Obwohl es damals in den Vereinigten Staaten kaum jemand wußte, kann man die Entstehung der »Befreiungs-Philosophie« zu emigrierten Propagandisten zurückverfolgen, die während des Zweiten Weltkrieges an der Ostfront für die Nazis gearbeitet haben. Nach dem Krieg fügten die verschiedenen konservativen und liberalen antikommunistischen Organisationen in den Vereinigten Staaten, die die »Befreiung« zu ihrem Schlagwort wählten, dem Programm neue, spezifisch amerikanische Elemente hinzu, durch die die ursprüngliche deutsche Strategie grundlegend verändert wurde. In der amerikanischen Version der »Befreiung« wurde betont, daß die antikommunistische Revolution ihrem Wesen nach demokratisch und nicht faschistisch sein wolle; und sie verzichtete auch auf die Rassentheorien und den Antisemitismus der Nazipropaganda. In den Händen der Vereinigten Staaten entwickelte sich die »Befreiung« zur Erfüllung von Amerikas revolutionärem Erbe des Widerstandes gegen die Tyrannei.

Wir wollen uns einmal ansehen, wie es zu diesen Veränderungen kam. Die politische Rhetorik der extremistischen Emigrantengruppen, die einmal für die Nazis gearbeitet hatten, führte zu einer komplizierten Wechselwirkung mit dem allmählich in Amerika um sich greifenden »Befreiungs«-Denken. Ende der vierziger Jahre hatten die extremistischen Emigrantenführer die Rhetorik dieser neuen, »amerikanischeren« Form der »Befreiung« gelernt. Indem sie Lippenbekenntnisse zur Demokratie ablegten, lieferten sie den ehemaligen Faschisten eine Plattform, von der aus diese ihre Pläne Millionen von Amerikanern anpriesen, und schufen gleichzeitig eine Deckung, die sie vor der Enthüllung ihrer NS-Vergangenheit schützte. Die Öffentlichkeit sah in ihnen nicht mehr die schießwütigen Vollzieher des nazistischen Völkermordes, sondern glühende antikommunistische Patrioten. Die Geheimdienstorganisationen der Regierung spielten eine wichtige Rolle bei dieser Verschiebung.

Die Veränderung in der Rhetorik der extremistischen nationalistischen russischen Organisation NTS, die heute noch in der russischen Emigration aktiv mitwirkt, ist ein gutes Beispiel dafür. Diese einst offen faschistische Gruppe wurde Anfang der dreißiger Jahre von einem Kongreß junger russischer Emigranten gegründet, die nach der Oktoberrevolution aus ihrem Land geflohen waren. Während des ersten Jahrzehnts ihrer Existenz bezeichnete die NTS die Nazis als ihr Vorbild. Die Mitglieder der NTS verachteten alle demokratischen Normen und die Vereinigten Staaten als angeblich degeneriert. Ihr Parteiprogramm forderte eine antikommunistische Revolution in der UdSSR, die Liquidierung der kommunistischen Führer, den Entzug der Bürgerrechte für Juden und die Beschlagnahme von jüdischem Eigentum. Als der Krieg ausbrach, schloß sich die NTS ohne Zögern den Nazis an[6].

Die NTS bemühte sich während des Krieges vergeblich um eine deutsche Genehmigung zur Bildung einer russischen Regierung im besetzten Teil der UdSSR. In den Planungen der deutschen politischen Kriegführung spielte die NTS trotz der ablehnenden Haltung Hitlers eine wachsende Rolle. Wie es in einer freigegebenen Studie des US-Außenministeriums heißt, »arbeitete die NTS bereitwillig für die Deutschen ... [und] brachte ihre Leute in den Kriegsgefangenenkommissionen unter [ein Bestandteil der NS-Verwaltung der Kriegsgefangenenlager; diese Kommissionen wurden häufig bei der Vernehmung und Rekrutierung von Überläufern eingesetzt]; in den Sonderausbildungslagern [für] politisch verläßliche Gefangene ... und vor allem [in] den Propagandaschulen in Wustrau und Dabendorf.« »Die Absolventen des [NTS-]Ausbildungsprogramms«, heißt es in der Studie weiter, »erhielten in dem von den Deutschen besetzten Rußland Positionen als Polizeichefs, stellvertretende Bürgermeister [und] Propagandisten in Einheiten der Wehrmacht.«

Viele der NTS-Führer der fünfziger Jahre, vor allem jene, die in der deutschen Besatzungszone bei der Polizei und den Stadtverwaltungen gearbeitet haben, sind Kriegsverbrecher, die persönlich an der Identifizierung, Festnahme und Hinrichtung von Millionen jüdischer und slawischer Zivilisten beteiligt waren. Da die NTS-Männer in der von den Nazis besetzten Zone der UdSSR die örtliche Verwaltung kontrollierten, wurde die Organisation zum integrierenden Bestandteil des Propaganda-, Spionage- und Vernichtungsapparates der Nazis im Osten[7].

Das Hauptthema der NTS-Propaganda während des Krieges galt der »Befreiung« der UdSSR von Stalin, dem Kommunismus und den Juden durch eine Meuterei der Roten Armee. Bereits 1942 war dies das Hauptlockmittel bei Rekrutierungen für die Wlassow-Armee. Man plante ganz detailliert: Taktiken für Operationen gegen Insurgenten in der deutschen Besatzungszone, Einschleusen von NTS-Agenten hinter die Linien zu Sabotage- und Spionagemissionen, auf die russischen Gefühle zugeschnittene Propagandathemen und ähnliches. Als die Deutschen endlich aus Rußland vertrieben wurden, blieben ausgewählte Agenten zurück, die im russischen Hinterland Unruhen anstiften sollten, sobald sich die Front verlagert hatte. Die NTS war auch die dominierende Macht (nach den Nazis) in der Wlassow-Armee und im Komitet Oswoboschdenika Narodow Rossij (das von den Deutschen gelenkte Komitee für die Befreiung der Völker Rußlands). Auf diese beiden Gruppen stützten sich in den verzweifelten letzten Monaten des Krieges die Operationen der politischen Kriegführung an der Ostfront[8].

Die Strategie und Taktik der »Befreiung« der UdSSR wurden von der NTS und von den mit ihr wetteifernden, vom Rosenberg-Ministerium geförderten sowjetischen Minderheitengruppen mit ihren Programmen zur nationalen Befreiung ausgearbeitet. Das waren sozusagen die Labors, die Hans Heinrich Herwarth, Gustav Hilger und die übrigen deutschen Offiziere der politischen Kriegführung benützten, um die Propagandathemen und die Taktik für subversive Tätigkeiten hinter den Linien zu entwickeln, durch die sie ihrer Meinung nach die Völker der UdSSR am besten erreichen konnten.

Constantin Boldyreff war einer der Gründer der NTS. Seine Tätigkeit während des Krieges ist heute in Geheimnis gehüllt; man weiß nur sicher, daß er Ende 1944 der SS russische Arbeiter zur Verfügung stellte[9]. Er ist jedoch ein Beispiel dafür, wie das Eingreifen der amerikanischen Geheimdienstorganisationen die Befreiungspropaganda aus den zerstörten Ministerien in Berlin in die Wohnzimmer Amerikas brachte.

Nach den durch das FOIA zugänglich gemachten Unterlagen des Army-Geheimdienstes finanzierte die amerikanische antikommunistische Organisation Common Cause – es besteht keine Verbindung zu der heutigen liberalen Organisation gleichen Namens – 1948 die Reise des Vertreters der NTS in die Vereinigten Staaten und veranstaltete dann eine Medienkampagne für ihn, die ihn Ende der vierziger und Anfang der fünfziger Jahre landesweit bekannt machte[10]. Common Cause war Prototyp und Schwesterorganisation des von der CIA gesponserten NCFE. Zu ihren Chefs gehörten zahlreiche Männer – unter anderen Adolf Berle, Arthur Bliss Lane und Eugene Lyons –, die sowohl von der CIA finanzierte Gruppen wie den NCFE als auch später das amerikanische Komitee für die Befreiung vom Bolschewismus leiteten[11].

266

Boldyreff stellte als einer der ersten bei seiner Vortragsreise durch die USA und in seinen Schriften die Forderung nach einer Befreiungspolitik. Die Kampagne sollte der NTS als Waffe im Krieg der Geheimdienste gegen die UdSSR finanzielle öffentliche Unterstützung verschaffen. Der Vorsitzende der Common Cause, Christopher Emmet, behauptete, daß die NTS einen riesigen Untergrundapparat kontrolliere, der jede größere sowjetische Stadt infiltriert habe. Boldyreff verkündete, daß die UdSSR am Rand einer antikommunistischen Revolution stehe und daß die NTS Stalin auf die Knie zwingen könne[12].

In Wirklichkeit gab es das angebliche »Untergrundnetz« der NTS in der Sowjetunion so gut wie nicht. Das RSHA Amt VI der Nazis hatte der NTS zwar geholfen, während des deutschen Rückzugs solche Zellen zu schaffen (obwohl Boldyreff während seiner Tour durch die Vereinigten Staaten natürlich nichts von der Beziehung der Nazis zu seinem Programm erwähnte). Später stellte sich jedoch heraus, daß der NKWD zu der Zeit, als der Emigrantenführer in Amerika eintraf, bereits die meisten dieser Zellen erledigt hatte.

Doch das beeinträchtigte die Publicitykampagne nicht. Common Cause veranstaltete für den NTS-Wortführer in New York, Boston, Washington und Baltimore gutbesuchte Pressekonferenzen. Ein Dutzend Zeitungen brachten unübersehbare Interviews oder Artikel über die angeblichen geheimen Aktivitäten der NTS in der Sowjetunion. Diese revolutionäre Aktion, hieß es, umfasse auch antikommunistische Rundfunksendungen, den Einsatz von Raketen zum Abwurf antikommunistischer Broschüren über Infanterieeinheiten der Roten Armee sowie eine Vielfalt anderer dramatischer Techniken des kalten Krieges. In Wirklichkeit fanden die meisten dieser Aktionen entweder überhaupt nicht statt, oder sie wurden von den Propagandisten der NTS weit übertrieben. Mit Ausnahme eines in *Newsweek* erschienenen Artikels von Ralph Toledano (der eine andere sowjetische Emigrantengruppe vorzog) lobten alle Journalisten die NTS kritiklos und akzeptierten Boldyreffs Behauptungen. Dieser versicherte, daß die NTS bald genügend russische Dissidenten mobilisieren würde, um Stalins Diktatur zu stürzen und so die Welt vor dem Krieg zu retten. Der Preis für die Hilfe der NTS bei der Vernichtung des Kommunismus betrage 100 Millionen Dollar, sagte er[13].

Man kann heute unmöglich feststellen, was die Common Cause – wenn überhaupt – über die Tätigkeit der NTS während des Krieges gewußt hat, als sie Boldyreffs Vortragsreise finanzierte. Aus Boldyreffs Akte beim Army-Geheimdienst geht jedoch klar hervor, daß das CIC genau wußte, daß die NTS eine totalitäre, profaschistische Organisation war. Doch statt das bekanntzugeben, förderte der Geheimdienst Boldyreffs Propagandaarbeit in den USA. »Ein Sprecher der Common Cause erklärte, daß Boldyreff dem amerikanischen Geheimdienst gut bekannt ist«, berichtete der *Boston Herald* in einem Artikel über eine der ersten Pressekonferenzen des NTS-Mannes. »Hohe amerikanische Beamte verbürgen sich für ihn, und er hat mit der amerikanischen Militärregierung in Deutschland zusammengearbeitet[14].«

In den nächsten vier Jahren ließ Boldyreff Ghostwriter unter seinem Namen Artikel schreiben, die in *Look, Reader's Digest* und *World Affairs* erschienen. »Wird die demokratische Revolution in Rußland so rechtzeitig stattfinden, daß sie die kommunistischen Verschwörer daran hindert, ihre Atombomben gegen die Menschheit einzusetzen?« fragte er die Leser des Massenblatts der amerikanischen Gewerkschaftsvereinigung *Federationist*[15]. »Die Antwort auf diese entscheidende Frage hängt davon ab, wie entschlossen die freie Welt darum kämpfen wird, den Eisernen Vorhang zu durchbrechen und sich den russischen Antikommunisten anzuschließen.«

Natürlich stand Boldyreff sehr bald unter der direkten Schirmherrschaft der CIA*. Der Historiker des britischen Geheimdienstes E. H. Cook-

---

* Boldyreff war keineswegs der einzige hohe NTS-Führer, der nach dem Krieg von westlichen Geheimdiensten gefördert wurde. Bereits 1946 entwarf Boldyreff unter amerikanischer, britischer und französischer Patronanz einen Plan, nach dem Gruppen von Emigranten unter der Führung der NTS in Marokko Baufirmen gründeten. In Wirklichkeit handelte es sich dabei jedoch »um militärische Gruppen, Kompanien der Wlassow-Armee, meist Soldaten mit ihren Offizieren«, fiel Boldyreff bei einem Interview ein. Wir »hielten sie zusammen, damit wir im Fall eines Krieges mit den Sowjets Sondereinheiten zur Verfügung stellen konnten«. Boldyreff behauptete, daß sein Plan darauf abzielte, diese Wlassow-Kolonien zu unterstützen und gleichzeitig ihr militärisches Potential zu erhalten. (Boldyreff schloß ausdrücklich jüdische Flüchtlinge von diesem Programm aus, obwohl mehrere andere osteuropäische Gruppierungen – Letten, Litauer usw. – dazugehörten. Boldyreff schob den Nachkriegs-Antisemitismus den marokkanischen Behörden in die Schuhe.)

Ein kurzer Blick auf die Männer, die in der vorher erwähnten freigegebenen Studie des Außenministeriums über die NTS angeführt sind, veranschaulicht, wie andere NTS-Kollaborateure es geschafft haben, von den westlichen Geheimdiensten aufgenommen ridge berichtet, daß die Agency Boldyreff ein Pauschalhonorar dafür bezahlte, daß er Veteranen der Wlassow-Armee für Spionageaktionen in der UdSSR anwarb – was der nationalistische Führer nicht bestreitet. Außerdem sind etliche von Boldyreffs Ghostwritern – darunter der Mitverfasser des oben zitierten Artikels, James Critchlow – seither leitende Beamte bei CIA-Projekten für politische Kriegführung wie zum Beispiel Radio Liberation geworden, was darauf hinweist, daß die Agency auch mit Boldyreffs Propagandareisen in den USA zu tun hatte[16].

zu werden. Roman Redlich und Wladimir Porensky leiteten zum Beispiel in einem NS-Sonderausbildungszentrum in Wustrau die Rekrutierung und Ausbildung von russischen Überläufern; Jewgenij R. Romanow arbeitete als führender Wlassow-Propagandist in Berlin; und ein NTS-Mann, der nur als Tenzerow bekannt ist, war Sicherheitschef der Wlassow-Armee. Laut Studie galt vor allem Wladimir Porensky als »200prozentiger Nazi«.
Einer Studie der RAND Corporation zufolge war Redlich Offizier in der berüchtigten SS-Brigade Kaminsky, und in sowjetischen Publikationen wurde er wiederholt beschuldigt, während der Nazibesetzung persönlich Grausamkeiten begangen zu haben. Dennoch heuerte der US-Geheimdienst Redlich nach dem Krieg an, wie das Außenministerium zugibt, damit er in seinem Zentrum in Regensburg Agenten für die Arbeit hinter den Linien ausbildete. Redlich war auch in Bad Homburg aktiv, wo die Agenten unter dem Deckmantel eines journalistischen »Programms« in dem von der CIA finanzierten Institut für das Studium der UdSSR ausgebildet wurden. Ende der fünfziger Jahre war Redlich bereits der Anführer von russischen Emigrantenteams, die versuchten, auf Auslandsreisen befindliche sowjetische Geschäftsleute, Touristen und Seeleute anzuwerben; diese Geheimdienstorganisation wurde schließlich zum Brotberuf der NTS in ihrem Verhältnis zur CIA, als der kalte Krieg an Schwung verlor.
Inzwischen wurde der Berliner Propagandist Romanow Vorsitzender des Exekutivausschusses der NTS; er war jahrelang als Vermittler für NTS-Agenten tätig, die Arbeit bei westlichen Spionagegruppen suchten. Romanows enger Freund Porensky, der »200prozentige Nazi«, wurde 1945 als Kriegsverbrecher eingesperrt und 1946 auf Betreiben des britischen Geheimdienstes freigelassen. Dann leitete Porensky den NTS-Verlag Possev in München, wo Millionen Propagandabroschüren, die an die sowjetischen Emigranten verteilt wurden, auf Kosten der amerikanischen und britischen Steuerzahler gedruckt wurden. Porenskys Possev-Verlag entwickelte sich zu einer wichtigen Leitung, über die die Überweisungen der USA an die NTS liefen. Die finanzielle Unterstützung durch die CIA ermöglichte der NTS, Millionen Zeitungen, Pamphlete, Bücher und andere Literatur zu drucken, von der ein guter Teil dazu verwendet wurde, die öffentliche Meinung in den Vereinigten Staaten und Westeuropa zu beeinflussen. Porensky war übrigens ebenfalls Vorsitzender der NTS.
Schließlich wurde Tenzerow, der ehemalige Sicherheitschef der Wlassow-Armee, in den letzten Kriegstagen von den übrigen NTS-Führern hintergangen und verließ wütend die Organisation. Aus den Unterlagen des Army-CIC geht hervor, daß ihn der SS-Veteran Emil Augsburg (von der Organisation Gehlen und dem Barbie-Netz) später als Agent anwarb.

Laut Boldyreffs CIA-Dossier sorgten der Geheimdienst der Army und der Air Force dafür, daß er einen Job beim angesehenen Foreign Service Institute an der Georgetown University in Washington erhielt. Hier unterrichtete er Piloten, die geheime Aufklärungsflüge über die UdSSR unternahmen, in der Technik der psychologischen Kriegführung. Boldyreff erklärte in einem Interview, daß die Arbeit für die Air Force darin bestand, etwa »120 Piloten« auszubilden, die über die Grenze in die UdSSR flogen. »Das war der kalte Krieg«, stellte er fest. »Offiziere der Air Force wurden häufig gefangengenommen, [weil] ihre Flugzeuge abgeschossen wurden, und sie mußten wissen, was sie dann tun, wie sie überleben sollten.« Über solche Sachen wurde damals viel offener gesprochen als heute[17].

Doch das war nur der Anfang. Es kamen Radiointerviews und dann lukrative Vorträge bei Versammlungen der Frauenvereine und der amerikanischen Legion. Der mächtige Henry-Holt-Verlag brachte ein Buch heraus, das beinahe nur aus Kommentaren von Boldyreff zu echten und erfundenen stalinistischen Mordkomplotten bestand. Und schließlich wurde Boldyreff in Washington in den Untersuchungsausschüssen des Kongresses herumgereicht, die seinen Rat zur Bekämpfung des Kommunismus, zur psychologischen Kriegführung und darüber, wie man rote Agenten in den Dienststellen der US-Regierung entlarvt, brauchten[18].

Was immer man von Boldyreff halten mag, keine seiner persönlichen Aktivitäten in den USA war illegal. Doch die CIA und andere Geheimdienstorganisationen, die dafür gesorgt hatten, daß er in die Vereinigten Staaten einreisen durfte, hatten offenkundig gegen die Gesetze der USA und gegen die Satzung der CIA verstoßen. Wenn man die legale Seite außer acht läßt, ist es klar, daß Boldyreff nur einer von vielen mehr oder weniger ähnlichen ehemaligen faschistischen Führern war, deren Publicity-Arbeit für die »Befreiung« Ende der vierziger und Anfang der fünfziger Jahre zumindest teilweise von der US-Regierung finanziert wurde. Ironischerweise gehörten George Kennan und Charles Thayer – die einst die Projekte der politischen Kriegführung gefördert hatten, durch die die NTS und ähnliche Gruppen saniert wurden – zu den ersten, die Opfer der radikalen Rechten wurden, als die »Befreiungsbotschaft« allmählich Anklang fand. Die äußerste Rechte behauptete, daß in Übersee eine viel dynamischere amerikanische Politik erforderlich wäre. Die Ver-

270

einigten Staaten sollten »revolutionäre« Aktivitäten antikommunistischer Emigranten wie der NTS in viel größerem Umfang unterstützen. Das »Zurückwerfen des Kommunismus« im Osten sollte zum Prüfstein der amerikanischen Anstrengungen auf dem Kontinent werden. Amerika sollte öffentlich erklären, daß es die Absicht habe, Osteuropa zu »befreien«, verlangten Emigranten wie Boldyreff und seine Anhänger, und damit die Unzufriedenheit mit der sowjetischen Herrschaft anheizen. Dann sollte die CIA den Rebellen heimlich Waffen und Geld liefern, um dieses Versprechen zu unterstützen. Einige Politiker waren sogar der Ansicht, daß die US-Regierung amerikanische Truppen einsetzen sollte. Verfechter der »Befreiung« hatten keine Geduld für Kennans zehn- bis fünfzehnjährige Strategie des Containments bis zum Zusammenbruch der UdSSR, falls dieser überhaupt eintrat. »Damals hieß es allgemein: Wir sitzen auf unseren Koffern«, erinnert sich Wladimir Petrow, ein führender russischer Wissenschaftler in den Vereinigten Staaten und ehemaliger Berater der Wlassow-Armee. »Sie waren bereit, jederzeit zurückzukehren[19].« Etliche Leute glaubten, je früher der Krieg zwischen den USA und der UdSSR um Europa ausbreche, desto besser.

George Kennan wurde in der Truman-Administration zur Zielscheibe der radikalen Rechten. Wie sehr sich der Diplomat auch für die Geheimpolitik der USA engagiert hatte, er verlangte, daß die US-Regierung die Realität der Sowjetmacht in Osteuropa anerkannte, und das betrachteten viele extremistische Emigranten als Verrat ihrer Bestrebungen, in ihren ehemaligen Heimatländern an die Macht zurückzukehren. Während die radikale Rechte in den Vereinigten Staaten an politischem Ansehen gewann, war Kennan von den Ergebnissen der amerikanischen Außenpolitik, die er einst mitgeschaffen hatte, immer enttäuschter. Er geriet mit Trumans neuem Außenminister Dean Acheson scharf aneinander – über so wichtige Fragen wie die Schaffung der NATO, die dauernde Teilung Deutschlands und große Interventionen Amerikas in Asien, denn Kennan war gegen jede dieser Entscheidungen. Bald gewannen Achesons Verachtung und Kennans Magengeschwüre die Oberhand über Kennan. Er kam kurz ins Krankenhaus, und als er an seinen Arbeitsplatz zurückkehrte, mußte er feststellen, daß er aus Achesons innerem Beraterkreis hinausgedrängt worden war und daß man ihm auch die Aufsicht über die Geheimoperationen entzogen hatte[20].

Die antikommunistische Emigrantenbewegung gewann weiter an Boden. Bald wurden Stimmen laut in den USA, die den Krieg gegen Rußland förmlich forderten und dabei klare Zielvorstellungen hatte, bemerkte Kennan später zu der Möglichkeit eines Krieges mit Rußland Anfang der fünfziger Jahre. »Ich denke dabei an die Flüchtlinge und Emigranten, vor allem an diejenigen, die erst kürzlich aus den nichtrussischen Teilen der Nachkriegs-Sowjetunion sowie aus einigen der osteuropäischen Satellitenstaaten eingetroffen sind. Die Idee, an der sie leidenschaftlich und manchmal skrupellos hingen, war einfach, daß die Vereinigten Staaten für sie einen Krieg gegen das russische Volk führen sollten, damit der traditionelle russische Staat endlich zerschlagen wurde und sie sich selbst als die Regierungen der verschiedenen befreiten Gebiete einsetzen konnten.« Kennan bezieht sich hier auf die Wortführer der Bewegung der sogenannten »Unterdrückten Nationen«, die vor allem aus ukrainischen und baltischen Nationalisten bestand.

»Diese neuesten Flüchtlinge verfügten sehr wohl über politischen Einfluß in Washington«, fügte Kennan hinzu. »Da sie Verbindungen zu den kompakten Wahlblöcken in den Großstädten hatten, konnten sie auf einzelne Kongreßangehörige direkten Druck ausüben. Sie appellierten gelegentlich erfolgreich an religiöse Gefühle und vor allem [sic] an die noch immer herrschende antikommunistische Hysterie.« Unter den Ländern, die die Bewegung der »Unterdrückten Nationen« vertrat, befanden sich etliche, die, wie der Diplomat zugibt, »während des letzten Krieges vom nationalsozialistischen Propagandaministerium erfunden worden waren«[21].

Anfang der fünfziger Jahre war die Agitation durch diese Emigranten ein Teil Dutzender von der CIA finanzierter Emigrantenoperationen in den Vereinigten Staaten. Für beinahe alle diese Aktionen war die International Organisations Division des CIA-Direktorats für Geheimoperationen zuständig, das damals das NCFE, den CFF und ähnliche einander überschneidende Projekte verwaltete. Nach dem ehemaligen RFE/RL-Chef Mickelson organisierte und finanzierte die CIA den CFF mit einer Anfangssubvention von 180 000 Dollar. Dann leitete die CIA im Lauf der nächsten fünf Jahre über das NCFE mindestens fünf Millionen Dollar in die Propagandatätigkeit des CFF in den Vereinigten Staaten[22]. Diese fünf Millionen sind jedoch nur eine schwache Andeutung des wahren Umfangs der Tätigkeiten des CFF. Das nicht auf Gewinn ausgerichtete Advertising Council of America stellte für die Kampagne kostenlos Tausende Stunden Sendezeit in Rundfunk und Fernsehen sowie Platz für zahllose Anzeigen in Magazinen und Zeitungen zur Verfügung. Der Kreuzzug bezahlte nur die Produktionskosten der politischen »Befreiungs«-Reklame, die dann kostenlos von den Medien gesendet oder veröffentlicht wurde; für diese Bekanntmachungen im »Dienst der Öffentlichkeit« erhielten die Medien beträchtliche Steuererleichterungen. Dieses einmalige Programm »gab dem amerikanischen Volk die Möglichkeit, die Kreuzzugsstory in allen Kommunikationsmedien einschließlich Zeitungen, Magazinen, öffentlicher Reklame, Rundfunk, Fernsehen und Wochenschau zu lesen, zu hören und zu sehen«, prahlte das NCFE in seinem Jahresbericht[23].

Doch der Fünf-Millionen-Beitrag der CIA zur antikommunistischen Erziehung durch den CFF kann wenigstens als Maßstab dienen für den Vergleich mit anderen politischen Propagandaaktionen, die ungefähr zur gleichen Zeit stattfanden. Die Summe ist zum Beispiel größer als die gesamten Beträge, die 1948 für die Präsidentschaftswahlkampagne von Truman *und* Dewey ausgegeben wurden. Dadurch trat die CIA Anfang der fünfziger Jahre als der größte politische Inserent in den amerikanischen Medien auf[24], dem nur kommerzielle Giganten wie General Motors oder Procter & Gamble die Vorherrschaft über die Rundfunkwellen streitig machten.

Das Programm der Kampagne begann mit der Ernennung eines Vorstandes unter dem Vorsitz von General Lucius Clay, dem Helden der Berliner Luftbrücke, dem man fälschlicherweise die Idee für den Kreuzzug der Freiheit zuschrieb, um die patriotische Anziehungskraft des Programms zu vergrößern. Dann wurde eine zehn Tonnen schwere »Freiheitsglocke« aus Bronze gegossen (»um die Freiheit zum Klingen zu bringen«) und eine Konfetti-»Freiheits«-Parade auf dem Broadway in New York veranstaltet, deren Höhepunkt eine riesige Versammlung auf den Stufen des Rathauses war. Die Freiheitsglocke wurde zum Herzstück einer nationalen Werbetour unter der Leitung einer Phalanx politischer Prominenz, darunter viele antikommunistische Emigrantenführer. Sie verluden die Glocke auf einen besonderen »Freiheitszug« und jagten ihn von Küste zu Küste, von einer Propagandaveranstaltung zur nächsten. Der Zug hielt in Pittsburgh, Cleveland, Detroit, Chicago, Denver, Salt Lake City, San Francisco, Los Angeles und in mindestens weiteren dreizehn Großstädten. Jede Veranstaltung war von unaufhörlichem Propagandagetrommel in Rundfunk, Zeitungen, Magazinen, Kirchen und gesellschaftlichen Klubs jeder Richtung begleitet. Plakate, Flugzettel, Reklametafeln, Reklamesendungen und sogar Mammutfernsehsendungen, die zu Spenden aufriefen, ergänzten das Bild. (Amerikas erste Simultanfernsehsendung von Küste zu Küste galt dem Kreuzzug der Freiheit[25].)

Der CFF betonte immer wieder die Rolle der antikommunistischen Emigranten in der Befreiungskampagne. Es war »wesentlich, so viele [Emigranten-]Führer zu verpflichten wie möglich«, erklärte der Präsident des NCFE, Dewitt Poole, »[um für] den Tag der Befreiung ihres Landes [bereit zu sein]«[26]. Sprecher von Organisationen wie das Komitee für ein freies Albanien und das Komitee für ein freies Lettland, die größtenteils von Nazikollaborateuren gegründet worden waren und weiterhin von ihnen kontrolliert wurden, traten bei vielen dieser Veranstaltungen Seite an Seite mit den Leitern angesehener Vereinigungen auf – zum Beispiel des Ungarischen Nationalrats, des Bulgarischen Nationalkomitees und der anderen unter dem Schutz des NCFE stehenden Gruppierungen. Sie bezeugten ihren Entschluß, ihre Heimatländer von der kommunistischen Herrschaft zu befreien.

Das NCFE hatte Geld genug, um Versammlungslokale zu mieten und für die nötige PR zu sorgen, durch die unzählige an und für sich unbedeutende Emigrantenveranstaltungen zu großen »Neuigkeiten« aufgebauscht wurden, die die amerikanischen Medien ausführlich besprachen. Die ehemaligen Nazis kontrollierten keine derartigen Programme, aber es gelang ihnen manchmal, die herrschende antikommunistische Hysterie für ihre Ziele zu nutzen. Das NCFE stellte mindestens drei Jahre lang dem Komitee für den Baltischen Freiheitstag einmal im Jahr die Carnegie Hall kostenlos zur Verfügung, wie aus den Jahresberichten der Organisation hervorgeht, und engagierte bekannte Redner, darunter ein halbes Dutzend Senatoren, den Präsidenten des NCFE und ein Vorstandsmitglied der Displaced Persons Commission. Den baltischen Politikern war jedoch die Flut von Unterstützungserklärungen wichtiger, für die das NCFE sorgte, darunter ein Aufruf des Gouverneurs von New

274

York sowie öffentliche Solidaritätsbotschaften des damaligen Präsidenten der USA, Truman, und des späteren Außenministers unter Eisenhower, John Foster Dulles. Hier handelte es sich offensichtlich nicht um »Nazi«-Versammlungen. Das Hauptthema war die Unterstützung der Demokratie und der nationalen Unabhängigkeit der baltischen Staaten Lettland, Litauen und Estland von der UdSSR. Trotzdem gelang es den Vanagis und anderen rechtsextremen Kräften in der baltischen Einwanderungsgemeinde, in der Carnegie Hall Sprecher auf das Podium zu bringen, die die baltischen Legionen der Waffen-SS zur »edlen« antikommunistischen Befreiungsarmee stilisierten und die auf eine Lockerung der amerikanischen Einwanderungsbestimmungen für ihre nationalistischen Kameraden drängten[27].

Der Kreuzzug war nur ein Teil einer viel weitreichenderen, von der CIA finanzierten Aktion zur Beeinflussung der öffentlichen Meinung in den USA (und der Welt). Die entsprechenden Programme umfaßten die Herausgabe von Büchern und von sorgfältig ausgewählten Forschern verfaßten wissenschaftlichen Studien über die USA sowie die Finanzierung von Hunderten Versammlungen, Gedenkveranstaltungen und anderen Medienereignissen. Die Agency veröffentlichte immer wieder Neuigkeiten über die »Befreiungs«bewegungen der Emigranten, um die Stimmung hochzuhalten und um zu veranschaulichen, wie groß der Widerstand gegen die sowjetische Expansion sei.

Die CIA finanzierte eine literarische Kampagne, die ehemalige Nazikollaborateure als die geeigneten Führer der Befreiungsbewegungen der verschiedenen Nationen anpreisen sollte. Der deutsche Autor Heinz Bongartz (Pseudonym Jürgen Thorwald) erzählt, wie 1950 ein CIA-Offizier namens Pleasants mit dem Vorschlag an ihn herantrat, einen Propagandabericht über die Wlassow-Armee zu verfassen, der in Europa und den Vereinigten Staaten verteilt werden sollte. Pleasants hatte einen früheren Artikel von Bongartz gelesen, in dem sich dieser positiv zu Wlassow äußerte, und »er nahm an, daß ich der ›Richtige‹ wäre, mehr zu diesem Thema zu schreiben«, erinnert sich Bongartz.

Der deutsche Autor nahm Pleasants Angebot an. Unter Mitarbeit von Heinz Danko Herre, einem hohen Offizier in der Organsation Gehlen, stellte die CIA Bongartz Stenotypistinnen, Übersetzer, Reisespesen, Zugang zu geheimen US-Unterlagen und Hilfe bei der Auffindung der in ganz Europa verstreuten Veteranen der SS und der Wlassow-Armee zur Verfügung. Bongartz' glühender Bericht über Wlassow erschien zwei Jahre später in deutscher und englischer Sprache und ist heute noch ein oft zitiertes Buch auf diesem Gebiet[28]. Es malt ein gründlich geschöntes Bild der Wlassow-Bewegung. Man muß Bongartz jedoch zugute halten, daß er seine Geldgeber offen nennt, was mehr ist, als man von etlichen Wissenschaftlern jener Zeit sagen kann. Viele Amerikaner nahmen das Propaganda-Material als Beweis für die Behauptungen, die die rechtsextremen Emigrantenbewegungen seit dem Ende des Zweiten Weltkriegs ständig wiederholt hatten. Die Theorie lautete: Die Vereinigten Staaten könnten Osteuropa mühelos von den Sowjets befreien und sogar die UdSSR zerschmettern, indem sie die Subversionsprogramme im Osten durch finanzielle Unterstützungen ankurbelten.

»Es wurde zum Glaubenssatz, daß die UdSSR jeden Augenblick zerfallen würde«, stellt der Wissenschaftler Vladimir Petrow fest. »Man redete der Bevölkerung ein, daß der Kommunismus eine kleine Verschwörung von Männern war, die die Revolution verbreiteten, daß er vom Volk gehaßt wurde, [und] daß die Menschen ihn deshalb natürlich sofort stürzen wollten. Die Kommunisten töteten die Menschen, um an der Macht zu bleiben, deshalb würde es bei der ersten Gelegenheit, die sich [dem Volk] böte, zu einer Rebellion kommen[29].«

John Foster Dulles bestätigte diese Legende in seiner Aussage vor dem Kongreß, gegen die damals niemand Einspruch erhob. »Etwa ein Dutzend Leute im Kreml«, erklärte er, »versuchen, ihre imperialistische Herrschaft über etwa 800 Millionen Menschen, die beinahe sechzig unabhängige Nationen repräsentieren, zu konsolidieren[30]«. Bei einer so eindeutigen Überlegenheit – 800 Millionen gegen zwölf – mußte es doch einfach sein, den Kommunismus von innen her zu stürzen.

»Das war die damalige Theorie«, sagt Petrow. »Die Begeisterung war groß. Viele Leute glaubten, daß man den Kommunismus mühelos loswerden könnte. Doch in Wirklichkeit«, seufzt er, »war das einfach nicht wahr.«

Die Befreiungsbotschaft rief in den Vereinigten Staaten ein weit über den relativ kleinen Kreis der osteuropäischen Emigranten hinausgehendes Echo hervor. Die wirkungsvolle Mischung von antikommunistischer Paranoia, amerikanischem Patriotismus und dem Gefühl, daß man großzügig Menschen half, die im Ausland unterdrückt wurden, sprach Millionen Amerikaner an.

Es ist heute wahrscheinlich unmöglich festzustellen, welche Auswirkungen die Emigrantenprogramme und die inländischen Propagandaaktionen der CIA auf die Wahlen des Jahres 1952 oder andere wichtige politische Ereignisse dieser Zeit hatten. Die Informationen darüber, in welchem Ausmaß die Agency die öffentliche Meinung in den Vereinigten Staaten beeinflußt hat, bleiben in den Geheimakten vergraben, wenn sie nicht inzwischen gänzlich entfernt worden sind. Damals gab es noch keine wissenschaftliche Meinungsforschung, die es Fachleuten ermöglicht hätte, die Auswirkungen der Einwanderungs- und Propagandaprogramme der CIA vom Einfluß der täglichen Nachrichtensendungen der Medien zu trennen. Es kommt nicht überraschend, daß die damaligen Soziologen und Politikwissenschaftler sich nicht der Statistiken bedienten, um die Folgen der Geheimaktionen der CIA in den Vereinigten Staaten abzuschätzen, denn bereits die Existenz dieser systematischen Propaganda war damals ein Staatsgeheimnis.

Doch die indirekten Beweise für die Bedeutung dieser Programme sind nicht zu übersehen. Die Bemühungen ehemaliger Nazikollaborateure und amerikanischer Geheimdienste, dem Befreiungsdenken Zugang in die Politik der Vereinigten Staaten zu verschaffen, können weit zurückverfolgt werden. Erstens waren die Rhetorik und die detaillierte Strategie für die »Befreiung« der UdSSR und Osteuropas vor dem Zweiten Weltkrieg das Werk profaschistischer Emigrantenorganisationen, die unter der direkten Schirmherrschaft der Geheimdienstorganisationen Nazideutschlands standen. Diese wiederum verwendeten die Emigrantengruppierungen als Schachfiguren in ihren Plänen für die Ausrottung der europäischen Juden und für den militärischen Sieg im Osten. Bezeichnenderweise entwickelten die Nazis die Befreiungsstrategie und planten die Teilnahme der Überläufer daran während des Krieges, obwohl in Deutschland Meinungsverschiedenheiten darüber herrschten, wie man die Kollaborateure am besten nutzen könnte[31]. Zweitens brachten die amerikanischen Geheimdienste nach dem Krieg die Führer etlicher dieser profaschistischen Gruppen – der ukrainischen OUN, der russischen nationalistischen NTS, der albanischen Balli Kombetar sowie der baltischen Nazikollaborateure usw. – aufgrund von Programmen in die Vereinigten Staaten, deren Zweck teilweise die Schaffung einer wirksamen antikommunistischen Propaganda war[32]. Dann warben diese Emigrantenführer in den Vereinigten Staaten nachdrücklich für die gleiche Befreiungsidee, für die sie unter den Nazis eingetreten waren, doch jetzt mit dem Hinweis auf amerikanische Werte wie Demokratie und Freiheit statt auf Rassenpolitik und Faschismus. In den fünfziger Jahren unterstützte die CIA diese inländischen Propagandakampagnen heimlich mit etlichen Millionen Dollar, indem sie das Geld für die Aktionen, die Gehälter, die erforderlichen Mittel, die Dienstleistungen und die Veröffentlichungen zur Verfügung stellte und indem sie die Unterstützung angesehener Politiker gewann.

Die osteuropäische Emigrantengemeinde in Amerika und die ehemaligen Nazikollaborateure unter ihnen verfügten natürlich nicht über die politische Durchschlagskraft, um allein auf sich gestellt der amerikanischen Öffentlichkeit die Befreiungsidee nahezubringen. Doch sie dienten oft als Katalysatoren, die die viel größere politische »chemische Reaktion« auslösten, die sich damals abzeichnete und deren Grundbestandteile Ost-West-Streitigkeiten über wirtschaftliche und militärische Einflußsphären waren. Die ersten und in mancher Hinsicht glaubwürdigsten Vertreter der Befreiungsideen in den Vereinigten Staaten waren emigrierte Aktivisten, die, wie der bereits erwähnte NTS-Führer Constantin Boldyreff, »dem amerikanischen Geheimdienst gut bekannt waren [und] für die hohe amerikanische Beamten bürgten[33]«. Ihre Botschaften und Slogans setzten sich in der ersten Hälfte der fünfziger Jahre bei Millionen Amerikanern fest, vor allem bei konservativen und ähnlich denkenden Bürgern, die wegen der Ausbreitung des Kommunismus im Ausland beunruhigt waren. 1952 unterstützte die Öffentlichkeit in den Vereinigten Staaten die Idee der Befreiung Osteuropas und der UdSSR von ihren kommunistischen Regierungen so nachdrücklich, daß die Republikanische Partei die Forderung nach Befreiung als wichtigsten außenpolitischen Punkt in ihr Parteiprogramm und als zentrales Thema in ihre Wahlkampagnen für die Präsidentschaft und den Kongreß aufnahm.

In der programmatischen republikanischen Wahlerklärung wurde »das Ende der negativen, vergeblichen und unmoralischen Politik des Containments« gefordert, wie die *New York Times* berichtet, »die zahllose menschliche Wesen Despotismus und verwerflichem Terror aussetzt«.

Die Republikanische Partei verpflichtete sich, »die ansteckende, erhebende, der Freiheit innewohnende Macht wiederherzustellen« und den »Anfang vom Ende« der Herrschaft der Kommunistischen Partei in der UdSSR und in Osteuropa auszulösen[34]. Der außenpolitische Sprecher der Republikaner, John Foster Dulles, schrieb in *Life*, Amerika »will und erwartet, daß es zur Befreiung kommt«. Diese antikommunistische Revolution, behauptete er wider besseres Wissen, werde »friedlich« verlaufen[35]. Für die Republikaner war diese Befreiungsrhetorik ein Mittel, um ihre Wahlversprechen für eine neue, härtere Außenpolitik vom Programm der Demokraten zu unterscheiden. Was Eisenhower genau für die Befreiung Osteuropas unternehmen wollte, sobald die Wahlkampagne vorbei war, wurde allerdings für gewöhnlich nicht näher erläutert. Arthur Bliss Lane, der unter Truman US-Botschafter in Polen war, sorgte als Spitzenmann der Republikaner dafür, daß die durch den Kreuzzug für die Freiheit entfachte Begeisterung bei der Wahl 1952 seiner Partei zugute kam. Lane hatte die glänzende Idee, die großen slawischen und osteuropäischen Wählerblöcke, die traditionell für die Demokraten stimmten, mit demagogischen Versprechen zu den Republikanern hinüberzuziehen, daß man ihre früheren Heimatländer mit amerikanischer Unterstützung »befreien« werde[36].

Neben seiner Tätigkeit bei der Partei war Lane Vorstandsmitglied beim NCFE und CFF und ein unermüdlicher Redner. Die Wahltaktik der Republikaner in den Volksgruppen ähnelten bald dem Kreuzzug für die Freiheit der CIA so sehr, daß nur noch erfahrene Politiker sie voneinander unterscheiden konnten. Die Partei unterstützte Komitees für Wallfahrten zur Besichtigung des Eisernen Vorhangs, Befreiungszentren, Befreiungswochen und Befreiungszusammenkünfte, durch die Wähler osteuropäischer Herkunft ins republikanische Lager gelockt werden sollten. Diese Kampagnen ahmten die Freiheitswochen, Baltischen Freiheitstage und Freiheitsversammlungen des CFF nach und fielen manchmal mit ihnen zusammen. Häufig fungierten die gleichen Leute als Redner und örtliche Aktivisten bei beiden Kreuzzügen[37].

Die allmähliche Entwicklung von der Zusammenarbeit des Zweiten Weltkrieges zum kalten Krieg und zum Eintreten für die Befreiung wurde durch einige von Lanes Spitzenberatern verkörpert. Lanes Spezialist für Appelle der Republikanischen Partei an Amerikaner russischer und ukrainischer Abstammung war der Wissenschaftler und Publizist Wladimir Petrow. Petrow hatte Stalins Straflager in den dreißiger Jahren überlebt, war zu Beginn des Krieges zu den Deutschen übergelaufen und hatte einen Großteil der Kriegsjahre bei einer von den Nazis finanzierten Propagandagruppe in Wien und als Publizist verbracht, der für Wlassows »russische Befreiungsarmee« eintrat. Petrow war während der Nazibesetzung auch als Stadtverwalter in Krasnodar in der UdSSR tätig gewesen. Bei einem kürzlich gegebenen Interview erklärte er ausdrücklich, daß er während seines Aufenthalts in Krasnodar nichts von den Vergasungslastwagen der Nazis gewußt habe, die während Petrows Amtszeit als Verantwortlicher für Transport und Finanzwesen in dieser Stadt eingeführt wurden. Die Deutschen töteten während Petrows kurzem Gastspiel mindestens 7 000 Leute, zahlreiche weitere Einwohner ließen sie von Miliz und Hilfswilligen vor der Stadt erschießen und verscharren*. 1952 arbeitete Petrow während der Wahlkampagne sowohl als Lanes Berater als auch als führender russischsprachiger Journalist in der Emigranten-Presse der USA[38].

Das allmähliche Verschmelzen der republikanischen Wahlkampagne mit dem Kreuzzug für die Freiheit erreichte am Vorabend der Wahl seinen logischen Höhepunkt. Die Volksgruppenabteilung der Partei unter Lane stellte Geld für die psychologische Kriegführung, wie sie die CIA bereits in Italien und Osteuropa angewendet hatte, zur Verfügung, Millionen gelber Flugblätter wurden aus Flugzeugen »über Orten wie Ham-

---

* In seinen Memoiren widerspricht Petrow seiner Erklärung, daß er von den Ausrottungsmaßnahmen der Nazis in Krasnodar nichts gewußt habe. Er erklärt dort, er habe gewußt, daß noch vor seiner Amtszeit als Stadtbeamter die Juden in Krasnodar systematisch ermordet wurden. In *Flucht vor der Zukunft* schreibt Petrow auch, daß er während der Nazibesetzung den Polizeichef der Stadt ernannt habe. Er behauptet außerdem, daß er die Juden in Krasnodar vor der Gefahr gewarnt und Fluchthilfe geleistet habe.

Welche Version auch immer stimmen mag, Petrow stellt heute fest: »Ich habe keine Entscheidungen über Massaker getroffen. In Sibirien, wo ich [im Straflager] gewesen bin«, fährt er grimmig fort, »gab es auch Massaker, allerdings nicht im deutschen Stil. Dort erlitten viele Menschen gegen ihren Willen einen ehrlosen Tod. Es gab also hier Massaker, es gab dort Massaker, überall . . . Hier drüben [in den Vereinigten Staaten] macht es einen Unterschied, wer getötet wird«, meint er leicht ironisch. »Wenn jemand eine auserwählte Persönlichkeit ist, dann bedeutet sein Tod etwas. Aber wenn er ein russischer Bauer ist, dann zählt sein Tod nichts.«

tramck« in der Nähe von Detroit abgeworfen, wo sich eine große Einwanderergemeinde befand. Darin wurde Reklame für Eisenhower gemacht und dem Demokraten Adlai Stevenson vorgeworfen, daß er »das slawische Vaterland und die Verwandten« an die Kommunisten verraten habe. Die gelbe Farbe sollte die Schlußausführungen des Flugblattes dramatisieren: »Wenn ihr Männer und Frauen polnischer und tschechischer Abstammung noch für den demokratischen Kandidaten stimmen könnt, nachdem ihr dies gelesen habt, dann seid ihr so gelb [= feige] wie dieses Papier[39].« Alles war soweit, daß es »innerhalb von 48 Stunden« losgehen konnte, wie aus der Korrespondenz in Lanes Archiv hervorgeht, aber Eisenhowers innerer Kreis von Wahlberatern widerrief den Plan im letzten Augenblick.

Eisenhowers Wahlkampagne war jedenfalls erfolgreich. Lanes »ethnische« Kampagne führte zu unterschiedlichen Ergebnissen: Laut zeitgenössischen Berichten erhielten die Republikaner in den Bezirken mit hohem osteuropäischen Bevölkerungsanteil wesentlich mehr Stimmen als vorher[40], obwohl der Einfluß der Demokratischen Partei in diesen Wahlbezirken keineswegs beseitigt war. Jedenfalls wählte die Mehrheit der Amerikaner Eisenhower, zum Teil auch wohl wegen seiner positiven Einstellung zur »Befreiung« und seines außenpolitischen Mottos: »Zeigen wir es den Kommunisten!« Im Januar 1953 zog die erste republikanische Administration seit zwanzig Jahren mit einer großartigen Antrittsparade in Washington ein und verpflichtete sich zumindest rhetorisch, Osteuropa von der kommunistischen Herrschaft zu befreien.

Im amerikanischen Geheimdienstkomplex verbündeten sich die ehemaligen Nazis und Kollaborateure mit rechtsstehenden Elementen und übten Druck auf die politische Szene der USA aus. Die Flut von Regierungs- und Privatgeld, das Anfang der fünfziger Jahre in den antikommunistischen Krieg der Geheimdienste floß, führte zur Entstehung einer Art Heimindustrie für Informanten: professionelle ehemalige Kommunisten unterschiedlicher Achtbarkeit und »Informationsbüros«, die darauf spezialisiert waren, politisch verdächtige Amerikaner auf eine schwarze Liste zu setzen. Einer der am wenigsten bekannten, aber wichtigsten derartigen Unternehmer war John Valentine »Frenchy« Grombach. Wie bereits erwähnt, war er der ehemalige Agent des militärischen Geheimdienstes, dessen Indiskretionen dem Kongreß gegenüber dazu geführt hatten, daß 1946 und 1947 Oberst Alfred McCormack und sein Team von skeptischen Geheimdienstfachleuten »gesäubert« wurden.

Ende der vierziger Jahre war Grombach ein Geschäftsmann geworden, der politische und wirtschaftliche Informationen, die er größtenteils von seinen alten Freunden, deutschen SS-Offizieren, ehemaligen ungarischen Quislingen der Achsenmächte und russischen NTS-Leuten erhielt, an das Außenministerium, die CIA und Gesellschaften in den Vereinigten Staaten und Osteuropa verkaufte. Grombachs Spionagenetz arbeitete mit Hilfe der Firma Philips in den Niederlanden und ihrer amerikanischen Tochtergesellschaft Philips North America und wurde auch von ihr finanziert, wie man den Unterlagen in seiner CIC-Akte entnehmen kann[41]. Es handelte sich dabei um den gleichen großen Elektronikkonzern, der Grombach schon bei seinen Geheimoperationen während des Kriegs unterstützt hatte. Einer von Grombachs wichtigsten Agenten war – wie aus aufgrund des FOIA freigegebenen Unterlagen des amerikanischen Marinegeheimdienstes hervorgeht – SS-General Karl Wolff, der nach dem Krieg in Europa ins Waffengeschäft eingestiegen war[42]. Grombach stützte sich außerdem auf eine große Gruppe Ungarn, die loyal zu dem ehemaligen königlichen Geheimrat Tibor Eckhardt hielten; diese Information verdanken wir Ray Ylitalo, der als Verbindungsmann zwischen Grombachs Geheimdienst und dem des Außenministeriums diente[43].

Grombach arbeitete gleichzeitig vertraglich für das Außenministerium und die CIA. Es gelang dem ehemaligen militärischen Geheimdienstmann, »eine der ungewöhnlichsten Organisationen in der Geschichte der US-Regierung« zu schaffen, wie es der CIA-Generalinspekteur Lyman Kirkpatrick ausdrückt[44]. »Sie wurde zur Gänze außerhalb der normalen Regierungsstruktur entwickelt, [aber sie] verwendete alle normalen Tarn- und Kommunikationseinrichtungen der Geheimdienstorganisationen, ohne jedoch jemals unter der Kontrolle Washingtons zu stehen.« Anfang der fünfziger Jahre unterstützte die US-Regierung Grombachs Untergrundaktivitäten mit mehr als einer Million Dollar jährlich, stellte Kirkpatrick fest.

Als der kalte Krieg eskalierte, zog Grombach alle Register, um in eine Position zu gelangen, von der aus er einen der höchsten Posten im amerikanischen Geheimdienstkomplex anvisieren konnte. Er wollte Direktor der CIA oder, noch besser, Chef einer vollkommen neuen US-Spitzen-maschinerie werden, die er auf den Ruinen der Agency errichten wollte. Ylitalo meint dazu[45]: »Grombach konnte sich nie darüber klarwerden, ob er Angestellter oder Konkurrent der CIA war. Das war kurz gefaßt sein Problem.«

Unter den miteinander konkurrierenden Spionagechefs in Washington bezeichnete sich Grombach als aktivsten und entschlossensten Kämpfer gegen den Kommunismus. Er behauptete, daß seine Organisation bereit sei, das Außenministerium und die CIA von kommunistischen Gimpeln, Homosexuellen und Liberalen aller Art zu säubern. Ganz oben auf der Liste seiner Zielpersonen standen die Männer, die Trumans Containment-Strategie ausgearbeitet und angewandt hatten – George Kennan, Charles Thayer, Charles Bohlen und ihre Verbündeten im Außenministerium und in der CIA. Nach Grombachs Ansicht verhielten sich diese Beamten genauso wie seine alte Nemesis Oberst McCormick: dem Kommunismus und der UdSSR gegenüber zu nachsichtig; liberalen Elementen in der CIA zu günstig gesinnt; zu eng mit dem elitären Establishment aus dem Osten verbunden, das das Außenministerium seit Generationen leitet.

Grombach setzte darauf, daß ihn seine engen Beziehungen zu den Senatoren Joseph McCarthy, William Jenner und anderen Mitgliedern der republikanischen extremen Rechten an die Macht bringen würden. Er glaubte, daß sich McCarthy auf dem Weg ins Weiße Haus befand, und Grombach wollte dort sein, wenn McCarthy eintraf. Grombachs Verein wurde zur Auslandspionageagentur für die äußerste Rechte und diente oft als überseeische Ergänzung für McCarthys im allgemeinen guten Beziehungen zu J. Edgar Hoovers FBI zu Hause.

Nach und nach gewann Grombach in Washington so viel Einfluß, daß er die Regierungskarriere seiner Rivalen vereiteln konnte. Die Verträge der Regierung, aufgrund derer sie ein Netz von ehemaligen Nazis und Kollaborateuren finanzierte, lieferten ihm die Munition für sein Vorhaben. Grombach verwendete seine Agentennetze vor allem dazu, um Schmutz zu sammeln. Das war seine wahre Leidenschaft: politischer Unrat, sexuelle Verdächtigungen, überhaupt jede Art von kompromittierenden Informationen. »Er durchstöberte eine Menge Mülleimer«, wie es Kirkpatrick ausdrückt, »und hat ›Schmutzwäsche‹-Berichte über viele

Amerikaner verfaßt[46].« Grombach sammelte Skandale, katalogisierte sie und verwendete sie gezielt, genau wie früher bei der McCormack-Untersuchung. Er lancierte Verleumdungen im Kongreß, wann immer es ihm in den Kram paßte. Grombach und Ermittler des Kongresses in Sachen »innere Sicherheit« tauschten Akten untereinander aus, als handle es sich um ein Indianerspiel und bei den Dokumenten um Autogramme.

Eine von Grombachs wichtigsten Waffen im Kampf um die Macht waren »Erpressungs«-Akten, die seine Männer über seine Rivalen in der Geheimdienstszene zusammengetragen hatten. Er hatte im Laufe der Jahre viele seiner Unterlagen Stück für Stück der CIA verkauft, beschloß jedoch 1952, sein Netz von ehemaligen SS-Männern und Kollaborateuren für Senator Joseph McCarthy einzusetzen. Zu Grombachs wichtigsten Zielen gehörten gegenwärtige und ehemalige Beamte des Geheimdienstes – Charles Thayer, Carmel Offie, William Bundy, Oberst Alfred McCormack und ein weiteres halbes Dutzend –, die er als geeignete liberale Opfer betrachtete.

Wie Kirkpatrick und Ylitalo übereinstimmend feststellten, spielte Grombach diese »Schmutzwäsche«-Akten Senator McCarthy zu. Kurz darauf machte im Kapitol ein anonymer Brief die Runde, in dem Thayer wahlloser Geschlechtsbeziehungen, der Homosexualität und einer Reihe vager Verstöße gegen die nationale Sicherheit beschuldigt wurde. Letztere hatten sich angeblich während Thayers Amtszeit als Leiter der Stimme Amerikas zugetragen, die überhaupt ein beliebtes Ziel für McCarthys Angriffe war[47]. Aus McCarthys Büro folgte bald eine Flut von Anschuldigungen gegen William Bundy, damals Mitglied des elitären Nationalen Auswertungsamtes der CIA, und gegen John Paton Davies, der bei Bloodstone Kennans rechte Hand gewesen war.

Lynan Kirkpatrick befaßte sich für die CIA mit der Angelegenheit. »Als ich die Namen [auf McCarthys Liste der Verdächtigen] und vor allem die Kommentare dazu studierte«, sagte Kirkpatrick, »war ich immer mehr davon überzeugt, daß ich sie schon irgendwo gelesen hatte ... Wir sahen nach, überprüften die Akten, und tatsächlich stimmten einige Sätze wörtlich mit den sogenannten ›Schmutzwäsche‹-Berichten überein, die die Hilfsorganisation [Grombach] uns über unsere eigenen Leute geliefert hatte; einige der Namen waren mit jenen identisch, die [er] für bedrohlich gehalten hatte.« Damit wußte Kirkpatrick, daß Grombach diese Gerüchtesammlung – die er zum Teil auf Kosten der CIA angelegt hatte – McCarthy übergeben hatte.

Kirkpatrick – der damals wegen Polio-Erkrankung, die er sich bei einer Inspektionsreise in Südostasien zugezogen hatte, an den Rollstuhl gefesselt war – stellte einige Tage später den stämmigen Grombach in einem Hotelzimmer. »Ich ging allein hin, nahm eine Kopie von Senator McCarthys Bericht mit, überreichte ihn [Grombach] ... und sagte ihm auf den Kopf zu, daß er diesen Bericht Senator McCarthy übergeben habe«, schreibt Kirkpatrick. »Er wurde wütend und tobte, doch dann gab er es zu und behauptete, daß das nicht nur sein Recht, sondern sogar seine Pflicht sei. Dann erzählte er mir, er habe Senator McCarthy vorgeschlagen, seine gesamte Organisation für den Senator arbeiten und dabei ausschließlich Angestellte der US-Regierung überprüfen zu lassen[48].«

McCarthy gab bekannt, daß er Thayer vorladen wolle, um ihn über seine Tragbarkeit für sein Amt zu vernehmen; damals wurde die Ernennung von Thayers Schwager Charles Bohlen zum Botschafter in der UdSSR in Betracht gezogen. Das Hearing würde wahrscheinlich, wie McCarthys meiste Aktionen, live von allen Fernsehstationen übertragen werden. Einige Tage später trat Thayer zurück.

Doch McCarthy genügte eine einfache Amtsniederlegung nicht. Das Außenministerium hatte Thayer erlaubt, die Fiktion aufrechtzuerhalten, daß er freiwillig zurückgetreten sei, »um als Schriftsteller zu arbeiten«, und hatte sogar eine entsprechende Mitteilung an die Presse herausgegeben. Doch McCarthy bestand auf einer vollständigen, öffentlichen Demütigung Thayers. Bei einer scharfen Vernehmung durch den Senator gab ein Sprecher des Ministeriums zu, daß Thayer »aufgrund von moralischen Beschuldigungen entlassen worden sei« – in den fünfziger Jahren der beschönigende Ausdruck für Homosexualität[49]. In den Zeitungen des ganzen Landes machten die Nachrichten Schlagzeilen.

Damit war einer aus dem Rennen. Der nächste auf McCarthys – und Grombachs – Liste war John Paton Davies, China-Spezialist und enger Freund von George Kennan. Davis hatte oft als Schaltstelle des politischen Planungsstabs bei Bloodstone-Fällen gedient und wesentlichen Anteil an der Einwanderung des Spezialisten aus dem Reichsaußenministerium, Hilger, und des Wannsee-Institut-Überläufers Poppe, an der

Verwendung der ehemaligen Naziagenten Ulus und Sunsh und über-haupt an vielen Geheimoperationen des Außenministeriums während der Truman-Administration[50]. Davies war im allgemeinen für eine harte Haltung Moskau gegenüber und ging sogar so weit, nach der Explosion der ersten sowjetischen Atombombe im Jahre 1949 für einen »Präventiv-krieg gegen die UdSSR«, wie es die *New York Times* ausdrückte, einzu-treten. Bei einem späteren Interview leugnete Davies jedoch, daß er einen Krieg mit der Sowjetunion gefordert habe, und wählte lieber den Ausdruck »entscheidende Kraftprobe«[51]).

Ironischerweise war Davies jedoch Ende der vierziger Jahre infolge sei-ner umstrittenen Ansichten über die amerikanische Strategie im Fernen Osten zum Prügelknaben der rechtsstehenden China-Lobby geworden. Er war einmal (1945) für ein Bündnis der USA mit Mao Tse-tung einge-treten, um den sowjetischen Einfluß in Asien zu unterminieren. Davies' Standpunkt in dieser Angelegenheit wurde größtenteils abgelehnt, aber nach Maos Sieg im Jahr 1949 machte die äußerste Rechte in den Vere-inigten Staaten Davies und andere für China zuständige Beamte des Außenministeriums zu Sündenböcken, weil sie angeblich die Ursache für Tschiang Kai-scheks Niederlage waren.

Die Opferung von John Paton Davies durch McCarthy ist ein überzeu-gendes Beispiel für den Einfluß der radikalen Rechten auf die amerikani-sche Politik. Es stellte sich heraus, daß Davies einem Verbindungsoffi-zier der CIA/OPC namens Lyle Munson ein Geheimdienstprojekt mit dem Codenamen Tawney Pippet vorgeschlagen hatte. Tawney Pippet sollte eine relativ einfache Variante der Verwendungsprojekte für Nazis sein, doch es hatte einen Haken. Diesmal wollte Kennans PPS, daß das OPC heimlich eine »Denkfabrik« von linksgerichteten, prokommunisti-schen Wissenschaftlern finanzierte, die man ohne ihr Wissen als Infor-mationsquelle für China anzapfen könnte. Einige von ihnen könnten vielleicht sogar für eine geheime Kontaktnahme zwischen der US-Regie-rung und den chinesischen Kommunisten nützlich sein.

Der OPC-Agent Munson war jedoch darüber beunruhigt, daß die US-Regierung Kontakte mit linksorientierten Wissenschaftlern aufnehmen wollte, selbst wenn diese ohne ihr Wissen für undurchsichtige Zwecke verwendet werden sollten. Er informierte heimlich J. Edgar Hoover über Tawney Pippet, und von da gelangte die Information durch nicht bekannte Kanäle zu Grombach und dann zu McCarthy[52]. Munson bezeichnete das Projekt Tawney Pippet als Plan zur Einschleusung von Kommunisten in die CIA.

Es war Munson, nicht Davies, der CIA-Geheimnisse ausgeplaudert und Tawney Pippet sabotiert hatte. Doch es war Davies, der gejagt und infolge von Munsons Behauptungen vor nicht weniger als acht verschiedene »Loyalitäts«-Untersuchungskomitees des Außenministeriums und des Kongresses gezerrt wurde. Für die radikale Rechte im allgemeinen und McCarthy im besonderen war die Entlassung von Davies die entscheidende Probe dafür, ob die Eisenhower-Administration wirklich entschlossen war, mutmaßlich subversive Elemente im Außenministerium loszuwerden.

Doch die Loyalitätsermittlungen konnten Davies nur sehr wenig anhaben. Außer der Tawney-Pippet-Affäre und dem früheren Fauxpas in bezug auf China hatte Grombach keinen Schmutz über ihn ausgraben können. Davies' Laufbahn war lupenrein, und seine Loyalität den Vereinigten Staaten gegenüber konnte nicht angezweifelt werden. Eigentlich ging es nur um seinen – 25 Jahre verfrühten – Vorschlag einer Annäherung an China, und er weigerte sich, deshalb zu Kreuz zu kriechen.

Davies hielt sich noch zwanzig Monate nach Thayers Fall in der Regierung. Doch schließlich entließ John Foster Dulles den Beamten für auswärtige Angelegenheiten wegen seines angeblich mangelnden Verständnisses und wegen seines »persönlichen Verhaltens«, wie es Dulles nannte[53], bei einem scharfen Verhör.

Charles Bohlen, ein enger Verbündeter von Kennan, hat, wie er selbst sagt, wesentlich zur Rekrutierung des deutschen Fachmanns für politische Kriegführung, Hans Heinrich Herwarth, beigetragen – Bohlen war der nächste Abschußkandidat[54]. Eisenhower hatte Bohlen im Februar 1953 zum Botschafter in der UdSSR ernannt, aber die Ernennung mußte vom Senat bestätigt werden, bevor Bohlen seinen Posten antreten konnte. Ike mochte und achtete Chip Bohlen; sie hatten in den vierziger Jahren in Frankreich miteinander Golf gespielt. Eisenhower hatte Bohlen zum Ärger seines Außenministers Dulles persönlich für den Botschafterposten ausgewählt.

Arthur Bliss Lane, Joe McCarthy und die anderen Anhänger der Befreiungstheorie wehrten sich gegen Bohlens Ernennung. Sogar Außenminister Dulles machte sich Sorgen, wie Wähler, die gerade die Republikaner wegen ihrer Befreiungspolitik gewählt hatten, auf die Bestellung eines Containment-Vertreters und Jalta-Veteranen reagieren würden.

Dulles sagte dennoch vorsichtig für Bohlen aus, und eine Zeitlang sah es so aus, als würde die Ernennung glatt durchgehen. Aber Dulles hatte die Stärke und Bösartigkeit der McCarthy-Bewegung unterschätzt, die er und der größte Teil der Republikanischen Partei bis jetzt offen unterstützt hatten. Jetzt stellte sich heraus, daß Dulles' Spitzenfunktionär für innere Angelegenheiten im Außenministerium ein McCarthy-Mann war. Dieser war davon überzeugt, daß jeder, der so intensiv an den Verhandlungen von Jalta teilgenommen hatte wie Bohlen, schon an sich ein Sicherheitsproblem darstelle. Der Leiter für innere Angelegenheiten sprach sich gegen die Ernennung des Diplomaten aus, und McCarthy benützte diese Meinungsverschiedenheit, um gegen Bohlen Stimmung zu machen. McCarthy ließ die Senatoren Everett Dirksen, Homer Capehart und den Rest des extrem rechten Parteiflügels aufmarschieren und inszenierte dann eine emotionale Debatte im Senat, um Bohlens Ernennung zu verhindern. Die Stimmung war gegen McCarthy; schließlich war er ein republikanischer Senator, der sich bei einer routinemäßigen Ernennung gegen einen republikanischen Präsidenten querlegte. McCarthys Rede während der Auseinandersetzung dauerte über eine Stunde. Er wärmte die Einstellung der Partei zum Containment auf, machte Bohlens Schwager Charles Thayer schlecht, beschuldigte dann Bohlen der »Feigheit« und behauptete, er sei »so blind, daß er den Feind nicht erkennen« könne[55].

Auf dem Höhepunkt seiner Rede spielte McCarthy seine Trumpfkarte aus: eine eidesstattliche Erklärung von Igor Bogolepow, der angeblich wußte, daß die sowjetische Geheimpolizei Bohlen während seiner Dienstzeit in Moskau in den dreißiger Jahren als »mögliche Informationsquelle« und »freundlichen Diplomaten« eingeschätzt hatte[56].

Bogolepow war ein NTS-Mann, der als freiberuflicher Kommunismus-Experte in Washington arbeitete. Anfang der fünfziger Jahre war er von etlichen Organisationen, auch von der Grombachs, beschäftigt worden, und der Beamte des Außenministeriums, Ylitale, behauptet, daß Grombach Bogolepow für seine Rolle bei McCarthys Angriff auf Bohlen präpariert habe. Bogolepow war einmal Beamter im sowjetischen Außenministerium gewesen, lief aber zu den Nazis über und ließ sich vom Goebbels-Ministerium für antisemitische Hetze einspannen. Bogolepow behauptet, daß ihn der US-Geheimdienst Ende der vierziger Jahre in die USA gebracht habe – offenbar illegal, wenn man seine Tätigkeit bei Goebbels berücksichtigt – und daß er einige Jahre lang immer wieder für die CIA gearbeitet habe. Allmählich war Bogolepow jedoch mit der Agency unzufrieden, vor allem deshalb, weil sie ihm nicht so viel bezahlte, wie er seiner Meinung nach verdiente[57].

Die Vernünftigeren im Kapitol hielten Bogolepow für einen Spinner. Die Radikalen jedoch werteten seine Erklärung bereitwillig als »Beweis« dafür, daß unter anderem kommunistische Mitläufer die Ausbildungshandbücher der US Army neu schreiben wollten und daß Charles Bohlen – möglicherweise – stalinistischer Geheimagent sei.

Doch diesmal riß nicht einmal Bogolepows eidesstattliche Erklärung den Senator heraus. McCarthy wurde überstimmt und Bohlens Ernennung bestätigt. Die *New York Times* brachte die ganze Geschichte auf der Titelseite und zitierte die eidesstattliche Erklärung des NTS-Mannes[58]. Das Gastspiel des russischen Überläufers beim Goebbels-Ministerium, das bei einer früheren Vernehmung vor dem Kongreß an den Tag gekommen war, wurde in dem Bericht nicht erwähnt.

Obwohl McCarthy die Bohlen-Abstimmung verloren hatte, landete er dennoch einen Treffer. Nach den Kolumnisten Joseph und Stewart Alsop besuchte der Führer der republikanischen Mehrheit, Robert Taft, Eisenhower kurz nach der Abstimmung. Taft bestand darauf, daß dem Senat »keine weiteren Bohlens« als Kandidaten geschickt wurden. Eisenhower war damit einverstanden, die Alsops berichteten darüber, und Taft »beeilte sich, im Kapitol die gute Nachricht zu verbreiten, daß Senator McCarthy und seinesgleichen von nun an praktisch das Vetorecht bei allen Ernennungen durch den Präsidenten besäßen[59]. Die Alsops übertrieben natürlich, aber es war klar, daß McCarthy seine Macht als Störelement im Senat bewiesen hatte. Während beinahe der gesamten restlichen Amtszeit Eisenhowers wurden seine Ernennungen daraufhin geprüft, ob sie für die äußerste Rechte akzeptabel waren.

Bohlen reiste ungefähr eine Woche nach seiner Bestätigung nach Moskau ab. Kurz zuvor flehte ihn jedoch John Foster Dulles an, noch einige Wochen in Washington zu bleiben, damit er zusammen mit seiner Frau und seinen Kindern nach Rußland reisen könne. Wenn Bohlen allein führe, deutete Dulles an, würde dies nur zum Streit über sein möglicherweise »unmoralisches Verhalten« führen. Der Diplomat war sprachlos. Der Historiker David Oshinsky berichtet, daß Bohlen später einem Freund anvertraute[60], »er habe seine gesamte Selbstbeherrschung benötigt, um Dulles nicht zu ohrfeigen«.

Die Rolle von Grombachs ehemaligen Nazis und Kollaborateuren bei der Beschaffung von politischer Munition für McCarthy ist in vieler Hinsicht nur eine kurze Fußnote zur Geschichte der hohen Politik in Washington. Grombach hat seinen Einfluß im Außenministerium und der CIA nach der entscheidenden Auseinandersetzung mit Kirkpatrick im Hotelzimmer rasch eingebüßt, und McCarthy hat sich schließlich selbst in Verruf gebracht. Bogolepow ist nach Europa zurückgekehrt, wo er einige Jahre später angeblich Selbstmord verübt hat. Bohlen hat als Botschafter in Moskau erfolgreich gearbeitet und wurde schließlich in den nächsten beiden Jahrzehnten zu einer Hauptfigur in den amerikanisch-sowjetischen Beziehungen.

Doch Zwischenfälle wie die Ausschaltung von Thayer und Davies und die Krise wegen Bohlens Ernennung sind manchmal ein Hinweis auf größere politische Trends. Die allgemeine Unterstützung für die Befreiungsdoktrin, die Anfang der fünfziger Jahre so sorgfältig gehegt und gepflegt wurde, bot Unternehmern wie Grombach fruchtbaren Boden, in dem sie Wurzeln schlagen konnten. Unabhängig von ihrem »amerikanischen« und patriotischen Drum und Dran erleichterte der paranoide Antikommunismus der Befreiung einigen US-Politikern, gemeinsame Sache mit einem ehemaligen Goebbels-Propagandisten wie Bogolepow oder mit öffentlichen Vertretern kriegshungriger antisemitischer Terroristengruppen wie dem NTS-Führer Boldyreff zu machen.

Wie im Fall von Bogolepows eidesstattlicher Erklärung gesehen, bildeten private Geheimdienstunternehmen wie John Grombachs Organisation eine der wichtigsten Verbindungen zwischen den vorsichtigen Politikern in Washington und den ehemaligen Nazis und Kollaborateuren, die von diesen Politikern indirekt eingesetzt wurden. Solche inoffiziellen geheimen Aktionsgruppen spielen seit langem eine sporadische, aber manchmal wichtige Rolle im politischen Leben Amerikas: siehe C. Gordon Liddys Watergate-Einbrecherteam oder den neueren Skandal um die Aktivitäten von Oberst Oliver North im Nationalen Sicherheitsrat. Der nichtamtliche Status von Grombachs Gruppe erlaubte ihm, ehemalige Nazis und Funktionäre der Achsenmächte zum Beschaffen von Informationen anzustellen; dann setzte er die Produkte seiner Arbeit bei den politischen Partisanenkämpfen in den Vereinigten Staaten ein. In einem späteren Jahrzehnt hätte John Grombach vielleicht Personen von anderen gescheiterten Regimes als Agenten eingestellt; die fortdauernden Intrigen unter den Anti-Castro-Kubanern und bei der ehemaligen südvietnamesischen Polizei sind ein Hinweis darauf, daß eine neue Generation von aus dem gleichen Holz wie Grombach geschnitzten Spionageunternehmern am Werk ist. Doch Anfang der fünfziger Jahre deckten ehemalige Nazis und Kollaborateure den Bedarf an solchen Dienstleistungen mehr als ausreichend. Sie bildeten den Mittelpunkt von Grombachs Überseenetz, und sie lieferten ihm beinahe die gesamte Munition, die er für die Teilnahme an McCarthys Säuberungsaktionen brauchte.

Während McCarthy und seine Verbündeten im Senat um die Entlassung von Thayers, Davies und Bohlen kämpften, führte das Wahlversprechen der Republikaner, Osteuropa zu befreien, zu einer raschen Ausweitung der geheimen Destabilisierungsoperationen. In einer Reihe von Sondersitzungen mit dem Codenamen Solarium zur Bestimmung der Außenpolitik wurde bestätigt, daß die neue Administration »ausgewählte, aggressive Aktionen von begrenztem Umfang setzen und dabei die mäßig erhöhte Gefahr eines allgemeinen Krieges in Kauf nehmen würde«, wie Eisenhowers oberster Berater für die nationale Sicherheit, Robert Cutler, es ausdrückte.

Man wollte damit »von den Sowjets dominierte Gebiete innerhalb der freien Welt beseitigen und die sowjetische Macht an der Satelliten-Peripherie vermindern«. Die Politik der USA zielte auf »einen größtmöglichen Beitrag zur Verstärkung der internen Spannungen und Konflikte im sowjetischen System« ab[61].

Doch trotz der öffentlichen Angriffe der Republikaner auf Trumans Containment-Politik war die Wahl Eisenhowers ein Sieg des republikanischen Establishments und nicht der radikalen Rechten. Die Republikaner verfügten – bis auf die schärfere Rhetorik – den Sowjets gegenüber über keine wesentlich neue Strategie. Für die meisten Vertreter der Befreiungsdoktrin hat George Kennans Containment-Theorie vielleicht wie ein Teil des Problems ausgesehen, aber seine Überlegungen über den Krieg der Geheimdienste gegen die Sowjets waren Eisenhower überaus willkommen und beherrschten bei Konferenzen über die Solarium-Strategie die Szene. Eisenhower trat persönlich für Kennans Kriegslisten, seine Analyse der Ost-West-Beziehungen und für ihn selbst ein[62].

Der Präsident und seine Berater erweiterten das laufende Programm der Zermürbung und Destabilisierung in Osteuropa, das ursprünglich zur Verwendung von Nazis geführt hatte, entscheidend. Weitere Bemühungen, »die einheimische kommunistische Macht in Westeuropa und der dritten Welt« durch geheime CIA-Aktionen einzuschränken, wurden genehmigt. Guatemala und der Nahe Osten wurden ebenfalls der CIA ans Herz gelegt, während der Direktor der Agency, Allen Dulles, für einen neuen Versuch zum Sturz der albanischen Regierung eintrat*. Die Solarium-Beschlüsse über Geheimaktionen wurden später in NSC 5412, einer leicht abgeänderten Version von Trumans Entscheidung NSC 10/2 über den Krieg der Geheimdienste kodifiziert. NSC 5412 bestätigte wieder, daß die Vereinigten Staaten fest entschlossen waren, eine weitreichende Kampagne der politischen Kriegführung gegen die UdSSR zu starten[63]. Es bestätigte auch, daß »Untergrund-Widerstands-

* 1985 veröffentlichte das Außenministerium in seiner sehr beifällig aufgenommenen Serie *Auswärtige Beziehungen der Vereinigten Staaten* einige wesentliche Unterlagen über Solarium. Unglücklicherweise »vergaß« es beinahe den gesamten Text des von Frank Wisners und Admiral Richard L. Connollys »Team C« entworfenen Programms für Geheimoperationen.
Dem unbefangenen Leser der *Auswärtigen Beziehungen* fallen diese Auslassungen kaum auf, und dies hat zu einer erheblichen Mißdeutung der Solarium-Unterlagen geführt. Nachdem die neuen Solarium-Papiere veröffentlicht worden waren, berichtete die *Washington Post* zum Beispiel, daß Eisenhower Wisners Plan für Geheimoperationen kategorisch abgelehnt habe. Dabei war man bei den Konferenzen in Wirklichkeit zu dem Schluß gelangt, daß die Vereinigten Staaten ausgefeiltere Geheimaktionen selektiv in ihre erweiterte Sicherheitspolitik einbauen sollten.
Der Beschluß des Außenministeriums, nur eine bereinigte Version der Solarium-Unterlagen zu veröffentlichen, trägt zu der herrschenden Verwirrung über die tatsächliche US-Außenpolitik in den fünfziger Jahren bei. Das ist besonders schade, wenn man bedenkt, welche Rolle die Solarium-Konferenzen bei der Vorbereitung von Amerikas geheimem Eingreifen in den Vietnamkonflikt, bei dem Entschluß, in Guatemala einen Staatsstreich zu inszenieren, und bei anderen Geheimaktionen jener Zeit gespielt haben, die, wie sich inzwischen herausgestellt hat, weitreichende Auswirkungen auf die auswärtigen Beziehungen der USA hatten.

bewegungen, Guerillas und Emigranten-Befreiungsgruppen« – die offenbar die verschiedenen überlebenden Kollaborateurorganisationen aus Osteuropa umfaßten – sich immer noch im Mittelpunkt der geheimen paramilitärischen Programme der USA befanden.

Inzwischen wurden die vorhandenen Fäden der Geheimoperationen, der Befreiungspolitik und der Einstellung von Untersuchungen und Anklagen wegen Kriegsverbrechen zu einem neuen, noch beunruhigenderen Muster verwoben. 1953 war die CIA bereit, nicht nur einfach ehemalige Nazis und Gestapoangehörige, sondern auch hohe Beamte von Adolf Eichmanns RSHA-Referat IV B 4, dem zentralen Verwaltungsapparat des Holocaust, zu finanzieren und zu beschäftigen.

SECHZEHNTES KAPITEL

Brunner und von Bolschwing

Das Schlägerethos hat die meisten Berufsoffiziere im Geheimdienst schon immer dagegen Sturm laufen lassen, daß sich konventionelle moralische Bedenken der Beschaffung von Informationen oder der Durchführung von Sonderaufgaben in den Weg stellten. »Wir sind keine Pfadfinder«, pflegte der spätere CIA-Direktor Richard Helms zu sagen. »Hätten wir Pfadfinder sein wollen, dann wären wir zu den Pfadfindern gegangen[1].«

Als Allen Dulles 1953 CIA-Direktor wurde, hatte sich der Widerstand gegen die Verwendung von Naziverbrechern durch die CIA verflüchtigt. In der Affäre Lebed hatten nicht nur Spitzenfunktionäre der CIA, sondern auch der Justizminister interveniert, um den Status des ehemaligen OUN-Mannes in den Vereinigten Staaten zu legalisieren, nachdem ein übereifriger INS-Agent Lebed zufällig erwischt hatte. In einem zweiten Fall, dem des ehemaligen SS-Offiziers Otto von Bolschwing, ebnete die Agency dem ehemaligen Nazi die Einreise in die USA, indem sie sich mit dem übergeordneten Geheimdienst-Koordinierungskomitee beriet und dann – schriftlich – »Außenstehende« beim INS seinetwegen bemühte. In der Geheimwissenschaft der Spionagekette weisen diese Maßnahmen unmißverständlich darauf hin, daß von Bolschwings Einwanderung auf höchster Ebene gebilligt wurde[2].

Aber der Schlüsselsatz lautete noch immer: »Um die Aufgaben der Agency zu erfüllen.« Nazis wurden nie um ihrer selbst willen verwendet oder geschützt, sondern nur, um ein Ziel zu erreichen, das im Interesse der nationalen Sicherheit der Vereinigten Staaten lag. Umgekehrt war ein Mann, der Massenmorde begangen hatte, nach wie vor dafür geeignet, für die Agency zu arbeiten, wenn man ihn für nützlich hielt. Sobald eine solche Person für den Geheimdienst gearbeitet hatte, war man gezwungen, sie zu beschützen, sei es auch nur, um die Operation, an der sie beteiligt gewesen war, vor der Öffentlichkeit zu verbergen.

Natürlich war man innerhalb der CIA wegen der möglichen Public-Relations-Probleme besorgt, die sich daraus ergeben konnten, daß man

Personen verwendete, die durch ihre frühere Tätigkeit für die Nazis kompromittiert waren. Im Fall des weißrussischen Nazis und Massenmörders Stanislav Stankiewitsch zum Beispiel waren seine CIA-Leitoffiziere in den fünfziger und sechziger Jahren beunruhigt, weil er »ein leidenschaftlicher Faschist war und vielleicht noch ist« und weil »[seine] ständige Verwendung das Projekt und/oder die Agency in eine peinliche Lage bringen könnte«[3]. Stankiewitsch, der einmal der von der SS ernannte Bürgermeister von Borisow war und während dessen Amtszeit es 1941 zu einem Pogrom gekommen war, das Tausenden Juden das Leben kostete, fungierte nun als führendes Mitglied des Instituts für Studien über die UdSSR in München, eine von der CIA finanzierte Emigrantendenkfabrik, die mit Radio Liberation zusammenhing. Das Münchner Institut ist das »Projekt«, auf das sich die angeführten CIA-Unterlagen beziehen.

Nach der Dokumentation der CIA hat die Agency Stankiewitschs Rekrutierung für das Institut überwacht und hat dann während seines Aufstiegs seine Beförderungen begutachtet und genehmigt. Wie das US-Bundeskontrollamt (GAO) feststellt, hat die Agency auch direkt interveniert, um ihn in die Vereinigten Staaten zu bringen, indem sie fälschlicherweise behauptet hat, daß ihr keine nachteilige Information über Stankiewitsch vorläge, die ihn von einer Einreise in die USA ausschlössen. Dabei besaß sie zu diesem Zeitpunkt einen ausführlichen Bericht über seine Beteiligung am Borisow-Massaker und über seine weiterhin bestehenden Verbindungen zu extremistischen Emigrantenorganisationen[4].

Die einzige bekannte interne Opposition gegen die wiederholten beruflichen Beförderungen dieses Nazis und gegen seine Einbürgerung in den USA kam von einem CIA-Beamten, den Stankiewitschs anhaltende Begeisterung für die Sache der Nazis deutlich beunruhigte. Doch der offizielle Verhaltenscode der Agency zwang den Beamten, den einzigen Einwand vorzubringen, der vielleicht eine Wirkung zeitigen konnte: Daß man den »Schlächter von Borisow«, wie Stankiewitsch genannt wurde, verwendete, war nicht deshalb ein Fehler, weil er ein Mörder war, sondern weil er »die Agency in eine peinliche Lage bringen könnte«[5]. Doch auch dieser Protest wurde überhört.

Im Lauf der fünfziger Jahre gab es gelegentlich aus PR-Gründen interne

Säuberungen von ehemaligen Faschisten. Eine Serie von sowjetischen Propagandabreitseiten, die die Nazis bei RFE und RL 1954 bloßstellten, führten zur Entlassung oder anderweitigen Verwendung von dreizehn Angestellten. Eberhardt Taubert, ein ehemaliger Propagandist aus dem Goebbels-Ministerium, dessen antisemitische Referenzen bis in die zwanziger Jahre zurückreichten, wurde durch den Druck der Öffentlichkeit gezwungen, das Amt des Direktors der von der CIA und der deutschen Regierung finanzierten Volksliga für Frieden und Freiheit niederzulegen, obwohl Taubert behauptete, daß er die Naziideologie aufgegeben habe[6]. Im Lauf des Jahrzehnts kam eine Handvoll weiterer Beispiele der gleichen Art zutage.

Aber die grundlegende Entscheidung, jeden zu benützen, der zum Kampf gegen Moskau etwas beitragen konnte, wurde von all dem nicht berührt. Das kommt daher, daß dieser »Pragmatismus« das Herzstück der zeitgenössischen geheimen Praktiken ist. Daß man mit Nazis (oder der Mafia oder umgekehrt mit einer von der Kirche geförderten Studentenorganisation) zusammenarbeitete, war nach Ansicht der meisten Angehörigen der Geheimdienste nie eine Verirrung. So werde der Krieg der Geheimdienste halt ausgetragen, ob dies nun der breiten Öffentlichkeit gefällt oder nicht.

Dennoch stellt die öffentliche Meinung immer noch einen Faktor dar, zumindest im Westen. Die Organisation Gehlen zog großen Vorteil daraus, denn die CIA wandte sich oft an Gehlen, wenn sie gewisse heikle Operationen noch heimlicher durchführen wollte als sonst. In solchen Fällen konnten seine Kontakte zu ehemaligen SS- und Gestapoleuten von einmaligem Wert sein. Eine solche Gelegenheit ergab sich Ende 1953 in Ägypten, kurz nachdem Solarium neuerlich weitreichende CIA-Gegenmaßnahmen gebilligt hatte, die den sowjetischen Einfluß im Nahen Osten eindämmen sollten. Hier bezahlte die CIA die Aktivitäten von SS-Sturmbannführer Alois Brunner, den viele für den verworfensten noch in Freiheit befindlichen Nazimörder hielten.

Brunner war einmal Eichmanns Spitzenfachmann für Deportationen im gesamten Reichsgebiet. Er war als erfahrener Verwaltungsbeamter darauf spezialisiert, die Juden in die Ghettos zu treiben und sie dann systematisch in die Vernichtungslager zu deportieren. Eine schwierige Aufgabe, bei der man genau wissen mußte, wie Terror und psychologische

Manipulation einzusetzen waren, um den Widerstand der Opfer zu brechen.

Brunner war nicht einfach derjenige, der die Deportationen durchführte. Er war ein »Feuerwehrmann«, der von Berlin in die Gestapodienststellen im gesamten besetzten Europa hetzte und die örtlichen Nazistatthalter darin unterwies, wie die Vernichtung der Juden rasch und gründlich durchzuführen sei. Er vernachlässigte auch nicht die Ermordung von Kindern, weil sie (wie er dem Berliner Anwalt Kurt Schendel erklärte, der sich für eine Gruppe französischer Waisenkinder einsetzte) »künftige Terroristen« waren. Brunner entwickelte sich schließlich zum Sachverständigen für die europäischen Eisenbahnnetze, damit er genügend geschlossene Güterwagen auftreiben und seine Aufgabe für sein Vaterland erfüllen konnte. »Er ist einer meiner besten Männer«, stellte Eichmann fest[7].

Das Simon-Wiesenthal-Zentrum schätzt, daß Brunner persönlich für die Ermordung von 128 500 Menschen verantwortlich ist. Die französische Regierung verurteilte ihn in Abwesenheit wegen Verbrechen gegen die Menschlichkeit zum Tod. Statt sich dem Prozeß zu stellen, hielt sich Brunner jedoch in Damaskus auf, wo er – kurz nachdem die Amerikaner 1946 den Kontrakt für die Org übernommen und ihn damit vor den Franzosen in Sicherheit gebracht hatten – Gehlens »Resident« wurde – ein Posten, der dem des Standortchefs der CIA entspricht. Sein Deckname war »Georg Fischer«[8]. Brunner/Fischer wurde zur wichtigen Stütze des von der CIA finanzierten Ausbildungsprogramms für ägyptische Sicherheitskräfte.

Die ägyptische Episode begann als Versuch, die US-Interessen in Ägypten zu schützen, als König Faruks Monarchie zerfiel. Frank Wisner hatte seinen Spitzen-»Feuerwehrmann« im Mittelwesten, Kermit (»Kim«) Roosevelt, bereits 1951 nach Kairo geschickt; er sollte in Geheimverhandlungen mit Oberst Gamal Abd el Nasser und seiner aufrührerischen Gesellschaft Freier Offiziere treten. Roosevelt telegrafierte nach Washington, daß sich »weitreichende Übereinstimmungen« ergeben hätten[9]. Nasser bat Roosevelt um Hilfe beim Aufbau des ägyptischen militärischen Geheimdienstes und der internen Sicherheitskommandos. Beide Männer stimmten darin überein, daß ein besser ausgebildeter Sicherheitsdienst sowohl im Interesse Amerikas als auch Ägyptens lag. Doch die Innenpolitik beider Länder machte es erforderlich, daß die amerikanische Beteiligung an diesem Unternehmen sehr zurückhaltend ausfiel.

Deshalb wandte sich CIA-Direktor Allen Dulles 1953 an Gehlen um Hilfe in der ägyptischen Situation. Dessen Männer sowie die Kontraktagenten, die er auf Abruf bereithielt, verfügten über viele der Eigenschaften, die Dulles suchte: Sie besaßen Erfahrung in der Sicherheitsarbeit der Polizei, arbeiteten billig und diskret. Der offene Antisemitismus einiger Gehlen-Leute war ebenfalls ein Plus, zumindest nach Ansicht etlicher Mitglieder des ägyptischen Geheimdienstes. Gleichzeitig war Westdeutschlands besonders schwierige Beziehung zu Israel in der Zeit nach dem Krieg eine Gewähr dafür, daß beinahe jede Gruppe von deutschen Fachleuten, die nach Ägypten kam, mühelos von Gehlen und der CIA infiltriert und beobachtet werden konnten.

Gehlen holte sich Otto Skorzeny zu Hilfe, einen massigen ehemaligen SS-Standartenführer. Er war einen Meter neunzig groß, wog hundert Kilo, besaß entsprechend arrogante »arische« Gesichtszüge und auf der linken Wange einen langen Schmiß. Skorzeny hatte sich während des Krieges aus einem unbekannten Lastwagenfahrer der SS in ein lebendes Symbol für die Stärke und Verschlagenheit der Nazis verwandelt. Er war darauf spezialisiert, für das RSHA Amt VI Teams für Sabotage und Anschläge hinter den Linien auszubilden, und hatte auch kühne Kommandounternehmen geleitet wie bei der Verhaftung der Regierung Horthy in Budapest im November 1944 oder während der deutschen Ardennenoffensive im Dezember 1944, als er eine Gruppe von Saboteuren in amerikanischen Uniformen hinter den feindlichen Linien führte. Den größten Ruhm jedoch hatte ihm ein Bravourstück eingebracht, bei dem er nur eine Nebenrolle spielte: die Befreiung Mussolinis vom Gran Sasso im September 1943, die deutsche Fallschirmjäger vollbrachten und bei der sich Skorzeny nach Gelingen in den Vordergrund zu drängen verstand[10].

Nach dem Krieg unternahm Skorzeny nichts, um seine Legende abzuschwächen. Einmal entkam er unter geheimnisvollen Umständen aus amerikanischem Gewahrsam, während er 1948 auf ein Entnazifizierungsverfahren wartete. Er hinterließ nur eine kurze Notiz, in der er behauptete, »ich habe nur meine Pflicht meinem Vaterland gegenüber getan«, und zwar sowohl während des Krieges als auch nachher. Skorzeny sah sich als einen modernen Scarlet Pimpernel, der gegen eine erdrükkende Übermacht für die »Ehre« von Hitlers Deutschland und der SS kämpfte[11]. In den ersten Jahren nach dem Krieg war er intensiv damit beschäftigt, die Flucht von Faschisten durch Spanien und Syrien zu organisieren. Die SS-Fluchthilfeorganisationen »Odessa« und »Die Spinne« hingen zum größten Teil mit der Persönlichkeit – und der Legende – von Otto Skorzeny zusammen.

Der Geheimdienstveteran Miles Copeland erzählt, daß Gehlen 1953 den ägyptischen Ausbildungsauftrag an Skorzeny weitervermitteln wollte. Der ehemalige Standartenführer lehnte jedoch ab. Er fand, daß die Ägypter einfach nicht genug zahlten. Gehlen versprach Skorzeny, daß die CIA das Honorar, das er von Nasser erhielte, mit Geld aufbessern würde, das durch die Org gewaschen worden war, und daß die Ausgaben für die Operation ebenfalls von den Amerikanern gedeckt werden würden. Die Position in Ägypten böte Skorzeny außerdem den wertvollen Einstieg in den Waffenhandel im Nahen Osten. Copeland, der persönlich an der Affäre beteiligt war, berichtet, daß ein bestimmter, wohlbekannter Generalmajor der amerikanischen Army (dessen Namen man nicht nennen will) dazu aufgeboten wurde, um den ehemaligen Nazi davon zu überzeugen, daß seine Dienste in Ägypten unentbehrlich seien[12]. Als sich Skorzeny weiterhin sträubte, übte Gehlen Druck auf Skorzenys Schwiegervater und Hauptgeldgeber Dr. Hjalmar Schacht aus. Schacht, Hitlers Finanzgenie bei der geheimen Wiederaufrüstung, war gerade erst einer achtjährigen Gefängnisstrafe entgangen, als seine Verurteilung aufgrund des Entnazifizierungsgesetzes vom amerikanischen Hochkommissar für Deutschland John McCloy ausgesetzt wurde. Als auch Schacht betonte, daß es sinnvoll sei, die Amerikaner zu unterstützen, gab Skorzeny endlich nach. Er erklärte sich bereit, den ägyptischen Ausbildungsvertrag zu übernehmen, allerdings unter der Bedingung, daß sein Aufenthalt in Kairo zeitlich begrenzt würde.

Im Lauf der nächsten achtzehn Monate rekrutierte Skorzeny mit CIA-Geld etwa hundert deutsche Berater für den ägyptischen Sicherheitsdienst, von denen er viele durch Neonaziorganisationen und SS-Fluchtnetze erreichte. Unter seinen Schützlingen befanden sich Hermann Lautenbacher, ein SS-Mann und ehemaliger hoher HJ-Funktionär, sowie

Franz Buensch, ein Goebbels-Propagandist, der hauptsächlich durch sein pornografisches Werk *Die sexuellen Gewohnheiten der Juden* bekannt geworden war. Buensch war Gehlens Chefresident in Kairo und Veteran von Eichmanns RSHA-Referat IV B 4 »Judenangelegenheiten«[13].

Zu dieser »talentierten« Gruppe gesellte sich später Alois Brunner. Brunner übersiedelte als »Georg Fischer« nach Ägypten, während das Skorzeny-Projekt lief, und war bald in den Prozeß integriert. Er blieb bis 1962 in Kairo, als eine explodierende israelische Briefbombe ihm mehrere Finger wegriß. Der israelische Geheimdienst Mossad hat – natürlich inoffiziell – behauptet, daß Brunner nach seinem Gastspiel bei Skorzeny einen zweiten Kontrakt von den Ägyptern erhalten habe, aufgrund dessen er ein Korps von deutschen Raketenspezialisten für die ägyptische Regierung anwerben sollte[14]. Angeblich haben israelische Geheimagenten die Briefbombe fabriziert, die Brunner beinahe getötet hätte.

Die Londoner *Times* berichtet, daß Brunner nach dem Bombenattentat nach Syrien zurückkehrte. Er lebt heute als wohlhabender Mann im Abu-Rumaneh-Bezirk von Damaskus[15].

Was die CIA über den Hintergrund von »Georg Fischer« wußte – falls sie überhaupt etwas wußte –, wird ein Geheimnis bleiben, bis ihre Akten über die Affäre Skorzeny freigegeben werden. Wenn man jedoch bedenkt, daß die Projekte Gehlen und Skorzeny mit dem Geld des amerikanischen Steuerzahlers finanziert wurden und wie eifrig sich Skorzeny als internationaler Neonaziführer und Wohltäter von SS-Flüchtlingen zu profilieren suchte, ist die Frage berechtigt, welche Schritte die CIA unternommen hat – falls sie überhaupt welche unternommen hat –, um festzustellen, wen sie da eigentlich als Ausbilder für Nassers Geheimdienst anheuerte.

Eine Stelle, an der man gut mit solchen Ermittlungen beginnen kann, ist der ehemalige CIA-Agent Miles Copeland, der eng mit den deutschen Beratern zusammenarbeitete, die Gehlen und Skorzeny nach Ägypten geholt hatten. In Copelands Aufzeichnungen steht nichts über Brunner, aber er bestätigt, daß Skorzeny die Kontrakte für das ägyptische Projekt abgeschlossen und etwa hundert deutsche Berater ins Land gebracht hat. Die Angeheuerten »waren keine – oder in manchen Fällen keine besonders gesuchten – Kriegsverbrecher«, schreibt Copeland.

Copeland besteht darauf, daß die Männer, mit denen er zusammenarbeitete, keine »unbußfertigen Nazis« waren. Er hält die Tatsache, daß sie die neonazistische Ideologie ablehnten, in gewissem Sinn sogar für bedauerlich, »denn wenn sie nur um ihr Überleben kämpfen, statt an ihren Prinzipien festzuhalten – selbst wenn es die falschen Prinzipien sind –, fällt es ihnen nicht schwer, sich an die linken Einflüsse in Nassers Regierung anzupassen«, schreibt er[16].

Copelands offener Kommentar ist ein vielsagender Hinweis auf eine weitverbreitete Denkweise in Sicherheitskreisen der US-Regierung in den fünfziger Jahren. »Weil die Sowjets nach dem Krieg ebenfalls ehemalige Nazis rekrutierten«, fährt Copeland fort, »waren wir einfach gezwungen, wertvolle nicht-anglo-amerikanische Mitarbeiter [die als Nazi ausgezeichnet getarnt waren] auszunützen. Es war für uns ein Vorteil, daß wir [Nazi-Geheimdienstspezialisten] mit überaus geringem Aufsehen in zahlreichen Ländern untergebracht hatten, in denen sie unauffällig leben und arbeiten konnten.« Dieses Vorgehen entspricht der unerläßlichen »Amoralität der Machtpolitik«, findet er. »Ob Sie es glauben oder nicht«, zitiert Copeland zustimmend einen nicht näher identifizierten Oberst des Army-Geheimdienstes, »einige von uns sind immer noch imstande, die künftigen Interessen Amerikas höher zu stellen als den Genuß der Rache[17].«

Die Geschichte der Beziehung zwischen dem US-Geheimdienst und Verbrechern wie Brunner ist notwendigerweise bruchstückhaft, denn sowohl die CIA als auch Brunner haben alles getan, um diese Vorgänge verborgen zu halten. Es ist klar, daß Brunner nicht die Ausnahme von der Regel war und sich durch List oder durch ein Versehen der Amerikaner bei ihnen Liebkind gemacht hat. Es gibt nämlich mindestens noch einen bekannten Fall, in dem die USA einen weiteren SS-Veteranen aus Adolf Eichmanns Referat für »Judenangelegenheiten und Räumung«, dem Eliteverein und zentralen Verwaltungsapparat der NS-Kampagne zur Ausrottung der Juden, angeworben haben: Baron Otto von Bolschwing. Von Bolschwing war vor allem Opportunist und schaffte es, die gesamte Entwicklung der US-Politik in bezug auf die NS-Kriegsverbrecher für seine Zwecke auszunützen. Während des Krieges hatte er von der Beschlagnahme jüdischen Eigentums durch die Nazis profitiert; später profitierte er von der Niederlage Nazideutschlands. Er ließ sich im Frühjahr 1945 vom CIC als Informant anwerben, und ehe zwei Jahre vergangen waren, hatten CIA-Agenten in Wien seine Fähigkeiten erkannt und setzten ihn für eine Sonderaufgabe bei einer der heikelsten Aktionen ein, die die Agency je unternommen hatte. Es ging darum, Geheimagenten hinter dem Eisernen Vorhang zu führen und sogar Gehlen selbst für die Amerikaner zu überwachen.

Von Bolschwing war 1932 im Alter von 23 Jahren Mitglied der NSDAP geworden und beinahe sofort als Informant des SD (Sicherheitsdienstes der SS) eingesetzt worden[18]. In den Jahren bis 1939 entwickelte sich von Bolschwing zu einem Spitzenagenten des NS-Geheimdienstes im Nahen Osten, wo er unter dem Deckmantel eines Importeurs in Jerusalem arbeitete. Nach erbeuteten SS-Unterlagen bestand eine seiner ersten Tätigkeiten für die Nazispionage in dem Abschluß eines Geheimabkommens zwischen den Nazis und Feivel Polkes, einem Funktionär der zionistischen Organisation Haganah, den von Bolschwing durch Geschäftsfreunde im Nahen Osten kennengelernt hatte. Aufgrund dieses Abkommens durfte die Haganah in Deutschland Rekrutierungs- und Ausbildungslager für junge Juden betreiben. Wie auch gewisse andere von den Nazis aus Deutschland vertriebene Juden wurden diese jungen Leute dazu ermutigt, nach Palästina auszuwandern. Dafür lieferten Polkes und die Haganah der SS Informationen über britische Maßnahmen in Palästina. Erbeuteten deutschen Unterlagen zufolge war Polkes der Ansicht, daß man die zunehmend brutale Unterdrückung der Juden durch die Nazis – zumindest für einige Zeit – zum Vorteil der Zionisten ausnützen sollte, indem man die Juden nötigte, nach Palästina auszuwandern, und daß die beste Einnahmequelle für die Haganah der Geheimfonds der SS war[19].

Durch diese Verhandlungen gewann der junge Baron von Bolschwing das Vertrauen des damals unbekannten SS-Funktionärs Adolf Eichmann, dessen Spezialität die Beschaffung von Informationen über Freimaurer und jüdische Angelegenheiten für die NSDAP war. Es handelte sich um keine flüchtige Bekanntschaft, denn von Bolschwing war maßgeblich daran beteiligt, daß Eichmann und Polkes in Wien und Kairo zusammenkamen; durch diese Kontakte wurde Eichmann zum »Fachmann für jüdische Angelegenheiten« der SS und legte den Grundstein für seine spätere Laufbahn als Organisator des Holocaust.

Vielleicht war es unvermeidlich, daß Eichmann – der immer ein vorsichtiger Beamter blieb – von irgendwem mehr über das Judentum und den Zionismus erfuhr. Aber wie das Schicksal so spielt, wurde Otto von Bolschwing Eichmanns Lehrer. »Ich hatte zum erstenmal mit jüdischen Angelegenheiten zu tun«, sagte Eichmann bei einem Verhör vor seinem 1962 durchgeführten Prozeß wegen Verbrechen gegen die Menschlichkeit aus, »als [Naziagent Theodor von] Mildenstein mich zusammen mit von Bolschwing an meinem Arbeitsplatz aufsuchte – jedoch nie zuvor.« Danach »schaute Herr von Bolschwing oft in unserem Büro vorbei und unterhielt sich mit uns über Palästina«, erinnerte sich Eichmann. »Er sprach so kenntnisreich über die Ziele und die Situation des Zionismus in Palästina und in anderen Ländern, daß ich allmählich zur Autorität für den Zionismus wurde... Ich blieb mit Herrn von Bolschwing in Kontakt..., weil ich von niemand anderem Informationen aus erster Hand über das Land erhalten konnte, das mich wegen meiner Arbeit am meisten interessierte[20].«

Von Bolschwing und Eichmann entwarfen 1936 und 1937 gemeinsam das erste umfassende Programm der SS für die systematische Ausplünderung der europäischen Juden. »Die Juden repräsentieren in der ganzen Welt eine Nation, die nicht durch ein Land oder Volk verbunden ist, sondern [eher] durch das Geld«, behauptete von Bolschwing in einer grundlegenden Studie über die Politik der SS. »Deshalb sind und müssen sie immer der ewige Feind des Nationalsozialismus sein..., [und sie gehören] zu seinen gefährlichsten Feinden.« In seinem Plan ging es ausschließlich darum, hält er fest, »Deutschland von seinen Juden zu säubern«[21].

Natürlich war von Bolschwing weder der einzige noch der erste Nazi, der mit Plänen zur Unterdrückung der Juden daherkam. Seine Vorschläge waren jedoch einmalig praktisch und ließen sich von Deutschlands moderner Bürokratie gut ausführen. Nur Monate, nachdem von Bolschwings Vorschläge die Runde durch den SS-Apparat für »jüdische Angelegenheiten« gemacht hatten, führte die SS in Österreich eine Reihe von Arisierungen durch, die viele der Maßnahmen institutionalisierte, die von Bolschwing skizziert hatte. Diese Taktik wurde dann das Modell für die antisemitische Unterdrückung in dem von den Nazis beherrschten Europa[22].

Die SS entsandte von Bolschwing bald auf den angesehenen Posten des Leiters der Geheimoperationen der SS und des SD in Bukarest. Wie aus erbeuteten deutschen Kriegsunterlagen hervorgeht, war er persönlich an einem Putschversuch und einem Pogrom beteiligt, die beide von der rumänischen Eisernen Garde durchgeführt wurden, einer faschistischen Organisation, die brüderlich mit der NSDAP verbunden war.

Mitglieder der Eisernen Garde stürmten am 20. Januar 1941 in das jüdische Viertel von Bukarest, setzten Synagogen in Brand, plünderten Geschäfte und zerstörten Häuser. Hunderte unschuldiger Menschen wurden zusammengetrieben und getötet. Einige der Opfer wurden in einem städtischen Schlachthaus regelrecht geschlachtet, an Fleischhaken aufgehängt und mit glühenden Eisen als »koscheres Fleisch« gebrandmarkt. Man schnitt ihnen die Kehlen als bewußte Verhöhnung der Koscher-Vorschriften durch. Einige wurden geköpft. »Sechzig jüdische Leichen wurden auf den Haken [entdeckt], die man für Schlachtvieh verwendet«, telegrafierte der US-Botschafter in Rumänien, Franklin Mott Gunther, nach dem Pogrom nach Washington. »Man hatte allen die Haut abgezogen..., [und] die Menge des Blutes [war ein Beweis], daß dies bei lebendigem Leib geschehen war«[23].

Nach deutschen Aufzeichnungen gab von Bolschwing den Rebellen Waffen und den geheimen Segen der SS, um sie aufzustacheln[24]. Später schmuggelte er ein Dutzend ihrer obersten Führer aus Bukarest hinaus, als der Aufruhr von der Regierung Antonescu niedergeschlagen wurde. Zeitgenössischen Berichten zufolge wurden während der Unruhen etwa 630 Menschen getötet und weitere 400 vermißt. »Im Bukarester Leichenschauhaus kann man Hunderte Leichen sehen«, telegrafierte ein deutscher Militärattaché ans Hauptquartier in Berlin. »Aber es handelt sich hauptsächlich um Juden[25].«

Gegen Ende des Krieges überließ von Bolschwing seine SS-Kameraden ihrem Schicksal. Er begann bereits im Frühjahr 1945, aktiv – man könnte sogar sagen begeistert – mit den Alliierten zusammenzuarbeiten, als amerikanische Truppen durch Westösterreich rollten. Von Bolschwings neues Bündnis mit dem US-Geheimdienst erwies sich als tiefreichend und beständig. »Ich erklärte mich bereit, ihnen Informationen über die Bewegungen und die Stärke des deutschen Militärs sowie über die deutsche Raketenforschung im Lager Schlatt zu liefern«, erzählte von Bolschwing später. »Nach der deutschen Kapitulation arbeitete ich weiter für die US-Streitkräfte, zuerst für die Militärregierung, und dann seit 1947 für den Geheimdienst der US Army... Ich arbeitete bis zu meiner Abreise [nach Amerika] im Jahr 1954 ununterbrochen mit dem US-Geheimdienst zusammen[26].

1947, 1948 und Anfang 1949 wurde ich [von der CIA] der Organisation Gehlen zugeteilt..., vor allem zur offensiven Nachrichtenbeschaffung gegen den Ostblock«, behauptete er bei einem geheimen Gespräch mit Ermittlern der US Air Force. Die CIA versah ihn mit Geld, einer streng geheimen Unbedenklichkeitsbescheinigung und Reisevergünstigungen in ganz Europa[27].

Offiziell arbeitete von Bolschwing für den Austria-Verlag in Wien, einer Zweigstelle der österreichischen Liga für die Vereinten Nationen, wie aus in seinen Archiven vorgefundenen Unterlagen hervorgeht. Er benützte diese Position – sowie die aktive Intervention von US-Geheimdienstorganisationen –, um 1948 die österreichische Staatsbürgerschaft zu beantragen und um sich von einer österreichischen Entnazifizierungskommission von seinen NS-Aktivitäten freisprechen zu lassen[28]. Otto von Bolschwing wurde nach dem Krieg zu einem der höchstrangigen CIA-Kontraktangestellten in Europa. Zu seinen Aufgaben gehörte es, Agenten ausfindig zu machen und anzuwerben, und er war auf grenzüberschreitende Operationen spezialisiert, bei denen Spione nach Ungarn und Rumänien eingeschleust wurden.

Es kann kaum daran gezweifelt werden, daß die US-Geheimdienstorganisationen, die von Bolschwing so sehr in Anspruch nahmen, über seine Rolle beim Bukarester Pogrom Bescheid wußten. Bei Kriegsende hatten die Vereinigten Staaten die Akten der SS und des deutschen Außenministeriums in Bukarest beinahe vollständig erbeutet, darunter auch umfassende Aufzeichnungen der SS über das Pogrom im Jahr 1941. Das OSS betrachtete die Beschlagnahme dieser Akten als einen der wichtigsten Erfolge des Geheimdienstes während des Krieges. Die Unterlagen wurden umgehend von einer Gruppe amerikanischer Fachleute analysiert. Nach dem offiziellen Bericht des OSS konnte man durch diese Unterlagen über 4 000 Agenten der Achsenmächte, etwa 100 subversive Organisationen und rund 200 Firmen identifizieren, die den Nazispionen als geschäftliche Tarnung dienten. Laut OSS-Bericht wurden diese Akten an das alliierte Hauptquartier weitergeleitet und in Nürnberg bei den Ermittlungen gegen NS-Verbrecher verwendet[29].

Es gibt noch einen wichtigen Beweis dafür, daß die Amerikaner über die Verbindung von Bolschwings zur Führerschaft der Eisernen Garde und zum Pogrom von 1941 Bescheid wußten. Nach einer eidesstattlichen Aussage von Bolschwings, die er im Juni 1979 im US-Justizministerium machte, wurde er vom US-Geheimdienst *eben wegen* seiner Beziehungen zur Eisernen Garde eingesetzt. »Im Sommer 1948, auf dem Höhepunkt des Bürgerkriegs in Griechenland, bat mich mein amerikanischer Verbindungsoffizier, Kontakt mit den Rumänen aufzunehmen, damit sie Einfluß auf die Situation in Griechenland ausübten«, erklärte von Bolschwing in dem Gespräch. »Im Lauf dieser Versuche besuchte ich Herrn Constantin Papanace (einen Minister der Eisernen Garde, dem von Bolschwing während des Krieges das Leben gerettet hatte), der angeblich unter dem Schutz des Vatikans in Rom oder in der Nähe der Stadt lebte ...« Von Bolschwings Kontaktleute in der Eisernen Garde, von denen sich damals einige noch in Rumänien befanden, wurden in von Bolschwings CIA-Spionagenetz Schlüsselfiguren[30].

Von Bolschwing verließ die Organisation Gehlen 1949, wurde aber von den Vereinigten Staaten bei einer neuen, noch geheimeren Operation finanziert. Es gelang ihm, den Amerikanern einzureden, daß feindliche Mächte die ehemaligen Mitglieder von NSDAP und Wehrmacht benutzten, um die Org zu infiltrieren.

»Den Franzosen, Engländern und auch den Russen war eine größere Anzahl [deutscher] Generalstabsoffiziere in die Hände gefallen«, erinnerte sich von Bolschwing später. »Sie wurden alle für Geheimdienstaufgaben eingesetzt. Da ich wußte, wie eng die Verbindung zwischen deutschem Geheimdienst und Generalstab gewesen war, befürchtete ich, daß der Osten uns infiltrieren würde, statt daß wir ihn infiltrierten.« Er erhielt von den Amerikanern Geld, um eine weitere (wenn auch viel kleinere) deutsche Geheimdienstorganisation zu schaffen, die parallel zu Gehlens Org operierte. Sie setzte die Infiltrierung Osteuropas fort und behielt gleichzeitig ein wachsames Auge auf Gehlens Arbeit für seine amerikanischen Schirmherren[31].

Aus bis heute nicht klar ersichtlichen Gründen brachte die CIA 1953 Otto von Bolschwing in die Vereinigten Staaten. Von Bolschwing – ehemaliger SS-Mann, Mitglied der NSDAP und Agent des SD – kam offensichtlich für ein Einreisevisum in die Vereinigten Staaten oder für die amerikanische Staatsbürgerschaft nicht in Frage, und das wußte die CIA. Wie in den Fällen Lebed, Shandruk und Stankiewitsch versuchte die CIA nicht, von Bolschwing »legal« aufgrund des »Hundert-Personen-Gesetzes« einreisen zu lassen. Statt dessen arbeiteten mindestens zwei hohe CIA-Beamte – darunter Everett C. O'Neal, der angeblich seit kurzem Dienststellenleiter auf einem sehr angenehmen Posten ist – einen komplizierten Plan aus, um den ehemaligen Nazi illegal in die Vereinigten Staaten zu zaubern[32].

Nach den Unterlagen der CIA war von Bolschwings vorgesetzten Agenten vor seiner Abreise aus Europa klar, daß sie, wenn sie seine Einreise durchsetzen wollten, die Routinevernehmungen verhindern mußten, denen gewöhnliche Einwanderer unterzogen wurden. »Die Hintergrunduntersuchung des Außenministeriums muß überwacht werden«, beschloß die CIA[33]. Die Agency machte sich an die Arbeit.

Zunächst lieferte sie dem ehemaligen Nazi ein falsches Leumundszeugnis und eine Bestätigung über seinen militärischen Hintergrund, aus denen hervorging, daß keine negativen Informationen über ihn vorlagen. Dann begleitete ein hoher CIA-Beamter von Bolschwing persönlich zum US-Konsulat nach München und überredete den für die Visa zuständigen Beamten dazu, die für die Reise erforderlichen Unterlagen buchstäblich über Nacht auszustellen.

Später intervenierte die Zentrale der Agency in Washington direkt, diesmal beim Außenministerium und beim INS, um sicherzustellen, daß von Bolschwings Einreise in die Vereinigten Staaten glatt ging. In ihrem Brief an das INS behauptete die CIA wahrheitswidrig, daß sie »eine volle Überprüfung des Betreffenden [von Bolschwing] durchgeführt habe«, und »keinen Grund sah, ihn für unzulässig zu halten«[34]. In Wirklichkeit wußte die Agency genau, daß er unzulässig war, deshalb hatte sie ja die militärischen und polizeilichen Unbedenklichkeitsbescheinigungen für ihn anfertigen lassen.

Als von Bolschwing in den USA eintraf, wimmelte es in seinen Reisedokumenten von Widersprüchen, aber die Einwanderungsbehörden ließen ihn trotzdem durch. Sein Paß – eigentlich »ein vorläufiges Reisedokument anstelle eines Passes«, das von der Geschäftsstelle des US-Außenministeriums in Berlin ausgestellt worden war – stand in mindestens fünf Punkten im Widerspruch zu seinem Einreisevisum. Allerdings sprach wenigstens ein Punkt für ihn. In seinem Visum war seine Wohnadresse in den Staaten als »Washington 25« angegeben, ein Postamt des Außenministeriums, das Geheimdienstinsidern als Briefkasten für die CIA und andere Sicherheitsorganisationen bekannt ist. Der amerikanische Bürge auf dem Visumantrag war Oberst Roy Goggin, ein Berufsoffizier des Spionageabwehrkorps der Army, der beinahe ein Jahrzehnt lang eng mit von Bolschwing zusammengearbeitet hat[35].

Sprecher der CIA weigern sich, offiziell etwas über die Affäre von Bolschwing zu sagen. Die wesentlichen Aspekte des Falls sind jedoch durch ein Strafverfahren, das in den siebziger Jahren gegen den ehemaligen Nazi stattfand, durch eine Studie des US-Bundeskontrollamtes (GAO) über die Einwanderung von Nazis in die Vereinigten Staaten und durch einen Bericht über die Ermittlungen, die Peter Carey vom *San José Mercury News* und der Autor durchgeführt haben, an die Öffentlichkeit gedrungen[36]. Je mehr über diese Episode bekannt wird, desto ernster werden die Hintergründe.

Fangen wir mit der positivsten Darstellung der Angelegenheit an: Die »offizielle« Version der CIA lautet, ja, sie hat von Bolschwing Ende 1953 in die Vereinigten Staaten gebracht, und sie wußte damals, daß er unter anderem SS-Mann, ehemaliger SD-Agent und ein Funktionär der NSDAP gewesen war. Aber sie wußte angeblich nicht, daß er ein Kriegsverbrecher war. Das ist die geheime Darstellung, die der Ermittler des GAO John Tipton von der CIA unter der Bedingung erhielt, daß er über von Bolschwings Identität Stillschweigen bewahrte.

(Tipton führte offizielle Ermittlungen über von Bolschwings Einreise in die Staaten, weil der Kongreß Informationen über die Nazis gefordert hatte, die für den US-Geheimdienst arbeiteten.) Tipton erfüllte den Wunsch der CIA nach Geheimhaltung und bezeichnete von Bolschwing in seinem Bericht an den unparteiischen Ausschuß des Senats als »Staatsbürger C«[37]. Die CIA gab sogar Tiptons Studie offiziell frei, bevor sie der Öffentlichkeit vorgelegt wurde. Doch obwohl Tipton versuchte, von Bolschwings Identität geheimzuhalten, steht fest, daß der »Staatsbürger C« in seinem Bericht in Wirklichkeit Otto von Bolschwing ist[38].

Die geheime Komplizenschaft der CIA ist an sich empörend. Seit wann, wenn man fragen darf, gilt es als annehmbar, SS-Männer, SD-Agenten und Veteranen der NSDAP in die Vereinigten Staaten zu schmuggeln, solange »wir nicht wußten«, daß sie Kriegsverbrecher sind? Nach welchen Kriterien wurden die Beweise bewertet, aufgrund derer entschieden wurde, wer ein »mutmaßlicher« Kriegsverbrecher war und wer nicht? Wenn man in Betracht zieht, daß Otto von Bolschwing praktisch von Jugend an beinahe ausschließlich als bezahlter Funktionär des Sicherheitsdienstes der NSDAP und des Polizeiapparates der SS gearbeitet hat – was laut Nürnberger Militärgerichtshof an sich als Verbrechen gilt –, dann stellt die Weigerung der CIA, auch nur anzunehmen, daß er Verbrechen gegen die Menschlichkeit begangen haben könnte, eine Unschuldsvermutung von erschreckender Großzügigkeit dar.

In Wirklichkeit ist jedoch die Behauptung der Agency, als von Bolschwing in die Staaten einreiste, habe sie »nicht gewußt«, daß er Kriegsverbrecher war, höchstwahrscheinlich eine Lüge. Jeder, der die erbeuteten SS-Akten im Berliner Document Center auch nur routinemäßig durchsieht, muß erkennen, daß von Bolschwing am Bukarester Pogrom beteiligt war, ganz zu schweigen von den viel umfassenderen Unterlagen über die Bukarester Ereignisse, die sich im Besitz der CIA befinden.

Und wenn die Agency diese Beweise infolge eines Fehlers übersehen hatte, warum verhinderte sie dann bewußt jede andere Untersuchung der Aufrichtigkeit des ehemaligen SS-Mannes? Daß sie die routinemäßige Visumprüfung im Fall von Bolschwing verhinderte, ist ein Beweis dafür, daß hier mehr als nur eine naive Unschuldsvermutung im Spiel war. Erstens war es an und für sich unzulässig, die Visumüberprüfung des Außenministeriums abzublocken. Warum machte sich zweitens die CIA die Mühe, die Untersuchung des Außenministeriums zu »kontrollieren«, wenn sie sich nicht Sorgen darüber machte, was dabei ans Licht kommen könnte? Die Folgerung ist unvermeidlich: Die CIA glaubte oder wußte vermutlich sogar, daß von Bolschwing in Kriegsverbrechen verstrickt war, und befürchtete, daß dies durch eine kurze Überprüfung seines Visumansuchens herauskommen könne.

Die Fälle von SS-Veteranen wie Alois Brunner und Otto von Bolschwing beleuchten die merkwürdige Entwicklung der Beziehungen des US-Geheimdienstes zu ehemaligen Angehörigen der NS-Geheimdienste. Als von Bolschwing 1953 in die Vereinigten Staaten einreiste, hatte sein ehemaliger Gönner Reinhard Gehlen aus seiner amerikanischen Unterstützung Kapital geschlagen und erreicht, daß er de facto als der offizielle Geheimdienst der Bundesrepublik anerkannt wurde. CIA-Chef Allen Dulles mochte Gehlen aus dem einfachen Grund, weil er brauchbare Resultate brachte. Gehlens Geheimdienstmitarbeiter in Osteuropa schienen solid zu sein, und seine Kontakte in den deutschsprachigen Enklaven in Südamerika, dem Nahen Osten und Afrika hatten nicht ihresgleichen. Seine Org half den Vereinigten Staaten auch, verschlüsselte Informationen zu verwerten, obwohl seine Arbeit auf diesem Gebiet noch nicht an den britischen Standard heranreichte. Er erbrachte alle diese Dienste und noch mehr, und das Ganze zu einem vernünftigen Preis.

Falls sich in Gehlens Zentrale in Pullach ehemalige SS- und Gestapoleute befanden, wollten die hochrangigen Angehörigen der amerikanischen Geheimdienste nicht allzuviel über sie erfahren, damit sie nicht gezwungen waren, etwas zu unternehmen. »Ich weiß nicht, ob er ein Schuft ist«, sagte Dulles von Gehlen. »Bei der Spionage gibt es nur wenige Erzbischöfe ... Außerdem muß man ihn ja nicht in den Klub einladen[39].«

Ein Zwischenfall veranschaulicht deutlich die Machtposition der Organisation Gehlen in Washington während der Amtszeit von Allen Dulles als Direktor der CIA. Im Oktober 1954 besuchte Kanzler Konrad Adenauer die Vereinigten Staaten, während heikle Verhandlungen über Deutschlands Vollmitgliedschaft in der NATO im Gang waren. Bei einem diplomatischen Empfang erklärte der damalige Leiter des US-Army-Geheimdienstes, General Arthur Trudeau, dem Kanzler persönlich, daß er »dieser schaurigen Nazibande in Pullach« nicht traue[40]. Er deutete an, daß es klug von den Deutschen wäre, wenn sie reinen Tisch machten, bevor sie in die NATO aufgenommen würden. Der Zwischenfall sickerte in die Presse durch, und Allen Dulles tobte. Beim darauf folgenden Wirbel wurde General Trudeau von dem zu ihm stehenden Gemeinsamen Oberkommando unterstützt, während Dulles seinen Bruder, den damaligen Außenminister John Foster Dulles, zu Gehlens Verteidigung herbeizitierte. Als sich der Staub legte, war Gehlen zum Leiter der neuen offiziellen westdeutschen Geheimdienstorganisation, des Bundesnachrichtendienstes (BND), ernannt worden, und Trudeau war unvermittelt aus dem Geheimdienst ausgeschieden und hatte ein weniger im

Licht der Öffentlichkeit stehendes Kommando im Fernen Osten übernommen. Einige Jahre später zog er sich unauffällig vom Militär zurück[41].

Wie gefährlich es rein vom praktischen Standpunkt aus war, daß sich Gehlen hauptsächlich auf ehemalige Mitglieder des NS-Geheimdienstes stützte, zeigte sich erst fast ein Jahr später, als sich herausstellte, daß der Chef von Gehlens Spionageabwehrabteilung ein sowjetischer Spion war. Ironischerweise hatte die Sowjetunion ausgerechnet die Kameradschaft und das Vertrauen unter den Nazis in der Org ausgenutzt, um sie zu infiltrieren. Dieser besondere Fall sticht deshalb hervor, weil dieser Spion den westlichen Geheimdiensten weitreichenden Schaden zugefügt hat; man könnte aber natürlich auch viele unbedeutendere Beispiele zitieren. Der Name des sowjetischen Doppelagenten – ein ehemaliger SS-Obersturmführer, der 1938 in der sogenannten Kristallnacht Nazibanden angeführt hat, die Geschäfte plünderten und Tempel in Brand steckten – ist Heinz Felfe.

Felfe wäre nie in die Organisation Gehlen aufgenommen worden, wenn er nicht Nazi und SS-Mann gewesen wäre. Er wurde 1951 vom SS-Veteranen Hans Clemens geworben, der seinerzeit vom ehemaligen SS-Standartenführer Willi Krichbaum ausgesucht worden war; dieser wieder gehörte zum ursprünglichen Kreis der NS-Offiziere der Org, die Gehlen 1946 persönlich angeworben hatte. Krichbaum war damals Hauptorganisator in Bad Reichenhall und verließ sich beim Auffinden und der Einstellung neuer Agenten auf Referenzen von SS- und SD-Veteranen. Doch nun weiß man, daß der SS-Mann Clemens sowjetischer Spion war, und sobald sich Clemens an Bord befand, holte er Felfe[42] nach. Felfes Motiv für seine Spionagetätigkeit für die Russen dürfte vor allem die ideologische Unterstützung des Kommunismus in Verbindung mit Geldgier gewesen sein, obwohl es bekanntlich sehr schwierig ist, die komplizierten psychologischen Vorgänge im Gehirn eines Doppelagenten zu erfassen.

Felfe benützte seine Nazireferenzen, um das Vertrauen anderer Führer der Organisation zu gewinnen. Die Sowjets sorgten getreulich für ihren Mann und lieferten ihm ausreichend frisierte Informationen, so daß er angeblich wichtige russische Spione entlarven und scheinbar auch detaillierte Informationen über den ostdeutschen Geheimdienst beschaffen konnte. Felfe wurde dank seiner ausgezeichneten Leistungen bald zu einem von Gehlens Lieblingen, der ihn zum Leiter der antirussischen Spionageabwehrabteilung der Organisation ernannte. Später erhielt Felfe weitreichende Vollmachten für die Verbindung zur CIA und zu anderen Spionagegruppen des Westens, und Gehlen übertrug ihm sogar die Aufsicht über seine eigenen Versuche, Spione des Ostblocks in der Organisation zu entlarven.

Felfe hatte Zugang zu allen Aspekten des westdeutschen Geheimdienstes. Falls es Geheimnisse gab, die er übersehen hatte, dann nur deshalb, weil es eine menschliche Grenze dafür gibt, wieviel Informationen ein Mann innerhalb von zehn Jahren beschaffen kann. Als er endlich durch die Entschlüsselung eines aufgefangenen Funkspruchs enttarnt wurde, hatte er bereits Hunderte der noch existierenden Agentennetze der Org in Osteuropa vernichtet. Sein Verrat führte zu der Festnahme von beinahe hundert hohen Gehlen-Agenten; außerdem hatte er Codes, Nachrichtenverbindungen und Kurierkanäle verraten, auf die sich Gehlen und die Amerikaner verließen, wie sich beim Spionageprozeß gegen ihn herausstellte[43]. Und außerdem hatte Felfe dem Westen so viele ungenaue und zweifelhafte Informationen über Sowjetagenten in die Hände gespielt, daß wesentliche Teile der westdeutschen und amerikanischen Spionageabwehr vollkommen neu aufgebaut werden mußten.

Der Fall Felfe und die Affäre Philby in England, die etwa ein Jahr später ans Tageslicht kam, versetzten die CIA in Panik. Die interne deutsche Aufstellung des Schadens, den Felfe angerichtet hatte, belief sich auf Zehntausende Seiten, und das Geld, das erforderlich war, um die Netze wieder zu knüpfen, die er an die Sowjets verraten hatte, betrug sicherlich viele Millionen Dollar. Die angeblich sichere Bruderschaft der deutschen Geheimdienstspezialisten, für deren Errichtung die CIA soviel Geld ausgegeben hatte, erwies sich als Kartenhaus, und der amerikanische Entschluß, wegzusehen, wenn die Organisation Gehlen SS-Männer anwarb, war ein wesentlicher Faktor für den Fehler. Die Affäre Felfe ist ein wichtiger Hinweis darauf, daß das CIA-Projekt, Nazis zu verwenden – selbst wenn man die Frage der Moral beiseite läßt –, den Vereinigten Staaten nie den praktischen Nutzen brachte, den seine Befürworter sich versprochen hatten.

Doch als Felfe verhaftet wurde, war die Verpflichtung der CIA Gehlen gegenüber bereits Teil der hohen Politik. Der magere deutsche General hatte die angenehme Stellung des Geheimdienstleiters eines der wichtigsten Verbündeten der USA erreicht. Die CIA konnte wegen der Affäre Felfe nur sehr wenig unternehmen; sie mußte sie durchstehen und die Enthüllungen, die sich daraus ergaben, für die Verbesserung der US-Spionageabwehr nutzen. Trotz der Felfe-Enthüllungen blieb Gehlen sakrosankt. Er wurde nicht aus seinem Amt entlassen. Eine kurze Säuberung förderte eine Handvoll ehemaliger Nazis zutage, die in der Affäre Felfe mit drinsteckten. Dazu wurden noch einige andere hinausgeworfen, darunter Brunner, dessen Vergangenheit als Massenmörder einfach zu belastend war, als daß man sie außer acht lassen konnte[44].

Die Säuberung als Folge der Affäre Felfe und die Bemühungen der CIA, ihre Verbindungen zu Brunner und von Bolschwing zu verschleiern, haben eine weitere wichtige Tatsache zutage gefördert: Ein beträchtlicher Teil der amerikanischen Öffentlichkeit spricht sich seit langem gegen die Verwendung von Nazis und Kriegsverbrechern bei Geheimoperationen aus. Wenn in der Vergangenheit spezifische Fälle dieser Art ans Licht gekommen sind, wie bei der Affäre Felfe, hat der Druck der Öffentlichkeit die CIA und sogar die Organisation Gehlen gezwungen, wenigstens einige der ehemaligen Nazis, die sie beschäftigten, fallenzulassen. Daß die Verwendung von Nazis bei fragwürdigen und vermutlich ungesetzlichen Geheimoperationen durch die CIA öffentlich verurteilt wird, ist nicht einfach das Produkt des heutigen Überdenkens der Geheimdienstpraktiken in Amerika, noch ist es ex post facto moralisch, heute gegen solche Affären Stellung zu nehmen. Die Verwendung von Nazis gilt heute allgemein als Schande, zumindest außerhalb der elitären Regierungskreise der nationalen Sicherheit, und aus diesem Grund versucht die Regierung heute noch, solche Praktiken zu verheimlichen.

Doch die Enthüllungen der Affäre Felfe lagen noch in weiter Zukunft, als Präsident Eisenhower und sein Nationaler Sicherheitsrat 1954 NSC 5412 und die damit zusammenhängenden Maßnahmen billigten, die für den Rest der Amtszeit die Geheimoperationen der USA bestimmten. Wie bereits gesagt, stellte dieser Beschluß eine Neufassung von Trumans Anweisung für den Krieg der Geheimdienste NSC 10/2 dar, und NSC 5412 bestätigte neuerlich, daß »Untergrund-Widerstandsbewegungen, Guerillas und Emigranten-Befreiungsgruppen«[45] die Hauptkräfte der geheimen paramilitärischen Projekte sein würden. Diese Anweisungen lieferten den strategischen Grundriß, nach dem sowohl die Naziprogramme als auch die rhetorische Verpflichtung der Regierung zur Befreiung Osteuropas ausgeführt werden sollten.

Die Untergrundstreitkräfte von NSC 5412 sollten sozusagen beweisen, daß auch bellende Hunde beißen; sie waren bewaffnete Gruppen, die in den Satellitenstaaten Volksaufstände auslösen und dadurch den Kommunismus in Osteuropa »zurückwerfen« sollten. Mitte 1956 fand der Leiter der Geheimoperationen der CIA, Frank Wisner, die Zeit zum Handeln sei gekommen.

SIEBZEHNTES KAPITEL

Das Ende der »Befreiung«

Für das »Befreiungs«-Programm, das den politischen Rahmen für die Rekrutierung der ehemaligen Nazis geliefert hatte, kam im November 1956 in Ungarn die Stunde der Wahrheit. Unter der Leitung von Frank Wisner hatten in der ersten Hälfte der fünfziger Jahre Radio Freies Europa und Radio Liberation ihrer osteuropäischen Zuhörerschaft das Befreiungsthema eingehämmert. Die Lauscher erfuhren, daß Amerika entschieden für die Freiheit der sowjetischen Satellitenstaaten eintrat, daß die US-Regierung davon überzeugt war, daß diese Freiheit »bald« kommen würde, und daß die USA bereit waren, das Ihre dazu beizutragen. Was das alles hinsichtlich konkreter Hilfe bedeutete, wurde in den Sendungen nie genau erläutert, aber der Ton ließ keinen Zweifel daran, daß die Amerikaner *etwas tun* würden.

Die Unzufriedenheit in den Satellitenstaaten, die man mit diesen Sendungen ansprechen wollte, war sehr real; die anschließenden Revolten in Polen, Ungarn und schließlich in der Tschechoslowakei belegen das. Doch die Anhänger der Befreiung hatten das Gleichgewicht der internationalen Macht vollkommen falsch eingeschätzt. Um es ganz klar auszudrücken: die Sowjets waren bereit, einen Atomkrieg zu führen, um ihre Satellitenstaaten in ihrer Gewalt zu behalten. Obwohl sich die Amerikaner rhetorisch zur Befreiung verpflichtet hatten, waren sie nicht bereit, zu diesem Zweck den dritten Weltkrieg zu beginnen

Die tragische Geschichte der Ereignisse in Ungarn ist oft erzählt worden. Zehntausende Studenten und Arbeiter stürmten auf die Straße, steckten die örtlichen Zentralen der Kommunistischen Partei in Brand, besetzten Rundfunkstationen und errichteten Barrikaden. Tausende ungarischer Soldaten und Offiziere schlossen sich ihnen an. Mit Panzern, Maschinengewehren und sogar Düsenjägern ausgestattete sowjetische Eliteeinheiten drangen in Budapest ein, um den Aufruhr zu unterdrükken. Nicht ausgebildete Zivilmilizen, die nur Benzinbomben und eine Handvoll Gewehre aus dem Arsenal der örtlichen Polizei besaßen, stellten sich ihnen entgegen und hielten ihnen sogar eine Zeitlang stand.

Eine der ersten Maßnahmen der Sowjets nach ihrer Invasion war die Unterbrechung aller Telefonverbindungen von und nach Budapest, so daß die Rebellion von der Außenwelt abgeschnitten war. Doch wegen eines merkwürdigen Versehens vergaßen sie, die Fernschreibverbindungen der Zeitungen zu unterbrechen, und die Grabrede der Befreiungspolitik wurde von diesem Medium geschrieben:

Die russischen Gangster haben uns verraten; sie eröffnen das Feuer auf ganz Budapest! Bitte unterrichtet Europa und die österreichische Regierung ...

Das war die Botschaft der Rebellen, die die Büros der staatlichen ungarischen Nachrichtenagentur besetzt hatten, an Associated Press. *Wir liegen unter schwerem Maschinengewehrfeuer ... besitzen Sie Informationen, die Sie weitergeben können? ... Sagen Sie es mir, dringend, dringend!*

Es folgte eine Pause.

Gibt es Nachrichten über Hilfe? Rasch, rasch, wir haben keine Zeit zu verlieren, keine Zeit zu verlieren.

Die Verbindung brach ab. Kurz darauf erwachte jedoch die Fernschreibverbindung zwischen dem Wiener Büro von AP und einer zweiten ungarischen Zeitung zum Leben.

SOS SOS SOS hämmerte der Fernschreiber. *Die Kämpfe kommen immer näher, und im Gebäude gibt es nicht genügend Maschinenpistolen*, berichtete Budapest. *Ich weiß nicht, wie lange wir standhalten können ... in der Nähe schlagen schwere Granaten ein ...*

Was machen die Vereinten Nationen? Gebt uns ein wenig Hoffnung.

Wir haben gerade das Gerücht gehört, daß in ein oder zwei Stunden amerikanische Truppen hier sein werden ...

Wie die meisten Gerüchte im Krieg stimmte auch dieses nicht. Es gab in Ungarn keine amerikanischen Soldaten.

Augenblicke später kam folgender Text über das UPI-Kabel: *Lebt wohl, Freunde, lebt wohl, Freunde, Gott sei unseren Seelen gnädig, die Russen sind zu nahe*[1].

Die Verbindung wurde unterbrochen.

Nach zeitgenössischen Berichten wurden mindestens 15 000 Menschen, darunter etwa 3 000 russische Soldaten, während der Kämpfe getötet[2].

Die Vereinigten Staaten schnaubten über Radio Freies Europa vor Wut. Wisner und ein großes Team von CIA-Agenten besetzten persönlich die österreichisch-ungarische Grenze, halfen den Flüchtlingen, rekrutierten

Agenten und strahlten über Geheimsender Botschaften aus. Bei den Vereinten Nationen wurden die üblichen Proteste eingebracht. Doch zur Zeit des Aufstandes waren die westlichen Verbündeten in den Streit um den Suezkanal verstrickt, und niemand wollte sich wegen Ungarn mit den Russen anlegen. Die Befreiungsrhetorik der republikanischen Administration hatte sich als leeres Gerede entlarvt.

Die von der Agency finanzierten Emigrantenorganisationen der Nazikollaborateure spielten bei den ungarischen Ereignissen wieder eine äußerst kontraproduktive Rolle. Nach dem Fehlschlagen des Aufstandes kam es zu beträchtlichen Kontroversen darüber, ob die Vereinigten Staaten die Aufrührer in Budapest leichtfertig zu der Annahme verleitet hätten, daß Amerika sie militärisch unterstützen würde. Viele antikommunistische ungarische Flüchtlinge beschuldigten erbittert die USA, daß solche Versprechungen – die angeblich von Radio Freies Europa ausgestrahlt worden waren – zu beträchtlichem, unnötigem Blutvergießen geführt hätten, weil die Rebellen in der irrigen Hoffnung, internationale Hilfe sei unterwegs, bis zum letzten Mann standhielten[3].

Eine interne Untersuchung und eine Studie der deutschen Regierung sprachen Radio Freies Europa größtenteils von dieser Anschuldigung frei. Die CIA benützte diese Unterlagen, um Untersuchungsausschüssen des Kongresses zu versichern, daß die Vereinigten Staaten nicht unzulässigerweise in die ungarischen Ereignisse eingegriffen hatten[4].

In Wirklichkeit war die irreführende Behauptung, daß amerikanische Militärhilfe unterwegs war, tatsächlich gesendet worden, jedoch nicht von Radio Freies Europa. Einer Sonderuntersuchung des Europarates zufolge hatte die nationalistische russische Organisation NTS auf dem Höhepunkt der Revolution diese unüberlegten Versprechungen nach Ungarn ausgestrahlt. Die NTS betrieb nämlich sporadisch einen Geheimsender namens Radio Freies Moskau, der sich an die sowjetischen Truppen in Ostdeutschland wandte. Wie bei anderen NTS-Projekten zu jener Zeit bestand die Belegschaft von Radio Freies Moskau hauptsächlich aus ehemaligen Nazikollaborateuren – denn in den fünfziger Jahren stellten sie praktisch die gesamte Führerschaft der NTS – und wurde fast ausschließlich von der CIA finanziert. Es ist nicht bekannt, ob die Agency die Ausstrahlung der falschen Versprechungen über die amerikanische Hilfe während der Krise direkt genehmigt hat[5].

Die praktischen Folgen der Förderung der NTS-Extremisten durch die CIA bei dieser verhängnisvollen Fehlmeldung erinnern in vieler Hinsicht an die früheren Ereignisse in der Ukraine. In beiden Fällen haben die USA, indem sie heimlich Gruppen finanzierten, die den Sowjets den Kampf angesagt hatten, aus ihnen Agents provocateurs gemacht, was zu weiterem Blutvergießen und verstärkter Unterdrückung geführt hat. Die ersten Opfer waren die ahnungslosen Einwohner der Länder, denen die USA angeblich beistehen wollten. Natürlich verwendeten die Vereinigten Staaten bedenkenlos das Propagandamaterial, das ihnen die brutale sowjetische Invasion in Ungarn lieferte, genau wie sie es in der Ukraine getan hatten. Doch keine dieser Krisen war dem langfristigen – und fundamentalen – Interesse der USA an gefestigten, unabhängigen Staaten in Osteuropa förderlich.

In den an die Öffentlichkeit gedrungenen Beschlüssen der hohen US-Politik über Geheimoperationen ist weder von der NTS noch von Lebed, von Bolschwing, Ostrowsky und den übrigen mutmaßlichen Kriegsverbrechern die Rede, die während des kalten Krieges in die Vereinigten Staaten gelangt waren. Die Geheimoperationen der Regierung zielten wie immer vorrangig auf die Unterstützung von prowestlichen Kräften in kommunistischen Staaten und nicht auf die Unterstützung ehemaliger Faschisten ab.

Doch die Tatsache bleibt, daß Quisling-»Exilregierungen« häufig die Hauptnutznießer der Strategie des Krieges der Geheimdienste waren. Diese Praxis wurde allmählich so wenig verschleiert, daß jedem Wissenschaftler, Journalisten oder Politiker, der halbwegs über die Ereignisse des Zweiten Weltkriegs informiert war, klar sein mußte, daß irgendwer die politischen Aktivitäten der ehemaligen Faschisten und extrem nationalistischen Emigrantenführer, die irgendwie in die Vereinigten Staaten gelangt waren, finanzierte. Der politische Tenor dieser Zeit hat aber offenbar dafür gesorgt, daß solche Fragen selten den Weg in die offizielle politische Diskussion oder in die Medien gefunden haben.

Ein gutes Beispiel dafür, wie diese Selbstzensur funktioniert und zu welchem politischen Blowback sie geführt hat, ist der Fall der unterdrückten europäischen Nationen (ACEN). Die ACEN wurde von 1954 an zum Musterbeispiel der zahlreichen Emigrantenprojekte der CIA in den USA. Obwohl in den fünfziger Jahren verheimlicht wurde, daß die CIA die ACEN direkt finanzierte und aufbaute*, war ziemlich klar, daß die US-Regierung das Projekt kräftig unterstützte. Die ACEN war eine Mini-UNO, die aus hervorragenden Vertretern des osteuropäischen Lebens bestand, lautete die offizielle Version. Im Gründungsdokument der Organisation heißt es: »...können die Anstrengungen der legitimen Vertreter dieser Nationen, die alle demokratischen politischen Trends und Gruppierungen repräsentieren, dauerhaft und bleibend vereint werden[6].«

Die ACEN sollte vor allem seriös wirken. Ihre Aufgabe bestand darin, den Statements der kommunistischen UNO-Delegierten aus der Tschechoslowakei, aus Polen und anderen Satellitenstaaten polemisch zu begegnen. Ihre Sitzungen fanden parallel zu jenen der UNO im eleganten Carnegie Endowment International Center auf der UN-Plaza statt, sie behandelte oft die gleichen Themen und versuchte, die sowjetischen Behauptungen über Demokratie und Freiheit in den Satellitenstaaten zu widerlegen. Die *New York Herald Tribune* begrüßte ihre Gründung als »Sammelpunkt für die verschütteten Hoffnungen und Wünsche unterdrückter Völker ... eine Stimme, die die Aufmerksamkeit der übrigen Welt erregen soll«. Ähnliche überschwengliche Leitartikel erschienen in der *New York Times*, dem *Christian Science Monitor* und vielen anderen Zeitungen und Magazinen[7].

Doch sogar in diesem sorgfältig lancierten Projekt arbeiteten in verschiedenen Delegationen ehemalige Naziquislinge an leitender Stelle. Die Organisation der albanischen Kollaborateure Balli Kombetar kontrollierte das entscheidende politische Komitee der ACEN während des größten Teils der fünfziger Jahre. Auch in der litauischen Delegation verfügten ehemalige Nazikollaborateure über großen Einfluß, und das gleiche gilt für die Beobachtergruppe mit dem schönen Namen Liberale Demokratische Union von Zentral-Ost-Europa – eine weitere politische Emigrantenvereinigung, die hauptsächlich von der CIA finanziert wurde. Der Lette Alfreds Berzins (der ehemalige nazifreundliche Propa-

---

* 1972 gab eine Forschungsstudie des Kongresses endlich zu, daß die CIA dieses Unternehmen unterstützt hatte. Vielen Beobachtern war diese Tatsache jedoch schon früher bekannt, weil in den nicht geheimen Jahresberichten des Komitees für ein freies Europa offen erwähnt wurde, daß die Aktivitäten der ACEN aus RFE-Mitteln finanziert wurden.

gandaminister) hatte die Leitung des »Deportations«-Komitees der ACEN inne, wobei sie sich mit der Deportierung von lettischen Nationalisten durch die Sowjets nach Sibirien und nicht mit den Nazideportationen von Juden während des Krieges befaßte. Wie bereits erwähnt, wurde die Internationale Bauernunion bei vielen ACEN-Funktionen durch einen Massenmörder vertreten, der einmal lettischer Polizeichef gewesen war[8].

Es wäre jedoch ein Fehler, die gesamte ACEN als NS-Organisation zu bezeichnen. Die einflußreiche tschechische Delegation stand unter der Leitung antinazistischer (und antikommunistischer) gemäßigter Sozialisten. Die polnische Delegation bestand größtenteils aus der ehemaligen, während des Krieges in London tätigen polnischen Exilregierung sowie aus einer Handvoll überlebender polnischer Untergrundkämpfer, von denen viele im Kampf gegen Deutschland ihr Leben gewagt hatten. Die meisten ungarischen Vertreter waren zweifelsfrei Rechtskonservative, aber offensichtlich keine Kriegsverbrecher[9].

Da diese ACEN-Gruppierungen dominierten und da einige ihrer Spitzenfunktionäre nachweislich Antikommunisten und Antinazis waren, wies die Bewegung der Unterdrückten Nationen für die Medien und das breite Publikum ein durchaus akzeptables Image auf. Außerdem verfügte die ACEN über Geld und Kontakte zu einflußreichen Leuten. Die Gruppe, die sie unterstützten, die Amerikanischen Freunde der Unterdrückten Nationen, stand zum Beispiel unter der Leitung von Christopher Emmet (dem ehemaligen Förderer von Constantin Boldyreff), und zu ihr gehörten so angesehene Leute wie die ehemalige Botschafterin Clare Boothe Luce, der IRC-Vorsitzende Leo Cherne und der bekannte Anwalt Adolf A. Berle jun. an[10].

Doch wie wir gesehen haben, waren andere Mitgliedsgruppen der ACEN dadurch schwer kompromittiert, daß ihre Führer während des Krieges mit den Nazis kollaboriert hatten. Gemeinsam mit einigen der extremen Nationalisten im Lager von Radio Liberation drängten diese Organisationen die ACEN in Koalitionen mit einer anderen osteuropäischen Emigrantenvereinigung, dem neonazistischen Anti-Bolschewistischen Block der Nationen (ABN). Der ABN wurde von den ukrainischen nationalistischen Veteranen der OUN/UPA kontrolliert, und in seinem Vorstand gab es ein halbes Dutzend Nazikollaborateure. Seine

Zeitung, die *ABN Correspondence*, verherrlichte am Völkermord beteiligte Ex-Nazis wie den Ustaschaführer Ante Pavelić und den slowakischen Quisling-Premier Monsignore Jozef Tiso. Alfreds Berzins, der laut US-Regierung ein »fanatischer Nazi« gewesen war, der Unschuldige in die Konzentrationslager geschickt hatte, war Präsident des »Volksrates« des ABN. (Berzins war gleichzeitig als Führer der Letten in der ACEN tätig.) Sein Vizepräsident im ABN war der weißrussische Quisling Radislaw Ostrowsky[11].

Dennoch erhielt der ABN von der radikalen Rechten im Kapitol beträchtliche Unterstützungen. Die mächtige China-Lobby und unter anderem die Senatoren McCarthy und Jenner setzten sich offen für die Gruppe ein und boten ihr Propagandamöglichkeiten. Die Kongreßangehörigen setzten mehrere Untersuchungsausschüsse ein, darunter den Kongreßausschuß für kommunistische Aggression; der Abgeordnete Charles Kersten ermittelte über die sowjetische Rolle beim Massaker von Katyn; der ABN sorgte dabei für die Tagesordnung und stellte beinahe alle Zeugen[12].

Der wichtigste amerikanische ABN-Aktivist war Dr. Edward M. O'Connor vom Nationalen Sicherheitsrat. Wie bereits erwähnt, war O'Connor jener US-Kommissar für Displaced Persons gewesen, der die Gesetzesrevisionen durchgesetzt hatte, dank derer Veteranen der Waffen-SS aus Lettland, Litauen und Estland seit 1951 ungehindert in die USA einreisen konnten. O'Connor übernahm in diesem Jahr einen leitenden Posten im Ausschuß für psychologische Strategie des NSC und war während des Restes der fünfziger Jahre mit den unterschiedlichsten NSC-Aufgaben zur Förderung von Geheimoperationen in Osteuropa beschäftigt. Er war Spezialist für die nationalen Sicherheitsaspekte der Einwanderungspolitik und machte kein Geheimnis aus seiner politischen Vorliebe für die antikommunistischen Emigranten des ABN*. Er war

---

* Später profilierte sich Dr. O'Connor als führender offizieller Sprecher der ukrainischen Emigranten in den Vereinigten Staaten, denen Kriegsverbrechen zur Last gelegt wurden. O'Connor war 1985 einer der Hauptredner bei einer Kundgebung für Iwan Demjanjuk, einem ehemaligen KZ-Wächter im Todeslager Treblinka, der Gefangene in die Gaskammern getrieben hatte. O'Connor behauptete, daß der KGB die Beweise gegen Demjanjuk gefälscht hätte. O'Connors Sohn Mark war übrigens Demjanjuks Verteidiger. Demjanjuk wurde in Israel am 25. April 1988 wegen Verbrechen gegen die Menschlichkeit zum Tod verurteilt. Der Angeklagte blieb bei seiner Darstellung, er

auch Vorsitzender der privaten Unterstützungsgruppe American Friends of the Anti-Bolshewik Bloc of Nations und einer der Gründer des National Captive Nations Committee[13].

Die von der Regierung finanzierte ACEN und der mit ihr teilweise verflochtene ABN verschmolzen allmählich zu einer weit rechts stehenden Fraktion der Republikanischen und in geringerem Umfang auch der Demokratischen Partei. 1960 war die Bewegung der Unterdrückten Nationen dank der Unterstützung durch die Medien und die konservativen Kreise zu einem politischen Machtfaktor geworden. In diesem Jahr waren 84 Senatoren und Kongreßabgeordnete Mitglieder ihres Komitees für die jährliche Parade. Führende konservative Persönlichkeiten wie William F. Buckley jun., Sidney Hook und Fred Schlafly machten öffentlich Reklame für die Veranstaltung. Dutzende Volksgruppenführer, darunter auch prominente jüdische Persönlichkeiten, riefen zum Marsch auf. Der politische Tenor war natürlich tief patriotisch, proamerikanisch und antikommunistisch. Dennoch befanden sich Seite an Seite mit den vorsichtigen Politikern auf der Rednertribüne Leute, die den NS-Völkermord offen entschuldigten[14]. Einer der wichtigsten Organisatoren der Parade im Jahr 1960 war Austin App, ein fröhlicher Amerikaner deutscher Abstammung, dessen Bücher *History's Most Terrifying Peace* und später *The Six Million Swindle* die Grundlage der »Es-hat-den-Holocaust-nie-gegeben«-Schule des historischen Revisionismus bilden[15].

In den fünfziger und sechziger Jahren betätigten sich Aktivisten der ACEN als engagiertes Fußvolk in beinahe jedem in den Vereinigten Staaten vom rechten Flügel veranstalteten Kreuzzug. Sie setzten Hunderte von Demonstranten ein, die während der offiziellen Feiern zum vierzigsten Jahrestag der Oktoberrevolution die sowjetischen Diplomaten mit Eiern und Abfällen bewarfen; sie stellten Streikposten vor Geschäften auf, in denen Waren aus Osteuropa verkauft wurden, und lösten Zusammenkünfte von örtlichen Schulausschüssen mit der Beschuldigung auf, daß die Schulleitungen und die PTA (Lehrer-Eltern-Vereinigung) kommunistisch seien. Es gelang den Aktivisten der Unterdrückten

sei nicht identisch mit jenem »Iwan dem Schrecklichen«, sondern Opfer gefälschter Papiere; die Entscheidung über seine Berufung steht jetzt – August 1988 – noch aus. Edward O'Connor starb am 24. November 1985 im Alter von 77 Jahren.

Nationen, die Bibliotheken mancher Gerichtsbezirke von Büchern zu säubern, die ihrer Meinung nach die UdSSR nicht kritisch genug darstellten.

Die Lobbyisten der Unterdrückten Nationen im Kapitol übernahmen allmählich eine kleine, aber wirksame Rolle in der amerikanischen Außenpolitik. Natürlich konnten sie nicht die Politik der USA mitbestimmen. Aber indem die Führer der ACEN mit von Unternehmen finanzierten Lobbys wie dem für Aufrüstung eintretenden Amerikanischen Sicherheitsrat zusammenarbeiteten, haben sie sich als einflußreiche Störelemente betätigt, die wichtige, von den republikanischen und demokratischen Administrationen unternommene Friedensinitiativen blockieren konnten. Diese Rolle spielen sie immer noch. Einige Jahre später schrieb George Kennan über seine Erfahrungen mit Aktivisten der ACEN: »Es ist ein bekanntes und althergebrachtes Phänomen des amerikanischen politischen Lebens..., daß Volksgruppen dieser Art, die in großen Städten geschlossene Wählergruppen stellen, oft Druck auf einzelne Gesetzgeber und durch sie auf die Regierung der Vereinigten Staaten ausüben können; dieser Einfluß ist viel größer als derjenige einer gleich großen Gruppe einheimischer Staatsbürger[16].« Bereits im Juli 1959 nahm der Kongreß einstimmig eine Resolution an, mit der eine »Woche der Unterdrückten Nationen« gefordert wurde. Die von der CIA finanzierte ACEN unterstützte die Resolution im Kapitol nachdrücklich, wie Senator Charles Mathias aus Maryland berichtet, der Mitglied des Senatsausschusses für auswärtige Beziehungen ist. (Dabei stellt die Verwendung von CIA-Geldmitteln zum Lobbying im Kongreß eine Gesetzesübertretung dar.) Der offen für die Achsenmächte eintretende ABN unterstützte das Gesetz ebenfalls; es gelang ihm, in den Text der Resolution Absätze einzubauen, die die Freiheit für »Nationen« wie Cossackia und Idel-Ural forderten; es handelte sich dabei um fiktive Gebilde, die Hitlers Rassentheoretiker Alfred Rosenberg während des Zweiten Weltkriegs als Propagandamasche erfunden hatte. In der Erklärung des Kongresses wurde auch die Zerstückelung der UdSSR gefordert, indem man die Ukraine, Georgien und Weißrußland aus der sowjetischen »Gefangenschaft befreite«. Wie ein Zeitungskolumnist feststellt, wurde die Resolution vom Kongreß in einem Atemzug mit dem nebenbei erwähnten »Nationalen Hot-Dog-Monat« bekanntgegeben[17].

Doch das Timing der Resolution war bedeutungsvoll, denn sie erwies sich als großer Sieg des harten Kerns der Organisatoren der Unterdrückten Nationen. Vizepräsident Richard Nixon – in Sachen Kommunismus bestimmt kein Liberaler – befand sich damals in Moskau, weil die Republikaner die Ost-West-Kommunikationen zu verbessern und den Rüstungswettlauf für Atomwaffen einzudämmen suchten. Der sowjetische Ministerpräsident Chruschtschow nahm Anstoß an der einstimmig angenommenen Erklärung des Kongresses, die die Auflösung seines Landes forderte, und nützte den Zwischenfall, um die amerikanische Aufrichtigkeit bei den Verhandlungen in Frage zu stellen. Nixon sah sich gezwungen, eine Erklärung zu finden und sich für den Kongreß zu entschuldigen, indem er darauf hinwies, daß nicht einmal Präsident Eisenhower das Timing von Kongreßbeschlüssen beeinflussen könne. »Weder der Präsident noch ich«, meinte Nixon beruhigend, »wären absichtlich dafür gewesen, daß eine solche Resolution kurz vor unserem Besuch in der UdSSR durchgeht[18].« Der Schaden war aber bereits angerichtet.

Laut Senator Mathias gelang es der Bewegung der Unterdrückten Nationen auch, Kennedys und Johnsons Politik des »Brückenbaus« nach Osteuropa Hindernisse in den Weg zu legen; beide Präsidenten hatten gehofft, daß sie durch diese Politik allmählich einen gewissen Einfluß in dem Gebiet gewinnen konnten. Die Organisatoren der Unterdrückten Nationen appellierten an große, für den kalten Krieg eintretende Wählerkreise in den Vereinigten Staaten und forderten sie auf, die Stornierung von namhaften, von der amerikanischen Regierung genehmigten Handelsverträgen mit Jugoslawien, Rumänien und Polen durchzusetzen. George Kennan, der 1961 unter Präsident Kennedy als Botschafter in Jugoslawien in die Regierung zurückgekehrt war, erinnert sich daran, wie die gleiche Volkstums-Koalition den Kongreß dazu zwang, Jugoslawien den Status einer bevorzugten Handelsnation (= die Meistbegünstigung) zu verweigern; dann verhinderte sie die Lieferung von veralteten Düsenjägerersatzteilen, die die Jugoslawen bereits bezahlt hatten. Es entbehrt nicht einer gewissen Ironie, daß die von der CIA finanzierte ACEN den Export der Flugzeugbestandteile verhinderte; die Agency hatte nämlich selbst den Verkauf der veralteten Jagdflugzeuge an die nach Unabhängigkeit strebenden Jugoslawen angebahnt, um dieses

Land von Moskau loszueisen[19]. Als die Amerikaner ihre Zusage für Ersatzteile nicht einhielten, wandte sich Marschall Josip Tito wieder an die UdSSR und reiste nach Moskau. Er wurde am Flugplatz mit Rosen und Militärkapellen empfangen.

Die ACEN hatte in ihren Anfängen wie eine geschickte Propagandamaßnahme als Gegenstück zum Kreuzzug für die Freiheit ausgesehen. Sie entwickelte sich jedoch zu einer weit rechts stehenden politischen Macht, die nicht zu unterschätzen war, denn die radikale Rechte spielt in Washington sehr wohl eine Rolle.

Diese Emigrantenführer sind keineswegs verschwunden, und einige der Gruppierungen haben sogar die Unterstützung der Reagan-Administration erlangt. Die Aktivisten der Unterdrückten Nationen waren im National Republican Heritage Groups (Nationalities) Council (Republikanischer Nationalitätenausschuß), der unter der Leitung des konservativen Aktivisten Frank D. Stella steht, besonders präsent[20]. Diese Nationalitäten-Organisation der Republikaner schließt eine ganze Menge konservativer ethnischer Organisationen und Staatenkoalitionen ein, die zum äußersten rechten Flügel der Partei tendieren. Während die große Mehrheit der in diesem Ausschuß vertretenen Organisationen durchaus seriös ist, ist er dennoch zum guten Nährboden für bestimmte ehemalige Nazikollaborateure geworden, die immer noch in den Einwanderergemeinden als politische Organisatoren aktiv sind.

Vielleicht kommt das daher, daß der Ausschuß Anfang der siebziger Jahre unter der Leitung von Laszlo Pasztor gestanden hat, einem naturalisierten Amerikaner ungarischer Abstammung, der während des Krieges zweiter Sektionschef des am Völkermord beteiligten ungarischen Pfeilkreuzlerregimes von Ferenc Szalasi war. In einem Interview mit dem Reporter Les Whitten bestand Pasztor darauf, daß er während des Krieges an keinen antisemitischen Aktivitäten beteiligt gewesen sei[21]. Außerdem behauptet er, er habe versucht, rechtsextreme Vereinigungen in den Volksgruppen der Republikanischen Partei auszumerzen.

Doch Pasztors »Säuberungsaktion« läßt viel zu wünschen übrig. Der Nationalitätenausschuß der Republikaner hat etlichen selbsternannten Immigrantenführern, die bekannte nazifreundliche Extremisten sind, den Zugang zum Weißen Haus ermöglicht. Der prominente Exponent der bulgarisch-amerikanischen republikanischen Partei Iwan Dotscheff zum Beispiel, der seit Jahren als Funktionär im Volksgruppenausschuß der Republikaner fungiert, hat zugegeben, daß er einmal an leitender Stelle in der Nationalen Legion Bulgariens gearbeitet hat, einer Gruppierung, die der gemäßigtere Bulgarische Nationale Ausschuß in den Vereinigten Staaten als »faschistisch« bezeichnet. Dotscheff war auch zwölf Jahre lang Vorsitzender des einflußreichen New Yorker Ausschusses der Unterdrückten Nationen sowie Präsident der Bulgarischen Nationalen Front, einer extrem rechtsstehenden Emigrantenorganisation, die lange Zeit im offen achsenfreundlichen ABM-Block aktiv war. Dotscheff, der sich selbst als »hundertprozentiger Antikommunist, aber kein Nazi« bezeichnet, wurde einmal von Präsident Richard Nixon ins Weiße Haus zu einem Betfrühstück für die Unterdrückten Nationen eingeladen[22].

Unter den republikanischen Volksgruppen kann man mühelos ein weiteres Dutzend ähnlicher Fälle finden. Die offizielle lettisch-amerikanische Organisation im Nationalitätenausschuß der Republikaner ist die Lettische Amerikanische Republikanische Nationale Föderation, die jahrelang von Davmants Hazners (Präsident) und Ivars Berzins (Sekretär) geleitet wurde. In den siebziger Jahren teilte die Gruppierung ihr Büro und ihren Telefonanschluß in East Brunswick in New Jersey mit dem Komitee für ein freies Lettland. Wie bereits erwähnt, stand letztere Gruppe während beinahe des gesamten vergangenen Jahrzehnts unter der Leitung der uns bereits bekannten Vilis Hazners (Präsident) und Alfreds Berzins (Schatzmeister und Sekretär), obwohl beide von *60 Minutes* und anderen Medien beschuldigt wurden, während des Krieges schwere Verbrechen begangen zu haben. Ihr Mitstreiter Ivars Berzins tritt in letzter Zeit als führender Befürworter der Einstellung der strafrechtlichen Verfolgung von flüchtigen NS-Kriegsverbrechern in den Vereinigten Staaten auf[23]. Es muß hier betont werden, daß es keinen Hinweis dafür gibt, daß Ivars Berzins oder die anderen Führer der lettisch-amerikanischen Gruppe der Republikanischen Partei an irgendwelchen anrüchigen Aktivitäten beteiligt waren. Dennoch gibt die enge Verbindung zwischen diesen beiden Gruppierungen und zwischen ihren Führungsgremien zu der berechtigten Frage Anlaß, wie das politische Programm der republikanischen Organisation wirklich aussehen mag.

Noch beunruhigender ist, daß der Volksgruppenausschuß der Republikanischen Partei in den letzten Jahren bei mindestens drei Anlässen von einem offen nazifreundlichen Aktivisten eingebrachte Resolutionen zu rassischen und religiösen Fragen angenommen hat. Der Verfasser dieser Resolutionen läßt ahnen, welches Ausmaß an rassischem Extremismus die republikanische Organisation in ihren Reihen duldet: Er heißt Nicholas Nazarenko und ist der selbsternannte Leiter der World Federation Cossack National Liberation Movement of Cossackia und der Cossack American Republican National Federation, die ein voll integriertes Mitglied des Volksgruppenausschusses der Republikaner ist. Die Cossack-Organisation der Republikanischen Partei bezeichnet sich als »Division« der Weltföderation und besitzt in Blauwelt im Staat New York die gleiche Führerschaft, den gleichen Briefkopf und das gleiche Postfach wie die Weltföderation. Nazarenko hat in einem Interview mit dem Autor zugegeben, daß er während des Zweiten Weltkriegs in Rumänien lange Zeit die Verhöre von Kriegsgefangenen für die SS durchgeführt hat[24].

Nazarenkos Rede im Jahre 1984 beim Galadiner der Unterdrückten Nationen ließ keinen Zweifel über seinen Standpunkt oder den seiner Zuhörer aufkommen. Er sprach über den, wie er es nannte, Heroismus der osteuropäischen Kollaborateure in den deutschen Legionen während des Krieges und erklärte auch, warum die Nazis seiner Ansicht nach den Krieg verloren haben. »Es gibt eine bestimmte Volksgruppe, die sich heute in Israel niederläßt«, erklärte Nazarenko der Versammlung. »Diese Volksgruppe arbeitet schon immer den Kommunisten zusammen. Sie waren in Deutschland und in allen unterdrückten Nationen die Fünfte Kolonne ... Sie spionieren, verüben Sabotage und tun alles, was dem Interesse Moskaus dient«, behauptete er. »Selbstverständlich mußte man eine natürliche Selbstverteidigung gegen diese Fünfte Kolonne schaffen.« Damit bezog er sich auf die Konzentrationslager der Nazis. »Man mußte sie isolieren. Sicherheit war erforderlich. [Deshalb] wurde die Fünfte Kolonne verhaftet und eingesperrt.

Diese besondere Volksgruppe hat [den] sowjetischen NKWD unterstützt«, fuhr er fort. »Eine Million unserer Leute [wurde] infolge dieser Unterstützung des NKWD vernichtet ... Man hört so viel über den jüdischen Holocaust«, bei diesen Worten bebte sein gelber Schnurrbart, »aber was ist mit den 140 Millionen Christen, Moslems und Buddhisten, die der Kommunismus getötet hat? Das ist der wirkliche Holocaust, und von dem hört man nie etwas[25]!« Die anwesenden Gäste dankten dem am meisten umjubelten Redner des Abends mit begeistertem Applaus.

Es gibt zwischen dem Ausschuß der Unterdrückten Nationen, dem Volksgruppenausschuß der Republikaner und den unterschiedlichsten rechtsstehenden Organisationen, von denen einige Subventionen in Millionenhöhe erhalten und wesentliche Rollen bei den amerikanischen Wahlen spielen, weitreichende Überschneidungen. Etwa 15 Prozent der Mitglieder der Koalition des amerikanischen Sicherheitsrates für Frieden durch Stärke – die mächtige Gruppe, die die erfolgreiche Kampagne zur Einstellung von SALT II angeführt hat – gehören gleichzeitig als Gruppierungen zu den Unterdrückten Nationen. Die Koalition verteilt bei Wahlkampagnen für den Kongreß Hunderttausende von Dollars, die sie von großen Rüstungsunternehmen erhält, an ihre bevorzugten Kandidaten und gilt in Washington als eine der effizientesten für die Aufrüstung eintretenden Gruppen. Cossack-Führer Nazarenko gibt freimütig zu, daß ihm die Koalition für Frieden durch Stärke eine Adressenliste hoher US-Offiziere zur Verfügung gestellt hat, die er bei seiner Propagandatätigkeit für die Unterdrückten Nationen verwendet hat[26].

Doch wichtiger als alle organisatorischen Verbindungen ist die Art, wie das »Befreiungsdenken« in Washington wieder um sich gegriffen hat. Der Reagan-Flügel der Republikanischen Partei unterhält traditionellerweise sehr enge Beziehungen zur Bewegung der Unterdrückten Nationen. Viele Spitzenaktivisten Reagans sind im Lauf ihres Lebens immer wieder für die Befreiungstheorie eingetreten, auch wenn diese 1956 nach dem ungarischen Aufstand an Glaubwürdigkeit verloren hat.

Präsident Reagan hat 1983 dem Theoretiker der Befreiung (und ehemaligen Berater für das Emigrantenprogramm der OPC/CIA) James Burnham die Freiheitsmedaille, die höchste zivile Auszeichnung des Landes, verliehen. Burnhams Befreiungsanalyse hat die Art, wie Amerika sich und die Welt sieht, »tiefgehend beeinflußt«, erklärte Reagan bei der Verleihungszeremonie pathetisch. »Und ich stehe persönlich in seiner Schuld«, fuhr der Präsident fort, »weil ich ihn in den Jahren, in denen ich auf Wahlkampagne herumgereist bin, immer wieder zitiert habe[27].«

Heute hat die Reagan-Administration die Befreiungstheorie auf den neuesten Stand gebracht, damit sie auf Krisenherde der achtziger Jahre wie Angola und Nikaragua anwendbar ist. Die vom Präsidenten unterstützte CIA gibt über 600 Millionen Dollar jährlich aus, um 80 000 bis 100 000 antikommunistische »Freiheitskämpfer« mit Waffen, Nachschub und sogar hochmodernen Stinger-Fliegerabwehrraketen auszurüsten. Diese wieder aufgefrischte Strategie des kalten Krieges, die manchmal als Reagan-Doktrin bezeichnet wird, ist auch zum entscheidenden Prüfstein republikanischer Strenggläubigkeit geworden, schreibt der politische Analysator der *Washington Post,* Sidney Blumenthal[28]. Die wahren Gläubigen am rechten Flügel benützen Abstimmungen über die finanzielle Unterstützung von »Freiheitskämpfern« wie den starken Mann der angolanischen Rebellen, Jonas Savimbi, um die gemäßigten Republikaner zu Konzessionen zu zwingen und um ihre Partei weiter nach rechts zu drängen. Das Ziel der neuen Vertreter der Befreiung, schreibt Blumenthal, besteht darin, »daß kein Republikaner, der ihrer Ideologie nicht Treue geschworen hat, für die Präsidentschaft nominiert wird«.

Das Ideal der Befreiung ist »die permanente Gegenrevolution«, wie es Blumenthal ausdrückt, ein lange währender Konflikt mit der UdSSR, der zu einer endgültigen entscheidenden Kraftprobe führt, bei der der Kommunismus von der Erde getilgt wird. Es handelt sich dabei nicht einfach um eine »Naziidee«, noch kann man die Leute, die dieses Ideal unterstützen, durch die Bank als Nazis oder Nazisympathisanten bezeichnen. Blumenthal führt zum Beispiel viele Elemente von Burnhams Freiheitstheorie auf dessen Flirt mit dem Trotzkismus in den dreißiger Jahren zurück.

Doch die Tatsache bleibt, daß Ideen und Theorien genau wie Völker eine Geschichte haben. Sie sind die Produkte besonderer Umstände und kritischer Phasen im zivilisatorischen Prozeß. Burnhams Theorien beruhten auf seiner Arbeit mit Emigranten während der Anfangsjahre des American Committee for Liberation, des Radio Liberation und ähnlicher Projekte, bei denen aus dieser Generation von »Freiheitskämpfern« zahlreiche Nazikollaborateure angeworben wurden. Burnham spricht äußerst lobend von Deutschlands politischer Kriegführung in der Ukraine und Weißrußland; erst Hitlers spätere Fehler hätten seine Ostpolitik zum Scheitern gebracht, schreibt er in *Containment of Revolution*[29]. Die wahren Ursprünge der Befreiung als einheitliche Philosophie liegen in Nazideutschland und in der politischen Kriegführung der Nazis an der Ostfront und sonst nirgends.

Heute können die Aktivisten der Befreiung meist auf ein recht anspruchsvolles Programm hinweisen und verfügen über genügend Einfluß, um jährliche Gedenkfeiern der Unterdrückten Nationen zu veranstalten, bei denen der Präsident oder der Vizepräsident der Vereinigten Staaten als Gastgeber fungieren[30]. Ihre politischen Standpunkte sind nicht gänzlich unvernünftig: Zum Beispiel unterstützen die meisten Aktivisten der Unterdrückten Nationen eine Verbesserung der Menschenrechte innerhalb des sowjetischen Blocks, obwohl ihr Ruf in bezug auf Bürgerrechte innerhalb der Vereinigten Staaten oder Menschenrechte in den lateinamerikanischen Staaten keineswegs beispielhaft ist. Der Standpunkt aber, an den sie sich um jeden Preis klammern, ist eine unversöhnliche Paranoia der UdSSR gegenüber, die keine Verträge über Rüstungsbeschränkungen, keine Handelsbeziehungen und prinzipiell keinerlei Kooperation zwischen Ost und West, sondern nur die unbarmherzige Vorbereitung auf den Krieg zulassen würde.

Die Narben, die die geheimen antikommunistischen Emigrantenprogramme im Leben in den Vereinigten Staaten hinterlassen haben, reichen wesentlich tiefer als die Entlassung des ehemaligen Direktors der Stimme Amerikas, Charles Thayer, Anfang der fünfziger Jahre oder die Tatsache, daß einige Nazis der Gerechtigkeit entgangen sind. Der kalte Krieg – und damit vieles, was sich indirekt aus ihm ergeben hat – sollte heute aufgrund der Tatsachen, die allmählich über die Geheimaktivitäten dieser Zeit ans Licht kommen, neu überdacht werden.

Bei vielen, wenn auch natürlich nicht bei allen Geheimoperationen der USA jener Zeit wurden Nazikollaborateure eingesetzt, und um diesen Aspekt des Krieges der Geheimdienste geht es hier. Die grundlegende Rechtfertigung dafür, daß man Nazis bei Geheimoperationen verwendet hat, lautete immer, daß dies den Vereinigten Staaten Vorteile in ihren internationalen Beziehungen gebracht und daß man damit »künftigen amerikanischen Interessen« den Vorrang vor »dem Genuß der Rache« eingeräumt habe. In Wirklichkeit aber haben sich diese Affären langfristig – und oft auch kurzfristig – zum Schaden der Vereinigten Staaten ausgewirkt. Der negative Blowback der US-Operationen, in denen Nazis und Kollaborateure verwendet wurden, kann in sechs Kategorien unterteilt werden. Chronologisch gesehen stammt die erste aus dem erbitterten West-Ost-Wettstreit um die Rekrutierung von deutschen Wissen-

schaftlern und Geheimagenten. Der Kampf um diese Geheimdienstmitarbeiter trug überraschend viel zum Abbröckeln des Vertrauens zwischen den Supermächten bei, vor allem in den ersten Monaten nach der
Niederlage Hitler-Deutschlands.

Das Mißtrauen, zu dem es während dieses Wettrennens kam, erwies sich
bereits bei der Potsdamer Konferenz im Juli 1945 als schwere Belastung,
die die Möglichkeit zu einem Frieden zwischen den Supermächten un-
tergrub[31]. In Potsdam betrachtete jede Seite die Geheimkampagnen der
anderen als die »wahre« Politik hinter dem Schleier der Diplomatie.
Trotzdem bestand jede von ihnen darauf, daß man ihre diplomatischen
Initiativen für bare Münze nahm. Ein praktisches Ergebnis dieses semio-
tischen Konflikts war die Beschleunigung der nach oben gerichteten Spi-
rale von Mißtrauen, Feindseligkeit und Angst.

Die zweite größere Kategorie von schädlichem Blowback war die zer-
störerische Wirkung, die die westlichen Geheimoperationen und die politische Kriegführung – vor allem Programme, bei denen Nazikollaborateure verwendet wurden – auf die Entwicklung des kalten Krieges und
die späteren Krisen in den Ost-West-Beziehungen gehabt haben. Diese
Affären waren nicht nur Auswirkungen des kalten Krieges, sondern
auch Katalysatoren, die den Konflikt eskalieren ließen. Sie erbringen
den anschaulichen Beweis dafür, daß der Kampf der USA gegen die
UdSSR wesentlich früher begonnen hat und wesentlich heftiger ausgetragen wurde, als man die westliche Öffentlichkeit damals glauben
machte.

Der amerikanische »Nationale Sicherheitsstaat«, wie er inzwischen bezeichnet wird, entwickelte sich nach der großen Auseinandersetzung in
Potsdam sehr schnell. Noch bevor drei Jahre vergangen waren, hatte der
wachsende Geheimdienstkomplex begonnen, ehemalige Nazis und Kollaborateure der Achsenmächte beim versuchten Staatsstreich in Rumänien, bei der Beeinflussung der Wahlen in Griechenland und Italien und
bei der Lenkung bevorzugter politischer Parteien in der gesamten von
den Sowjets besetzten Zone Osteuropas einzusetzen. Man kann sich gut
vorstellen, wie die UdSSR diese Initiativen der USA interpretierte, wenn
man die marxistisch-leninistische Maxime bedenkt, daß das Wesen der
Vereinigten Staaten inhärent imperialistisch sein muß.

Die allgemein liberale antikommunistische Meinung jener Zeit ging im

Westen dahin, daß Geheimoperationen eine machbare Entscheidung im Sinne der nationalen Sicherheit seien, die bis an die Grenze zum offenen Krieg reichen könnten. Man hielt diese Taktik für eine relativ vernünftige Möglichkeit, die amerikanischen Interessen auf Kosten des sowjetischen Gegners zu fördern. George Kennan, Charles Thayer, Brigadegeneral John Magruder behaupteten, daß die relativ erfolgreichen Erfahrungen, die die Vereinigten Staaten gemacht hatten, indem sie während des Krieges einen Antinazi-Untergrund großzügig förderten, selektiv auch auf die Zermürbung, das »Containment« und vielleicht den Sturz der Regierungen in den prosowjetischen Staaten im Osten angewendet werden könnten[32].

Es gab jedoch einen grundlegenden Unterschied zwischen den Erfahrungen der USA während des Krieges und dem Nachkriegsversuch, Verbindungen zwischen osteuropäischen Zentrumsparteien und den Resten der Machtstruktur der Achse, die in der von den Sowjets besetzten Zone noch weiterbestanden, zu finanzieren. In vielen Fällen fehlte den von den USA unterstützten Fraktionen entweder das moralische Ansehen oder einfach die Fähigkeit zu regieren, besonders angesichts der sowjetischen Feindseligkeit. Aber statt ihre Leute dazu zu bringen, als untergeordnete Partner in den ersten von den Kommunisten dominierten Nachkriegskoalitionen zu kooperieren – und damit die Situation in Osteuropa wenigstens mit einem gewissen, wenn auch unvollkommenen Maß an Demokratie zu stabilisieren –, ermutigten die Vereinigten Staaten ihre Sympathisanten dazu, Versuche zur totalen Machtergreifung zu unternehmen (wie 1947 beim rumänischen Staatsstreich) oder, wenn dies schiefging, durch Geheimaktionen jede andere Gruppierung an der Regierungstätigkeit zu hindern (wie 1946–1951 in Polen)[33]. Die Vereinigten Staaten standen im Bann einer Vision von der Welt, in der jeder Feind der Kommunisten ein Freund Amerikas war, und daher bestand ihre öffentliche Rolle in Osteuropa während des kalten Krieges größtenteils in der Schaffung von polarisierenden Krisen, während derer eine Ost-West-Kooperation unmöglich war; diese Politik führte oft zu Bündnissen mit Kriegsverbrechern, Nazis und Extremisten. Die Geheimhaltung, die diese Bündnisse umgab, belegt, daß viele Fachleute diese Taktik für verwerflich hielten. Doch wenn sie auch in den vierziger und fünfziger Jahren notwendig erschien, erkennt man rückblickend, daß diese Politik im Umgang mit Osteuropa eine unwirksame Methode war, und nachfolgende US-Administrationen mußten große Anstrengungen unternehmen, um diesen Fehler wiedergutzumachen.

Die Geheimpolitik hat die USA in Osteuropa Freunde gekostet, statt ihr neue zu bringen, und hat nichts dazu beigetragen, die Unterdrückung zu vermindern oder die Bürgerrechte in dem Gebiet zu verbessern. Daß die Amerikaner Gehlen und andere Kollaborateure eingekauft haben, mag in den Vereinigten Staaten größtenteils ein Geheimnis geblieben sein, aber in der prosowjetischen, osteuropäischen Öffentlichkeit war dies ein vieldiskutiertes Thema, eben weil solche Praktiken Amerika in Verruf brachten. Die Heuchelei der Aktionen der USA und die gar nicht so geheime Ermutigung von üblen Kollaborateuren der Achsenmächte durch die CIA untergruben allmählich das ohnehin schwach entwickelte Verständnis der osteuropäischen Öffentlichkeit für die westlichen Normen und Bürgerrechte. Außerdem lieferte der Mißerfolg von Kampagnen dieser Art den Satellitenstaaten bequeme und überraschend glaubwürdige auswärtige Sündenböcke für das Versagen ihrer eigenen Regierungen, vor allem in den Jahren extremer wirtschaftlicher Probleme unmittelbar nach dem Krieg. In vielen Fällen – Rumänien, Polen und die Ukraine – haben Geheimkampagnen des US-Geheimdienstes vielleicht die prosowjetischen Regimes, die sie stürzen sollten, sogar gestärkt.

Selbst einige der »Erfolgsgeschichten« der Nachkriegs-Nazikampagnen haben unangenehme Rückwirkungen auf die Vereinigten Staaten gehabt. In Griechenland unterstützten die USA die Wiedereingliederung von Nazikollaborateuren aus der Kriegszeit in die Polizeiorganisationen dieses Landes, um einen Aufstand zu bekämpfen, und die Strategie führte tatsächlich zum Erfolg; die von den USA bevorzugten politischen Parteien übernahmen die Macht. Doch gleichzeitig waren die Anführer der von der CIA ausgebildeten und finanzierten Polizeiorganisation KYP – von denen viele Naziverbrecher waren – Urheber einer langen Reihe von extremistischen Verschwörungen, versuchten Staatsstreichen und Brutalitätsakten, die schließlich darin kulminierten, daß von 1967 bis 1974 eine neofaschistische Regierung unter Oberst Georgios Papadopulos an der Macht war[34]. Die Rolle der amerikanischen Multis und der CIA bei dem Staatsstreich des Jahres 1967 belastet heute noch die amerikanisch-griechischen Beziehungen.

Obwohl diese Geheimtaktik in Europa offensichtlich keine Erfolge brachte, vor allem wenn Nazikollaborateure daran beteiligt waren, haben die USA im Lauf der letzten drei Jahrzehnte ähnliche subversive Emigrantenprogramme auf die ganze Welt ausgedehnt und intensiviert. Statt Emigrantenoperationen, bei denen Veteranen der Waffen-SS eingesetzt wurden, einzustellen, wurden sie zum Vorbild für Tausende andere Geheimoperationen der USA. Die Technik, die die CIA zur Zeit bei praktisch jeder Art von Geheimoperationen – von schwarzer Propaganda bis zum Mord – anwendet, wurde während der Zeit entwickelt, als die Agency mit den osteuropäischen Kollaborateurgruppen zusammenarbeitete, die sie von den Nazis geerbt hatte. Es stimmt schon, daß manche psychologische Strategien genauso alt sind wie der Krieg selbst, und andere moderne geheime Techniken gehen auf britische, deutsche oder sowjetische Programme aus den zwanziger und dreißiger Jahren zurück. Die systematische Verwendung von politischem Mord, Staatsstreich und Subversion begann für die Amerikaner jedoch erst, als sie nach dem Zweiten Weltkrieg mit Nazis zusammenarbeiteten. Die entscheidenden Beschlüsse NSC 10/2 und später NSC 5412 des Nationalen Sicherheitsrates – deren Rechtfertigung eng mit der Rekrutierung von Veteranen der Waffen-SS und aus dem Krieg übriggebliebenen antikommunistischen irregulären Truppen zusammenhing – sind zu der Grundlage geworden, auf der über drei Jahrzehnte lang Geheimaktivitäten, die unzählige Millionen Dollar verschlangen, beruhten. Daß die USA heute die nikaraguanischen Contras unterstützen, wobei die Contras, wie allgemein bekannt, dafür ausgebildet werden, medizinische Fachkräfte, Lehrer und Beamte zu ermorden[35], stellt in vieler Hinsicht die Wiederholung einer Taktik dar, die vor über dreißig Jahren in der Ukraine getestet wurde – und fehlschlug.

Die dritte große Kategorie von Blowback ist heimtückisch und subtil. Ehemalige Auswerter des Geheimdienstes der Achsenmächte, die von der Army und der CIA angeworben wurden, verstärkten durchwegs die bei den US-Sachverständigen bereits vorhandene Selbsttäuschung in bezug auf die UdSSR, und zwar vor allem während der ersten Entwicklungsjahre des kalten Krieges und des allmählich auf den Plan tretenden nationalen Sicherheitsapparates der USA. Trotz der extremen Geheimhaltung, die die internen Geheimdienst-Auswertungsprozesse jener Jahre umgibt, können Beispiele ohne weiteres identifiziert werden. Sie schließen grundlegende Fehler ein, die von der falschen Einschätzung der Größe und der Kriegsbereitschaft des militärischen Establishments der UdSSR bis zur fundamental falschen Beurteilung der politischen Absichten der Sowjets in West- und Osteuropa reichen.

Die Abteilungen der Geheimdienste, die mit der Beschaffung von Informationen und ihrer Auswertung zu tun haben, sind essentiell politische Organisationen. Statt des Idealbilds einer leidenschaftslosen, genauen Beurteilung der Tatsachen stößt man bei ihnen auf erbitterten Wettstreit, bei dem die Schlußberichte oft genauso von der Politik der an der Macht befindlichen Administration wie von der jeweiligen Situation bestimmt sind. Bürokratische Infights und sogar interne Parteidebatten spielen eine wesentliche Rolle bei der Entstehung von Geheimdienstanalysen[36]. Während des kalten Krieges haben die CIA und der Army-Geheimdienst im Ausland oft selektiv jene Personen angeworben, die den Vorstellungen der jeweiligen Organisation über die beste Strategie in Europa zustimmten. Gleichzeitig wurden andere Auswerter entlassen, darunter ausgezeichnet ausgebildete Amerikaner mit untadeligem Ruf, die diesen Vorstellungen widersprachen. Diese Personalentscheidungen waren offenbar in erster Linie durch den Wunsch nach institutioneller Orthodoxie motiviert und nicht durch die aktuelle sowjetische Haltung.

Informationen und Analysen, die die zur Zeit dominierenden Ansichten bestätigten, wurden in Washington stets wohlwollender aufgenommen als Nachrichten, die diesen Ansichten widersprachen. Deshalb wogen Anfang 1948 General Clays (und Gehlens) Besorgnisse über die Rote Armee in Kreisen der nationalen Sicherheit schwerer als die Tatsache, daß die UdSSR ihre Truppenstärke in Europa wesentlich reduziert hatte; die Kriegsangst des Generals korrespondierte einfach besser mit dem verbreiteten Argwohn den Russen gegenüber.

Unternehmer wie General Gehlen, John Valentine Grombach und ihre verschiedenen Rivalen vermochten diese Situation manchmal jahrelang zu ihrem Vorteil zu manipulieren. Vor allem Gehlen erwies sich als Meister, wenn es darum ging, die Schwächen seines Publikums von Sachverständigen der nationalen Sicherheit auszunutzen. Indem er die Daten vorgab, die weltweite Entscheidungen auslösten, beeinflußte er die globalen Ereignisse indirekt, aber merklich[37].

Die vierte wichtige Kategorie von Blowback ist die langfristige korrumpierende Wirkung, die die Finanzierung von Männern wie Alois Brunner, Klaus Barbie, Stanislaw Stankiewitsch und anderen auf die amerikanischen Geheimdienste ausgeübt hat. Der ätzende Effekt der Rekrutierung von Verbrechern, Söldnern und Folterknechten als CIA-Kontraktagenten reicht viel weiter als die Wirkung eines einzelnen Zwischenfalls oder einer isolierten Operation, an denen solche Personen beteiligt sind. Die innere Logik von Geheimorganisationen macht es erforderlich, daß diese Organisationen ihre Agenten noch lange schützen, nachdem sie ausgeschieden sind – oder solche Agenten zumindest »versorgen«, wie es im Geheimdienstjargon heißt –, um sich ihrer Loyalität der Institution gegenüber so lange wie möglich zu versichern. Das kann zu jahrelangen, sogar jahrzehntelangen Personalproblemen führen.

Die CIA hat diese Probleme in der Vergangenheit so gelöst, daß sie ihre ehemaligen Kontraktagenten in Südamerika, Kanada oder Australien untergebracht hat. Sie hat auch eine kleinere Zahl von Agenten in die Vereinigten Staaten geholt, wie sie endlich in offiziellen Berichten zugegeben hat. (Verräter und mutmaßliche Doppelagenten stellen natürlich ein eigenes Problem dar. Aussagen vor dem Kongreß und jetzt an die Öffentlichkeit gelangte bruchstückhafte CIA-Unterlagen weisen darauf hin, daß solche Personen nicht selten »erledigt« wurden[38].)

Jetzt im Gang befindliche Programme zum »Versorgen« von Agenten lassen der Regierung eigentlich nur die Wahl, im Ruhestand befindliche Nazis oder Verbrecher noch jahrelang zu beschützen, nachdem ihre aktive Zeit vorbei ist. Die derzeitige Entschlossenheit der CIA, ihr System der Versorgung von Agenten beizubehalten, ist nach wie vor eines der größten Hindernisse, die sich der Ausweisung von erwiesenen Naziverbrechern, die sich in den Staaten versteckt halten, in den Weg stellen.

Noch 1976 war die Praxis der Agency in dieser Hinsicht so offenkundig, daß die CIA tatsächlich einem ihrer ehemaligen Kontraktagenten, Edgars Laipenieks, einen nicht einmal geheimen Brief schrieb. Laipenieks sollte damals ausgewiesen werden, weil er beschuldigt wurde, während des Krieges im Zentralgefängnis von Riga in Lettland Morde, Folterungen und andere Verbrechen gegen die Menschlichkeit begangen zu haben. »Wir haben wegen Ihres Status mit dem Amt für Einwanderung und Einbürgerung korrespondiert«, schrieb der Sprecher der Agency

Charles Savage auf offiziellem CIA-Briefpapier an Laipenieks. »Wir haben uns darauf geeinigt, daß das INS sein Büro in San Diego anweist, alle Maßnahmen gegen Sie einzustellen. Falls dies nicht der Fall [sein sollte], lassen Sie es uns bitte sofort wissen. Ich danke Ihnen nochmals für ... seinerzeitige Unterstützung der Agency. Hochachtungsvoll«, usw.[39].

Wie sich herausstellte, veröffentlichte Laipenieks den Brief zu seiner Verteidigung und löste damit verständlicherweise einen Aufruhr aus. Seither ist die Agency vorsichtiger, wenn sie an nicht mehr aktive Agenten mit fragwürdigem Hintergrund schreibt. Sie hat jedoch die Taktik, sie stillschweigend zu beschützen, beibehalten und wendet sie in den Fällen einiger NS-Verbrecher an, die noch in den Vereinigten Staaten leben.

Die Kehrseite dieser besonderen Kategorie von Blowback liegt – ausschließlich praktisch gesehen – in der inneren Schwäche der Netze jener Kontraktagenten, die durch ihren Einsatz für Hitler während des Krieges kompromittiert sind. Wie sich im Fall von Heinz Felfe in der Organisation Gehlen gezeigt hat, boten die engen, oft fast blutsbrüderschaftlichen Beziehungen der Naziveteranen zueinander den Sowjets eine relativ leichte Möglichkeit, von den USA finanzierte Spionageoperationen zu infiltrieren.

Geheimdienste im Osten und im Westen haben die strafrechtliche Verfolgung von NS-Verbrechern in viel mehr Fällen als den wenigen bisher zitierten wirksam verhindert. Die Spionageorganisationen wissen längst, daß es für sie rentabler ist, Beweise für Verbrechen zur Erpressung oder Bestechung von ehemaligen Nazis (oder anderen kompromittierten Personen) zu verwenden, um sie zur Kooperation zu zwingen, als sie vor Gericht zu stellen. Immer wieder mußte das langfristige Interesse Amerikas – und der Welt –, der sozialen Gerechtigkeit Genüge zu tun, hinter kurzfristigen Spionageinteressen zurückstehen. Wir werden vermutlich nie erfahren, wie weit diese Praxis gegangen ist. Man darf nicht vergessen, daß bei dieser Art von Erpressung die kriminelle Vergangenheit eines Menschen weiterhin geheimgehalten wird, damit die Organisation wieder auf ihn zurückgreifen kann. Die kürzlichen Enthüllungen über die angebliche Erpressung des Generalsekretärs der Vereinten Nationen, Kurt Waldheim, mit der Beschuldigung, er habe während des Krieges

Verbrechen gegen die Menschlichkeit verübt, ist jedoch ein weiterer Hinweis darauf, daß diese Art von Erpressung ehemaliger Nazis zu Geheimdienstzwecken viel tiefer in das europäische Leben eingreift, als allgemein bekannt ist[40].

Die fünfte und vielleicht schädlichste Kategorie von Blowback bei der Verwendung von Emigranten und Angehörigen der Waffen-SS ergibt sich durch die weitreichenden Interventionen der CIA in die Innenpolitik der USA in den fünfziger Jahren. Diese Operationen wurden von den US-Geheimdiensten dazu benützt, Personen, die sie für nützlich hielten, systematisch zu beschützen, und Leute, die sie für gefährlich hielten, auszuschalten.

Angeblich wollte die CIA die Außenpolitik der USA unterstützen, indem sie Aktivisten der osteuropäischen Befreiung zu glänzenden Laufbahnen in Amerika verhalf. Schließlich ist die Außenpolitik das der CIA zugewiesene Operationsgebiet. Aber die Befreiungskampagnen der Agency haben sich nie auf Überseeoperationen oder auch nur auf die Einwanderergemeinden in den Staaten beschränkt, sondern wurden vielmehr zu einer Komponente des innenpolitischen Programms der Agency. Sie kombinierte die Befreiungsoperationen mit anderen größeren Programmen; dazu gehörten zum Beispiel die Manipulation der Medien der USA, direkte Propagandasendungen im Inland im Zusammenhang mit dem Kreuzzug für die Freiheit und andere von ihr finanzierte Fernsehsendungen, die Überwachung und Zermürbung von Gegnern, die vorsichtige Beeinflussung von akademischen und wissenschaftlichen Forschungsprogrammen, aggressives Lobbying im Kapitol und die Infiltrierung der obersten Führungsschicht von Gewerkschaften, Unternehmen, religiösen Gruppierungen und sogar Studentenorganisationen[41].

Viele Details der Inlandkampagnen der CIA sind im Lauf des letzten Jahrzehnts allmählich an die Öffentlichkeit gedrungen. Die gesamte Auswirkung dieser verzweigten Aktivitäten ist jedoch der Allgemeinheit noch nicht bewußt, und daran wird sich vermutlich noch jahrelang nichts ändern. Tatsache ist, daß die Inlandoperationen der CIA die politische Debatte während des kalten Krieges nachhaltig beeinflußt haben. Im Laufe dieser Jahre war die Agency entscheidend daran beteiligt, die allgemeinen außenpolitischen Parameter dafür zu setzen und die Grenzen »guter« Politik abzustecken.

Amerikas große Bevölkerungsgruppe der osteuropäischen Einwanderer war für diesen Prozeß besonders anfällig. Die wieder auflebende Befreiungspolitik, die nach dem Zweiten Weltkrieg von kompromittierten Exilpolitikern ausgearbeitet worden war, galt in den fünfziger Jahren in vielen Einwanderergemeinden als der einzige zulässige Standpunkt; wer anderer Ansicht war, begriff rasch, daß es sicherer war, den Mund zu halten[42].

Es ist eine Ironie des Schicksals, daß sogar die antikommunistischen Emigranten, die die CIA wegen ihrer Verwendbarkeit bevorzugte, unter dieser Situation litten, wenn auch in geringerem Ausmaß. Auch wenn die Geheimausschüsse der US-Regierung noch soviel redeten – sie beschlossen nie, ein osteuropäisches Territorium zu befreien und schon gar nicht, wenn die Vereinigten Staaten dazu wesentliche Risiken eingehen und beträchtliche Opfer hätten bringen müssen. Die Emigranteninfanteristen waren nichts als Schachfiguren im Kampf der Supermächte um Europa, billige Agenten, mit deren Leben man umging, als wären es Dollarnoten, die man ausgeben und verwetten konnte, ohne daß dies Folgen für die Männer hatte, die die Politik machten.

Die letzte große Kategorie von Blowback ist die Rolle, die diese Geheimoperationen bei der Behinderung der Justiz spielten. Die Gerichtshöfe der USA erklären, daß Personen, die NS-Kriegsverbrechen oder Verbrechen gegen die Menschlichkeit begangen haben, nicht in ihre Jurisdiktion fallen, vor allem weil die Verbrechen im Ausland verübt wurden und weil keine US-Bürger direkt daran beteiligt waren. Deshalb müssen sich die derzeitigen Nazijäger der US-Regierung, die für das OSI des Justizministeriums arbeiten, damit begnügen, Anklage gegen Kriegsverbrecher in den USA zu erheben, weil sie gegen das US-Einwanderungsgesetz verstoßen, und nicht, weil sie gemordet, gefoltert oder andere Gewalttaten begangen haben. Wenn die Anklage Erfolg hat, wird der NS-Verbrecher aus den Vereinigten Staaten ausgewiesen[43].

Obwohl das OSI es nur sehr ungern zugibt, haben seine Anwälte oft Schwierigkeiten mit mutmaßlichen Kriegsverbrechern, die die »CIA-Verteidigung« in Anspruch nehmen. Ehemalige Nazis und Kollaborateure, die einmal für US-Geheimdienste gearbeitet haben, machen vor Gericht geltend, daß sie ihre Aktivitäten während des Krieges, ihre Mitgliedschaft bei der SS oder andere kompromittierende Tatsachen aus der

Zeit des kalten Krieges ihrem Army- oder CIA-Leitoffizier gegenüber zugegeben haben. Damit, behaupten ihre Verteidiger, haben sie der Vorschrift Genüge getan, bei der Einwanderung die US-Regierung über ihre Vergangenheit zu informieren; und deshalb können sie heute nicht ausgewiesen werden – finden ihre Anwälte[44].

In anderen Fällen können Personen, die Verbrechen gegen die Menschlichkeit begangen haben, wie zum Beispiel Mykola Lebed, nicht vor Gericht gestellt werden, weil ihre Einwanderung in die Vereinigten Staaten aufgrund des »Hundert-Personen-Paragraphen« der CIA-Charter erfolgte. SS-Männer behaupten wieder, daß sie aufgrund des Displaced Persons Act für baltische SS-Veteranen, den der Displaced-Persons-Kommissar O'Connor 1951 durchgesetzt hat, ins Land gekommen sind. Sie finden, daß sie trotz ihrer SS-Vergangenheit die amerikanische Staatsbürgerschaft vollkommen legal erhalten haben[45].

Die Gerichte entscheiden in solchen Fällen unterschiedlich. Tscherim Soobzokow, ein ehemaliger Aktivist der Waffen-SS und der Polizeibataillone, der mehrfacher Morde verdächtigt wurde, zwang das OSI, das Ausweisungsverfahren gegen ihn einzustellen, indem er im letzten Augenblick bewies, daß er die CIA tatsächlich vor seiner Einwanderung in die USA über seine SS-Vergangenheit unterrichtet hatte[46]. Die CIA intervenierte auch im Fall Otto von Bolschwings, des SS- und SD-Veteranen, der am Bukarester Pogrom beteiligt war. Sie erreichte eine Regelung, aufgrund derer der schwerkranke von Bolschwing zwar auf seine US-Staatsbürgerschaft verzichten mußte, aber bis zu seinem Tod in Amerika bleiben durfte[47]. Edgars Laipenieks, der Mann, der den offenen CIA-Brief erhielt, hat erfolgreich gegen mehrere Ausweisungsverfahren Einspruch erhoben und lebt bei Drucklegung dieses Buchs immer noch behaglich in den Vereinigten Staaten. In den Fällen mehrerer anderer Nazis, die die CIA-Verteidigung in Anspruch nahmen, sind die Verfahren noch anhängig[48].

Inzwischen ist ein zweites Manöver, das die Anwälte der Kriegsverbrecher als »KGB-Verteidigung« bezeichnen, bei Nazis sehr beliebt. Die Anwälte dieser Kollaborateure greifen die Argumente des kalten Krieges, aufgrund derer diese Leute in die Vereinigten Staaten gelangt sind, wieder auf und behaupten, daß der sowjetische KGB, der jetzt im geheimen Einverständnis mit dem amerikanischen Justizminister arbeitet, aus politischen Gründen Dokumente anfertigt, die ihre Klienten belasten. Sie behaupten, daß die Sowjets in Wirklichkeit beweisen wollen, daß sich Naziverbrecher in Amerika verstecken und daß sich das amerikanische Justizministerium von ihnen hat hereinlegen lassen. Viele Amerikaner, die vor der UdSSR tiefen Abscheu empfinden, glauben die Geschichten von den KGB-Fälschungen.

Zu den Unterlagen, von denen die Anwälte behaupten, daß sie gefälscht sind, gehören zum Beispiel erbeutete SS-Ausweise und Polizeiberichte der Achsenmächte, in denen festgestellt wird, daß bestimmte Nazikollaborateure am Völkermord beteiligte Organisationen geleitet haben und an Massakern oder anderen Verbrechen gegen die Menschlichkeit mitgewirkt haben. Wenn man bedenkt, wieviel Zeit seit dem Holocaust vergangen ist, sind diese Unterlagen mangels Zeugen oft unerläßlich, um die NS-Verbrecher zu überführen.

In immer mehr Fällen erweist sich die Behauptung der Verteidigung, daß die Sowjets die Beweise für das amerikanische Justizministerium gefälscht haben, als falsch. »Als die Rote Armee 1944 durch Polen nach Westen marschierte, erbeutete sie große Mengen von deutschen Personalakten«, erklärte Staatsanwalt Eli Rosenbaum im Fall des Veteranen der Waffen-SS Liudas Kairys, der wegen seiner Rolle bei Greueltaten in Lublin in Polen und im Arbeitslager Treblinka vor der Ausweisung steht. »Die sowjetische Regierung stellt Westdeutschland seit Jahren routinemäßig solche Akten für Prozesse wegen Kriegsverbrechen zur Verfügung. Es wurde nie bewiesen – ja nicht einmal ernsthaft angenommen –, daß es sich um Fälschungen handelt.« Er führt weiter an, daß die US-Staatsanwälte solche Unterlagen bei zahlreichen Ausweisungsverfahren gegen Nazikollaborateure vorgelegt haben »und daß diese Dokumente in allen diesen Fällen als Beweise zugelassen wurden[49]«. Keine der Behauptungen, daß es sich um Fälschungen handelt, konnte je der gerichtlichen Prüfung standhalten, obwohl das gesamte Beweismaterial routinemäßig der Verteidigung zugänglich gemacht und von Sachverständigen auf seine Echtheit überprüft wird.

Obwohl also diese Behauptungen jedesmal von den Gerichten zurückgewiesen wurden, haben die Verfechter der Theorie von der Verschwörung zwischen dem KGB und dem US-Justizministerium eine größere Publicitykampagne zum Thema »gefälschte Beweise« gestartet, deren

Ziel die Abschaffung des OSI ist, das Naziverbrecher in Amerika strafrechtlich verfolgt und gegen sie ermittelt. Wie eine kürzlich veröffentlichte Studie der Anti-Defamation League of B'nai B'rith[50] aufzeigt, hat diese Anti-OSI-Kampagne häufig einen deutlich antisemitischen Unterton. Dr. Edward Rubel, ein Vorstandsmitglied des vorher erwähnten Komitees der Unterdrückten Nationen, setzt sich an führender Stelle für diese Kampagne ein. In einem Brief an US-Außenminister George Shultz argumentierte er kürzlich, daß Stalins Rußland »ausschließlich von marxistisch-zionistischen Juden als herrschende Klasse regiert wurde. Jetzt spricht eine jüdische, zionistische Interessengruppe durch das OSI für die US-Regierung.« Rubel forderte dann, daß »ein für allemal Schluß mit der Holocaust-Propaganda gemacht wird« und daß das OSI wegen seines geheimen Einverständnisses mit dem KGB aufgelöst werden sollte[51].

Rubels Ansichten sind extrem, aber er steht keineswegs allein. Es ist sehr aufschlußreich, daß viele der Führer der alten politischen »Befreiungs«-Koalition bei der jetzigen Kampagne zur Einstellung der strafrechtlichen Verfolgung der Nazis in Amerika wieder aufgetaucht sind. Unter ihnen sticht der ehemalige Direktor des Nachrichtendienstes des Weißen Hauses, Patrick Buchanan, hervor, der den Prozeß des US-Justizministeriums gegen den mutmaßlichen Wächter des Vernichtungslagers Treblinka, Iwan Demjanjuk, öffentlich als »offizielle Lynchjustiz unter der Choreografie des KGB« bezeichnet hat[52].

Letzten Endes bot der kalte Krieg Zehntausenden von Naziverbrechern die Möglichkeit, sich vor der Verantwortung für ihre Mordtaten zu drücken. Der Zusammenbruch der Ost-West-Kooperation bei der Verfolgung von Naziverbrechern – der wieder zum Teil auf die kurzfristigen Interessen der Geheimdienste beider Seiten, die ihre Agenten schützen wollten, zurückzuführen ist – lieferte den Verbrechern nicht nur die Möglichkeit, in den Westen zu entkommen, sondern auch die Alibis, die sie dort zu ihrer Verteidigung benötigten. Simon Wiesenthal hat das so kommentiert: »Die NS-Verbrecher waren die Hauptnutznießer des kalten Krieges[53].«

Die meisten amerikanischen Beamten, die in den fünfziger Jahren an der Formulierung der »Befreiung« beteiligt waren oder die bei der Operation Bloodstone oder anderen Programmen, bei denen Nazikollaborateure verwendet wurden, mitwirkten, sind lange tot oder haben sich in den Ruhestand zurückgezogen. Der OPC-Berater James Burnham erlitt vor einigen Jahren einen Schlaganfall und befindet sich seither in Baltimore in einem Pflegeheim. Andere, wie W. Park Armstrong, Edward M. O'Connor, Robert Joyce und Robert Lovett, starben während der Entstehung dieses Buches. Evron Kirkpatrick, der einmal das auswärtige Forschungsprogramm des Außenministeriums leitete, hat es sich jetzt im American Enterprise Institute bequem gemacht. John Grombach ist 1983 gestorben; sein Erzfeind in den internen Fraktionskämpfen der CIA, Lyman Kirkpatrick, lebt in Middleburg in Virginia und schreibt eine Geschichte der amerikanischen Präsidentschaft[54].

Frank Wisner, der Leiter der US-Geheimoperationen während des kalten Krieges und die treibende Kraft hinter dem Naziverwendungsprogramm, ruinierte sich gesundheitlich. Wisner arbeitete und trank während seiner Laufbahn wie ein Landsknecht, war Ende 1956 übergewichtig und alkoholsüchtig und litt unter Anfällen von Paranoia und Depressionen. Die Revolte im November 1956 löste seinen Zusammenbruch aus. »Damals hat er zum erstenmal verrückt gespielt«, erinnert sich der Veteran der Agency Tom Braden. »Vielleicht kam es daher, daß es in Ungarn schiefging und daß wir nichts unternahmen ... Es war das erstemal, daß er zusammenbrach, und unser Nichteingreifen war bestimmt schuld daran[55].«

Wisners emotionale Notlage wurde durch eine schwere körperliche Krankheit verschärft. Kurz nach der fehlgeschlagenen Rebellion erkrankte er an Hepatitis, erlitt einen Kollaps und fieberte tagelang hoch. Er bekam hysterische Anfälle, während derer er seine CIA-Kollegen anschrie und als »einen Haufen Kommunisten«[56] bezeichnete.

Anfang 1957 hatte sich Wisner teilweise erholt und arbeitete jetzt als stellvertretender CIA-Direktor für Geheimaktionen. Seine Ärzte machten ihn wie üblich darauf aufmerksam, daß er viel Ruhe brauche und den Alkohol aufgeben müsse; aber gerade damals startete die CIA neue Geheimoperationen, und Wisner tauchte allnächtlich in den eleganten Gesellschaftskreisen Washingtons auf. Im August 1958 brach er vollkommen zusammen und wurde schreiend aus der Zentrale der CIA geschleppt. Seine Kollegen sahen entsetzt und fasziniert zu, wie er die muskulösen Krankenwärter in den weißen Kitteln anbrüllte und sich gegen sie zur Wehr setzte. Er wurde sechs Monate lang mit Elektroschocks behandelt, und als er wiederkam, war er ein schwer mitgenommener, zerrütteter Mann.

CIA-Direktor Dulles übertrug Wisner den beinahe ausschließlich nominellen Posten eines Stationschefs in London, aber sogar die Arbeit als Aushängeschild war zuviel für ihn. Wisner kehrte nach ein paar Monaten in London nach Washington zurück und trat dann in den Ruhestand. Seine körperliche Verfassung besserte sich für kurze Zeit, dann ging es ihm infolge eines Leistenbruchs, Leberproblemen und allgemeinen Alterserscheinungen wieder schlechter.

Seine Depressionen setzten neuerlich verstärkt ein. Im Oktober 1963 erschoß sich Frank Wisner mit einer Schrotflinte[57].

Der ehemalige Direktor der Stimme Amerikas, Charles Thayer, starb 1969 während einer Herzoperation auf dem Operationstisch. Er war erst 59 Jahre alt. Nachdem er aus der Regierung vertrieben worden war, hatte er sich der Schriftstellerei zugewandt und eine Biographie seiner Mutter, eine Polemik für den Guerillakrieg und mehrere Bücher über die Beziehungen zwischen den USA und der Bundesrepublik geschrieben[58].

Und George Kennan macht weiter. Er ist jetzt weit über Achtzig, spricht relativ oft in der Öffentlichkeit, schreibt, trägt einen gepflegten Schnurrbart und genießt einen ausgezeichneten Ruf als Politiker. Er hält ohne Unterlagen lange Vorträge über die unterschiedlichsten Themen und betrachtet dabei nachdenklich die Decke statt seine Zuhörerschaft.

Er hält sich für »eine seltsame Mischung aus Reaktionär und Liberalem«, wie er es kürzlich ausdrückte, und zieht entschieden hierarchische Regierungen vor, die von wenigen vernünftigen Politikern ohne Rücksicht auf die schwankende öffentliche Meinung geleitet werden. Die Demokratie, meinte er einmal, kann man mit »einem jener prähistorischen Ungeheuer vergleichen, deren Körper so groß wie dieses Zimmer und deren Gehirn klein wie eine Stecknadel waren«. Er betrachtet die politische Linke mit unverhohlener Verachtung und lobt die lange Diktaturzeit des portugiesischen starken Mannes Antonio Salazar als Muster einer effizienten Regierung[59].

Doch Kennan ist heute einer der wenigen Männer seines Standes, die den Mut aufgebracht haben, sich in den achtziger Jahren offen gegen den Versuch der Reagan-Administration, den kalten Krieg wieder aufleben zu lassen, zu stellen. Das gegenwärtige amerikanische militärische Establishment, schrieb er kürzlich, arbeitet aufgrund der Annahme, »daß ein sowjetisch-amerikanischer Krieg nicht nur möglich, sondern überaus wahrscheinlich und sogar bevorstehend ist«. Er wirft der jetzigen Administration und den Medien vor, daß sie den sowjetischen Gegner »in seinem schrecklichsten, verzweifeltsten und unmenschlichsten Aspekt schildern: ein unversöhnliches Monster, das keiner anderen Gefühle als der Lust an der Zerstörung fähig ist, mit dem man nur durch eine endgültige militärische Auseinandersetzung fertig werden kann«. Was der Großteil der US-Regierung und des journalistischen Establishments über die UdSSR sagen, ist »so extrem, so subjektiv, so weit von allem entfernt, was bei einer nüchternen Betrachtung der Realität zutage treten würde, daß es nicht nur wirkungslos, sondern als Leitfaden für politisches Handeln gefährlich ist«. Er befürchtet, sagt er, »daß die Karten heute einen Krieg prophezeien«[60].

Zum Teil mag an dieser Situation die Rolle schuld sein, die Kennan in den von der CIA finanzierten antikommunistischen Emigrantenprogrammen, inklusive jener, bei denen Nazikollaborateure verwendet wurden, gespielt hat. Natürlich gehen die Probleme der Konfrontation der USA mit der UdSSR weit über jedes Geheimprogramm hinaus. Aber es gibt Augenblicke in der Geschichte, in denen unbedeutende Ereignisse ein Schlaglicht auf die größeren Zusammenhänge werfen, und das ist der Fall bei den Nazirekrutierungen der CIA in den vierziger und fünfziger Jahren.

Hier kann man sehen, wie die amerikanischen Ideale im Namen des Kampfes gegen den Kommunismus korrumpiert wurden. Anscheinend war niemand, nicht einmal Adolf Eichmanns Stab, so anrüchig, daß ihn die Werber der CIA ablehnten; wichtig war nur, daß seine Verbindung mit der US-Regierung geheimgehalten wurde.

Das amerikanische Volk verdient von seiner Regierung etwas Besseres. Es bringt uns keinen Vorteil, wenn wir den US-Geheimdiensten gestatten, weiterhin den wahren Umfang ihrer Zusammenarbeit mit NS-Kriegsverbrechern nach dem Zweiten Weltkrieg geheimzuhalten. Die Akten müssen freigegeben werden; es muß reiner Tisch gemacht werden, ehe uns der Bumerang des Blowback mit voller Wucht treffen kann.

Anmerkungen

Vorbemerkung des Autors: Das gesamte hier angeführte Quellenmaterial wurde nunmehr freigegeben und ist der Öffentlichkeit zugänglich. Die Sicherheitskennzeichnungen, die nach bestimmten Zitaten erscheinen (z. B. »geheim«, »streng geheim« usw.), beziehen sich auf den ursprünglichen Status der Dokumente vor ihrer Freigabe. Die Abkürzungen RG und NA bedeuten Record Group und National Archives. Wird bei einem englischsprachigen Werk auch der deutsche Originaltitel angegeben, so beziehen sich alle Angaben (Seiten) auf die *englische* Ausgabe, die dem Autor als Quelle diente.

Vorwort

1. Interview Allan Ryan, 18. April 1985. Zur Schilderung der Ereignisse in diesem Kapitel siehe die Anmerkungen des Autors vom 16. August 1983, Pressekonferenz.
2. Zu Ryans Bericht siehe Allan Ryan, *Klaus Barbie and the United States Government* (Washington, D. C.: US Government Printing Office, 1983), fortan Ryan, *Barbie Report* genannt, und *Klaus Barbie and the United States Government, Exhibits to the Report* (Washington, D. C.: US Government Printing Office, 1983), fortan Ryan, *Barbie Exhibits* genannt. Zu Zitaten aus Ryans Erklärungen bei der Pressekonferenz siehe die Anmerkungen des Autors dazu sowie Ryan, *Barbie Report*, S. 212. Zum UPI-Zitat siehe Barbara Rosewicz, »Prober: Barbie the Exception, Not Rule«, UPI-Fernschreiben, 17. August 1983; zu *Nigthline*-Zitaten siehe *Nightline*-Rundfunksendung, 16. August 1983, Anmerkungen des Autors. Siehe auch »No Minor Cases for US Nazi Hunter«, *New York Times*, 16. Juli 1983, S. 4.
3. Von Bolschwing berichtete dem US Air Force Office for Special Investigations (Amt für Sonderermittlungen) über seine Arbeit für den US-Geheimdienst. Es ging um einen 1970 gestellten Antrag auf eine militärische Unbedenklichkeitsbescheinigung, die er für das Unternehmen, dem er vorstand, benötigte; dieses hatte einen Geheimvertrag mit der Air Force abgeschlossen, der die Computerauswertung der Daten von Überwachungssatelliten betraf. Das Air Force Office for Special Investigations darf nicht mit dem Department of Justice's Office of Special Investigations verwechselt werden, mit dem von Bolschwing ein Jahrzehnt später ebenfalls zu tun hatte. Zu Air-

Force-Unterlagen siehe US Air Force, Otto Albrecht Alfred von Bolschwing, »Statement of Civilian Suspect«, Form 1168 a, 22. Dezember 1970 (geheim), und Otto Albrecht Alfred von Bolschwing, »Report of Investigation«, Form OSI 6, Akte HQD 74 (32)–2424/2, 25. September 1970 (geheim). In bezug auf leichter zugängliche Unterlagen siehe Pete Carey, »Ex-Nazi's brilliant US Career Strangled in a Web of Lies«, *San José* (California), *Mercury News*, 20. November 1981; »Not Just Another Nazi«, *Penthouse* (August 1983) des Autors, und Allan Ryan, *Quiet Neighbors* (New York: Harcourt Brace Jovanovich, 1984), S. 218–245; von nun an bezeichnet als Ryan, *Quiet Neighbors*. Der Fall von Bolschwing wird im 16. Kapitel, unten, genauer besprochen.

4. Zur Affäre Verbelen siehe Presseerklärung der Anti-Defamation League of B'nai B'rith vom 20. Dezember 1983; Reuter-Aussendung, »Belgian Ex-Nazi Admits Working for US Intelligence After 1945«, *New York Times*, 23. Dezember 1983, S. 7; und Ralph Blumenthal, »New Case of Nazi Criminal Used as Spy by US is Under Study«, *New York Times*, 9. Januar 1984. Eine bereinigte Originaldokumentation, Verbelen und Rudolph betreffend, wurde vom US Army Intelligence and Security Command (INSCOM) 1984 auf Ansuchen aufgrund des Freedom of Information Act hin freigegeben. Über Verbelen siehe Dossiers Nr. AE 502201 und H 8198901 plus begleitende Telegramme; über Rudolph siehe INSCOM-Dossier Nr. AE 529655; diese Unterlagen haben unterschiedliche Sicherheitskennzeichnungen, die von »vertraulich« bis »streng geheim« reichen. Über die Affären Blome und Rudolph siehe auch Linda Hunt. »US Coverup of Nazi Scientists«, *Bulletin of the Atomic Scientists* (April 1985), S. 16 ff.

5. Zum Zitat »pragmatisch« siehe Ryan, *Barbie Report*, S. 193 f. Zu Barbie, CROWCASS, siehe Ryan, *Barbie Exhibits*, Tab 19. Eine bereinigte Version von Barbies CIC-Akte ist in den Exhibits erhältlich.

Erstes Kapitel

1. Zur religiösen Haltung dem Kommunismus gegenüber siehe zum Beispiel *Divini Redemptoris* (häufig bezeichnet als »On Atheistic Communism«), Enzyklika Papst Pius' XI. (1937); und Fulton J. Sheen, *Communism and the Conscience of the West* (1948). Bezüglich einer ausführlichen Behandlung der komplexen Entwicklung der Einstellung der katholischen Kirche zum Kommunismus siehe Hansjakob Stehle, *Eastern Politics of the Vatican 1917–1979*, Übers. Sandra Smith (Athens, Ohio: Ohio University Press, 1981; deutsche Originalausgabe *Die Ostpolitik des Vatikans*; (München – Zürich: Piper, 1975); Wilfried Daim, *Der Vatikan und der Osten* (Wien: Europa-Verlag); und John Cooney, *The American Pope: The Life and Times of Francis Cardinal Spellman* (New York: Times Books, 1984).

2. Zu »Untergrund-Widerstandsbewegungen« siehe NSC 10/2, »Office of Special Projects«, 18. Juni 1948 (streng geheim), RG 273, NA, Washington, D. C. Die Kennzeichnung »NSC 10/2« wird zur Identifizierung der Dokumente über Entscheidungen des National Security Council verwendet, die in Serie in diesen Archiv-Unterlagengruppen enthalten sind.

3. Die Rolle der Medien bei der Verwandlung ehemaliger Nazikollaborateure in antikommunistische »Freiheitskämpfer« wird im 12., 14. und 15. Kapitel behandelt. Als Beispiel für diesen Prozeß siehe Wallace Carroll, »It Takes a Russian to Beat a Russian«, *Life* (19. Dezember 1949), S. 80 ff.
Zur Archiv-Dokumentation betreffend die engen Verbindungen zwischen hohen US-Medienpersönlichkeiten und der US-Geheimdienstgemeinde während des kalten Kriegs siehe JCS 1735/41, »*Guidance on Psychological Warfare Matters*«, 20. Februar 1950; siehe auch den Brief von Generalmajor Charles Bolté an Brigadegeneral Robert A. McClure vom 7. Juli 1949, in dem Personalfragen für das Programm der psychologischen Kriegführung besprochen werden, und McClures Antwort vom 20. Juli 1949, mit Beilage und darauffolgender Korrespondenz, alles geheim, gefunden in den US Army P & O Hot Files 091.412TS bis 334WSEGTS, Fach 10, Eintragung 154, RG 319, NA, freigegeben auf Ansuchen des Autors. General McClure, der Befehlshaber über alle Aktivitäten der psychologischen Kriegführung der US Army während des Zweiten Weltkrieges und des Großteils des kalten Krieges, bezeichnete C. D. Jackson (von *Time/Life*) und William Paley (von CBS) als »meine rechte und linke Hand [während des Zweiten Weltkrieges] ... [Sie] wissen mehr über die Politik und das Funktionieren der psychologischen Kriegführung als jedes andere Team, das ich kenne.« Siehe 12. Juli 1949, Korrespondenz erwähnt in der Hot-Files-Serie.
In bezug auf eine leichter zugängliche Quelle über viele Persönlichkeiten der psychologischen Kriegführung während des kalten Krieges siehe Sig Mickelson, *America's Other Voice: The Story of Radio Free Europe and Radio Liberty* (New York: Praeger, 1983).

4. Der Telegrammverkehr beinhaltet: Sendung Berlin an Washington bezeichnet »Personal for Kennan«, 862.00/9-2548, 25. September 1948 (streng geheim); Sendung Heidelberg an Washington bezeichnet »For Kennan«, 862.00/9-2748, 27. September 1948 (streng geheim); Washington an Heidelberg, 862.00/9-2848, 28. September 1948 (streng geheim); Heidelberg an Washington, 862.00/9-3048, 30. September 1948 (streng geheim), die alle im RG 59, NA, Washington, D. C., gefunden wurden.

5. Die Reporterin Linda Hunt war die erste, die Unterlagen über die Bemühungen des Pentagons ausgegraben hat, militärische Aufzeichnungen über die Nazivergangenheit bestimmter deutscher Wissenschaftler zu vertuschen, die es gerade anwarb; siehe Hunt, op. cit. Das Koordinierungszentrum des Geheimdienstes, auf das in diesem Text Bezug genommen wird, ist die Joint Intelligence Objectives Agency (JIOA) des Pentagons, über die im 3. Kapitel

gesprochen wird; zur Korrespondenz bezüglich der Unterschlagung von Unterlagen über die Nazivergangenheit von Wissenschaftlern siehe den Brief des stellvertretenden Direktors der JIOA US Intelligence Division, Army General Staff, 18. November 1947. Zum Zitat Wev: JIOA-Direktor Bosquet Wev an General S. J. Chamberlin, Director of Intelligence for War Department General Staff (G-2), 2. Juli 1947 (geheim), beide zitiert in Hunt, op. cit.

6. E. H. Cookridge (Edward Spiro), *Gehlen* (New York: Random House, 1971), S. 121 f.

7. Interview des Autors mit Victor Marchetti, 7. Juni 1984.

8. Bezüglich der Besprechungen über das Vorhaben, während des kalten Krieges Emigranten aus dem Ostblock für Guerillaoperationen zu verwenden, einschließlich der Rolle von George Kennan, siehe Joint Strategic Plans Committee (JSPC), »Proposal for the Establishment of a Guerilla Warfare School and a Guerilla Warfare Corps« (JSPC 862/3), 2. August 1948 (streng geheim), P & O 352 TS (Section 1, Case 1), RG 319, NA; Kennans Korrespondenz mit General Alfred Gruenther, 27. April 1948 (geheim) in P & O 091.714 TS (Section 1, Case 1) (streng geheim), RG 319, NA; und JSPC »Joint Outline War Plans for Determination of Mobilization Requirements for War Beginning 1 July 1949« (JSPC 891/6), 17. September 1948 (streng geheim), mit Besprechungen über Wlassow und psychologische Kriegführung in Anhang »E« (S. 36) in P & O 370.1 TS (Case 7, Part IA, Sub No. 13), RG 319, NA.
Bezüglich der in der Fußnote erwähnten Kontroverse über die Waffen-SS siehe Eugene Davidson, *The Trial of The Germans* (New York: Macmillan, 1966), S. 15–17, 553; oder vor allem Kurt Tauber, *Beyond Eagle and Swastika* (Middletown, Conn.: Wesleyan University Press, 1967), Bd. I, S. 332 ff.

9. Die Rolle der CIA bei Propagandaaktionen in den Vereinigten Staaten, einschließlich jener, bei denen ehemalige Nazikollaborateure verwendet wurden, wird im 14., 15. und 17. Kapitel genau untersucht. Bezüglich der Regierungsunterlagen über Zahlungen an Emigrantenführer siehe James R. Price, *Radio Free Europe: A Survey and Analysis* (Washington, D. C.: Congressional Research Service Document no. JX 1710 US B, März 1972), S. 9 f. und die folgende Korrespondenz, erhalten durch Freedom of Information Act: Uldis Grava (American Latvian Association) an Präsident Richard Nixon, 4. Januar 1972; Lucius D. Clay (Radio Free Europe) an Außenminister Henry Kissinger, 7. Oktober 1971; Kissingers Antwort an Clay, 1. November 1971, und damit verbundene Korrespondenz, Department of State, FOIA-Fall Nr. 8404249, 25. September 1986.

10. Die Angriffsspitze dieser Publicitykampagne lief unter der Bezeichnung »Kreuzzug für Freiheit«, obwohl sie auch eine Anzahl von weniger wichtigen Anstrengungen umfaßte, auf die im 15. Kapitel eingegangen wird. Über CFF siehe Mickelson, op. cit., S. 41 und 53–58; Larry Collins, »The Free

Europe Committee: American Weapon of the Cold War« (1975) Doktorarbeit der Carlton University, Canadian Thesis on Microfilm Service, Signatur TC 20090, S. 256 ff.; und Free Europe Committee, Inc., *President's Report.*

11. Zum Mitarbeiterstab der Assembly of Captive European Nations (ACEN) siehe Assembly of Captive European Nations, *First Session: Organization, Resolutions, Reports, Debate* (New York, ACEN-Publikation Nr. 5, 1955), S. 177 ff. Beachten Sie die Rollen von Hasan Dosti (S. 180), Alfreds Berzins (S. 183) und Boleslavs Maikovskis (S. 186). Für Informationen über die Rolle dieser Personen während des Krieges siehe Ralph Blumenthal, »Axis Supporters Enlisted by US in Postwar Role: Albanians Said to Have Been Spies in the Balkans«, *New York Times,* 20. Juni 1982 (über Dosti); Central Registry of War Criminals and Security Suspects (CROWCASS), *Wanted List No. 14,* Berlin Command, Office of Military Government US 11/46, S. 14 (über Berzins); US Department of Justice, Office of Special Investigations, *Digest of Cases in Litigation July 1, 1984* (Washington, D. C., 1984), S. 34 f. (über Maikovskis). Über gewisse ukrainische Bruderschaftsgruppen siehe Ralph Blumenthal, »CIA Accused of Aid to '30s Terrorist«, *New York Times,* 6. Februar 1986, und Joe Conason, »To Catch a Nazi«, *Village Voice* (11. Februar 1986), die beide den Fall des bekannten ukrainischen Emigrantenführers Mykola Lebed betreffen. Über Daugavas Vanagi siehe *Daugavas Vanagi Biletens,* Nr. 4 und Nr. 10 (1951), in der New York Public Library, die Berzins als Mitglied ihres Zentralkomitees und als Herausgeber ihrer Zeitung bezeichnet; über Berzins' Laufbahn während des Krieges siehe zitierte CROWCASS-Eintragung. Mindestens drei weiteren hohen Vanagiführern wurden ebenfalls Kriegsverbrechen vorgeworfen.

12. Zum Walter-Lippmann-Zitat siehe Senator Charles Mathias, »Ethnic Groups and Foreign Policy«, *Foreign Affairs* (Sommer 1981), S. 982.

Zweites Kapitel

1. Control Council Law Nr. 10 (Berlin, 20. Dezember 1945) wurde in Leon Friedmann, Hrsg., *The Law of War: A Documentary History* (New York: Random House, 1972) zusammen mit wichtigen anderen Dokumentationen veröffentlicht, die der Entwicklung dieser Begriffe nachgehen. Siehe auch Morris Greenspan, *The Soldier's Guide to the Laws of War* (Washington, D. C.: Public Affairs Press, 1969).

2. Es gibt eine umfassende Literatur über den Nazikrieg an der Ostfront und den Holocaust in den von den Deutschen besetzten Gebieten. In bezug auf verläßliche Studien, die bei der Abfassung des vorliegenden Textes verwendet wurden, siehe Lucy Dawidowiscz, *The War Against the Jews* (New York: Bantam, 1976), S. 537–541; Martin Gilbert, *The Holocaust* (New York: Holt, Rinehart & Winston, 1985), von nun an zitiert als Gilbert, *Ho-*

locaust; Nora Levin, *The Holocaust* (New York: Schocken, 1973), S. 268–289; Gerald Reitlinger, *The House Built on Sand* (London: Weidenfeld & Nicolson, 1960), S. 249–256; und Gerald Reitlinger, *The SS: Alibi of a Nation* (Englewood Cliffs, N. J., Prentice-Hall, 1981), im weiteren zitiert als Reitlinger, *House,* und Reitlinger, *SS;* World Jewish Congress u. a. *The Black Book: The Nazi Crime Against the Jewish People* (New York: Nexus Press, 1981; Neuauflage der Ausgabe von 1946). Martin Gilberts präziser *Atlas of the Holocaust* (New York: Macmillan, 1982) ist ebenfalls hervorragend und enthält eine ausführliche Bibliografie, hier zitiert als Gilbert, *Atlas.* Die beste derzeit in englischer Sprache erhältliche Einzeldokumentation über Naziverbrechen ist Raul Hilbergs außergewöhnliche *The Destruction of the European Jews* (New York: Harper & Row, 1961), vor allem S. 177–256. Hilbergs Buch wurde kürzlich überarbeitet und erweitert; die im vorliegenden Text zu Zitaten aus Hilbergs Buch angegebenen Seitenzahlen beziehen sich jedoch auf die Originalausgabe. Zu Mansteins Befehl und dem Hungertod von Kriegsgefangenen siehe Alexander Werth, *Russia at War 1941–1945* (New York: Avon, 1965; deutsche Ausgabe *Rußland im Krieg, 1941–1945,* München: Droemer, 1965), S. 646, und Davidson, op. cit., S. 568. Gilbert, *Holocaust,* S. 845, schätzt die Verluste an sowjetischen Kriegsgefangenen auf etwa 2 500 000, von denen eine Million erschossen wurde und die übrigen verhungerten und erfroren. Die in der Fußnote erwähnte Nachkriegskarriere Mansteins kommt bei Hilberg, op. cit., auf S. 698 und S. 710 vor. Über das »Commissar Decree« siehe Alexander Dallin, *German Rule in Russia* (2. Auflage), (Boulder, Colo.: Westview Press, 1981), S. 30 f, und über Wiederansiedlung S. 255 ff., zitiert als Dallin, *German Rule.* Die Massenmorde in Rasseta und anderswo werden in Werth, op. cit., S. 659 f. erwähnt. Das Massaker von Odessa wird in Gilbert, *Holocaust,* S. 217 f. und Hilberg, op. cit., S. 200 f., geschildert.

3. Bezüglich Kommentare über »humane« Methoden siehe Hilberg, op. cit., S. 210.

4. Das folgenreichste, aber vielleicht am schwersten erhältliche Werk über die politische Kriegführung an der Ostfront ist Friedrich Buchardts streng geheimes Manuskript »Die Behandlung des russischen Problems während der Zeit des nationalsozialistischen Regimes in Deutschland« (1946?), das ursprünglich für den britischen Geheimdienst gedacht war und später auch den amerikanischen Organisationen zugänglich gemacht wurde. Beruht auch auf dem Interview des Autors mit Frau Buchardt vom 17. Mai 1984. Dallin, *German Rule,* widmet fast 200 Seiten seiner Studie der »politischen Kriegführung« an der Ostfront; siehe S. 497–505 und 660–678 als Zusammenfassung. Reitlinger, *House,* S. 248–256, bietet wertvolle Einblicke in den Zusammenhang zwischen politischer Kriegführung und Vernichtungsprogramm; und Matthew Cooper, *The Nazi War Against the Soviet Partisans 1941–1944* (New York: Stein & Day, 1979), bietet auf S. 109–123 einen nützlichen Überblick über das Osttruppen-Programm.

5. Zu Pfleiderer siehe *Proceedings of the International Tribunal* (in Nürnberg), Band VIII, S. 248 f.; von Reitlinger siehe Reitlinger, *House*, S. 250 und 256.
6. Über die SS-Rolle von Six und Augsburg siehe die erbeuteten SS-Dossiers Nr. 107480 (Six) und Nr. 307925 (Augsburg) im Berliner Document Center. Zu Hilger: Interview Alfred Meyer vom 30. Dezember 1983. Siehe auch Zitate bezüglich Dokumentation über Hilger aus der Kriegszeit im 9. Kapitel. Zu Köstring: »Final Interrogation Report: Köstring, Gen D Kav. CG of Voluntee Units«, Seventh US Army Interrogation Center, SAIC/FIR/42, 11. September 1945 (vertraulich), Fach 721 A, Eintragung 179, Feindliche-Kriegsgefangene-Vernehmungsakte (MIS-Y) 1943–1945, AC of 5, G-2 Intelligence Division, RG 165, NA, Washington, D. C.
Zu Herwarth: Hans Heinrich Herwarth von Bittenfeld, *Zwischen Hitler und Stalin* (Frankfurt: Verlag Ullstein, 1982), und Charles Thayer, *Hands Across the Caviar* (Philadelphia: Lippincott, 1952), S. 183–200, im weiteren zitiert als Thayer, *Hands*.
Zu Gehlen siehe Cookridge, op. cit., oder Zitate im 4. Kapitel.
Zu Strik-Strikfeldt, *Gegen Stalin und Hitler: General Wlassow und die russische Freiheitsbewegung* (Mainz: Hase & Koehler Verlag, 1970); in englischer Sprache *Against Stalin and Hitler*, Übers. David Footman (New York: John Day Co., 1973).
7. Werth, op. cit., S. 646.
Zu dem in der Fußnote besprochenen Bericht über Wlassow siehe Strik-Strikfeldt, op. cit., mit dem zitierten Teil auf S. 229 f. in der englischen Ausgabe, das Zitat betreffend die Hinrichtung Wlassows befindet sich auf S. 245. Bezüglich des Thorwald-Zitates in der Fußnote siehe Jürgen Thorwald (Heinz Bongartz), *Flight in the Winter* (New York: Pantheon, 1951; deutsche Originalausgaben *Es begann an der Weichsel* und *Das Ende an der Elbe;* Stuttgart: Steingrüben-Verlag, 1952), S. 293. Siehe auch Jürgen Thorwald, *The Illusion: Soviet Soldiers in Hitler's Armies* (New York: Harcourt Brace Jovanovich, 1974; deutsche Originalausgabe *Die Illusion;* Zürich: Droemer-Knaur, 1975), S. 315 ff., zitiert als Thorwald, *Illusion*.
Bezüglich Hintergrund und Dokumentation über Wlassow und die Wlassow-Bewegung siehe besonders Boris Dvinov, *Politics of the Russian Emigration* (Santa Monica, Calif.: Rand Corporation study Nr. P-768, 1955), S. 54–112, und Boris Dvinov, *Documents on the Russian Emigration: An Appendix to RAND paper P-768* (Santa Monica, Calif.: Rand Corporation study Nr. P-865, 1956), fortan zitiert als Dvinov, *Politics of the Russian Emigration*, und Dvinov, *Documents*. Ebenfalls wertvoll: »Russian Émigré Organizations«, United States Political Advisor for Germany, 10. Mai 1949 (geheim) in 861.20262/5–1049, Geheimakte, State Decimale Files, RG 59, NA (dieser Text beruht auf einem US-Interview mit dem ehemaligen Chef des Mil-Amt »C« des RSHA Oberstleutnant Werner Ohletz, einem ranghohen deutschen Abwehroffizier, der mit dem sowjetischen Emigrantenpro-

gramm zu tun hatte). Zu Angaben über antisemitische Aktivitäten der Wlassow-Bewegung siehe Grigori Aronson, »Pravda o Vlasovtsakh [Die Wahrheit über die Wlassow-Anhänger]«, New York, 1949. Bezüglich einer typischen zeitgenössischen US-Vernehmung eines Wlassow Führers siehe zum Beispiel »Preliminary Interrogation Report, Source: Jung, Igor«, US Seventh Army Interrogation Center, 12. Juli 1945 (vertraulich), Fach 721-A, Eintragung 179, MIS-Y Enemy Interrogation Files, 1943–1945, RG 165, NA. Dallin, *German Rule*, S. 553 ff., und Reitlinger, *House*, S. 371 ff., bieten vermutlich die besten und am leichtesten zugänglichen Zusammenfassungen über Wlassow und seine Armee. Joachim Hoffmann, *Die Geschichte der Wlassow-Armee* (Freiburg im Breisgau: Verlag Rombach, 1984), bringt eine Pro-Wlassow-Polemik, die nichtsdestoweniger viele neue Einzelheiten über die Rolle der Wlassow-Bewegung in den letzten Kriegsmonaten bietet. Obwohl etwas älter, ist der vermutlich noch immer beste Führer durch das Material über Wlassow in amerikanischen Sammlungen Michael Schatoff, *Bibliography on [the] Vlasov Movement in World War II* (New York: All Slavic Publishing House, 1961), in russischer und deutscher Sprache, mit Zusammenfassungen in englischer Sprache, die sich vorwiegend auf die Archive der Columbia-Universität konzentrieren.

8. Carroll, op. cit. (19. Dezember 1949), S. 80 ff.

9. Über die Rolle der Kaminsky-Truppen in der Wlassow-Armee siehe Köstring, »Final Interrogation Report«. Zu diesem Punkt siehe auch George H. Stein, *The Waffen SS* (Ithaca, N. Y.: Cornell University Press, 1966), S. 187 f. und 256. Siehe Alexander Dallin, *The Kaminsky Brigade 1941–1944*, Harvard University (Cambridge, Mass.: Russian Research Center, 1956), zitiert als Dallin, *Kaminsky*. Über die Rolle der Kaminsky-Truppen bei Aktivitäten gegen Partisanen und Juden in Weißrußland siehe Werth, op. cit., S. 651–664 an verschiedenen Stellen und S. 782 f.; und Gilbert, *Holocaust*, S. 298, über die weißrussische Polizei.
Bezüglich Kommentare über Guderian siehe Heinz Höhne, *The Order of the Death's Head* (New York: Ballantine, 1971), S. 615. Zu der Rolle von Kaminsky-Truppen bei antisemitischen Morden während des Warschauer Aufstands siehe Höhne, op. cit., S. 615 ff. und Gilbert, *Holocaust*, S. 717.

10. Bezüglich Bossi-Fedrigotti-Zitate siehe Dallin. *German Rule*, S. 519, Fn. 2. Dallin beschreibt ausführlich, wie die Kontroverse über die Rassenpolitik der Nazis den Krieg an der Ostfront beeinflußte; siehe S. 107–304 und 587–636. Siehe auch Dvinov, *Politics of the Russian Emigration*, Dvinov, *Documents*, George Fischer, *Soviet Opposition to Stalin* (Cambridge, Mass.: Harvard University Press, 1952), und John A. Armstrong, *Ukrainian Nationalism 1939–1945* (New York: Columbia University Press, 1955).

11. Heygendorffs Kommentare stammen aus geheimen Studien über die Verwendung von Überläufern an der Ostfront, die nach dem Krieg von deutschen Experten für die politische Kriegführung für den US-Geheimdienst

zusammengestellt wurden. Obwohl viele dieser Berichte geheim blieben, wurde ein wichtiger Teil von ihnen (einschließlich des Heygendorff-Papiers) als Teil einer 24bändigen Serie mit dem Titel *World War II German Military Studies* veröffentlicht, herausgegeben von Donald Detweiler, Burdick und Rohwer. Siehe auch Köstring und Seraphims Bericht mit dem Titel *MS C-043; Eastern Nationals as Volunteers in the German Army* in der gleichen Serie, der zu ziemlich den gleichen Schlußfolgerungen wie Heygendorff gelangt. Bezüglich umfassenderer Unterlagen über den systematischen Versuch der Vereinigten Staaten, deutsches militärisches Wissen zu nutzen, siehe die Foreign-Military-Studies-Unterlagen von RG 338, NA, Washington, D. C.

12. Bezüglich der in diesem Teil angeführten Zitate des Nürnberger Gerichts siehe *Trials of War Criminals Before the Nuernberg Military Tribunals Under Control Council Law No. 10* (Washington, D. C.: Government Printing Office 1949–1953), Band IV, mit Behandlung der Rolle von Vernehmungsbeamten und Vorkommandos auf S. 523–525 und 575 f.

13. Strik-Strikfeldts Posten als Haupt-Vernehmungsbeamter (unter Roennes Befehl in der Abwehr [Gruppe III]) wird in Heinz Höhne und Hermann Zolling, *The General Was a Spy* (New York: Bantam, 1972), S. 40, erwähnt. Siehe auch Cookridge, op. cit., S. 50–52, 56–67.

14. Ohlendorfs Aussage über die Einsatzgruppen scheint in einer eidesstattlichen Erklärung vom 24. April 1947 auf, S. 92–95, in *Trials of War Criminals*, loc. cit.

15. Hilbergs Angaben über die Rolle von Hilfstruppen bei Mordkommandos findet man bei Hilberg, op. cit., S. 205 f. und 243–246, mit Bibersteins Kommentar auf S. 206.

16. Über die CIOS und S-Force usw. siehe *Report of the Combined Intelligence Objectives Subcommittee* (Washington, D. C.: Office of Technical Services, US Department of Commerce, 1944), und Doris Canham, *History of AMC Intelligence, T-2*, Wright Field, Ohio, 1948). Bezüglich leichter zugänglicher Zusammenfassungen siehe Clarence Lasby, *Project Paperclip* (New York: Antheneum, 1975), S. 18–26; Boris Pash, *The Alsos Mission* (New York: Award House, 1969), S. 24, 54, 57–59 und 136; und Michel Bar-Zohar, *La Chasse aux Savants Allemands* (Paris: Librairie Arthème Fayard, 1965). Siehe auch »Minutes of Meeting Held 20 December 1944«, betreffend OSS-Verwendung von T-Streitkräften als Tarnung für »Aktivitäten, die man nicht zugeben kann«, Fach 52, Eintragung 115, Mappe 3, RG 226, NA, Washington, D. C.

17. Pash, op. cit., S. 99; Lasby, op. cit., S. 16 f. Zu Alsos siehe auch Leslie R. Groves, *Now It Can Be Told* (New York: Harper & Row, 1962), und Samuel Goudsmit, *Alsos* (New York: Harper & Row. 1947).

1. Dornbergers eigener Bericht über seine Laufbahn im Krieg findet sich in Walter Dornberger, *V-2* (New York: Viking, 1958). Bezüglich eines weiteren schmeichelhaften Gesichtspunkts siehe Dieter Huzel, *From Peenemünde to Canaveral* (Englewood Cliffs, N. J.: Prentice Hall, 1962). Zur Perspektive eines Zwangsarbeiters siehe Jean Michel und Luis Nucera, *Dora* (New York: Holt, Rinehart & Winston, 1980). Bezüglich kurzer Biografien von Dornberger, einschließlich Auszeichnungen und Stellungen, siehe R. Turner, Hrsg. *The Annual Obituary – 1980* (New York: St. Martin's Press, 1980) und *Current Biography 1965*, S. 125 ff. Siehe Lasby, op. cit., S. 32, 113 und 259, bezüglich einer grundlegenden Biografie und Schilderung der Arbeit in Wright Field.

2. Dornberger, op. cit., S. 99 ff.,

3. Die Originaldokumentation über die Bedingungen im Werk Nordhausen befindet sich in den Fall-Unterlagen des Kriegsverbrecherprozesses *US Army v. Kurt Andrae et al.* vom 7. August bis 30. Dezember 1947, Mikrofilm M1079, NA. Zu diesem Punkt siehe auch das US Army INSCOM-Dossier über Fabriksdirektor Arthur Rudolph, loc. cit., erhältlich durch FOIA-Anforderung. Sekundärquellen: Pierre Durand, *Les Français à Buchenwald et à Dora* (Paris: Éditions Sociales, c. 1977), Christine Somerhausen, *Les Belges déportés à Dora* (Brüssel: Centre Guillaume Jacquemyns, 1979); und Michel, op. cit.

4. Über die Befehlsgewalt im Werk Nordhausen siehe *US Army v. Kurt Andrae et al.*, loc. cit. Dornberger bestätigt weitgehend seine entscheidende Rolle bezüglich der Produktionspläne, obwohl er ihre Bedeutung nicht erkannte; siehe Dornberger, op. cit., S. 211 und 239.

5. Dornberger, op. cit., S. 259. Zu Dornbergers Wissen über Ungeheuerlichkeiten siehe »Niederschrift über die Besprechung am 6. 5. 1944 im Büro Generaldirektor Rickhey«, Imperial War Museum, London, zitiert in Eli Rosenbaum, *[Arthur] Rudolph: The Speer Analogy* (New York: o. V., 1985).

6. »German Civilians Compelled to Bury Victims of Nazis«, *New York Times*, 23. April 1945, S. 5; und »Atrocity Films Released«, *New York Times*, 27. April 1945, S. 3. Ebenfalls erwähnenswert für die amerikanische Meinungsbildung betreffend NS-Greueltaten war die Befreiung der etwas kleineren Konzentrationslager Ohrdruf (4. April 1945) und Gardelegen (14. April 1945). Die US-Generale Dwight D. Eisenhower und George Patton besuchten Ohrdruf unter großem Aufsehen; siehe Gilbert, *Holocaust*, S. 790 ff.

7. Lasby, op. cit., S. 37–49 und 85; die angeführten 400 bis 500 Millionen Dollar werden auf S. 42 genannt.

8. Ebd., S. 83–87. Über die sowjetische Anwerbung von Wissenschaftlern siehe auch Office of Strategic Services, »General Situation Report No. 2., 15 July to 1 September 1945« (streng geheim).

9. Hunt, op. cit.
10. Lasby, op. cit., S. 77–79.
11. Ebd., S. 80 f.
12. Ebd., S. 58 f.
13. Hunt, op. cit., Lasby, op. cit., S. 151–160 und 176–178. Zitat ehemaliger OMGUS-Beamter: vertraulicher Informant.
14. Lasby, op. cit., S. 159; Hunt, op. cit., mit zugrundeliegender Dokumentation in »Report on Conference with State«, an den Direktor der JIOA von Commander C. R. Welte, 26. Mai 1947; Wev an Chamberlin, 2. Juli 1947; und Intelligence Division GSUSA vom stellvertretenden Direktor der JIOA Walter Rozamus, 28. November 1947.
15. Hunt, op. cit. Zu diesem Punkt siehe auch »Application of Denazification Procedures to German Scientists« von Lucius Clay an Noce, 20. September 1947, in dem General Clay Noce 1 000 Blanko-Meldebogen (Entnazifizie-rungs-Vernehmungsformulare) übergibt und argumentiert: »Es wäre viel besser, ihnen [den deutschen Wissenschaftlern] zu erlauben, als Nazis in den USA zu bleiben, ohne sie vor Gericht zu bringen, als Sonderverfahren einzu-führen, die nicht im Zuständigkeitsbereich der deutschen Gesetze liegen«, in Lucius Clay, *Papers of General Lucius D. Clay*, Hrsg. Jean Edward Smith (Bloomington, Ind.: Indiana University Press, 1947), Band III, S. 432 f., im weiteren zitiert als *Clay Papers*.
16. Hunt, op. cit., Zitat stammt aus einem Telegramm des stellvertretenden Di-rektors der JIOA, Rozamus, an Intelligence Division GSUSA.
17. Hunt, op. cit., auch Lasby, op. cit., S. 113, 159, 209 und 245. Zu Arthur Ru-dolph: US Department of Justice, Presseerklärung vom 17. Oktober 1984; Ralph Blumenthal, »German-born NASA Expert Quits US to Avoid a War Crimes Suit« und »NASA Refuses to Comment on Its Former Official«, *New York Times*, 18. Oktober 1984, S. 1 und A-13; James M. Markham, »Ex-Nazi Denies Role in Deaths of Slave Laborers«, *New York Times*, 21. Oktober 1984, S. 8; Thomas O'Toole und Mary Thorton, »A Long Trail to Departure of Ex-Nazi Rocket Expert«, *Washington Post*, 4. Novem-ber 1984, S. 1. Siehe auch Rudolphs ausführliches US Army INSCOM-Dos-sier, erhältlich durch Freedom of Information Act. – Wegen Rudolphs an-geblicher Übergriffe zum Nachteil der Gefangenen hat die Staatsanwalt-schaft Hamburg ein Ermittlungsverfahren eingestellt, da sich der Vorwurf trotz umfangreicher Ermittlungen nicht (mehr?) bestätigen ließ.
Zu Rickhey siehe *US Army v. Kurt Andrae et al.*, loc. cit.
Zu Schreiber siehe Memorandum des stellvertretenden Staatsanwalts in Nürnberg, Alexander Hardy, »The Case of Walter Schreiber«, 17. Februar 1952.

Viertes Kapitel

1. Reinhard Gehlen, *The Service,* Übers. D. Irving (New York: World Publishing, 1972; deutsche Originalausgabe *Der Dienst; Erinnerungen 1942–1971;* Mainz: Hase & Koehler, 1971), S. 3–10, mit zitierter Erklärung auf S. 6. Zu Gehlens Kapitulation siehe US-Army-Unterlagen »Report of Interrogation: Gehlen, Reinhard, 28 August 1945«, G-2 MIS-Y, Gehlen-Mappe (geheim), Fach 472, RG 165, NA. Dieser Vernehmungsbericht beschreibt auch Bokors Rolle. Bokors Name wird hier mit »Capt. Boka« angegeben. Zur körperlichen Beschreibung zur Zeit der Verhaftung siehe »Basic Personnel Record # 3WG-1300; Gehlen, Reinhard« in derselben Mappe. Siehe auch Cookridge, op. cit., S. 111–123; Höhne und Zolling, op. cit., S. 61–72; Alain Guerin, *Le Général Gris* (Paris: Julliard, 1969); und Charles Whiting, *Gehlen: Germany's Master Spy* (New York: Ballantine, 1972).
Bezüglich der im Text erwähnten »Friedensvorschläge« von Himmler siehe Höhne, op. cit., S. 583 ff.

2. Gehlen, op. cit., S. 6 ff. Siehe auch Richard Harris Smith, *OSS* (Berkeley: University of California Press, 1972), S. 239–241, fortan zitiert als Smith, *OSS.*
Zu Bokor: Interview mit dem Oberst im Ruhestand John A. S. Bokor, dem Sohn von Hauptmann Bokor, am 9. Juni 1984.
Bezüglich Originaldokumentation über feststehende US-Befehle betreffend Beziehungen zu deutschen Kriegsgefangenen, die früher Geheimdienstoffiziere gewesen waren, siehe »Counter-Intelligence Screening of the German Armed Forces«, Supreme Headquarters of the Allied Expeditionary Forces, März 1945 (geheim), Mappe GBI/CI/CS/091.711-2 (Germany) »C. I. Control and Disposal of German Forces«, Fach 110. Eintragung 15, RG 331, NA.

3. Smith, *OSS,* S. 240.
Bezüglich biografischer Einzelheiten zu den Generälen Sibert und Bedell Smith siehe Berichte des Department of Defense Office of Public Information Press Branch über Sibert (3. April 1952) und Smith (31. Juli 1951), erhältlich durch das Center for Military History in Washington, D. C. Siberts Nachruf erschien in der *Washington Post* vom 23. Dezember 1977, und die Laufbahn von Smith wird in *Websters American Military Biographies* (Springfield, Mass.: G & C Merriam, 1979), auf S. 400 beschrieben.

4. Siehe Gehlen, »Report of Interrogation«.

5. Über Hungerlager siehe Werth, op. cit., S. 643 ff., und Davidson, op. cit., S. 568. Über Gehlens Rolle während des Krieges in deutschen Vernehmungsprogrammen für Kriegsgefangene siehe David Kahn. *Hitler's Spies, German Military Intelligence in World War II* (New York: Macmillan, 1978), S. 142–151, 428–435, an verschiedenen Stellen.

6. Über Gehlen-Zitat »prinzipiell« siehe Höhne und Zolling, op. cit., S. 196,

oder Jürgen Thorwald, »Der Mann im Dunkeln«, *Welt am Sonntag,* 18. Dezember 1956.
Zu Sommer, Krichbaum und Schmidt siehe Cookridge, op. cit., S. 144–145; Höhne und Zolling, op. cit., S. 199.

7. Interview mit Bokor.

8. Höhne und Zolling, op. cit., S. 172.

9. Zu Dr. Franz Alfred Six: bezüglich Zitat aus »Lösung der Judenfrage« siehe *Trials of War Criminals,* Band IV, S. 525, mit einer Zusammenfassung von Six' Kriegsverbrechen auf S. 521 ff. Über seine Rolle während des Krieges siehe Central Intelligence Agency, *Study of Intelligence and Counterintelligence Activities on the Eastern Front and Adjacent Areas During World War II* (vertraulich), Anhang G: »Members of the SS Who Participated in Mass Executions and Atrocities«, S. 7, RG 263, NA, fortan bezeichnet als *CIA Eastern Front Study.* Siehe auch State Department Propaganda Investigation Team, »Investigation Report«, 30. April 1946, Vernehmungen von Franz Six und Horst Mahnke, RG 238, NA; und State Department Special Interrogation Mission, Vernehmung von Fritz E. A. von Twardowsky, 3. Oktober 1945, Fach 745, Eintragung 179 (G-2-ID-MIS-Y-Unterlagen), RG 165, NA. Six' SS- und NSDAP-Akten sind über das Berliner Document Center, SS Nr. 107480, NSDAP Nr. 245670, erhältlich.
Zu Six' »übereifriger« Verbindung mit Himmler: *Das Eichmann-Protokoll* (Berlin: Severin und Siedler, 1982); oder *Eichmann Interrogated* (New York: Farrar, Straus & Giroux, 1983), S. 27 und 29. Siehe auch Twardowskys Vernehmung, loc. cit.
Six' von den Nazis in Umlauf gebrachte Schriften umfassen: *Europa: Tradition und Zukunft* (1944) und *Freimaurerei und Judenemanzipation* (1938), beide erschienen in der Hanseatischen Verlagsanstalt, Hamburg; *Les Guerres Intestines en Europe et la Guerre d'Union du Présent* (1941?); und *Dokumente der deutschen Politik* (Berlin: Deutsches Auslandswissenschaftliches Institut, 1942).
Über die im Text erwähnte Rolle Augsburgs siehe Unterlagen Emil Augsburgs im Berliner Document Center, SS Nr. 307925.

10. Bezüglich eines Überblicks über Amt VI siehe David Kahn, op. cit., S. 253–271; Höhne und Zolling, op. cit., S. 368 f; und Walter Schellenberg, *The Labyrinth,* Übers. Louis Hagen (New York: Harper Bros., 1956), S. 273–276.
Zu Poppe siehe Gespräche des Autors mit Nikolai N. Poppe vom 26. Oktober und 4. Dezember 1984, und Nicholas Poppe (Nikolai N. Poppe), *Reminiscences,* Hrsg. Henry Schwartz Bellingham, Wash., (Western Washington University Center for East Asian Studies, 1983), S. 163 ff.
Das Archivmaterial über das Wannsee-Institut enthält Vernehmungen von Six, Mahnke und Twardowsky, zitiert in Anmerkung 9, oben; und »Interrogation Summary No. 1989: Walter Schellenberg«, Office of US Chief

Counsel for War Crimes Evidence Division, 30. April 1947, mit Text in deutscher und Zusammenfassung in englischer Sprache. Siehe auch: *Records of the Reich Leader of the SS and Chief of the German Police*, mikrogefilmt in Alexandria, Va., RG T-175, Roll 455, Frame 2971560 ff., bezüglich Dokumentation über Wannsees Rolle bei der Plünderung von Bibliotheken und Buchhandlungen; Roll 456, Frame 2972093 ff., bezüglich Korrespondenz, Sicherheitspässen, Angestelltenlisten usw. des Instituts; und Roll 457, Frame 2973523 ff., bezüglich Amt VI-G, Korrespondenz über die Verwendung von Insassen der Konzentrationslager als Aufseher. Diese Unterlagen gibt es auf Mikrofilm in den US National Archives und in einer Anzahl führender Bibliotheken. Die *Staff Evidence Analysis, Doc. No.: NO-3022* des Office of Chief Counsel for War Crimes in den Nürnberger Unterlagen bei den NA enthält die Antwort von SS-General Berger auf eine Wannsee-Studie von Achmeteli.

Bezüglich eines noch vorhandenen Beispiels einer Wannsee-Studie siehe Wannsee-Institut, *Kaukasus* (Berlin: Herausgegeben vom Chef der Sicherheitspolizei und des SD, 1942), jetzt in der Library of Congress.

Bezüglich der Erinnerungen Eichmanns an die Wannsee-Konferenz: *Life* (28. November 1960), S. 24 und 101. Eine englische Übersetzung des Wannsee-Protokolls kann in John Mendelsohn, Hrsg., *The Holocaust: The Wannsee Protocol and a 1944 Report on Auschwitz* (London und New York: Garland, 1982), nachgelesen werden, der einen Kommentar von Robert Wolfe vom Modern Military Branch bei den National Archives enthält. Übersetzt wurde das Protokoll (bekannt als Nürnberg-Dokument Nr. NG-2586) vom Office of US Chief Counsel for War Crimes.

Über die Rolle von Six, Ohlendorf und Schellenberg als »nazifizierte Professoren und Rechtsanwälte« siehe Höhne, Order, op. cit., S. 154.

11. Interview Benjamin Ferencz, 20. Juli 1984.

Zur Nachkriegsarbeit und dem Augsburg-und-Hirschfeld-Zwischenfall siehe »Special Interrogation Report No. 65«, Akte CI-SIR/66, betr.: Barbie, Klaus (streng geheim), S. 4, Tab 29 von Ryan, *Barbie Exhibits*. Eine ostdeutsche Reportage über Six findet man in Albert Norden, *Brown Book, War and Nazi Criminals in West Germany* (DDR-Dokumentationszentrum der Staatlichen Archivverwaltung, Verlag Zeit im Bild, Deutsche Demokratische Republik), S. 79 f.

12. Zum Bedarf einer Sondergenehmigung des Clemency Board siehe Charles Thayer, »Inquiries Concerning War Criminals«, S. 6, in den *Thayer Papers* in der Truman Library. Zu Six' Begnadigung durch McCloy siehe *New York Times*, 4. Oktober 1952.

Bezüglich der in der Fußnote erwähnten Entlastungsaussage von Six über Eichmann siehe *New York Times*, 3. Mai 1961, S. 14; 15. Mai 1961, S. 16. Zu Six' Arbeit für Porsche: Hilberg, op. cit., S. 713. Eichmanns Arbeit für Daimler-Benz: *Eichmann Interrogated*, loc. cit., S. 283.

13. Dr. Emil Augsburg: Zu »Judenhetze« siehe Augsburgs Unterlagen im Berliner Document Center. Zu »Sonderaufgaben« siehe Augsburg, »Beförderungsvorschlag: Hauptsturmführer Dr. Emil Augsburg«. Siehe auch Vernehmungen von Six und Mahnke, loc. cit.

14. Über Augsburgs Arbeit für SS-General Bernau und andere Angestellte siehe »Subject: Merk, Kurt«, 16. November 1948, HQ CIC Region IV an HQ 7970th CIC Group, EUCOM, S. 2 (geheim), Ryan, *Barbie Exhibits*, Tab 33. Über die Verbindung zu Barbie, alias »Dr. Altmann« usw. siehe Tabs 9, 18, 29 und 33 von Ryan, *Barbie Exhibits*. Eine bereinigte Version von Augsburgs CIC-Dossier ist durch FOIA bei US Army INSCOM erhältlich; siehe Akte Nr. XE004390 16B036, Augsburg, Emil (geheim). Bezüglich Aktivitäten während des Krieges, einschließlich der Rolle in Mordkommandos, siehe Anmerkung 12, oben.
Zur Erwähnung von Wannsee-Direktor Dr. Michail Achmeteli in der Fußnote: Achmetelis NSDAP-Mitgliedskarte Nr. 5360858 sowie erbeutete Korrespondenz mit SS-General Berger sind durch das Berliner Document Center erhältlich. Zu Achmetelis Rolle während des Krieges siehe Vernehmungen von Six und Mahnke, loc. cit.; Vernehmung von Schellenberg, loc. cit. (Schellenbergs Aussage enthält eine physische Beschreibung Achmetelis). Sekundärquellen sind: Alwin Ramme, *Der Sicherheitsdienst der SS* (Berlin, Deutscher Militärverlag, 1969?), S. 95–97; Peter Kleist, *Zwischen Hitler und Stalin* (Bonn, Athenäum Verlag, 1950), S. 134 f; und (in englischer Sprache) Dallin, *German Rule*, loc. cit., S. 170 Fn., 323 Fn. und 357. Zur Rassentheorie siehe Armstrong, op. cit., S. 574. Zu den Jugendjahren siehe Höhne und Zolling, op. cit., S. 368 f. Zur Beziehung zu Gehlen, siehe Cookridge, op. cit., S. 242 und 311.

15. Zu Augsburgs Arbeit für Gehlen: Höhne und Zolling, op. cit., S. 199; Cookridge, op. cit., S. 194 und 242.

Fünftes Kapitel

1. Interview Arthur Macy Cox, 7. Juni 1984.

2. Cookridge, op. cit., S. 158 und 161. Dulles-Zitat: Höhne und Zolling, op. cit., S. XV.

3. Rositzke-Kommentare: bezüglich »praktisch leer« siehe Harry A. Rositzke, *The CIA's Secret Operations* (New York: Reader's Digest Press, 1977), S. 20. Bezüglich »entscheidende Rolle« siehe Harry-Rositzke-Interview, 16. Januar 1985.

4. Interview W. Park Armstrong, 10. Juni 1983. Zu »Berichte abschreiben« siehe Cookridge, op. cit., S. 201. Höhne-Kommentar: Höhne und Zolling, op. cit., S. 107, oder siehe Original-*Spiegel*-Serien im Frühling und Sommer 1971.

5. Marchetti-Interview, 7. Juni 1984.
6. Cox-Kommentare, 15. Dezember 1983.
7. Der Autor ist der Studie von Matthew A. Evangelista »Stalin's Postwar Army Reappraised« *International Security* (Winter 1982–1983), S. 110 ff., verpflichtet, der er eine Anzahl zweckdienlicher Punkte für diesen Abschnitt entnommen hat. Zu Eisenbahnen siehe Evangelista, op. cit., S. 120–123; über die sowjetische Abhängigkeit von in der Fußnote besprochenen bespannten Transportmitteln siehe ebd., S. 121; E. O'Ballance, *The Red Army* (London: Faber & Faber, 1964), S. 192; und Dr. Allen F. Chew, »Fighting the Russians in Winter, Three Case Studies«. US Army Command and General Staff College, »*Leavenworth Papers*«, Dezember 1981, S. 35–41. Zu Auswertungen 1946 siehe JWPC 432/7, »Tentative Over-all Strategic Concept and Estimate of Initial Operations-Pincher«, 18. Juni 1946 (streng geheim), zitiert in Evangelistas Studie.
8. Zu MIS/OSS-Rivalität siehe zum Beispiel Anthony Cave Brown, *The Last Hero: Wild Bill Donovan* (New York: Vintage, 1982), S. 305–307.
9. Zu »Opportunist«-Zitat siehe »Memorandum For: Chief of Staff, United States Army, Subject: Grombach, John V.« von James L. Collins, Acting Deputy AC of S for Intelligence, 5. Juli 1967 (vertraulich), in Grombach-Dossier, Nr. 81177870, US Army INSCOM, Fort Meade, Md.
Bezüglich eines Überblicks über Grombachs Laufbahn, einschließlich seiner sportlichen Leistungen, siehe Grombachs Nachruf in dem Magazin der ehemaligen Mitglieder von West Point Assembly (Juni 1983), S. 132. NB: Grombach, der französische Eltern hatte, wurde Jean Valentin getauft. Als Erwachsener zog er die Form »John Valentine Grombach« vor, die in diesem Text verwendet wird.
10. INSCOM-Dossier Nr. 81177870 ist die beste Dokumentationsquelle für Grombachs berufliche Laufbahn. Siehe besonders »Summary of Information (SR 380-320-10)«-Unterlagen zu den folgenden Daten und Themen: »G-2 SPS Grombach, John Valentine«, 1. Juni 1955 (streng geheim); »N. V. Philips Co.«, 1. Juni 1955 (streng geheim); »Grombach, John V.«, 23. September 1958 (vertraulich); und Memorandum des Brigadegenerals Richard Collins, Direktor für Planung, Programm und Sicherheit an ASCoSI, betr. Grombach, John Valentine, 30. September 1958 (geheim). Zu Philips Rolle siehe Grombachs Brief an Oberst George F. Smith vom 12. April 1950 und Collins Bericht vom 5. September 1958 (geheim). Bezüglich des Zitats über »pro-marxistisches Personal«, der Säuberungsaktionen von OSS R & A und des Grombach-OSS-R & A-Konflikts im allgemeinen siehe »G-2 SPS Grombach, John Valentine«, 1. Juni 1955 (streng geheim) und den Brief Grombachs vom 12. April 1950 an Oberst George F. Smith. Zur Kontroverse bezüglich des Massakers im Wald von Katyn siehe Brigadegeneral Richard Collins' Memorandum vom 30. September 1958.
Zum Fall Duran siehe David Oshinsky, *A Conspiracy So Immense: The*

World of Joe McCarthy (New York, Free Press-Macmillan, 1983), S. 126, und David Caute, *The Great Fear: The Anti-Communist Purge Under Truman and Eisenhower* (New York: Simon & Schuster, 1978), S. 331–338. Grombach beanspruchte später für sich, der erste gewesen zu sein, der die »kommunistischen Verbindungen« von Carl Marzani, Alger Hiss, John Stewart Service und einiger anderer wohlbekannter Zielscheiben der Sicherheitsuntersuchungen der vierziger Jahre entdeckte.

Bezüglich der in der Fußnote erwähnten Kommentare siehe John V. Grombach, *The Great Liquidator* (Garden City, N. Y.: Doubleday, 1980), S. XVII. Das Ziel dieses Buches war, schreibt Grombach, »die amerikanische Öffentlichkeit davon zu überzeugen, daß Subversion und geheime Spionagetätigkeiten nicht durch normale, legale und saubere Methoden bekämpft werden können. Die derzeitigen Beschränkungen, denen sowohl die CIA als auch das FBI unterworfen werden«, fährt er fort, »würden besser zu einer Pfadfinderorganisation passen« (S. XVIII).

11. Über Projekt 1641, ebd., S. XVII f., 109 und 114; Lyman-Kirkpatrick-Interview, 11. April 1984; und »G-2 SPS Grombach, John Valentine«, 1. Juni 1955 (streng geheim), und Grombachs Brief vom 12. April 1950 an Oberst George F. Smith.

12. Zur Abdankung von McCormack und ihrer Bedeutung siehe William R. Corson, *The Armies of Ignorance* (New York: Dial/James Wade, 1977), S. 272; und Smith, *OSS*, S. 364–366.

13. Beamter im Ruhestand des Office of National Estimates (ONE), Interview vom 30. Juni 1986.

14. Lukacs-Kommentare: John Lukacs, »The Soviet State at 65«, *Foreign Affairs* (Herbst 1986), S. 27–29. Höhne über »Alarmsignal«: Höhne und Zolling, op. cit., S. 100, 106 f.

15. Telegramm. »340: The Berlin Situation«, (streng geheim), *Clay Papers,* Bd. II, S. 568 f, Über den Prager Frühling siehe Daniel Yergin, *Shattered Peace: The Origins of the Cold War and the National Security State* (Boston: Houghton Mifflin, 1977) S. 343–354.

16. *Clay Papers,* S. 568 f. Siehe auch Lucius Clay, *Decision in Germany* (Garden City, N. Y.: Doubleday, 1950), S. 345 f.

17. Über die Auswirkungen von Clays (und Gehlens) »Alarm« siehe *Final Report of the Select Committee to Study Governmental Operations with Respect to Intelligence Activities.* US Senate, 94. Kongreß, 2. Sitzung, 1976, im weiteren zitiert als *Church Committee Report,* Buch IV, S. 29; Yergin, op. cit., S. 351-354; und Interview mit Beamten im Ruhestand des Office of National Estimates, 30. Juni 1986. Die Schlüsselrolle dieser Warnungen bei den folgenden politischen Ereignissen ist ebenfalls in Steven L. Rearden, *The Formative Years,* Bd. 1 der *History of the Office of the Secretary of Defense,* Hrsg. Alfred Goldberg (Washington, D. C.: Historical Office, OSD, Department of Defense, 1984), S. 281 ff., enthalten.

Über vermutete sowjetische militärische Überlegenheit kurz nach dem Krieg in Europa siehe zum Beispiel (über »mobile Angriffspitze« und Schätzung der Divisionen) Evangelista, op. cit., S. 114–116; und JIC-Bericht, 2. Dezember 1948, S. 2, erwähnt bei Evangelista. Ebenso Marchetti-Interview. Bezüglich des in der Fußnote zitierten Dokuments siehe »Memorandum for Chief of Staff US Army, Subject: Soviet Intentions and Capabilities 1949–1956/57«, 4. Januar 1949 (streng geheim), in Hot Files, Fach 9, Tab 70, RG 319, NA, Washington, D. C.

18. Evangelista, op. cit., S. 112 und 115. Zu »US News«-Zitat siehe »Russia's Edge in Men and Arms«, *US News & World Report* (2. April 1948), S. 23–25.

19. Paul Nitze, »NSC 68 and the Soviet Threat Reconsidered«, *International Security* (Frühjahr 1980), S. 170–176, erwähnt in Evangelista, op. cit., S. 112.

20. Marchetti-Interview, 7. Juni 1984.
Bezüglich der im Text besprochenen Rolle der »menschlichen Quellen« siehe *EUCOM Annual Report 1954*, S. 128–132, 145, 148 und 485–488 (geheim), Adjutant General's Office Command Report Files 1949–1954, RG 407, NA, Suitland, Md. Bezüglich allgemeiner Zusammenfassungen über Verwendung dieser Methoden durch den Geheimdienst zur Beschaffung von Informationen einschließlich einiger Statistiken siehe James P. O'Donnell, »They Tell Us Stalin's Secrets«, *Saturday Evening Post*, 3. Mai 1952, S. 32; derselbe Autor und dieselbe Zeitung, »These Russians are on Our Side«, 6. Juni 1953; ebenso Höhne und Zolling, op. cit., S. 94 und 107/108; und Cookridge, op. cit., S. 201. Bezüglich des Kommentars von Richard Bissell über die Nutzlosigkeit der menschlichen Quellen des Geheimdienstes in totalitären Gesellschaften siehe Leonard Mosley, *Dulles* (New York: Dial Press, 1978), S. 374.
Bezüglich der in der Fußnote besprochenen Raketenlücke: Marchetti-Interview, 7. Juni 1984. Rositzke ist anderer Meinung als Marchetti, er findet, daß der deutsche Geheimdienst in bezug auf das sowjetische Raketenprogramm im allgemeinen gut war; siehe Rositzke, op. cit., S. 20. H. A. R. (»Kim«) Philby, ein sowjetischer Doppelagent, der den britischen Geheimdienst infiltrierte, äußerte seine Meinung zu Gehlens Effizienz, nachdem Philby in die UdSSR übergelaufen war. »Ich wußte seit dem Sommer 1943 von der Einheit Gehlen . . .« bemerkte er 1977. »Sie schien nicht besser zu sein als die anderen Abteilungen der Abwehr, was bedeutet, daß sie wirklich sehr schlecht war. Keine Übertreibung, kein Scherz. Deshalb erschrak ich nicht, als die CIA sie übernahm.« Siehe Philbys Brief vom 7. April 1977 an Leonard Mosley, veröffentlicht in Mosley, op. cit., S. 493–496.
Dornbergers Rolle bei der Raketenlücke wird in John Prados, *The Soviet Estimate* (New York: Dial, 1982), S. 61, erwähnt, der eine durchweg wertvolle Darstellung des Auswertungsprozesses des Geheimdienstes bietet.

21. Marchetti-Interview, 7. Juni 1984.

Sechstes Kapitel

1. Über CROWCASS siehe United Nations War Crimes Commission, *History of the UNWCC and the Development of the Laws of War* (London, HMSO, 1948), S. 360–380; und Ryan, *Barbie Exhibits*, Tab 19. Kopien der nunmehr selten gewordenen CROWCASS-Verzeichnisse sind bei den Fächern 3690 und 3692, RG 59, NA, Washington, D. C., und Fach 1720, RG 153, NA, Suitland, Md., erhältlich. Das US Army INSCOM hat als Antwort auf einen FOIA-Antrag des Autors ein Dossier der typischen CIC-CROWCASS-Korrespondenz freigegeben; siehe INSCOM-Dossier Nr. XE 004643 D20B 102 (geheim).
2. Corson, op. cit., S. 84 und 86–88.
3. Ebd., S. 87. Zu Thayer/Herwarth siehe Thayer, *Hands*, S. 186; zu Gehlen siehe Gehlen, op. cit., S. 8 und 11.
4. Bramel wird von Brendan Murphy in *The Butcher of Lyon* (New York: Empire Books, 1983), S. 230, zitiert.
5. Interview Herb Brucher, 23. Mai 1984.
6. Zur »problematischen Einstellung« siehe zum Beispiel Ryan, *Barbie Report*, S. 50 f.; zur Sammlung von Ausschnitten und ähnlichen »makulaturartigen« Informationen siehe ebd., S. 25 f.
7. Zu Camp King (Durchgangslager für Luftwaffe), Interview Bokor 9. Juni 1984; auch JCS, »Dulag Luft«, nicht gesperrter Privatdruck (1976?), über Scharff (S. 75), Tötung von Flüchtlingen (S. 37 f.), hochrangige Kriegsgefangene (S. 80), heimkehrende Kriegsgefangene (S. 82) – Kopie in der Sammlung des Autors. Der Autor schuldet John Bokor Dank, weil er ihn auf dieses Manuskript aufmerksam gemacht hat. Über den Ruf des Lagers in der Nachkriegszeit siehe Victor Marchetti und John Marks, *The CIA and the Cult of Intelligence* (New York: Dell, 1974), S. 187 f; und James P. O'Donnell, »These Russians Are on Our Side«, loc. cit. Über Dulag Luft siehe auch Philip Flammer, Hrsg., »Dulag Luft: The Third Reich's Prison Camp for Airmen«; und James L. Cole. »Dulag Luft: Recalled and Revisited«, beide in *Aerospace Historian* (Juni 1972), S. 58 ff. Siehe z. B. auch Gehlen, »Report of Interrogation«, S. 2–4.
8. JCS, »Dulag Luft«, S. 82.
9. Über Codenamen und Kurzbeschreibungen dieser Operationen siehe P & O-Akte 311, 5 TS (Sections I, II, III), 1948, in den streng geheimen Decimal Files von 1946–1948, Records of Army General Staff, RG 319, NA. Siehe auch dasselbe Zitat in den Decimal Files von 1949–1950; zusätzliche Einzelheiten sind über FOIA-Antrag an die Suitland Archives erhältlich.
10. Interview Mark Aaron, 20. Juni 1985. Emigrantenquellen behaupten, daß 1944 und 1945 etwa 250 000 bis 500 000 Hinrichtungen von antikommunistischen Kroaten und Slowenen stattfanden. Obwohl diese Zahlen deutlich

übertrieben sind, lassen sie ein ausgedehntes Massaker vermuten. Im Essay von Krunoslav Dragonovic, »The Biological Extermination of Croats in Tito's Yugoslavia«, in Antun F. Bonifacic und Climent Miknovich *The Croatian Nation* (Chicago: Croatia Cultural Publishing Center, 1955), werden diese Morde im Detail besprochen.

Die im Text erwähnten Repatriierungsprogramme bleiben Gegenstand intensiver Kontroversen. Bezüglich verläßlicher Berichte siehe Nicholas Bethell, *The Last Secret* (New York: Basic Books, 1974), und Mark R. Elliot, *Pawns of Yalta* (Unbone, Ill.: University of Illinois Press, 1982), S. 104 ff. Umstrittenere Studien stammen von Julius Epstein, *Operation Keelhaul* (Old Greenwich, Conn.: Devin-Adair, 1973) und Nikolai Tolstoy, *The Secret Betrayal* (New York: Charles Scribner's Sons, 1978).

Bezüglich einer zeitgenössischen Erklärung des Zusammenbruchs der sowjetischen Kooperation bei Kriegsverbrecherprozessen siehe z. B. »Soviet, Italy Raise Extradition Issue«, *New York Times,* 25. Februar 1948, und Delbert Clark, »Red Push Must End, Clay Aide Asserts«, *New York Times,* 5. März 1948 (über die Einstellung der Auslieferung von Kriegsverbrechern an die Tschechoslowakei).

11. Zu den Morden von Katyn und den polnischen Deportationen siehe Louis Fritz Gibbon, *Katyn* (New York: Charles Scribner's Sons, 1971); J. Heydekker und J. Leeb, *The Nuremberg Trial,* Übers. R. A. Downie (Cleveland and New York: World Publishing, 1962), S. 293–307; George F. Kennan, *Memoirs 1925–1950* (Boston: Little, Brown, 1967), S. 199 f., zitiert als *Kennan, Bd. I.* Zu den Hinrichtungen von Dubno siehe CIA Eastern Front Study, »Addendum A: NKVD Operatives and Persons. Connected with Them«, vor allem S. 2, Eintragung für »Bronstein«. Zu Deportationen aus den baltischen Staaten siehe z. B. William Tomingas, *The Soviet Colonization of Estonia,* Kultur Publishing House (1973), S. 265 ff.

12. Nikita Chruschtschow, *Khrushchev Remembers,* Übers. Strobe Talbot (Boston: Little, Brown, 1970), S. 596 f, oder siehe Joseph L. Nogee und Robert H. Donaldson, *Soviet Foreign Policy Since World War II* (New York: Pergamon, 1981), S. 56–59.

13. Zu den Angehörigen der Eisernen Garde in der Kommunistischen Partei Rumäniens siehe Ceausescus Rede im Plenum von 1961 in *Scinteis* (13. Dezember 1961), wie bei Paul Lendvai, *Eagles in Cobwebs* (New York: Doubleday, 1969), S. 287–289, erwähnt.

14. »Statement of Mr. Djilas«, *Official Records of the General Assembly,* Sixth Session, Ad Hoc Political Committee, Eighth Meeting, United Nations, 26. November 1951, A/OR6/Ad Hoc Committee. Zu der Verwendung von Nazis durch Ostdeutschland: bezüglich Grossmann und Bartsch siehe John Dornberg, *The Other Germany* (Garden City, N. Y.: Doubleday, 1968), S. 297; bezüglich Erdely siehe Telegramm des US Department of State, Heidelberg an Außenminister, 862.20211/8-2045, 21. August 1948 (vertrau-

lich), RG 59, NA; zu Carl Clodius siehe »Nazi Economist Used by Cominform«, *Prevent World War II* (Mai–Juni 1948), Columbia University Library. Bezüglich Rattenhuber, Bamler und Heidenreich siehe Cookridge, op. cit., S. 271 f. Bezüglich Bamler, Sanitzer und Hagemeister siehe Höhne und Zolling, op. cit., S. 238 f. und 243 f.

Siebentes Kapitel

1. Yergin, op. cit., S. 288-296. Siehe auch John Iatrides, *Revolt in Athens* (Princeton, N. Y.: Princeton University Press, 1972).
2. Zu IDEA siehe Ian McDonald, »Senator [Metcalf] Says, Greek Leaders Aided Nazis«, *Times* von London, 17. November 1971; und Jack Anderson, »The Junta and the Nazis«, *New York Post,* 16. November 1971. Zur Verfolgung griechischer Juden durch griechische Rechtsstehende siehe Ivan Mihailoff, »Greece and the Jews of Salonika«, *Balkania* (Juli 1967), besonders S. 15. Bezüglich der Ereignisse während des griechischen Bürgerkrieges im allgemeinen siehe Yergin, op. cit., S. 279—295, und Todd Gitlin, »Counter-Insurgency: Myth and Reality in Greece«, in David Horowitz, Hrsg., *Containment and Revolution* (Boston: Beacon, 1967), S. 140 ff. Zu den griechischen und jüdischen Verlusten während des Krieges siehe Eugene Keefe u. a., *Area Handbook for Greece,* 2. Ausg. (Washington, D.C.: Government Printing Office, 1977), S. 28. Auch die Interviews des Autors mit Elias Demetracopoulos, der den Autor freundlicherweise mit neuen Zeitungsausschnitten über die Ereignisse in seinem Heimatland versorgte. Material aus Originalquellen über die Rolle der Nazikollaborateure in Griechenland umfaßt »Seventh Army Interrogation Center Preliminary Interrogation Report: POULOS, Georg, OBST (Col), Greek Police Volunteer Bn«, 27. Juni 1945, betr: SAIC/PIR/61 (geheim), Fach 721-A, Eintragung 179, MIS-Y Enemy Interrogation Files 1943—1945, RG 165, NA. Amerikanische Vernehmungen des Mitarbeiters im RSHA Amt VI Otto Skorzeny im Jahr 1945 liefern beachtliche Hinweise auf die Beziehungen zwischen SS, Abwehr und griechischen Kollaborateuren. Siehe »Annex No. III: Invasion Nets in Allied Occupied Countries«, »Consolidated Interrogation Report (CIR) No. 4, Subject: The German Sabotage Service«, 23. Juli 1945 (vertraulich), über Verhöre von Skorzeny und seinem Adjutanten Radl, und den beiliegenden »Consolidated Interrogation Report (CIR) No. 13, Subject: Asts in the Balkans«, S. 5–8, 17–18; beide zu finden unter Eintragung 179, Fach 739, Enemy POW Interrogation File MIS-Y, 1943–1945, RG 165, NA.
3. Zu Papadopoulos, Natsinas und Gogoussis siehe McDonald, op.cit. Zu Secret Army Reserve siehe: »Joint Outline War Plans for Determination of Mobilization Requirements for War Beginning 1. July 1949«, Joint Strategic

War Plans Comittee, JSPC 891/6. Siehe insbesondere Anhang zu Appendix »E«, S. 34, 42, 43, und Office of Chief of Naval Operations Enclosure »A« (streng geheim) in P & O 370.1 TS (Case 7, Part 1-A, Sub Nos 13), RG 319, Records of the Army Staff, NA. Zu späteren Berichten bezüglich CIA-Aktivitäten in Griechenland siehe Yiannis Roubatis und Karen Wynn, »CIA Operations in Greece«, und Philip Agee, »The American Factor in Greece: Old and New«, beide in Philip Agee und Louis Wolf, Hrsg., *Dirty Work: The CIA in Western Europe* (Secaucus, N.J.: Lyle Stuart, 1978), vorwiegend S. 154 ff.

4. *Kennan, Bd. I,* S. 294 ff. (»Kommunistische Verschwörung«). Kennans Bericht über das »lange Telegramm« und seine Ergebnisse scheinen auf S. 271–297 auf. Zum Hintergrund über die Kontroverse zwischen Außenministerium und Weißem Haus wegen der Politik gegenüber der UdSSR vor dem Zweiten Weltkrieg siehe »Ah, Sweet Intrigue! Or, Who Axed State's Prewar Soviet Division?«, *Foreign Intelligence Literary Scene* (Oktober 1984), S. 1.

5. *Newsweek*-Zitat: »The Story Behind Our Russian Policy«, *Newsweek* (21. Juli 1947), S. 15–17. Das Kennan-Zitat stammt aus dem wohlbekannten »Mr. X«-Artikel: »Mr. X« (George F. Kennan), »The Sources of Soviet Conduct«, *Foreign Affairs* (Juli 1947). Siehe auch *Kennan, Bd. I,* S. 354–367, über den »Mr. X«-Artikel im allgemeinen. Bezüglich zeitgenössischer Artikel über die Schlüsselrolle von George Kennan und Charles Bohlen bei der Formulierung der US-Politik während der Anfangsjahre des kalten Krieges siehe den *Newsweek*-Artikel, oben, und »Messrs. Bohlen und Kennan, Authors of Firm Policy to Russia«, *US News & World Report,* 8. August 1947, S. 50 ff. Siehe auch Yergin, op. cit., S. 163–192, und Walter Isaacson und Evan Thomas, *The Wise Men* (New York: Simon & Schuster, 1986), S. 347–385.

6. *Kennan, Bd. I,* S. 359.

7. Zu der Rolle im Propagandaprogramm siehe Mickelson, op. cit., S. 14, 15. Zu der Rolle im Guerilla-Kriegführungsprogramm siehe: Joint Strategic Plans Committee, JSPC 862/3 und JSPC 891/6. Zu einer ähnlichen Operation mit finnischen Soldaten, die sich freiwillig zu antikommunistischen Guerillaoperationen meldeten, siehe Kennans Korrespondenz mit Gruenther, 27. April 1948 (geheim), P & O 091.714TS (Section I, Case I), alle bei RG 319, NA.

8. JSPC 862/3 und JSPC 891/6.

9. *Kennan, Bd. I,* S. 81.

10. Ebd., S. 81. Über die Hintergründe dieses Punktes siehe auch Charles Bohlen, *Witness to History* (New York, W. W. Norton, 1973), S. 71 ff.; und Paul Blackstock, *The Secret Road to World War II* (Chicago: Quadrangle, 1969), S. 256 f. und 310 f., im weiteren zitiert als Blackstock, *Secret Road.*

11. Herwarth, op. cit., S 75, 77, 80 und Fototeil; Bohlen, op. cit., S. 67 ff.; Char-

les Thayer, *Bears in the Caviar* (Philadelphia: J. B. Lippincott, 1951) S. 28 ff.; Thayer, *Hands,* S. 183 ff.; Isaacson und Thomas, op. cit., S. 175–177.

12. Thayer, *Hands,* S. 185. Herwarth erzählte Thayer auch während seiner Vernehmung 1945, daß er in Stauffenbergs Verschwörung vom 20. Juli 1944 gegen Hitler eine große, heldenhafte Rolle gespielt habe. Thayer hat Herwarths Bericht, offenbar ohne zu fragen, akzeptiert und ihn später in *Hands* veröffentlicht, S. 196–200. Andere Aussagen von Verschwörern, die die Affäre vom 20. Juli überlebten, oder von Historikern, die die Angelegenheit genau studiert haben, bestätigen Herwarths (und Thayers) Behauptung nicht, er habe eine wesentliche Rolle in dem Komplott gespielt. Zu diesem Punkt siehe z. B. Hans Bernd Gisevius, *To the Bitter End,* Übers. Richard und Clara Winston (Boston: Houghton Mifflin, 1947), S. 490 ff.; Peter Hoffmann, *The History of German Resistance 1933–1945,* Übers. Richard Barry (Cambridge, Mass.: MIT Press, 1979), S. 397–535; Allen Dulles, *Germany's Underground* (New York: Macmillan, 1947); Hans Royce, Hrsg., *20. Juli 1944* (Bonn: Herausgegeben von der Bundeszentrale für Heimatdienst, 1953); oder Hans-Adolf Jacobsen, Hrsg., *July 20, 1944, German Opposition to Hitler* (Bonn: Press and Information Office of the Federal Government [of Germany] 1969). Die intensive Untersuchung der Verschwörung des 20. Juli durch die Gestapo förderte damals ebenfalls nicht so viele Beweise gegen Herwarth zutage, daß er einem Verhör unterzogen wurde.

13. Herwarth, op. cit., S. 352 f.

14. Ebd., S. 353 ff. (über Herwarth); Strik-Strikfeldt, op. cit., S. 238 (über Köstring und Hilger); *Trials of War Criminals,* Bd. XI, S. 600 f. (über Hilger in den Vereinigten Staaten).

15. *Kennan, Bd. I,* S. 175 und 177.

16. Ebd., S. 179.

17. Isaacson und Thomas, op. cit., S. 448.

18. Griffiths Memorandum an Francis Cardinal Spellman, 4. März 1948, zitiert in John Cooney, op. cit., S. 159.

19. Ebd., S. 159 ff., mit der Erklärung Kardinal Tisserants auf S. 159 f. und Spellman-Zitat aus einem undatierten Memorandum Spellmans an den Vatikan, sein Treffen mit Außenminister George Marshall betreffend, auf S. 161.

20. Über die Rolle des Währungs-Stabilisierungsfonds als Finanzierungsquelle für Geheimoperationen siehe William-Corson-Interview, 26. März 1984; Bokor-Interview, 9. Juni 1984, und Corson, op. cit., S. 299. Zu Hintergrund und Geschichte dieses Fonds siehe »Memo to Secretary [of the Treasury John] Snyder von F. A. Southard, Subject: History and Present Status of Exchange and Stabilization Fund, 12/14/47« und ähnliche Studien, einfach betitelt als »Exchange Stabilization Fund«, datiert Dezember 1948, 14. Dezember 1949, März 1950, Januar 1951, Office of the Assistant Secretary for International Affairs, US Department of the Treasury; Kopien im Besitz des

Autors. Jährliche nicht geheime Berichte über die Gebarung des Fonds, die die Größe des Fonds darlegen, aber seine geheime Rolle verschleiern, sind im *Annual Report of the Secretary of Treasury* für 1947, 1948, 1949 erhältlich. Über die Beziehung des Fonds zum Programm Safehaven und beschlagnahmte Nazi-Beute siehe *Elimination of German Resources for War,* Hearings vor dem Committee on Military Affairs, US-Senat, 25. Juni 1945, Punkt 2, S. 135 f: *Change of Status Record, Title: Records of the Office of Economic Security Policy* und *Records of the Division of Economic Security Controls,* beide 1945–1947, NA; und den zeitgenössischen Entwurf der historischen Zusammenfassung von Safehaven mit dem handgeschriebenen Titel »Safehaven History« (Department of the Treasury, 1946?), eine Kopie ist im Besitz des Autors.

21. William Colby, *Honorable Men: My Life in the CIA* (New York: Simon & Schuster, 1978), S. 115. Über die Rolle der CIA bei den italienischen Wahlen im allgemeinen siehe Corson, op. cit., S. 295-301, mit Informationen über das Weißwaschen von Geld auf S. 299. 1975 legte das US House of Representatives' Select Committee on Intelligence unter dem Vorsitz des Abgeordneten Otis Pike einen überaus kritischen Bericht über Geheimaktivitäten der CIA vor, der die geheime Finanzierung ausgewählter italienischer politischer Kandidaten und Gewerkschaftsführer während einer Periode von 35 Jahren darstellt. Der CIA und dem Weißen Haus gelang es, die Veröffentlichung dieser Studie zu verhindern, doch das Dokument sickerte zu den Medien durch und wurde am 16. und am 22. Februar 1976 in Sonderbeilagen der *Village Voice* gebracht. Siehe S. 86 der Ausgabe vom 16. Februar »Special Supplement: The CIA Report the President Doesn't Want You to Read« zu einer weiteren Diskussion über das Eingreifen der CIA bei den italienischen Wahlen.

22. Zu Rauff siehe Ralph Blumenthal, »New Charges Made on Nazi«, *New York Times,* 10. Mai 1984, und vor allem *SS Col. Walter Rauff, The Church Connection 1943–1947* (Los Angeles: Simon Wiesenthal Center Investigative Report, Mai 1984), der Kopien der Dokumentation über Rauffs Verbrechen gegen die Menschlichkeit, seine Rolle bei der Operation Sunrise, und Bicchierais Mitwirkung bei Rauffs Flucht enthält. Siehe auch US Army INSCOM-Dossier Nr. XE 216719 I9BOO1, Rauff, Walter, zu Einzelheiten über seine Verhaftung und seine Flucht aus dem US-Gewahrsam; und ein unnumeriertes INSCOM-Dossier über die Operation Circle (über FOIA erhalten), betreffend die Rolle der Kirche 1946 bei der Massenflucht deutscher und italienischer faschistischer Gefangener aus dem Kriegsgefangenenlager Rimini. Die Auslieferung Rauffs durch Chile war ein vorrangiges Anliegen des Wiesenthal Centers bis zu Rauffs Tod im Mai 1984. Siehe z. B. die Presseaussendung »Nazi Criminals in Latin America« des Dokumentationszentrums des Bundes Jüdischer Verfolgter des Naziregimes, Wien, 7. April 1983.

Zu Allen Dulles' eigenem Bericht über Rauffs Rolle in der Operation Sunrise siehe Allen Welsh Dulles, *The Secret Surrender* (New York, Harper & Row, 1966), S. 66, 83, 102, 107 und 192 f. Zum Text des in der Fußnote erwähnten Telegramms siehe Jack D. Neal an USPOLAD, Berlin, 17. September 1947, in 740.00116 EW/8-1147 Geheimakte (streng geheim, kein Verteiler), RG 59, NA, Washington, D. C. Zu Nachkriegsdaten über Dollmann, Schellenberg und Wolff siehe Hilberg, op. cit., S. 705, 713 und 715; und zu Wolff: »SS-General Wolff gestorben«, *Frankfurter Allgemeine Zeitung*, 17. Juli 1984.
23. Cooney, op. cit., S. 160.
24. Bezüglich des Kommentars von Mickelson über Kennan siehe Mickelson, op. cit., S. 14.

Achtes Kapitel

1. Robert Bishop und E. S. Crayfield, *Russia Astride the Balkans* (New York: McBride & Co., 1948), S. 264 ff., mit Zitat auf S. 266.
2. Der vollständige Text von NSC 20/1 ist in Thomas Etzold und John Lewis Gaddis, Hrsg., *Containment: Documents on American Policy and Strategy 1945–1950* (New York: Columbia University Press, 1978), S. 173 ff., enthalten.
   Zu Kennans im Text erwähnter Schlüsselrolle bei der Schaffung des amerikanischen Potentials für Geheimaktionen während dieses Zeitraums siehe *Church Committee Report*, Buch IV, S. 29–31; Mickelson, op. cit., S. 14–19; und Corson, op. cit., S. 294 f. und 302–307.
3. NSC 20/1, zitiert bei Etzold und Gaddis, op. cit., S. 176, 180, 190, 192 und 201.
4. Bezüglich grundlegender Dokumentation über Bloodstone, einschließlich seiner Tarnungsgeschichte, siehe »Utilization of Native Anti-Communist Elements in Non-Western Hemisphere Countries Outside the Iron Curtain in the Interest of the United States«, State, Army, Navy, Air Force Coordinating Committee (SANACC) 395, Dokument 10 (27. Mai 1948?, streng geheim). Über die Festsetzung von Bloodstone als Codename für das Projekt siehe Dokument 28 vom 18. Juni 1948 (streng geheim). Diese Unterlagen sind nun durch Scholarly Resources' Mikrofilm-Ausgabe of State, War, Navy Coordination Committee (SWNCC) und SANACC-Unterlagen erhältlich. Siehe Martin P. Claussen und Evelyn B. Claussen, *Numerical Catalog and Alphabetical Index for State-War-Navy Coordinating Committee and State-Army-Navy-Air Force Coordinating Committee Case Files 1944–1949* (Wilmington, Del.: Scholarly Resources, Inc., 1978), als Führer durch diese Unterlagensammlung. Die hier angeführten Dokumentennummern beziehen sich auf die Dokumentennummern auf der »List of Papers«, die zum

Original-SANACC-395-Dossier gehört und die auf Mikrofilm aufgezeichnet ist. Neue SANACC-395-Unterlagen, die der Autor über FOIA erhielt und die nicht auf Mikrofilm erhältlich sind, werden getrennt angeführt.

5. Zu Wisners Rolle siehe »Utilization of Refugees«, Politik-Papier des Policy Planning Staff PPS 22/1, Außenministerium, 4. März 1948 (geheim), und Wisners Memorandum, 17. März 1948 (geheim), beide zitiert im SANACC-Dokumenten-Register als SANACC 395, Dokument 1, 4. März 1948 (geheim). Zu Lovetts Rolle siehe SANACC-Dokument 13, 26. Mai 1948, und Saltzmans Memorandum an Lovett, 27. Mai 1948 (streng geheim).

6. SANACC 395, 17. März 1948, »Utilization of Refugees from the UdSSR in the US National Interest« (geheim), Dokument 2, S. 1, 5 und 6. Siehe auch SANACC-Dokument 12, 25. Mai 1948, Gardiner-Memorandum an Bohlen, Armstrong usw. (streng geheim), und 27. Mai 1948, Saltzman-Memorandum (streng geheim), beide in Mikrofilmsammlung; und 22. September 1948, Memorandum von Stone an Moseley betr.: SANACC 395/1 (streng geheim), das der Autor durch FOIA erhalten hat.

7. SANACC 395, Dokument 10: »Utilization of Native Anti-Communist Elements in Non-Western Hemisphere Countries Outside the Iron Curtain in the Interest of the United States« (Mai 1948?), (streng geheim); SANACC Secretary H. W. Moseley an Executive Secretary NSC, 10. Juni 1948, SANACC 395, Dokument 23.

8. JSPC 862/3 (revidiert), 2. August 1948 (streng geheim), S. 5 (über die Verbindung zu SANACC 395 und 396); Anhang »C«, S. 35 (über SANACC 395 und 396 Angeworbene für »Sonderoperationen«); und Anhang »C«, S. 27 (»Sonderoperationen« definiert) bei P & O 352 TS (Section 1, Case 1) RG 319, NA.

   Kurze Anmerkungen über die in der Fußnote erwähnte Laufbahn von Franklin Lindsay findet man in Smith, *OSS*, S. 161. Lindsays Rolle bei den ersten Vorschlägen, antikommunistische Emigranten auszubilden, wird in den oben angeführten JSPC-862-Unterlagen erwähnt, Beilage »B«.

9. JSPC 891/6, »Joint Outline War Plans for Determination of Mobilization Requirements for War Beginning 1 July 1949«, 17. September 1948 (streng geheim), S. 36, »Psychological Warfare«. Zu einem Land-um-Land-Überblick siehe Tab »B«, S. 39 ff., mit einem zitierten Abschnitt auf S. 40. Das Dokument befindet sich bei P & O 370.1 TS (Case 7), RG 319, NA.

10. NSC 10/2, loc. cit., oder siehe *Church Committee Report*, Buch IV, S. 29–31.

11. Thomas Powers, *The Man Who Kept the Secrets: Richard Helms and the CIA* (New York: Simon & Schuster, 1979) S. 37–39.

12. John-Paton-Davies-Interview, 23. November 1983.

13. *Church Committee Report*, Buch IV, S. 30.

14. W. Park Armstrongs Memorandum an Kennan, Davies, Saltzman, Thompson und Humelsine, betr. »Refugee Problem and SANACC 395«, 8. November 1948 (streng geheim), erhalten durch FOIA.

Armstrongs Kommentare; Interview Armstrong, 17. Juni 1983. Armstrong starb am 2. Juni 1985; siehe »W. Park Armstrong Jr.«, *Washington Post*, 6. Juni 1985, S. C12, Nachruf.

SANACC 395 und 396 wurden als »Tagesordnungspunkte« kurz nach der Billigung von SANACC 395 und NSC 10/2 im Juni 1948 aus den Überlegungen des Komitees ausgeklammert. Wie dieses Memorandum jedoch deutlich zeigt, wurden diese Projekte keineswegs widerrufen; sie erhielten einfach eine gründlichere Tarnung, vorwiegend innerhalb von Wisners OPC.

15. Zum Thema Bloodstone und Kongreß siehe Charles Saltzman an Robert Lovett, 17. Mai 1948 (streng geheim), auch als SWNCC 395, Dokument 14, zitiert; und Charles Bohlen an Moseley, 30. August 1948 (streng geheim). Zur Rolle von Charles Thayer dem Kongreß gegenüber und teilweise in bezug auf das Problem von möglichen »sauren Äpfeln« unter den Einwanderern siehe SANACC-395-Memoranden vom 20. und 22. September 1948? (streng geheim), beide erhalten über FOIA von NA.

16. *Church Committee Report*, Buch IV, S. 31.

17. »Sobald sich die Notwendigkeit ergab«, Zitat ebd., S. 31. »Verzweiflung«, Zitat Yergin, op. cit., S. 284.

18. Church Committee Report, Buch IV., S. 31.

Neuntes Kapitel

1. Tom Clark: SANACC-395-Memorandum, 10. Juni 1948 (streng geheim). W. Park Armstrong: Armstrong-Memorandum an Kennan, Davies, Saltzman, Thompson und Humelsine, 8. November 1948 (streng geheim), beide durch FOIA-Ansuchen erhalten. John Earman: SANA 6045, »Appointment of an Ad Hoc Committee«, 26. April 1948 (geheim), SANACC 395, Dokument 9; zu Earmans späterer Rolle bei der CIA siehe »John S. Earman Jr., 60«, Nachruf, *Washington Post*, 11. April 1974.
Zu Boris Pash siehe SANA 6045, »Appointment of an Ad Hoc Committee«, 26. April 1948 (geheim), SANACC 395, Dokument 9. Zur Arbeit Pashs für OPC siehe *Church Committee Report*, Buch IV, S. 128–132.
Spätere Botschafter in der UdSSR, die an der Planung oder Durchführung von SANACC 395 beteiligt waren, waren George F. Kennan, Charles Bohlen und Llewellyn Thompson; Direktor der VOA war Charles Thayer; der spätere Direktor von Radio Freies Europa war Howland H. Sergeant. Der Geheimdienst- und Polizeiapparat des Außenministeriums war bei der Planung und Durchführung von Bloodstone von Park Armstrong (Direktor des Office of Intelligence and Research, OIR), Evron Kirkpatrick (später stellvertretender Direktor von OIR), George Fearing (Direktor von Intelligence Collection and Dissemination) und John D. Hickerson und Francis Stevens (beide vom Office of Eastern European Affairs) vertreten.

Bezüglich eines vollständigeren Bildes der Bloodstone-Persönlichkeiten und der Rolle, die sie bei der Schaffung dieses Programms spielten, siehe die Originaldokumentation im vorhin erwähnten Scholarly Resources' Mikrofilm (SANACC file). Zur Dokumentation über die im Text erwähnte Charakterisierung von Bloodstone siehe 8. Kapitel.

2. »Wenn möglich«, Zitat: SANA 6083, datiert 25. Mai und 4. Juni 1948 (streng geheim), SANACC-Dokument 12. »Justizminister«, Zitat: SANACC-395-Memorandum, 20. September 1948 (streng geheim), erhalten über FOIA von NA. Bezüglich weiterer Bloodstone-Dokumentationen betreffend Boyd siehe SANA 6024, 15. April 1948 (geheim), auch zitiert als SANACC 395, Dokument 8; SANA 6107, Justizminister an Moseley, 17. Juni 1948 (geheim); und SANA 6156, 7. Juli 1948 (streng geheim). Bezüglich weiterer Daten über Boyds Laufbahn siehe die interne Publikation des Immigration and Naturalization Service *INS Information Bulletin* (Juli/August 1973), und John-Boyd-Interviews, 27. Mai und 11. August 1983.

3. »Summary of Provisions of the Displaced Persons Act of 1948«, *IRO* (International Refugee Organization) *News Digest* No. 13, 30. Juni 1948, S. 6.

4. Zu Alexanders Beziehungen zu Bloodstone siehe »State Department Implementation of SANACC 395/1«, Gardiner an Hummelsine, 10. Juni 1948 (streng geheim), erhalten durch FOIA. Zur Behandlung von Alexanders Aussage und der folgenden in der Fußnote besprochenen Kontroverse siehe »Subversive Agents Believed in US Under Wing of UN«, 21. Juli 1948; »Marshall Knows No Agents in UN«, 22. Juli 1948; »Those UN Communists« (Leitartikel), 24. Juli 1948; »Vindication for the UN« (Leitartikel), 28. August 1948; »UN Spy Charges Called Baseless«, 2. September 1948; »State Department Accuses Visa Aide«, 16. September 1948; »US Aide Threatens Suit«, 5. Oktober 1948; »Alexander is Reprimanded for Charging Subversives Entered Country Through UN«, 22. Oktober 1948. Alle diese Artikel erschienen in der *New York Times.* Zu Alexanders Kommentaren aus dem Jahr 1960 siehe »Problem of Refugees« (Brief), *New York Times,* 11. Dezember 1960. Der Bericht über Alexanders Tod beruht auf Dennis Hayes (Präsident der Foreign Service Association) Interview, 8. Juli 1983.

5. Zitierte Kommentare von Kirkpatrick und Penniman aus Evron-Kirkpatrick-Interview, 10. November 1983, und Howard-Penniman-Interview, 10. November 1983. Kirkpatricks Beziehung zu Bloodstone wird in »State Department Implementation of SANACC 395/1« festgelegt. Bezüglich grundlegender biografischer Information über Kirkpatrick siehe *Contemporary Authors,* Bd. 57–60, S. 321, und *Biographic Directory* der American Political Science Association für 1968 und 1973. Zu den in der Fußnote erwähnten kritischen Erklärungen siehe Robert Walters, »Kirkpatrick Organization Linked to CIA Fund Outlets«, *Washington Star,* 19. Februar 1976; Robert Sherrill, »The Professor and the CIA«, *Nation,* 27. Februar 1967. »On Quoting The Nation«, *Washington Star,* 3. März 1967 (Kirkpatricks Antwort);

Tom Lewis und John Friedman, »Is USIA Sponsoring a Hidden Curriculum?«, *Harper's Weekly*, 14. Juni 1976; Allen Boyce (Pseudonym), »The Market for Potted Expertise«, *Nation*, 11. November 1978.

6. Die Kriterien sind den folgenden Publikationen entnommen: »Entry of Alien Specialists«, Kirlin an Bohlen, 2. August 1948 (streng geheim), SA-NACC-Mikrofilmunterlagen; »State Department Implementation of SA-NACC 395/1«; Armstrong-Memorandum an Kennan, Davies usw.; und SANACC 395/1, »Utilization of Refugees from the Soviet Union in the US National Interest«, 25. Mai 1948 (streng geheim).

7. »Operational Situation Report USSR No. 11«, 1. bis 31. März 1942. Bericht über Einsatzgruppen, Beweisstück der Anklage 13, *Trials of War Criminals,* loc. cit., Bd. IV, S. 188–191.
Hilgers kurze Angaben über seine Rolle im Krieg findet man in Gustav Hilger und Alfred G. Meyer, *The Incompatible Allies: A Memoir-History of German–Soviet Relations 1918–1941* (New York: Macmillan, 1953), S. 338; es handelt sich um eine englische Version von Gustav Hilger, *Wir und der Kreml, Deutsch-sowjetische Beziehungen 1918–1941* (Frankfurt am Main: Metzner 1955). Allen Dulles, der damalige OSS-Chef in Bern, Schweiz, telegrafierte Mitte 1944 nach Washington, »in russischen Angelegenheiten hört Ribbentrop hauptsächlich auf Hilger«. Siehe »Bern an OSS«, 19. Juli 1944, Washington Section R & C 78, Bern, 1. Juni 1944 bis 31. Juli 1944, Eintragung 134, Fach 276, RG 226, NA.

8. Der ungarische Zwischenfall wird in einer erbeuteten Nazi-Korrespondenz vom 27. Januar 1944 behandelt, wiedergegeben in Randolph Braham, *The Destruction of Hungarian Jewry: A Documentary Account* (New York: World Federation of Hungarian Jews, 1963), S. 122–124. Die wiedergegebene Akte ist das Nürnberger Beweisdokument NG 2594.

9. Angaben zu Hilgers Rolle im Reichsaußenministerium und bei der Ermordung italienischer Juden findet man bei Hilberg, op. cit., S. 351 und 432 f.; Nürnberg-Dokument NG-5026, »Hilger to Group Inland II«; und Charles Allen, »Nazi War Criminals Living Among Us«, *Jewish Currents* (Januar 1963) S. 5–9. Bezüglich einer zeitgenössischen OSS-Dokumentation über die Rolle des Außenministeriums bei der Deportation italienischer Juden siehe »Bern an OSS«, 30. Dezember 1943 (KAPPA-Serie), Washington Sect. R & C 78, Eintragung 134, Mappe 3, Fach 274, RG 226, NA.

10. Dallin, *German Rule,* S. 505 und 635; siehe auch Fischer, op. cit., S. 26, 137.

11. Hilgers CROWCASS-Eintragung findet man auf S. 168, Fach 1719, RG 153, NA, Suitland, Md., eine Kopie davon befindet sich im Besitz des Autors.

12. Strik-Strikfeldt, op. cit., S. 238 (gesehen im Mannheimer Kriegsgefangenenlager); und *Trials of War Criminals,* op. cit., Bd. XI, S. 600 f., 17. April 1946 (während des Nürnberger Prozesses in den Vereinigten Staaten.)
Das FBI enthüllte in Beantwortung mehrerer FOIA-Anträge des Autors, daß

es mindestens zwölf Dossiers über Hilgers Aktivitäten in den Vereinigten Staaten besitzt, darunter eines, das seine Rolle als FBI-Informant (1950) zugibt, und ein zweites, das so geheim ist, daß sogar die Aktenzahl geheim bleibt. Von der bruchstückhaften Information, die das Büro freigab, ist die interessanteste der Bericht über Hilgers Vernehmungen am 22. November und 8. Dezember 1948, in dem seine Arbeit für die deutsche Regierung zusammengefaßt wird. Es gibt keinen Hinweis darauf, daß das Büro Nachforschungen über Hilgers Rolle beim Holocaust angestellt hat. Das Außenministerium hat auch eine bruchstückhafte Sammlung von Unterlagen über Hilger, von denen die meisten vom Ende der siebziger Jahre stammen, freigegeben. Kopien befinden sich im Besitz des Autors.

13. Der Telegrammverkehr bezüglich Hilgers 1948 erfolgter Einreise in die Vereinigten Staaten enthält: Berlin an Washington, gekennzeichnet »Personal for Kennan«, 862.-00/9-2548, 25. September 1948 (streng geheim); Heidelberg an Washington, gekennzeichnet »For Kennan«, 862.-00/9-2748, 27. September 1948 (streng geheim), was die Verwendung einer falschen Identität vermuten läßt; Washington an Heidelberg, 862.-00/9-2848, 28. September 1948 (streng geheim); Heidelberg an Washington, 862.-00/9-3048, 30. September 1948 (streng geheim); all diese Telegramme sind in RG 59, NA, Washington, D. C., zu finden.

Zu diesem Punkt siehe auch US Army INSCOM-Dossier betreffend Hilger, Nr. XE-00-17-80 I6A045, das der Autor über ein FOIA-Ansuchen von der Criminal Division of the US Department of Justice erhielt. Dokument 46 dieses Dossiers, »350.09: Transmittal of Classified Personal [unleserlich]«, 19. Oktober 1948 (vertraulich), erwähnt, daß »Gen. Walsh oder George Kennan, Außenministerium, bei Schwierigkeiten« während Hilgers Reise in die Vereinigten Staaten »kontaktiert werden sollen«.

Dokument 37 des gleichen Dossiers (»Subject: Background Investigation, HILGER, Gustav, 25 July 1951«) zeigt auf, daß für Hilger am 6. Oktober 1948 das Nonimmigrant-Visum Nr. 324 im US-Konsulat in München ausgestellt wurde.

Bezüglich des in der Fußnote erwähnten Unterausschusses, der auf falsche Ausweise für Bloodstone-Emigranten spezialisiert war, siehe »Utilization of Refugees«, SANACC 395/1, 25. Mai 1948 (streng geheim), S. 11–16, mit Zitat von S. 16.

14. Poppe-Interview, 26. Oktober 1984.

Zu der in der Fußnote erwähnten Rolle des Eurasian Institute bei der Beschäftigung ehemaliger Nazis siehe Telegramm »For Offie from Davies«, 27. Mai 1948 (geheim) 800.43 Eurasian Institute/5-2748 Geheimakte; »From Tehran to Secretary of State, attention John Davies«, 27. Juli 1948 (geheim), 800.43 Eurasian Institute/7-2748 Geheimakte; »Department of State to AMEMBASSY, Tehran«, betr.: Sunsh c. 10. August 1948 (geheim), 800.43 Eurasian Insitute/7-2748; betr.: Ulus: »For Davies from Dooher«, betr.: Ulus, 12. August 1948 (geheim) 800.43 Eurasian Institute/8-1248; »Department of State to AMEMBASSY, Athens«, 12. Oktober 1948 (geheim), paraphiert von Kennan, 800.43 Eurasion *(sic)* Institute/10-1248; usw. Alle in RG 59, National Archives.

15. Zu Hilgers Beziehung zu Bohlen und dem Office of National Estimates siehe Bohlen, op. cit., S. 292; und Meyer-Interview. Siehe auch *Church Committee Report,* Buch IV, S. 18 f., betr.: Anfänge des Office of National Estimates und seine Rolle.

16. Kennan-Korrespondenz, 12. August 1982; siehe auch »Help for Nazis Held Not Unusual«, *New York Times,* 20. Februar 1983.

17. Zur »Schandfleck«-Bemerkung: Meyer-Interview; siehe Hilger und Meyer, op. cit., S. VIII f., bezüglich Daten über »großzügige Subvention«. Kennans Rolle bei der Beschaffung von Hilgers Unbedenklichkeitsbescheinigung findet man in Hilgers US Army INSCOM-Akte Nr. 84066.3224, auch numeriert als INSCOM-Dossier XE 001780 D 20A042 (geheim), Dokument 15, S. 51 f. Tatsächlich wurde eine Anzahl von Unterlagen, denen zufolge Hilger an Verbrechen gegen die Menschlichkeit beteiligt war, im Kriegsverbrecherprozeß von Nürnberg als Beweise vorgelegt, obwohl es keinen Hinweis darauf gibt, daß sie überprüft wurden, bevor Hilger eine Unbedenklichkeitsbescheinigung erhielt; siehe z. B. die oben erwähnten Nürnberger Beweisdokumente NG 5026.

18. Zu Hilbergs Protest und dem Vorfall von 1962 mit Charles Allen siehe Allen, op. cit. Hilgers Tod: Brief an Autor von Christoph Brummer, Presseattaché der Botschaft der Bundesrepublik Deutschland, 4. September 1984.

19. Poppe, op. cit., S. 163 f.

20. Ebd., D. 165 f. Zu den Judeo-Tats siehe auch Rudolph Lowenthal, »The Judeo-Tats of the Caucasus«, *Historia Judaica,* Bd. XIV (1952), S. 61 ff.

21. Als überlebendes Beispiel einer Wannsee-Studie siehe Wannsee Institute, op. cit. Zu den Aktivitäten und Mitarbeitern des Wannsee-Instituts, einschließlich Poppes Rolle siehe: *Records of the Reich Leader of the SS and Chief of the German Police,* Roll 456, Frame 2972093 ff., über Korrespondenz, Sicherheitspässe, Angestelltenliste usw. des Instituts.

22. *Records of the Reich Leader of the SS and Chief of the German Police,* Roll 455, Frame 2971560 ff., zur Dokumentation über Wannsees Rolle beim Plündern von Bibliotheken und Buchhandlungen; und Roll 457, Frame 2973523 ff., zur Korrespondenz von Amt VI-G betreffend die Verwendung von Insassen der Konzentrationslager für den Wachdienst. Poppes Kommentar: Poppe-Interviews, und Poppe, op. cit., S. 170 und 174 f.

23. Poppe, op. cit., S. 170 und 175 f.

24. Rodes' Memorandum an DDI, Frankfurt, 22. Mai 1947 (streng geheim), Kopie im Besitz des Autors. Zu Poppes Arbeit für britische und amerikanische Organisationen: Poppe, op. cit., S. 191, 193–196 und 197 f.

25. Unterlagen des Außenministeriums über Poppes Einwanderung findet man bei »For [Carmel] Offie from [John Paton] Davies«, 800.4016 DP/3-848, 8. März 1948 (geheim); »For Offie from Davies«, 893.00 Mongolia/3-1848, 18. März 1948 (geheim); »For [James] Riddleberger from [George] Kennan«, 861.00/10-2248, 22. Oktober 1948 (geheim – bereinigt); »Personal for Kennan from Riddleberger«, 861.00/11-248, 2. November 1948 (geheim – bereinigt); und »Personal for Riddleberger from Kennan«, 800.4016 DP/5-449, 3. Mai 1949 (geheim), unterzeichnet auch von Robert Joyce, alle in RG 59, NA. Die bereinigte Korrespondenz wurde durch FOIA erhalten.
Über Poppes Einwanderung siehe auch die Interviews des Autors mit Poppe, 26. Oktober und 4. Dezember 1984; Davies, 28. November 1983, und Evron Kirkpatrick, 10. November 1983.
Poppes US Army INSCOM-Akt ist über FOIA unter Nr. 84107.-3224 erhältlich. Bezüglich der Korrespondenz des britischen Außenministeriums über die Affäre Poppe siehe *British Foreign Office: Russia Correspondence 1946–1948, F. O. 371* (Mikrofilm-Sammlung von britischen Unterlagen), Scholarly Resources, Wilmington, Del., 1982, hauptsächlich 1946, Akte 911, Dokument 12867, S. 80 ff., und 1946, Akte 3365, Dokument 9647, S. 22 ff. Es ist interessant, daß der politische Berater der USA in Deutschland, James Riddleberger, der bei der Flucht von Klaus Barbie eine Rolle spielte, direkt am Zustandekommen von Poppes Einwanderung in die Vereinigten Staaten beteiligt war. (Riddleberger ist verstorben.) Robert Joyce, der auf amerikanischer Seite bei der Einreise half, spielte auch eine Schlüsselrolle bei der Einwanderung von albanischen Emigranten, die mit den Nazis zusammengearbeitet hatten.
Ein Bericht über Poppes Einwanderung in die Vereinigten Staaten, der das direkte Eingeständnis enthält, daß eine »US-Geheimdienstorganisation« Poppes Umsiedlung in dieses Land förderte, ist in dem Bericht *Nazis and Axis Collaborators Were Used to Further US Anti-Communist Objectives in Europe – Some Immigrated to the United States* des Comptroller General of the United States, US General Accounting Office, 28. Juni 1985, S. 35, zu finden. Dieser Bericht, den der GAO-Ermittlungsbeamte John Tipton nach beschränktem Zugang zu CIA-Unterlagen verfaßt hat, erwähnt weder Poppe noch die Geheimdienstorganisation, die ihn gefördert hat. Das anonyme »Subjekt E« in Tiptons Bericht ist jedoch zweifellos Poppe, und die Organisation ist die CIA. Diese Studie wird im weiteren als *1985 GAO Report* zitiert.
26. Poppe-Interview, 26. Oktober 1984; ebenso: Poppe, op. cit., S. 199/200.
27. Bezüglich einer kurzen offiziellen Biografie von Poppe siehe *Directory of American Scholars,* Ausgabe 1974, S. 368, und *The Writers Directory,* 1982–1984, S. 754, in dem Poppes literarische Leistungen besprochen werden. Ein Interview in russischer Sprache mit Poppe über seine Laufbahn ist bei der Hoover Institution an der Stanford University erhältlich. Siehe auch

Arista Maria Cirtautas, »Nicholas Poppe, a Bibliography of Publications from 1924 to 1977«, *Parerga* (Seattle, Wash.: University of Washington, Institute for Comparative and Foreign Area Studies, 1977), bezüglich einer ausführlichen Bibliografie über Poppes Arbeit, die leider seine Produktion für Geheimdienstorganisationen der SS, Großbritanniens und der USA verschweigt. Poppes eigener Bericht findet sich in Poppe, op. cit., S. 199 ff.

28. Bezüglich Poppes Aussage über Owen Lattimore siehe »Institute of Pacific Relations«, *Hearings before the Subcommittee to Investigate the Administration of the Internal Security Act and Other Internal Security Laws*, US-Senat, 28. Kongreß, 12. Februar 1952, S. 2691–2707/2724–2731, mit zitierten Abschnitten auf S. 2725 f. Bezüglich eines Überblicks über den Fall Lattimore siehe Oshinsky, op. cit., S. 136 ff., und Caute, op. cit., S. 317 ff. Siehe auch C. P. Trussell, »Senate Unit Calls Lattimore Agent of Red Conspiracy«, *New York Times*, 3. Juli 1952, S. 1. Zu Poppes Erklärung betreffend Lattimores Einspruch gegen Poppes Einwanderung siehe Poppe, op. cit., S. 191, 197 und 214–216.

29. Poppe-Interview, 4. Dezember 1984.

30. Ebd. Bezüglich der in der Fußnote angesprochenen Punkte, *1985 GAO Report*, S. 35, und die Korrespondenz des US Department of Justice, Criminal Division, betreffend: FOIA-Ansuchen CRM-11132-F, 9. Januar 1986.

31. »Axis Supporters Enlisted by US in Postwar Role«, *New York Times*, 20. Juni 1982.

32. Memorandum Joyce': »Robert Joyce to Walworth Barbour«, 875.00/5-1249, 12. Mai 1949 (streng geheim), RG 59, NA. Hintergrundinformation über Robert Joyce kann seinem Nachruf entnommen werden, der in der *Washington Post* vom 10. Februar 1984 erschienen ist.
Über das Wesen der albanischen Kollaboration siehe OSS R & A Bericht L38836, »Albania: Political and Internal Conditions«, 10. Juli 1944 (geheim), der zum Teil feststellt, daß »Xhafer Deva, Rexhep Mitrovic und Midhat Frasheri für die Deutschen sind . . . Jetzt werden antisemitische Maßnahmen ergriffen«, RG 226, NA. Siehe auch »Axis Supporters Enlistened by US in Postwar Role«, loc. cit., und Hilberg, op. cit., S. 451 und Fn.

33. Kommentar Dostis: »Axis Supporters Enlistened by US in Postwar Role«, loc. cit. Zur Finanzierung der Assembly of Captive European Nations durch CIA über Radio Free Europe: Price, op. cit., S. CRS 9 f., und siehe 1. Kapitel, Anmerkung 9, bezüglich weiterer Dokumentation. Über die Rolle Philbys: Bruce Page u. a., *The Philby Conspiracy* (New York: Signet, 1969, S. 177–189, und Kim Philby, *My Silent War* (New York, Ballantine, 1983), S. 155–165.

1. Über die Ursprünge von RFE und RL siehe Mickelson, op. cit., S. 11–22, 59–75; David Wise und Thomas Ross, *The Invisible Government* (New York: Vintage/Random House, 1964), S. 326 ff.; Marchetti und Marks, op. cit., S. 174–178; und Cord Meyer, *Facing Reality* (New York: Harper & Row, 1980), S. 110–138. Über die Kontrollfunktion der CIA bei RFE und RL während des gesamten kalten Krieges siehe auch John Crewdson und Joseph Treaster, »Worldwide Propaganda Network Built by the CIA«, *New York Times*, 26. Dezember 1977, S. 1; »Defector Had Job Tied to CIA«, *Washington Post*, 15. September 1966; »Help for Radio Free Europe«, *Washington Post*, 5. Februar 1966; »CIA Cash Linked to Broadcasts«, *Washington Post*, 12. März 1970; »Ban Sought on CIA Aid for Radio Free Europe«, *New York Times*, 24. Januar 1971; Michael Getler, »CIA Runs Radio Free Europe, Ex-Employee Says in Prague«, *Washington Post*, 31. Januar 1976.

2. Mickelson, op. cit., S. 14–17. Mickelson identifiziert als Quelle der ersten zwei Millionen Dollar des Fonds des National Committee for a Free Europe (plus Druckerpressen, Propagandaballons usw.) Frank Wisners OPC, das seinerseits den »Spargroschen« (wie Mickelson es nennt) von der Special Project Group (SPG) geerbt hat, der institutionellen Abschirmung für den Zehn-Millionen-Dollar-Geheimfonds der USA, mit dem man die italienischen Wahlen manipuliert hatte. Mickelson erklärt jedoch nicht, woher die SPG ihre Mittel hat. Bezüglich Einzelheiten zu diesem Punkt siehe 7. Kapitel, Anmerkung 20.

3. Zu dem Carey-Kommentar siehe *New York Herald Tribune*, 29. Januar 1950, und Richard Boyer und Herbert Morais, *Labor's Untold Story* (New York: United Electrical Radio & Machine Workers of America Publishing Division, 1973), S. 362. Über Kennans Rolle bei der Schaffung des NCFE-Vorstands siehe Mickelson, op. cit., S. 14 f. Über die ersten Mitglieder des NCFE-Vorstandes siehe Price, op. cit., S. CRS 7, und National Committee for a Free Europe, *President's Report for the Year 1954* (New York: National Committee for a Free Europe, 1954). Die ausführlichste Darstellung des Hintergrunds und des Werdegangs der ersten NCFE-Direktoren, die zur Zeit erhältlich ist, findet man bei Collins, op. cit., S. 362 ff. Mickelson bringt auf S. 257 ff. eine brauchbare Liste der Schlüsselpersönlichkeiten der NCFE und des American Committee for Liberation. Bezüglich der Rolle von Yarrow, Grace und Heinz siehe Comptroller General of the United States, *US Government Monies Provided to Radio Free Europe and Radio Liberty*, General Accounting Office Report No. 72-0501, (Washington, D. C.: Government Printing Office, 1972), S. 79–81 und 109.

4. Mickelson, op. cit., S. 18, 20.

5. James Burnham, *Containment or Liberation?* (New York: John Day Co., 1953), S. 188. Über die Beziehung Burnhams zum OPC siehe Smith, *OSS,*

S. 367. Zu offiziellen, aber bereinigten Schätzungen der Geldmittel siehe auch Comptroller General of the United States, *US Government Monies Provided to Radio Free Europe and Radio Liberty,* loc. cit.

6. Die Geschichte der zahlreichen Tarngesellschaften, die OPC und CIA verwendet haben, um ihre Beziehung zu RFE, RL und anderen Programmen der psychologischen Kriegführung zu verschleiern, ist vielschichtig. Die Muttergesellschaft des osteuropäischen Rundfunk-Zweigs der Agency z. B. hieß nacheinander Committee for a Free Europe (1948–1949); the National Committee for a Free Europe (1949–1954); the Free Europe Committee, Inc. (1954–1976); und schließlich RFE/RL, Inc. (seit 1976). Jede dieser Gesellschaften besaß eine Rundfunk-Abteilung, die Radio Free Europe hieß (etwa seit 1950).

Die parallele, auf die UdSSR abzielende Anstrengung der CIA schloß folgende Institutionen ein: American Institute for the Study of the USSR; Institute for the Study of History and Culture of the Soviet Union (1950); American Committee for the Freedom of the Peoples of the USSR (1951); American Committee for the Liberation of the Peoples of Russia, Inc. (1951–1953); und American Committee for Liberation from Bolshevism, auch oft AMCOMLIB genannt (1953–1956). Letzteres hat seinen Namen 1963 offiziell auf Radio Liberation, Inc., geändert, obwohl die Korrespondenz von 1956 bis 1963 darauf hinweist, daß die Muttergesellschaft ebenfalls während dieser Zeit als AMCOMLIB, Inc., tätig war. Dann kam Radio Liberty Committee (1963–1976). Die Radiostation dieser Operation hieß Radio Station of the Coordinating Center of Anti-Bolshevik Struggle (1953); Radio Liberation from Bolshevism (1953–1956); Radio Liberation (1956–1963); und Radio Liberty (seit 1963). Die Organisationen Radio Free Europe und Radio Liberty verschmolzen schließlich 1976 zu RFE/RL, Inc. Der Autor hat versucht, die Hinweise auf diese wechselnden Tarngebilde um der Klarheit willen so weit wie möglich zu vereinfachen.

Zur geheimen Finanzierung von oben im Text erwähnten pädagogischen und karitativen Stiftungen siehe »Groups Channeling, Receiving Assistance from CIA«, *Congressional Quarterly Almanac 1967,* S. 360 f; *Church Committee Report,* Buch VI, S. 263 ff.; Gloria Emerson, »Cultural Group Once Aided by CIA Picks Ford Fund Aide to Be Its Director«, *New York Times,* 2. Oktober 1967, S. 17; Hans J. Morgenthau, »Government Has Compromised the Integrity of the Educational Establishment«, und Irving Louis Horowitz, »Social Scientists Must Beware the Corruption of CIA Involvement«, beide in Young Hum Kim, Hrsg., *The Central Intelligence Agency: Problems of Secrecy in a Democracy* (Lexington, Mass.: D. C. Heath & Co., 1968).

Von besonderem Interesse ist in diesem Zusammenhang George Kennans Präsidentenamt im Free Russia Fund und später im East European Fund, Hauptkanal der Geldmittel der Ford Foundation für anerkannte Wissen-

schaftler, die versuchten, die Beziehungen zwischen den USA und der UdSSR während des kalten Krieges zu analysieren. Beide Fonds legten besonderen Nachdruck auf die Emigranten. Zu einer früheren Free Russia Fund Publication siehe George Fischer, Hrsg., *Russian Émigré Politics* (New York: Free Russia Fund, Inc., 1951). Zu Kennans Rolle siehe auch »The Men of the Ford Foundation«, *Fortune* (Dezember 1951), S. 117.
Bezüglich eines Überblicks über die geheime Finanzierung von Medienmitarbeitern siehe Daniel Schorr, »Are CIA Assets ... a Press Liability?«, MORE (Februar 1978), S. 18 ff.

7. Zu der geheimen Finanzierung der Emigrantenprogramme ausländischer Regierungen durch die USA siehe »US Policy on Defectors, Escapees and Refugees from Communist Areas«, NSC 5706 (geheim), 13. Februar 1957, S. 6, von dem eine bereinigte Version in RG 273, NA, Washington, D. C., erhältlich ist. Zu der 100-Millionen-Dollar-Schätzung siehe *US Government Monies Provided to Radio Free Europe and Radio Liberty*, loc. cit. Zu der Verwendung von RFE/RL-Tarnungen durch die CIA, um Mittel an Emigrantenkomitees weiterzuleiten, siehe Price, op. cit., S. CRS 1 (zur CIA-Finanzierung von RFE) und S. CRS 10 (zur RFE-Finanzierung der ACEN). Siehe auch NCFE, *President's Report for the Year 1954* (New York: Free Europe Committee 1954), S. 18–21, bezüglich einer überraschend offenen Darlegung der Arbeit der Division of Exile Relations' des Komitees mit der ACEN, der International Peasant Union, der Christian Democratic Union of Central Europe und anderen.

8. Bezüglich des Quellenmaterials über CIA-Finanzierung von Exilprogrammen siehe Anmerkung 7, oben. Bezüglich geheimer CIA-Finanzierung für den extrem rechtsstehenden Pariser Block der Emigrantenorganisation Anti-Bolshevik Bloc of Nations (ABN) siehe A. Tschilingarian, »The American Committee and the Struggle Against Bolshevism«, *Armenian Review* (März 1955), S. 3 ff., und Crewdson and Treaster, op. cit., S. 37, in bezug auf die Finanzierung des Buches der extrem rechtsstehenden ABN-Führerin Suzanne Labin durch die Agency. Obwohl Labin in der Führerschaft des ABN eng mit zahlreichen Nazikollaborateuren und Sympathisanten zusammenarbeitete, gibt es keinen Hinweis darauf, daß sie mit Nazi-Deutschland kollaboriert oder sympathisiert hat. Bezüglich einer umfassenden Behandlung der dominierenden Rolle der Nazikollaborateure im ABN sowie ihrer Rolle in gemäßigteren, von der CIA unterstützten Organisationen wie die ACEN und die Emigrantenkomitees siehe 15. und 17. Kapitel, unten.

9. Als Beispiel der politischen Kontroverse über die »Links«lastigkeit einiger RFE/RL-finanzierten Emigrantenorganisationen siehe Kurt Glasers Angriff auf den Council for a Free Czechoslovakia mit dem Titel »The ›Russia First‹ Boys in Radio Free Europe«, *National Review* (Februar 1953). Dieser Artikel wurde Wort für Wort von einem unbekannten Ermittler des Subversive Alien Branch abgeschrieben und gelangte als INS-»Memorandum for File

56347/218«, 6. Mai 1953, in die Unterlagen des Immigration and Naturalization Service. Dieses Memorandum führte wiederum zur Beobachtung von tschechischen Pro-Zenkl-Führern, und es wurden sogar Haftbefehle erlassen. Siehe INS-Geheimakte über Council for a Free Czecholovakia, die der Autor über FOIA erhielt. Zu »Liberal«-Lastigkeit siehe auch Smith, *OSS*, S. 389, Fn. 63; Colby, op. cit.; und Kurt Glaser, »Psychological Warfare's Policy Feedback«, *Ukrainian Quarterly* (Frühjahr 1953), S. 110 ff. Bezüglich der Ansicht der Durcansky-Gruppe über das Regime Tiso siehe Ferdinand Durcansky, »The West Shut Its Eyes to Tiso's Warning«, ABN-Korrespondenz, Nr. 5–6 (1953), S. 6.

10. Zu Nižňanský und Csonka siehe Milan Blatny, *Les Proclamateurs de Fausse Liberté* (Bratislava: L'Institut d'Études de Journalisme, 1977), S. 16 und 30. George F. Kennan, *Memoirs 1950–1963* (Boston: Little, Brown, 1967), S. 96, im weiteren zitiert als *Kennan, Bd. II*.

11. Über die Wahl des Namens für das American Committee for the Liberation of the Peoples of Russia siehe Mickelson, op. cit., S. 63/64 und 69. Über die Ursprünge von Radio Liberation im allgemeinen siehe Joseph Whelan, *Radio Liberty: A Study of Its Origins, Structure, Policy, Programming and Effectiveness* (Washington, D. C.: Congressional Research Service, 1972); mit einer Beschreibung der Entwicklung des Namens des American Committee for Liberation of the Peoples of Russia auf S. CRS 8 ff. Siehe auch William Henry Chamberlin, »Émigré Anti-Soviet Enterprises and Splits«, *Russian Review* (April 1954), S. 91 ff.
Über die Finanzierung des Pro-Wlassow-Komitet Oswoboschdenija Narodow Rossij oder KONR (Committee for the Liberation of the Peoples of Russia) siehe Dallin, *German Rule*, S. 628–636. George Fischer berichtet, daß der Name KONR ursprünglich von Himmler selbst gewählt worden war.

12. Mickelson, op. cit., S. 69, Fn. 2. Bezüglich einer genaueren Untersuchung der internen Spaltungen und Konflikte unter den Emigranten bis 1952 siehe Dvinov, *Politics of the Russian Emigration*, loc. cit., S. 285 ff. Bezüglich des ukrainischen nationalistischen Standpunktes zu dieser Frage siehe z. B. »Court Justice or Political Vengeance«, *Ukrainian Quarterly* (Frühjahr 1952), S. 101 ff, in dem es darum geht, daß drei junge Nationalisten den Leiter eines proamerikanischen ukrainischen Committee for Liberation verprügelt haben.

13. Hans-Erich Volkmann, »Main Political Trends Among Russian Émigrés in Germany After World War II«, Übers. RFE/RL, *Osteuropa* (April 1965), S. 20. Die extremistische russische nationalistische Organisation NTS berichtete über eine Anzahl von ähnlichen Bombenanschlägen während der gleichen Zeit, für die der KGB oder seine Vorgänger, der MGB und der MVD, verantwortlich gemacht werden. Zu Morden, Entführungen und anderen Gewalttaten gegen Emigranten siehe *MVD-MGB Campaign Against*

Russian Émigrés (Frankfurt: Possev Verlag, 1957), und Central Intelligence Agency, »Soviet Use of Assassination and Kidnapping«, 17. Februar 1966, FOIA-Bericht 8/76, Dokument No. 570-254 (erhalten durch FOIA), das inhaltlich der Possev-Publikation so ähnlich ist, daß man annehmen kann, es ist von dieser abgeleitet. Possev war über zwanzig Jahre lang der offizielle Verlag der extremen russischen nationalistischen Gruppierung NTS, obwohl er heute behauptet, daß er eine unabhängige Organisation ist. Zu erklärten Doppelagenten unter den Emigranten siehe z. B. Konstantin Tscheresow, *NTS, a Spy Ring Unmasked* (Moskau: Soviet Committee for Cultural Relations with Russians Abroad [1963?]). Tscheresow war ein führender NTS-Aktivist in Westeuropa, bevor er zu den Sowjets überlief.

14. Mickelson, op. cit., S. 35; mit Zitat Pooles auf S. 40/41.
15. Paul Blackstock, *Agents of Deceit* (Chicago: Quadrangle Press, 1966), S. 141–146, mit Originalpublikation des »Dokument« in *News from Behind the Iron Curtain*, Zeitschrift des NCFE (Januar 1952).
16. Blackstock, *Agents of Deceit*, loc. cit., S. 146.
17. CBS »*Sixty Minutes*«, Aufzeichnung für 17. Mai 1982 über Hazners, Stankiewitsch.
    Zu Trifa siehe Jack Anderson; »RFE's Bishop Interview Is Probed«, *Washington Post*, 20. Februar 1980.

Elftes Kapitel

1. Fletcher-Prouty-Interview, 12. April 1984. Siehe auch Fletcher Prouty, *The Secret Team* (Englewood Cliffs, N. J.: Prentice-Hall, 1973). Über die Schlüsselrolle von Brigadegeneral Robert McClure siehe Oberst Alfred H. Paddock, *US Army Special Warfare* (Washington, D. C.: National Defense University, 1982), S. 17–20 und 44–51.
2. Prouty-Interview. Bezüglich Archivdokumentation über diesen Punkt siehe JIC 634/1, »Joint Intelligence Committee: Vulnerability of Soviet Bloc Armed Forces to Guerilla Warfare«, 8. September 1953 (streng geheim), nun auf Mikrofilm erhältlich durch University Publications of America, *Records of the Joint Chiefs of Staff*, Part 2: *The Soviet Union*, Reel 7, Frame 0184 ff., worin detailliert amerikanische Insurgentenoperationen innerhalb der UdSSR für den Fall eines Krieges besprochen werden, einschließlich Attentaten, Wasserverseuchung, Zerstörung von Verkehrseinrichtungen und anderer Techniken.
3. »Subject: Evaluation of Effect on Soviet War Effort Resulting from the Strategic Air Offensive«, 1. Juni 1949 (streng geheim), Fach 9, Tab 67-OSD, Hot Files, RG 19, NA, Washington, D. C., freigegeben nach einem Ansuchen des Autors auf Überprüfung. Zu diesem Punkt siehe auch »Dir of Log to Dir of P & O, Subject: JCS 1920/1«, 1. März 1949, P & O 350 06 TS bis 381 FLR TS, 1949 Hot File, RG 319, NA, Washington, D. C.

4. Zu Arbeitseinheiten siehe *Labor Services and Industrial Police in the European Command 1945–1950* (Karlsruhe, BRD: Historical Division EUCOM, 1952), S. 112–115 und die Chronologie auf S. 236–246. Diese Studie war früher als geheime Sicherheitsinformation eingestuft, ist aber jetzt freigegeben und erhältlich in den National Archives und dem Center for Military History, beide in Washington, D. C. Sie wird fortan als *Labor Service History* zitiert.

Bezüglich Daten in der Fußnote betreffend die Verwendung von Arbeitseinheiten durch die UdSSR siehe Central Intelligence Agency, »Memorandum for Mr. John D. Hickerson, Department of State«, 19. November 1947 (geheim), 861.20262/11-1947, RG 59, NA, Washington, D. C. Zur Verwendung von Arbeitsgruppen durch die Nazis siehe B. Dmytryshyn, »The Nazis and the SS Volunteer Division Galicia«, *American Slavic and East European Review* (Februar 1956), S. 2 f. und C. L. Lundin, »Nazification of Baltic German Minorities«, *Journal of Central European Affairs* (April 1947), S. 25. Siehe auch L. Poliakov, »The Vatican and the Jewish Question«, *Commentary* (November 1950), S. 442, für Informationen über den Völkermord durch verbrecherische deutsche Arbeitseinheiten während des Holocausts in Polen.

Zu der im Text und in der Fußnote erwähnten Geheimhaltung der Sondereinheiten siehe Paddock, op. cit., S. 194, Fn. 84, und S. 196 ff., Fn. 13, 14, 17 und 26. Siehe auch *Newsweek* (21. Januar 1952). Paddock bietet auch auf S. 131–142 eine ausgezeichnete Beschreibung der Rivalität zwischen den Organisationen um die Sondereinheiten. Er erklärt jedoch nicht genau, welche Rolle die Sondereinheiten im Atomkrieg spielen werden – vielleicht wegen noch vorhandener Sicherheitseinschränkungen. In bezug auf die Rivalität zwischen den Organisationen siehe Oberst Charles M. Simpson, *Inside the Green Berets: The First Thirty Years* (Novato, Calif.: Presidio, 1983), S. 17, 21, 48 und 53; auch Prouty-Interview. Zum Zusammenhang zwischen der psychologischen Kriegführung aus der Vorkriegszeit und den Guerillaoperationen nach dem Atomschlag siehe »Comments on Proposal for Establishment of a Guerilla Warfare Group, Appendix B«, S. 2–4 (streng geheim), Hot Files, RG 319, NA, bereinigte Version im Besitz des Autors, und NSC 20, loc. cit.

5. *US v. Talivaldis Karklins,* US District Court Central California, Zivilverfahren CV 81 0460 LTL; und US-Justizministerium, Office of Special Investigations, op. cit., S. 44. Zu emigrierten Nationalisten und Arbeitseinheiten siehe auch Aussagen von Edward O'Connor und Oberst Philip Corso (a. D.), *US v. Liudas Kairys,* US District Court Northern Illinois, Zivilverfahren 80-C-4032, und den Verhandlungsschriftsatz des Angeklagten im gleichen Fall. Kairys hatte während des Krieges im SS-Kommando Lublin und als SS-Wache im Zwangsarbeitslager Treblinka gedient. 1947 trat er in eine von der US Army betreute litauische Arbeitseinheit ein, und auf diesem

Weg gelangte er in die Vereinigten Staaten. »Die Army brachte Kairys und 18 bis 20 Männer aus seiner [Arbeits]einheit nach Stuttgart«, heißt es in Kairys Verteidigungsschriftsatz. »Hier wurden sie an die Spitze einer langen Menschenschlange geführt, die beim [US]Konsul vorsprechen wollten, und nach einem Vorgang, der nur zwei oder drei Minuten dauerte, wurde er vereidigt« und kurz darauf in einen für die Vereinigten Staaten bestimmten Transport gesteckt. Das Zwangsarbeitslager Treblinka darf nicht mit dem besser bekannten, in der Nähe liegenden Vernichtungslager Treblinka verwechselt werden. Im Zwangsarbeitslager ermordete die SS Tausende jüdische Gefangene; im Vernichtungslager wurden Hunderttausende getötet.
Zu Zegners siehe »Aplilciba 1941 y 20 Augusta«, »Aplilciba 18. Dez. 1941«, und »RIGAER E-G der Sicherheitspolizei den 7. Okt. 1942 Nr. 1098«, Kopien im Besitz des Autors, die Zegners Rolle in der lettischen Sicherheitspolizei belegen.

6. Der im Text zitierte amerikanische Oberst sprach mit dem Autor nur unter der Bedingung, daß er anonym blieb.

7. Zu dem Bericht über Busbees Korrespondenz siehe »Item 1, 2 February 1951« und »Item 1, 27 April 1951«, European Command Labor Services Division Classified Decimal File, 1950–1951 (geheim), jetzt bei RG 338, NA, Suitland, Md.; und *Labor Service History*, S. 151.

8. *Labor Service History*, S. 117 (über Unterdrückung von Unruhen); S. 181 f. (über Waffen und Ausbildung); S. 198 (über Vorbereitungen zur chemischen Kriegführung). Zur Stärke von Einheiten siehe *EUCOM Annual Narrative Report 1954* (geheim), RG 338, NA, Suitland, Md., S. 85–88, 95–98. Zur Geheimhaltung der Mission siehe »Subject: Letter to General Eddy from K. W. von Schlieben, Major, 31. Oktober 1950« (nur für den Dienstgebrauch), RG 338 Decimal Files, NA, Suitland, Md.

9. Zur albanischen Einheit siehe *EUCOM Annual Narrative Report, Labor Services Division*, 1950, European Command Labor Division Classified Decimal File, 1950–1951 (geheim), S. 22, RG 338, NA, Suitland, Md.

10. »Geheimorganisation des Bundes Deutscher Jugend in Hessen ausgehoben«, *Frankfurter Allgemeine Zeitung*, 9. Oktober 1952; »Oberbundesanwalt fordert BDJ-Akten«, *Frankfurter Rundschau*, 14. Oktober 1952, S. 1; »Alleged Secret Organization: Guerilla Training in Germany«, *Times* of London, 9. Oktober 1952.

11. »Partisans in Germany: An Arms Dump in the Odenwald«, *Times* of London, 11. Oktober 1952; »German Says US Set Up Saboteurs«, *New York Times*, 9. Oktober 1952; »More Germans Hit US Sabotage Plan«, *New York Times*, 12. Oktober 1952.

12. »German Saboteurs Betray US Trust«, *New York Times*, 10. Oktober 1952.

13. »German Socialist Fears Subversion«, *New York Times*, 14. Oktober 1952.

14. Thomas-Braden-Interview, 12. September 1984; Meyer, op. cit.

15. Ausgewählter Ausschuß (Church Committee) soll Regierungsoperationen

im Hinblick auf Geheimdienstaktivitäten studieren. US-Senat, 94 Kongreß, *Alleged Assassination Plots Involving Foreign Leaders: An Interim Report* (Washington D. C.: Government Printing Office, 1975).

16. Military Intelligence Division »History of the Military Intelligence Division, 7 December 1941 – 1 September 1945«, *ACHM Manuscripts, 1946,* S. 307 f., ACHM Manuscripts (geheim), RG 319, NA, Washington D. C.

17. Oberst R. W. Porter an Generalmajor R. C. Lindsay u. a., »Psychological Warfare Study for Guidance in Strategic Planning«, mit Anhang, 11. März 1948 (streng geheim), P & O 091.42 TS (Section I, Cases 1–7), Hot Files, RG 319, NA, Washington D. C. Zu diesem Punkt siehe auch JIC 634/1; Reel 7, Frame 0184 ff., vor allem Paragraph 5c, »Command of MVD Security Units«. »Das Kommando über MVD-Sicherheitstruppen ist extrem zentralisiert«, stellt die Empfehlung der JIC fest. »Deshalb wäre das [MVD-] Hauptquartier ein lohnendes Ziel. Je höher der MVD-Funktionär, den man beseitigen kann, desto größer wäre der Verlust an Sicherheitskontrolle und desto wirkungsvoller wäre die Einschüchterung der anderen Funktionäre.« Als faszinierende Studie über die »Vorteile« der systematischen Ermordung von politischen Gegnern Amerikas siehe Hauptmann John T. Stark, *Unconventional Warfare – Selective Assassination as an Instrument of National Policy* (Air University, Maxwell Air Force Base, Alabama: Command and Staff College Special Study, [1962?]), nur für den Dienstgebrauch.

18. Wisners Korrespondenz mit dem INS, 1951, wie wiedergegeben in John Loftus, *The Belarus Secret* (New York: Knopf, 1982), S. 102 f.

19. *Church Committee Report,* Buch IV, S. 132, Fn.

20. Prouty-Interview, 12. April 1984. Bezüglich Informationen über die in der Fußnote besprochenen »medizinischen Experimente« siehe John Marks, *The Search for the Manchurian Candidate* (New York: Times Books, 1979), S. 22–29. Zur Rolle der CIA bei Attentaten auf ausländische Führer siehe *Church Committee Report,* Zwischenbericht, 20. November 1975, und *Church Committee Report,* Buch IV, S. 121 ff.

21. Memorandum John S. Guthrie für Außenminister, Security Control Section, JIG, »Subject: Assignment of Code Word«, 8. Dezember 1947 (streng geheim, für Hagberry), und 21. November 1947 (für Lithia), in 1946–1948 Decimal File, P & O 311.5 TS (Section II), 1948, RG 319, NA, Washington D. C.

22. Maris Cakars und Barton Osborn, »Operation Ohio,« *WIN* 18. September 1975). Siehe auch Miles Copeland, *Without Cloak or Dagger* (New York: Simon & Schuster, 1974), S. 241, in dem der ehemalige CIA-Mitarbeiter Copeland »die nüchterne Behandlung von gelegentlichen Verrätern« durch eine nicht identifizierbare, im Dienst des OPC stehende Emigrantengruppe als wünschenswerten Kontrast zu dem preist, was »im OPC erlaubt war«. Zu den Kommentaren der Army wegen fehlender Unterlagen siehe die FOIA-Korrespondenz des Autors mit den National Archives und der US Army in bezug auf Hagberry, Lithia und Rusty im Jahr 1984.

Erst kürzlich ist die CIA Kritik an ihrer Rolle bei Ermordung politischer Gegner ausgewichen, indem sie »politische Ermordung« so eng definiert hat, daß das Wort in den meisten Fällen bedeutungslos wird. Obwohl die Verwendung von politischem Mord durch die CIA durch Befehl des Präsidenten verboten wurde, kam 1985 das *Psychological Warfare Manual* der CIA ans Licht, das für antikommunistische nikaraguanische Rebellen gedacht war und in dem die Agency Söldner anweist, »Gewalt selektiv einzusetzen«, um nikaraguanische Funktionäre wie lokale und regionale Führer, Ärzte, Richter und Polizisten »kaltzustellen«. Das CIA-Handbuch schlägt auch vor, daß man Berufsverbrecher anheuert, damit sie »selektive Jobs« gegen lokale nikaraguanische Funktionäre, Sympathisanten und Anwälte durchführen, die antikommunistische Sympathisanten ermorden, um »Märtyrer« zu schaffen. Als der US-Kongreß in dieser Angelegenheit Hearings abhielt, sagte der ehemalige Leiter der CIA-Geheimoperationen in Lateinamerika, Dewey Claridge, aus, daß diese Morde keine »politischen Morde« und daher nicht durch Befehl des Präsidenten verboten seien. Laut Claridge »stellen diese Vorfälle keine politischen Morde dar, denn soweit es uns betrifft, sind politische Morde nur solche an Staatsoberhäuptern«. Das (US) National Council der Englischlehrer verlieh 1985 seine »Doublespeak«-Preise sowohl Claridge als auch der CIA als »eine angemessene Form der Anerkennung« für »den Mißbrauch der öffentlichen Sprache«; siehe National Council of Teachers of English, *Quarterly Review of Doublespeak* (Januar 1986), S. 2

23. Franklin-Lindsay-Interview, 25. Januar 1985.

24. *Church Committee Report*, Buch IV, S. 128 ff. Bezüglich der Angaben über die in der Fußnote erörterte sowjetische Verwendung von politischen Morden siehe z. B. CIA, »Soviet Use of Assassination and Kidnapping«, loc. cit. »16 Anti-Communist Leaders Died the Death of Bandera«, *ABN Correspondence,* (1962?); Nikolai Khochlow and Milton Lehman, »I Would Not Murder for the Soviets«, *Saturday Evening Post* (20.und 27. November, 4. und 11. Dezember 1954; und vor allem MVD-MGB Campaign Against Russian Emigrés, loc. cit.

25. Bezüglich biografischen Materials über Pash siehe Boris-Pash-Interview, Februar 1985; und Pash, op. cit., zur Rolle im Zweiten Weltkrieg und Fotos. Zur Rolle im Fall Oppenheimer siehe James Reston, »Oppenheimer is Barred from Security Clearance, Though ›Loyal‹, ›Discreet‹«, *New York Times,* 2. Juni 1954, S. 1 ff.

26. Bezüglich einer Dokumentation der Rolle Pashs bei Bloodstone siehe SANACC 395, Dokument 8 (SANA 6024: Appointment of Committee), 15. April 1948 (geheim). Über politische Morde als eine festgelegte Bloodstone-Mission siehe Joint Strategic Plans Committee, JSPC 862/3, loc. cit.

27. *Church Committee Report*, Buch IV, S. 129. Laut CIA war Pash vom 3. März 1949 bis 3. Januar 1952 der Agency zugeteilt und arbeitete nach diesem Datum bei einigen Operationen für die CIA; siehe ebd., S. 128.

28. Pash-Interview, Februar 1985.
29. SANACC 395, Dokument 8 (SANA 6024: Appointment of Committee), 15. April 1948 (geheim, und *Church Committee Report*, Buch IV, S. 128 ff.
30. *Church Committee Report*, Buch IV, S. 129 ff.
31. Ebd., S. 130.
32. Pentagon-Dokument: JSPC 862/2, loc. cit., Anhang »C«, S. 27, 35. Pash: SANACC 395, Dokument 8 (SANA 6024: Appointment of Committee), 15. April 1948; und *Church Committee Report*, Buch IV, S. 130. Rolle der Albaner: siehe 9. Kapitel, Anmerkungen 31 bis 33. Mord an Doppelagenten: Cakars und Osborn, op. cit., Copeland, op. cit., S. 241, mit zitiertem Kommentar des leitenden Aufsichtsbeamten der OPC in *Church Committee Report*, Buch IV, S. 312.
33. Corson, op. cit., S. 361.

Zwölftes Kapitel

1. Carroll, op. cit., S. 80–85.
2. Ebd.
3. Dallin, *German Rule*, S. 680.
4. Rositzke-Interview, 16. Januar 1985.
5. Lindsay-Interview, 25. Januar 1985.
6. Zu sowjetischer Reportage siehe z. B. V. Styrkul, *The SS Werewolves* (Lvov: Kamenjar Verlag, 1982); Juri Melnitschuk, *Judas's Breed* (Kiew: Dnipro Verlag, 1978); Mykola Horlenko, *Fake Patriots* (Odessa: Majak Verlag, 1983), Olexander Vasylenko, »The Brand of Criminals«, *Ukrainian News*, Nr. 20 (1986).
7. Zur westlichen Reportage siehe z. B. United Committee of the Ukrainian-American Organizations of New York, *The Ukrainian Insurgent Army in Fight for Freedom* (New York: Dnipro Publishing, 1954), im weiteren zitiert als *Ukrainian Insurgent Army;* Edward M. O'Connor, »A New Look at Nationalism«, *Ukrainian Quarterly*, Bd. XII, Nr. 4 (1957); Supreme Ukrainian Liberation Council, »The Policy of Liberation«, 4. November 1953; Mykola Lebed, *UPA, Ukrainska Powstanska Armija* (Uydannia Presowoho Biura UGVR, 1946); und, auf einem sorgfältigeren und wissenschaftlicheren Niveau, Armstrong, op. cit. »Dnipro Verlag« in Kiew (Anmerkung 6, oben) hängt offenbar nicht mit »Dnipro Publishing« in New York zusammen, der den in dieser Anmerkung erwähnten Text von *Ukrainian Insurgent Army* herausgegeben hat.
8. Dallin, *German Rule*, S. 107 ff.; Wilhelm Canaris, »Kriegstagebuchaufzeichnungen über die Konferenz im Führerzug in Ilnau am 12. 9. 1939«, Nürnberg-Dokument Nr. 3047-PS, NA, Washington D. C., und David Kahn, op. cit. S. 453. Zu historischen Überblicken über den ukrainischen Nationa-

lismus siehe Philip Friedman, »Ukrainian-Jewish Relations During the Nazi Occupation«. *YIVO Annual of Jewish Social Science*, Bd. XII, S. 259 ff; Alexander Motyl, *The Turn to the Right: The Ideological Origins and Development of Ukrainian Nationalism* (Boulder, Colo.: East European Monographs, Columbia University Press, 1980); St. J. Paprocki, »Political Organizations of the Ukrainian Exiles After the Second World War«, *Eastern Quarterly*, Bd. V, Nr. 1–2 (Januar 1952); John S. Kark, »The Ukraine and Its Supreme Liberation Council«, Dissertation, University of Maryland, 1955; und Armstrong, op. cit. Zu Antisemitismus siehe Friedman, op. cit.; Dallin, *German Rule*, S. 119, Fn. 2; Malcolm MacPherson, *The Blood of His Servants* (New York: Times Books, 1984), und Hermann Raschhofer, *Der Fall Oberländer* (Tübingen: Fritz Schlichtenmayer, 1962). Raschhofer, ein deutscher Rechtsstehender, verteidigt den ehemaligen SS-Offizier Theodor Oberländer mit der Begründung, daß ukrainische nationalistische Extremisten, nicht Deutsche, vorwiegend für die antisemitischen Ausschreitungen während der ersten Monate der deutschen Besetzung von Lwów verantwortlich waren. Raschhofers Studie ist vielleicht die raffinierteste Verteidigung des NS-Völkermords in der Ukraine, die in englischer Sprache erhältlich ist. Soviel der Autor weiß, sind die Buchhandlungen der John Birch Society die einzigen Quellen in den Vereinigten Staaten, in denen man diesen ungewöhnlichen Band erhalten kann.

9. Dallin, *German Rule*, S. 119 ff. Zur Ermordung von Pieracki und über die darauffolgenden Karrieren von Lebed und Bandera siehe Mykola Lebed, US Army INSCOM-Dossier Nr. C 804 3982, das der Autor über FOIA erhielt. Beachten Sie vor allem »Memorandum for the Officer in Charge, Subject: Mikola Lebed«, 30. September 1948 (geheim), 7970th Counter Intelligence Corps Group, Region IV; »Personality Report, Subject: LEBED, Mykola« von CIC-Sonderagent Randolph Carroll, 29. Dezember 1947; und »Personality Card, LEBED, Mykola«, Ref. D 82270 memo, 22. Juli 1948 (Dokument 8).

10. Wolodymyr Stachiw an Adolf Hitler, 23. Juni 1941, Reichskanzlei-Registernummer RK 9380A, Beweisstücke der US-Regierung, *US v. Bohdan Koziv*, US District Court Southern Florida und 11th Circuit Court of Appeals, Aktenzeichen Nr. 79-6640-CIV-JCP, eine Kopie befindet sich im Besitz des Autors.
Über Finanzierung und Waffen für die OUN siehe Dallin, *German Rule*, S. 115 ff.; 621–627.

11. Dallin, *German Rule*, 115 ff., 621–627. Zum Eingeständnis nationalistischer Quellen, sie hätten auch aus von den Nazis gebildeten Milizgruppen rekrutiert, siehe Lev Schankowski, »Ten Years of UPA Struggle«, in *Ukrainian Insurgent Army*, S. 26. Schankowskis Bericht stellt fest, daß die UPA »in großem Umfang gegen Nazi-Deutschland operierte«, eine Behauptung, die bestenfalls eine einseitige Darstellung der Tatsachen ist. Dieser Band wird all-

gemein als die »offizielle«, von ukrainischen Nationalisten in den Vereinigten Staaten geschriebene Geschichte der UPA betrachtet, und sie vergißt, die Rolle der Gruppe bei antisemitischen Pogromen und Pro-Nazi-Aktivitäten zu beleuchten.

12. Zur Operation *Sonnenblume* siehe Otto Skorzeny, »Consolidated Interrogation Report Nr. 4, loc. cit.«, S. 38/39. Siehe auch »General Situation Report No. 2, 15 July to 1 September 1945«, S. 5, bezüglich weiterer, durch ein Verhör des Gefangenen Bruno A. C. Nikoll erhaltener Einzelheiten.

13. *Ukrainian Insurgent Army,* S. 40.

14. Der Reporter der *Village Voice,* Joe Conason, der unabhängig vom Autor arbeitet, veröffentlichte ein ausführliches Exposé über die Affäre Lebed einschließlich Kosakivs'kyys Beitrag, während dieses Buch geschrieben wurde. Siehe Joe Conason, »To Catch a Nazi«, *Village Voice,* 11. Februar 1986, S. 1. Bezüglich einer Antwort auf diese Vorwürfe des Ukrainian Supreme Liberation Council, mit dem Lebed in Verbindung steht, siehe »Statement from the Foreign Representation of the Ukrainian Supreme Liberation Council«, *America,* 3. März 1986, S. 2 ff. Ebenso Mykola-Lebed-Interviews, 9. Oktober und 10. Dezember 1985. Als maßgeblicher Rechenschaftsbericht über die Greueltaten in der Gestaposchule in Zakopane in der Nähe von Krakau siehe Urteil vom 15. August 1968 in der Strafsache gegen Wilhelm Karl Johannes Rosenbaum, Landgericht Hamburg, Schwurgericht (50) 21/67, S. 22 ff.

15. Mykola Lebed, INSCOM-Dossier Nr. C 804 3982. St. J. Paprocki, op. cit., zitiert Lebed als Sicherheitchef der OUN und »den Mann, der die Fäden innerhalb der [OUN-]Partei zieht« (S. 44). Jaroslav Bilinsky erwähnt Lebed ebenfalls als »einen außergewöhnlichen Organisator und den Chef des OUN-Sicherheitsdienstes«; siehe Jaroslav Bilinsky, *The Second Soviet Republic: The Ukraine After World War II* (New Brunswick, N. J.: Rutgers University Press, 1964), S. 122.

16. [German] Army Field Police Group Report No. 1, 7. Juli 1941, veröffentlicht bei Raschhofer, op. cit., S. 41 ff.

17. Zu den Ereignissen in Lwów siehe Leon W. Wells, *The Death Brigade (The Janowska Road)* (New York: Holocaust Library and Schocken Books, 1978); und Philip Friedman, *Roads to Extinction: Essays on the Holocaust: The Destruction of the Jews of Lwow 1941–1944* (Jerusalem: Yad Vashem, 1979). Siehe auch MacPherson, op. cit., S. 101 ff. Laut erbeuteter SS-Unterlagen erbrachte eine spätere Säuberungsaktion gegen die Juden (eine von vielen) »20 952 Kilogramm goldener Trauringe, ... 35 Waggons Pelze, ... 11,73 Kilogramm Goldzähne und -einlagen« und eine lange Liste anderer Gegenstände, die pflichtgemäß aufgelistet und dem SS-»Sonderstab Reinhard« übergeben wurden. Siehe Internationaler Militärgerichtshof, *Trials of the Major War Criminals Before the International Military Tribunal* (Nürnberg, Deutschland: 1947), Bd. 3 S. 532. Siehe auch N. M. Gelber, *The Ency-*

clopedia of the Jewish Diaspora, Bd. 1, *Lwów*, (Jerusalem: o. V. 1956) in he-
bräischer Sprache.
Lebeds in der Fußnote besprochener Bericht beruht auf dem Interview My-
kola Lebed, 10. Dezember 1985, und der Korrespondenz Lebeds mit dem
Autor, 1. März 1985. Zu dem Bericht der US Army siehe Mykola Lebed,
INSCOM-Dossier Nr. C 804 3982.

18. Mykola Lebed, INSCOM-Dossier Nr. C 804 3982. Beachten Sie vor allem
    »Memorandum for the Officer in Charge, Subject: Mikola Lebed«. »Perso-
    nality Report, Subject: LEBED, Mykola«; und »Personality Card, LEBED,
    Mykola«. Ein zweites INSCOM-Dossier, Lebed betreffend, Nr. D-201967
    24B2190, enthält Kopien von Lebeds Berufungen nach dem Krieg an US-
    Außenminister George Marshall, und eine komplette Kopie Lebeds eigener
    Darstellung der UPA während des Kriegs, die leider derzeit nur in ukraini-
    scher Sprache erhältlich ist. Siehe Lebed, op. cit.

19. Mykola Lebed, INSCOM-Dossier Nr. C 804 3982, »Personality Card, LE-
    BED, Mykola«.

20. Lebed-Interview, 10. Dezember 1985.

21. Mykola Lebed, INSCOM-Dossier Nr. C 804 3982, »Extract from par 2,
    MOIC Sub-Region MARBURG, Akte III-M-1928, Subject: Formation of a
    Ukrainian Government in Exile«, 7. Juli 1948 (geheim); Dokument 43 im
    Lebed-Dossier.

22. Central Intelligence Agency Act of 1949, Section 7 [50 USC 403]. Über Le-
    beds Leben in Deutschland siehe Lebed, INSCOM-Dossier.

23. Korrespondenz der Agency mit dem Autor: INS, 5. Juni 1984, und Office
    of the Attorney General, 25. Juni und 31. Dezember 1984. Zur Ablehnung
    des Ansuchens an den Kongreß siehe das Interview des Autors mit der ehe-
    maligen Kongreßabgeordneten Elizabeth Holtzman, 7. Juni 1983. Im Juni
    1985 gab die CIA auf ein FOIA-Ansuchen des Autors eine geringe Anzahl
    gründlich zensierter Unterlagen über den 100-Persons-Act frei. Sie gab ne-
    benbei zu, daß die CIA und das INS »bei verschiedenen Problemen viele
    Jahre hindurch zusammengearbeitet haben« und daß die Befugnis, Auslän-
    der für die 100-Personen-Einwanderung zu unterstützen, 1962 vom Direk-
    tor der CIA an den stellvertretenden Direktor Marshall Carter delegiert
    worden war. FOIA-Ansuchen des Autors No. F84-0414.

24. *1985 GAO Report.* Mykola Lebed ist das anonyme »Subject D«, um das es
    in dieser Studie geht.

25. US Displaced Persons Commission, *List of Organizations Considered Inimi-
    cal to the United States under PL 774* (Frankfurt: US Displaced Persons
    Headquarters, o. D., geheim), S. 29 f.

26. Über die Vorgangsweise und Weiterleitung von Informationen betreffend
    Lebed siehe *1985 GAO Report*, S. 34. Ebenso Lebed-Interviews, 9. Oktober
    und 10. Dezember 1985. Zu Archiven siehe INSCOM-Dossier Nr.
    ZF010016.

27. *Newsweek* (19. März 1951), und Mykola Lebed, »Ukrainian Insurgent Army«, Rede vor der Yale Political Union, 13. Februar 1951, in *Vital Speeches of the Day,* 1. April 1951, S. 370 ff.
28. *1985 GAO Report,* S. 34.
29. SHANDRUK, General Paul, CIC-Region-III-Bericht, 14. Mai 1951, in IN-SCOM-Dossier 148204 25 B/679 (geheim), Dokumente 042-045. Zu Shandruks Laufbahn im Krieg siehe auch *Final Interrogation Report: The Polish-Ukrainian Military Staff,* US Seventh Army Interrogation Center, 28. August 1945 (vertraulich), Fach 721A, Eintragung 179, MIS-Y Enemy POW Interrogation Files, RG 165, NA, Washington D. C.
30. Shandruk lebte seit 1959 in Trenton, New Jersey. Siehe Pavlo Shandruk, *Arms of Valor,* Übers. Roman Olesnicki (New York: Robert Speller & Sons, 1959), S. XXXIV. Der US Army war wohlbekannt, daß Shandruk bei seinem Ansuchen um ein US-Visum gelogen hatte; siehe »Memo for Major Abraham, Visa Section« von Hauptmann Charles Hoagland, 29. Juni 1950 (?) (vertraulich), in dem es heißt: »Die Akte des Betreffenden weist darauf hin, daß SZYNDRUK [die Standard-Transskription von Shandruk] im Zusammenhang mit seinem Visaansuchen falsche Informationen vorgelegt hat . . ., [und] es wäre möglich, daß Kritik am CIC geübt wird, wenn allgemein bekannt wird, daß SZYNDRUK trotz seines SS-Hintergrunds in die Vereinigten Staaten einwandern durfte . . . Zum Beispiel könnte die sowjetische Propaganda behaupten, daß die US einen berüchtigten Nazikollaborateur vor der Gerichtsbarkeit bewahren« (Dokumente 049–050 in Shandruk, INSCOM-Dossier). Nichtsdestoweniger reiste Shandruk in die Vereinigten Staaten und blieb ohne Schwierigkeiten dort.
31. Zu Verzeichnissen von Ukrainern, die bereit waren, an Guerillaoperationen teilzunehmen, siehe JCS 1844/144, »Civil Affairs and Military Government Plan in Support of the Joint Outline Emergency War Plan for a War Beginning 1 July 1952« (streng geheim), auf Mikrofilm erhältlich durch University Publications of America, Titel *Records of the Joint Chiefs of Staff,* Teil 2: *The Soviet Union,* Reel 7, Frame 1078 ff.; siehe vor allem Originaldokument, S. 1308. Siehe auch Powers, op. cit., S. 52.
32. Intelligence Research Report, »Nature and Extent of Disaffection and Anti-Soviet Activity in the Ukraine«, 17. März 1948 (geheim), S. 12 f. Dieser Bericht ist durch *A Guide to OSS/State Department Intelligence and Research Reports* und die ihm zugrundeliegende von University Publications of America herausgegebene Mikrofilm-Sammlung unter Reel VIII, Item 7, auf Mikrofilm erhältlich.
33. Bezüglich der im Text erwähnten Sprengstoffvorräte der CIA bleibt der Großteil ihrer eigenen Dokumentation über ihre Sabotage- und Guerillaoperationen in Osteuropa geheim. Kürzliche Zusätze zum Freedom of Information Act lassen vermuten, daß diese Berichte für immer begraben bleiben – oder, wahrscheinlicher, selektiv an sympathisierende Wissenschaftler

vertraulich weitergegeben werden – trotz ihrer offensichtlichen Relevanz in den gegenwärtigen politischen Debatten in Amerika über die Beziehungen zwischen den USA und der UdSSR.
Die Zitate wurden den Army-Staff-Unterlagen entnommen: P & O 040 CIA 1949–1950. Korrespondenz vom 27. Dezember 1949 und 4., 12. und 19. Januar 1950 (streng geheim), RG 319, NA, Washington D. C.

34. Rositzke, op. cit., S. 169. Lindsay-Interview, 25. Januar 1985, Rositzke-Interview, 16. Januar 1985.
35. Zu den Schätzungen der Army bezüglich der Zahl der sowjetischen Guerillas siehe die streng geheime Decimal File 370.64 1951–1954, Army Chief of Special Warfare Brigadegeneral Robert McClure, »Memorandum to Asst. Chiefs of Staff G-3, subject: Staff Studies«; 12. Juni 1951, Fach 15, RG 319, NA, Washington D. C., und Paddock, op. cit., S. 125.
36. Lindsay-Interview, 25. Januar 1985.
37. Zu den Fallschirmabsprüngen von Agenten siehe Vereinte Nationen, *Official Records of the General Assembly*, Elfte Sitzung, Anhang, Bd. II, 12. November 1956 bis 8. März 1957, New York, Tagesordnungspunkt 70 (im weiteren zitiert als »UN-Debatte Punkt 70«), S. 1–14; William J. Jorden, »Soviet Assails US, Produces 4 Spies«, *New York Times*, 7. Februar 1957, S. 1; Rositzke, op. cit., S. 18–38, 168–174; Rositzke-Interview, 16. Januar 1985; Mosley, op. cit., S. 289 (Kommentar von Howard Roman), S. 325, 346, 374 (Kommentare von Richard Bissell), S. 495 (Kommentare von Kim Philby; Philby, op. cit., S. 164; Dvinov, *Politics of the Russian Emigration*, S. 188 f.; Ohletz-Vernehmung, loc. cit.; Cookridge, op. cit., S. 237–264; Powers, op. cit., S. 46 ff. und 404; und Thomas Bell Smith, *The Essential CIA* (Selbstverlag [?], [1976?]), erhältlich durch Library of Congress, JK4681I6554.
38. »UN-Debatte Punkt 70«, S. 3. Siehe auch Jorden, op. cit.

Dreizehntes Kapitel

1. Benno W. Varon, »The Nazis' Friends in Rome«, *Midstream* (April 1984), Charles Allen, »The Vatican and the Nazis«, *Reform Judaism* (Frühjahr–Sommer 1983), und Gitta Sereny *Into That Darkness* (New York: Vintage, 1983). Siehe vor allem Vincent LaVista, »Illegal Emigration Movements in and Through Italy«, 15. Mai 1947 (streng geheim), FW 800.0128/5-1547, RG 59, NA, Washington D. C., fortan zitiert als *LaVista*. Charles Allen gebührt die Ehre, als erster *LaVista*-Unterlagen ausgegraben zu haben. Die Identität der Prälaten, die angeblich an der illegalen Emigration beteiligt waren, bei der in einigen Fällen auch Nazis geschmuggelt wurden, sind im *LaVista*, Anhang »A«, enthalten. Anhang »B« wurde im Dezember 1946 vom Sonderagenten des US Army CIC Leo J. Pagmotta im Zusammenhang mit der Operation Circle geschrieben, eine Untersuchung des Massenausbruchs

von Gefangenen aus dem Kriegsgefangenenlager in Rimini, die angeblich mit Hilfe des Vatikans aus Europa flohen. Weitere Unterlagen über diese Ereignisse findet man in Case Nr. 4111, CIC Rome Detachment, Zone Five: »Operation Circle: Investigation of Illegal Emigration Movements«, 26. (?) Dezember 1946 (geheim). Ebenso Ivo-Omercanin-Interview, 9. Januar 1986. Siehe auch Tomas Eloy Martinez, »Perón and the Nazi War Criminals«, Kolloquium Papier des Woodrow Wilson International Center for Scholars, Washington D. C., 26. April 1984, S. 2.

2. Zur offiziellen Bestätigung der Rolle der CIA bei RFE, RL und der ACEN siehe *Price*, op. cit.
Bezüglich Anmerkungen über prominente Intermarium-Persönlichkeiten siehe Ferenc Vajda, US Army, INSCOM-Dossier Nr. XE23209419C003, Dokument 55, »Prominent Members of Intermarium«, und Dokumente 49–51, »Memorandum for the Officer in Charge, Subject: Intermarium«, 23. Juni 1947 (geheim). Zur Rolle prominenter Intermarium-Persönlichkeiten in der Christlich-Demokratischen Union Zentraleuropas (CDU/CE), siehe *Freedom Prerequisite to Lasting Peace* (New York: CDU/CE 1957), S. 121 ff., und Charles R. Dechert, »The Christian Democratic International«, *Orbis* (Frühjahr 1967), S. 106 ff. Über die Beziehung der CDU/CE zu dem Free Europe Committee siehe NCFE, *President's Report*, vor allem aus 1953 und 1954, Kapitel mit der Überschrift »Division of Exile Relations«. Siehe auch Zygmunt Nagorski, »Liberation Movements in Exile«, *Journal of Central European Affairs* (Juli 1950), S. 139 f. Ebenso das Charles-Dechert-Interview, 16. April 1984.

3. Zur Rolle der klerikal-faschistischen Parteien beim Holocaust siehe Levin, op. cit., S. 507–517 (über Ustaschas in Kroatien) und 527–547 (über die Slowakei). Yeshayahu Jelineks »Storm Troopers in Slovakia: The Rodobrana and the Hlinka Guard«, *Journal of Contemporary History*, Bd. 6, Nr. 3 (1971), S. 97 ff., gibt einen guten Überblick über die slowakische klerikal-faschistische Geschichte, einschließlich ihrer komplexen internen politischen Fehden; siehe vor allem S. 97 f., 103 f. und 111 ff. über die katholische Ideologie und die Rolle der Hlinka-Garde beim Holocaust. Zur Anerkennung der Hlinka-Kollaboration nach dem Krieg durch die US-Regierung siehe US Displaced Persons Commission, op. cit., S. 6. Zur neuerlichen Ermordung von Juden in der Slowakei siehe Levin, op. cit., und Dawidowicz, op. cit., S. 509–517 und 527–530.
Bezüglich Text und Kommentar des Vichy-Dokuments von 1941 über die in der Fußnote besprochene Einstellung des Vatikans zur Behandlung der Juden, siehe L. Poliakov, »The Vatican and the Jewish Question«, Übers. Rosa Mencher, *Commentary* (November 1950), S. 444 f. Poliakov war zur Zeit des Artikels Forschungsdirektor des Centre de Documentation Juive Contemporaine in Paris.
Bezüglich einer zweckdienlichen Zusammenstellung von Beispielen für die

Bemühungen des Vatikans um die europäischen Juden siehe Poliakov, op. cit., S. 440–443, und A. Rhodes, *The Vatican in the Age of Dictators* (London: Hodder & Stoughton, 1973). Siehe auch Alexander Ramati, *The Assisi Underground* (New York: Stein & Day, 1978).

4. Benno W. Varon, »The Nazi's Friends in Rome«, *Midstream* (April 1984), S. 13.

5. *La Vista*, Appendix A.

6. Ebd., S. 2, 10.

7. Bezüglich Angaben über Intermarium-Persönlichkeiten siehe VAJDA, Ferenc, INSCOM-Dossier Nr. XE23209419C003, Dokumente 45, 49–51. Zur in der Fußnote behandelten Rettung der Division der ukrainischen Waffen-SS siehe Shandruk, op. cit., S. 290–296: die Korrespondenz von Erzbischof Butschko ist auf S. 295 f. wiedergegeben. Zugrunde liegt auch das Interview des Autors mit Butschkos ehemaligem Sekretär, Wacyl Lencyk, 30. Juli 1984. Über die Aktivitäten der ukrainischen SS-Division siehe Stein, op. cit., S. 185–188. Über die Aufnahme von Wächtern der Konzentrationslager und Einsatzkommandos in die ukrainische Division siehe S. 258–264. Siehe auch Basil Dmytryshyn, »The Nazis and the SS Volunteer Division ›Galicia‹«, *American Slavic and East European Review*, Bd. 15 (Februar 1956), S. 1–10, und »The Polish-Ukrainian Military Staff«, *Final Interrogation Report*, Ref. No. SAIC/FIR/34, 28. August 1945 (vertraulich), Enemy POW Interrogation File, Fach 721, RG 165, NA, Washington D. C. Zu Erzbischof Iwan Butschko (manchmal auch Buczko transkribiert) siehe US Army INSCOM-Dossier Nr. XE23209419C003, Dokument 55, betreffend Butschkos Rolle in der Intermarium und als »Führer der UK [ukrainischen] Widerstandsbewegung«. LaVistas Anmerkung über Butschko findet man in *La Vista*, Appendix A, ebenso wie die Adresse der Organisation für Flüchtlingshilfe in Rom. Walter Dushnyks glühendes »Archbishop Buchko – Arch-Shepherd of the Ukrainian Refugees«, *Ukrainian Quarterly* (Frühjahr 1975), S. 32–43, kurz nach Butschkos Tod geschrieben, ist der umfassendste zur Zeit in englischer Sprache erhältliche Überblick über Butschkos Leben; siehe S. 41 bezüglich Dushnyks Bericht über die Rolle Butschkos beim Anhalten der Operation Keelhaul. Siehe auch Armstrong, op. cit., S. 60 f.

8. Ferenc Vajda, INSCOM-Dossier Nr. XE23209419C003, Dokumente 49–51, »Memorandum for the Officer in Charge, Subject: Intermarium«, 23. Juni 1947 (geheim).

9. Zu dem Programm der Intermarium siehe »The Ideological Basis of the Confederation of Central-Eastern Europe«, und Gustav Celmin, »From the Idea of Intermarium to Its Realization«, beide in *Intermarium Bulletin* (Rom), Nr. 5 (Januar 1947); Zitat über Vernichtung des sowjetischen Militärs ist letztgenanntem Artikel entnommen. Bezüglich einer Karte der angestrebten Gebiete siehe *Miedzymorze* (Rom: 1946). Bezüglich Beispielen für die Unterdrückung der Gruppe in Osteuropa siehe »Political Aspirations of

Emigrants and Their Homeland Reactions«, *Intermarium Bulletin* Nr. 9 (1948), S. 9 f.

Eigene Veröffentlichungen der Intermarium sind selten, aber die vorhandenen sind eine reiche Informationsquelle über die Persönlichkeiten und die Politik der Bewegung. FBI-Akte Nr. 65-38136, Serie 117 und 132, erhalten über FOIA, enthält Kopien des *Intermarium Bulletin* Nr. 4 (Dezember 1945) und Nr. 5 (Januar 1947) in französischer und englischer Sprache, zudem eine Kopie von *The Free Intermarium Charter* (1945) und fragmentarische, bereinigte Bürokorrespondenz der Gruppe. Die New York Public Library besitzt eine Sammlung früher *Intermarium Bulletins* in französischer Sprache. Die Library of Congress besitzt die Nummern 4 bis 12 und 14 bis 16. Urkundenbeweise in den Vajda- und in den Dragonovic-INSCOM-Akten weisen darauf hin, daß eine bestimmte Gruppe von Geheimdienstberichten über Intermarium vom Army-CIC in Wien und Rom hergestellt wurde. Leider behauptet INSCOM, daß es das Material nicht finden kann. Ein Bericht des Außenministeriums über die Entwicklung dieser Organisation enthält Bericht 800.43 International of Liberty/7-1548, 15. Juli 1948, aus Frankfurt, RG 59, NA, Washington D. C. Die Berichterstattung von OSS scheint sich auf Bericht 3145, »Central European Federal Club«, RG 226, NA, Washington D. C., zu beschränken. Es ist nicht bekannt, daß CIA-Berichte öffentlich erhältlich wären.

10. Ferenc Vajda, INSCOM-Dossier Nr. XE232094I9C003, Dokumente 49–51, »Memorandum for the Officer in Charge, Subject: Intermarium«. Der an dieser Stelle im Text geschilderte Vorfall betrifft die Flucht von Olivar Virtschologi-Rupprecht, eines Kollegen Vajdas.

11. Zur Affäre Vajda einschließlich seiner Rolle bei Plünderungen und anderen Verbrechen, ebd. Den zitierten Brief von Gowen findet man bei »From: HQ Dept. of the Army from Dir Intelligence Div, to: EUCOM«, 11. Februar 1948 (vertraulich), zu Dokument 36; zum Zwischenfall in Castel Gandolfo siehe »Summary of Information: VAJTA, Ferenc«, 9. September 1947 (geheim), Dokumente 42–43. Siehe auch US-Außenministerium, »Subject: Vajda, Ferenc«, 111.20A/3-2448 (geheim) und »Subject: Comments re: Biographical Data«, 111.20A/3-3048 (geheim) und »Subject: Ferenc Vajda«, 111.20A/4-1048 (mit von Vajda geschriebenem Anhang in französischer Sprache), (geheim), alle aus dem Jahr 1948 in RG 59, NA, Washington D. C. Siehe auch das Telegramm des Außenministeriums aus Budapest an den Außenminister (keine Decimal-File-Zahl; erhalten durch FOIA), 10. Januar 1948 (geheim) betreffend Ferenc Vajda und Richard Wilfords langes Memorandum über Intermarium, mit dem Titel »Recent Developments Concerning the Establishment in Madrid of an Anti-Communist Eastern European Center«, 20. Dezember 1947 (geheim). Das letztgenannte Dokument enthält einen detaillierten Essay von Vajda mit dem Titel »The History of the Exile Groups« als Anhang, der vor allem wegen seiner Schilderung

der politischen Ausrichtung von hohen Persönlichkeiten der Intermarium zweckdienlich ist. Wilfords Studie deutet an, daß Vajda vielleicht vorgehabt hat, eine Loslösungsbewegung innerhalb der Intermarium zu leiten, und mit der Hoffnung in die Vereinigten Staaten gereist war, beträchtliche Hilfe für seine Gruppe zu erhalten. Bezüglich einer zeitgenössischen Behandlung der Affäre Vajda siehe »Ferenc Vajta [*sic*] Arrested«, *New York Times,* 10. Januar 1948, S. 6, und »Plan to Hear Consul in Vatja [*sic*] Case«, *New York Times,* 12. Januar 1948, S. 4.

12. »Nagy Calls Vajta [*sic*] Nazi«, *New York Times,* 16. Januar 1948, S. 4. Zum Zitat von Gowen betreffend Pearson siehe Gowens »Summary Report of Investigation: VAJTA, Ferenc«, 22. März 1948 (streng geheim) im Vajda-INSCOM-Dossier, Dokumente 9–13, mit zitiertem Teil in Dokument 13.

Das FBI hat kürzlich eine streng zensierte Gruppe von Akten freigegeben, die Vajdas Aufenthalt in den Vereinigten Staaten betreffen. Darunter befinden sich Kopien einer beträchtlichen Anzahl von zeitgenössischen Zeitungsartikeln und Memoranden, die sich darüber beklagen, daß das Justizministerium in den Medien wegen der Einreise von Nazis in die Vereinigten Staaten kritisiert wurde, wo doch in Wirklichkeit »die Verantwortung für [dies] deutlich bei anderen Regierungsabteilungen oder -organisationen liegt« (Ladd-Memorandum an Direktor des FBI, 11. Februar 1948, geheim). Unter den interessanteren Unterlagen des FBI befindet sich die Kopie einer Zeitungskolumne von Spencer Irwin, in der er erwähnt, daß Vajda »behauptete, er wäre vom Kriegsministerium herübergeholt worden, um von diesem bezüglich eines Planes konsultiert zu werden. Diese Feststellung«, fährt Irwin fort, »hält auch der genauesten Untersuchung stand.« In Wirklichkeit jedoch wurde die ganze Angelegenheit aufgrund einer kurzen, größtenteils geheimen Untersuchung des Kongresses rasch fallengelassen. Siehe Spencer Irwin, »Behind the Foreign News«, *Cleveland Plain Dealer,* 4. Januar 1948. Die ungarische Regierung versuchte am 20. Juli 1950, Vajdas Auslieferung wegen Kriegsverbrechen zu erwirken, wurde aber mit der Begründung abgewiesen, daß er sich nicht mehr im Gewahrsam der Vereinigten Staaten befand. Siehe Unterlagen des Außenministeriums 211.6415, Vajtha [*sic*], Ferenc/7.2050, mit Nachträgen, vom Autor durch FOIA erhalten.

13. Zur Untersuchung des Kongresses »Inquiry Finds Vajta [*sic*] Lacked Passport«, *New York Times,* 15. Januar 1948, S. 11. Zu Vajdas Zufluchtsort im College of the Andes siehe freigegebene Unterlagen des Außenministeriums: »Memorandum for the files on Ferenc Vajta, 3/27/56« mit beigefügter Korrespondenz von Vajda (vertraulich), 911 6221/4-1756, RG 59, NA, Washington D. C. Ebenso Allen-Ryan-Interview, 9. Mai 1984.
Zu Adolf Berles Rolle als Kanal für Geldmittel der Agency siehe Jim Schachter, »Adolf Berle, ehemaliger Professor für Rechtswissenschaft, 50's CIA Drug Test Front«, Columbia [University] Daily Spectator 31. Oktober 1977, S. 1.

14. Gustav Celmins' Rolle bei Intermarium wird in Ferenc Vajdas INSCOM-Dossier Nr. XE232094I9C003, Dokument 55, und in Gustav Celmins' »From the Idea of Intermarium to Its Realization«, *Intermarium Bulletin* (Rom) Nr. 5 (Januar 1974) festgehalten. Über die spätere Rolle als Lehrer und die Ausweisung aus den Vereinigten Staaten siehe *CIA Eastern Front Study*, Anhang E: »The Baltic States«, S. 3, mit Daten betreffend Celmins' faschistische Vergangenheit, Einreise in die Vereinigten Staaten, Arbeit in Syracuse und schließlicher Flucht nach Mexiko. Über die Rolle der Perkonkrusts beim Völkermord siehe *List of Organizations Considered Inimical to the United States Under PL 774*, loc. cit., S. 19.

15. Zu den Mitarbeitern der ACEN siehe Assembly of Captive European Nations, op. cit., S. 177 ff. Beachten Sie die Rollen von Alfreds Berzins (S. 183) und Boleslavs Maikovskis (S. 186). Bezüglich Statements der US-Regierung über die Aktivitäten dieser Personen während des Krieges siehe CROWCASS, *Fahndungsliste Nr. 14*, loc. cit. (über Berzins); Office of Special Investigations, op. cit., S. 34/35 (über Maikovskis).

16. Assembly of Captive European Nations, op. cit., S. 132, 139, 170 f., 180 und 187 (über Dosti); S. 153, 183, 187 und 189 (über Berzins).

17. Interview Ivo Omrcanin, 9. Januar 1986. Zu Krunoslav Dragonovics Rolle bei Intermarium siehe Ferenc Vajda, INSCOM-Dossier Nr. XE232094I9C003, Fall Nr. 5080, »Subject: Intermarium«, 23. Juni 1947 (geheim), Dokument Nr. 50. Über Dragonovics Rolle während des Kriegs siehe *Martyrdom of the Serbs* (Serbian Eastern Orthodox Diocese (1943?), S. 274. Zu Dragonovics Rolle bei Fluchtrouten für kroatische faschistische Ustaschas siehe Krunoslav Dragonovic, INSCOM-Dossier XE 207018, CIC-Sonderagent Robert C. Mudd, »Summary of Information: Father Krunoslav Draganovic [sic], 12. Februar 1947 (geheim), Dokumente Nr. 311–313. Siehe Mudds Bericht vom 5. September 1947 (geheim) bezüglich Liste von Ustaschaflüchtlingen unter Dragonovics Obhut (1947), Dokumente Nr. 301–310. Dragonovics Organisation, Istituto di St. Jeronimus in Rom, wird in *LaVista*, Appendix A, als Kanal für illegale Auswanderung erwähnt. Bezüglich Informationen über Beteiligung der Ustascha an Intermarium siehe »Croatian Activities in the Emmigration [sic]«, Bericht Nr. R-3-50, 3. Januar 1950, Quelle: ODDI Hq USFA (geheim), in dem erwähnt wird, daß »einige hochrangige Persönlichkeiten der Ustaschas in Österreich gemeinsam mit ... der katholischen Kirche angeblich versuchen, ›Intermarium‹ oder die ›Inter-Donau-Staaten‹ zu schaffen, die aus allen katholischen Nationen Südosteuropas bestehen sollen« – erhalten vom US Army INSCOM durch FOIA. Zu der Flucht von Ustaschas siehe 860H.20235/7-2347, 23. Juli 1947 (geheim), mit Anhang, RG 59, NA, Washington D. C. Von Interesse ist Austausch von diplomatischen Noten zwischen J. Graham Parsons (US-Botschaft in Rom) und Walter Dowling (EE-Division, Außenministerium, Zentrale), 22. Mai und 26. Juli 1947, betreffend Flucht Ante Pavelićs in Priesterkleidung.

Zur Flucht von Pavelić und Artukovic siehe Ryan, *Barbie Report*, S. 136 Fn./137 Fn., und Howard Blum, *Wanted: The Search for Nazis in America* (Greenwich, Conn.: Fawcett, 1977), S. 187 f.

18. Ryan, *Barbie Report*, S. 135 ff.
19. Zu Zitaten von Lyon und der Rolle von Lyon und Crawford siehe CIC-Agent Paul Lyon, »Rat Line from Austria to South America«, 12. Juli 1948 (streng geheim), und Paul Lyon, »History of the Italian Rat Line«, 10. April 1950 (streng geheim), erhalten durch FOIA vom US Army INSCOM, Fort Meade, Md., Version des Justizministeriums: Ryan, *Barbie Report*, S. 135 ff.
20. CIC-Sonderagent Robert C. Mudd, op. cit. Siehe auch Mudds Bericht vom 5. September 1947 (geheim) über die Liste der 1947 unter der Obhut Dragonovics entkommenen Ustaschas, Dokumente Nr. 307–310. Beide enthalten in Dragonovics-INSCOM-Dossier XE 207018.
21. Ryan, *Barbie Report*, S. 28 ff. Zu Barbie siehe auch Magnus Linklater, Isabel Hilton und Neal Ascherson, *The Nazi Legacy* (New York: Holt, Rinehart & Winston, 1984); Murphy, op. cit.; Tom Bower, *Klaus Barbie* (New York: Pantheon, 1984).
22. Klaus Barbie CI Special Interrogation Report 62 (CI-SIR/62), 15. April 1948 (geheim), wiedergegeben in Ryan, *Barbie Exhibits*, Tab 27.
23. Oberstleutnant Ellington Golden an den Kommandeur, Hq 970th CIC Detachment, »Subject: Klaus BARBIE«, 11. Dezember 1947 (streng geheim); und E. Dabringhaus, »Agents' [*sic*] Monthly Report«, 15. September 1948 (streng geheim), wiedergegeben in Ryan, *Barbie Exhibits*, Tabs 18 und 31.
24. Russ Belant, »Prof. Discusses US Ties to Postwar Nazis« (Wayne State University), *The South End* (14. Februar 1983). Interview Erhard Dabringhaus, Januar 1986.
25. Ryan, *Barbie Report*, S. 69 Fn. Zur Affäre Reng Hardy siehe Linklater u. a., op. cit., S. 77–96, an verschiedenen Stellen.
26. Ebd., S. 78.
27. Ebd., S. 150–154. Siehe auch George Neagoy, »Memorandum for the Record, Subject: Disposal of Dropped Intelligence Informant«, 27. März 1951 (streng geheim), wiedergegeben in Ryan, *Barbie Exhibits*, loc. cit., Tab 104.
28. Konrad Adenauer, *Memoirs* 1945–1953, Übers. Beate Ruhm von Oppen (Chicago: Henry Regnery Co., 1966, deutsche Originalausgabe *Erinnerungen 1945–1953;* Stuttgart: Deutsche Verlags-Anstalt, 1965), S. 445, zitiert in Tom Bower Blind Eye to Murder (London: Paladin-Grenada, 1983), S. 421, von nun an zitiert als Bower, *Blind Eye*.
    Bezüglich Stellungnahmen aus verschiedenen Gesichtswinkeln zu McCloys Amnestie siehe Bower, *Blind Eye*, S. 411 ff., und Benjamin Ferencz, *Less Than Slaves* (Cambridge, Mass.: Harvard University Press, 1979), S. 72 ff. Zur Erwägung eines Atomschlags im Koreakrieg durch die USA siehe Gregg Herken, *The Winning Weapon* (New York: Vintage, 1982), S. 332–335.
29. Bower, *Blind Eye*, S. 415.

30. Office of the US High Commissioner for Germany's Office of Public Affairs, »Landsberg: A Documentary Report«, *Information Bulletin* (15. Februar 1950), S. 1 ff.
31. Ebd.
32. Bower, *Blind Eye*, loc. cit., S. 418. Siehe auch Joseph Borkin, *The Crime and Punishment of I. G. Farben (New York: Free Press, 1978)*.
33. Ryan, *Quiet Neighbors*, S. 280–284. Siehe auch die folgende über FOIA erhaltene Korrespondenz als dokumentarischen Hintergrund: Abgeordneter Peter Rodino an Comptroller General (Präsident des Rechnungshofes), 17. Februar 1983; Allan Ryan an Joseph Moore (FBI), 18. Februar 1983; und GAO-Direktor William Anderson an FBI-Direktor William Webster, 2. März 1983. Eine bereinigte Version der FBI-Akte über Barbie, erhältlich über FOIA, enthält ähnliche interne DOJ-Korrespondenz zu dieser Untersuchung; siehe FBI-Akte Nr. 105-221892 über Klaus Barbie.
34. Ryan, *Barbie Report*, S. 212.
35. Lyon, »History of the Italian Rat Line«, loc. cit.
36. Lyon, »Rat Line from Austria to South America«, loc. cit.
37. Lyon, »History of the Italian Rat Line«, loc. cit.
38. Ryan, *Barbie Report*, S. 158, und Ryan-Interview, 9. Mai 1984.
39. Lyon, »History of the Italian Rat Line«, loc. cit. Bishops Name wurde aus der vom Justizministerium veröffentlichten Version dieses Dokuments gelöscht; siehe Ryan, *Barbie Exhibits*, Tab 94.
40. Bishop und Crayfield, op. cit., S. 7. Siehe Brown, op. cit., S. 679–681, über Bishops Tätigkeit in Bukarest. Zu Bishops Geheimdiensttätigkeit siehe auch »American Military Unit in Bucharest« (geheim), *Mediterranean Theater of Operations Security Histories*, Mappe 195b, Fach 39, Eintragung 99, RG 226, Unterlagen des OSS, NA, Washington, D. C.; beruht auch auf dem Interview mit Seraphim Buta am 18. April 1985. Bishops Darstellung der Befreiung Rumäniens findet man bei Oberst Robert Bishop, »I Saw the Reds Taste Freedom«, *Collier's* (25. Dezember 1948). Bishops laufende Arbeit für den US-Geheimdienst wird im *Collier's*-Text nicht erwähnt. Das National Personnel Records Center berichtet, daß seinen Unterlagen zufolge Bishop am 28. November 1958 gestorben ist.
41. Lyon, »History of the Italian Rat Line«, loc. cit.
42. John, M. Hobbins, »Memorandum for the Record, Subject: Informant Disposal, Emigration Methods of the 430th CIC Detachment«, o. D. (streng geheim), wiedergegeben in Ryan, *Barbie Exhibits*, Tab 96, mit Zitat auf S. 7 f. Zum Dementi des Justizministeriums über eine im Text erwähnte Beteiligung der CIA siehe Ryan, *Barbie Report*, S. 145 Fn.
43. Neagoys Versetzung zur CIA: Ryan, *Barbie Report*, S. 145 Fn. Dragonovic und der US-Geheimdienst: Dragonovic-INSCOM-Dossier XE 207018. »Operational Work Sheet, 20 Oct '60. Subject: Krunoslav Stefano Dragonovic« (vertraulich), Dokument 127.

44. Linklater u. a., op. cit., S. 195 f. Zum Versuch des Devisenschmuggels siehe Dokumente 038–043 in Dragonovics CIC-Dossier. Zur Verbindung mit Bonifacic siehe Bonifacic und Mihnovich, op. cit., S. 293 ff.
45. Nathaniel Sheppard, »Arrest of Nine Terror Suspects Brings Uneasy Calm to Croatian-Americans«, *New York Times,* 23. Juli 1981, S. 8; Arnold Lubasch, »10 Croatians on Trial on Racketeering Charge«, *New York Times,* 21. Februar 1982, S. 6; »Six Croatians Convicted in NY of Plots Against Countrymen«, *Washington Post,* 16. Mai 1982, S. 12; »6 Croatian Nationalists Given Long Prison Terms by Judge«, *New York Times,* 4. Juli 1982, S. 13; Arnold Lubasch, »Use of Racketeering Law Is Barred in Case Against Croatian Terrorists«, *New York Times,* 27. Januar 1983, S. 5. Kroatische Terroristen sind auch in Australien sehr aktiv, und es wird berichtet, daß sie in einen komplizierten Skandal verwickelt waren, bei dem es auch um die stillschweigende Förderung durch den australischen Geheimdienst (ASIO) ging; siehe »Australian Police Raid Secret Service«, *Washington Star,* 16. März 1973, und Joan Coxsedge, »One, Two, Three – Ustascha Are We!«, Melbourne (Australia) Unitarian Peace Memorial Church Pamphlet No. 1, 1972.

Vierzehntes Kapitel

1. Praktisch bleibt die gesamte Dokumentation des National Security Council betreffend NSC 86, NSCID 13 und NSCID 14 geheim. Kurze freigegebene Erörterungen über den Status und das allgemeine Programm dieser Entscheidungen können jedoch gefunden werden bei *National Security Council, Status of Projects Report,* für 18. und 30. Januar 1950 (S. 2); 13. März 1950 (S. 1); 2. Oktober 1950 (S. 4); 16. Oktober 1950 (S. 14); 23. Oktober 1950 (S. 14 f.); 20. November 1950 (S. 15 f.); 26. Februar 1951 (S. 14); 26. März 1951 (S. 11 f.); 2. April 1951 (S. 9 f.); 23. April 1951 (S. 1); 28. Juli 1952 (S. 3); 11. August 1952 (S. 1). Eine kleine Sammlung von gründlich bereinigter Korrespondenz und Memoranden über NSC 86 wurde nach einem FOIA-Ansuchen des Autors freigegeben. Aus dieser Gruppe siehe vor allem »Memorandum for the Ad Hoc Committee on NSC 86, Subject: US Policy on Defectors«, 8. Februar 1951 (streng geheim), mit Anhang, und Francis Stevens, »In the Present World Struggle for Power . . . [Titel und Datum gelöscht, 1950?]«, Dokument 10205 (geheim), NSC-86-Akte, RG 273, NA, Washington, D. C., die, obwohl weitgehend zensiert, den Hauptzweck und die Taktik des Überläuferprogramms umreißen.

Stevens behauptet, daß die Rückkehr General Wlassows und seiner hohen Offiziere in die UdSSR nach dem Ende des Zweiten Weltkriegs ein Fehler war. Daß man die Asylgewährung auf ROA-Veteranen ausdehnte, wurde später »zuerst geheim und seit kurzem offener« gehandhabt, schreibt er.

Siehe auch National Security Council, *Policies of the Government of the United States of America Relating to the National Security,* Bd. III, 1950 (streng geheim), S. 148, und Bd. IV, 1951 (streng geheim), S. 40 f., RG 273, NA, Washington, D. C. Zusätzliche Dokumentation gibt es beim National Security Council, *Record of Actions,* 19. Januar 1950 (Nr. 274); 3. März 1950 (Nr. 281); 12. Oktober 1950 (Nr. 364); 18. April 1951 (Nr. 462); und Actions Nr. 662–663 (alle streng geheim), jetzt bei RG 273, NA, Washington, D. C. Siehe auch NSC 5706, loc. cit. Zu dem Flüchtlingsprogramm, das während dieser Zeit eine wesentliche Komponente bei der Behandlung von Überläufern durch die USA war, siehe Edward W. Lawrence, »The Escapee Program«, *Information Bulletin,* Office of the US High Commissioner for Germany (März 1952), S. 6 ff. Siehe auch James P. O'Donnell, »They Tell us Stalin's Secrets«, *Saturday Evening Post* (3. Mai 1952), S. 32 ff.

2. NSC 5706, loc. lit. Zum International Rescue Committee siehe John M. Crewdson, »Group Led by CIA Board Nominee Reportedly Got Dollar 15 000 from Agency«, *New York Times,* 20. Februar 1976, und US Displaced Persons Commission, *The DP Story: Final Report of the US Displaced Persons Commission* (Washington, D. C.: Government Printing Office, 1952), S. 270, 285/286, 289 und 292/293 über IRC, National Catholic Welfare Conference, Tolstoy Foundation, Latvian Relief, Inc., United Lithuanian Relief Fund of America, und andere Nutznießer der Flüchtlingshilfe der US-Regierung. Siehe auch NCFE, *President's Report,* für 1953 (S. 18 ff.) und 1954 (S. 18–24), über Hilfe für Gruppen, die hauptsächlich vom NCFE finanziert werden.

3. Zum Kommentar Saltonstalls und McCones Antwort siehe Wise und Ross, op. cit. S. 130 Fn. Zur Verwendung von CIA-Mitteln zum oben im Text erwähnten Lobbying des Kongresses siehe Price, op.cit., S. CRS 10, und Dokumente, freigegeben vom Außenministerium, FOIA-Fall Nr. 8404249, 25. September 1986, loc. cit.
Zu Zeugenaussagen im Kongreß und Lobbying-Aktivitäten von ACEN-Führern siehe Committee on the Judiciary, US Senate, *A Study of Anatomy of Communist Takeovers Prepared by the Assembly of Captive European Nations* (Washington, D. C.: Government Printing Office, 1966); Committee on Un-American Activities, US House of Representatives, *International Communism* (Washington, D. C.: Government Printing Office, 1956); Select Committee to Investigate the Incorporation of the Baltic States into the USSR, US House of Representatives, *Hearings* (Washington, D. C.: Government Printing Office, 1953); siehe auch National Committee for a Free Europe, *President's Report,* für 1953, S. 18 ff., und für 1954, S. 18 ff.
Über eine Erörterung der Rolle der osteuropäischen Emigrantenvereinigungen zum Lobbying im Kongreß siehe »[Representative] Kersten's Investigatory House Committee Meets in Munich«, *ABN Correspondence* (Mai–September 1954), S. 1; »Lithuanian American Council«, *Lituanus* (Juli 1955),

S. 23, über Lobbying gegen den Völkermord-Vertrag und für die Gründung von Untersuchungsausschüssen des Kongresses; und V. S. Vardys, »Congressional Investigations of Communists Abroad«, *Lituanus* (Februar 1956), betreffend die Katyn-Untersuchung, die Kersten-Novellierung, die Schaffung eines Flüchtlingsprogramms, die Rolle bei Kongreßwahlen; und Mathias, op. cit., S. 975 ff.

Eine besonders wertvolle Quelle findet man in einem 600 Seiten dicken Dossier des US-Außenministeriums über die ACEN, unter FOIA freigegeben. Es enthält die Korrespondenz zwischen Außenministerium und der ACEN, außerdem eine Anzahl von Berichten sowie anderes Material über das Lobbying der ACEN im Kapitol und in der Exekutivabteilung, das sonst nirgends erhältlich ist. Als Beispiel für das Lobbying der ACEN siehe die ACEN-Korrespondenz mit Senator John F. Kennedy, 3. März 1958 (in der ihm dafür gedankt wird, daß er die ACEN-Delegation empfangen hat); Bitte der ACEN um Kennedys Billigung und Unterstützung, 17. März 1958; Kennedys Telegramm über Unterstützung, 24. April 1958; ACEN-Brief an Kennedy vom 1. Juli 1960; Antwort 13. Juli 1960; in John F. Kennedy Pre-Presidential Collection, Legislative Files, Fach 687, John F. Kennedy Library, Boston, Massachusetts.

4. Zu »Tausende Waffen-SS-Veteranen und andere Nazikollaborateure« siehe Ryan, *Quiet Neighbors*, S. 26 f. Zur politischen Rolle dieser Menschen innerhalb der allgemeinen osteuropäischen Einwanderung sehen Sie bitte die detaillierten Erörterungen, die im Text und in der Fußnote folgen.

5. *1985 GAO Report;* siehe auch Ralph Blumenthal, »2 War Criminals Had Official Help in Getting to US Study Finds«, *New York Times,* 29. Juni 1985; Thomas O'Toole, »The Secret Under the Little Cemetery«, *Washington Post,* 23. Mai 1982; Charles Allen, *Nazi War Criminals in America: Facts . . . Action* (Albany, N. Y.: Charles Allen Productions, Inc., 1981).
Zum Wunsch der CIA nach Tausenden Informanten und Geheimoperationen siehe »Explanatory Background Information for the Guidance of Consular Officers in Implementing Section 2, Subsection (d) of the Displaced Persons Act«, 24. Februar 1950 (vertraulich), AG 383.7 1948–1949–1950, RG 407, NA, Washington, D. C. Diese Unterlagen des Außenministeriums sind in den Akten des Army Adjutant General's Office enthalten.

6. Ebd.

7. Ebd. Das Council for a Free Czechoslovakia prahlt in seiner Publikation *In Search of Haven* (Washington, D. C.: Council for a Free Czechoslovakia, 1950) damit, solche »Blanko«-Visa erhalten zu haben. Zur politischen Verwendung dieser Visa siehe auch Kurt Glaser, »Psychological Warfare's Policy Feedback«, *Ukrainian Quarterly* (Frühjahr 1953), S. 175. Glaser behauptet, daß die Visa zu freizügig an die liberaleren Gruppierungen unter den osteuropäischen Emigranten wie das Council for a Free Czechoslovakia ausgegeben wurden, was vermutlich im Jahr 1953 zu einer »sanften« Linie der

US-Geheimdienst-Auswerter der UdSSR gegenüber führte. Bezüglich Daten über CIA-Zuwendungen an im Text erwähnte Emigrantengruppen siehe Anmerkung 2, oben.

8. NSC 5706, loc. cit. S. 2 (Absatz 5), 6 (Absatz 16,17), 9 (Absatz 26), 13 ff. und 23 (CIA-Koordination von Überläufer-Fällen).

9. Bezüglich der Angaben über Finanzierung siehe NSC 5706, loc. cit.; »Operations Coordinating Board Report on US Policy on Defectors, Escapees and Refugees from Communist Areas« vom 9. Juli 1958, 21. Januar und 15. Juli 1959 und 14. September 1960, National Security Council Policy Papers file, RG 273, NA, Washington, D. C.; US Displaced Persons Commission, op. cit.; und Comptroller General of the United States, *US Government Monies Provided to Radio Free Europe and Radio Liberty*, loc. cit.

Kurz gesagt wurde dem NSC-Ausschuß, der für die Bewilligung und Koordinierung von Geheimoperationen der CIA zuständig war (während der Eisenhower-Administration hieß er Operations Coordinating Board), die Beaufsichtigung und Koordination von sowohl geheimen als auch »offenen« Fonds für Flüchtlingshilfe übertragen, die über die CIA, die International Cooperation Administration, die Überschußgüter-Programme des Landwirtschaftsministeriums und andere Institutionen liefen. Diese Fonds wurden dann auf private Flüchtlings-Organisationen ausgedehnt, die von der Regierung wegen ihrer Fähigkeit, »zur Erreichung der Ziele der nationalen Sicherheit der USA beizutragen, und zwar sowohl den kommunistisch dominierten Ländern als auch der freien Welt gegenüber«, (NSC 5706, S. 2). Viele Aspekte dieses großen Programms sind bis heute geheim geblieben. Dennoch zeigen die erhältlichen Unterlagen deutlich, daß die zentralen Beweggründe der Regierung bei der Finanzierung von Hilfsprogrammen für Flüchtlinge aus dem Sowjetblock erstens die Beschaffung von Informationen und nationale Sicherheitsbestrebungen waren und daß zweitens die Flüchtlingsprogramme einen integrierenden Bestandteil der weitangelegten Geheimaktionen der US-Regierung während der fünfziger Jahre darstellten.

10. NSC 5706, S. 2, 13.

11. Über die Nachkriegsrolle der Vanagis in Lagern von Displaced Persons siehe *Daugavas Vanagi Biletens* (November 1955), erhältlich in der New York Public Library. Zur Beteiligung der lettischen Miliz an Pogromen und Massenmorden siehe Hilberg, op. cit., S. 204 f. und 254, und Gilbert, *Holocaust*, S. 155–157 und 388. Zu ihrer Flucht nach Deutschland bei Kriegsende siehe Dallin, *German Rule*, S. 621 Fn. Bezüglich der Version der Vanagis über ihre Rolle in der SS und bei der Nazi-Kollaboration in Lettland siehe *Daugavas Vanagi Biletens* (November 1951, Januar 1953, Februar 1953, März 1953 und April 1953).

12. *Daugavas Vanagi Biletens* (November 1955). Siehe auch L. R. Wynar, *Encyclopedic Directory of Ethnic Organizations in the United States* (Littleton, Colo.: Libraries, Inc., 1975).

13 Zu IRC siehe US Displaced Persons Commission, op. cit., S. 285 f. und 293. Siehe auch NCFE, *President's Report* für 1953, S. 22, und für 1954, S. 18 ff. Zur Dokumentation betreffend die Verwendung des RFE zur Finanzierung von Emigrantenführern siehe die durch das Außenministerium freigegebene Korrespondenz FOIA-Fall Nr. 8404249, loc. cit.

14. Zu Hazners siehe US-Justizministerium, Office of Special Investigations, op. cit., S. 25, und CBS Television *»60 Minutes«,* Aufzeichnung für 17. Mai 1982, S. 8 f., das eine Reportage über Hazners' Aktivitäten während des Kriegs und über seinen erfolgreichen Kampf gegen das US-Justizministerium, das ihn ausweisen wollte, enthält. Hazners druckt in seiner Autobiografie: Vilis Arveds Hazners, Varmacibas Torno (Lincoln, Neb.: Vaidava, 1977) seine von Adolf Hitler unterzeichnete Verleihungsurkunde für das Eiserne Kreuz ab.

15. Zu Hazners' Rolle im Committee for a Free Latvia siehe Wynar, op. cit., und *Daugavas Vanagi Biletens,* loc. cit. Zu der Verbindung ACEN/CIA siehe 14. Kapitel, Anmerkung 3, oben.

16. *Daugavas Vanagi Biletens,* loc. cit.

17. US-Justizministerium Office of Special Investigations, op. cit., S. 34 f. und US-Justizministerium, Presseerklärung vom 16. August 1984. Zu Mai-kovskis' ACEN-Rolle siehe Assembly of Captive European Nations, op. cit., S. 186. Siehe auch »Soviets Demand US Extradite L. I. Man«, *New York Times,* 12. Juni 1965; »Latvia Opens Trial of 61 on Charges of War Killings«, *New York Times,* 12. Oktober 1965, S. 5; »Riga Court Dooms 5 for Nazi Crimes«, *New York Times,* 31. Oktober 1965, S. 22; und Ralph Blumenthal, »US Opens New Drive on Former Nazis«, *New York Times,* 30. Dezember 1973, S. 1. Maikovskis' Anwalt, Ivars Berzins, verweigerte in einem Telefon-interview vom 25. November 1985 einen Kommentar zu diesem Punkt.

18. Berzins CROWCASS-Eintragung findet man in CROWCASS, *Fahndungsliste Nr. 14,* loc. cit., S. 14. Siehe auch Alfreds Berzins, INSCOM-Dossier Nr. XE 257645 D25A 2664 (geheim); und Berzins' »Absichtserklärung« in INS-Akte A7-845-451 über sein Eintreffen in den Vereinigten Staaten und das darauffolgende Ansuchen um die Staatsbürgerschaft.

19. Alfreds Berzins, INSCOM-Dossier Nr. XE 257645 D 25A 2664. Berzins' Veröffentlichungen in den Vereinigten Staaten schließen ein: Alfreds Ber-zins, *I Saw Vishinsky Bolshevize Latvia* (Washington D. C.: Latvian Lega-tion, 1984); Alfreds Berzins, *The Two Faces of Co-Existence* (New York: Robert Speller & Sons, 1967); *Latvia* (Washington, D. C.: American Latvian Association in the US, Inc., 1968); *The Unpunished Crime* (New York: Ro-bert Speller & Sons, o. D., mit einer Einführung von Senator Thomas Dodd, die einen kurzen – und unkorrekten – Bericht über Berzins' Aktivitäten während des Krieges bringt. Zu seinen Stellungen in lettischen Organisatio-nen siehe *Daugavas Vanagi Biletens* und ACEN, op. cit., S. 153, 183, 187 und 189. Siehe auch Assembly of Captive European Nations, FBI-Akte Nr. 105-32982 (erhalten in bereinigter Form durch FOIA).

Es ist erwähnenswert, daß die »Latvian Legation« in Washington, D. C., die viele von Berzins' frühen Nachkriegsaktivitäten finanzierte, in Wirklichkeit eine von den USA unterstützte »Exilregierung« für Lettland war, die eingerichtet wurde, als das Außenministerium sich weigerte, die gewaltsame Annexion Lettlands (sowie Estlands und Litauens) durch die UdSSR während der Hitler-Stalin-Pakt-Periode knapp vor dem Zweiten Weltkrieg anzuerkennen. Alle lettischen Vermögenswerte in den Vereinigten Staaten wurden eingefroren, dann einer Emigranten»regierung« übergeben, die vorwiegend vom ehemaligen lettischen Botschafter in den USA, Alfred Bilmanis, geleitet wurde. Eine Abrechnung über dieses Geld wurde nie veröffentlicht, aber es ist klar, daß die Emigranten wesentliche Summen für Publikationen und diplomatische Empfänge während der vierziger und fünfziger Jahre ausgaben. Eine lettische Emigranten»legation« wirkt weiterhin in Washington.

20. *Daugavas Vanagi Biletens* (Februar 1951). Hazners war damals Redakteur des Biletens; Präsident der Organisation war V. Janums, der von der gegenwärtigen lettischen Regierung ebenfalls der Kriegsverbrechen beschuldigt wird, siehe *Die Düna-Falken – Wer sind sie?*, Lettischer Staatsverlag 1962.

21. US Displaced Persons Commission, op. cit., S. 100–102. Mehr über das Lobbying religiöser Gruppen für die Aufnahme baltischer SS-Legionen in die Vereinigten Staaten erfährt man in »Church Unit Denies War Is Inevitable«, *New York Times,* 18. Januar 1951.

22. US Displaced Persons Commission, op. cit. Siehe auch »Freedom Forecast for Baltic States«, *New York Times,* 17. Juni 1951, S. 38; »Dr. Edward M. O'Connor, 77, Former NSC Staffer, Dies«, *Washington Post,* 27. November 1985; und besonders »R. M.«, »Edward O'Connor Remembered in Cleveland Ceremonies«, *America,* 27. Januar 1986, S. 3.

23. Joseph Boley, »United Lithuanian Relief Fund of America«, *Lituanus* (Oktober 1956), S. 20 ff. Siehe auch »Lithuanian Aid Sought, Relief Fund Plans to Bring 5 000 More DPs Here«, *New York Times,* 17. Januar 1951. Bezüglich einer Dokumentation über die Finanzierung der BALF durch die Regierung und die Katholische Kirche siehe US Displaced Persons Commission, op. cit., S. 293.

24. In bezug auf Litauer, denen Ausweisung wegen Teilnahme an Naziverbrechen drohte, siehe US-Justizministerium, Office of Special Investigations, op. cit., US-Justizministerium, Presseerklärungen vom 8. Juli 1983, 27. März, 1. Juni, 9. November 1984, 29. April 1985, betreffend Beweislast gegen zehn ehemalige Mitglieder der litauischen SS und kollaborierender Milizen.

25. »Priest in Brooklyn as Soviet Tries Him on Wartime Charge«, *New York Times,* 9. März 1964; »Soviet Lithuania Orders 7 Jailed as Nazi Aides«, *New York Times,* 16. März 1964; und Ralph Blumenthal, »US Opens New Drive on Former Nazis«, loc. cit. Bezüglich des Berichts der litauischen Regierung über Jankus' Aktivitäten während des Krieges siehe *Who Is Hiding on Grand Street?* (Vilnius: Mintis Publishing House, 1964).

26. Comptroller General of the United States, *Widespread Conspiracy to Obstruct Probes of Alleged Nazi War Criminals Not Supported by Available Evidence – Controversy May Continue* (Washington, D. C.: Government Printing Office, 1978), GAO-Bericht Nr. GGD-78-73, S. 34–39. Zu den oben in der Fußnote erwähnten weißrussischen Emigranten siehe William Doherty, »Author: Documents Prove US Recruited Russian Nazis«, *Boston Globe*, 19. Februar 1985, S. 5; und John Loftus, »Covert Violations of Congressional Restrictions«, Papier (mit Archiv-Faksimiles) war zur Verlautbarung an die Medien am 18. Februar 1985 bestimmt.

27. Paddock, op. cit., S. 121–123 und 129 ff. Auch Prouty-Interview, 12. April 1984.

28. Paddock, op. cit., S. 121–123 und 149, und Simpson, *Inside the Green Berets*, loc. cit., S. 24 f. Siehe auch »AG 342.18 GPA Subject: Enlistment in the Regular Army of 2 500 Aliens«, 1. Juni 1951 (geheim), RG 407, NA, Washington, D. C.

29. »File No. ID 907, Analysis of Available DP Manpower«, 25. Februar 1948 (streng geheim), P & O 091.714 TS (Section 1), (Case 1), RG 319, NA, Washington, D. C.

30. Ebd.

31. Zur Zuteilung zu atomaren, chemischen und biologischen Kriegführungs-Einsätzen siehe »(M) 342.18 (10 Apr 52) Priorities and Special Qualifications for Enlistment of Aliens Under Public Law 597« (geheim – Sicherheitsinformation), AG 342.18, 1948–1949–1950, RG 407, NA, Washington D. C. Über die Ankunft und Weiterleitung von Lodge-Act-Rekruten siehe die Serie von Berichten verschiedenen Datums von 1951 bis 1954 mit der Bezeichnung »AGTP–P 342.18 Screening of Lodge Bill Personnel for Special Forces Activities« (vertraulich), AG 342.18, 1948–1949–1950, RG 407, NA, Washington, D. C. Eine allgemein verständliche Darstellung einer Gruppe von Angeworbenen findet man in William Ulman, »1 000 Red Army Vets Train GI's«, *Nation's Business* (Juni 1955), S. 46 ff.

32. Zu Banks Rolle in der Sonderkriegführung siehe Paddock, op. cit., S. 119–159 an verschiedenen Stellen. Zu Banks Rolle in der Affäre Barbie siehe Ryan, *Barbie Exhibits*, Tab 36.

33. Simpson, op. cit., S. 39.

34. Zu Witsells gerichtlicher Entscheidung siehe »AGSE 342,18 Subject: Enlistment in the Regular Army of Aliens«, 7. November 1952, Special Regulations (beschränkt – Sicherheitsinformation), Tab B, S. 7, AG 342.18, 1948–1949–1950, RG 407, NA, Washington, D. C. Zur Zahl der Rekrutierungen siehe Paddock, op. cit., S. 149.

35. Richard Harwood, »Green Berets Dislike ›Image‹«, *Washington Post*, 17. August 1969.

36. AGPT–P 342.18 »Screening of Lodge Bill Personnel for Special Forces Activities: Special Orders Number 68«, 23. März 1954, mit Beilagen (vertrau-

lich), AG 342.18 1948–1949–1950, RG 407, National Archives, Washington, D. C.
37. Siehe Paddock, op. cit., S. 150 (über die Bedeutung von Unruhen) und 73 (über die amerikanische Lebensweise). Zu dem Slogan siehe *The Green Beret*, Bd. II, Nr. 9 (September 1967), S. 15.
38. Ryan, *Quiet Neighbors*, S. 26 f.

Fünfzehntes Kapitel

1. Collins, op. cit., S. 256 ff.; NCFE, *President's Report*, für 1953, S. 18 ff., und für 1954, S. 18 ff. Zu CIA-Finanzierung des Kreuzzugs für Freiheit (CFF) siehe Mickelson, op. cit., S. 41 und 58.
2. Isaacson und Thomas, op. cit., S. 496 f. Bezüglich eines vollständigeren Bildes des Befreiungsdenkens während der frühen fünfziger Jahre, einschließlich der Anerkennung der Schlüsselrolle der Veteranen der Wlassow-Armee und anderer Kollaborateure aus dem Zweiten Weltkrieg siehe Burnham, op. cit., S. 196 ff., und James Burnham, *The Coming Defeat of Communism* (New York: John Day Co., 1950). S. 211 ff. Burnham war während dieser Zeit Berater von Wisners OPC und bietet die vielleicht genaueste Darlegung der Befreiungstheorie, die in der nicht geheimen Literatur erhältlich ist. Zum letztgenannten Punkt siehe George H. Nash, *The Conservative Intellectual Movement in America Since 1945* (New York: Basic Books, 1976), S. 96 f. und 372.
3. Telefonisches Interview mit Walter Pforzheimer, 20. November 1983.
4. Mickelson, op. cit., S. 52.
5. James T. Howard, »200 Exiles Hammer by Radio at the Iron Curtain«, *Washington Post*, 17. September 1950.
6. Außenministerium, Office of Intelligence and Research, *NTS – The Russian Solidarist Movement*, Externes Forschungspapier, Serie 3, Nr. 76, 10. Dezember 1951. Siehe auch Dvinov, *Politics of Russian Emigration*, S. 113–194, die beide klar die antisemitischen Wurzeln der NTS aufzeigen. Von NTS selbst, *NTS: Introduction to a Russian Freedom Party* (Frankfurt am Main: Possev-Verlag, 1979) und *Let Your Conscience Decide*, JPRS Nr. 4425 (Washington, D. C.: Joint Publication Research Service, 1961); beide bieten die verwässerte Version der Geschichte der Organisation, wie sie sie sieht. Heute nennt sich die NTS Narodno-Trudowoi Sojus Rossijskich Solidaristow (NTS), ein Name, der den unpopulären nationalsozialistischen Beiklang der früheren Bezeichnung Nazionab'no-Trudowoi Sojus vermeidet. Trotz des Namenswechsels bleibt die Führerschaft der Organisation in eben den Händen, die die Gruppe seit Jahrzehnten leiten.
7. Außenministerium, *NTS – The Russian Solidarist Movement*, loc. cit., S. 2 f.
8. Dallin, *German Rule*, S. 526; Buchardt, op. cit.; Dvinov, Politics of Russian Emigration, S. 113 ff.

9. CIC-Sonderagent William Russell, »Summary Report of Investigation: Constantin Boldyreff«, 27. Dezember 1948 (vertraulich); und CIC-Sonderagent Seymour Milbert, »Memorandum for the Officer in Charge«, 19. August 1945 (vertraulich), beide zu finden in: Boldyreff, Constantin, INSCOM-Dossier Nr. D–3675 20B85. Zusätzliches Material wurde via FOIA vom Außenministerium bezogen.

10. Boldyreff, INSCOM-Dossier Nr. D–3675 20B85.

11. Zu der Common Cause und ihren Wurzeln in denselben Kreisen, die die NCFE hervorbrachten, siehe *New York Times:* »Mayor at Yule Fete«, 9. Dezember 1950, S. 16; »300 Attend Party for Common House«, 8. Dezember 1951, S. 7; »Anti-Reds to Hold Congress of Free«, 27. Dezember 1951; »Freedom Plaque on Sale«, 26. September 1952, S. 15; und »Medina Reverses Himself, Bars Role as Honor Guest at Anti-Red Dinner«, 25. Februar 1950, S. 1. Boldyreffs Verbindung mit Common Cause wurde anläßlich des Interviews des Autors mit ihm vom 8. August 1983 und in Constantin Boldyreffs Bericht (wie er Edward Paine erzählte) »The Story of One Russian Underground Organization Attempting to Overthrow Stalin«, *Look* (26. Oktober 1948), S. 25 ff. erwiesen. Siehe auch »Chief of Intelligence to OMGUS (Hesse), Subject: Constantin BOLDYREFF«, 8. November 1948 (geheim), im INSCOM-Dossier Boldyreff. Boldyreffs Visum für die Vereinigten Staaten wurde laut Army-CIC-Unterlagen mit Hilfe der Tolstoy Foundation beschafft.

12. Bezüglich typischer Zeitungsberichte über Boldyreff während seiner ersten Tour durch die Vereinigten Staaten siehe »Russians Are Ready to Revolt Says Leader of Underground«, *Boston Herald,* 11. Oktober 1948; »Russian Seen Ready to Revolt Against Stalin«, *Baltimore Sun,* 11. Oktober 1948; Ralph De Toledano, »Man from Russia«, *Newsweek,* 25. Oktober 1948, S. 38.

13. Siehe Zitate in Anmerkung 12, oben. Siehe auch Dvinov, *Politics of the Russian Emigration,* S. 174–191 an verschiedenen Stellen.

14. »Russians Are Ready to Revolt Says Leader of Underground«, *Boston Herald,* 11. Oktober 1948.

15. Boldyreff (wie er Paine erzählt hat), op. cit., S. 25 ff.; C. W. Boldyreff (mit O. K. Armstrong), »We Can Win the Cold War – in Russia«, *Reader's Digest* (November 1950), S. 9 ff.; C. W. Boldyreff, »Whither the Red Army«, *World Affairs* (Herbst 1953); C. W. Boldyreff (mit James Critchlow), »How the Russian Underground Is Fighting Stalin's Slavery«, *American Federationist* (Mai 1951), S. 14 ff., mit Zitat von S. 14. (Critchlow wurde später Vorstandsmitglied bei RFE/RL. Seit 1976 Kritiker des extremen russischen Nationalimus in RL-Sendungen; siehe Mickelson, op. cit., S. 201.)

16. Cookridge, op. cit., S. 250; Boldyreff-Interview, 8. August 1983. Zu dem in der Fußnote erwähnten Kolonisierungsplan der Wlassow-Armee siehe American Consulate General, Casablanca, Marokko, »DP Resettlement Project

in French Morocco«, 7. Oktober 1947 (vertraulich), mit angeschlossenem Bericht Boldyreffs, 800.4016 DP/10–747, RG 59, NA, Washington, D. C. Zu dem in der Fußnote besprochenen Hintergrund der NTS-Führer als Nazikollaborateure siehe Außenministerium *NTS – The Russian Solidarist Movement,* loc. cit., S. 3; Dvinov, *Politics of the Russian Emigration,* S. 190. Zu Tenzerovs Anwerbung durch Augsburg siehe Augsburg, INSCOM-Dossier Nr. XE 004390 16B036. Die sowjetische Regierung hat Dokumente veröffentlicht, die, wie sie behauptet, ein Übereinkommen zwischen CIA und britischem SIS über die Verwendung von NTS als Geheimdienstorganisation darstellen; siehe Tscheresow, op. cit., S. 54–62. Die CIA prangert solche Enthüllungen allgemein als Fälschungen an, obwohl nicht bekannt ist, daß sie es in diesem Fall getan hätte.

17. Boldyreff, INSCOM-Dossier Nr. D-3675 20B85, Interview Boldyreff, 8. August 1983.

18. Zu Boldyreffs Kommentaren siehe Nicola Sinevirsky (Pseudonym), SMERSH, Hrsg. Kermit und Milt Hill (New York: Henry Holt & Co., 1950). Zu Boldyreffs Aussage vor dem Kongreß siehe Subcommittee to Investigate the Administration of the Internal Security Act, US Senate, *Strategy and Tactics of World Communism,* Part 1, 15. und 27. Mai 1954 (Washington, D. C.: Government Printing Office, 1954), S. 2 ff.; Un-American Activities Committee, US House of Representatives, *Communist Psychological Warfare (Thought Control)* (Washington, D. C.: Government Printing Office 1958), was als »Konsultation« mit Boldyreff bezeichnet wird.

19. Wladimir-Petrow-Interview, 29. Juli 1985.

20. *Church Committee Report,* Buch IV, S. 35 und 36 Fn.

21. *Kennan, Bd. II,* S. 97–99

22. Zu 180 000 Dollar Startgeld siehe Mickelson, op. cit., S. 52. Zu Angaben der CFF-Finanzierung während der frühen fünfziger Jahre siehe Collins, op. cit., S. 279 ff.; Mickelson, op. cit., S. 52 ff.; Comptroller General of the United States, *US Government Monies Provided to Radio Free Europe and Radio Liberty,* loc. cit.; und *Supplement to Report on US Government Monies* (geheim), 25. Mai 1972 (geheimer Anhang), von dem eine bereinigte Version durch FOIA erhältlich ist.

23. NCFE, *President's Report,* 1954, S. 35.

24. Herbert E. Alexander, *Financing Politics: Money, Elections and Political Reform* (Washington, D. C.: CQ Press, 1984), Table 1, S. 7.

25. »Freedom Crusade Opens East-West TV«, *Washinton Post,* 24. September 1951. Zu den Berichten über CFF-Propagandaereignisse siehe Collins, op. cit., S. 256 ff.; oder Mickelson, op. cit., S. 51 ff. Bezüglich typischer zeitgenössischer Zeitungsberichte siehe z. B. *Washington Post,* »Freedom Crusade Launched at Meeting in Maryland«, 14. September 1950; »Freedom Bell Here Monday for Crusade«, 1. Oktober 1950; »Churches to Participate in Freedom Crusade«, 7. Oktober 1950; »Eisenhower Opens Crusade for

Freedom Behind ›Curtain‹«, 4. September 1951; »Freedom Crusade Rally Scheduled«, 14. September 1951; »»Place in Sun'‹ Premiere to Aid D. C. Crusade for Freedom«, 2. Oktober 1951; »Freedom Bell Pierces Curtain«, 20. Oktober 1953; »Parade to Open ›Freedom‹ Drive«, 28. Januar 1954. Collins berichtet, daß die *New York Times* während der ersten beiden Jahre der Kampagne über den CFF 97 Artikel herausbrachte.

26. Howard, op. cit.
27. »Freedom Forecast for Baltic States«, *New York Times*, 17. Juni 1951; »Baltic Groups Here Hold Freedom Rally«, *New York Times*, 16. Juni 1952; ebenso »1 800 Here Mark Latvia's Founding«, *New York Times*, 18. November 1951; »Exile Leaders Join in ›Bill of Rights‹« und »Text of Declaration by 10 Exiled Leaders«, *New York Times*, 13. Juni 1952.
28. J. Thorwald, *The Illusion*, S. XV–XXIII. Der Gehlen-Funktionär Heinz Danlo Herre hat auch als Stabschef im Krieg während des Kaukasusfeldzugs bei Köstring und Herwarth gedient; siehe Dallin, *German Rule*, S. 543 Fn.
29. Petrow-Interview, 29. Juli 1985.
30. Dulles' Aussage vor dem Foreign Affairs Committee des Kongresses, 1952, zitiert in »A Fresh Wind from the USA«, *ABN Correspondence*, Nr. 3–4 (1953), S. 1 f.; Interview Petrow, 29. Juli 1985.
31. Dallin, *German Rule*, S. 497 ff.
32. SANACC 395/1 (Operation Bloodstone), loc. cit.
33. »Russians Are Ready to Revolt Says Leader of Underground«, *Boston Herald*, 11. Oktober 1948.
34. »Text of the Republican Party's 1952 Campaign Platform«, *New York Times*, 11. Juli 1952, S. 8.
35. John Foster Dulles, »A Policy of Boldness«, *Life*, 19. Mai 1952, S. 146 ff.
36. Bezüglich eines ausgezeichneten Beitrags über Lanes Lobbying und interne republikanische Parteipolitik in Hinblick auf die Frage der »ethnischen Wähler« siehe Louis L. Gerson, *The Hyphenate in Recent American Politics and Diplomacy* (Lawrence, Kan.: University of Kansas Press, 1964), S. 178 ff. Siehe auch Wladimir Petrow, *A Study in Diplomacy: The Story of Arthur Bliss Lane* (Chicago: Henry Regnery Co., 1971).
37. Gerson, op. cit., S. 193 (»Liberation Weeks« usw.); Collins, op. cit., S. 329 ff.; »D. P. Charges Enslaving of 500 000 Lithuanians«, *New York Times*, 18. Juli 1950; »Freedom Forecast for Baltic States«, *New York Times*, 17. Juni 1951; »Freedom Crusade Rally Scheduled«, *Washington Post*, 14. September 1951; »Exile Leaders Join in ›Bill of Rights‹«, *New York Times*, 13. Juni 1952; »Baltic Groups Hold Freedom Rally Here«, *New York Times*, 16. Juni 1952.
38. Petrow-Interview, 29. Juli 1985; Wladimir Petrow, *Escape from the Future*, (Bloomington, Ind.: Indiana University Press, 1973), S. 337 ff., mit den besprochenen Vorfällen in den Fußnoten zu den Seiten 341 f., 349 ff., 354 und 360 f.

Über Petrows Beziehung zu den Wahlen 1952 siehe Gerson, op. cit., S. 229 und das Petrow-Interview.

39. Gerson, op. cit., S. 194.
40. Republican National Committee, »The Margin of Victory in Marginal Districts«, zitiert bei Gerson, S. 198/199.
41. Grombach, INSCOM-Dossier. Siehe hauptsächlich »Summary of Information (SR 380-320-10)«, Berichte betreffend folgende Daten und Themen: »G-2 SPS GROMBACH, John Valentine«, 1. Juni 1955 (streng geheim); »N. V. Philips Co«, 1. Juni 1955 (streng geheim); »Grombach, John V.«, 23. September 1958 (vertraulich); und Memorandum von Brigadegeneral Richard Collins, Director of Plans, Programs and Security bei ASCoSI, betrifft: GROMBACH, John Valentine, 30. September 1958 (geheim). Zu Philips' Rolle siehe Brief Grombachs an Oberst George F. Smith, 12. April 1950, und Collins' Bericht, 5. September 1958 (geheim).
42. »Memorandum for File: Subj: GROMBACH, John V.«, 21. Dezember 1952, Naval-Intelligence-Command-Akten, Dokument Nr. 62-77306, mit Beilagen, erhalten durch FOIA.
43. Ray-Ylitalo-Interview, 18. Juni 1984.
44. Lyman Kirkpatrick, *The Real CIA* (New York: Macmillan, 1968), S. 149 ff. Auch Interview Lyman Kirkpatrick.
45. Ylitalo-Interview.
46. Lyman-Kirkpatrick-Interview.
47. Lyman-Kirkpatrick-Interview, 11. April 1984, und Ylitalo-Interview, 18. Juni 1984. Zu undichten Stellen im Büro von McCarthy siehe Kirkpatrick, op. cit., S. 151–153; und Oshinsky, op. cit., S. 288 Fn.
48. Kirkpatrick, op. cit., S. 152–153. Als Hintergrund für Grombachs lange dauernden Streit mit der CIA siehe Committee on Expenditures in the Executive Departments, US House of Representatives, 80. Kongreß, *National Security Act of 1947* (Washington D. C.: Government Printing Office, 1947). Diese ungewöhnlichen Hearings wurden abgehalten, um über die Gründung eines in Aussicht genommenen zentralen Geheimdienstes zu debattieren, und wurden ursprünglich 1947 veröffentlicht, wobei die Namen der Anwesenden weggelassen wurden. General Arthur Vandenberg wurde daher ursprünglich nur als »Mr. A« bezeichnet, Allen Dulles wurde »Mr. B« und so weiter. Grombach sagte auf S. 49–53 als »Mr. D« aus und stellte sich energisch dagegen, daß man einer einzigen Behörde die gesamte Befehlsgewalt über alle Geheimdienstorganisationen übertrug. Diese Hearings wurden 1982 mit neuen Zusätzen des Committee on Government Operations und des Permanent Select Committee on Intelligence wieder veröffentlicht.
49. Zu Berichten über Thayers Rücktritt siehe »19 Lose US Posts on Morals Charge«, *New York Times,* 21. April 1953, S. 32; »Aide Will Be Queried on Resignation Story«, *New York Times,* 28. April 1953, S. 36; und Oshinsky,

op. cit., S. 288 Fn. Siehe auch Charles Wheeler Thayer, US Army IN-SCOM-Dossier Nr. X8889748 (geheim).

50. Zu Davies' Rolle bei Hilgers Einwanderung siehe Mitteilung Berlin–Washington, gekennzeichnet »Personal for Kennan«, 862.00/9–2548, 25. September 1948 (streng geheim); Nachricht Heidelberg–Washington, gekennzeichnet »For Kennan«, 862.00/9–2748, 27. September 1948 (streng geheim), (was die Verwendung von Decknamen vermuten läßt); Washington an Heidelberg, 862.00/9–2848, 28. September 1948 (streng geheim); Heidelberg an Washington, 862.00/9–3048, 30. September 1948 (streng geheim); alle Schriftstücke sind in RG 59, NA, Washington D. C., zu finden. Zu Davies' Rolle bei Poppes Einwanderung siehe »For [Carmel] Offie from [John Paton] Davies«, 800.4016 DP/3–848, 8. März 1948 (geheim); »For Offie from Davies«, 893.00 Mongolia/3–1848, 18. März 1948 (geheim); »For [James] Riddleberger from [George] Kennan«, 861.00/10-2248, 22. Oktober 1948 (geheim – bereinigt); »Personal for Kennan from Riddleberger«, 861.00/11-248, 2. November 1948 (geheim – bereinigt); und »Personal for Riddleberger from Kennan«, 800.4016 DP/5-449, 3. Mai 1949 (geheim), auch unterzeichnet von Robert Joyce, alle bei RG 59, National Archives, Washington D. C. Zu Davies' Rolle bei der Affäre Ulus und Sunsh siehe »For [Carmel] Offie from [John Paton] Davies«, 27. Mai 1948 (geheim), 800.43 Eurasian Institute/5-2748 Geheimakte; »From Tehran to Secretary of State, attention John Davies«, betr.: Ulus und Sunsh, 27. Juli 1948 (geheim), 800.43 Eurasian Institute/7-2748 Geheimakte; »Department of State to AMEMBASSY, Tehran«, betr.: Sunsh, 27. Juli 1948 (geheim), 800.43 Eurasian Institute/7-2748; »For Davies from Dooher«, betr. Ulus, 12. August 1948 (geheim), 800.43 Eurasian Institute/8-1248; »Department of State to AMEMBASSY, Athens«, paraphiert von Kennan, 12. Oktober 1948 (geheim), 800.43 Eurasion [sic] Institute/10-1248, alle in RG 59, NA, Washington D. C. Ebenso die Interviews mit Poppe, 26. Oktober und 4. Dezember 1984, Davies, 28. November 1983, und Evron Kirkpatrick, 10. November 1983.

51. Zur Charakterisierung von Davies' Position durch die *Times* siehe *New York Times Index*, 1954, S. 1154; zur Charakterisierung Davies': Interview Davies, 28. November 1983.

52. Bezüglich Bericht über Tawney Pippet siehe Aussage von Lyle H. Munson im Subcommittee to Investigate the Administration of the Internal Security Act, US Senate, *Hearings on the Institute of Pacific Relations* (Washington D. C.: Government Printing Co., 1952), S. 2751 ff., Robert Steele [Lately Thomas], *When Even Angels Wept* (New York: Morrow, 1973), S. 376 Fn.

53. Walter Waggoner, »Dulles Dismisses Davies as a Risk; Loyalty Not Issue«, *New York Times*, 6. November 1954, S. 1; und »Text of Statements by Davies and Dulles on the Former's Ouster«, *New York Times*, 6. November 1954, S. 8. Bezüglich eines prägnanten Überblicks über die Affäre Davies

und ihre Folgen siehe James Fetzer, »The Case of John Paton Davies«, *Foreign Service Jounal* (November 1977), S. 15 ff., mit Zitat von Dulles auf S. 31. Siehe auch John Paton Davies, *Foreign and Other Affairs* (New York; W. W. Norton, 1966).
54. Bohlen, op. cit., S. 71 ff.
55. Oshinsky, op. cit., S. 286–293, mit Zitat auf S. 292.
56. Ebd.
57. Ylitalo-Interview, 18. Juni 1984. Auch Petrow-Interview, 29. Juli 1985, und zu Bogolepows eigenem Bericht über sein Leben siehe Subcommittee to Investigate the Administration of the Internal Security Act, op. cit., S. 4479 ff.
58. William White, »Bohlen Confirmed as Envoy, 74 to 13, Eisenhower Victor«, *New York Times*, 28. März 1953, S. 1.
59. Joseph und Steward Alsop, »Matter of Fact«, *Washington Post*, 5. Juli 1953, und Oshinsky, op. cit., S. 293 Fn.
60. Oshinsky, op. cit., S. 293.
61. Bezüglich der Solarium-Dokumentation siehe US-Außenministerium, *Foreign Relations of the United States*, 1952–1954, Bd. II, National Security Affairs, Teil 1 (Washington D. C.; Government Printing Office, 1984), S. 323–443; zum Cutler-Kommentar S. 441 und 401. Das gesamte Solarium-Material war ursprünglich als streng geheim eingestuft.
62. Ebd., S. 383–393 und 399–412. Zu Kennans Bericht über diese Vorfälle siehe *Kennan, Bd. II*, S. 180 f.
63. US-Außenministerium, op. cit., S. 441 (Aufstellung der Empfehlungen) und 439 (Projekt Albanien), und S. 393 und 441 (tatsächliche Annahme der taktischen Empfehlungen der entscheidenden Task Force C. Zu in der Fußnote erwähntem Material siehe Murrey Marder, »Eisenhower Rejected Plan to Disrupt Soviet«, *Washington Post*, 7. Dezember 1984, S. A22. Bezüglich des Textes von NSC 5412 siehe NSC 5412, 15. März 1954, NSC 5412/1, 12. März 1955 und NSC 5412/2, 28. Dezember 1955 (streng geheim), bei RG 273, Policy-Papers-Akte, NA, Washington, D. C.

Sechzehntes Kapitel

1. Powers, op. cit., S. 159.
2. *1985 GAO Report*, S. 32–34. Otto von Bolschwing ist der anonyme »Bürger C«, von dem in dieser Studie die Rede ist.
3. Ebd., S. 31 f. Stankiewitsch ist der anonyme »Bürger B« der GAO-Studie.
4. *1985 GAO Report*, S. 31 f.
5. Ebd.
6. Ebd., S. 26 f., über Säuberung bei RFE/RL. Zur Säuberung von Eberhardt Taubert siehe Taubert, op. cit., Bd. 1, S. 150, 323 und 644; Bd. 2, S. 1049 f., 1070 f., 1325 und 1328.

7. Zum Eichmann-Zitat siehe Simon Wiesenthal Center, *Membership Report,* Sommer 1985. Zu Brunners Laufbahn während des Krieges siehe Berliner Document Center; Dossier über Alois Brunner, NSDAP Nr. 510064; SS Nr. 342767. Siehe auch Alois Brunner, US Army INSCOM-Dossier Nr. XE064584 17B025.

8. Cookridge, op. cit., S. 354.

9. Ebd., S. 352.

10. Ungefähr 400 Seiten an Originaldokumentation über Skorzeny – manche bereinigt – sind durch FOIA zu Otto Skorzeny, US Army INSCOM-Dossier Nr. XE00 0417, erhältlich. Die meisten dieser Unterlagen stammen aus den Jahren 1945 bis 1950. Dieser Packen Unterlagen wurde interessanterweise laut Aufzeichnungen der Army 1973 einer »Spezialsäuberung« unterzogen. Zusätzliche Vernehmungen Skorzenys nach dem Krieg können in »Skorzeny, Otto«, Fach 739, Eintragung 179, Enemy POW Interrogation File MIS-Y 1943–1945, RG 165, NA, Washington, D. C., gefunden werden. Das Außenministerium, FBI und INS haben auf FOIA-Ansuchen hin ebenfalls bruchstückhafte Unterlagen über Skorzeny freigegeben. Trotz formeller Anträge hat die CIA ihre Unterlagen noch nicht freigegeben. Wenn man Skorzenys lebenslange Beteiligung an den verschiedensten Angelegenheiten, die CIA-Belange berührten – wie das im Text erwähnte ägyptische Projekt, der internationale Waffenhandel, die afrikanische Uranindustrie, Hilfe für die Biafrarebellen und, angeblich, politische Morde, um nur einige zu erwähnen – denkt, kann das gegenwärtig über Skorzeny erhältliche Material nur als die Spitze eines viel größeren Eisbergs betrachtet werden. Inzwischen muß eine verläßliche Biografie über Skorzenys Nachkriegslaufbahn erst erscheinen. Charles Whiting, *Skorzeny* (New York: Ballantine, 1972) beschränkt sich fast ausschließlich auf Skorzenys »Heldentaten« während des Krieges. Skorzenys eigener Beitrag *Meine Kommandounternehmen, Krieg ohne Fronten* (Wiesbaden: Limes Verlag, 1976), auch erhältlich als Otto Skorzeny, *La Guerre Inconnue* (Paris: Albin Michel, 1975), beschränkt sich vorwiegend auf Geschehnisse des Zweiten Weltkriegs und bringt nur einen sehr selektiven und schmeichelhaften Bericht für die Zeit von 1945 bis 1950. Bezüglich eines populären Berichts über Skorzenys Aktivitäten nach 1945, in dem gelegentlich geschickte Reportagen mit beträchtlichen Legenden vermischt werden, siehe Glenn Infield, *Skorzeny: Hitler's Commando* (New York: St. Martin's Press).

11. Skorzeny an Spruchkammer, Lager Darmstadt, 26. Juli 1948, in Dokument 026 im Skorzeny-INSCOM-Dossier.

12. Miles Copeland, *The Game of Nations* (New York: Simon & Schuster, 1970), S. 104.

13. Cookridge, op. cit., S. 352–354.

14. Ebd. Siehe auch »Klarsfeld: Mitarbeiter Eichmanns lebt in Damaskus«, *Frankfurter Allgemeine Zeitung,* 28. Juni 1982; »Why Nazi Hunters Won't

Give Up«, *Newsweek*, 21. Februar 1983; James M. Markham, »In Syria, a Long-Hunted Nazi Talks«, *New York Times*, 29. Oktober 1985; und Beate Klarsfeld, *Wherever They May Be!* (New York: Vanguard Press, 1975), S. 231–233.

15. Robert Fisk, »Syria Protects Eichmann Aide«, *Times* of London, 15. März 1985. Ebenso James Markham, op. cit..
16. Copeland, *Game of Nations*, loc. cit., S. 103 und 105.
17. Ebd.
18. Otto von Bolschwing, NSDAP- und SS-Dossier im Berlin Document Center, NSDAP Nr. 984212; SS Nr. 353603.
19. Sicherheitsdienst des RFSS SD-Hauptamt, *Palästinareise Bericht* (US-Kennzeichnung Nr. 173-b-16-14/61), jetzt bei Frames 2936012-2936068, Mikrofilm Rolle 411, T-175, RG 242, NA, Washington, D. C.
20. *Eichmann Interrogated*, loc. cit., S. 24 f. und 30.
21. Ryan, *Quiet Neighbors*, S. 221–223.
22. Das Programm der Nazis zur rassischen Einstufung der Juden, zur Registrierung, Einschätzung, Enteignung jüdischen Eigentums und schließlich zur Konzentration und Vernichtung des jüdischen Volkes war offensichtlich ein langwieriger Prozeß, der viele Zehntausende von Tätern mit einschloß. Die Wurzeln dieser Kampagne reichen zum Beginn der Nazipartei zurück und gehören in weiterem Sinn zur langen Tradition des europäischen Antisemitismus. In diesem Sinn war Otto von Bolschwing nur einer aus der großen Zahl derer, die eine Rolle bei der Entwicklung von Deutschlands Kampagne gegen die Juden spielten. Adolf Eichmann jedoch spielte von den späten dreißiger Jahren an eindeutig eine Schlüsselrolle bei der Entwicklung der Verfolgung durch die Nazis, und der Einfluß von Bolschwings auf Eichmann wird von Eichmann selbst bestätigt. Otto von Bolschwing war als Bankfachmann und Rechtsanwalt ausgebildet, und seine antisemitischen Schriften während der dreißiger Jahre halfen Eichmann und der SS, die »praktischen« und »modernen« Maßnahmen zu formulieren, die zum Kernstück der Judenverfolgung durch die Nazis wurden und die im Lauf der Jahre zum Vernichtungsprogramm führten. Siehe Ryan, *Quiet Neighbors*, S. 221–223 über die Empfehlungen von Bolschwings. Siehe Levin, op. cit., S. 95 ff., vor allem S. 101–110, über Eichmanns Rolle in Österreich und Österreichs Rolle als ein Modell für die NS-Judenverfolgung durch die Nazis im ganzen Reich. Bezüglich der historischen Bedeutung der österreichischen Maßnahmen bei der gesamten Entwicklung der Nazikriminalität siehe World Jewish Congress at al., op. cit., S. 96 f. und 488–498. Die auffallende Ähnlichkeit der Empfehlungen von Bolschwings mit Eichmanns österreichischen Maßnahmen erkennt man beim Vergleich des Textes von Bolschwings bei Ryan mit dem Beweismaterial des World Jewish Congress.
23. Originaldokumentation über die Bukarester Ereignisse kann im Bericht von

Killinger an Joachim von Ribbentrop vom 26. Februar 1941 gefunden werden, der in englischer Sprache vom US-Außenministerium, *Documents on German Foreign Policy, 1918–1945,* Bd. XII, S. 171–176, veröffentlicht wurde. Siehe auch Hilberg, op. cit., S. 489; Höhne, op. cit., S. 327–329; und Ryan, *Quiet Neighbors,* S. 227–231, ein zitierter Kommentar hierzu befindet sich auf S. 238.

24. Von Killinger an von Ribbentrop, op. cit. Bezüglich der Originaldokumentation aus den Archiven des deutschen Außenministeriums, die Bolschwings Aktivitäten bis zu der mißglückten Rebellion verfolgen, siehe erbeutete deutsche Korrespondenz: von Vertr. Leg.-Rat Luther, Bukarest, 22. Mai 1940; Luther [Berlin] an Schröder (o. D.); Der Chef der Sicherheitspolizei und des SD (VI D 3) [SS-Sturmbannführer Fischer?] an Picot, 23. Mai 1940; Luther an Bukarest, 27. Mai 1940; Der Chef der Sicherheitspolizei und des SD (VI A 42 Ke/Str.) an Luther, 8. Januar 1941, gekennzeichnet »Dringend!«; Luther an Vizekonsul Beuttler, 13. Januar 1941; Der Chef der Sicherheitspolizei und des SD (VI 42 Ke/Str.) an Luther, 10. Januar 1941; Picot an Luther, 7. Februar 1941. Kopien im Besitz des Autors.

25. Hilberg, op. cit., S. 489.

26. US Air Force, »Statement of Civilian Suspect, Otto Albrecht Alfred von Bolschwing«, 22. Dezember 1970 (geheim), erhalten durch FOIA.

27. Ebd; mit weiteren Einzelheiten in US Air Force, »Report of Investigation, Otto Albrecht Alfred von Bolschwing«, S. 2. Grundlegende Dokumentation über von Bolschwings Aktivitäten während dieser Zeit kann in von Bolschwings Archiven gefunden werden, von denen der Autor einige Teile erhalten hat. Von besonderem Interesse sind ein Brief von Roy F. Goggin vom 7. Juni 1945; ein Dokument datiert 1. Juni 1948; und eine Empfehlung an die Polizeizentrale in Salzburg vom 20. Mai 1948, betreffend von Bolschwing.

28. 20. Mai 1948, Empfehlung an die Polizei Salzburg, von-Bolschwing-Archive.

29. Anthony Cave Brown, Hrsg., *The Secret War Report of the OSS* (New York: Berkley, 1976), S. 286.

30. US Department of Justice, »Record of Sworn Statement – Witness [Otto von Bolschwing]«, Akte Nr. A8-610-051, 26. Juni 1979, und vertraulicher Informant.

31. US Air Force »Statement of Civilian Suspect Otto Albrecht Alfred von Bolschwing . . .«, S. 14/15, und vertraulicher Informant.

32. *1985 GAO Report,* S. 32–34. Otto von Bolschwing ist der anonyme »Bürger C«, von dem in der Studie die Rede ist. Zu O'Neals Beziehung zu von Bolschwing siehe US Air Force »Report of Investigation, Otto Albrecht Alfred von Bolschwing«. Über O'Neals spätere Laufbahn siehe Agee und Wolf, op. cit., S. 604 f.

33. *1985 GOA Report,* S. 32–34.

34. Ebd.
35. »Application for Immigrant Visa and Alien Registration no. I-259338, von Bolschwing, Otto«, 22. Dezember 1953; Interview mit Mrs. Roy Goggin, 4. April 1984.
36. Dem ehemaligen stellvertretenden OSI-Direktor Martin Mendelsohn und dem ehemaligen OSI-Prozeßanwalt Eugene Thiroff kommt das Verdienst zu, von Bolschwings Anwesenheit in den Vereinigten Staaten entdeckt und seine gerichtliche Verfolgung ausgelöst zu haben. Zu journalistischen Berichten siehe Carey, op. cit., und Simpson, op. cit. Der Autor ist Peter Carey für seine Unterstützung bei den Nachforschungen über Otto von Bolschwing besonders dankbar.
37. *1985 GAO Report*, S. 32–34.
38. Dies kann man feststellen, indem man Tiptons bereinigten Bericht mit der Dokumentation über von Bolschwing aus öffentlichen Archiven, Gerichtsunterlagen und dem Freedom of Information Act vergleicht.
39. Höhne und Zolling, op. cit., S. XV.
40. Cookridge, op. cit., S. 315 f; Höhne und Zolling, op. cit., S. 229 f.
41. Ebd.
42. Cookridge, op. cit., S. 320–334; Höhne und Zolling, op. cit., S. 280–290.
43. Ebd.
44. Ebd.
45. Zu dem Text von NCS 5412 siehe NSC 5412, NSC 5412/1 und NSC 5412/2, RG 273, Policy Papers File, NA, Washington, D. C.

Siebzehntes Kapitel

1. Zu dem Text von UPI- und AP-Fernschreiben siehe *Time Capsule/1956* (New York: Time-Life Books, 1968), S. 92 f.
2. Ebd., S. 90.
3. Zur Kritik von ungarischen Emigranten an der Rolle von Radio Free Europe siehe »Anna Kethly Scores Radio Free Europe«, *Washington Post*, 30. November 1956, und »Radio Free Europe Role in Hungary«, *Washington Post*, 13. November 1956.
4. Bezüglich der Dokumentation über die Politik des RFE während der ungarischen Ereignisse siehe Elsa Bernaut, »The Use of Hungarian and Polish Material«, American Committee for Liberation Research Library, 29. Oktober 1956, jetzt in den RFE/RL-Archiven in New York.
5. »Set Up is Revised at Anti-Red Radio«, *New York Times*, 29. April 1957, S. 6.
6. Assembly of Captive European Nations, op. cit., S. 12. Bezüglich einer Dokumentation über die Finanzierung der ACEN und ihrer Emigrantenführer durch die CIA siehe die durch das Außenministerium, FOIA-Case

No. 8404249 freigegebene ACEN-Korrespondenz. Siehe auch National Committee for a Free Europe, *President's Report* für 1953, S. 22, und für 1954, S. 18 ff.

7. Assembly of Captive European Nations, op. cit. Siehe Kommentare der *New York Herald Tribune*, des *Christian Science Monitor* und anderer Publikationen, die auf den Deckblättern dieses Textes wiedergegeben sind.

8. Ebd., S. 180 f. und 187 (Balli-Kombetar-Funktionäre einschließlich Hasan Dosti), 184 (litauische Delegation), 186 (Balli-Kombetar-Funktionäre der Liberalen Demokratischen Union), 187 (Berzins über Deportationskomitee) und 188 (Maikovskis in der Internationalen Bauernunion). Mehr über Maikovskis findet man bei US-Justizministerium, Office of Special Investigations, op. cit., S. 34 f.; und in der Presseerklärung des US-Justizministeriums vom 16. August 1984. Maikovskis' Anwalt Ivars Berzins verweigerte bei einem Telefoninterview vom 25. November 1985 einen Kommentar dazu. Das FBI hat kürzlich eine gründlich zensierte Version seiner Akte über die ACEN freigegeben und fast die Hälfte der gesamten Unterlagen aus Gründen der nationalen Sicherheit zurückgehalten. Der freigegebene Teil jedoch läßt erkennen, daß die ACEN seit 1982 zum wichtigsten Zielpunkt bei den Untersuchungen der Regierung über Naziverbrechen in den Vereinigten Staaten geworden ist; siehe Brief von GAO-Ermittler John Tipton an Joseph Moore, FBI; 26. August 1982, FBI-ACEN-Akten.

9. Assembly of Captive European Nations, op. cit., S. 182 ff.

10. Siehe American Friends of the Captive Nations , *Hungary Under Soviet Rule* (New York: American Friends of the Captive Nations and the Assembly of Captive European Nations, 1959), bezüglich einer Liste von American-Friends-Beamten und Komiteemitgliedern. Ebenfalls wichtig im Komitee: Eugene McCarthy, Eugene Lyons, Sidney Hook, John Richardson, Jr.

11. *ABN Correspondence* (Mitteilungsblatt). Zur Information über ABN-Persönlichkeiten und -Aktivitäten siehe z. B. Ferdinand Durcansky, »The West Shuts Its Eyes to Tiso's Warning«, Nr. 5–6, 1953 (Lob des Tiso-Regimes); »Dr. Ante Pawelic [sic]«, Nr. 7–8, 1957 (Lob des Ustascha-Regimes); »ABN Activities«, Nr. 1–2, 1955; »Prof. R. Ostrowski Visits the USA«, Nr. 5–6, 1958; »A. B. N. Congress in Toronto«, Nr. 5–6, 1953; und »The Truth About ABN: Memorandum to the State Department«, Nr 10–11, 1955 (über die Rolle von Ostrowsky und Berzins in der Organisation). Siehe auch Pressebüro des ABN, *Our Alternative* (Munich: Anti-Bolshevik Bloc of Nations, 1972). Über kürzliche Untersuchungsberichte in bezug auf den ABN siehe Scott Anderson und Jon Lee Anderson, *Inside the League* (New York: Dodd Mead & Co., 1986), S. 13–154 an verschiedenen Stellen.

12. Als Beispiele der Beeinflussung des Kongresses durch extremistische Emigrantengruppen siehe »Congressman Kersten Adopts Our Ideas«, *ABN Correspondence*, Nr. 11–12, 1953; »Kersten's Investigatory House Committee Meets in Munich«, *ABN Correspondence*, Nr. 5–9, 1954, über das »House

select Committee on Communist Aggression«. Zur Erörterung der Rolle der osteuropäischen Emigrantenvereinigungen bei Kongreßangelegenheiten im allgemeinen siehe »Lithuanian American Council«, *Lituanus* (Juli 1955), S. 23, in Opposition gegen Völkermordvertrag, Gründung von Untersuchungsausschüssen des Kongresses, und Vardys, op. cit. (Februar 1956), über die Katyn-Untersuchung, das Kersten-Amendment, die Schaffung des Flüchtlingsprogramms, die Rolle bei Kongreßwahlen. Vardy beklagt jedoch, daß trotz der eifrigen Anstrengungen des rechten Flügels im Kongreß, antikommunistische Untersuchungen als Mittel im Wahlkampf zu benutzen, die Wähler Mitte der fünfziger Jahre mißtrauisch wurden. Drei Schlüsselgestalten, die für die extremeren Befreiungsmaßnahmen eintraten, verloren in den vorwiegend osteuropäischen Vierteln von Milwaukee, Chicago und Wilkes-Barre bei den Kongreßwahlen 1954.

13. Mehr über O'Connor findet man bei Edward Mark O'Connor, FBI-Akte No. 62-88018 (und zwei Querverweise), erhalten über FOIA; »Freedom Forecast for Baltic States«, *New York Times*, 17. Juni 1951, S. 38; »Dr. Edward M. O'Connor, 77, Former NCS Staffer, Dies«, loc. cit., »Edward O'Connor Remembered in Cleveland Ceremonies«, loc. cit., S. 3.; und vor allem Edward M. O'Connor, »Our Open Society under Attack by the Despotic State«, *Ukrainian Quarterly* (Frühjahr 1984), S. 17 ff. Zur Rolle in der Displaced Persons Commission siehe US Displaced Persons Commission, op. cit., S. 71; A. H. Raskin, »3 Agencies Resettling DP's Told to End Contracts of Leftist Union«, *New York Times*, 2. Mai 1951, und »Cut Leftist Union Ties«, *New York Times*, 3. Mai 1951.

14. Bezüglich Aktivitäten und Persönlichkeiten der Parade 1960 siehe Gedenkprogramm mit dem Titel »Captive Nations Week, July 19–23, 1960«, Captive Nations Committee, Washington, D. C., Kopie im Besitz des Autors.

15. Siehe ebd. über die Rolle Apps bei der Parade. Zu Apps Schriften siehe Anti-Defamation League of B'nai B'rith. *Extremism on the Right* (New York: Anti-Defamation League of B'nai B'rith, 1983), S. 14, 130 und 159, und *Contemporary Authors*, Bd. 101, S. 23 f.

16. *Kennan, Bd. II*, S. 286.

17. Mathias, op. cit., S. 975 ff.

18. Ebd., S. 984 f.

19. *Kennan, Bd. II*, S. 278–319 an verschiedenen Stellen.

20. Korrespondenz mit National Republican Heritage Groups (Nationalities) Council Executive Director Radi Slavoff, 2. Oktober 1985.

21. Jack Anderson (und Les Whitten), »Nixon Appears a Little Soft on Nazis«, *Washington Post*, 11. Oktober 1971.

22. Ebd.

23. Wynar, op. cit. Zur Rolle von Davmants Hazners und Ivan Dotcheff in der republikanischen Gruppe siehe Federal-Election-Commission-Unterlagen, 1976. Zu Ivars Berzins siehe ebenfalls Anti-Defamation League of B'nai

B'rith, *The Campaign Against the US Justice Department's Prosecution of Suspected Nazi War Criminals* (New York: ADL Special Report, 1985), S. 5. Zu diesem Problem siehe auch Jay Mathews, »Nazi-Hunt Methods Protested«, *Washington Post,* 23. März 1985, und Mary Thornton, »East European Émigrés Are Accused of Impeding Hunt for Nazis in US«, *Washington Post,* 6. April 1985. Ivars Berzins war auch der Verteidiger der angeklagten Naziverbrecher Arnolds Trucis und Boleslavs Maikovskis.

24. Nicholas-Nazarenko-Interviews, 21. und 22. Juli 1984. Über Nazarenkos Rolle in der Gruppe der Republikanischen Partei siehe Nazarenkos Resolution bei der Jahresversammlung des National Republican Heritage Groups (Nationalities) Council im Mai 1984, »Resolution: Whereas Moscow Communism is the leading mortal enemy . . .«, 18. Mai 1984, Kopie im Besitz des Autors, und Federal-Election-Commission-Unterlagen für 1975 und 1981.

25. Rede Nicholas Nazarenkos, 21. Juli 1984.

26. Zur Versandliste, ebd. Bezüglich einer Liste von Organisationen, die der Coalition for Peace Through Strength angehören, siehe American Security Council, »Model Peace Through Strength Resolution for Organizations«, o. D. (1984–1986), Werbeflugblatt, Kopie im Besitz des Autors. Mitgliedsorganisationen, die dafür bekannt sind, die Achsenmächte aus dem Zweiten Weltkrieg zu bevorzugen, sind u. a. die World Federation of Cossack National Liberation Movement of Cossackia, die Bulgarian National Front, das Croatian-American Committee for Human Rights und der Slovak World Congress. Mindestens fünf weitere Mitgliedergruppen der Koalition haben Standpunkte ausgedrückt, die nach Ansicht vieler Menschen mit den NS-Quisling-Regierungen aus dem Zweiten Weltkrieg sympathisieren. Siehe auch Korrespondenz des Koalitionsvorsitzenden John M. Fisher mit Nicholas Nazarenko, 5. Juli 1984, Kopie im Besitz des Autors.

27. Sidney Blumenthal, »The Reagan Doctrine's Strange History«, *Washington Post,* 29. Juni 1986.

28. Ebd.

29. Burnham, *Containment or Liberation?,* loc. cit., S. 196 ff., und Burnham, *Coming Defeat of Communism,* loc. cit., S. 211 ff.

30. Siehe z. B. »Captive Nations Week, 1984, A Proclamation by the President of the United States«, 16. Juli 1984, und »Captive Nations Week, 1985, A Proclamation by the President of the United States«, 19. Juli 1985, beide veröffentlicht und verteilt durch das Büro des Weißen Hauses für Verbindung mit der Öffentlichkeit. Die Originalproklamation der Captive Nations findet man in 73 Statute 212, unterschrieben 17. Juli 1959.

31. Lasby, op. cit., S. 79 ff.

32. Über die Entwicklung des Begriffs und der Bezeichnung *National Security State* siehe Yergin, op. cit.; und Marcus Raskin, »Democracy Versus the National Security State«, *Law and Contemporary Problems* (Sommer 1976), S. 189 ff. Über die Rolle Kennans, Thayers und Magruders siehe *Church*

Committee Report, Buch IV, S. 28–31 (über Kennan); Paddock, op. cit., an verschiedenen Stellen (über Magruder); JSPC 862/3, Beilage B, S. 4 ff. (über Thayer). Zum Ziel des Containments, mit den Sowjets zu verhandeln, siehe »The Analysis by Mr. X [Kennan]: It's America vs. Russia ... Until Russia Is Forced to Cooperate or Collapse«.

33. Bishop und Crayfield, op. cit., S. 264 ff. (über Rumänien); Rositzke, op. cit., S. 169 ff. (über Polen).

34. Ian McDonald, op. cit., David Binder, »Odysseus of the Greek Left Feels Back ›in My Element‹«, *New York Times*, 18. Oktober 1986.

35. Zu der Rolle von NSC 10/2 und NSC 5412: *Church Committee Report*, Buch IV, S. 25–55. Zu Morden durch nikaraguanische Contras siehe Americas Watch, *Human Rights in Nicaragua 1986* (New York und Washington, D. C.: American Watch, 1986), S. 18 ff.; siehe auch Joe Pichirallo und Edward Cody, »US Trains Antiterrorists«, *Washington Post*, 24. März 1985.

36. *Church Committee Report*, Buch IV, S. 257 f.

37. Cookridge, op. cit., nennt Gehlen den »Spion des Jahrhunderts« und weist darauf hin, daß ihn sowjetische und ostdeutsche Publikationen als den »größten Faktor bei der Verhinderung einer möglichen Ost-West-Entspannung« betrachten (S. 5). Wenn es auch unwahrscheinlich ist, daß jemand diese Beschreibung wirklich verdient, ist es nichtsdestoweniger wahr, daß Gehlen eine wesentliche geheime Rolle bei den Ost-West-Affären gespielt hat, die von den Historikern im allgemeinen übersehen wurde.

38. Zu den Erledigungsprogrammen siehe Marchetti und Marks, op. cit., S. 257; *1985 GAO Report*. Zu Morden an Doppelagenten siehe *Church Committee Report*, Buch IV, S. 130 ff.

39. Ralph Blumenthal, »Nazi War Crimes Suspect Asserts CIA Used Him as Anti-Soviet Spy«, *New York Times*, 15. Oktober 1976. Zu dem zitierten Text siehe Union of American Hebrew Congregations, *Keeping Posted* (Oktober 1980), hintere Umschlagseite, bezüglich Reproduktion des CIA-Briefes an Laipenieks. Charles Allen lieferte *Keeping Posted* das Faksimile des CIA-Briefes.

40. Dusko Doder, »New Charges, Admission on Waldheim's Record: 47 Sovietbloc Bid to Recruit Waldheim as Agent Described«, *Washington Post*, 30. Oktober 1986.

41. Zu dem CIA-Programm innerhalb der Vereinigten Staaten siehe John M. Crewdson und Joseph Treaster, »The CIA's 3-Decade Effort to Mold the World's Views«, *New York Times*, 25. bis 27. Dezember 1977; Powers, op. cit.; Marchetti & Manks, op. cit. Über geheime CIA-Finanzierung von pädagogischen und karitativen Vereinigungen, Arbeitsgruppen und Studentenorganisationen siehe »Groups Channeling, Receiving Assistance from CIA«, *Congressional Quarterly Almanac* 1967, S. 360–361; *Church Committee Report*, Buch VI, S. 263 ff.; Morgenthau, »Government has Compromised the Integrity of the Educational Establishment«, und Horowitz, »Social

Scientists Must Beware the Corruption of CIA Involvement«, beide in Kim, Hrsg., op. cit. Bezüglich eines Überblicks über geheime CIA-Finanzierungen von Medienmitarbeitern siehe Daniel Schorr, op. cit.

42. Caute, op. cit., S. 224–263.

43. Zur Einschränkung der Gesetze gegen Naziverbrechen in den Vereinigten Staaten siehe Ryan, *Quiet Neighbors.*

44. Charles R. Allen, Jr., »OSI vs. Nazis: Success or Failure«, *Reform Judaism* (Juni 1981), und Charles R. Allen, Jr., »Odyssey of Nazi Collaborator«, *Jewish Currents* (Dezember 1977), beide betreffen den Fall Soobzokov. Siehe auch Abgeordnete Elizabeth Holtzman, »Alleged Nazi War Criminals in America«, *Congressional Record,* 3. Dezember 1980, Nr. 169, Pkt. II (betreffend Soobzokov, Hazners).

45. Zur offiziellen Bestätigung von 100-Personen-Fällen mit Vergangenheit als Naziverbrecher siehe Neal Sher, »Statement Before the Subcommittee on Immigration . . . House of Representatives«, 17. Oktober 1985, S. 6.

46. Presseerklärung des Justizministeriums, 9. Juli 1980.

47. Christopher Simpson, op. cit.

48. US-Justizministerium, Office of Special Investigations, op. cit., S. 29.

49. *United States of America v. Liudas Kairys.* US District Court for Northern District of Illinois, Zivilverfahren 80-c-4302. Schriftsatz der Regierung nach der Verhandlung, 30. August 1982, S. 41 ff.

50. Anti-Defamation League of B'nai B'rith, *The Campaign Against the US Justice Department's Prosecution of Suspected Nazi War Criminals,* loc. cit.

51. Ebd., S. 24 f.

52. Ebd., S. 16 Fn.

53. Kommentar Simon Wiesenthals bei der Pressekonferenz am 9. Mai 1984.

54. Zur gegenwärtigen Situation von Burnham siehe Sidney Blumenthal, »The Reagan Doctrine's Strange History«, loc. cit. Zu Nachrufen für im Text erwähnte Personen siehe *Washington Post,* 6. Juni 1985 (W. Park Armstrong), 27. November 1985 (O'Connor); 8. Mai 1986 (Lovett); *New York Times,* 15. Februar 1984 (Joyce); *Assembly* (West Point, N. Y.), Juni 1983 (Grombach). Die Daten über Evron Kirkpatrick und Lyman Kirkpatrick stammen von den Interviews des Autors; die beiden Kirkpatricks dürften nicht miteinander verwandt sein.

55. Braden-Interview, 12. September 1984.

56. Powers, op. cit., S. 91–97, mit Zitat Wisners auf S. 95.

57. »Frank Gardiner Wisner Dead; Former Top Official of CIA«, *New York Times,* 30. Oktober 1965, S. 35. Einem FOIA-Ansuchen folgend, hat die CIA etwa 400 Seiten Material über Wisner freigegeben, einschließlich Wisners eigenem Bericht über die Ereignisse, die seinem Tod vorausgingen. Siehe besonders Richard Helms, »Frank Gardiner Wisner, In Memoriam«, Text der Rede bei der Gedächtniszeremonie, 29. Januar 1971, Langley, Virginia (Dokument 1 in Wisners CIA-Akte); und zwei »Erinnerungen« von

CIA-Kollegen (Namen gelöscht), 19. Januar 1970 und o. D. [1970?] (Dokumente 2 und 3 in Wisners CIA-Akte).

58. Zum Nachruf siehe »Charles Thayer, Sowjetexperte, 59«, *New York Times,* 29. August 1969.
59. Ronald Steel, »The Statesman of Survival«, *Esquire* (Januar 1985), S. 68 ff.
60. Ebd.

Ausgewählte Bibliografie

Acheson, Dean. *Present at the Creation.* New York: W. W. Norton, 1969.

Adenauer, Konrad. *Memoirs 1945–1953,* Übers. Beate Ruhm von Oppen. Chicago: Henry Regnery Co., 1966. Deutsche Originalausgabe *Erinnerungen 1945–1953.* Stuttgart: Deutsche Verlags-Anstalt, 1965.

Agee, Philip, und Wolf, Louis, Hrsg. *Dirty Work, The CIA in Western Europe.* Secausus, N. J.: Lyle Stuart, Inc., 1978.

Alexander, Herbert E. *Financing Politics: Money, Elections and Political Reform.* Washington, D. C.: CQ Press, 1984.

Allen, Charles, Jr. *Nazi War Criminals in America: Facts... Action.* Albany, N. Y.: Charles Allen Productions, Inc., 1981.

American Political Science Association. *Biographic Directory.* Washington, D. C.: American Political Science Association, 1968 und 1973.

Anderson, Scott, und Anderson, Jon Lee. *Inside the League.* New York: Dodd, Mead & Co., 1986.

Anti-Bolshevik Bloc of Nations. *Our Alternative, ABN and EFC Conferences.* München: Pressebüro des Antibolschewistischen Blocks der Nationen, 1972.

Armstrong, John A. *Ukrainian Nationalism 1939–1945.* New York: Columbia University Press, 1955.

Armstrong, John A., Hrsg. *Soviet Partisans in World War II.* Madison: University of Wisconsin Press, 1964.

Assembly of Captive European Nations. *First Session: Organization, Resolutions, Reports, Debate.* New York: ACEN publication No. 5, 1955.

Avotins, E.; Dzirkalis, J.; und Petersons, V. *Daugavas Vanagi.* Riga: Lettische Verlagsanstalt, 1963.

Bailey, Bernadine. *The Captive Nations: Our First Line of Defense.* Chicago: Charles Hallberg, 1969.

Bar-Zohar, Michel. *La Chasse aux Savants Allemands.* Paris: Librairie Arthème Fayard, 1965.

Beck, Melvin. *Secret Contenders.* New York: Sheridan Square, 1984.

Berzins, Alfreds. *I Saw Vishinsky Bolshevize Latvia.* Washington, D. C.: Lettische Botschaft, 1948.

–. *Latvia.* Washington, D. C.: American Latvian Association in the US Inc. 1968.

–. *The Two Faces of Co Existence.* New York: Robert Speller & Sons, 1967.

—. *The Unpunished Crime.* New York: Robert Speller & Sons.

Bethell, Nicholas. *The Last Secret.* New York: Basic Books, 1974.

Bilinsky, Yaroslav. *The Second Soviet Republic: The Ukraine After World War II.* New Brunswick, N. J.: Rutgers University Press, 1964.

Bishop, Robert, und Crayfield, E. S. *Russia Astride the Balkans.* New York: McBride and Co., 1948.

Blackstock, Paul. *Agents of Deceit.* Chicago: Quadrangle, 1966.

—. *The Secret Road to World War II.* Chicago: Quadrangle, 1969.

—. und Schaf, Frank L. *Intelligence, Espionage, Counterespionage and Covert Operations: A Guide to the Information Sources.* Detroit: Gale Research, 1978.

Blatny, Milan. *Les Proclamateurs de Fausse Liberté.* Bratislava: L'Institut d'Etudes de Journalisme, 1977.

Blum, Howard. *Wanted: The Search for Nazis in America.* Greenwich, Conn.: Fawcett, 1977.

Bohlen, Charles. *Witness to History,* New York: W. W. Norton, 1973.

Bonifacic, Antun F. (Ante Bonifacic), und Mihnovich, Clement. *The Croatian Nation.* Chicago: Croatia Cultural Publishing Center, 1955.

Borkin, Joseph. *The Crime and Punishment of I. G. Farben.* New York: Free Press, 1978.

Bower, Tom. *Blind Eye to Murder.* London: Paladin-Grenada, 1983.

—. *Klaus Barbie.* New York: Pantheon, 1984.

Boyer, Richard, und Morais, Herbert. *Labor's Untold Story.* New York: United Electrical Radio & Machine Workers of America Publishing Division, 1973.

Brown, Anthony Cave. *The Last Hero: Wild Bill Donovan.* New York: Vintage, 1982.

Buchardt, Friedrich. »Die Behandlung des russischen Problems während der Zeit des nationalsozialistischen Regimes in Deutschland«, Manuskript, o. J. [1946?]

Burnham, James. *The Coming Defeat of Communism.* New York: John Day Co., 1950.

—. *Containment or Liberation?* New York: John Day Co., 1953.

Caute, David. *The Great Fear: The Anti-Communist Purge Under Truman and Eisenhower.* New York: Simon & Schuster, 1978.

Cherezov, Konstantin. *NTS, a Spy Ring Unmasked.* Moskau: Sowjetisches Komitee für kulturelle Beziehungen mit Russen im Ausland, o. J. (1963?).

Cherednichenko (Tscherednitschenko), V. *Collaborationists.* Kiew: Politwidaw Ukraini, 1975.

Chew, Dr. Allen F. »*Fighting the Russians in Winter. Three Case Studies*«, US Army Command and General Staff College, »Leavenworth Papers«, Dezember 1981.

Christian Democratic Union of Central Europe. *Freedom. Prerequisite to Lasting Peace.* New York: Christian Democratic Union of Central Europe, 1957.

Cirtautas, Arista Maria. »Nicholas Poppe, a Bibliography of Publications from

1924 to 1977«. *Parerga.* Seattle, Wash.: University of Washington Institute for Comparative and Foreign Area Studies, 1977.

Claussen, Martin P., und Claussen, Evelyn B. *Numerical Catalog and Alphabetical Index for State-War-Navy Coordinating Committee and State-Army-Navy-Air Force Coordinating Committee Case Files 1944–1949.* Wilmington, Del.: Scholarly Resources, Inc., 1978.

Clay, Lucius. *Decision in Germany.* Garden City, N. Y.: Doubleday, 1950.

–. *Papers of General Lucius D. Clay,* Hrsg. Jean Edward Smith. Bloomington, Ind.: Indiana University Press, 1974. Hier zitiert als *Clay Papers,* Bd. 1.

Cline, Marjorie W.; Christiansen, Carla E.; und Fontaine, Judith M., Hrsg. *A Scholar's Guide to Intelligence Literature: Bibliography of the Russell J. Bowen Collection.* Frederick, M. D.: University Publications, 1983.

Cohn, Norman. *Warrant for Genocide.* London: Penguin, 1970.

Colby, William. *Honorable Men: My Life in the CIA.* New York: Simon & Schuster, 1978.

Collins, Larry D. »The Free Europe Committee: American Weapon of the Cold War«. Ph. D.-Dissertation, Carlton University, 1975 (Canadian Thesis on Microfilm Service call no. TC 20090).

Comptroller General of the United States (General Accounting Office). *Nazis and Axis Collaborators Were Used to Further US Anti-Communist Objectives in Europe – Some Immigrated to the United States.* Washington, D. C.: Government Printing Office, 1985. GAO Report No. GAO/GGD-85-66. Hier zitiert als *1985 GAO Report.*

–. *US Government Monies Provided to Radio Free Europe and Radio Liberty.* Washington, D. C.: Government Printing Office, 1972. GAO Report No. 72-0501, mit geheimem Anhang, erhalten durch FOIA.

–. *Widespread Conspiracy to Obstruct Probes of Alleged Nazi War Criminals Not Supported by Available Evidence – Controversy May Continue.* Washington, D. C.: Government Printing Office, 1978. GAO Report No. GGD-78-73.

Constantinides, George. *Intelligence and Espionage: An Analytical Bibliography.* Boulder, Colo.: Westview Press, 1983.

Cookridge, E. H. (Edward Spiro). *Gehlen.* New York: Random House, 1971.

Cooney, John. *The American Pope. The Life and Times of Francis Cardinal Spellman.* New York: Times Books, 1984.

Cooper, Matthew. *The Nazi War Against the Soviet Partisans 1941–1944.* New York: Stein and Day, 1979.

Copeland, Miles. *The Game of Nations.* New York: Simon & Schuster, 1970.

–. *Without Cloak or Dagger.* New York: Simon & Schuster, 1974.

Corson, William R. *The Armies of Ignorance.* New York: Dial/James Wade, 1977.

Concil for a Free Czechoslovakia. *In Search of Haven.* Washington, D. C.: Council for a Free Czechoslovakia, 1950.

Coxsedge, Joan. *One, Two, Three – Ustasha Are We!* Melbourne, Australien: Unitarian Peace Memorial Church Pamphlet No. 1, 1972.

Daim, Wilfried. *Der Vatikan und der Osten*. Wien: Europa-Verlag, o. J.

Dallin, Alexander. *German Rule in Russia*, 2. Ausg. Boulder, Colo: Westview Press, 1981.

–. *The Kaminsky Brigade 1941–1944*. Cambridge, Mass.: Harvard University Russian Research Center, 1956.

Davidson, Eugene. *The Trial of the Germans*. New York: Macmillan, 1966.

Davies, John Paton. *Foreign and Other Affairs*. New York: W. W. Norton, 1966.

Dawidowiscz, Lucy. *The War Against the Jews*. New York: Bantam, 1976.

DeSantis, Hugh. *The Diplomacy of Silence*. Chicago: University of Chicago Press, 1979.

Detweiler, Donald, Hrsg. Burdick, Charles B., und Rohwer, Jürgen, gem. Hrsg. *World War II German Military Studies*. New York: Garland, 1979.

Donovan, Robert J. *Tumultuous Years*. New York: W. W. Norton, 1982.

Dornberg, John. *The Other Germany*. Garden City, N. Y.: Doubleday, 1968.

Dornberger, Walter. *V-2*. New York: Viking, 1958.

Dulles, Allen Welsh. *The Craft of Intelligence*. New York: Harper & Row. 1963.

–. *The Secret Surrender*. New York: Harper & Row, 1966.

Dulles, John Foster, und andere. Society of Friends of Romania. *Bulletin Dedicated to Her Majesty Queen Marie of Roumania*. New York: Fischer Publishing, 1926.

Dulles, John Foster. *War or Peace*. New York: Macmillan, 1950.

Durand, Pierre. *Les Français à Buchenwald et à Dora*. Paris: Éditions Sociales, 1977.

Dvinov, Boris (Pseudonym). *Documents on the Russian Emigration: An Appendix to Rand Paper P-768*. Santa Monica, Calif.: Rand Corporation Study No. P-865, 1956.

–. *Politics of the Russian Emigration*. Santa Monica, Calif.: Rand Corporation Study No. P-768, 1955.

Elliot, Mark R. *Pawns of Yalta*. Urbana, Ill.: University of Illinois Press, 1982.

Epstein, Julius. *Operation Keelhaul*. Old Greenwich, Conn.: Devin-Adair, 1973.

Etzold, Thomas, und Gaddis, John Lewis, Hrsg. *Containment: Documents on American Policy and Strategy 1945–1950*. New York: Columbia University Press, 1978.

Ferencz, Benjamin. *Less Than Slaves*. Cambridge, Mass.: Harvard University Press. 1979.

Fischer, George. *Soviet Opposition to Stalin*. Cambridge, Mass.: Harvard University Press, 1952.

–. Hrsg. *Russian Émigré Politics*. New York: Free Russia Fund, Inc., 1951.

Fitz Gibbon, Louis. *Katyn*. New York: Charles Scribner's Sons. 1971.

Forrestal, James. *The Forrestal Diaries*, Hrsg. Walter Mills. New York: Viking, 1951.

Friedman, Leon, Hrsg. *The Law of War: A Documentary History*. New York: Random House, 1972.

429

Friedman, Philip. *Roads to Extinction: Essays on the Holocaust; The Destruction of the Jew of Lwow 1941–1944*. Jerusalem: Yad Vashem, 1979.

Gehlen, Reinhard. *The Service*, Übers. D. Irving, New York: World Publishing, 1972. Deutsche Originalausgabe *Der Dienst, Erinnerungen 1942–1971*. Mainz: Hase & Koehler, 1971.

Gelber, M. N. *The Encyclopedia of the Jewish Diaspora*, Bd. 1, *Lwow*. Jerusalem: o. V., 1956.

Gerson, Louis L. *The Hyphenate in Recent American Politics and Diplomacy*. Lawrence, Kan.: University of Kansas Press, 1964.

Gilbert, Martin. *Atlas of the Holocaust*. New York: Macmillan, 1982.

–. *The Holocaust*. New York: Holt, Rinehart & Winston, 1985.

Goudsmit, Samuel. *Alsos*. New York: o. V., 1947.

Greenspan, Morris. *The Soldier's Guide to the Laws of War*. Washington, D. C.: Public Affairs Press, 1969.

Grombach, John V. *The Great Liquidator*. Garden City, N. Y.: Doubleday, 1980.

Groves, Leslie R. *Now It Can Be Told*. New York: Harper & Row. 1962.

Guérin, Alain. *Le Général Gris*. Paris: Julliard, 1969.

Gutman, Yisrael, und Rothkirchen, Livia. *The Catastrophe of European Jewry*. Jerusalem: Yad Vashem, 1976.

Handlin, Oscar. *Race and Nationality in American Life*. Boston: Little, Brown, 1957.

Hazners, Vilis Arveds. *Varmacibas Torm'*. Lincoln, Neb.: Vaidava, 1977.

Herken, Gregg. *The Winning Weapon*. New York: Vintage, 1982.

Herwarth von Bittenfeld, Hans Heinrich. *Zwischen Hitler und Stalin*. Frankfurt: Verlag Ullstein, 1982.

Heydecker, J., und Leeb, J. *The Nuremberg Trial*, Übers. R. A. Downie. Cleveland und New York: World Publishing, 1962.

Hilberg, Raul. *The Destruction of the European Jews*. New York: Harper & Row, 1961.

Hilger, Gustav. *Wir und der Kreml, Deutsch-sowjetische Beziehungen 1918–1941*. Frankfurt am Main: Metzner, 1955.

–. *und Meyer, Alfred G. The Incompatible Allies: A Memoir-History of German–Soviet Relations 1918–1941*. New York: Macmillan, 1953.

Historical Division, European Command (EUCOM). *Labor Services and Industrial Police in the European Command 1945–1950*. Karlsruhe, BRD: Historical Division, EUCOM, 1952.

Hoffmann, Joachim. *Die Geschichte der Wlassow-Armee*. Freiburg im Breisgau: Verlag Rombach, 1984.

Höhne, Heinz. *The Order of the Death's Head*. New York: Ballantine, 1971.

–. und Zolling, Hermann. *The General Was a Spy*. New York: Bantam, 1972.

Homze, Edward L. *Foreign Labor in Nazi Germany*. Princeton, N. J.: Princeton University Press, 1967.

Horowitz, Daivd. *The Free World Colossus.* London: Macgibbon & Kee, 1965.
–. Hrsg. *Containment and Revolution.* Boston: Beacon, 1967.
–. Hrsg. *Corporations and the Cold War.* New York: Monthly Review Press, 1969.
Huzel, Dieter. *From Peenemünde to Canaveral.* Englewood Cliffs, N. J.: Prentice-Hall, 1962.
Iatrides, John. *Revolt in Athens.* Princeton, N. J.: Princeton University Press, 1972.
International Military Tribunal. *Trial of the Major War Criminals Before the International Military Tribunal.* Nürnberg, BRD: International Military Tribunal, 1947.
Isaacson, Walter, und Thomas, Evan. *The Wise Men.* New York: Simon & Schuster, 1986.
JCS. »Dulag Luft«, Privatdruck, o. D. (1976?).
Kahn, David. *Hitler's Spies: German Military Intelligence in World War II.* New York: Macmillan, 1978.
Kark, John S. »The Ukraine and Its Supreme Liberation Council«, Magisterarbeit, University of Maryland at College Park, 1955.
Keefe, Eugene K.; Coffin, David P.; Mussen, William A., Jr.; und Rinehart, Robert. *Area Handbook for Greece.* 2d ed. Washington, D. C.: Government Printing Office, 1977.
Kennan, George F. *Memoirs 1925–1950.* Boston: Little, Brown, 1967. Hier zitiert als *Kennan, Bd. I.*
–. *Memoirs 1950–1963.* Boston: Little, Brown, 1967. Hier zitiert als *Kennan, Bd. II.*
Kent, Sherman. *Strategic Intelligence for American World Policy.* Hamden, Conn.: Archon Books, 1965.
Khrushchev (Chruschtschow), Nikita. *Khrushchev Remembers,* Übers. Strobe Talbott. Boston: Little, Brown. 1970.
Kim, Young Hum, Hrsg. *The Central Intelligence Agency: Problems of Secrecy in a Democracy.* Lexington, Mass.: D. C. Health & Co., 1968.
Kirkpatrick, Lyman. *The Real CIA.* New York: Macmillan, 1968.
–. *The US Intelligence Community: Foreign Policy and Domestic Activities.* New York: Hill and Wang, 1973.
Kleist, Peter. *Zwischen Hitler und Stalin.* Bonn: Athenäum Verlag, 1950.
Kovrig, Bennett. *The Myth of Liberation.* Baltimore: John Hopkins University Press, 1973.
Lang, Jochen von, und Sibyll, Claus, Hrsg. *Eichmann Interrogated.* New York: Farrar, Straus & Giroux, 1983. Ursprünglich *Das Eichmann-Protokoll.* Berlin: Severin und Siedler, 1982. Hier zitiert als *Eichmann Interrogated.*
Lasby, Clarence. *Project Paperclip.* New York: Atheneum, 1975.
Lebed, Mykola. UPA. *Ukrainska Povstanska Armiia.* Uydannia Presovoho Biura UGVR, 1946.

Lendvai, Paul. *Eagles in Cobwebs*. Garden City, New York: Doubleday, 1969.

Levin, Nora. *The Holocaust*. New York: Schocken, 1973.

Linklater, Magnus; Hilton, Isabel; und Ascherson, Neal. *The Nazi Legacy*. New York: Holt, Rinehart & Winston, 1984.

Loftus, John. *The Belarus Secret*. New York: Knopf, 1982.

MacPherson, Malcolm. *The Blood of His Servants*. New York: Times Books, 1984.

Marchetti, Victor, und Marks, John. *The CIA and the Cult of Intelligence*. New York: Knopf, 1974.

Marks, John. *The Search for the Manchurian Candidate*. New York: Times Books, 1979.

May, Ernest R., Hrsg. *Knowing One's Enemies: Intelligence Assessment Before the Two World Wars*. Princeton, N. J.: Princeton University Press, 1986.

Mendelson, John, Hrsg. *The Holocaust: The Wannsee Protocol and a 1944 Report on Auschwitz*. London und New York: Garland, 1982.

Meyer, Cord. *Facing Reality*. New York: Harper & Row, 1980.

Michel, Jean, mit Nucera, Louis. *Dora*. New York: Holt, Rinehart & Winston, 1980.

Mickelson, Sig. *America's Other Voice: The Story of Radio Free Europe and Radio Liberty*. New York: Praeger, 1983.

Miedzymorze. Rom: o. V. (Intermarium), 1946.

Morse, Arthur D. *While Six Million Died*. Woodstock, N. Y.: Overlook Press, 1983.

Mosley, Leonard. *Dulles*. New York: Dial, 1978.

Motyl, Alexander. *The Turn to the Right: The Ideological Origins and Development of Ukrainian Nationalism*. Boulder, Colo.: East European Monographs, Columbia University Press, 1980.

Murphy, Brendan. *The Butcher of Lyon*. New York: Empire Books, 1983.

MVD-MBG Campaign Against Russian Émigrés. Frankfurt am Main: Possev Verlag, 1957.

Nash, George H. *The Conservative Intellectual Movement in America Since 1945*. New York: Basic Books, 1976.

National Committee for a Free Europe. *President's Report for the Year 1953*. New York: National Committee for a Free Europe, 1954.

—. *President's Report for the Year 1954*. New York: National Committee for a Free Europe, 1955.

Nazional'no-Trudowoi Sojus. *Let Your Conscience Decide*. Washington, D. C.: Joint Publication Research Service, 1961. JPRS No. 4425.

Nazional'no-Trudowoi Sojus. *(Narodno-Trudowoi Sojus Rossijskich Solidaristow) NTS: Introduction to a Russian Freedom Party*. Frankfurt am Main: Possev Verlag, 1979.

Nogee, Joseph L., und Donaldson, Robert H. *Soviet Foreign Policy Since World War II*. New York: Pergamon Press, 1981.

432

Norden, Albert. *Brown Book: War and Nazi Criminals in West Germany.* DDR-Dokumentationszentrum der Staatsarchive: Verlag Zeit im Bild.

O'Ballance, E. *The Red Army.* London: Faber & Faber, 1964.

Omrcanin, Ivo. *Dramatis Personae and Finis of the Independent State of Croatia in American and British Documents.* Bryn Mawr, Pa.: Dorrance, 1983.

—. *The Pro-Allied Putsch in Croatia in 1944 and the Massacre of Croatians by Tito Communists in 1945.* Bryn Mawr, Pa.: Dorrance, 1975.

Oshinsky, David. *A Conspiracy So Immense: The World of Joe McCarthy.* New York: Free Press–Macmillan, 1983.

Paddock, Colonel Alfred H. *US Army Special Warfare.* Washington, D. C.: National Defense University, 1982.

Page, Bruce; Leitch, David; und Knightley, Phillip. *The Philby Conspiracy.* New York: Signet, 1969.

Pash, Boris. *The Alsos Mission.* New York: Award House, 1969.

Petrow, Wladimir. *Escape from the Future.* Bloomington, Ind.: Indiana University Press, 1973.

—. *A Study in Diplomacy: The Story of Arthur Bliss Lane.* Chicago: Henry Regnery Co., 1971.

Philby, Kim. *My Silent War.* New York: Ballantine, 1983.

Pike, Representative Otis. »Special Supplement: The CIA Report the President Doesn't Want You to Read«. *Village Voice* (16. und 22. Februar 1976). Es handelt sich um den durchgesickerten Text eines Berichts des US House of Representatives Select Committee on Intelligence über geheime CIA-Tätigkeiten; dieser Text wurde über Anordnung des Präsidenten nicht veröffentlicht.

Poppe, Nicholas (Nikolai N. Poppe). *Reminiscences.* Hrsg. Henry Schwartz. Bellingham, Wash.: Western Washington University Center for East Asian Studies, 1983.

Powers, Thomas. *The Man Who Kept the Secrets: Richard Helms and the CIA.* New York: Pocket Books, 1979.

Prados, John. *The Soviet Estimate.* New York: Dial, 1982.

Price, James R. *Radio Free Europe; A Survey and Analysis.* Washington, D. C.: Congressional Research Service Document No. JX 1710 US B, März 1972.

Prouty, Fletcher. *The Secret Team.* Englewood Cliffs, N. J.: Prentice- Hall, 1973.

Ramati, Alexander. *The Assisi Underground.* New York: Stein & Day, 1978.

Ramme, Alwin. *Der Sicherheitsdienst der SS.* Berlin: Deutscher Militärverlag, o. J. (1969?).

Raschhofer Hermann. *Der Fall Oberländer.* Tübingen: Schlichtenmayer, 1962.

Rearden, Steven L. *The Formative Years,* Bd. 1, *History of the Office of the Secretary of Defense,* Hrsg. Alfred Goldberg. Washington, D. C.: Historical Office of the Secretary of Defense, 1984.

Reitlinger, Gerald. *The House Built on Sand.* London: Weidenfeld & Nicolson, 1960.

—. *The SS: Alibi of a Nation.* Englewood Cliffs, N. J.: Prentice-Hall, 1981.

Rhodes, A. *The Vatican in the Age of Dictators.* London: Hodder & Stoughton, 1973.

Ringelblum, Emmanuel. *Polish-Jewish Relations During the Second World War,* Hrsg. Joseph Kermisch und Schmuel Krakowski; Übers. Dafna Allon u. a. New York: Howard Fertig, 1976.

Rogger, Hans, und Weber, Eugen, Hrsg. *The European Right. A Historical Profile.* Berkeley: University of California Press, 1965.

Rositzke, Harry A. *The CIA's Secret Operations.* New York: Reader's Digest Press, 1977.

—. *The KGB: The Eyes of Russia.* Garden City, N. Y.: Doubleday, 1981.

Ryan, Allan, *Klaus Barbie and the United States Government.* Washington, D. C.: Government Printing Office, 1983. Hier zitiert als Ryan, *Barbie Report.*

—. *Klaus Barbie and the United States Government. Exhibits to the Report.* Washington, D. C.: Government Printing Office, 1983. Hier zitiert als Ryan, *Barbie Exhibits.*

—. *Quiet Neighbors.* New York: Harcourt Brace Jovanovich, 1984. Hier zitiert als Ryan, *Quiet Neighbors.*

Schatoff, Michael. *Bibliography on [the] Vlasov Movement in World War II.* New York: All Slavic Publishing House, 1961.

Schellenberg, Walter. *The Labyrinth.* Übers. Louis Hagen. New York: Harper & Bros. 1956.

Schmidt, George. *The American Federation of Teachers and the CIA.* Chicago: Substitutes United for Better Schools, 1978.

Serbian Eastern Orthodox Diocese. *Martyrdom of Serbs.* Serbian Eastern Orthodox Diocese, o. J. (1943?).

Sereny Gitta. *Into That Darkness.* New York: Vintage, 1983.

Shandruk, Pavlo. *Arms of Valor,* Übers. Roman Olesnicki. New York: Robert Speller & Sons, 1959.

Simon Wiesenthal Center, *SS Col. Walter Rauff: The Church Connection 1943–1947;* Los Angeles: Simon Wiesenthal Center Investigative Report, Mai 1984.

Simpson, Colonel Charles M. *Inside the Green Berets: The First Thirty Years.* Novato, Calif.: Presidio, 1983.

Sinevirsky, Nicola (Pseudonym), *SMERSH,* Hrsg. Kermit und Milt Hill. New York: Henry Holt & Co., 1950.

Six, Franz Alfred. *Dokumente der deutschen Politik.* Berlin: Deutsches Auslandswissenschaftliches Institut, 1942.

—. *Europa: Tradition und Zukunft.* Hamburg: Hanseatische Verlagsanstalt, 1944.

—. *Freimaurerei und Judenemanzipation.* Hamburg: Hanseatische Verlagsanstalt, 1938.

—. *Les Guerres Intestines en Europe et la Guerre d'Union du Présent.* o. V., o. J. (1941?).

Smith, Richard Harris. *OSS.* Berkeley: University of California Press. 1972.

Smith, Thomas Bell. *The Essential CIA.* Selbstverlag, o. J. (1976?). Erhältlich durch die Library of Congress unter JK468.I6554.

Somerhausen, Christine. *Les Belges déportés à Dora.* Brüssel: Centre Guillaume Jacquemyns, 1979.

Stark, Captain John T. *Unconventional Warfare – Selective Assassination as an Instrument of National Policy.* Air University, Maxwell Air Force Base, Alabama: Command and Staff College Special Study, o. J. (196??).

Steele, Robert (Lately Thomas). *When Even Angels Wept.* New York: Morrow, 1973.

Stehle, Hansjakob. *Eastern Politics of the Vatican 1917–1979,* Übers. Sandra Smith. Athens, Ohio: Ohio University Press, 1981. Deutsche Originalausgabe *Die Ostpolitik des Vatikans,* München, Zürich: Piper, 1975.

Stein, George H. *The Waffen SS.* Ithaca, N. Y.: Cornell University Press, 1966.

Stephan, John J. *The Russian Fascists.* New York: Harper & Row, 1978.

Strik-Strikfeldt, Wilfried. *Gegen Stalin und Hitler: General Wlassow und die russische Freiheitsbewegung.* Mainz: Hase & Koehler Verlag, 1970. Auf englisch: *Against Stalin and Hitler,* Übers. David Footman. New York: John Day Co., 1973.

Styrkul, V. *The SS Werewolves.* Lwow: Kamenyar Verlag, 1982.

Tauber, Kurt P. *Beyond Eagle and Swastika.* Middletown,Conn.: Wesleyan University Press, 1967.

Thayer, Charles. *Bears in the Caviar.* Philadelphia: J. B. Lippincott, 1951.

–. *Guerilla.* New York: Harper & Row, 1963.

–. *Hands Across the Caviar.* Philadelphia: J. B. Lippincott, 1952.

Thorwald, Jürgen (Heinz Bongartz). *Flight in the Winter.* New York: Pantheon, 1951, Deutsche Originalausgabe *Es begann an der Weichsel* und *Das Ende an der Elbe.* Stuttgart: Steingruben Verlag, 1952.

–. *The Illusion: Soviet Soldiers in Hitler's Armies,* New York: Harcourt Brace Jovanovich, 1974

Tolstoy, Nikolai. *The Secret Betrayal.* New York: Charles Scribner's Sons, 1978.

Tomingas, William. *The Soviet Colonization of Estonia.* Kultuur Publishing House, 1973.

Trials of War Criminals Before the Nuremberg Military Tribunals Under Control Council Law No. 10. Washington, D. C.: Government Printing Office, 1949–1953.

Turner, R., Hrsg. *The Annual Obituary – 1980.* New York: St. Martin's Press, 1980.

United Committee of the Ukrainian-American Organizations of New York. *The Ukrainian Insurgent Army in Fight for Freedom.* New York: Dnipro Publishing, 1954. Hier zitiert als *Ukrainian Insurgent Army.*

United Nations War Crimes Commission. *History of the UNWCC and The Development of the Laws of War.* London: HMSO, 1948.

435

US Chief Council for Prosecution of Axis Criminality. *Nazi Conspiracy and Aggression.* Washington, D. C.: Government Printing Office, 1946.

US Congress, House of Representatives, Committee on Expenditures in the Executive Departments. *National Security Act of 1947.* Washington, D. C.: Government Printing Office, 1947.

–. Select Committee to Investigate the Incorporation of the Baltic States into the USSR. *Hearings.* Washington, D. C.: Government Printing Office, 1953.

–. Committee on Un-American Activities. *International Communism.* Washington, D. C.: Government Printing Office, 1956.

–. Committee on Un-American Activities. *Communist Psychological Warfare (Thought Control).* Washington, D. C.: Government Printing Office, 1958.

–. *Bicentennial Captive Nations Week.* Washington, D. C.: Government Printing Office, 1977.

–. Subcommittee on Immigration. *Alleged Nazi War Criminals.* Washington, D. C.: Government Printing Office, 1978.

–. Senate. Subcommittee to Investigate the Administration of the Internal Security Act. *Hearings on the Institute of Pacific Relations.* Washington, D. C.: Government Printing Office, 1952.

–. Subcommittee to Investigate the Administration of the Internal Security Act. *Strategy and Tactics of World Communism.* Part 1, 15. und 27. Mai. Washington, D. C.: Government Printing Office, 1954.

–. Committee on the Judiciary. *A Study of the Anatomy of Communist Takeovers Prepared by the Assembly of Captive European Nations.* Washington, D. C.: Government Printing Office, 1966.

–. Select Committee (Church Committee) to Study Governmental Operations with Respect to Intelligence Activities, Ninety-fourth Congress. *Alleged Assassination Plots Involving Foreign Leaders: An Interim Report.* Washington, D. C.: Government Printing Office, 1975.

–. Select Committee to Study Governmental Operations with Respect to Intelligence Activities. Ninety-fourth Congress, Second Session, *Final Report.* Washington, D. C.: Government Printing Office, 1976. Hier zitiert als *Church Committee Report.*

US Department of State. *Foreign Relations of the United States.* 1952–1954, Bd. II, National Security Affairs, Part 1. Washington, D. C.: Government Printing Office, 1984.

US Displaced Persons Commission. *The DP Story: Final Report of the US Displaced Persons Commission.* Washington, D. C.: Government Printing Office, 1952.

Wannsee-Institut. *Kaukasus.* Berlin: Herausgegeben vom Chef der Sicherheitspolizei und des SD, 1942.

Webster's American Military Biographies. Springfield, Mass.: Merriam, 1979.

Wells, Leon W. *The Death Brigade (The Janowska Road).* New York: Holocaust Library and Schocken Books, 1978.

Werth, Alexander, *Russia at War 1941–1945*, New York: Avon, 1965 (auf deutsch *Rußland im Krieg, 1941–1945*).

Whelan, Joseph. *Radio Liberty: A Study of Its Origins, Structure, Policy, Programming and Effectiveness.* Washington, D. C.: Congressional Research Service, 1972.

Whiting, Charles, *Gehlen: Germany's Master Spy.* New York: Ballantine, 1972.

Wiesenthal, Simon. *The Murderers Among Us,* Hrsg. Joseph Wechsberg, New York: McGraw-Hill, 1967.

Wise, David, und Ross, Thomas. *The Espionage Establishment.* New York: Bantam, 1968.

–. *The Invisible Government.* New York: Vintage/Random House, 1964.

Woolf, S. J., Hrsg. *Fascism in Europe.* London: Methuen, 1981.

Woolston, Maxine. *The Structure of the Nazi Economy.* New York: Russell & Russell, 1968; Nachdruck der Ausgabe von 1941.

World Jewish Congress et al. *The Black Book: The Nazi Crime Against the Jewish People.* New York: Nexus Press, 1981; Nachdruck der Ausgabe von 1946.

Wynar, L. R.: *Encyclopedic Directory of Ethnic Organizations in the United States.* Littleton, Colo.: Libraries, Inc., 1975.

Wytwycky, Bohdan. *The Other Holocaust.* Washington, D. C.: Novak Report on the New Ethnicity, 1980.

Yergin, Daniel. *Shattered Peace; The Origins of the Cold War and the National Security State.* Boston: Houghton Mifflin, 1977.

Zimmels, H. J. *The Echo of the Nazi Holocaust in Rabbinic Literature.* Ktav Publishing House, 1977.

Ausgewählte Archivquellen

Ausgewählte freigegebene interessante Unterlagen der US-Regierung, die sich jetzt in den National Archives (NA) befinden oder aufgrund des Freedom of Information Act (FOIA) verfügbar sind.

HANDELSMINISTERIUM

US Department of Commerce. Office of Technical Services. *Report of the Combined Intelligence Objectives Subcommittee.* Washington, D. C., 1944.

JUSTIZMINISTERIUM

Case Records

US v. Vilis Hazners. Board of Immigration Appeals, Akte Nr. A10 305 336.

US v. Liudas Kairys. US District Court Northern Illinois, Zivilverfahren 80-C-4302 und US Immigration Court, Chicago, Ill., Akte Nt. A7 161 811.

US v. Talivaldis Karklins. US District Court Central California, Zivilverfahren CV 81 0460 LTL.

US v. Bohdan Koziy. US District Court Southern Florida und US 11th Circuit Court of Appeals, Aktenzahl 79-6640-CIV-JCP.

US v. Edgard Laipenieks. US Immigration Court, San Diego, California, Akte Nr. A11 937 435 und US 9th Circuit Court of Appeals, Aktenzahl 83-7711.

US v. Boleslavs Maikovskis. US Immigration Court, Manhattan, New York, und Board of Immigration Appeals, Akte Nr. A8 194 566.

US v. Otto von Bolschwing. US District Court Eastern California, Zivilverfahren Nr. 81-308 MLS.

Federal Bureau of Investigation (FBI)

Assembly of Captive European Nations, FBI-Akte Nr. 105-32982. Barbie, Klaus, FBI-Akte Nr. 105-221892.

Intermarium, FBI-Akte Nr. 65-38136, Serie 117 und 132.

Grombach, John Valentine, FBI-Akte Nr. 62-221892.

Hilger, Gustav, FBI-Akten Nr. 62-118313 Serie × 2; 64-31609 Serie 227; 100-358267 Serie 6; 100-364882 Serie 48; 100-412348 Serie 24; (gestrichene Aktenzahl); 105-70374 Serie 4551; 105-115409 Serie 3; 109-12-232 Serie 408; und 105-10868.

O'Connor, Edward Mark, FBI-Akte Nr. 62-88018.

Vajda, Ferenc, FBI-Akte Nr. 40-83378-A; 62-118313 Serie × 2; (gestrichene Aktenzahl); 65-62842 Serie 89, 99; 77-63190 Serie 8; 100-89-35 Serie 48, 76, 79; 100-392404 Serie 2; 105-0 Serie 2346; 105-11044 Serie 11, 12, 20, 23; 105-11669 Serie 70; 105-22605 Serie 1; (gestrichene Aktenzahl).

Immigration and Naturalization Service
Council for a Free Czechoslovakia, Geheimakte, »Memorandum for File 56347/218«, 6. Mai 1953, INS Subversive Alien Branch, via FOIA erworben.

Office of Special Investigations
US Department of Justice. Office of Special Investigations. *Digest of Cases in Litigation, July 1, 1984.* Washington, D. C.; 1984.

AUSSENMINISTERIUM

Assembly of Captive European Nations (ACEN)
Zur Dokumentierung der Zahlungen an Emigrantenführer wurden im Rahmen von FOIA folgende Unterlagen freigegeben:
Uldis Grava, American Latvian Association, an Präsident Richard Nixon, 14. Januar 1972.
Lucius D. Clay, Radio Free Europe, an Außenminister Henry Kissinger, 10. Oktober 1971.
Außenminister Henry Kissinger an Lucius D. Clay, Radio Free Europe, 1. November 1971, mit beigelegter Korrespondenz.
600-Seiten-Dossier der Unterlagen des Außenministeriums von 1954 bis 1970, betreffend die ACEN, erhältlich durch FOIA
ACEN-Lobbying-Aktivitäten; ACEN an Senator John F. Kennedy, 3. März 1958; ACEN an John F. Kennedy, 17. März 1958; Kennedys Antwort, 24. April 1958; ACEN an John F. Kennedy, 1. Juli 1960; Kennedy-Brief an ACEN-Vorsitzenden Peter Zenkl, 13. Juli 1960; Alle in John F. Kennedy Pre-Presidential files, Legislative file: »Captive Peoples«, Fach 687, John F. Kennedy Library, Boston, Massachusetts.

Fall Albanien
Robert Joyce an Walworth Barbour, 12. Mai 1949 (streng geheim); 875.00/5-1249; RG 59, NA, Washington, D. C.

Fall Boldyreff
Amerikanisches Generalkonsulat, Casablanca, Marokko, »DP Resettlement Projekt in French Morocco«, 7. Oktober 1947 (vertraulich) mit beiligendem Bericht, 800.4016 DP/10-747, RG 59, NA, Washington, D. C.

Fall Erdely
Heidelberg an Außenminister, 21. August 1948 (vertraulich); 862.20211/8-2045, RG 59, NA, Washington, D. C.

Eurasian Institute

Zur Dokumentation betreffend das Eurasian Institute sind folgende Unterlagen in RG 59, NA, Washington, D. C., erhältlich: »For Offie from Davies«, 27. Mai 1948 (geheim), 800.43 Eurasian Institute/5-2748, Geheimakte.

»From Tehran to Secretary of State, attention John Davies«, re: Ulus and Sunsh, 27. Juli 1948 (geheim), 800.43 Eurasian Institute/7-2748, Geheimakte.

»Department of State to AMEMBASSY, Tehran«, re: Sunsh, 27. Juli 1948 (auch mit 10. August 1948 datiert, geheim), 800.43, Eurasian Institute/7-2748.

»For Davies from Dooher«, re: Ulus, 12. August 1948 (geheim), 800.43 Eurasian Institute/8-1248.

»Department of State to AMEMBASSY, Athens«, paraphiert von Kennan, 12. Oktober 1948 (geheim), 800.43 Eurasion [sic] Institute/10-1248.

Fall Hilger

In bezug auf den Telegrammverkehr sind folgende Unterlagen in RG 59, NA, Washington, D. C., erhältlich:

Berlin an Washington, bezeichnet »Personal for Kennan«, 25. September 1948 (streng geheim), 862.00/9-2548.

Heidelberg an Washington, bezeichnet »For Kennan«, 27. September 1948 (streng geheim), 862.00/9-2748.

Washington an Heidelberg, 28. September 1948 (streng geheim), 862.00/9-2848.

Heidelberg an Washington, 30. September 1948 (streng geheim), 862.00/9-3048.

LaVista-Bericht

Vincent LaVista, »Illegal Emigration Movements in and Through Italy«, mit Anhang, 15. Mai 1947 (streng geheim), FW 800.0128/5-1547, RG 59, NA, Washington, D. C. Hier zitiert als *LaVista*.

Lodge Act

»Explanatory Background Information for the Guidance of Consular Officers in Implementing Section 2, Subsection (d) of the Displaced Persons Act«, 24. Februar 1950 (vertraulich) AG 383.7 1948–1949–1950, RG 407, NA, Washington, D. C.

Office of Intelligence and Research

External Research Paper, Serie 3, Nr. 76, *NTS – The Russian Solidarist Movement*. Office of Intelligence and Research, Department of State, 10. Dezember 1951.

Fall Poppe

Zur Dokumentation des Falls Poppe sind folgende Unterlagen bei RG 59, NA, Washington, D. C., erhältlich (»geheimbereinigt« bezeichnete Korrespondenz wurde durch FOIA erhalten):

»For [Carmel] Offie from [John Paton] Davies«, 8. März 1948, (geheim), 800.4016 DP/3-848.

»For Offie from Davies«, 18. März 1948 (geheim), 893.00 Mongolia/3-1848.
»For [James] Riddleberger from [George] Kennan«, 22. Oktober 1948 (geheim
– bereinigt), 861.00/10-2248.
»Personal for Kennan from Riddleberger«, 2. November 1948 (geheim – bereinigt); 861.00/11-248.
»Personal for Riddleberger from Kennan«, mitunterzeichnet von Robert Joyce,
3. Mai 1949 (geheim); 800.4016 DP/5-449.

Fall Rauff
Jack D. Neal an USPOLAD, Berlin, 17. September 1947 (streng geheim, kein
Verteiler), 740.00116 EW/8-1147, Geheimakte; RG 59, NA, Washington,
D. C.

Fall Vajda
211.6415 Vajtha [sic], Ferenc/7-2050, mit Beilagen, vom Autor mittels FOIA erhalten.
Telegramm des Außenministeriums aus Budapest an Außenminister, 10. Januar
1948 (geheim), keine Aktenzahl, erhalten durch FOIA, beigefügt Memorandum von Richard Wildford mit dem Titel »Recent Developments Concerning the Establishment in Madrid of an Anti-Communist Eastern European
Center«, 20. Dezember 1947, (geheim).
800.43 International of Liberty/7-1548, 15. Juli 1948, RG 59, NA, Washington,
D. C.

State Department Interrogation Mission
»Russian Émigré Organizations«, United States Political Advisor for Germany,
10. Mai 1949 (geheim), 861.20262/5-1049, Geheimakte, RG 59, NA, Wa-
shington, D. C.
Six, Franz, und Mahnke, Horst, »Investigation Report«, 30. April 1946; State
Department Propaganda Investigation Team, RG 238; NA, Washington,
D. C.
Twardowsky, Fritz E. A. von, Interview durch State Department Special Interro-
gation Mission, 3. Oktober 1945; Fach 745, Eintragung 179; G-2-ID-MIS-
Y-Unterlagen, RG 165; NA, Washington, D. C.

VERTEIDIGUNGSMINISTERIUM
Department of Defense, Office of Public Information. Press Branch Report on
Edwin L. Sibert, 3. April 1952, Washington, D. C.; Center for Military Hi-
story.
–. Press Branch Report on Walter Bedell Smith, 31. Juli 1951, Washington,
D. C.; Center for Military History.
Joint Intelligence Committee. JIC 575/1D, »The Defector Program«, CCS
385-(6-4-46) (Section 21), RG 218, NA, Washington, D. C.
Joint Intelligence Committee. JIC 634/1, »Vulnerability of Soviet Bloc Armed

Forces to Guerilla Warfare«, 8. September 1953 (streng geheim), erhältlich auf Mikrofilm durch *Records of the Joint Chiefs of Staff.* University Publications of America, Frederick, Md.

Joint Chiefs of Staff, JCS 1735/104, »Escapee Provision of the Mutual Security Act of 1951« (streng geheim), CCS 385 (6-4-46) (Section 31), RG 218, NA, Washington, D. C.

–. JCS 1844/144, »Civil Affairs and Military Government Plan in Support of the Joint Outline Emergency War Plan for a War Beginning 1 July 1952« (streng geheim), erhältlich auf Mikrofilm durch *Records of the Joint Chiefs of Staff.* University Publications of America, Frederick, Md.

–. JCS 1969. »Estimate of Indigenous Force Levels for Unconventional Warfare Programming« (streng geheime Sicherheitsinformation), CCS 385 (6-4-46) (Section 76), RG 218, NA, Washington, D. C.

Joint Strategic Plans Committee. JSPC 808/59/D, »Psychology Strategy Board Request for List of Problems to be Considered« (streng geheim), CCS 385 (6-4-46) (Section 25), RG 218, NA, Washington, D. C.

–. JSPC 808/67/D, »Service Responsibilities for Covert Operations and Guerilla Warfare« (streng geheim), CCS 385 (6-4-6) (Section 26), RG 218, NA, Washington, D. C.

Joint War Plans Committee. JWPC 432/7 »Tentative Over-all Strategic Concept and Estimate of Initial Operations – PINCHER«, 18. Juni 1946 (streng geheim), RG 219, NA, Washington, D. C.

US AIR FORCE

Otto Albrecht Alfred von Bolschwing, »Report of Investigation«, 25. September 1970 (geheim), Form OSI6, Akte HQD74(32)-2424/2.

Otto Albrecht Alfred von Bolschwing. »Statement of Civilian Suspect«, 22. Dezember 1970 (geheim), Form 1168a.

US ARMY INTELLIGENCE AND SECURITY COMMAND (INSCOM) (INCLUDES US ARMY COUNTERINTELLIGENCE CORPS [CIC] RECORDS) FORT MEADE, MARYLAND

Augsburg, Emil. INSCOM-Dossier Nr. XE004390 I6B036 (geheim).

Barbie, Klaus, *Special Interrogation Report Nr. 65,* Akte CI-SIR/66, betrifft: Barbie Klaus (streng geheim).

Berzins, Alfreds. INSCOM-Dossier Nr. XE 257645 D 25A 2664 (geheim).

Boldyreff, Constantin, INSCOM-Dossier Nr. D-3675 20B85 (geheim), auch Codezahl 84221 3248.

Brunner, Alois. INSCOM-Dossier Nr. XE 064584 17B025.

Buchardt, Friedrich. INSCOM-Dossier Nr. XE 077406 D 216906.

CIC CROWCASS-Korrespondenz. INSCOM-Dossier Nr. XE 004643 D 20B 102 (geheim).

Dragonovic, Krunoslav. INSCOM-Dossier Nr. XE 207018 (streng geheim).

Grombach, John Valentine (Jean Valentin Grombach). INSCOM-Dossier Nr. 81177870 (geheim).

Hilger Gustav. INSCOM-Dossiers Nr. XE-00-17-80 I6A045 und Nr. 84066.3224 (geheim), auch bezeichnet als INSCOM-Dossier Nr. XE 001780 D 20A042.

Lebed, Mykola. INSCOM-Dossiers Nr. C 804 3982 und Nr. D 201967 24B2190 (geheim).

Operation Brandy. INSCOM-Dossier Nr. XEO80352 Z 17D105 (geheim).

Operation Circle. Untersuchung von illegalen Emigrations-Bewegungen. Fall Nr. 4111, CIC Rome Detachment, Zone Five, 26. (?) Dezember 1946 (geheim).

Organization of Ukrainian Nationalists. INSCOM-Dossier Nr. ZF010016 (geheim).

Poppe, Nikolai N. INSCOM-Dossier Nr. 84107.3224 (geheim).

Ratlines. CIC-Agent Paul Lyon, »Rat Line from Austria to South America«, 12. Juli 1948 (streng geheim) und Paul Lyon, »History of the Italian Rat Line«, 10. April 1950 (streng geheim), erhalten durch FOIA.

Rauff, Walter. INSCOM-Dossier Nr. XE 216719 I9B001 (geheim).

Rudolph, Arthur. INSCOM-Dossier Nr. AE 529655 (geheim).

Shandruk, Pavlo. INSCOM-Dossier Nr. D 148204 25 B/679 (streng geheim).

Skorzeny, Otto. INSCOM-Dossier Nr. XE 00 0417.

Thayer, Charles Wheeler. INSCOM-Dossier Nr. X8889748 (geheim).

Vajda, Ferenc. INSCOM-Dossier Nr. XE23209I9C003 (geheim).

Verbelen, Robert Jan. INSCOM-Dossier Nr. AE 502201 und H 8198901 mit dazugehörenden Telegrammen (geheim).

US ARMY RECORDS AT THE NATIONAL ARCHIVES, WASHINGTON, D. C.

Central Registry of War Criminals and Security Suspects (CROWCASS)

US Office of Military Government, Berlin Command. CROWCASS, *Wanted List No. 14*, November 1946.

Exemplare der jetzt seltenen CROWCASS-Index-Bücher sind über die Fächer 3690 und 3692 erhältlich. RG 59, NA, Washington, D. C., und über Fach 1720, RG 153, NA, Suitland, Md.

Codeword Assignments

Designation for Operations Panhandle, Credulity, Dwindle, Apple Pie, etc., P & O-Akte 311.5 TS (Section I, II, III) 1948, in 1946–1948 streng geheime Dezimal File, Records of Army General Staff, RG 319, NA, Washington, D. C., siehe auch 1949–1950 Decimal Files.

John S. Guthrie Memorandum for the secretary, Security Control Section, JIG, »Subject: Assignment of Code Word«, 21. November und 8. Dezember 1947 (streng geheim). P & O 311.5 TS (Section II), 1948, 1946–1948 Decimal File, RG 319, NA, Washington, D. C.

Enemy POW Interrogation Records

Supreme Headquarters of the Allied Expeditionary Forces, »Counter-Intelligence Screening of the German Armed Forces«, März 1945 (geheim), Akte GBI/CI/CS/091.711-2 (Germany), »C. I. Control and Disposal of German Forces«, Fach 110, Eintr. 15, RG 331, NA, Washington, D. C.

Gehlen, Reinhard. »Report of Interrogation: Gehlen, Reinhard. 28. August 1945« (geheim), Fach 472, Eintr. 179, (G-2-MIS-Y-Unterlagen), 1943–1945, AC of S, G-2 Intelligence Division, RG 165; NA, Washington, D. C. Enthält »Basic Personnel Record No. 3WG-1300: Gehlen, Reinhard« in der gleichen Mappe.

Goettsch, Werner: »Final Interrogation Report No. 8:0; Stubaf Goettsch, Werner, 24. Juli 1945 (streng geheim), US Forces European Theater Interrogation Center. Erhalten von der CIA durch FOIA.

Jung, Igor. »Preliminary Interrogation Report, Source: Jung, Igor«, US Seventh Army Interrogation Center; 12. Juli 1945 (vertraulich), Fach 721 A, Eintr. 179 (G-2-MIS-Y-Unterlagen), 1943–1945, AC of S, G-2 Intelligence Division, RG 165, NA, Washington, D. C.

Köstring, Ernst. »Final Interrogation Report: Koestring Gen D Kav, CG of Volunteer Units«, US Seventh Army Interrogation Center (ref: SAIC/FIR/42), 11. September 1945 (vertraulich), Fach 721 A, Eintr. 179 (G-2-MIS-Y-Unterlagen), 1943–1945, AC of S, G-2 Intelligence Division, RG 165, NA, Washington, D. C.

Köstring, Ernst. MS C-043: »Eastern Nationals as Volunteers in the German Army«, Foreign Military Studies records of RG 338, NA, Washington, D. C.

Poulos, Georg. »Preliminary Interrogation Report: Poulos, Georg, OBST (Col), Greek Police Volunteer Bn«, US Seventh Army Interrogation Center, ref: SAIC/PIR/61, 27. Juni 1945 (geheim), Fach 721A, Eintr. 179 (G-2-MIS-Y-Unterlagen) 1943–1945, AC of S, G-2 Intelligence Division, RG 165; NA, Washington, D. C.

Schellenberg, Walter. »Interrogation Summary No. 1989: Walter Schellenberg«, Office of US Chief Counsel for War Crimes Evidence Division, 30. April 1947, mit deutschem Text und englischer Zusammenfassung.

Skorzeny, Otto. »Consolidated Interrogation Report (CIR) No. 4, Subject: The German Sabotage Service« (Vernehmung von Skorzeny und seines Adjutanten Radl) 23. Juli 1945 (vertraulich); »Annex No. III: Invasion Nets in Allied Occupied Countries«; und beigefügt »Consolidated Interrogation Report (CIR) No. 13, Subject; Asts in the Balkans«, S. 5–8 und 17/18; alles in Fach 739, Eintr. 179 (G-2-MIS-Y-Unterlagen), 1943–1945, AC of S, G-2 Intelligence Division, RG 165, NA, Washington, D. C.

Twardowsky, Fritz E. A. von. Interview by State Department Special Interrogation Mission, 3. Oktober 1945, Fach 745, Eintr. 179 (G-2-ID-MIS-Y-Unterlagen), 1943–1945, AC of S, G-2 Intelligence Division, RG 165, NA, Washington, D. C.

Polish-Ukrainian Military Staff. »Final Interrogation Report«, US Seventh Army Interrogation Center, 28. August 1945 (vertraulich), Fach 721A, Eintr. 179 (G-2-MIS-Y-Unterlagen), 1943–1945, AC of S, G-2 Intelligence Division, RG 165, NA, Washington, D. C.

Guerilla Warfare
Joint Strategic Plans Committee JSPC 862/3. »Proposal for the Establishment of a Guerilla Warfare School and a Guerilla Warfare Corps«, 2. August 1948 (streng geheim), P & O 352 TS (Section 1, Case 1), RG 319, NA, Washington, D. C.
–. JSPC 891/6 »Joint Outline War Plans for Determination of Mobilization Requirements for War Beginning 1 July 1949«, 17. September 1948 (streng geheim), P & O 370 1 TS (Case 7, Part IA, Sub No. 13), RG 319; NA, Washington, D. C.
George F. Kennan, Korrespondenz mit General Alfred Gruenther, 27. April 1948 (geheim), P & O 091.714 TS (Section 1, Case 1) (streng geheim), RG 319, NA, Washington, D. C.
»Comments on Proposal for Establishment of a Guerilla Warfare Group, Appendix B« (streng geheim), Hot Files, RG 319, NA, Washington, D. C.

Lodge Act
»AG 342.18 GPA Subject: Enlistment in the Regular Army of 2500 Aliens«, 1. Juni 1951 (geheim), RG 407, NA, Washington, D. C.
»File No. ID 907, Analysis of Available DP Manpower«, 25. Februar 1948 (streng geheim), P & O 091.714 TS (Section 1, Case 1), RG 319, NA, Washington, D. C.
»AGPT-P 342.18 Screening of Lodge Bill Personnel for Special Forces Activities: Special Orders Number 68«, 23. März 1954 mit Beilagen (vertraulich) AG 342.18 1948–1949–1950, RG 407, NA, Washington, D. C.
»AGSE 342.18 Subject: Entlistment in the Regular Army of Aliens«, 7. November 1952, Special Regulations (nur für den Dienstgebrauch – Sicherheitsinformation), AG 342.18 1948–1949–1950, RG 407, NA, Washington, D. C.
»(M) 342.18 (10 Apr 52) Priorities and Special Qualifications for Enlistment of Aliens Under Public Law 597« (geheim – Sicherheitsinformation), AG 342.18 1948–1949–1950, RG 407, NA, Washington, D. C.

Psychological Warfare Operations
Zur Dokumentation betreffend psychologische Kriegsführung sind folgende Unterlagen bei RG 319 erhältlich; NA, Washington, D. C. (freigegeben in bereinigter Fassung nach FOIA-Antrag des Autors):
JCS 1735 ff., »Guidance on Psychological Warfare Matters« (geheim), Fach 10, Eintr. 154; US Army P & O Hot Files 091.412 TS bis 334WSEGTS.
Generalmajor Charles Bolté an Brigadegeneral Robert A. McClure, 7. Juli 1949 (geheim), Fach 10, Eintr. 154; US Army P & O Hot Files 091.412 TS bis 334WSEGTS.

Brigadegeneral Robert A. McClure an Generalmajor Charles Bolté, 20. Juli 1949, mit Beilage und anschließender Korrespondenz (geheim); Fach 10, Eintr. 154; US Army P & O Hot Files 091.412TS bis 334WSEGTS.

Oberst R. W. Porter an Generalmajor R. C. Lindsay et al., »Psychological Warfare Study for Guidance in Strategic Planning«, mit Annex, 11. März 1948 (streng geheim), P & O 091.42 TS (Section I, Cases 1–7), Hot Files.

Army Chief of Special Warfare Brigadegeneral Robert McClure, »Memorandum to Asst. Chiefs of Staff G-3, subject: Staff Studies«, 12. Juni 1951 (streng geheim), dezimale Akte 370.64 1951–1954, Fach 15.

ANDERE ARMY-UNTERLAGEN (WASHINGTON D. C.)

»Memorandum for Chief of Staff US Army, Subject: Soviet Intentions and Capabilities 1949–1956/57«, 4. Januar 1949 (streng geheim), Fach 9, Tab 70, Hot Files RG 319; NA, Washington, D. C.

US Army v. Kurt Andrae et al., 7. August bis 30. Dezember 1947, NA, Mikrofilm M 1079.

»Subject: Evaluation of Effect on Soviet War Effort Resulting from the Strategic Air Offensive«, 1. Juni 1949 (streng geheim), Fach 9, Tab 67-/OSD, Hot Files, RG 319, NA, Washington, D. C.

»Dir of Log to Dir of P & O, Subject: JCS 1920/1«, 1. März 1949, P & O 350.06 TS bis 381 FLR TS, 1949, Hot File, R 319, NA, Washington, D. C.

Military Intelligence Division. History of the Military Intelligence Division, 7 December 1941 – 1 September 1945, 1946 (geheim), ACMH-Manuskripte, RG 319, NA, Washington, D. C.

ANDERE ARMY-UNTERLAGEN (ANDERE VERWAHRUNGSORTE)

Canham, Doris. »History of AMC Intelligence, T-2«, Wright Field, Ohio, 1948.

EUCOM Annual Narrative Report, Labor Services Division, 1950 (geheim), EUCOM Labor Service Division Classified Decimal File 1950–51, RG 338, NA, Suitland, Md.

EUCOM Annual Narrative Report 1954 (geheim), RG 338, NA, Suitland, Md.

EUCOM Annual Report 1954 (geheim), Adjutant General's Office Command, Report-Akten 1949–1954, RG 407, NA, Suitland, Md.

Historical Division, European Command (EUCOM), Labor Services and Industrial Police in the European Command 1945–1950 (Karlsruhe, Deutschland: Historical Division EUCOM, 1952). Center for Military History, Washington, D. C. Hier zitiert als Labor Service History.

»Subject: Letter to General Eddy from K. W. von Schlieben, Major, 31 Oct 1950« (nur für den Dienstgebrauch), RG 338 Decimal Files, NA, Suitland, Md.

»Item 1, 2 February 1951« und »Item 1, 27 April 1951«, European Command Labor Services Division Classified Decimal File, 1950–1951 (geheim), RG 338, NA, Suitland, Md.

FINANZMINISTERIUM

»Memo to Secretary [of the Treasury John] Snyder from F. A. Southard, Subject: History and Present Status of Exchange Stabilization Fund, 12/14/47«; Kopie in der Sammlung des Autors.

Office of the Assistant Secretary for International Affairs, US Department of the Treasury, »Exchange Stabilization Fund«, datiert Dezember 1948, 14. Dezember 1949, März 1950, Januar 1951, Kopien in der Sammlung des Autors. *Annual Report of the secretary of the Treasury* für 1947, 1948, 1949.

DISPLACED-PERSONS-KOMMISSION

List of Organizations Considered Inimical to the United States Under PL 774, Frankfurt: US Displaced Persons Headquarters, o. D. (geheim).

ÜBERGEORDNETE KOMITEES, SWNCC, SANACC

Scholarly Resources Mikrofilm-Sammlung von State, War, Navy Coordinating Committee und State, Army, Navy, Air Force Coordinating Committee, Rechtsfälle-Akten, Fälle Nr. 395 und 396. Der Leitfaden zu diesen Unterlagen ist: Claussen, Martin P., und Claussen, Evelyn B., *Numerical Catalog and Alphabetical Index for State-, War-, Navy Coordinating Committee and State-Army-Navy-Air Force Coordinating Committee Case Files 1944–1949.* Wilmington, Del. Scholarly Resources, Inc., 1978.

W. Park Armstrong, Memorandum an Kennan, Davies, Saltzman, Thompson und Humelsine betr.: »Refugee Problem and SANACC 395«, 8. November 1948 (streng geheim), erhalten durch FOIA von NA, Washington, D. C.

SANACC-395-Memos vom 20. und 22. September 1948 (streng geheim), beide erhalten durch FOIA von NA, Washington, D. C.

NATIONALER SICHERHEITSRAT

NSC 4. »Coordination of Foreign Information Measures«, 9. Dezember 1947 (vertraulich), Unterlagen vom NSC, RG 273, NA, Washington, D. C.

NSC 4a. »Psychological Operations«, 9. Dezember 1947 (streng geheim), Unterlagen vom NSC, RG 273, NA, Washington, D. C.

NSC 10/2. »Office of Special Projects«, 18. Juni 1948 (streng geheim), NSC Policy Papers File (No. 10), RG 273, NA, Washington, D. C.

NSC 17. »The Internal Security of the United States«, 28. Juni 1948 (vertraulich), NSC Policy Papers File, RG 273, NA, Washington, D. C.

NSC 20/1 und NSC 20/4 »US Objectives with Respect to Russia«, *Containment Documents on American Policy and Strategy 1945–1950,* herausgegeben von Thomas Etzold und John Lewis Gaddis (New York: Columbia University Press, 1978) oder in NSC Policy Papers File, RG 273; NA, Washington, D. C.

NSC 43. »Planning for Wartime Conduct of Overt Psychological Warfare«, 9. März 1949 (geheim), NSC Policy Papers File, RG 273, NA, Washington, D. C.

NSC 58. »United States Policy Toward the Soviet Satellite States in Eastern Europe«, 14. September 1949 (streng geheim), NSC Policy Papers File, RG 273, NA, Washington, D. C.

NSC 59/1. »Foreign Information Program and Psychological Warfare Planning«, *Progress Reports*, 9. März 1950, 31. Juli 1952 und 20. Februar 1953 (streng geheim), NSC Policy Papers File, RG 273, NA, Washington, D. C.

National Security Council. »National Psychological Warfare Plan for General War«, 8. Mai 1951 (streng geheim), President's Secretary's files, Subject file 193: »Memo Approvals 283«, Truman Library, Independence, Missouri.

National Security Council. »Progress Report by the Under Secretary of State on the Implementation of The Foreign Information Program and Psychological Warfare Planning (NSC 59/1)«, 7. Mai 1952 (streng geheim), President's Secretary's files, Subject file 198, Truman Library, Independence, Missouri.

National Security Council. »Progress Report by the Acting Secretary of State on the Implementation of The Foreign Information Program and Psychological Warfare Planning (NSC 59/1)«, 31. Juli 1952 (streng geheim), President's Secretary's files, Subject file 198, Truman Library, Independence, Missouri.

NSC 68. »United States Objectives and Programs for National Security«, 14. April 1950 (streng geheim), Unterlagen des NSC, RG 273, NA, Washington, D. C.

NSC 74. »A Plan for National Psychological Warfare«, 10. Juli 1950 (streng geheim), President's Secretary's files, NSC Meetings files, Truman Library, Independence, Missouri.

NSC 86. »US Policy on Defectors« (streng geheim – bereinigt), RG 273, NA, Washington, D. C. Siehe insbesondere »Memorandum for the Ad Hoc Committee on NSC 86, Subject: US Policy on Defectors«, 8. Februar 1951, mit Beilagen (streng geheim); und Francis Stevens, »In the Present World Struggle for Power ... [Titel und Datum gelöscht, 1950?]«, Dokument 10205 (geheim), NSC-86-Akte, RG 273, NA, Washington, D. C.

NSC 135/3. »Reappraisal of United States Objectives and Strategy for National Security«, 25. September 1952 (streng geheim), Unterlagen des NSC, RG 273, NA, Washington, D. C.

NSC 5412. »Covert Operations«, 15. März 1954 (streng geheim), Unterlagen des NSC, RG 273, NA, Washington, D. C.

NSC 5706, »US Policy on Defectors, Escapees and Refugees from Communist Areas«, 13. Februar 1957 (geheim – bereinigt), Unterlagen des NSC, RG 273, NA, Washington, D. C.

National Security Council. *Status of Projects Reports* (streng geheim), RG 273, NA, Washington, D. C.

National Security Council. *Record of Actions* (streng geheim), RG 273, Washington, D. C.

National Security Council. *Policies of the Government of the United States of America Relating to the National Security*, Bd. III, 1950, und Bd. IV, 1951 (streng geheim), RG 273, NA, Washington, D. C.

Office of the Assist Secretary for Public Affairs. »Emergency Plan for Psychological Offensive (USSR)«, 11. April 1951 (geheim), President's Secretary's files, Subject file 188, Truman Library, Independence, Missouri.

OFFICE OF STRATEGIC SERVICES AND CENTRAL INTELLIGENCE AGENCY

Office of Strategic Services. »Bern to OSS«, 30. Dezember 1943 (KAPPA-Serien), Washington Section, R & C 78, Band 3, Fach 274, Eintr. 134, RG 226, NA, Washington, D. C.

—. Research and Analysis Report L38836: »Albania: Political and Internal Conditions«, 10. Juli 1944 (geheim), RG 226, NA, Washington, D. C.

—. »Bern to OSS«, 19. Juli 1944, Washington Section, R & C 78, Bern, 1. Juni bis 31. Juli 1944, Fach 276, Eintr. 134, RG 226, NA, Washington, D. C.

—. »Minutes of Meeting Held 20 December 1944«, Mappe 3, Fach 52, Eintr. 115, RG 226, NA, Washington, D. C.

—. »General Situation Report No. 2 15 July to 1 September 1945« (streng geheim), RG 226, NA, Washington, D. C.

—. »Central European Federal Club«, OSS-Report Nr. 3145, RG 226, NA, Washington, D. C.

—. *Mediterranean Theater of Operations Security Histories.* »American Military Unit in Bucharest« (geheim), Band 195b, Fach 39, Eintr. 99, RG 226, NA, Washington, D. C.

»Memorandum for Mr. John D. Hickerson, Department of State«, from the Central Intelligence Agency (geheim), 861.20262/11-1947, RG 59, NA, Washington, D. C.

Intelligence Research Report. »Nature and Extent of Disaffection and Anti-Soviet Activity in the Ukraine«, 17. März 1948 (geheim); erhältlich auf Mikrofilm durch *OSS/State Department Intelligence and Research Reports,* University Publications of America, Frederick, Md.

Central Intelligence Agency, »Radio Free Europe«, 11. November 1956 (geheim). Erhalten durch FOIA.

—. Persönliches Dossier von Frank Wisner, erhalten durch FOIA.

—. *Study of Intelligence and Counterintelligence Activities on the Eastern Front and Adjacent Areas During World War II* (vertraulich). Anhang A: »NKVD Operatives and Persons Connected with Them«, Anhang G: »Members of the SS Who Participated in Mass Executions and Atrocities«, o. D., RG 263, NA, Washington, D. C. Hier zitiert als *CIA Eastern Front Study.*

»Soviet Use of Assassination and Kidnapping«, 17. Februar 1966, FOIA review 8/76, Dokument Nr. 570-254. Erhalten durch FOIA.

Central Intelligence Agency. Stellvertretender CIA-Planungsdirektor an stellvertretenden Stabschef, Geheimdienst, Verteidigungsministerium, betr. Otto von Bolschwing, o. D. 21. August 1970 (?) (streng geheim), in bereinigter Form freigegeben durch FOIA.

449

UNTERLAGEN BRITISCHES AUSSENMINISTERIUM
British Foreign Office: Russia Correspondence 1946–1948. F. O. 371. Scholarly Resources, Wilmington, Del., 1982, (Mikrofilm-Sammlung britischer Unterlagen), besonders 1946, Akte 911, Dokument 12867, S. 80 ff., und Akte 3365, Dokument 9647, S. 22 ff.

ERBEUTETE DEUTSCHE UNTERLAGEN
Mikrofilm-Archive in den Vereinigten Staaten
Records of the Reich Leader of the SS and Chief of the German Police, mikrogefilmt in Alexandria, Va., RG T-175, NA, Alexandria, Va.

Beweisstücke bei Kriegsverbrecherprozessen
»Operational Situation Report USSR No. 11«, 1. März bis 31. März 1942 (Einsatzgruppenbericht), Prosecution Exhibit 13, *Trials of War Criminals Before the Nuernberg Military Tribunals Under Control Council Law No. 10,* Washington, D. C., Government Printing Office.

Document Center Berlin
Achmeteli, Michail. NSDAP-Dossier Nr. 5360858; enthält NSDAP-Unterlagen und verschiedene Korrespondenz.
Augsburg, Emil. SS-Dossier Nr. 307925, NSDAP-Dossier Nr. 5518743. Zu »Sonderaufgaben« siehe »Beförderungsvorschlag: Hauptsturmführer Dr. Emil Augsburg«, 10. Juli 1941, Dokument Nr. 23009-23010.
Bolschwing, Otto von. SS-Dossier Nr. 353603, NSDAP-Dossier Nr. 984212.
Brunner, Alois. SS-Dossier Nr. 342767, NSDAP-Dossier Nr. 510064.
Krallert, Wilfried. SS-Dossier Nr.310323, NSDAP-Dossier Nr. 1529315.
Mahnke, Horst. SS-Dossier Nr. 290305, NSDAP-Dossier Nr. 5286024.
Six, Franz Alfred. SS-Dossier Nr. 107480, NSDAP-Dossier Nr. 245670.

UNTERLAGEN DER VEREINTEN NATIONEN
»Statement of Mr. Djilas«, *Official Records of the General Assembly,* Sixth Session, Ad Hoc Political Committee, Eighth Meeting, United Nations, 26. November 1951, A/OR 6/Ad Hoc Committee.
Official Records of the General Assembly, Eleventh Session, Annexes, Bd. II, 12. November 1956, bis 8. März 1957, Agenda Item 70. Hier zitiert als »UN Debate Item 70«.

Abkürzungsverzeichnis

ABN   Anti-Bolshevik Bloc of Nations (Antibolschewistischer Block der Nationen)
ACEN   Assembly of Captive European Nations (Vereinigung unterdrückter europäischer Nationen)
AMCOMLIB   American Committee for the Liberation of Peoples of Russia (Amerikanisches Komitee für die Befreiung der Völker Rußlands)
BALF   Vereinigter Litauischer Hilfsfonds von Amerika
CFF   Crusade for Freedom (Kreuzzug für Freiheit)
CIA   Central Intelligence Agency (Zentrale Geheimdienstorganisation)
CIC   Army Counterintelligence Corps (Gegenspionagekorps der Armee)
CID   Criminal Investigation Division (Abteilung für die Untersuchung von Verbrechen)
CIOS   Combined Intelligence Objectives Subcommittee (Gemeinsamer Unterausschuß für Geheimdienstziele)
CROWCASS   Central Registry of War Crimes and Security Suspects (Zentralregister für Kriegsverbrechen und Sicherheitsrisiken)
DIA   Defense Intelligence Agency (Geheimdienst des Verteidigungsministeriums)
FOIA   Freedom of Information Act (Gesetz über die Freiheit der Information)
GAO   General Accounting Office (Bundeskontrollamt)
INS   Immigration and Naturalization Service (Einwanderungs- und Naturalisierungsamt)
IRC   International Rescue Committee (Internationales Hilfskomitee)
JCS   Joint Chiefs of Staff (Vereinigtes Oberkommando)
JIOA   Joint Intelligence Objectives Agency (Übergeordnetes Amt für Geheimdienstoperationen)
KONR   Komitet Oswoboschdenija Narodow Rossij (Politischer Zweig der Wlassow-Armee)
MIS   Military Intelligence Service (Militärischer Geheimdienst)
NCFE   National Committee for a Free Europe (Nationales Komitee für ein freies Europa)

NSC	National Security Council (Nationaler Sicherheitsrat)
NTS	Nazional'no Trudovoi Sowus (Russische Solidaristen)
OIR	Office of Intelligence and Research (Abteilung für Geheimdienst und Forschung)
OMGUS	Office of Military Government – US (Amt der US-Militärregierung)
ONE	Office of National Estimates (Nationales Auswertungsamt)
OPC	Office for Policy Coordination (Amt für politische Koordination)
OSI	Office of Special Investigation (Amt für Sonderermittlungen)
OSS	Office of Strategic Services (Amt für strategische Aufgaben)
OUN	Organisazija Ukrainskich Nazionalistow (Organisation ukrainischer Nationalisten)
PPS	Policy Planning Staff (Politischer Planungsstab)
R&A	Research and Analysis (Ermittlungen und Analysen)
RFE	Radio Free Europe (Radio Freies Europa)
RL	Radio Liberation (Radio Liberation)
SIB	Secret Intelligence Branch (Geheime Nachrichtenabteilung)
UPA	Ukrainska Powstantscha Armia (Ukrainische Insurgenten-Armee)
VOA	Voice of America (Stimme Amerikas)

Register

453

455

456